आर॰ गुप्ता® कृत

पॉपुलर मास्टर गाइड

# DSSSB–शिक्षक PGT हिन्दी

भर्ती परीक्षा

RPH संपादक मंडल द्वारा सम्पादित

2027 EDITION

रमेश पब्लिशिंग हाउस, नई दिल्ली

*प्रकाशक*

ओ.पी. गुप्ता, रमेश पब्लिशिंग हाउस

*प्रशासनिक कार्यालय*

12-H, न्यू दरियागंज रोड, ऑफिसर्स मेस के सामने,
नई दिल्ली-110002 ✆ 23275224, 23245124

**E-mail:** info@rameshpublishinghouse.com
**For Online Shopping:** www.rameshpublishinghouse.com

*विक्रय केन्द्र*

• बालाजी मार्किट, नई सड़क, दिल्ली-110006 ✆ 23282525 📱 9354373464

• 4457, नई सड़क, दिल्ली-110006





**Book Code: R-1306**

**ISBN: 978-93-5012-005-7**

**मूल्यः ₹ 310**

**मुद्रकः** दीपक ऑफसैट, दिल्ली

# अनुक्रमणिका

# Scheme of Examination

DSSSB will conduct **One Tier Exam** for PGT posts having two section:

## Section-I

| S.No. | Subject | Questions | Marks |
|---|---|---|---|
| 1. | Mental Ability and Reasoning Ability | 20 | 20 |
| 2. | General Awareness | 20 | 20 |
| 3. | English Language & Comprehension | 20 | 20 |
| 4. | Hindi Language & Comprehension | 20 | 20 |
| 5. | Numerical Aptitude & Data Interpretation | 20 | 20 |
| | **Total** | **100** | **100** |

## Section-II

| S.No. | Subject | Questions | Marks |
|---|---|---|---|
| 1. | MCQs pertaining to Post-Graduation qualification and teaching methodology required for the post. | **200** | **200** |

पिछले प्रश्न-पत्र

# दिल्ली अधीनस्थ सेवा चयन बोर्ड (DSSSB)

# PGT (हिन्दी) भर्ती परीक्षा, 2025

(Exam held on 17-07-2025)

## विषय ज्ञान – हिन्दी एवं शिक्षण विधि

**1.** इनमें से किस रचना का सम्बन्ध वीरगाथा काव्य से नहीं है?

1. कीर्तिपताका
2. जयमयंक जसचंद्रिका
3. जयचंद प्रकाश
4. कुमारपालप्रतिबोध

**2.** कबीरदास की भाषा को पंचमेल खिचड़ी किसने कहा है?

1. नागार्जुन 2. डॉ. नगेन्द्र
3. रामचन्द्र शुक्ल 4. श्याम सुंदर दास

**3.** 'मुंज भणइ, मुणालवइ! जुब्बण गयुं न झूरि।'– पंक्ति का आशय स्पष्ट कीजिए।

1. मुंज कहता है, हे मृणालवति! जुबान नहीं सूखी है।
2. मुंज कहता है, हे मृणालवति! यौवन झूल गया है।
3. मुंज कहता है, हे मृणालवति! जुबान सूख गई है।
4. मुंज कहता है, हे मृणालवति! गए हुए यौवन को न पछता।

**4.** नाथपंथी योगियों की भाषा है–

1. अवहट्ठ 2. सधुक्कड़ी
3. खड़ी बोली 4. अपभ्रंश

**5.** 'बरवै नायिकाभेद' किसकी रचना है?

1. मनोहर कवि 2. देवीदास
3. केशव 4. रहीम

**6.** 'देसिल बअना सब जन मिट्ठा!'– इस पंक्ति का भाव क्या है?

1. सबको मीठी भाषा अच्छी लगती है।
2. सब देशी भाषा बोलते हैं।
3. देशी भाषा सबको मीठी लगती है।
4. सब मीठी भाषा बोलते हैं।

**7.** इनमें से किस कविता की शैली हास्य-व्यंग्य की नहीं है?

1. प्रियप्रवास
2. कर्जनाना
3. सरगौ नरक ठेकाना नाहिं
4. गर्भरण्डा-रहस्य

**8.** चंदबरदाई के सम्बन्ध में सत्य कथन का चयन करें।

1. ये पृथ्वीराज के दरबारी कवि थे।
2. ये मेरठ के रहने वाले थे।
3. ये संस्कृतनिष्ठ हिंदी के कवि थे।
4. ये आधुनिक काल के कवि थे।

**9.** 'काआ तरूवर पंज विडाल' किस कवि की काव्य पंक्ति है?

1. लुइपा
2. सरहपा
3. शबरीपा
4. कण्हपा

**10.** हजारीप्रसाद द्विवेदी 'हिन्दी का आदिकाल' किस अवधि को मानते हैं?

1. चौदहवीं से अठारहवीं शताब्दी
2. ग्यारहवीं से पंद्रहवीं शताब्दी
3. दसवीं से चौदहवीं शताब्दी
4. बारहवीं से सोलहवीं शताब्दी

**11.** 'पृथ्वीराज रासो' को हिन्दी का प्रथम महाकाव्य किसने कहा है?

1. रामचन्द्र शुक्ल
2. नगेन्द्र
3. रामकुमार वर्मा
4. हजारीप्रसाद द्विवेदी

**12.** प्रकाशन-वर्ष के अनुसार असंगत बताइये।

1. अंधायुग – 1955
2. ध्रुवस्वामिनी – 1933
3. आधे-अधूरे – 1969
4. भारत-दुर्दशा – 1890

**13.** भरतेश्वर बाहुबली रास किस धारा से सम्बंधित रचना है?

1. जैन साहित्य
2. रासो काव्य
3. सिद्ध काव्य
4. नाथ साहित्य

**14.** पुष्पदंत कृत 'महापुराण' का विषय है–

1. वियोगिन की विरह कथा
2. युद्ध का सजीव वर्णन
3. महापुरुषों की जीवन घटनायें
4. कृष्ण की रास लीला

**15.** निम्नलिखित प्रवृत्तियों में क्या आदिकाल से संबंधित नहीं हैं?

1. समाज सुधार और जन-जागरूकता प्रमुख
2. वीर रस की प्रधानता
3. युद्ध-वर्णन की सजीवता
4. आश्रयदाताओं की प्रशंसा

**16.** आल्हा खंड किस रचना का दूसरा नाम है?

1. परमाल रासो
2. सन्देश रासक
3. प्रबंध चिंतामणि
4. पृथ्वीराज रासो

**17.** इनमें से महादेवी वर्मा की रचना है–

1. सांध्य तारक
2. सांध्यगीत
3. सांध्य काकली
4. एकतारा

**18.** आदिकाल को सिद्ध सामंत काल किसने कहा है?

1. सुमन राजे
2. हजारी प्रसाद द्विवेदी
3. मिश्रबंधु
4. राहुल सांकृत्यायन

**19.** आधुनिक काल के चार प्रमुख साहित्यिक प्रवाहों में कौन-सा सही क्रम है?

1. भारतेन्दु युग – प्रगतिवाद – द्विवेदी युग – छायावाद
2. भारतेन्दु युग – द्विवेदी युग – छायावाद – प्रगतिवाद
3. छायावाद – द्विवेदी युग – भारतेन्दु युग – प्रगतिवाद
4. द्विवेदी युग – भारतेन्दु युग – छायावाद – प्रगतिवाद

**20.** 'नई कहानी' आंदोलन के प्रमुख कथाकारों में से एक नहीं हैं–

1. मोहन राकेश
2. कमलेश्वर
3. राजेंद्र यादव
4. प्रेमचंद

**21.** रीतिकाल की प्रधान प्रवृत्तियों में से असंगत बताइये।

1. भक्ति निरूपण
2. शृंगार निरूपण
3. रीति निरूपण
4. रूप-सौंदर्य निरूपण

**22.** 'भक्तन को कहा सीकरी सो काम' काव्य पंक्ति किस कवि की है–

1. सूरदास
2. तुलसीदास
3. कुंभनदास
4. रहीम

**23.** घनानन्द की शैली में रहस्य का पुट किसके प्रभाव से आया है?

1. बिहारी से
2. स्वच्छंदतावाद से
3. भक्तिकाल से
4. फारसी के सूफी पक्ष से

**24.** 'ताहि अहीर की छोहरियां छछिया भर छाछ पै नाच नचावैं' किस कवि की काव्य पंक्ति है?

1. सूरदास
2. रसखान
3. घनानंद
4. गंग

**25.** जायसी ने 'पद्मावत' की रचना में किस रचना पद्धति का अनुसरण किया है?

1. संस्कृत महाकाव्य का
2. संस्कृत सर्गबद्ध काव्य का
3. फारसी मसनवी का
4. संस्कृत प्रबंधकाव्य का

**26.** मुग्धावती, मृगावती, मधुमालती और प्रेमावती भक्तिकाल की किस धारा के काव्य हैं?

1. रामभक्ति
2. कृष्णभक्ति
3. ज्ञानमार्गी
4. प्रेममार्गी

**27.** पुष्टिमार्गीय भक्ति किसकी भक्ति पद्धति का मेरुदंड है?

1. तुलसी
2. सूर
3. जायसी
4. कबीर

**28.** भक्तिकाल की धारा से संबंधित नहीं है–

1. ज्ञानाश्रयी
2. प्रेमाश्रयी
3. रामाश्रयी
4. बुद्धाश्रयी

**29.** 'गुण-विशिष्ट रचना 'रीति' है।'– किसने कहा है?

1. दंडी
2. वामन
3. भामह
4. देव

**30.** निम्नलिखित में से असंगत बताइए–

1. सूरदास – विज्ञान गीता
2. नाभादास – भक्तमाल
3. तुलसीदास – हनुमानबाहुक
4. नन्ददास – रस मंजरी

**31.** उसमान किस धारा के कवि हैं?

1. कृष्णभक्ति
2. ज्ञानमार्गी
3. प्रेममार्गी
4. रामभक्ति

**32.** प्रस्तुत पंक्तियों का आशय स्पष्ट कीजिए।

यों ही मन मेरो काम को न रहयो माई,
स्याम रंग हवै करि समान्यो स्याम रंग मैं।

1. नायिका अपनी मां से रूठ गई है।
2. नायिका का मन उसके वश में नहीं है वह कृष्ण के रंग में रंग गया है।
3. नायिका ने कृष्ण को रंग लगा दिया है।
4. मन को नायिका ने रंग दिया है।

**33.** 'रासपंचाध्यायी' किस कृष्ण भक्ति शाखा के कवि की रचना है?

1. हितहरिवंश दास
2. छीतस्वामी
3. नंददास
4. कृष्णदास

**34.** आचार्य रामचन्द्र शुक्ल के अनुसार, प्रियादास द्वारा नाभादास कृत भक्तमाल की टीका किस वर्ष की गयी?

1. संवत् 1779
2. संवत् 1769
3. संवत् 1759
4. संवत् 1767

**35.** प्रमुख रीतिबद्ध कवि हैं–

1. चिंतामणि
2. बिहारी
3. देव
4. घनानंद

**36.** रामचन्द्र शुक्ल के अनुसार भक्तिकाल के उदय का क्या कारण था?

1. हिंदुओं की वीरता
2. हिन्दू जनता का गौरव।
3. हिन्दू जनसमुदाय की हताशा
4. ईश्वर पर भरोसा

**37.** संतकाव्य में किस भाषा का प्रयोग प्रमुख्यतः नहीं मिलता?

1. अवधी
2. पंजाबी
3. ब्रजभाषा
4. गुजराती

**38.** "मैया मैं तो चंद्र खिलौना लैहों"
प्रस्तुत पंक्ति में कौन-सा रस है?

1. भक्ति रस
2. भयानक रस
3. वात्सल्य रस
4. करुण रस

**39.** निम्नलिखित में से किस कवि को डॉ. नगेन्द्र ने शृंगार रस-निरूपक रीतिकवि कहा है?

1. मतिराम
2. कालिदास त्रिवेदी
3. रसलीन
4. तोष

**40.** रीतिमुक्त कवियों की भाषा रीतिबद्ध कवियों के किस भाषा दोष से मुक्त है?

1. अलंकारों की जकड़न
2. व्यंजनापूर्ण अभिव्यक्ति
3. चमत्कार योजना
4. लोकोक्तियों-मुहावरों का प्रयोग

**41.** आधुनिक काल के उदय का एक कारण नहीं है–

1. औद्योगिकता
2. संचार दुनिया
3. परंपरावादिता
4. नई अर्थव्यवस्था

**42.** 'सूधे मन, सूधे बचन, सूधे सब करतूति'– पंक्ति का आशय है–

1. मन, वचन सीधे तथा करतूति टेढ़ी
2. वचन की सरलता कर्म पर निर्भर है।
3. मन, वचन तथा कर्म की सरलता
4. मन की सरलता कर्म पर निर्भर है।

**43.** निम्नलिखित वाक्य को पूरा करने के लिए दिए गए विकल्पों में से सही विदेशज शब्द/विकार का चयन करें।

आप अपनी .......... कहीं और निकालें।

1. पसीना
2. प्रेम
3. भड़ास
4. निर्धनडंक

**44.** आचार्य रामचंद्र शुक्ल ने रीतिकाल का समय माना है–

1. संवत् 1800-1900
2. संवत् 1700-1900
3. संवत् 1850-1900
4. संवत् 1750-1900

**45.** 'वास्तव में ये हिन्दी काव्य-गगन के सूर्य और चंद्र हैं।' रामचन्द्र शुक्ल ने यह किनके लिए कहा है?

1. तुलसीदास और सूरदास
2. तुलसीदास और कबीर
3. तुलसीदास और केशव
4. सूरदास और जायसी

**46.** रूद्र संप्रदाय के प्रवर्तक हैं–

1. रामानुज
2. विष्णु स्वामी
3. रामानंद
4. माधवचार्य

**47.** 'जब ते प्रीति श्याम ते कीनी।
ता दिन ते मेरे नैननि नैंकहु नींद न लीनी।।'
इन पंक्तियों में किस रस का वर्णन है?

1. करुण रस
2. शांत रस
3. वियोग शृंगार
4. संयोग शृंगार

**48.** 'पृथ्वीराज रासो' किस भाषा में लिखा गया ग्रंथ है?

1. खड़ी बोली
2. पिंगल
3. अपभ्रंश
4. अवहट्ट

**49.** 'प्रेमाख्यान काव्य' मुख्यतः किस शैली में रचे गए हैं?

1. मुक्तक
2. प्रबन्धात्मक
3. पौराणिक
4. ऐतिहासिक

**50.** राहुल सांकृत्यायन ने सातवीं शताब्दी ईस्वी के किस कवि को हिंदी का प्रथम कवि माना है?

1. शबरपा
2. सरहपा
3. कण्हपा
4. डोम्भिपा

**51.** भारतेन्दुयुगीन काव्य-प्रवृत्ति नहीं रही है–

1. राष्ट्रीयता
2. शृंगारिकता
3. आत्मप्रसार
4. समस्यापूर्ति

**52.** 'रावरे रूप की रीति अनूप नयौ नयौ लागत ज्यौं-ज्यौं निहारियै।'– पंक्ति में वर्णित भाव का आश्रय कौन-सा विकल्प है?

1. प्राण
2. मन
3. नेत्र
4. मस्तिष्क

**53.** इनमें से निराला का काव्य-संकलन नहीं है–

1. परिमल
2. गीतिका
3. गुंजन
4. बेला

**54.** मैया, कबहिं बढ़ैगी चोटी?
किती बार मोहि दूध पियत भइ, यह अजहूँ है छोटी।।
प्रस्तुत पंक्तियाँ किसके द्वारा रचित है?

1. अग्रदास
2. ध्रुवदास
3. रविदास
4. सूरदास

**55.** जैन साहित्य की रास परंपरा का प्रथम ग्रंथ किसे माना जाता है?

1. भरतेश्वर-बाहुबली रास
2. श्रावकाचार
3. नेमिनाथ रास
4. चंदनबाला रास

**56.** 'तन चितउर, मन राजा कीन्हा। हियं सिंघल, बुधि पदमिनि चीन्हा।।' किस कृति की पंक्ति है?

1. चंदायन
2. पद्मावत
3. आखिरी कलाम
4. अखरावट

**57.** नन्ददास किस धारा के कवि हैं?

1. कृष्ण भक्ति काव्यधारा
2. विष्णु भक्ति काव्यधारा
3. शिव भक्ति काव्यधारा
4. राम भक्ति काव्यधारा

**58.** आधुनिक हिंदी साहित्य में शिल्प का क्या अर्थ है?

1. कहानी के पात्र
2. कविता की भाषा और शैली
3. उपन्यास की संरचना
4. नाटक के पात्र

**59.** निम्नलिखित वाक्य को देशज शब्द के आधार पर पूर्ण करें।

......... भर पानी आसानी से प्यास बुझा सकता है।

1. ग्लास
2. चंबू
3. लोटा
4. घड़ा

**60.** सूर के पदों की भाषा क्या है?

1. अवधी
2. ब्रज
3. बघेली
4. भोजपुरी

**61.** 'मृगावती' किसकी रचना है?

1. जायसी
2. उसमान
3. कुतुबन
4. मंझन

**62.** 'इस पत्र को देखकर मेरे मन में कल्पना हुई कि अगर वह मेरी लड़की होती तो? – मुझे यह अपना सौभाग्य मालूम नहीं हुआ'–
उपर्युक्त गद्य पंक्ति जैनेन्द्र की किस कहानी से ली गई हैं?

1. पाजेब
2. जाह्नवी
3. वातायन
4. पत्नी

**63.** जयशंकर प्रसाद की 'ग्राम' कहानी किस पत्रिका में प्रकाशित हुई थी?

1. हँस
2. नागरी
3. इंदु
4. बाला बोधिनी

**64.** इनमें से किस रचना को पंचम वेद की संज्ञा दी जाती है?

1. नाट्यशास्त्र
2. काव्यशास्त्र
3. ऋग्वेद
4. सामवेद

**65.** 'उसने कहा था' कहानी किस पत्रिका में प्रकाशित हुई थी?

1. नागरी प्रचारिणी पत्रिका
2. सरस्वती
3. हँस
4. बाला बोधिनी

**66.** भक्तमाल में कुल कितने छप्पय हैं?

1. 284 छप्पय
2. 252 छप्पय
3. 316 छप्पय
4. 600 छप्पय

**67.** 'अजातशत्रु' किस विधा की रचना है?

1. उपन्यास
2. नाटक
3. कहानी
4. रेखाचित्र

**68.** 'पुरुषार्थ-चतुष्टय' को काव्य प्रयोजन किसने माना है?

1. आचार्य वामन
2. आचार्य भामह
3. मम्मट
4. आनन्द वर्धन

**69.** 'नील परिधान बीच सुकुमार खुल रहा मृदुल अधखुला अंग', इस काव्य पंक्ति में अभिव्यक्त हो रहा भाव है–

1. रूप सौन्दर्य का वर्णन
2. स्वर्गिक सौन्दर्य का वर्णन
3. प्रकृति सौन्दर्य का वर्णन
4. जागतिक सौन्दर्य का वर्णन

**70.** रौद्र रस का स्थायी भाव क्या होता है?

1. भय 2. क्रोध
3. विस्मय 4. उत्साह

**71.** 'गजाधर बाबू' किस कहानी के चर्चित पात्र हैं?

1. रथ्या 2. वापसी
3. त्रिशंकु 4. यही सच है

**72.** 'इन्दुमती' कहानी के लेखक हैं–

1. नरेन्द्र मोहन 2. मुंशी इंशा अल्ला खां
3. किशोरीलाल गोस्वामी 4. शिवप्रसाद सितारे हिन्द

**73.** 'राम को रूप निहारति जानकी, कंकन के नग की परिछाहीं। यातें सबै सुधि भूलि गई, कर टेकि रही, पल डारति नाहीं।''– प्रस्तुत काव्यांश में किस रस का चित्रण हुआ है?

1. शृंगार 2. करुण
3. अद्भुत 4. शांत

**74.** 'ठेठ हिंदी का ठाठ' किसकी रचना है?

1. अयोध्यासिंह उपाध्याय हरिऔध
2. देवकीनंदन खत्री
3. जगमोहन सिंह
4. किशोरीलाल गोस्वामी

**75.** 'परीक्षागुरु' के उपन्यासकार कौन हैं?

1. बालकृष्ण भट्ट 2. लाला श्रीनिवास दास
3. देवकीनंदन खत्री 4. लज्जाराम मेहता

**76.** 'अपने पुत्र की मृत्यु पर माता ने ठहाके लगाए'– इस वाक्य में कौन-सा दोष है?

1. शब्द दोष 2. रस दोष
3. छंद दोष 4. अर्थ दोष

**77.** पत्रात्मक प्रविधि में लिखा गया हिंदी का पहला उपन्यास कौन है?

1. त्यागपत्र 2. शिवशम्भू के चिट्ठे
3. चित्रलेखा 4. चंद हसीनों के खुतूत

**78.** अभिधा शब्द शक्ति द्वारा प्राप्त होने वाला अर्थ कहलाता है–

1. लक्ष्यार्थ 2. वाच्यार्थ
3. व्यंग्यार्थ 4. तात्पर्यार्थ

**79.** संवत सोरह सै बरस बीते अठतर सीति। कातिक सुदि सतमी गुरौ रचे ग्रंथ करि प्रीति।। – काव्य पंक्ति के अनुसार ग्रंथ का रचनाकाल क्या है?

1. संवत् 1668 2. संवत् 1608
3. संवत् 1678 4. संवत् 1688

**80.** स्वामी अग्रदास किसके शिष्य थे?

1. कृष्णदास पयहारी के
2. अनंतानंद जी के
3. रामानंद जी के
4. नाभादास जी के

**81.** वक्रोक्ति सिद्धांत के प्रवर्तक कौन हैं?

1. कुन्तक 2. भामह
3. भरतमुनि 4. विश्वनाथ

**82.** विनोद रस्तोगी द्वारा रचित 'बहू की विदा' एकांकी का संबंध किस प्रमुख सामाजिक विषय से है?

1. धार्मिक कट्टरता 2. दहेज प्रथा
3. आर्थिक भ्रष्टाचार 4. युद्ध और वीरता

**83.** कौन-से पाश्चात्य काव्य विद्वान ने काव्य की आलोचना में 'सौंदर्य' और 'कलात्मकता' पर ध्यान केंद्रित किया था?

1. अरस्तु 2. प्लेटो
3. कॉलरिज 4. आई.ए. रिचर्ड्स

**84.** कामभाव की व्यापकता के आधार पर नायिका का यह भेद नहीं किया गया है–

1. मध्या 2. मुग्धा
3. प्रगल्भा 4. परकीया

**85.** हिन्दी का प्रथम नाटक एवं उसका प्रकाशन वर्ष लिखिए।

1. भारत जननी – 1875
2. चन्द्रगुप्त – 1931
3. संयोगिता स्वयंवर – 1882
4. नहुष – 1857

**86.** 'बिना दीवारों का घर' नाटक का प्रणयन किया है–

1. नादीरा जहीर बब्बर 2. मन्नू भंडारी
3. मीरा कांत 4. मृणाल पांडे

**87.** हिन्दी नाटक का स्वर्णयुग किसे कहा जाता है?

1. भारतेन्दु युग
2. छायावादोत्तर पर प्रसादोत्तर युग
3. छायावाद या प्रसाद युग
4. द्विवेदी युग

**88.** आधुनिक काव्य के जनक कौन हैं?

1. महादेवी वर्मा 2. सुमित्रानन्दन पंत
3. महावीर प्रसाद द्विवेदी 4. भारतेन्दु हरिश्चन्द्र

**89.** निम्न में से कौन-सी प्रमुख महिला नाटककार है?

1. मीरा बाई 2. मन्नू भण्डारी
3. महादेवी वर्मा 4. निराला

**90.** कविवर हरिऔध की निम्नलिखित पंक्तियों में कौन-सी शब्द शक्ति है?

कवि अनूठे कलाम के बल से।
हैं बड़ा ही कमाल कर देते।
बेधाने के लिए कलेजों को।
हैं कलेजा निकाल धार देते।।

1. व्यंजना 2. तात्पर्या
3. लक्षणा 4. अभिधा

**91.** काव्य की वह सैद्धांतिक समीक्षा, जो मुख्य रूप से रस (भाव) के महत्व को उजागर करती है, क्या कहलाती है?

1. दिन मीमांसा 2. स्वर मीमांसा
3. काव्य मीमांसा 4. रस-मीमांसा

**92.** 'भारतीय काव्यशास्त्र' के ध्वनि-सम्प्रदाय का प्रवर्तन किया हैं–

1. आनन्दवर्धन ने 2. भामह ने
3. वामन ने 4. अभिनवगुप्त ने

**93.** रसोत्पत्ति में आश्रय की चेष्टाओं का स्वरूप होता है–

1. आलंबन 2. उद्दीपन
3. विभाव 4. अनुभाव

**94.** संकुचित एवं रूढ़ अर्थ में साहित्य पर्याय है–

1. पंचांग का
2. काव्य का
3. 'मेघदूत' का
4. वैज्ञानिक साहित्य का

**95.** 'गुण विपर्ययात्मानो दोषः– यह दोष सम्बन्धी कथन किसका है?

1. वामन 2. भरतमुनि
3. दण्डी 4. मम्मट

**96.** 'इस करुणा कलित हृदय में
अब विकल रागिनी बजती
क्यों हाहाकार स्वरों में
वेदना असीम गरजती?'

उपरोक्त पंक्तियाँ किस कवि द्वारा रचित हैं?

1. सूर्यकांत त्रिपाठी निराला
2. हरिवंश राय बच्चन
3. जयशंकर प्रसाद
4. महादेवी वर्मा

**97.** काव्य शास्त्र की दृष्टि से रामायण क्या है?

1. लघुकाव्य 2. महाकाव्य
3. संक्षिप्त काव्य 4. विस्तृत काव्य

**98.** 'आत्मजयी' प्रबंधकाव्य का विषय निम्न में से है–

1. राम-रावण युद्ध
2. भरत मिलाप
3. कृष्ण का मथुरा गमन
4. नचिकेता-प्रसंग

99. साधारणीकरण की अवधारणा का सर्वप्रथम प्रयोग किसने किया?
1. मम्मट
2. रुद्रट
3. शंकुक
4. भट्टनायक

100. एक घूँट : एकांकी के रचनाकार कौन हैं?
1. भगवती चरण वर्मा
2. जयशंकर प्रसाद
3. भारतेंदु हरिश्चंद्र
4. बालकृष्ण भट्ट

101. 'उत्तर अपभ्रंश' ही 'पुरानी हिन्दी' है।– यह उद्घोषणा करने वाले पहले विद्वान कौन हैं?
1. ग्रियर्सन
2. चंद्रधर शर्मा गुलेरी
3. नगेन्द्र
4. रामचन्द्र शुक्ल

102. भारतेन्दु युग में लिखे गए निबंधों में कौन-से प्रमुख भेद देखे जा सकते हैं?
1. वैज्ञानिक और सांख्यिकी
2. विनोदपूर्ण, विचार प्रधान और मनोवैज्ञानिक
3. धार्मिक और नैतिक
4. केवल आत्मकथात्मक

103. अज्ञेय कृत 'अरे यायावर रहेगा याद' का प्रकाशन वर्ष है–
1. 1953
2. 1958
3. 1956
4. 1960

104. निबन्ध की भाषा शैली कैसी होनी चाहिए?
1. कथात्मक एवं मौखिक
2. सुबोध, सुगठित एवं वर्णात्मक
3. प्रेरक एवं सांकेतिक
4. लिखित एवं मौखिक

105. निम्न में से नाटक एवं नाटककार का कौन-सा युग्म असुमेलित है?
1. मादा-कैक्टस – मोहन राकेश
2. जय-पराजय – उपेंद्रनाथ अश्क
3. आजादी के बाद – विनोद रस्तोगी
4. कोणार्क – जगदीश चंद्र माथुर

106. 'गोदान' उपन्यास किस युग की रचना है?
1. भारतेन्दु युग
2. द्विवेदी युग
3. प्रयोगवादी युग
4. प्रगतिवादी युग

107. ताँबे के कीड़े निम्नलिखित में से किसका नाटक है?
1. भुवनेश्वर
2. रमेश बख्शी
3. मोहन राकेश
4. मन्नू भंडारी

108. 'अनुष्टुप' छंद किस प्रकार का है?
1. मिश्रित छंद
2. मात्रिक छंद
3. वर्णिक छंद
4. अतुकांत छंद

109. निम्नलिखित पक्तियों में कौन-सी शब्द शक्ति है?
मीत तिहारे बदन पै सठता अति दरसात।
मेरा मुख दरपन भयो अब जानी यह बात।।
1. तात्पर्या
2. व्यंजना
3. लक्षणा
4. अभिधा

110. अमृता प्रीतम की आत्मकथा निम्न में से है–
1. रसीदी टिकट
2. अन्या से अनन्या
3. हादसे
4. पिंजरे की मैना

111. रेखाचित्र की प्रमुख विशेषता क्या मानी जाती है?
1. केवल घटनाओं की क्रमबद्धता
2. काल्पनिक गद्य का प्रयोग
3. आत्मकथा का विस्तार
4. किसी व्यक्ति का सजीव, सटीक और कलात्मक चित्रण

112. 'सत्य के प्रयोग' आत्मकथा का किससे सम्बन्ध है?
1. जवाहर लाल नेहरू
2. सरदार पटेल
3. महात्मा गाँधी
4. राजेन्द्र प्रसाद

113. रिपु-आँतन की कुंडली करि जोगिनी चबात।
पिबहि में पागी मनो जुवती जलेबी खात।।
उपरोक्त पंक्तियों में कौन-सा रस है?
1. भयानक रस
2. वीर रस
3. वीभत्स रस
4. अद्भुत रस

**114.** राहुल सांकृत्यायन की स्वदेश यात्रा विषयक रचना कौन-सी है?

1. चीन में क्या देखा
2. एशिया के दुर्गम भूखण्ड
3. किन्नर देश में
4. मेरी तिब्बत यात्रा

**115.** आचार्य रामचंद्र शुक्ल ने हिंदी का 'एडीसन' किसे कहा है?

1. प्रतापनारायण मिश्र
2. बालमुकुंद गुप्त
3. भारतेंदु हरिश्चंद्र
4. बालकृष्ण भट्ट

**116.** कवि कर्म के कौशल से पैदा होने वाले चमत्कारपूर्ण कथन को क्या कहते हैं?

1. काव्य
2. वक्रोक्ति
3. रीति
4. रस

**117.** 'अतीत के चलचित्र' नामक प्रसिद्ध संस्मरण किस लेखक द्वारा रचित है और इसका प्रकाशन-वर्ष क्या है?

1. अमृतलाल नागर – 1970
2. रामवृक्ष बेनीपुरी – 1955
3. हरिशंकर परसाई – 1958
4. महादेवी वर्मा – 1941

**118.** नाथूराम शर्मा किस युग के रचनाकार हैं?

1. प्रगतिवाद
2. द्विवेदी
3. प्रयोगवाद
4. नई कविता

**119.** रस-निष्पत्ति विषयक 'अनुमितिवाद' के व्याख्याता आचार्य हैं–

1. शंकुक
2. अभिनवगुप्त
3. भट्टनायक
4. भट्ट लोल्लट

**120.** 'तिब्बत की यात्रा' यात्रा-वृत्तांत में राहुल सांकृत्यायन ने मुख्य रूप से किस विषय का वर्णन किया है?

1. युद्ध का वर्णन
2. काल्पनिक दृश्य
3. सांस्कृतिक और बौद्धिक अनुभव
4. धार्मिक चमत्कार

**121.** आलेख के लिए आवश्यक शैली होती है–

1. विश्लेषात्मक
2. कथात्मक
3. वर्णनात्मक
4. व्याख्यात्मक

**122.** 'मनोरंजक ढंग से लिखे गए प्रासंगिक लेख को फीचर कहा जा सकता है'– निम्न में से किसका कथन है?

1. पुरुषोत्तमदास टण्डन
2. प्रेमनाथ चतुर्वेदी
3. मोहन राकेश
4. ख्वाजा अहमद अब्बास

**123.** उपसर्ग के आधार पर वाक्य पूर्ण करें–
उसका व्यवहार समाज के नियमों के विरुद्ध था, अर्थात् वह एक ______ सामाजिक व्यक्ति है।

1. सम
2. अ
3. सह
4. सांस

**124.** जीवनी और आत्मकथा में क्या अंतर है?

1. किसी व्यक्ति के जीवन की घटनाओं, अनुभवों और उपलब्धियों का क्रमबद्ध विवरण जीवनी कहलाता है।
2. जीवनी किसी अन्य व्यक्ति द्वारा लिखी जाती है जबकि आत्मकथा व्यक्ति स्वयं लिखता है।
3. दोनों समान है, दोनों लगभग समान ही है।
4. जन्म तिथि, जन्म स्थान, शिक्षा, परिवार, कार्यक्षेत्र, प्रमुख उपलब्धियाँ, मृत्यु तिथि आदि।

**125.** किसी समाचार और संपादकीय लेखन में मौलिक रूप से क्या अंतर होता है?

1. चित्र और संरचना का
2. जानकारी और उद्देश्य का
3. भाषा और बोली का
4. पृष्ठों की संख्या का

**126.** निम्न में से कौन-सा एक विकल्प रिपोर्ताज का रूप नहीं है–

1. अंतराष्ट्रीय रिपोर्ताज
2. राष्ट्रीय रिपोर्ताज
3. व्यंगात्मक रिपोर्ताज
4. मासिक रिपोर्ताज

**127.** "मेरी समझ में किसी व्यक्ति की भारी-भरकम साहित्यिक कृति आँधी के समान है। उसके साहित्यिक पत्र उन झोंकों के समान हैं जो धीरे से आते-जाते रहते हैं और वायु की थोड़ी मात्रा साथ लाने पर भी साँस बनकर जीवन देते हैं।"

निम्न में से किसका कथन है?

1. वासुदेवशरण अग्रवाल
2. किशोरीदास वाजपेयी
3. शरद देवड़ा
4. डॉ. धीरेंद्र वर्मा

**128.** निम्न में से कौन-सा आलोचना का भेद नहीं है?

1. नाट्य आलोचना
2. ऐतिहासिक आलोचना
3. सैद्धांतिक आलोचना
4. व्यावहारिक आलोचना

**129.** निम्न में से 'रिपोर्ट' की विशेषता नहीं है–

1. गम्भीरता 2. सारगर्भित
3. व्याख्यात्मकता 4. संक्षिप्तता

**130.** दूरदर्शन लेखन में कौन-सी बात सबसे महत्वपूर्ण होती है?

1. दूरदर्शन लेखन में केवल चित्रों का प्रयोग होता है।
2. दूरदर्शन लेखन में संवाद और नाटक का उपयोग अधिक होता है।
3. दूरदर्शन लेखन में केवल समाचार और सूचना देना होता है।
4. दूरदर्शन लेखन में दृश्य और श्रव्य तत्वों का सामंजस्य महत्वपूर्ण होता है।

**131.** रेडियो लेखन का आवश्यक गुण नहीं है–

1. आकर्षक आरम्भ 2. संक्षिप्तता
3. स्पष्टता 4. लम्बे वाक्य

**132.** डायरी किस प्रकार की विधा है?

1. डायरी एक आत्मकथात्मक विधा है।
2. डायरी एक संवादात्मक विधा है।
3. डायरी एक काल्पनिक विधा है।
4. डायरी एक विश्लेषणात्मक विधा है।

**133.** 'तूफानों के बीच' रिपोर्ताज के लेखक कौन हैं?

1. शिवदान सिंह 2. रांगेय राघव
3. कन्हैयालाल मिश्र 4. धर्मवीर भारती

**134.** किसी व्यक्ति या चीज के प्रति अस्वीकृति की अभिव्यक्ति को कहते हैं।

1. प्रेरणा 2. आलोचना
3. संवेदना 4. सद्भावना

**135.** नीचे दिए वाक्य में त्रुटि है, चार विकल्पों में से एक सही उपसर्ग शब्द का चुनाव करें।

दीपा <u>प्रतीदिन</u> अपना गृहकार्य समय पर करती है

1. प्रतिदींन 2. प्रतिदिन
3. प्रातिदीन 4. प्रतिदीन

**136.** उपसर्ग के आधार पर निम्नलिखित में से कौन-सा वाक्य सही है?

1. उसने अवसर का पूरा लाभ उठाया।
2. वह हमेशा विवादी होता है।
3. उसने अवसरें का पूरा लाभ उठाया।
4. उसने अप्सराओं का पूरा लाभ उठाया।

**137.** विज्ञापन लेखन में भाषा का क्या महत्व है?

1. विज्ञापन लेखन में केवल तकनीकी भाषा का प्रयोग होता है।
2. विज्ञापन लेखन में कठिन शब्दों का प्रयोग किया जाता है।
3. विज्ञापन लेखन में सरल, आकर्षक और प्रभावी भाषा का प्रयोग किया जाता है।
4. विज्ञापन लेखन में शुद्ध साहित्यिक भाषा का प्रयोग होता है।

**138.** समाचार पत्रों की भाषा कैसी होनी चाहिए?

1. क्लिष्ट एवं जटिल 2. सरल एवं स्पष्ट
3. अटपटी एवं द्विअर्थी 4. अलंकारिक

**139.** 'मेरी कालेज डायरी' किसकी रचना है?

1. प्रभाकर माचवे 2. धीरेन्द्र वर्मा
3. मोहन राकेश 4. इलाचन्द्र जोशी

**140.** किसी विषय पर लिखा गया लेख या निबंध कहलाता है–

1. प्रवचन 2. वाचन
3. सुलेख 4. आलेख

**141.** निम्नलिखित में से किस वाक्य में अनिश्चयवाचक सर्वनाम का प्रयोग नहीं हुआ है?

1. कुछ भी आज असंभव नहीं है।
2. कोई तो परीक्षा में जरूर पास होगा।
3. आप घर जाइए।
4. किसी बुद्धिमान छात्र से पूछो।

**142.** सर्वोचित क्रिया-विशेषण शब्द से दिए गए वाक्य के रिक्त स्थान को पूर्ण करें:

.......... मरने से अच्छा है कि एक बार खुलकर मुकाबला कर लिया जाय।

1. प्रत्युत 2. स्वतः
3. धड़ाधड़ 4. तिल तिल कर

**143.** दिए गए वाक्य में उचित सम्बन्ध कारक का चयन करके रिक्त स्थान की पूर्ति करें:

हिन्दी साहित्य .......... इतिहास अत्यन्त विस्तृत व प्राचीन है।

1. के लिए 2. से
3. ने 4. का

**144.** अकर्मक क्रिया का वाक्य बनाने हेतु सर्वोचित शब्द भरें–

.......... सिर खुजलाता है।

1. वह नाखून से 2. वह गीता का
3. वह अपना 4. उसका

**145.** दिए गए वाक्य में उचित स्थानवाचक क्रिया-विशेषण का चयन करके रिक्त स्थान की पूर्ति करें–

अधिकांश लोग होली के अवसर पर ......... एकत्र हो होली खेलते हैं।

1. अधिक 2. मैदान में
3. बारी-बारी से 4. सुबह

**146.** मनोबल शब्द में कौन-सी संधि है?

1. स्वर 2. विसर्ग
3. हल 4. व्यंजन

**147.** दिए गए वाक्य में उचित क्रिया शब्द का चयन करके रिक्त स्थान की पूर्ति करें–

पेड़ को फल पैदा करने और अपनी ऊर्जा केंद्रित करने में .......... से मदद मिलती है।

1. ढलाई 2. छँटाई
3. निराई 4. गुड़ाई

**148.** निम्न में से किस वाक्य में विशेषण का प्रयोग गलत है?

1. यह हल्की थैली है।
2. वह बड़ा आदमी है।
3. रमा समझदार लड़का है।
4. उसके पास तेज घोड़ा है।

**149.** सरोरूह का संधि-विच्छेद है–

1. सर + रूह 2. सर + रुह
3. सरः + रुह 4. सरो : रुह

**150.** दिये गये वाक्य के किस भाग में त्रुटि है?

विषम परिस्थिति में बालक का प्रसव यदि तीव्र शीघ्रता से न किया तो प्रसवकाल में ही उसकी मृत्यु हो सकती है।

1. न किया तो प्रसवकाल में ही
2. विषम परिस्थिति में बालक
3. उसकी मृत्यु हो सकती है।
4. प्रसव यदि तीव्र शीघ्रता से

**151.** दिये गये वाक्य के किस भाग में त्रुटि है?

दो दिनों में शुरू होने वाले सम्मेलन के स्थगित होने की संभावना की जा रही है।

1. संभावना की जा रही है।
2. दो दिन में शुरू
3. होने वाले सम्मेलन के
4. स्थगित होने की

**152.** 'अधिकार' शब्द में निम्न में से सर्वोचित उपसर्ग लगाकर वाक्य का रिक्त स्थान पूर्ण करें–

यह उद्यान निजी सम्पत्ति है यहाँ .......... प्रवेश वर्जित है।

1. अना
2. अनु
3. अव्
4. अन्

**153.** निम्नलिखित में से किस वाक्य में प्रश्नवाचक सर्वनाम का प्रयोग नहीं हुआ है?

1. रमेश की ट्रेन कब जाएगी?
2. एलिजाबेथ कहाँ रहती है?
3. सबीना बहुत तेज दौड़ती है।
4. सचिन कौन-सी टीम से खेलता है?

**154.** नीचे दिए गए चार विकल्पों में से कोई एक विशेषण शब्द का चुनाव कर, वाक्य शुद्ध करें।

यदि तुम <u>इताना कम</u> खाना खाओगे तो बहुत दिनों तक काम नहीं कर सकते।

1. कोई
2. कौन
3. उसकी
4. इतना कम

**155.** विशेषण की दृष्टि से निम्नलिखित वाक्यों में से त्रुटियुक्त वाक्य पहचानें–

1. गोपाल की कुछ अनुचित बातें उसके परिवार में कलह का कारण बन गईं।
2. अपने शरीर को सुडौल बनाये रखने के लिए प्रतिदिन व्यायाम करना आवश्यक है।
3. दिल्ली में कई टिकाऊ इमारतों के खण्डहर रूपी अवशेष दिख जाते हैं।
4. बारिश के बाद पुल पर लगे पत्थर कितने सुंदर और चिकने लग रहे थे।

**156.** नीचे दिए वाक्य में रिक्त स्थान की पूर्ति के लिए उचित कारक चिह्न चुनिए–

मैं .......... उसे पढ़ाया।

1. ने
2. के
3. रे
4. को

**157.** नीचे दिए गए वाक्यों में से तीन वाक्य व्याकरण की दृष्टि से शुद्ध हैं, जबकि एक वाक्य में क्रिया का बेमेल प्रयोग किया गया है। बेमेल वाक्य का चयन कीजिए।

1. भारत के वैज्ञानिकों ने चाँद पर उपग्रह प्रेषित किया।
2. उपग्रह को बनाने के लिए वैज्ञानिकों के कई समूहों ने अलग-अलग हिस्सों पर काम किया।
3. उपग्रह की सफलता के लिए प्रधानमंत्री ने सभी को बधाई संदेश दिया।
4. उपग्रह को कुछ तकनीकी खराबी के कारण जल्दी उड़ाने पड़ा था।

**158.** नीचे दिए गए चार विकल्पों में से कोई एक संज्ञा शब्द का चुनाव कर, वाक्य शुद्ध करें।

भारत के <u>वीरती</u> सपूतों ने देश को स्वतंत्र कराया।

1. वीर
2. वीरा
3. विर
4. विरता

**159.** निम्नलिखित में से किस वाक्य में निश्चयवाचक सर्वनाम का प्रयोग नहीं हुआ है?

1. यह फिल्म बहुत अच्छी है।
2. ये सभी देहरादून जा रहे हैं।
3. वह रास्ता बहु पथरीली है।
4. तुम दूध पी लो।

**160.** आवश्यकताबोधक क्रिया शब्द से दिए गए वाक्य के रिक्त स्थान को पूर्ण करें–

परीक्षा में उत्तम सफलता प्राप्त करने हेतु रफीक को कम-से-कम 6 घंटे ..........।

1. पढ़ सकेगा
2. सोना चाहिए
3. पढ़ना चाहिए
4. पढ़ता रहा है

**161.** निम्नलिखित वाक्य को पूरा करने के लिए दिए गए विकल्पों में से सही देशज शब्द/विकल्प का चयन करें।

.......... दूध से भरा हुआ है।

1. कटोरी
2. बाल्टी
3. कटोरा
4. डाली

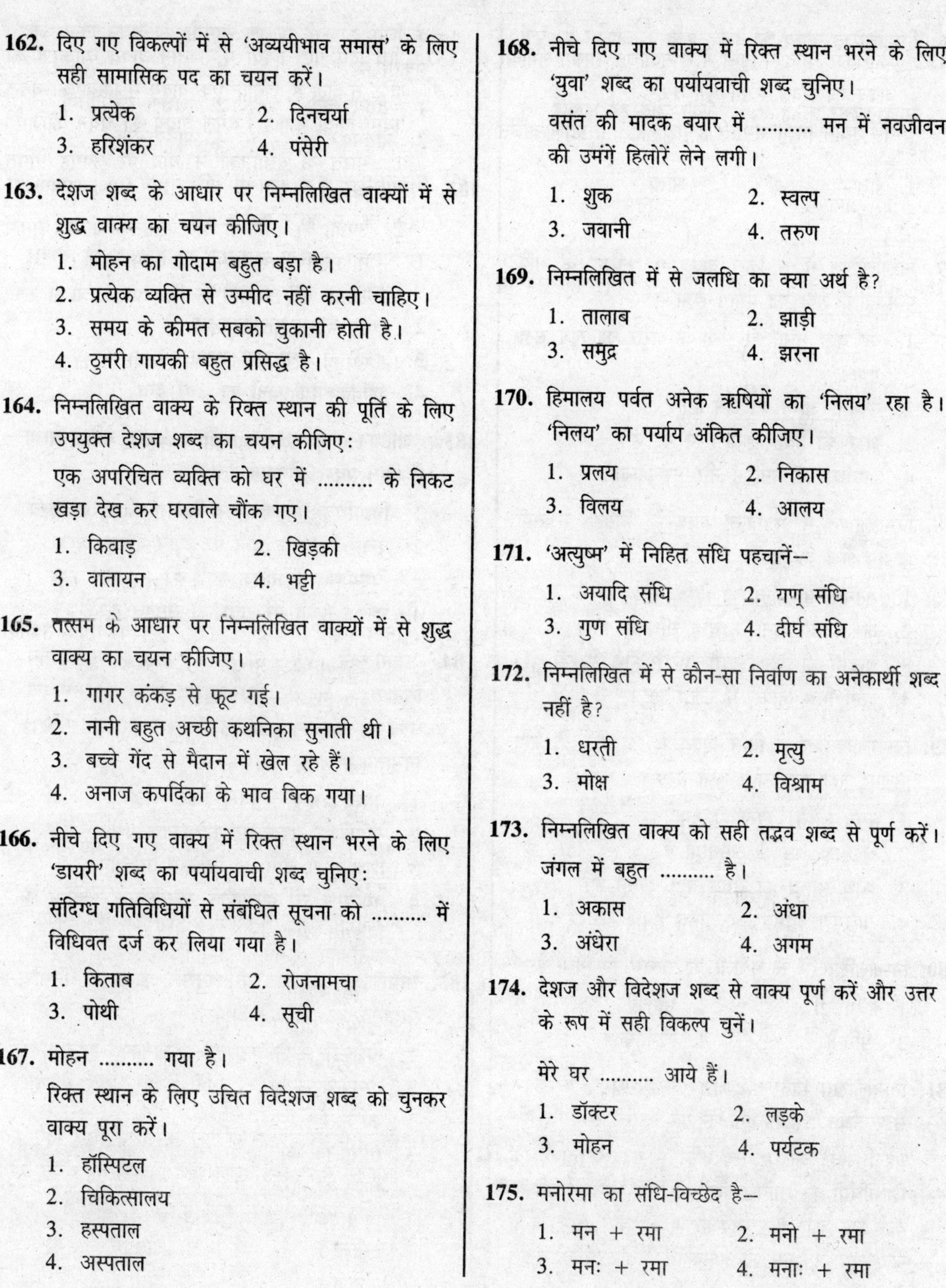

**162.** दिए गए विकल्पों में से 'अव्ययीभाव समास' के लिए सही सामासिक पद का चयन करें।

1. प्रत्येक
2. दिनचर्या
3. हरिशंकर
4. पंसेरी

**163.** देशज शब्द के आधार पर निम्नलिखित वाक्यों में से शुद्ध वाक्य का चयन कीजिए।

1. मोहन का गोदाम बहुत बड़ा है।
2. प्रत्येक व्यक्ति से उम्मीद नहीं करनी चाहिए।
3. समय के कीमत सबको चुकानी होती है।
4. ठुमरी गायकी बहुत प्रसिद्ध है।

**164.** निम्नलिखित वाक्य के रिक्त स्थान की पूर्ति के लिए उपयुक्त देशज शब्द का चयन कीजिए:

एक अपरिचित व्यक्ति को घर में ......... के निकट खड़ा देख कर घरवाले चौंक गए।

1. किवाड़
2. खिड़की
3. वातायन
4. भट्टी

**165.** तत्सम के आधार पर निम्नलिखित वाक्यों में से शुद्ध वाक्य का चयन कीजिए।

1. गागर कंकड़ से फूट गई।
2. नानी बहुत अच्छी कथनिका सुनाती थी।
3. बच्चे गेंद से मैदान में खेल रहे हैं।
4. अनाज कपर्दिका के भाव बिक गया।

**166.** नीचे दिए गए वाक्य में रिक्त स्थान भरने के लिए 'डायरी' शब्द का पर्यायवाची शब्द चुनिए:

संदिग्ध गतिविधियों से संबंधित सूचना को ......... में विधिवत दर्ज कर लिया गया है।

1. किताब
2. रोजनामचा
3. पोथी
4. सूची

**167.** मोहन ......... गया है।

रिक्त स्थान के लिए उचित विदेशज शब्द को चुनकर वाक्य पूरा करें।

1. हॉस्पिटल
2. चिकित्सालय
3. हस्पताल
4. अस्पताल

**168.** नीचे दिए गए वाक्य में रिक्त स्थान भरने के लिए 'युवा' शब्द का पर्यायवाची शब्द चुनिए।

वसंत की मादक बयार में ......... मन में नवजीवन की उमंगें हिलोरें लेने लगी।

1. शुक
2. स्वल्प
3. जवानी
4. तरुण

**169.** निम्नलिखित में से जलधि का क्या अर्थ है?

1. तालाब
2. झाड़ी
3. समुद्र
4. झरना

**170.** हिमालय पर्वत अनेक ऋषियों का 'निलय' रहा है। 'निलय' का पर्याय अंकित कीजिए।

1. प्रलय
2. निकास
3. विलय
4. आलय

**171.** 'अत्युष्ण' में निहित संधि पहचानें—

1. अयादि संधि
2. यण् संधि
3. गुण संधि
4. दीर्घ संधि

**172.** निम्नलिखित में से कौन-सा निर्वाण का अनेकार्थी शब्द नहीं है?

1. धरती
2. मृत्यु
3. मोक्ष
4. विश्राम

**173.** निम्नलिखित वाक्य को सही तद्भव शब्द से पूर्ण करें।

जंगल में बहुत ......... है।

1. अकास
2. अंधा
3. अंधेरा
4. अगम

**174.** देशज और विदेशज शब्द से वाक्य पूर्ण करें और उत्तर के रूप में सही विकल्प चुनें।

मेरे घर ......... आये हैं।

1. डॉक्टर
2. लड़के
3. मोहन
4. पर्यटक

**175.** मनोरमा का संधि-विच्छेद है—

1. मन + रमा
2. मनो + रमा
3. मनः + रमा
4. मनाः + रमा

**176.** निम्नलिखित वाक्य को देशज शब्द के आधार पर पूर्ण करें।

साधु अक्सर ................ लेकर जाते हुई दिखाई देते हैं।

1. थैला 2. झोला
3. बैग 4. बस्ता

**177.** निम्नलिखित में से किस वाक्य में 'रुधिर' के सही पर्यायवाची शब्द का प्रयोग हुआ है?

1. वह बात सुनते ही सुधा के शरीर का खून सूख गया।
2. उष्णता अग्नि का धर्म है।
3. शहर की हवा जहरीली हो गई है।
4. आराध्या के नैनों में नीर भर आया।

**178.** निम्नलिखित में से किस वाक्य में 'विग्रह' के सही विलोम शब्द का प्रयोग हुआ है?

1. सोनिया ने अन्वि का विरोध किया।
2. अंततः उन दोनों के बीच संधि हो गई।
3. चन्द्रमा की किरणें चारों ओर विकीर्ण हो रही थीं।
4. दोनों मित्र आपस में उलझ गए।

**179.** निम्नलिखित में से किस वाक्य में 'विरोधी' के सही विलोम शब्द का प्रयोग हुआ है?

1. रमन उससे विमुख हो गया।
2. वे सिख धर्म के अनुयायी हैं।
3. क्रोध मनुष्य का सबसे बड़ा दुश्मन है।
4. नारायण अभिषेक का मित्र है।

**180.** निम्नलिखित में से भतीजी का तत्सम रूप क्या है?

1. विभावरी 2. भ्रातृजा
3. भगिनी 4. विभीषिका

**181.** निम्नलिखित विवरण शिक्षण और अधिगम के संदर्भ से संबंधित है। पहचानें कि यह किससे संबंधित है:

यह शिक्षकों को यह तय करने में मदद करता है कि शिक्षार्थियों को शामिल करने के लिए अधिगम प्रक्रिया कैसे शुरू की जाए; अवधारणा को कैसे लागू किया जाए और अधिगम को आनंददायक और सार्थक बनाने के लिए कौन-सी शिक्षण सामग्री का चयन किया जा सकता है?

1. पाठ्यपुस्तक 2. शिक्षण रणनीतियाँ
3. पाठ्यक्रम 4. पाठ्य-सूची

**182.** निम्नलिखित में से कौन-सा अधि संज्ञान (metacognition) का उदाहरण है?

1. अपनी समस्या-समाधान रणनीतियों को बेहतर बनाने के बारे में सोचना
2. उच्च स्वर में पुस्तक पढ़ना
3. शब्दों की सूची याद करना
4. बहुविकल्पीय प्रश्नों का उत्तर देना

**183.** हर्बार्टियन मॉडल (Herbartian model), नैतिक शिक्षा में किस प्रकार योगदान देता है?

1. विद्यार्थियों के व्यक्तिगत विकास की उपेक्षा करके
2. केवल वैज्ञानिक ज्ञान पर ध्यान केंद्रित करके
3. विषयवस्तु में नैतिक पाठों को समाहित करके
4. नैतिक मूल्यों पर चर्चा को समाप्त करके

**184.** वायगोत्स्की (Vygotsky) के सामाजिक-सांस्कृतिक सिद्धांत के अनुसार, निम्नलिखित में से कौन-सा एक बच्चे के संज्ञानात्मक विकास में सबसे महत्वपूर्ण भूमिका निभाता है?

1. बाहरी प्रभाव के बिना सहज बुद्धि
2. सामाजिक संपर्क एवं सांस्कृतिक प्रभाव
3. शिक्षकों से ज्ञान का निष्क्रिय अवशोषण
4. पर्यावरण से अप्रभावित संज्ञानात्मक विकास के निश्चित चरण

**185.** सामाजिक रचनावाद के अनुसार, ज्ञान का निर्माण प्राथमिक रूप से कैसे होता है?

1. विशेषज्ञों से निष्क्रिय रूप से जानकारी प्राप्त करके
2. वस्तुपरक तथ्यों को बिना विचार-विमर्श के याद करने से
3. सामाजिक अंतःक्रिया, सहयोग और सांस्कृतिक संदर्भ के माध्यम से
4. बिना किसी बाहरी प्रभाव के केवल व्यक्तिगत प्रयासों से

**186.** निम्नलिखित में से किसने लिंग, जाति, वर्ग, धर्म, क्षेत्र आदि से उत्पन्न असमानताओं के पहलुओं पर बल दिया है?

1. NCERT 2006
2. NEP 2020
3. राष्ट्रीय पाठ्यचर्या की रूपरेखा 2000
4. राष्ट्रीय पाठ्यचर्या की रूपरेखा 1968

**187.** कौन-सी अवस्था विकास में तेजी से वृद्धि का संकेत देती है?

1. यौवन
2. वयस्कता
3. बचपन
4. वृद्धावस्था

**188.** निम्नलिखित में से कौन-सा ज्ञान का विभाजन नहीं है?

1. प्रागनुभविक (Priori)
2. अनुभवी (Experienced)
3. हीनता (Inferiori)
4. अनुभवाश्रित (Posteriori)

**189.** निम्नलिखित में से कौन-सा, दिव्यांगजन अधिकार अधिनियम (RPwD), 2016 का पक्ष-समर्थन नहीं करता है?

1. विशेष शिक्षकों (speical educators) की नियुक्ति
2. बढ़ती जनसंख्या
3. सह-पाठ्यचर्या गतिविधियों का प्रावधान
4. शिक्षण-अधिगम सामग्री उपलब्ध कराना

**190.** निम्नलिखित में से कौन-सा, कक्षाओं में अधिगम के लिए आकलन (AfL) के कार्यान्वयन के साथ सर्वोत्तम रूप से संरेखित है?

1. शिक्षक बिना किसी संशोधन के सभी आकलनों का मूल्यांकन करेंगे।
2. शिक्षक शिक्षण को समायोजित करने और विद्यार्थियों की आवश्यकताओं को पूरा करने के लिए आकलन डेटा का उपयोग करते हैं।
3. शिक्षक आकलन परिणामों पर विचार किए बिना दृढ़ पाठ योजनाओं का उपयोग करते हैं।
4. शिक्षक विद्यार्थियों के साथ आकलन पर चर्चा से बचते हैं।

**191.** निम्नलिखित में से कौन-सा अधिगम के रचनावादी परिप्रेक्ष्य का सर्वोत्तम वर्णन करता है?

1. रटकर याद करना सबसे प्रभावी अधिगम विधि है।
2. विद्यार्थी निष्क्रिय श्रवण के माध्यम से सर्वोत्तम सीखते हैं।
3. ज्ञान का स्थानांतरण केवल शिक्षक से विद्यार्थी तक होता है।
4. अधिगम सक्रिय सहभागिता एवं व्यक्तिगत अनुभव के माध्यम से होता है।

**192.** निम्नलिखित में से कौन-सा सहायक प्रौद्योगिकी उपकरण सामान्यतः दृष्टिबाधित बच्चों द्वारा उपयोग किया जाता है?

1. व्हाइटबोर्ड (Hearing aid)
2. ब्रेल डिस्प्ले (Braille display)
3. स्पीच टू-टेक्स्ट सॉफ्टवेयर (Speech-to-text software)
4. श्रवण यंत्र (Hearing aid)

**193.** निम्नलिखित में से कौन-सा, ज्ञान उद्देश्य से संबंधित है?

1. तर्क और परिकल्पना करने की क्षमताओं के विकास द्वारा प्राप्त
2. संबंधों को देखने और विभेद करने की क्षमताओं के विकास द्वारा साधित
3. स्मरण और पहचान क्षमताओं के विकास द्वारा प्राप्त
4. व्यक्ति की उच्चतम आवश्यकताओं की पूर्ति और आंतरिक अभिप्रेरणा का उपयोग करके प्राप्त

**194.** अधिगम उद्देश्यों को मूल्यांकन विधियों के साथ संरेखित करना क्यों आवश्यक है?

1. शिक्षण से लचीलेपन को दूर करना
2. अनावश्यक प्रशासनिक कार्य उत्पन्न करना
3. विद्यार्थियों के लिए मूल्यांकन को और अधिक कठिन बनाना
4. यह सुनिश्चित करना कि मूल्यांकन यह मापें कि विद्यार्थियों से क्या अधिगम की अपेक्षा की जाती है

**195.** अधिगम रणनीतियों के लिए आकलन डिजाइन करते समय, शिक्षकों को निम्नलिखित में से किसको प्राथमिकता देनी चाहिए?

1. विद्यार्थी के लिए अनुचिंतन और आत्म-निगरानी के अवसर उत्पन्न करना
2. केवल पारंपरिक आकलनों पर निर्भर रहना
3. केवल ग्रेडिंग उद्देश्य के लिए आकलनों का उपयोग करना
4. विद्यार्थियों को उनकी प्रगति के संबंध में अनभिज्ञ रखना

**196.** .......... उपागम तार्किक-वैज्ञानिक परिप्रेक्ष्य पर आधारित है, जो व्यवहारपरक विज्ञान में किए गए शोध से उभरा है और जिसने बीसवीं सदी के आरंभ में चिंतन क्षेत्र को प्रभावित किया।

1. प्रणाली-प्रबंधकीय (Systems-managerial)
2. व्यवहारिक तर्कसंगत (Behavioural-rational)
3. मानवतावादी (Humanistic)
4. शैक्षणिक (Academic)

**197.** निम्नलिखित में से कौन-सा, पाठ योजना के मुख्य घटक के अंतर्गत नहीं आता है?

1. विद्यार्थियों के अधिगम के उद्देश्य
2. विद्यार्थियों की समझ की जांच करने की रणनीतियां
3. शिक्षण-अधिगम गतिविधियां
4. सार्वजनिक परीक्षा के लिए महत्वपूर्ण प्रश्न की प्रागुक्ति

**198.** एक ही मौखिक या लिखित उक्ति में विभिन्न भाषाओं के शब्दों और वाक्यांशों का मिश्रण .......... कहलाता है।

1. भाषिक (linguistic)
2. शैक्षणिक भाषा (academic language)
3. ट्रांसलैंग्युजिंग (translanguaging)
4. द्विभाषिता (bilingualism)

**199.** निम्नलिखित में से कौन-सा, विद्यार्थी-केंद्रित शिक्षण का उदाहरण है?

1. श्रुतलेख विधि (Dictation method)
2. प्रदर्शन (Demonstration)
3. व्याख्यान विधि (Lecture method)
4. प्रतिफल प्रदर्शन (Return demonstration)

**200.** प्रजनन क्षेत्र में महिलाओं की भूमिका की सार्वभौमिक स्वीकृति, .......... के निर्माण का आधार बनी।

1. महिलाओं और पुरुषों के बीच वर्ग संरचना
2. महिलाओं और पुरुषों के बीच सामाजिक भूमिका
3. महिलाओं और पुरुषों के बीच लैंगिक अंतर
4. महिलाओं और पुरुषों के बीच लैंगिक (sexual) संरचना

## उत्तरमाला

| 1 | 2 | 3 | 4 | 5 | 6 | 7 | 8 | 9 | 10 |
|---|---|---|---|---|---|---|---|---|---|
| 4 | 4 | 4 | 2 | 4 | 3 | 1 | 1 | 1 | 3 |
| **11** | **12** | **13** | **14** | **15** | **16** | **17** | **18** | **19** | **20** |
| 1 | 4 | 2 | 3 | 1 | 1 | 2 | 4 | 2 | 4 |
| **21** | **22** | **23** | **24** | **25** | **26** | **27** | **28** | **29** | **30** |
| 1 | 3 | 4 | 2 | 3 | 4 | 2 | 4 | 2 | 1 |
| **31** | **32** | **33** | **34** | **35** | **36** | **37** | **38** | **39** | **40** |
| 3 | 2 | 3 | 2 | 2 | 3 | 4 | 3 | 1 | 1 |
| **41** | **42** | **43** | **44** | **45** | **46** | **47** | **48** | **49** | **50** |
| 3 | 3 | 3 | 2 | 1 | 2 | 3 | 2 | 2 | 2 |
| **51** | **52** | **53** | **54** | **55** | **56** | **57** | **58** | **59** | **60** |
| 3 | 3 | 3 | 4 | 1 | 2 | 1 | 2 | 3 | 2 |

| **61** | **62** | **63** | **64** | **65** | **66** | **67** | **68** | **69** | **70** |
|---|---|---|---|---|---|---|---|---|---|
| 3 | 2 | 3 | 1 | 2 | 3 | 2 | 2 | 1 | 2 |
| **71** | **72** | **73** | **74** | **75** | **76** | **77** | **78** | **79** | **80** |
| 2 | 3 | 1 | 1 | 2 | 2 | 4 | 2 | 3 | 1 |
| **81** | **82** | **83** | **84** | **85** | **86** | **87** | **88** | **89** | **90** |
| 1 | 2 | 4 | 4 | 4 | 2 | 1 | 4 | 2 | 4 |
| **91** | **92** | **93** | **94** | **95** | **96** | **97** | **98** | **99** | **100** |
| 4 | 1 | 4 | 2 | 1 | 3 | 2 | 4 | 4 | 2 |
| **101** | **102** | **103** | **104** | **105** | **106** | **107** | **108** | **109** | **110** |
| 2 | 2 | 1 | 2 | 1 | 4 | 1 | 3 | 3 | 1 |
| **111** | **112** | **113** | **114** | **115** | **116** | **117** | **118** | **119** | **120** |
| 4 | 3 | 3 | 3 | 1 | 2 | 4 | 2 | 1 | 3 |
| **121** | **122** | **123** | **124** | **125** | **126** | **127** | **128** | **129** | **130** |
| 1 | 1 | 2 | 2 | 2 | 4 | 1 | 1 | 3 | 4 |
| **131** | **132** | **133** | **134** | **135** | **136** | **137** | **138** | **139** | **140** |
| 4 | 1 | 2 | 2 | 2 | 1 | 3 | 2 | 2 | 4 |
| **141** | **142** | **143** | **144** | **145** | **146** | **147** | **148** | **149** | **150** |
| 3 | 4 | 4 | 3 | 2 | 2 | 2 | 3 | 1 | 4 |
| **151** | **152** | **153** | **154** | **155** | **156** | **157** | **158** | **159** | **160** |
| 1 | 4 | 3 | 4 | 3 | 1 | 4 | 1 | 4 | 3 |
| **161** | **162** | **163** | **164** | **165** | **166** | **167** | **168** | **169** | **170** |
| 3 | 1 | 3 | 2 | 4 | 2 | 1 | 4 | 3 | 4 |
| **171** | **172** | **173** | **174** | **175** | **176** | **177** | **178** | **179** | **180** |
| 2 | 1 | 3 | 1 | 3 | 2 | 1 | 2 | 2 | 2 |
| **181** | **182** | **183** | **184** | **185** | **186** | **187** | **188** | **189** | **190** |
| 2 | 1 | 3 | 2 | 3 | 1 | 1 | 3 | 2 | 2 |
| **191** | **192** | **193** | **194** | **195** | **196** | **197** | **198** | **199** | **200** |
| 4 | 2 | 3 | 4 | 1 | 2 | 4 | 3 | 4 | 3 |

## व्याख्यात्मक उत्तर

**1.** 'कुमारपाल प्रतिबोध', यह कृति जैन धर्म से संबंधित उपदेशात्मक ग्रंथ है जिसमें राजा कुमारपाल को नीति-सिद्धांतों और नैतिक जीवन के निर्देश दिए गए हैं। इसमें युद्ध-वर्णन, शौर्य-गाथाएँ या पराक्रम-केंद्रित कथानक नहीं मिलता, जो वीरगाथा-काव्य की मुख्य विशेषताएँ होती हैं। इसलिए यह रचना वीरगाथा-परंपरा से असंबद्ध मानी जाती है।

**2.** 'श्याम सुंदर दास' : कबीर की भाषा अनेक बोलियों–अवधी, ब्रज, खड़ी बोली, पंजाबी, राजस्थानी और लोक-तत्वों–के मिश्रण से बनी है। इस विविधता के कारण इसे 'पंचमेल खिचड़ी' कहा गया। यह नाम उस भाषिक सम्मिश्रण को दर्शाता है जो संत-काव्य की सहज अभिव्यक्ति को संभव बनाता है।

3. मुंज कहता है, हे मृणालवति! गए हुए यौवन को न पछता : इस पंक्ति में 'मुंज' को बोलते हुए दिखाया गया है जो मृणालवति को समझाता है कि बीता हुआ यौवन लौटकर नहीं आता। जीवन का स्वाभाविक नियम परिवर्तन और क्षणभंगुरता है, इसलिए अतीत पर शोक करना व्यर्थ है। यह संदेश वैराग्य और समय की स्वीकृति को प्रकट करता है।

4. नाथपंथी योगियों की कृतियों में मिश्रित जनभाषा का प्रयोग मिलता है, जिसे सधुक्कड़ी कहा जाता है। इसमें अपभ्रंश, ब्रज, अवधी, खड़ी बोली और क्षेत्रीय बोलियों के तत्व समन्वित रूप से उपस्थित होते हैं। साधना, अनुभव और लोकधर्मिता को सरल व संप्रेषणीय बनाने के लिए यही भाषा उपयुक्त माध्यम बनी।

5. 'बरवै नायिकाभेद' में नायिकाओं के विभिन्न मनोभाव, स्थितियाँ और व्यवहारिक भेद बरवै छंद में वर्णित हैं। रहीम ने इसमें शृंगार और भावों की सूक्ष्मता को कलात्मक ढंग से प्रस्तुत किया है। यह रचना रीति-परंपरा के नायिका-वर्णन को सुविकसित और विशिष्ट रूप देती है।

6. देशी भाषा सबको मीठी लगती है : इस पंक्ति में स्थानीय, सरल और स्वाभाविक देशी भाषा की सराहना की गई है। भाव यह है कि जन-साधारण को वही भाषा सबसे मधुर प्रतीत होती है जो उनकी अपनी बोली के निकट हो। इसमें भाषा की सहजता और लोक-संस्कृति के प्रति अपनत्व का संकेत मिलता है।

7. 'प्रिय प्रवास' महाकाव्यपूर्ण और गंभीर भावभूमि में रचित कृति है, जिसमें कृष्ण के मथुरा-द्वारका-विरह और गोकुल-वृंदावन की पीड़ा का वर्णन है। इसका स्वर करुण, मार्मिक और शृंगार-प्रधान है, हास्य-व्यंग्य की शैली इसमें नहीं पाई जाती। अन्य उल्लिखित रचनाएँ विनोद, कटाक्ष या व्यंग्यात्मक शैली से संबंध रखती हैं।

8. 'चंदबरदाई' पृथ्वीराज चौहान के प्रिय और निकटस्थ कवि माने जाते हैं। उन्होंने वीर-पराक्रम, युद्धकौशल और राजनीतिक घटनाओं को काव्यात्मक स्वर देकर राजदरबार में अपनी विशिष्ट पहचान बनाई। उनका काव्य-स्वर ऐतिहासिकता और वीरगाथा परंपरा से गहराई से जुड़ा हुआ है।

9. 'काआ तरूवर पंज विडाल' पंक्ति चर्यापद परंपरा की है और इसके रचयिता सिद्ध कवि लुइपा माने जाते हैं। उनकी वाणी में प्रतीकात्मक, सांकेतिक और योग-साधना संबंधी भावों को लोक-भाषा में व्यक्त करने की विशेषता मिलती है। चर्यागीतिका के आरंभिक सिद्ध साहित्य में लुइपा की रचनाएँ अत्यंत महत्वपूर्ण स्थान रखती हैं।

10. हजारीप्रसाद द्विवेदी के अनुसार 'हिंदी का आदिकाल' इसी अवधि में स्थित है। इस काल में अपभ्रंश से विकसित होकर आरंभिक हिंदी रूप ग्रहण करती है और सिद्ध-नाथ-ज्ञानमार्गी साहित्य के साथ-साथ लोकधर्मी रचनाएँ आकार लेने लगती हैं। भाषा-रूप, कथ्य और काव्य-परंपरा—तीनों में परिवर्तन का आरंभ इसी समय देखा जाता है।

11. आचार्य रामचन्द्र शुक्ल ने 'हिन्दी साहित्य का इतिहास' में चन्दबरदाई रचित 'पृथ्वीराज रासो' को हिन्दी का प्रथम महाकाव्य माना है। उन्होंने चन्दबरदाई को हिन्दी का प्रथम महाकवि भी स्वीकार किया, क्योंकि रासो में वीर-रस, इतिहास-प्रधान कथानक और महाकाव्यात्मक संरचना के प्रमुख तत्व उपस्थित हैं। यद्यपि इसकी प्रामाणिकता पर विद्वानों के मत भिन्न हैं, फिर भी शुक्ल का यह मत साहित्य-इतिहासलेखन में अत्यंत प्रभावशाली माना जाता है।

12. 'भारत-दुर्दशा' का प्रकाशन वर्ष 1890 नहीं है; यह उससे पहले का नाटक है। अन्य तीनों विकल्प—'अंधायुग' 1955, 'ध्रुवस्वामिनी' 1933 और 'आधे-अधूरे' 1969—अपने-अपने वास्तविक प्रकाशन वर्षों के अनुरूप हैं। इस प्रकार सूची में केवल चौथा जोड़ा असंगत पड़ता है।

13. 'भरतेश्वर बाहुबली रास' जैन परंपरा का रास-काव्य है जिसकी रचना शालिभद्र सूरि ने की। यह प्रारंभिक जैन काव्यधारा में महत्वपूर्ण माना जाता है और इसका केंद्र भरतेश्वर तथा बाहुबली के संघर्ष से जुड़ी कथाएँ हैं। इसमें जैन धर्म के आदर्शों, वैराग्य, धर्मशीलता और नायक-चरित्रों की आध्यात्मिक वृत्तियों को रास-शैली में प्रस्तुत किया गया है, इसलिए इसकी विशिष्ट पहचान जैन साहित्य के अंतर्गत ही स्थापित होती है।

14. पुष्पदंत द्वारा रचित 'महापुराण' जैन आचार्यों और महापुरुषों की कथाओं को विस्तृत रूप से प्रस्तुत करता है। इसमें तीर्थंकरों, श्रमणों और अनेक महान जैन चरित्रों के जीवन-प्रसंग, धर्म-आचरण और आदर्शों का वर्णन महाकाव्यात्मक शैली में मिलता है। इसका केंद्र बिंदु वीर-रस या रास-लीला नहीं, बल्कि जीवन-कथाओं की आध्यात्मिक धारा है।

**15.** यह प्रवृत्ति आदिकाल से संबंधित नहीं मानी जाती, क्योंकि आदिकाल का साहित्य मुख्यतः वीरगाथात्मक स्वर, युद्ध-चित्रण, आश्रयदाताओं की प्रशंसा और कुल-गौरव की परंपरा से जुड़ा हुआ है। समाज-सुधार, जन-जागरूकता और नैतिक चेतना जैसी प्रवृत्तियाँ बाद के कालों—विशेषकर भक्तिकाल और आधुनिक साहित्य—में अधिक उभरकर आती हैं।

**16.** 'आल्हा खंड' का दूसरा नाम 'परमाल रासो' है, जिसमें आल्हा-ऊदल के पराक्रम और बुंदेली वीरगाथाएँ लोक-गायन परंपरा में मिलती हैं। विषयवस्तु मुख्यतः युद्ध-प्रसंग, क्षत्रिय शौर्य और ऐतिहासिक किंवदंतियों पर आधारित है। इसी कारण 'आल्हा' और 'परमाल रासो' एक ही काव्य-परंपरा के पर्याय रूप में उद्धृत होते हैं।

**17.** 'सांध्यगीत' यह महादेवी वर्मा का काव्य-संग्रह है, जिसमें करुण-श्रृंगार, विरह, प्रतीक्षा और आत्मानुभूति के सूक्ष्म स्वर प्रतिबिंबित हैं। भाषा मृदुल, प्रतीक-प्रधान और संवेदी है, जो छायावादी संवेदना को शुद्ध लिरिसिज्म के साथ व्यक्त करती है। महादेवी की 'निहार', 'रश्मि', 'नीरजा' जैसी कृतियों के समान इसकी अंतर्ध्वनियाँ भी अत्यंत मार्मिक हैं।

**18.** आदिकाल के लिए 'सिद्ध-सामंत काल' नामकरण राहुल सांकृत्यायन ने प्रस्तावित किया। इस संज्ञा से एक ओर सिद्ध-साहित्य की आध्यात्मिक-ज्ञानधारा और दूसरी ओर सामंत/दरबारी परंपरा, दोनों का संग-साथ रेखांकित होता है। इससे आरंभिक हिंदी की सामाजिक-सांस्कृतिक पृष्ठभूमि का द्वंद्वात्मक स्वरूप स्पष्ट होता है।

**19.** आधुनिक हिंदी साहित्य का ऐतिहासिक विकास इसी क्रम में विन्यस्त माना जाता है। पहले नवजागरण-सजग भारतेन्दु युग, फिर भाषा-शोधन व राष्ट्रभाव का द्विवेदी युग, उसके बाद भाव-प्रधान छायावाद, और अंततः सामाजिक यथार्थोन्मुख प्रगतिवाद उभरता है। यह अनुक्रम कृतियों, पत्रिकाओं और आलोचना-दृष्टि से पुष्ट है।

**20.** 'नई कहानी' आंदोलन के प्रमुख कथाकार मोहन राकेश, कमलेश्वर और राजेंद्र यादव हैं, जिन्होंने आधुनिक शहरी-मध्यवर्गीय मनोविश्लेषण और संबंधों की जटिलताओं पर बल दिया। प्रेमचंद आरंभिक यथार्थवाद और समाज-सुधारधर्मी कथा-संवेदना के शिखर हैं, पर 'नई कहानी' प्रवाह के अगुवा नहीं माने जाते।

**21.** रीतिकाल का मूल केंद्र श्रृंगार-निरूपण, अलंकार, रीति, नायिका-भेद और रूप-सौंदर्य का मनोरम विन्यास है। भक्ति-विषयक रचनाएँ इस युग की प्रमुख प्रवृत्ति नहीं मानी जातीं, क्योंकि रीतिकाल का सरोकार काव्य-शिल्प, अलंकारिकता और श्रृंगारिक भाव-संपदा से अधिक जुड़ा हुआ है।

**22.** यह पंक्ति वल्लभ-सम्प्रदाय के अष्टछाप कवियों में प्रमुख कुंभनदास की है। वे वैष्णव भक्ति, निष्ठा और सरल भक्ति-मार्ग के लिए प्रसिद्ध हैं। इस पंक्ति में भक्ति की अनन्यता और भक्त के लिये सांसारिक वैभव या सत्ता-प्रसाद को निरर्थक बताने का भाव व्यक्त किया गया है।

**23.** घनानंद की रचनाओं में रहस्यात्मकता, प्रतीक-विधान और सूक्ष्म भाव-ध्वनियाँ इस्लामी सूफी साहित्य और फारसी काव्य-परंपरा के प्रभाव से विकसित हुईं। उनकी भाव-गहनता, रूपकों की महीनता और प्रेम की रहस्यात्मक अनुभूति इन प्रभावों के कारण अधिक परिष्कृत दिखाई देती है।

**24.** यह प्रसिद्ध पंक्ति कृष्ण-लीला और ब्रज-संस्कृति के अत्यंत सहज, लोक-प्रधान और जीवंत चित्रण का उदाहरण है। रसखान ने कृष्ण और गोप-गोपियों के जीवन को अत्यधिक आत्मीयता से व्यक्त किया, और उनकी भाषा व चित्र-विधान में ब्रजभूमि का स्पष्ट लोक-स्वर प्रकट होता है।

**25.** जायसी ने 'पद्मावत' की संरचना में फारसी मसनवी की कथा-रचना पद्धति का अनुसरण किया है। इसमें क्रमबद्ध कथा-विस्तार, प्रेम-प्रसंग, रूपक-योजना, अध्यायबद्ध प्रवाह और अलंकारिक वर्णन उसी शैली की याद दिलाते हैं। इस ढाँचे में पद्मावत की काव्य-भव्यता और कथा-संरचना स्वाभाविक रूप से ढलती है।

**26.** मुग्धावती, मृगावती, मधुमालती और प्रेमावती ऐसी रचनाएँ हैं जो प्रेम-साधना, भाव-गहनता और मानव-मानव संबंधों के आध्यात्मिक रूपांतरण पर आधारित हैं। इन काव्यों में ईश्वर-प्राप्ति का मार्ग प्रेम को माना गया है और विरह, मिलन तथा अंतःकरण की शुद्धता को साधना का केंद्र बनाया गया है। इस प्रकार ये भक्तिकाल की प्रेममार्गी धारा से संबंधित हैं।

**27.** पुष्टिमार्गीय भक्ति वल्लभाचार्य के सिद्धांतों से प्रेरित है और इसका काव्य-आधार सूरदास की रचनाओं में सर्वाधिक विकसित रूप में मिलता है। इस मार्ग में कृपा, लीला-सौंदर्य, माधुर्य-भाव और निष्काम भक्ति को प्रमुख माना गया है।

सूरदास की कृतियाँ, विशेषकर कृष्ण-लीला का चित्रण, पुष्टिमार्गीय दर्शन का काव्यात्मक प्रतिरूप प्रस्तुत करती हैं।

**28.** भक्तिकाल की मुख्य धाराएँ ज्ञानाश्रयी, प्रेमाश्रयी और रामाश्रयी मानी जाती हैं, जो क्रमशः ज्ञान-साधना, प्रेम-भाव और राम-भक्ति पर आधारित हैं। बुद्धाश्रयी धारा भक्तिकाल की परंपरागत वर्गीकरण में सम्मिलित नहीं होती, क्योंकि यह न तो भक्ति-केन्द्रित प्रवाह है और न ही मध्ययुगीन भक्तिकाव्य की संरचना में स्थान पाती है।

**29.** वामन ने रीति को 'गुण-विशिष्ट रचना' कहा है, अर्थात् वह काव्य जिसमें गुणों—जैसे मधुरता, प्रसाद, ओज, सरलता और सामंजस्य—का संतुलित प्रयोग हो। उनके मत में काव्य की श्रेष्ठता अलंकार से अधिक गुणों पर आधारित होती है, और रीति उन गुणों की सुव्यवस्थित परंपरा है जो काव्य को प्रभावपूर्ण बनाती है।

**30.** यह संयोजन असंगत है, क्योंकि 'विज्ञान गीता' सूरदास की मान्य या प्रतिष्ठित रचना नहीं मानी जाती। अन्य तीन संयोजन—नाभादास की 'भक्तमाल', तुलसीदास की 'हनुमानबाहुक' और नंददास की 'रस मंजरी'—अपने-अपने कवियों की प्रामाणिक कृतियाँ हैं और ऐतिहासिक रूप से स्थापित हैं।

**31.** उसमान सूफी प्रेमधारा के प्रमुख कवि माने जाते हैं, जिनकी काव्य-दृष्टि में ईश्वर-प्रेम, मानवीय अनुराग और आध्यात्मिक माधुर्य का गहरा समन्वय मिलता है। वे शाह निजामुद्दीन चिश्ती की परंपरा में हाजी बाबा के शिष्य थे और 1613 में 'चित्रावली' जैसी प्रेम-प्रधान रचना की। उनके काव्य में सूफी संस्कृति, प्रेम-साधना और प्रतीकात्मक अनुभूति का सशक्त और संवेदनशील रूप दिखाई देता है, इसलिए उन्हें स्पष्टतः प्रेममार्गी धारा में रखा जाता है।

**32.** पंक्तियाँ बताती हैं कि नायिका का मन सांसारिक कार्यों से हटकर पूर्णतः 'श्याम-रंग' में रँग चुका है—यह समर्पण, अनुराग और माधुर्य-भक्ति का संकेत है। 'करि समान्यो' कहकर वह स्वीकारती है कि अब उसका स्वरूप प्रेम के प्रभाव से बदल गया है। अर्थ यह कि मन ईश-प्रेम में तन्मय होकर लौकिक आकर्षण से ऊपर उठ गया है।

**33.** 'रासपंचाध्यायी' ब्रजभाषा में भागवत के रास-अध्यायों (पांच अध्याय) का काव्यात्मक रूप है, जिसका प्रतिष्ठित रूप नंददास से सम्बद्ध माना जाता है। इसमें कृष्ण-रास की लीला, गोपियों का माधुर्य-भाव और रस-सौंदर्य निबद्ध है। काव्य भाषा, भाव-संयम और रस-व्यवस्था इसे कृष्णभक्ति-साहित्य की धरोहर बनाती है।

**34.** प्रियादास ने नाभादास कृत 'भक्तमाल' पर टीका संवत् 1769 में पूरी की मानी जाती है। यह टीका संत-परंपरा, जीवन-चरित और साधना-क्रम को क्रमबद्ध सूचना देती है। तिथि-निर्धारण के आधार पर यह ग्रंथ भक्तिकाल-चर्चा के लिए एक मानक स्रोत के रूप में स्वीकृत है।

**35.** बिहारी रीतिकाव्य की रीतिबद्ध धारा के सर्वाधिक प्रतिनिधि कवि माने जाते हैं, जिनकी 'बिहारी सतसई' अलंकार, नायिका-भेद, श्रृंगार-संवेदना और काव्य-शिल्प की उत्कृष्टता का मानक रूप है। उनके दोहों में संक्षिप्तता, भाव-संवेदनाओं की तीव्रता और परिष्कृत अभिव्यक्ति सहज रूप से दिखाई देती है। रीतिकाल में काव्य-नियमन, अलंकारिकता और रूप-सौंदर्य के जो आदर्श स्वीकार हुए, वे बिहारी के काव्य में पूर्णता से साकार मिलते हैं।

**36.** रामचन्द्र शुक्ल ने भक्तिकाल के उदय का कारण उस समय की सामाजिक-राजनीतिक परिस्थितियों में व्याप्त निराशा, असुरक्षा और जनमानस की हताशा को माना है। इस मानसिक स्थिति में लोगों ने ईश्वर-आश्रय, सहारा और मानसिक शांति के रूप में भक्ति को अपनाया। परिणामस्वरूप भक्तिकाव्य व्यापक रूप से विकसित हुआ और समाज को सांत्वना तथा आश्रय प्रदान करने वाला प्रमुख साहित्यिक प्रवाह बन गया।

**37.** संतकाव्य मुख्यतः अवधी, ब्रजभाषा, पंजाबी, राजस्थानी, खड़ी बोली और सधुक्कड़ी जैसी उत्तर भारतीय बोलियों में मिलता है। संत-परंपरा का केंद्र उत्तर भारत रहा, इसलिए गुजराती का प्रयोग इसमें प्रमुख नहीं पाया जाता। संत-साहित्य की भाषा वह रही जो लोक के निकट, सहज और सरल अभिव्यक्ति की सामर्थ्य रखती हो।

**38.** उक्त पंक्ति में बाल-कृष्ण का स्वरूप व्यक्त हुआ है, जिसमें शिशु के रूप में उसकी सरल, चंचल और मासूम इच्छा व्यक्त की गई है। माता-शिशु का स्नेह, कोमलता, अपनापन और लाड़-प्यार इस भाव में निहित है। यही कारण है कि इसमें वात्सल्य रस की पूर्ण अभिव्यक्ति दिखाई देती है।

**39.** डॉ. नगेंद्र ने मतिराम को श्रृंगार रस के प्रमुख निरूपक रीतिकवि के रूप में स्वीकार किया है। उनके काव्य में नायिका-भेद, श्रृंगारिक संकेत, अलंकार, सौंदर्य-चित्रण और रस-व्यंजना अत्यंत परिष्कृत रूप में मिलती है। उनकी शैली

रीतिकाव्य की शास्त्रीय परंपरा को समृद्ध करती है और शृंगार-प्रधानता का प्रभाव स्पष्ट रूप से दिखाई देता है।

**40.** रीतिमुक्त कवियों की भाषा स्वाभाविक, सरल और व्यावहारिक रही, जो अलंकार-प्रधान रीतिबद्ध भाषा की कृत्रिमता से मुक्त थी। रीतिबद्ध कविता में शब्द-चमत्कार, अलंकारिकता और अलंकारों की अधिकता भाषा को कई बार बोझिल बनाती थी, जबकि रीतिमुक्त कवियों की भाषा सहज प्रवाह और सारगर्भिता को महत्त्व देती है।

**41.** आधुनिक काल के उदय में औद्योगिक विकास, संचार-क्रांति, नई अर्थव्यवस्था और सामाजिक चेतना के उभार जैसी प्रवृत्तियाँ निर्णायक रहीं। परंपरावादिता इसके विपरीत परिवर्तन का विरोध करने वाली प्रवृत्ति है, जो नए युग के निर्माण में योगदान नहीं देती। इसलिए यह आधुनिक काल के उदय का कारण नहीं मानी जाती।

**42.** इस पंक्ति में आंतरिक शुचिता और बाह्य आचरण की ईमानदारी पर जोर दिया गया है। भाव यह है कि व्यक्ति का मन सीधा हो, वाणी निर्मल हो और कर्म निष्कपट हों–तभी चरित्र में वास्तविक सादगी और पवित्रता बची रहती है। यह सरलता को जीवन के तीनों आयामों से जोड़ती है।

**43.** वाक्य में वह शब्द चाहिए जो मन में दबे हुए क्रोध, खीझ या असंतोष को बाहर निकालने का अर्थ देता हो। 'भड़ास निकालना' एक प्रचलित प्रयोग है, जो मन का जमा हुआ क्षोभ व्यक्त करने को दर्शाता है। इसलिए यह शब्द वाक्य-पूर्ति के लिए सर्वाधिक उपयुक्त है।

**44.** आचार्य रामचंद्र शुक्ल ने रीतिकाल की समय-सीमा संवत् 1700 से 1900 के बीच निर्धारित की है, जिसे उन्होंने उत्तर-मध्यकाल का रूप माना। इस अवधि में रीति-आधारित काव्य की परिपक्वता, अलंकारिक शैली का उत्कर्ष और नायिका-भेद तथा शृंगार-निरूपण की परंपरा अपने उच्च रूप में विकसित होती है। यही कारण है कि यह समय रीतिकाव्य का प्रामाणिक और स्थापित काल माना जाता है।

**45.** रामचंद्र शुक्ल ने तुलसी और सूर को हिन्दी काव्य-जगत के सूर्य और चंद्र कहा, क्योंकि दोनों की काव्य-प्रतिभा, जनसमर्थन और आध्यात्मिक ऊँचाई अद्वितीय मानी जाती है। तुलसी भक्तिकाव्य में मर्यादा, नीति और महाकाव्यात्मकता के प्रतिनिधि हैं, जबकि सूर माधुर्य, प्रेम और रस-सौंदर्य के उज्ज्वल शिखर माने जाते हैं।

**46.** रुद्र संप्रदाय के प्रवर्तक विष्णु स्वामी माने जाते हैं, जिनकी परंपरा में शैव-वैष्णव तत्वों का समन्वय और भक्ति को वैदिक-आगमिक आधार के साथ जोड़ा गया। इस संप्रदाय की विशेषता ईश्वर के प्रति निष्काम भाव, शरणागति और तत्त्वज्ञान का सरल स्वरूप है, जिसे विष्णु स्वामी ने व्यवस्थित किया।

**47.** प्रस्तुत पंक्तियों में नायिका के नेत्रों से निद्रा का न जाना, विरह की तीव्रता और स्मरण के कारण बेचैनी का भाव उभरता है। कृष्ण-प्रेम में डूबी नायिका के हृदय में उद्वेग, तड़प और एकांत पीड़ा स्पष्ट है। इस प्रकार इसमें वियोग-श्रृंगार का सूक्ष्म और मार्मिक वर्णन मिलता है।

**48.** 'पृथ्वीराज रासो' की भाषा पिंगल मानी जाती है, जो पुरानी राजस्थानी/अपभ्रंश-आधारित वीरगाथात्मक काव्य-परंपरा का छंद-प्रधान रूप है। यह युद्ध-वर्णन, शौर्य-उत्कर्ष और वंश-गौरव को प्रभावी ढंग से व्यक्त करती है। चंदबरदाई का कथ्य और छंद-योजना इसी शैली में सशक्त बनती है।

**49.** 'प्रेमाख्यान काव्य' कथा-पधान प्रबंध शैली में रचे जाते हैं, जहाँ प्रेम-कथा का क्रमिक विस्तार, प्रसंग-विकास, संवाद और चरित्र-चित्रण साथ चलते हैं। संरचना में रस-साधना के साथ रूपक-योजना और कथात्मकता का संतुलित संयोजन रहता है। यही कारण है कि इन्हें मुक्तक नहीं, प्रबंध की कोटि में रखा जाता है।

**50.** सातवीं शताब्दी के सिद्ध कवि सरहपा को हिंदी का प्रथम कवि माना गया है। उनकी वाणी अपभ्रंश से आगे बढ़ती आरंभिक हिंदी-रूप की ओर संकेत करती है। लोक-संवेग, साधना-अनुभूति और सहज कथन-शैली के कारण वे आरंभिक हिंदी काव्य-धारा के अग्रणी माने जाते हैं। अगर चाहें तो मैं 41-50 पूरे सेट को फिर से इसी शैली में, दोबारा जाँचकर लिख दूँ।

**51.** भारतेन्दुयुगीन काव्य का केन्द्रीय स्वर राष्ट्रीयता, सामाजिक-सुधार और समस्यापूर्ति जैसे जनोन्मुख विषय रहेय निजी आत्मोच्छ्वासध्व्यक्तिवादी आत्मप्रसार इस युग की प्रवृत्ति नहीं मानी जाती। इस दौर का साहित्य विचार-जागरण, इतिहास-बोध और समाज-सुधार पर अधिक केन्द्रित रहा। अतः आत्मप्रसार (व्यक्तिगत भाव-उद्गार) बाद की प्रवृत्तियों, विशेषतः छायावाद, से अधिक संबद्ध है।

**52.** पंक्ति का भाव 'ज्यों-ज्यों निहारें, त्यों-त्यों रूप नयन को नया लगता' का है–अर्थात् दर्शन-जन्य आस्वाद बढ़ता जाता

है। अनुभूति का आश्रय देखने की क्रिया है, अतः केन्द्र नेत्र ही हैं। यहाँ रूप-सौंदर्य का प्रभाव 'दृष्टि' पर पड़ता दिखता है, इसलिए भाव का आधार नेत्र माने जाते हैं।

**53.** 'परिमल', 'गीतिका' और 'बेला' निराला के काव्य-संग्रहों में गिने जाते हैं, जबकि 'गुंजन' सुमित्रानंदन पंत का प्रसिद्ध संकलन है। निराला की काव्य-धारा प्रयोगधर्मी और वैचारिक-वेदनात्मक रही, जिसका प्रतिनिधित्व 'परिमल', 'गीतिका' आदि करते हैं; 'गुंजन' उनका संकलन नहीं है।

**54.** यह पद बाल-कृष्ण की सहज, मनोहर और चपल बाल-लीला का चित्रण करता है, जिसमें कृष्ण अपनी माता यशोदा से भोलेपन के साथ पूछते हैं कि इतनी बार दूध पी लेने पर भी उनकी चोटी अब तक क्यों नहीं बढ़ी। सूरदास की काव्य-दृष्टि में वात्सल्य, मधुरता और बाल-रूप की कोमलता अद्भुत रूप से अभिव्यक्त होती है। यही कारण है कि यह पद सूरदास की वात्सल्य-प्रधान काव्य परंपरा का प्रतिनिधि उदाहरण माना जाता है।

**55.** जैन रास-परंपरा का प्रारम्भिक/प्रमुख प्रथम ग्रंथ 'भरतेश्वर-बाहुबली रास' माना जाता है। इसमें भरत और बाहुबली की कथा रास-शैली में प्रस्तुत होती है—नृत्य-गीत-प्रधान विन्यास, आध्यात्मिक संकेत और कथा-प्रवाह के साथ—जो आगे की जैन रास-रचनाओं के लिए आदर्श रूप बना।

**56.** यह पंक्ति 'पद्मावत' में रचित है, जहाँ पात्रों के रूप, गुण और भावों का प्रतीकात्मक और सूक्ष्म वर्णन मिलता है। इन अभिव्यक्तियों में तन की चितौर-जैसी कान्ति, मन की राजसी भाव-संपन्नता, हृदय की दृढ़ता और बुद्धि की पद्मिनी-समान स्पष्टता को रूपक के माध्यम से व्यक्त किया गया है। जायसी की काव्य-शैली में ऐसे संकेत कल्पना और भाव-गहनता दोनों को उभारते हैं।

**57.** नंददास वल्लभाचार्य परंपरा के प्रमुख कवि हैं, जिनकी रचनाओं में श्रीकृष्ण की बाल-लीलाएँ, माधुर्य-भक्ति, गोकुल-वृंदावन का लोक-स्वर और प्रेम-संवेदना प्रमुख रूप से अभिव्यक्त होती है। उनकी भाषा ब्रज और भक्ति-दृष्टि माधुर्यप्रधान है, जो कृष्ण-भक्ति काव्यधारा को अत्यंत सजीव रूप देती है।

**58.** आधुनिक हिंदी साहित्य में 'शिल्प' का अर्थ काव्य की भाषा, संरचना, शैली, अभिव्यक्ति-प्रणाली और प्रस्तुति के कलात्मक ढाँचे से होता है। काव्य का प्रभाव केवल विषय से नहीं, बल्कि उसकी अभिव्यक्ति और रचना-योजना से भी निर्मित होता है, और इन्हीं तत्वों का समन्वय 'शिल्प' कहलाता है।

**59.** वाक्य को देशज शब्द के आधार पर पूरा करने के लिए 'लोटा' उपयुक्त है, क्योंकि यह घरेलू और पारंपरिक जल-पात्र का सामान्य लोकप्रचलित नाम है। 'लोटा भर पानी' का प्रयोग बोलचाल में सहज, स्वाभाविक और सामान्य अर्थ के साथ किया जाता है, जो वाक्य-संदर्भ को पूर्णता देता है।

**60.** सूरदास के पद ब्रजभाषा में रचे गए हैं, जिसमें माधुर्य, सरलता, भावुकता और कृष्ण-भक्ति का सहज प्रवाह मिलता है। ब्रजभाषा के संगीतात्मक स्वर, लय, और लोक-संवेदना सूरकाव्य की भाव-समृद्धि को और अधिक उज्ज्वल बनाते हैं।

**61.** मृगावती प्रेमाख्यान काव्य की अत्यंत प्रसिद्ध कृति है, जिसकी रचना कुतुबन ने 1503-04 ईस्वी में की। यह सूफी प्रेमपरंपरा से संबंधित काव्य है, जिसमें आध्यात्मिक प्रेम, प्रतीकात्मक कथा-विन्यास और रूपक-योजना का सुंदर संगम मिलता है। कथा-प्रवाह, भावुकता और काव्यात्मक शैली इसे प्रेमाख्यान परंपरा की महत्वपूर्ण रचना बनाते हैं।

**62.** यह पंक्ति जैनेन्द्र कुमार की कहानी जाह्नवी से ली गई है, जिसमें पात्रा एक पत्र को देखकर भीतर गहरे भाव-स्पर्श का अनुभव करता है। इस क्षण में उसके मन में पितृत्व-कल्पना जागती है, पर साथ ही यह भाव भी आता है कि ऐसा होना उसके लिए सौभाग्य नहीं माना जा सकता। जैनेन्द्र की कथा-दृष्टि मनोवैज्ञानिक गहराई और आत्मविश्लेषण से भरी होती है, जिसका सजीव उदाहरण यह पंक्ति प्रस्तुत करती है।

**63.** जयशंकर प्रसाद की प्रसिद्ध कहानी ग्राम पत्रिका इंदु में प्रकाशित हुई थी। यह कहानी ग्रामीण जीवन, उसकी संवेदना, संघर्ष और सामाजिक यथार्थ को कलात्मक शैली में प्रस्तुत करती है। इसकी भाषा, भावबोध और कथानक प्रसाद की प्रारंभिक गद्य-रचनाओं के महत्वपूर्ण उदाहरणों में गिने जाते हैं।

**64.** नाट्यशास्त्र को 'पंचम वेद' की संज्ञा दी गई है, क्योंकि यह नाट्य-कला, अभिनय, संगीत, रस-सिद्धांत और सौंदर्यशास्त्र को वेद-तुल्य प्रामाणिक ज्ञान के रूप में व्यवस्थित करता है। इसमें जीवन, कला और रसानुभूति का समन्वय मिलता है, जिससे इसे भारतीय कलाविद्या का परम स्रोत माना गया है।

**65.** चंद्रधर शर्मा 'गुलेरी' की अमर कहानी 'उसने कहा था' पहली बार सरस्वती पत्रिका में प्रकाशित हुई थी। यह आधुनिक हिंदी कथा परंपरा की आधारभूत रचनाओं में से है, जो प्रेम, बलिदान और संवेदनशील मानवीय संबंधों का अत्यंत मार्मिक चित्रण प्रस्तुत करती है। इसकी संरचना और भाव-गहनता ने हिंदी कहानी को एक नया आयाम दिया।

**66.** भक्तमाल में कुल 316 छप्पयों का विन्यास मिलता है, जिनमें संत-परंपरा के लगभग दो सौ से अधिक भक्तों के जीवन-चित्र, साधना-वृत्त और आध्यात्मिक महिमा का संक्षिप्त रूप से वर्णन किया गया है। छप्पय छंद की लय और संक्षिप्त कथन-शक्ति के कारण यह ग्रंथ संत-परंपरा का क्रमबद्ध, सारगर्भित और अत्यंत प्रभावशाली चरित-संग्रह बन गया है।

**67.** अजातशत्रु रंगमंचीय तत्त्वों–संवाद, दृश्य-विधान, कथानक-विकास और मनोवैज्ञानिक टकराव–से युक्त कृति है, इसलिए इसे नाटक की श्रेणी में रखा जाता है। पात्रों की द्वंद्वात्मक प्रवृत्तियाँ और दार्शनिक संकेत नाटकीय तनाव को साधते हैं। रचनात्मक संरचना भी अंक/दृश्य के अनुशासन का पालन करती है।

**68.** आचार्य भामह ने काव्य का प्रयोजन पुरुषार्थ-चतुष्टय–धर्म, अर्थ, काम और मोक्ष–को माना है। उनके अनुसार काव्य मनुष्य में कीर्ति, प्रीति, सदाचार और उच्च भावों को उत्पन्न कर जीवन को इन चार उद्देश्यों की ओर प्रेरित करता है। उनका मत है कि काव्य केवल मनोरंजन नहीं, बल्कि साधुकाव्य के रूप में चरित्र-निर्माण और जीवन-उन्नति का साधन है। इसी कारण उन्होंने पुरुषार्थ-सिद्धि को काव्य का मूल प्रयोजन स्वीकार किया।

**69.** "नील परिधान बीच..." में देह के कोमल, सुकुमार, मृदुल 'अधखुले' सौंदर्य का सूक्ष्म चित्र है; वस्त्र के गाढ़े नील के बीच तन की आभा दृष्टि को आकृष्ट करती है। विशेषणों का चयन और विन्यास शारीरिक सौंदर्य की नजाकत और लावण्य को उभारता है। नजर (दर्शन) केन्द्र बनकर रूप-रस का आस्वाद कराती है।

**70.** रौद्र रस का स्थायी भाव 'क्रोध' स्वीकार किया गया है, जिससे उग्रता, प्रतिकार-वृत्ति, हिंसा-उन्मुखता और प्रहार की मनोवृत्ति जन्म लेती है। विभाव-अनुभाव-व्यभिचारी के संयोजन से यही क्रोध सौंदर्यशास्त्रीय रूप में रौद्र-रस में परिणत होता है। युद्ध, अपमान या अन्याय प्रसंगों में यह रस तीव्रता पाता है।

**71.** 'गजाधर बाबू' कमलेश्वर की प्रसिद्ध कहानी वापसी के केंद्र में स्थित पात्र हैं, जिसमें एक वृद्ध व्यक्ति अपने बेटे के परिवार में रहते हुए उपेक्षा, अकेलेपन और भावनात्मक असुरक्षा का अनुभव करता है। उनकी मनोदशा, वापसी का प्रतीकात्मक अर्थ और परिवार के भीतर बदलते संबंध कहानी को अत्यंत मार्मिक बनाते हैं।

**72.** 'इन्दुमती' कहानी के लेखक किशोरीलाल गोस्वामी हैं, जिन्हें आधुनिक हिंदी कथा-साहित्य के अग्रदूतों में गिना जाता है। उनकी रचनाओं में सामाजिक वातावरण, चरित्रों की संवेदनाएँ और सरल गद्य–शैली का सुंदर समन्वय मिलता है। 'इन्दुमती' भी इसी प्रवृत्ति की प्रतिनिधि कथा है।

**73.** प्रस्तुत काव्यांश में जानकी द्वारा राम के रूप-दर्शन की उत्कंठा और मोहभरी दृष्टि व्यक्त है। हाथ स्थिर हो जाना, पल न झपकना और रूप-मग्न हो जाना–सभी भाव रूप-सौंदर्य के प्रभाव और प्रेम-संवेग को दर्शाते हैं। भाव का केंद्र आकर्षण और अनुराग है, इसलिए यहाँ शृंगार रस का चित्रण है।

**74.** 'ठेठ हिंदी का ठाठ' हरिऔध की रचना है, जिसमें भाषा की स्वाभाविकता, लोक-स्वर, और हिंदी की सहज अभिव्यक्ति-शक्ति की प्रशंसा की गई है। यह निबंध हिंदी की प्राकृतिक भंगिमा, उन्मुक्तता और अभिजात्यहीन सौंदर्य को अत्यंत प्रभावी ढंग से प्रस्तुत करता है।

**75.** 'परीक्षागुरु' आधुनिक हिंदी का प्रथम उपन्यास माना जाता है और इसके उपन्यासकार लाला श्रीनिवास दास हैं। यह उपदेशात्मक-सामाजिक उपन्यास है, जिसमें परिवार, समाज, नैतिकता और आचार-सुधार के मुद्दों को कथा-रूप में प्रस्तुत किया गया है। इसकी शैली और उद्देश्य दोनों इसे हिंदी उपन्यास परंपरा का आरंभिक मानक बनाते हैं।

**76.** पुत्र की मृत्यु जैसे करुण प्रसंग में हर्ष-व्यंजक क्रिया 'ठहाके लगाना' स्वाभाविक करुण भाव के विपरीत है, जिससे रस-संगति भंग हो जाती है। करुण रस का स्थायी भाव शोक होता है, लेकिन यहाँ उसकी जगह अनपेक्षित हास्य-व्यवहार आ जाने से रस का विरोध उत्पन्न होता है। भाव-विपर्यय की यह स्थिति रस-दोष के रूप में मानी जाती है, क्योंकि प्रसंग और भाव की एकता टूट जाती है।

**77.** हिंदी का पहला पत्रात्मक उपन्यास चंद हसीनों के खुतूत माना जाता है, जिसमें कथा-विन्यास पूरी तरह पत्रों के माध्यम से आगे बढ़ता है। पात्रों के मनोभाव, घटनाएँ और कथानक का क्रम पत्र-शैली की स्वाभाविकता से सामने आता है।

यह प्रविधि कथा को निजी, आत्मीय और मनोवैज्ञानिक गहराई प्रदान करती है।

78. अभिधा के द्वारा प्राप्त होने वाला अर्थ वाच्यार्थ कहलाता है, जिसमें शब्द अपने सामान्य, मूल और रूढ़ अर्थ में प्रयुक्त होता है। इस शक्ति में किसी प्रकार की लक्षणा या व्यंजना की आवश्यकता नहीं होती; शब्द सीधी, साधारण और प्रत्यक्ष अर्थ-व्यंजना करता है। काव्य और भाषा-विज्ञान में इसे अर्थ की प्रथम अवस्था माना जाता है।

79. छंद में स्पष्ट रूप से लिखा है–

"संवत् सोरह सै बरस, बीते अठतर सीति।"

इसका सीधा संख्यात्मक अर्थ है–

सोलह सौ (1600) + अठहतर (78) = 1678।

इस गणना से रचनाकाल संवत् 1678 ही सिद्ध होता है। बाहरी विवरण या किसी स्थान पर उल्लिखित अन्य तिथियाँ छंद में दी गई प्रत्यक्ष संख्याओं को नहीं बदल सकतीं।

अतः सही विकल्प वही है जो छंद की संख्याओं से गणितीय रूप से सिद्ध होता है।

80. स्वामी अग्रदास कृष्णदास पयहारी के शिष्य माने जाते हैं, जिन्होंने भक्ति-परंपरा, साधना और राम-भक्ति की धारा को आगे बढ़ाया। अग्रदास की काव्य-दृष्टि में भक्ति, वैराग्य और लोक-संवेदना का सुंदर समन्वय दिखाई देता है, जिसे उन्होंने अपने गुरु-परंपरा से ही ग्रहण किया।

81. वक्रोक्ति सिद्धांत के प्रवर्तक आचार्य कुन्तक हैं, जिन्होंने काव्य की विशिष्टता को 'वक्रता'–अर्थात् अभिव्यक्ति की अद्‌भुत, नवीन और चमत्कारपूर्ण भंगिमा–में निहित माना। उनके अनुसार भाषा और अर्थ की सूक्ष्म वक्रता ही काव्य को साधारण वाक्य से भिन्न बनाती है। इसी विचार को उन्होंने वक्रोक्तिजीवित में विस्तार दिया।

82. 'बहू की विदा' एकांकी दहेज-प्रथा की कुरूपता और उससे उत्पन्न सामाजिक त्रासदी को केंद्र में रखकर लिखी गई है। कथा में परिवार की मानसिकता, विवाह के नाम पर आर्थिक दबाव और एक स्त्री के अपमानजनक अनुभवों को अत्यंत मार्मिक ढंग से प्रस्तुत किया गया है, जिससे यह सामाजिक कुरीति पर तीखा प्रश्न उठाती है।

83. पाश्चात्य काव्यालोचना में सौंदर्य और कलात्मकता को प्रमुख स्थान देने वाले विद्वानों में आई.ए. रिचर्ड्स का स्थान अत्यंत महत्वपूर्ण है। उन्होंने काव्य की सुंदरता को केवल उसके बाहरी रूप, छंद-विधान या अलंकारिकता में नहीं, बल्कि पाठक के मनोवैज्ञानिक और भावात्मक अनुभव में निहित माना। उनके अनुसार काव्य का वास्तविक सौंदर्य उसकी प्रभावशीलता, अर्थ-व्यापकता और पाठक के भाव-जगत में उत्पन्न समन्वय से पहचाना जाता है। इसी दृष्टिकोण ने आधुनिक आलोचना को वैज्ञानिक और संवेदनात्मक आधार प्रदान किया।

84. काम-भाव की व्यापकता के आधार पर नायिका-भेद मुग्धा, मध्या और प्रगल्भा रूपों में किया जाता है, जो उसके अनुभव, संकोच और सहजता के स्तर को दर्शाते हैं। परकीया नायिका का भेद संबंध के प्रकार (वैवाहिक–अवैवाहिक) पर आधारित है, न कि काम-भाव की व्यापकता पर। इसीलिए यह इस वर्गीकरण का भाग नहीं है।

85. हिंदी का प्रथम नाटक नहुष माना जाता है, जिसका प्रकाशन वर्ष 1857 है। यह काव्यात्मक-नाटकीय संरचना वाला आरंभिक प्रयास है, जिसमें पौराणिक कथा को आधुनिक रूप में प्रस्तुत किया गया। इसकी भाषा, संवाद-योजना और अभिनय-संकेत हिंदी नाटक-परंपरा के उद्‌भव का आधार बने।

86. 'बिना दीवारों का घर' मन्नू भंडारी का चर्चित नाटक है, जिसमें स्त्री-अस्तित्व, घर-परिवार की मानसिक दीवारें और संबंधों के भीतर छिपे संघर्षों को गहराई से प्रस्तुत किया गया है। कथा का केंद्र एक ऐसी स्त्री है जो सामाजिक बंधनों और घरेलू दबावों के बीच अपनी पहचान खोजने का प्रयास करती है। भाषा और मंचन–दोनों ही इसे आधुनिक हिंदी रंगमंच की महत्त्वपूर्ण कृति बनाते हैं।

87. हिंदी नाटक का स्वर्णयुग भारतेन्दु युग को कहा जाता है, क्योंकि इसी काल में हिंदी में आधुनिक रंगमंच, सामाजिक चेतना और साहित्यिक नाट्य-रूप का संगठित विकास हुआ। भारतेन्दु हरिश्चन्द्र के नाटक भाषा, विषय और प्रस्तुति–तीनों स्तरों पर युगांतकारी सिद्ध हुए। उन्होंने सामाजिक सुधार, राष्ट्रीय भावना और आधुनिक दृष्टिकोण को नाटक की केंद्रीय प्रेरणा बनाया, जिससे यह युग हिंदी नाटक का स्वर्णकाल माना गया।

88. आधुनिक काव्य के जनक के रूप में भारतेन्दु को इसलिए स्मरण किया जाता है कि उन्होंने नवजागरण, राष्ट्रीय-सामाजिक सरोकार और भाषा-परिष्कार को काव्य में प्रतिष्ठित किया। उनकी काव्यदृष्टि ने यथार्थ, जनचेतना

और नये विषयों के लिए मंच तैयार किया। आगे की धाराएँ—द्विवेदी युग से छायावाद तक—इसी नींव पर विकसित हुईं।

**89.** प्रमुख महिला नाटककारों में मन्नू भण्डारी का स्थान महत्त्वपूर्ण है; उनके नाटकों में स्त्री-स्वायत्तता, संबंधों का मनोविज्ञान और सामाजिक यथार्थ केंद्र में रहता है। भाषा सधे संवादों और सघन स्थितियों से चरित्रों की आंतरिक उथल-पुथल को उभारती है। उनकी रचनाएँ हिंदी रंगमंच को संवेदनशील दृष्टि और समकालीन विषय देती हैं।

**90.** प्रस्तुत पंक्तियों में शब्द अपने प्रत्यक्ष, सामान्य और रूढ़ अर्थ में ही प्रयुक्त हुए हैं: 'कलेजा बेधाना' और 'कलेजा निकाल धार देना' जैसे प्रयोग प्रभाव की तीव्रता तो दिखाते हैं, पर अर्थ-स्थानांतरण या संकेतात्मक अर्थ की योजना यहाँ नहीं बनती। शब्द वही अर्थ देते हैं जो सामान्यतः दिए जाते हैं, इसलिए इनका अर्थ-अभिव्यंजन अभिधा शब्द शक्ति के अंतर्गत आता है, जिसमें शब्द बिना किसी लक्षणा या व्यंजना के सीधे अपने मूल अर्थ को व्यक्त करते हैं।

**91.** काव्य की वह समीक्षा, जिसमें रस को प्रधान सिद्धान्त माना जाता है और भावों की अनुभूति को काव्य का मूल सार बताया जाता है, रस-मीमांसा कहलाती है। इसमें काव्य-मूल्यांकन का आधार पात्रों के भाव, उनके संयोग-वियोग, हर्ष-विषाद और उनसे उत्पन्न रसानुभूति को बनाया जाता है, जिससे काव्य की प्रभाव-शक्ति निर्धारित होती है।

**92.** भारतीय काव्यशास्त्र के ध्वनि-सम्प्रदाय का प्रवर्तन आचार्य आनन्दवर्धन ने किया, जिन्होंने ध्वन्यालोक में ध्वनि को काव्य का प्राण बताया। उनके अनुसार शब्द और अर्थ के पीछे छिपा सूक्ष्म, अप्रत्यक्ष और गहन अर्थ—यानी ध्वनि—ही काव्य की असली काव्यात्मकता को प्रकट करता है।

**93.** रसोत्पत्ति में आश्रय (नायक/नायिका) की चेष्टाएँ अनुभाव कहलाती हैं। अनुभाव वे भाव-व्यक्त करने वाले अंग-विक्षेप, चेहरे की मुद्रा, शरीर की गतियाँ और स्वाभाविक प्रतिक्रियाएँ हैं जो स्थायी भाव को प्रत्यक्ष रूप से बाहर व्यक्त करती हैं। इन्हीं के माध्यम से अन्तःस्थित भाव की बाह्य अभिव्यक्ति होती है।

**94.** संकुचित और रूढ़ अर्थ में 'साहित्य' शब्द का प्रयोग प्रायः काव्य के लिए किया जाता है। सामान्य भाषा में साहित्य का व्यापक अर्थ होता है, परंतु शास्त्रीय और रूढ़ उपयोग में साहित्य का पर्याय काव्य—यानी काव्य-रचनाएँ, उनके रूप, रस और शैली—माना जाता है।

**95.** "गुण विपर्ययात्मानो दोषः" आचार्य वामन का प्रसिद्ध कथन है, जिसमें वे स्पष्ट करते हैं कि काव्य में दोष कोई स्वतंत्र तत्व नहीं, बल्कि गुणों के विपरीत रूप में प्रकट होने वाली स्थिति है। जब किसी गुण का प्रयोग अनुचित, अतिशय, असंगत या अप्रासंगिक रूप ले लेता है, तब वही गुण अपने विपर्यय के कारण दोष बन जाता है। वामन की यह दृष्टि काव्य-गुण और काव्य-दोष के परस्पर संबंध को अत्यंत सूक्ष्म और वैज्ञानिक रूप से स्पष्ट करती है।

**96.** ये पंक्तियाँ जयशंकर प्रसाद की प्रसिद्ध कृति आँसू से ली गई हैं, जिसमें हृदय की करुणा, स्मृतियों का तीखा असर और भीतर उठते वेदनापूर्ण स्वर अत्यंत सूक्ष्मता से व्यक्त होते हैं। प्रसाद की शैली में आध्यात्मिक संवेदना, मनोभावों की गहराई और आत्मानुभूति की तीव्रता मिलकर अद्वितीय काव्य-प्रभाव रचते हैं। यहाँ भी रागिनी की विकलता और हृदय की वेदना उसी विशेष प्रसाद-भाषा में उभरती है।

**97.** काव्यशास्त्र की दृष्टि से रामायण एक पूर्ण महाकाव्य है, क्योंकि इसमें विस्तृत कथानक, उच्चकोटि का नायक, विविध रस, पुनरावृत्त प्रसंग-विस्तार, समाज-संस्कृति का व्यापक चित्रण और जीवन-मूल्यों की स्थापना जैसी सभी महाकाव्यगत विशेषताएँ उपस्थित हैं। इसकी संरचना और आदर्श-प्रदर्शक पौराणिक प्रतिष्ठा इसे महाकाव्य की सर्वोच्च श्रेणी में रखती है।

**98.** 'आत्मजयी' प्रबंधकाव्य का केंद्र नचिकेता का वह दार्शनिक प्रसंग है जहाँ मृत्यु, आत्मा, सत्य और जीवन-मूल्यों से जुड़ी गूढ़ समस्याएँ उठती हैं। कथा में नचिकेता की जिज्ञासा, साहस और सत्य-ज्ञान की खोज प्रबंध-शैली में विस्तृत रूप से प्रस्तुत होती है, जिससे यह कृति अध्यात्म और दर्शन के गहन समन्वय का उदाहरण बनती है।

**99.** साधारणीकरण की अवधारणा का प्रथम प्रतिपादन भट्टनायक ने किया, जिन्होंने रस-अनुभूति को व्यक्तिगत नहीं, बल्कि सामूहिक, सार्वत्रिक और साझा अनुभव बताया। उनके अनुसार काव्य-रस तभी संभव होता है जब भाव दर्शक या पाठक में साधारणीकृत होकर व्यक्तिगत सीमाओं से मुक्त हो जाए। इसी सिद्धांत ने रस-तत्व को मनोवैज्ञानिक आधार प्रदान किया।

**100.** एक घूँट जयशंकर प्रसाद द्वारा रचित एक प्रसिद्ध एकांकी है, जिसकी शैली में दार्शनिक संवेदना, मानवीय मन का सूक्ष्म विश्लेषण और सौंदर्य की खोज एक साथ प्रकट

होती है। इस एकांकी में प्रसाद जीवन की गूढ़ जिज्ञासाओं, अनुभूति की गहराई और आत्मचिंतन को अत्यंत सघन रूप में प्रस्तुत करते हैं। उनकी भाषा, संवाद और भाव-गहनता इसे आधुनिक हिंदी एकांकी साहित्य की श्रेष्ठ कृतियों में स्थापित करती है।

**101.** 'उत्तर अपभ्रंश ही पुरानी हिन्दी है' का स्पष्ट प्रतिपादन गुलेरी ने किया; उन्होंने भाषा-विकास की निरंतरता दिखाते हुए उत्तर अपभ्रंश से पुरानी हिन्दी के रूपांतरण को रेखांकित किया। ध्वन्यात्मक, रूपात्मक और शब्द-संरचनात्मक प्रमाणों से उन्होंने इस वंशानुक्रम को पुष्ट किया। यही प्रस्तावना बाद की हिंदी-इतिहास-लेखन में आधार बनी।

**102.** भारतेन्दु-युगीन निबंधों में व्यंग्य-विनोद से जनजागरण, तर्कशील विचार-विमर्श और मानव-मन की सूक्ष्म पड़ताल समानांतर रूप से उभरती है। भाषा सहज और चमकदार है, जहाँ सामाजिक-राष्ट्रीय चेतना केंद्र में है। इस विविधता ने हिंदी निबंध को आधुनिक गद्य की ठोस विधा बनाया।

**103.** अज्ञेय की 'अरे यायावर रहेगा याद' का प्रकाशन 1953 में हुआ; यह यायावर-चिंतन, आत्मानुभूति और आधुनिक संवेदना का विशिष्ट समुच्चय है। प्रयोगधर्मी शैली, संवेदनशील आत्मकथ्य और यात्रा-बिंब इसे समकालीन गद्य में अलग पहचान देते हैं। पुस्तक ने उत्तर- स्वतंत्रता कालीन वैचारिक क्षितिज पर गहरा प्रभाव डाला।

**104.** निबंध-भाषा ऐसी हो जो विचार को स्पष्ट और क्रमबद्ध ढंग से पाठक तक पहुँचाए। सुबोधता पाठनीयता बढ़ाती है, सुगठन तर्क-विन्यास को ठोस बनाता है, और वर्णात्मकता अनुभव/उदाहरणों को जीवंत करती है। यही संयोजन निबंध को प्रभावी और स्मरणीय बनाता है।

**105.** यह युग्म असंगत है—मादा-कैक्टस राकेश का नाटक नहीं है। शेष जोड़ियाँ अपने नाटककारों से मेल खाती हैं (जैसे जय-पराजय—उपेंद्रनाथ अश्क, आजादी के बाद—विनोद रस्तोगी, कोणार्क—जगदीश चंद्र माथुर)। इसलिये गलत जोड़ी के रूप में (1) को ही चिह्नित किया जाता है।

**106.** 'गोदान' (1936) किसान-जीवन, वर्ग-विरोध, शोषण और सामाजिक विषमता का यथार्थवादी चित्र प्रस्तुत करता है; ये सब प्रगतिवाद के केन्द्रीय संकेत हैं। भाषा-शैली में सजावट से अधिक यथार्थ का दबाव है, पात्र वर्ग-सम्बन्धों में जकड़े हुए दिखते हैं। प्रेमचन्द का उद्देश्य सामाजिक परिवर्तन की चेतना जगाना है, इसलिए कृति प्रगतिवादी युग की प्रतिनिधि रचना है।

**107.** 'ताँबे के कीड़े' भुवनेश्वर का चर्चित एकांकी/नाटक है, जिसे आधुनिक/अवाँ-गार्द प्रवृत्ति का प्रारम्भिक संकेत माना जाता है। इसमें प्रतीकात्मकता, अस्तित्व-जन्य बेचैनी और विडम्बना का प्रभावी संयोजन है। मंचीय संकेत संक्षिप्त हैं, पर अर्थ-स्तर बहुस्तरीय—यही भुवनेश्वर की नाट्य-दृष्टि की पहचान है।

**108.** 'अनुष्टुप' में चार पाद होते हैं, प्रत्येक पाद में सामान्यतः 8 वर्ण—अर्थात् 32 वर्णों का मानक विन्यास। छंद-विन्यास का आधार वर्ण-गणना है, इसलिए इसे वर्णिक छंद कहा जाता है। श्लोक-परंपरा में यह सबसे प्रचलित छंद है और कथ्य-प्रस्तुति में स्वाभाविक लय देता है।

**109.** "मेरा मुख दर्पन भयो" का शाब्दिक अर्थ असंगत/असंभव है; यहाँ मुख का दर्पण होना 'तुम्हारी छवि/प्रभा मेरे चेहरे पर झलक रही हैं' के निहित अर्थ में ग्रहण किया जाता है। जब मूल अर्थ असंगत होने पर सम्बन्धित/गौण अर्थ ग्रहण होता है, तो वह लक्षणा-शक्ति होती है। इसी वजह से इन पंक्तियों में शब्द-शक्ति लक्षणा है, न कि व्यंजना।

**110.** अमृता प्रीतम की आत्मकथा 'रसीदी टिकट' उनके जीवन, प्रेम, विभाजन के घाव और सृजन-यात्रा का निश्छल निवेदन है। स्मृति-विस्फोट और आत्म-संवाद इसकी रचना-शैली को विशिष्ट बनाते हैं। पंजाबी/हिंदी साहित्य में यह स्त्री-स्वर और आत्मकथात्मक साहस की सशक्त मिसाल मानी जाती है।

**111.** रेखाचित्र का मूल उद्देश्य किसी व्यक्ति के व्यक्तित्व, स्वभाव, आदतों और उसके चरित्र की आंतरिक विशेषताओं को संक्षेप, स्पष्ट और कलात्मक रूप में प्रस्तुत करना होता है। इसमें घटनाएँ गौण होती हैं, पर व्यक्तित्व की छाप अत्यंत प्रभावी ढंग से उभरती है।

**112.** 'सत्य के प्रयोग' (My Experiments with Truth) महात्मा गांधी की आत्मकथा है, जिसमें उन्होंने अपने बचपन, युवावस्था, सत्य-प्रयोगों, नैतिक संघर्षों और अहिंसा-सत्य के सिद्धांतों को अत्यंत ईमानदारी और सरलता से लिखा है। यह भारतीय आत्मकथात्मक साहित्य का अत्यंत महत्वपूर्ण ग्रंथ माना जाता है।

**113.** पंक्तियों में "रिपु-आँतन की कुंडली करि जोगिनी चबात" तथा "पिबहि में पागी मनो जुवती जलेबी खात" जैसी विकृत, घृणाजनक और जुगुप्सा उत्पन्न करने वाली कल्पनाएँ हैं। शरीर-भागों को खाने-चबाने का वर्णन वीभत्स रस का स्थायी भाव "जुगुप्सा" स्पष्ट रूप से व्यक्त करता है।

**114.** यह राहुल सांकृत्यायन की स्वदेश-यात्रा संबंधी प्रमुख रचनाओं में से एक है। इसमें उन्होंने हिमालयी क्षेत्रों, विशेषकर किन्नर (किन्नौर) भूखंड की यात्रा, संस्कृति, लोक-जीवन और भूगोल का जीवंत चित्र प्रस्तुत किया है। यात्रा-वृत्तांत में उनका शोधपूर्ण और निरीक्षणात्मक दृष्टिकोण प्रमुख रहता है।

**115.** आचार्य रामचंद्र शुक्ल ने प्रतापनारायण मिश्र को हिंदी का 'एडीसन' कहा है। उनका गद्य विनोदी, व्यंग्यपूर्ण, सहज, प्रवाहयुक्त और प्रभावी शैली वाला था, जो अंग्रेजी लेखक एडीसन की शैली से अत्यंत साम्य रखता है। मिश्र ने निबंध, व्यंग्य और गद्य-विनोद की परंपरा को हिंदी में सशक्त रूप से स्थापित किया।

**116.** कवि के कौशल से उत्पन्न होने वाला चमत्कारपूर्ण, अप्रत्याशित और कलात्मक कथन वक्रोक्ति कहलाता है। वक्रोक्ति सिद्धांत में भाषा की आड़, मोड़, संकेत और व्यंजना से उत्पन्न सौंदर्य को मुख्य माना गया है। यह कविता में नवीनता और प्रभाव उत्पन्न करता है तथा सीधी अभिव्यक्ति को कलात्मक रूप देता है।

**117.** 'अतीत के चलचित्र' महादेवी वर्मा द्वारा लिखा गया प्रसिद्ध संस्मरण-ग्रंथ है, जो 1941 में प्रकाशित हुआ। इसमें उन्होंने अपने जीवन से जुड़ी व्यक्तियों, अनुभवों और घटनाओं को अत्यंत संवेदनशील, चित्रात्मक और भावपूर्ण शैली में प्रस्तुत किया है। यह हिंदी संस्मरण साहित्य का एक श्रेष्ठ उदाहरण माना जाता है।

**118.** नाथूराम शर्मा द्विवेदी युग के रचनाकार माने जाते हैं। इस युग की विशेषता भाषा की शुद्धता, नैतिकता, सामाजिक चेतना और सुधारवादी दृष्टि है। शर्मा की रचनाओं में भी यही परिपक्व गद्य-शैली और गंभीर विचारधारा स्पष्ट मिलती है, जो द्विवेदी काल का प्रतिनिधित्व करती है।

**119.** रस-निष्पत्ति संबंधी सिद्धांत में 'अनुमितिवाद' के प्रवर्तक आचार्य शंकुक माने जाते हैं। उनके अनुसार रस प्रत्यक्ष अनुभव न होकर अनुमान के द्वारा प्रकट होता है। दर्शक अभिनय, वातावरण और प्रतीकों को देखकर पात्र की स्थिति का अनुमान लगाता है, और वहीं से रस उत्पन्न होता है।

**120.** तिब्बत की यात्रा में राहुल सांकृत्यायन ने तिब्बत की संस्कृति, समाज, भाषा, रीतियों और बौद्ध धर्म के गहन अध्ययन के अनुभवों का विस्तृत वर्णन किया है। यह यात्रा-वृत्तांत उनके मानवतावादी दृष्टिकोण, ऐतिहासिक शोध और सांस्कृतिक जिज्ञासा का उत्कृष्ट उदाहरण है।

**121.** आलेख के लिए आवश्यक शैली विश्लेषात्मक मानी जाती है क्योंकि आलेख किसी विषय को तार्किक ढंग से खोलकर, उसके विभिन्न पक्षों की जांच कर, प्रमाणों और उदाहरणों के आधार पर स्पष्ट करता है। इसमें विचारों की क्रमबद्ध प्रस्तुति और गंभीर चिंतन आवश्यक होता है, जो विश्लेषण की शैली से ही संभव है।

**122.** यह परिभाषा पुरुषोत्तमदास टण्डन द्वारा दी गई है, जिनके अनुसार मनोरंजक ढंग से लिखे गए प्रासंगिक लेख को फीचर कहा जाता है। उनके मत में फीचर लेखन की मुख्य विशेषता यह है कि यह जानकारी को केवल प्रस्तुत नहीं करता, बल्कि उसे रोचक, आकर्षक और पाठक-बद्ध शैली में विकसित करता है। इसी कारण फीचर लेख समसामयिक विषयों को मानविक संवेदना और सहज भाषा के साथ प्रस्तुत करने का माध्यम बनता है।

**123.** यहाँ उपसर्ग 'अ' लगने पर 'असामाजिक' शब्द बनता है, जिसका अर्थ होता है– समाज के नियमों और मानकों के विरुद्ध चलने वाला व्यक्ति। यह उपसर्ग किसी गुण या प्रकृति के अभाव या विपरीत अर्थ को प्रकट करता है, इसलिए यहाँ बिल्कुल उपयुक्त है।

**124.** जीवनी में किसी व्यक्ति के जीवन का विवरण दूसरा व्यक्ति लिखता है, जबकि आत्मकथा स्वयं लेखक के जीवन का प्रत्यक्ष विवरण होती है। आत्मकथा में लेखक अपने अनुभवों और भावनाओं को स्वयं व्यक्त करता है, जबकि जीवनी में लेखक बाहरी दृष्टि से घटनाओं का क्रम प्रस्तुत करता है।

**125.** समाचार का उद्देश्य तथ्यात्मक जानकारी देना होता है– वह घटना, समय, स्थान और कारणों को वस्तुनिष्ठ रूप से प्रस्तुत करता है। इसके विपरीत संपादकीय का उद्देश्य किसी विषय पर विश्लेषण, व्याख्या और संपादक का दृष्टिकोण प्रस्तुत करना होता है। इसलिए दोनों में मूल अंतर जानकारी की प्रकृति और लेखन के उद्देश्य का होता है।

**126.** रिपोर्ताज का संबंध विषय, घटना या परिदृश्य पर आधारित प्रत्यक्ष और जीवंत प्रस्तुति से होता है। अंतरराष्ट्रीय, राष्ट्रीय और व्यंगात्मक रिपोर्ताज इसकी मान्य शैलियाँ हैं, जबकि मासिक रिपोर्ताज कोई स्वतंत्र रूप नहीं माना जाता। यह केवल समय-आधारित वर्गीकरण है, न कि शैलीगत रूप।

**127.** दिए गए कथन में साहित्यिक कृति की तुलना आँधी से और साहित्यिक पत्रों की तुलना जीवनदायी झोंकों से की गई है। यह दृष्टि वासुदेवशरण अग्रवाल की है, जिन्होंने

साहित्य के गहन प्रभाव, रचना और पत्र-लेखन के बीच अंतर को अत्यंत संवेदनशील ढंग से स्पष्ट किया है।

**128.** आलोचना के भेद सामान्यतः ऐतिहासिक, सैद्धांतिक और व्यावहारिक माने जाते हैं। नाट्य आलोचना किसी विधा-विशेष की समीक्षा है, न कि आलोचना का स्वतंत्र शास्त्रीय भेद; अतः इसे आलोचना का भेद नहीं माना जाता।

**129.** रिपोर्ट की मूल विशेषताएँ संक्षिप्तता, सारगर्भितता और तथ्यात्मक गंभीरता हैं। इसमें विवरण होता है, लेकिन लंबी व्याख्या नहीं होती। व्याख्यात्मकता रिपोर्ट की विशेषता नहीं है क्योंकि वह इसे विश्लेषणात्मक लेख या व्याख्यात्मक निबंध की दिशा में ले जाती है।

**130.** दूरदर्शन लेखन का मूल आधार ऑडियो-विजुअल समन्वय है। यहाँ दृश्य (सीन, ग्राफिक्स, गतिविधि) और श्रव्य (संवाद, ध्वनि, संगीत) का संतुलित उपयोग अत्यावश्यक होता है, जिससे संदेश प्रभावपूर्ण और आकर्षक रूप से दर्शक तक पहुँच सके।

**131.** रेडियो लेखन का सबसे आवश्यक गुण सरलता, स्पष्टता और संक्षिप्तता है क्योंकि श्रोता केवल सुनकर अर्थ ग्रहण करता है। लम्बे वाक्य श्रवण-ग्रहण को कठिन बनाते हैं और संदेश की प्रभावशीलता कम करते हैं, इसलिए यह रेडियो लेखन का आवश्यक गुण नहीं माना जाता।

**132.** डायरी में व्यक्ति अपनी निजी अनुभूतियों, अनुभवों, विचारों और दैनिक घटनाओं को क्रमबद्ध रूप में दर्ज करता है। यह आत्मकेंद्रित, आत्मबोध और आत्मचिंतन की विधा है, जिसमें लेखक अपने जीवन का प्रत्यक्ष, सहज और व्यक्तिगत चित्र प्रस्तुत करता है।

**133.** तूफानों के बीच रांगेय राघव द्वारा लिखा गया एक महत्वपूर्ण रिपोर्ताज है, जिसमें उन्होंने अपने समय की सामाजिक परिस्थितियों और मानवीय संघर्षों को अत्यंत संवेदनशील और यथार्थपूर्ण शैली में प्रस्तुत किया। यह रचना पत्रकारीय तथ्य और साहित्यिक भावबोध—दोनों का समन्वय करने वाली प्रतिनिधि कृति मानी जाती है।

**134.** किसी व्यक्ति, विचार या क्रिया के प्रति अस्वीकृति की अभिव्यक्ति को आलोचना कहा जाता है। आलोचना में त्रुटियों, कमियों या असंगतियों को इंगित किया जाता है, जो निर्णयात्मक दृष्टि का परिणाम होती है और वस्तु-विषय के मूल्यांकन से जुड़ी होती है।

**135.** दिए गए वाक्य में उपसर्ग 'प्रति' का सही रूप प्रतिदिन है। यह शब्द दैनिक नियमितता के अर्थ में प्रयुक्त होता है और इसी रूप में व्याकरण तथा आर्थ संदर्भ दोनों की दृष्टि से सही माना जाता है।

**136.** यह वाक्य उपसर्ग और शब्द-रूप के अनुसार पूरी तरह शुद्ध है। 'अवसर' शब्द में उपसर्ग 'अव' सही रूप में लगा है और वाक्य का प्रयोग भी अर्थपूर्ण और व्याकरणसम्मत है।

**137.** विज्ञापन का उद्देश्य कम शब्दों में अधिक प्रभाव पैदा करना होता है। इसलिए भाषा बोझिल या तकनीकी नहीं, बल्कि सहज, रोचक, भावग्राह्य और याद रह जाने वाली होनी चाहिए, जिससे पाठक या दर्शक तुरंत प्रभावित हो सके।

**138.** समाचार पत्रों की भाषा का मुख्य गुण सहजता और स्पष्टता है क्योंकि पाठक विविध वर्गों से होते हैं। भाषा जितनी सीधी होगी, सूचना उतनी ही शीघ्र और सही रूप में संप्रेषित होगी। जटिल या अलंकारिक भाषा समाचार के उद्देश्य को बाधित करती है।

**139.** मेरी कालेज डायरी के लेखक धीरेन्द्र वर्मा हैं। यह रचना विद्यार्थी-जीवन की स्मृतियों, भावनाओं और उस समय के वातावरण को आत्मीयता के साथ प्रस्तुत करती है। इसमें कॉलेज के दैनिक अनुभव, मित्रता, अध्ययन-परिवेश और मनोवैज्ञानिक स्थितियों का अत्यंत सरल, प्रवाहमयी और प्रभावपूर्ण चित्रण मिलता है, जिससे यह स्मरणात्मक साहित्य की महत्वपूर्ण कृति बन जाती है।

**140.** किसी विशिष्ट विषय पर विश्लेषणात्मक, विचारपूर्ण और सुव्यवस्थित ढंग से लिखा गया लेख आलेख कहलाता है। इसमें लेखक किसी विषय पर अपना दृष्टिकोण, तर्क और विवेचना स्पष्ट रूप से प्रस्तुत करता है, जो सामान्य लेखन से अधिक सुविचारित होता है।

**141.** इस वाक्य में किसी भी अनिश्चयवाचक सर्वनाम (जैसे—कोई, किसी, कुछ) का प्रयोग नहीं है। यह सीधा आज्ञार्थक वाक्य है जिसमें केवल व्यक्ति 'आप' को क्रिया के साथ संबोधित किया गया है, इसलिए यहाँ अनिश्चयवाचकता का कोई भाव उपस्थित नहीं है।

**142.** यहाँ भाव यह है कि धीरे-धीरे और कष्ट सहते हुए मरने से अच्छा है कि एक बार साहसपूर्वक सामना कर लिया जाए। 'तिल तिल कर' निरंतर पीड़ा या धीमे-धीमे क्षय को प्रकट करने वाला उपयुक्त क्रिया-विशेषण है, जो दिए गए वाक्य के भाव को सटीक बनाता है।

**143.** संबंध कारक 'का' यहाँ दो संज्ञाओं—'हिन्दी साहित्य' और 'इतिहास'—को परस्पर संबंध में जोड़ता है। वाक्य का प्राकृतिक रूप है—''हिन्दी साहित्य का इतिहास अत्यन्त विस्तृत व प्राचीन है।'' इसमें इतिहास, साहित्य का ही अंग होने का भाव स्पष्ट होता है।

**144.** अकर्मक क्रिया 'खुजलाता है' में कर्ता स्वयं क्रिया का करता है, इसलिए 'अपना' सर्वाधिक उपयुक्त है। वाक्य बनेगा—''वह अपना सिर खुजलाता है।'' यहाँ क्रिया का प्रभाव किसी कर्म पर नहीं पड़ता, बल्कि कर्ता स्वयं क्रिया को अनुभव करता है।

**145.** स्थानवाचक क्रिया-विशेषण के रूप में 'मैदान में' उपयुक्त है क्योंकि होली के अवसर पर लोग सामान्यतः किसी खुले स्थान या मैदान में एकत्र होते हैं। इस वाक्य में सामुदायिक स्थान का निर्देश आवश्यक है, जिसे 'मैदान में' सबसे सटीक रूप से व्यक्त करता है।

**146.** 'मनोबल' = मनः + बल → मनोबल; यहाँ ':' (विसर्ग) के बाद 'ब' आने पर 'अः + ब' से 'ओ' का रूप बनता है, इसलिए यह विसर्ग संधि है, न कि स्वर/व्यंजन संधि। यह वही नियम है जो मनः + पुत्र → मनोपुत्र जैसे रूपों में दिखता है।

**147.** पेड़ की छँटाई अनावश्यक टहनियाँ हटाकर ऊर्जा को फलन/मुख्य भागों पर केंद्रित करवाती है, इसलिए फल लगना और गुणवत्ता दोनों सुधरते हैं। बागवानी में यह वैज्ञानिक रूप से अनुशंसित प्रक्रिया है, 'ढलाई/निराई/गुड़ाई' का लक्ष्य अलग होता है।

**148.** 'रमा' स्त्रीलिंग नाम है, पर विशेषण-समूह 'समझदार लड़का' पुल्लिंग/पुंलिंग का संकेत देता है—यह लिंग असंगति है, इसलिए विशेषण का प्रयोग गलत है। शुद्ध रूप होगा—''रमा समझदार लड़की है।''

**149.** 'सरोरू(रु)ह' का संधि-विच्छेद सरः + रुह है; 'सरः' = जल और 'रुह' = उगने वाला, अर्थ 'जो जल में उगे' (कमल)। यहाँ विसर्ग + र के संयोजन से 'ओ' की प्राप्ति होकर संयुक्त रूप बनता है।

**150.** 'तीव्र शीघ्रता' अर्थ-दोहराव (प्लेओनैज्म) है; एक ही अर्थ के दो विशेषण साथ रखना शैली/शुद्धता-विरोधी है। चिकित्सीय वाक्य में 'यदि शीघ्रता से...' या 'यदि तीव्र गति से...'—किसी एक का प्रयोग उचित है।

**151.** इस भाग में त्रुटि है क्योंकि 'संभावना जताई जाती है' या 'संभावना व्यक्त की जाती है' कहा जाता है। 'संभावना की जा रही है' अशुद्ध और अर्थहीन प्रयोग है।

**152.** वाक्य बनेगा—''यह उद्यान निजी सम्पत्ति है, यहाँ अनधिकार प्रवेश वर्जित है।'' 'अन् + अधिकार = अनधिकार' उपसर्गीय रूप में सही अर्थ देता है—बिना अधिकार के।

**153.** 'सबीना बहुत तेज दौड़ती है' इस वाक्य में 'कौन/कब/कहाँ/किसका' जैसे कोई भी प्रश्नवाचक सर्वनाम नहीं है, इसलिए यही विकल्प सही है।

**154.** वाक्य में विशेषण 'इताना' अशुद्ध है। शुद्ध रूप—''यदि तुम इतना कम खाना खाओगे तो बहुत दिनों तक काम नहीं कर सकते।''

**155.** वाक्य में दोष यह है कि 'टिकाऊ इमारतों के खण्डहर' विरोधाभासी विशेषण-प्रयोग है—'टिकाऊ' और 'खण्डहर' का अर्थ परस्पर विपरीत है, इसलिए यह त्रुटिपूर्ण विशेषण प्रयोग है।

**156.** सकर्मक क्रिया के पूर्ण भूत (परफेक्टिव) रूप 'पढ़ाया' के साथ कर्ता का कारक-चिह्न 'ने' आता है, इसलिए वाक्य होगा—''मैंने उसे पढ़ाया।'' यहाँ 'मैं' कर्ता है, 'उसे' कर्म (द्वितीय/सम्प्रदान) है, और 'ने' एर्गेटिव चिह्न है जो क्रिया की सम्पन्नता के साथ अनिवार्य होता है। 'को' पहले से 'उसे' में निहित है, इसलिए रिक्त स्थान पर 'को' नहीं, 'ने' ही सही है।

**157.** यह वाक्य त्रुटिपूर्ण है क्योंकि 'उड़ाना' सकर्मक क्रिया है, जबकि यहाँ उपग्रह स्वयं नहीं उड़ाता, उसे उड़ाया जाता है। सही रूप 'उड़ाना पड़ा' नहीं बल्कि 'उड़ाना पड़ा' भी संदिग्ध है—उचित प्रयोग होगा ''उपग्रह को... जल्दी उड़ाना पड़ा था'' या ''लॉन्च करना पड़ा था।'' अतः यह वाक्य क्रिया-बेमेल के कारण अशुद्ध है।

**158.** वाक्य बनेगा—''भारत के वीर सपूतों ने देश को स्वतंत्र कराया।'' यहाँ 'वीर' उचित संज्ञा है, जबकि 'वीरती/वीरा/विरता' अर्थ और रूप—दोनों की दृष्टि से गलत हैं। 'वीर' बहादुर, साहसी व्यक्ति के अर्थ में स्वीकृत संज्ञा है।

**159.** इस वाक्य में कोई निश्चयवाचक सर्वनाम (यह/वह/ये/वे) प्रयुक्त नहीं हुआ है। 'तुम' पुरुषवाचक सर्वनाम है और वाक्य केवल आदेश/अनुरोध का भाव व्यक्त करता है, इसलिए यह विकल्प सही है।

**160.** यहाँ आवश्यकता, कर्तव्य और अनिवार्यता व्यक्त करनी है। इसलिए ''रफीक को कम-से-कम 6 घंटे पढ़ना चाहिए'' सर्वाधिक उपयुक्त है। यह आवश्यकता-बोधक क्रिया-रूप है जो सफलता के लिए आवश्यक श्रम का संकेत देता है।

**161.** वाक्य बनेगा–''कटोरा दूध से भरा हुआ है।'' यहाँ पात्र के रूप में पुल्लिंग एकवचन शब्द चाहिए, इसलिए ''कटोरा ... भरा हुआ है'' रूप-समन्वय के अनुसार शुद्ध है; ''कटोरी ... भरी हुई है'' स्त्रीलिंग में आएगा, और ''डाली'' (टोकरी/डाली) संदर्भानुकूल पात्र नहीं है।

**162.** यह अव्ययीभाव समास है–'प्रति (अव्यय) + एक' से 'प्रत्येक' बनकर 'हर/प्रत्येक' का अव्ययी अर्थ देता है। अव्ययीभाव में पूर्वपद (अव्यय) पूरे पद पर अर्थ-प्रभाव डालता है और बना शब्द व्याकरणतः अव्यय-स्वरूप व्यवहार में आता है।

**163.** आशयगत रूप से यह विकल्प उचित है–वाक्य ''समय की कीमत चुकानी होती है'' का भाव व्यक्त करता है, जहाँ 'कीमत' जैसी प्रचलित बोलचाल की शब्दावली (देशज-तद्भव प्रयोग) अर्थ को सीधा, सुलभ और जन-भाषिक बनाती है; यही विकल्प संदर्भानुकूल अर्थ-संप्रेषण करता है।

**164.** वाक्य बनेगा–''...घर में खिड़की के निकट खड़ा देख...''; प्रवेश/आवागमन के दृश्य-संदर्भ में 'खिड़की' का प्रयोग स्वाभाविक है। 'किवाड़' दरवाजे के पल्ले के लिए, 'वातायन' संस्कृतनिष्ठ रूप है और 'भट्टी' संदर्भ से असंगत है।

**165.** तत्सम-आधारित प्रयोग के कारण यह विकल्प उपयुक्त है–'कपर्दिका' (कौड़ी/मुद्रा) और 'भाव' (मूल्य) दोनों तत्सम रूप हैं; वाक्य संरचना में 'अनाज' को द्रव्यवाची मानकर एकवचन क्रिया 'बिक गया' स्वाभाविक है, इसलिए यह रूप शास्त्रीय/औपचारिक हिंदी के अनुकूल है।

**166.** वाक्य प्रशासनिक/पुलिसीय संदर्भ वाला है, इसलिए 'डायरी' का सबसे उपयुक्त पर्याय 'रोजनामचा' है जिसमें घटनाएँ विधिवत दर्ज की जाती हैं।

**167.** ''मोहन हॉस्पिटल गया है।'' विदेशज (अंग्रेजी-उत्पत्ति) रूप के लिए 'हॉस्पिटल' सही है; अन्य विकल्प या तो देसी/तत्सम हैं या अशुद्ध रूप।

**168.** वाक्य का भाव युवा अवस्था का है–''तरुण मन में नवजीवन की उमंगें...''; 'तरुण' 'युवा' का सटीक साहित्यिक पर्याय है और काव्य-शैली के अनुरूप भी।

**169.** 'जलधि' का शाब्दिक अर्थ है–जल का निधि, अर्थात् समुद्र। यह संस्कृतनिष्ठ, प्रचलित पर्याय है।

**170.** 'निलय' का अर्थ है–आवास/निवास/स्थायी स्थलय उसका पर्याय 'आलय' है, जिसका भाव है–जहाँ रहा जाए।

**171.** 'अत्युष्म' = अति + उष्म के संयोग से बना है, जहाँ 'इ' + 'उ' मिलने पर बीच में 'य्' आकर रूप बनता है। इस प्रकार 'अत्युष्म' यण्-संधि का स्पष्ट उदाहरण है क्योंकि दोनों स्वरों के मेल से यकार प्रत्यय उत्पन्न होता है।

**172.** 'निर्वाण' के अर्थ मृत्यु, मोक्ष, विश्राम जैसे आध्यात्मिक/अंतिम दशा से जुड़े अर्थ मिलते हैं, पर 'धरती' उसका अर्थ नहीं है। इसीलिए 'धरती' निर्वाण का अनेकार्थी शब्द नहीं माना जाता।

**173.** ''जंगल में बहुत अंधेरा है''–यह तद्भव शब्द वाक्य के अर्थ से पूरी तरह मेल खाता है। यह प्रकाश के अभाव को सामान्य बोलचाल में व्यक्त करता है और संदर्भ के अनुरूप प्राकृतिक वातावरण को भी दर्शाता है।

**174.** ''मेरे घर डॉक्टर आए हैं।'' यहाँ विदेशज शब्द की अपेक्षा है, और 'डॉक्टर' अंग्रेजी से हिंदी में आया प्रचलित विदेशज शब्द है, जो वाक्य को स्वाभाविकता देता है।

**175.** 'मनोरमा' = मनः + रमा, जहाँ विसर्ग + र के मेल से 'ओ' का रूप प्राप्त होता है। इसलिए इसका संधि-विच्छेद 'मनः रमा' शास्त्रीय संधि-नियमों के अनुसार पूर्णतः सही है।

**176.** साधु-संत परंपरागत रूप से कंधे पर झोला लेकर चलते हैं। 'झोला' पूर्णतः देशज शब्द है और साधुओं से सांस्कृतिक रूप से जुड़ा हुआ माना जाता है।

**177.** 'रुधिर' का अर्थ खून होता है। वाक्य ''खून सूख गया'' में पर्याय का प्रयोग सही हुआ है क्योंकि यह भय या चिंता के परिणामस्वरूप रक्त संचार रुकने का मुहावरा भी है।

**178.** 'विग्रह' का विलोम संधि होता है–अर्थात् मिलन, समझौता, एकता। वाक्य ''उन दोनों के बीच संधि हो गई'' ठीक इसी विलोम अर्थ को व्यक्त करता है।

**179.** 'विरोधी' का विलोम सामान्यतः अनुयायी माना जाता है, क्योंकि–

- विरोधी = जो विरोध करे
- अनुयायी = जो साथ चले, मान्यता का पालन करे

अर्थात् अनुयायी किसी विचार, व्यक्ति या मत का समर्थन करने वाला होता है, जो विरोधी के ठीक विपरीत अर्थ को प्रकट करता है।

**180.** 'भतीजी' का तत्सम रूप भ्रातृजा है–अर्थात् 'भ्राता (भाई) की जा (जन्मी पुत्री)'। यह संस्कृत-सम्मत शुद्ध तत्सम रूप है।

**181.** शिक्षण रणनीतियाँ वह प्रक्रिया हैं जिनसे शिक्षक यह तय करता है कि पाठ कैसे शुरू होगा, बच्चों को कैसे शामिल किया जाएगा, सामग्री का चुनाव कैसे किया जाएगा और सीखने को सार्थक कैसे बनाया जाएगा। यह पूरा विवरण सीधे-सीधे रणनीतियों से जुड़ा है, न कि पाठ्यपुस्तक या पाठ्यक्रम से।

**182.** अधिसंज्ञान (Metacognition) का अर्थ है–अपनी सीखने की प्रक्रिया के बारे में सोचना।

इसलिए जब विद्यार्थी यह सोचता है कि उसकी समस्या हल करने की विधि कैसी थी और उसे कैसे सुधारा जा सकता है, तो यह अधिसंज्ञान का सबसे सटीक उदाहरण है।

**183.** हर्बार्टियन मॉडल शिक्षण में नैतिक मूल्य सीधे विषय-वस्तु के साथ जोड़ता है।

पाठ की प्रस्तुति में नैतिक आदर्शों, अनुशासन और चरित्र-निर्माण को शामिल किया जाता है, इसलिए यह नैतिक शिक्षा को विषय के भीतर समाहित करके योगदान देता है।

**184.** वायगोत्स्की के सामाजिक-सांस्कृतिक सिद्धांत का केंद्रीय विचार है कि बच्चा अकेले नहीं सीखता। उसका संज्ञानात्मक विकास संवाद, सहयोग, भाषा, समाज और संस्कृति के माध्यम से होता है। इसलिए सामाजिक संपर्क सबसे महत्वपूण f भूमिका निभाता है।

**185.** सामाजिक रचनावाद में ज्ञान व्यक्ति अकेला नहीं बनाता। यह दूसरों के साथ बातचीत, सहयोग, सांस्कृतिक आदान-प्रदान, साझा गतिविधियों के द्वारा निर्मित होता है। यही कारण है कि विकल्प 3 इसका सही सिद्धांत प्रस्तुत करता है।

**186.** NCERT 2006 (राष्ट्रीय पाठ्यचर्या रूपरेखा 2005) ने शिक्षा में लिंग, जाति, वर्ग, धर्म, क्षेत्र आदि से उत्पन्न असमानताओं पर विशेष बल दिया। इसमें कहा गया कि शिक्षा का लक्ष्य समानता, लोकतांत्रिक मूल्यों और सामाजिक न्याय की स्थापना है। इसलिए यह विकल्प सबसे सही है।

**187.** यौवन अवस्था (Adolescence) वह समय है जब शारीरिक, मानसिक, भावनात्मक और सामाजिक स्तर पर तेजी से वृद्धि और परिवर्तन होते हैं। इसी अवधि में ऊँचाई, वजन, हार्मोनल बदलाव, पहचान-निर्माण आदि तेज गति से होते हैं।

**188.** ज्ञान के पारंपरिक विभाजन "A priori" (प्रागनुभविक) और "A posteriori" (अनुभवाश्रित) हैं। "Experienced" भी अनुभव आधारित ज्ञान का प्रकार माना जा सकता है। लेकिन Inferiori (हीनता) ज्ञान का कोई दार्शनिक वर्गीकरण नहीं है। इसलिए यह सही उत्तर है।

**189.** दिव्यांगजन अधिकार अधिनियम 2016 (RPwD Act) समावेशी शिक्षा, सह-पाठ्यचर्या गतिविधियाँ, विशेष शिक्षकों की नियुक्ति और सहायक अधिगम सामग्री उपलब्ध कराने पर जोर देता है। बढ़ती जनसंख्या का इससे कोई संबंध नहीं है। इसलिए यह अधिनियम द्वारा समर्थित पक्ष नहीं है।

**190.** शिक्षक शिक्षण को समायोजित करने और विद्यार्थियों की आवश्यकताओं को पूरा करने के लिए आकलन डेटा का उपयोग करते हैं। AfL (Assessment for Learning) का उद्देश्य है– आकलन से मिली जानकारी के आधार पर शिक्षण में सुधार करना। इससे विद्यार्थी की सीखने की प्रक्रिया को बेहतर बनाया जाता है। इसीलिए विकल्प 2 AfL की मूल भावना के अनुरूप है।

**191.** रचनावादी परिप्रेक्ष्य (Constructivism) का मुख्य सिद्धांत है कि सीखना सक्रिय भागीदारी, अनुभव, चिंतन, समस्या-समाधान और पूर्व-ज्ञान के आधार पर होता है। विद्यार्थी ज्ञान को स्वयं निर्मित करते हैं, न कि रटकर ग्रहण करते हैं।

**192.** दृष्टिबाधित बच्चों के लिए सबसे महत्वपूर्ण सहायक उपकरण Braille display है। यह स्पर्श के माध्यम से अक्षरों को पढ़ने में सक्षम बनाता है। Hearing aid और Speech-to-text उपकरण दृष्टिबाधित बच्चों के लिए प्राथमिक नहीं हैं।

**193.** ज्ञान उद्देश्य (Knowledge Objective) की विशेषता है–तथ्य, शब्द, परिभाषाएँ, तिथियाँ, अवधारणाएँ आदि को पहचानने और स्मरण करने की क्षमता। यह Bloom's Taxonomy के Knowledge/Remembering स्तर से संबंधित है।

**194.** अधिगम उद्देश्यों को मूल्यांकन से मिलाना बहुत आवश्यक है, ताकि–

- जो सीखाने का लक्ष्य है, वही आकलन में मापा जाए।
- विद्यार्थियों की प्रगति सही तरीके से आंकलित हो।
- मूल्यांकन सार्थक और निष्पक्ष बने।

**195.** आधुनिक अधिगम रणनीतियों में, आकलन का उद्देश्य केवल ग्रेड देना नहीं होता, बल्कि–

- छात्र को यह समझ देना कि वह कैसे सीख रहा है
- स्वयं सुधार (Self-monitoring)
- आत्म-चिंतन (Reflection)
- सीखने की रणनीतियों को सुधारना

इसीलिए विकल्प 1 सबसे उपयुक्त है।

**196.** यह उपागम तार्किक-वैज्ञानिक दृष्टिकोण पर आधारित है और व्यवहार-विज्ञान के शोध से विकसित हुआ। बीसवीं सदी के प्रारम्भ में इसने शिक्षा, मनोविज्ञान और निर्णय प्रक्रिया को गहराई से प्रभावित किया, क्योंकि यह मानता है कि मानव व्यवहार को वैज्ञानिक रूप से अध्ययन कर सुधार किया जा सकता है।

**197.** पाठ-योजना के मुख्य घटकों में अधिगम उद्देश्य, शिक्षण-अधिगम गतिविधियाँ और समझ की जाँच की रणनीतियाँ शामिल होती हैं। परीक्षा के संभावित प्रश्नों की भविष्यवाण ी पाठ योजना का भाग नहीं होती, क्योंकि यह शिक्षण उद्देश्यों से सीधे सम्बद्ध नहीं है।

**198.** जब एक ही वाक्य या वक्तव्य में दो या अधिक भाषाओं के शब्दों, वाक्यांशों या व्याकरणिक संरचनाओं का मिश्रण किया जाता है, तो इसे ट्रांसलैंग्युजिंग कहा जाता है। यह आधुनिक कक्षाओं में द्विभाषी विद्यार्थियों के लिए स्वाभाविक संप्रेषण शैली मानी जाती है।

**199.** विद्यार्थी-केंद्रित शिक्षण में विद्यार्थियों की सक्रिय भागीदारी, अभ्यास और कौशल प्रदर्शन प्रमुख होता है। प्रतिफल प्रदर्शन में विद्यार्थी स्वयं कार्य करके अपनी समझ दिखाते हैं, इसलिए यह पूर्णतः विद्यार्थी-केंद्रित विधि है।

**200.** प्रजनन-क्षेत्र में महिलाओं की भूमिका की सार्वभौमिक स्वीकृति ने ऐतिहासिक रूप से लैंगिक भेदों की सामाजिक संरचना को जन्म दिया। समाजों ने प्रजनन भूमिका के आधार पर स्त्री-पुरुष के अलग-अलग दायित्व, अपेक्षाएँ और स्थान निर्धारित किए, जिससे लैंगिक अंतर की अवधारणा विकसित हुई।

---

पिछले प्रश्न-पत्र (हल सहित)

# दिल्ली अधीनस्थ सेवा चयन बोर्ड
# DSSSB—PGT (हिन्दी) भर्ती परीक्षा, 2021*

## पोस्ट स्पेसिफिक विषय-संबंधी प्रश्न

**1.** 'भाव विलास' किसकी रचना है?
A. देव B. बिहारी
C. पद्माकर D. घनानंद

**2.** 'उसने कहा था'–कहानी किस वर्ष सरस्वती में छपी?
A. 1916 B. 1915
C. 1910 D. 1912

**3.** रामायण में किस भाषा का प्रयोग किया गया है?
A. अपभ्रंश B. उर्दू
C. संस्कृत D. पाली

**4.** 'प्रेमवाटिका' के रचनाकार कौन हैं?
A. रत्नाकर B. विद्यापति
C. रसखान D. मीरा

**5.** कौन-सा एक उपन्यास पूरी तरह किसान जीवन पर केन्द्रित है?
A. निर्मला B. प्रेमाश्रय
C. सेवासदन D. कर्मभूमि

**6.** 'सितारे हिन्द' किसकी उपाधि थी?
A. राजा शिवप्रसाद B. श्रीनिवास दास
C. देवकीनंदन खत्री D. राजा लक्ष्मण सिंह

**7.** यह पंक्ति किस कवि की प्रशस्ति में कही गयी है?
'चाह के रंग में भीज्यों हियो, बिछुरे मिले प्रीतम सांति न मानै।''
A. पद्माकर B. देव
C. घनानंद D. आलम

**8.** जयशंकर प्रसाद की पहली कहानी कौन-सी थी?
A. गुंडा B. ग्राम
C. सालवती D. मधुआ

**9.** हिंदी का पहला नाटक किसे माना जाता है?
A. आनंदरघुनन्दन B. प्रबोधचन्द्रोदय
C. देवमायाप्रपंच D. शकुंतला

**10.** हिंदी साहित्य सम्मेलन के प्रथम सभापति कौन थे?
A. महात्मा गांधी B. धनपत राय
C. रामविलास शर्मा D. मदन मोहन मालवीय

**11.** 'राम कैसो जस अध-ऊरध गनन है।' किसकी पंक्ति है?
A. अग्रदास B. तुलसीदास
C. मतिराम D. सेनापति

**12.** 'चोटी की पकड़' की विधा क्या है?
A. जीवनी B. कहानी
C. उपन्यास D. संस्मरण

**13.** कौन-सी रचना जायसी की नहीं है?
A. चित्ररेखा B. कहरानामा
C. छिताई वार्ता D. अखरावट

**14.** शुक्ल जी के अनुसार 'हम्मीर रासो' के रचनाकार कौन हैं?
A. जज्वल B. शार्ङगंधर
C. विद्याधर D. रूपचंद्र

**15.** अमीर खुसरो ने हिंदी के लिए कौन-सा शब्द प्रयुक्त किया?
A. रेख्ता B. संस्कृत
C. हिन्दुस्तानी D. हिन्दवी

**16.** 'भारत भारती' के रचयिता कौन हैं?
A. भूषण B. भिखारी दास
C. मैथिलीशरण गुप्त D. केशवदास

* परीक्षा 04/07/2021 को संपन्न हुई।

**17.** मीराबाई को किसकी शिष्या कहा जाता है?

A. तुलसीदास B. धर्मदास

C. रैदास D. कबीरदास

**18.** भारतेंदु की रचनाओं का संग्रह किस नाम से है?

A. भारतेंदु वाणी B. भारतेंदु दर्पण

C. भारतेंदु प्रसून D. भारतेंदु ग्रंथावली

**19.** विद्यापति ने किस भाषा में काव्य रचना की?

A. मैथिली भाषा B. ब्रजभाषा

C. प्राकृत भाषा D. राजस्थानी भाषा

**20.** हिंदी भाषा की किस लिपि को भारतीय संविधान में स्वीकार किया गया है?

A. देवनागरी लिपि B. चंद्र लिपि

C. ब्राह्मी लिपि D. गुरुमुखी लिपि

**21.** केशवदास ने एक आध्यात्मिक ग्रंथ लिखा, उसका नाम क्या था?

A. रसिकप्रिया B. कविप्रिया

C. विज्ञान गीता D. रामचंद्रिका

**22.** 'है अमानिशा उगलता गगन घन अंधकार' किस कविता की पंक्ति है?

A. झरना

B. आंसू

C. राम की शक्ति पूजा

D. कामायनी

**23.** ''सुदामा चरित'' किसके द्वारा रचित काव्य-ग्रंथ है?

A. मतिराम B. देव

C. पद्माकर D. नरोत्तमदास

**24.** गुलेरीजी की 'उसने कहा था' कहानी का सार क्या है?

A. अमृतसर का जन-जीवन

B. अपराध का मनोविज्ञान

C. युद्ध की आवश्यकता

D. निःस्वार्थ बलिदान

**25.** निम्नलिखित नाटकों में से कौन-सा नाटक भारतेन्दुजी द्वारा लिखित नहीं है?

A. भारत सौभाग्य B. नील देवी

C. भारत दुर्दशा D. अंधेर नगरी

**26.** हरिवंश राय बच्चन की रचना ''क्या भूलूं क्या याद करूँ'' किस कोटि के अंतर्गत आती है?

A. आत्मकथा B. इंटरव्यू

C. यात्रा वृत्तान्त D. रेखाचित्र

**27.** रामचरित मानस में कितने काण्ड/अध्याय है?

A. 7 B. 11

C. 9 D. 8

**28.** हिंदी साहित्य सम्मेलन की स्थापना कब हुई थी?

A. 1910 B. 1890

C. 1900 D. 1903

**29.** रामचंद्रिका की रचना किसने की?

A. केशव B. मोहनलाल मिश्र

C. सुंदर D. सेनापति

**30.** 'इतिहास तिमिर नाशक' ग्रंथ का रचयिता कौन है?

A. बालकृष्ण भट्ट

B. राजा लक्ष्मण सिंह

C. भारतेंदु हरिश्चंद

D. राजा शिवप्रसाद 'सितारेहिंद'

**31.** 'जोर्ज पंचम की नाक' कहानी का लेखक कौन है?

A. कमलेश्वर B. अज्ञेय

C. भीष्म साहनी D. हरिकृष्ण प्रेमी

**32.** विष्णु प्रभाकर के 'रसोईघर में प्रजातंत्र' नामक एकांकी में क्या है?

A. क्षोभ B. उद्बोधन

C. निराशा D. व्यंग्य

**33.** 'पाहन पूजे हरि मिले, तो मैं पूंजू पहार' यह उक्ति किसकी है?

A. मलूकदास B. रसखान

C. रहीम D. कबीर

**34.** निम्न में से कौन-सा सूर्यकांत त्रिपाठी द्वारा रचित उपन्यास नहीं है?

A. पूर्णप्रकाश B. प्रभावती

C. अलका D. निरुपमा

**35.** 'गिरती दीवारें' किसका उपन्यास है?

A. धर्मवीर भारती B. अमृतलाल नागर

C. नागार्जुन D. उपेन्द्रनाथ अश्क

**36.** चिंतामणी किस काल के कवि थे?

A. आधुनिक काल

B. वीरगाथा काल

C. भक्ति काल

D. रीति काल

**37.** रामचन्द्र शुक्ल जी के अनुसार खड़ी बोली गद्य की पहली रचना कौन-सी है?

A. भाषायोग वसिष्ठ

B. चंद छंद बरनन की महिमा

C. कुतुबशतक

D. गोरा बादल की कथा

**38.** केशवदास कवि होने के साथ-साथ क्या थे?

A. पाखंड-विरोधी  B. गायक

C. संत  D. आचार्य

**39.** 'नई कहानी' वर्ग के कहानीकारों में निम्न में से किसका नाम नहीं आता है?

A. कमलेश्वर

B. राजेंद्र यादव

C. किशोरीलाल गोस्वामी

D. मोहन राकेश

**40.** कबीरदास की भाषा कैसी थी?

A. खड़ी बोली  B. अपभ्रंश

C. सधुक्कड़ी  D. अवधी

**41.** निम्न विकल्पों में से उस विकल्प का चयन कीजिए जो दिए गए समस्तपद के सही बहुब्रीहि समास का विकल्प है।

लंबोदर

A. लम्बा है उदर जिसका अर्थात गणेशजी

B. उदर का लंबा

C. लंबे उदर वाला

D. उदर है लंबा

**42.** निम्न विकल्पों में उस विकल्प को चुनिए जो दिए शब्द-युग्म का सही अर्थ वाला विकल्प है।

अभय-उभय

A. दोनों-शास्त्र  B. निर्णय-दुर्लभ

C. निडर-दोनों  D. प्राप्ति-दोनों

**43.** प्रिय प्रवास का वर्ण्य-विषय क्या है?

A. बुद्ध का गृहत्याग

B. कृष्ण का मथुरा-प्रवास

C. राम-वनवास

D. सीता का करुणापूर्ण चित्र

**44.** निम्न विकल्पों में से कौन-सा विकल्प नीचे दिए गए शब्द का सही समानार्थी शब्द नहीं है?

कमल

A. सरसिज  B. देववृक्ष

C. उत्पल  D. शतदल

**45.** आधुनिक काल के काव्य में कविताएँ किस भाषा में लिखी जाती थी?

A. खड़ी बोली में  B. ब्रज और अवधी में

C. अवधी में  D. ब्रजभाषा में

**46.** "आंसू" काव्य किस वर्ष प्रकाशित हुआ?

A. 1914  B. 1925

C. 1928  D. 1930

**47.** राम की शक्ति पूजा के विषय में कौन-सा कथन असत्य है?

A. राम को रावण पर विजय का वरदान देवी से प्राप्त हुआ

B. राम की शक्ति पूजा का कथानक रामचरितमानस पर आधारित है

C. राम की शक्ति पूजा के राम मानव अधिक हैं, ईश्वर कम

D. राम को शक्ति पूजा का सुझाव जामवंत ने दिया

**48.** निम्न विकल्पों में से उस विकल्प का चयन करें जो उपसर्ग से बने शब्द का सही विकल्प नहीं है?

A. संभावना  B. निहत्था

C. मिलन  D. आधिक्य

**49.** कवि निराला ने किसे 'हिंदी के विशाल मंदिर की सरस्वती' कहा है?

A. महादेवी वर्मा  B. मन्नू भंडारी

C. मीराबाई  D. अमृता प्रीतम

**50.** कबीरदास जी ने अपने रहस्यवादी और दार्शनिक विचारों की व्याख्या किसमें की है?

A. कबीरपंथ B. सबद
C. साखी D. रमैनी

**51.** छायावाद के चार स्तंभों में निम्न में से कौन एक नहीं है?
A. निराला B. पंत
C. प्रसाद D. अज्ञेय

**52.** 'अबे सुन बे गुलाब' में गुलाब किसका प्रतीक है?
A. श्रमिक वर्ग का
B. पूंजीपति वर्ग का
C. बुद्धिजीवी वर्ग का
D. राजनीतिज्ञ वर्ग का

**53.** हिंदी में मुक्त छंद में पहली कविता लिखने का श्रेय किसे दिया जाता है?
A. मैथिलीशरण गुप्त B. प्रसाद को
C. पंत को D. निराला को

**54.** ''अरुण यह मधुमय देश हमारा'' यह पंक्ति किसकी है?
A. जयशंकर प्रसाद
B. माखनलाल चतुर्वेदी
C. मिथिलेश
D. महादेवी वर्मा

**55.** निम्न में से किस कवि का पहले नाम गुसाईं दत्त था?
A. हजारीप्रसाद द्विवेदी
B. धर्मवीर भारती
C. सुमित्रानंदन पंत
D. हरिवंशराय बच्चन

**56.** निम्न विकल्पों में से कौन-सा विकल्प नीचे दिए गए शब्द का सही विलोम शब्द है?

आगामी
A. इति B. अंत
C. विराग D. गत

**57.** परिमल किसकी काव्य रचना है?
A. निराला B. पंत
C. माखनलाल चतुर्वेदी D. रसखान

**58.** चिंतामणि की भाषा कौन-सी है?
A. राजस्थानी B. ब्रज
C. अवधी D. संस्कृत

**59.** हिंदी के किस रचनाकार ने व्यंग्य को विधा का दर्जा दिलवाया?
A. ओमप्रकाश कश्यप
B. फजले हसनैन
C. हरिशंकर परसाई
D. रविंद्रनाथ त्यागी

**60.** तुलसीदास के निम्न ग्रंथों को रचनाकाल के अनुसार आरोही क्रम में लगाइए।
A. गीतावली, कवितावली, रामचरितमानस, जानकी मंगल
B. जानकी मंगल, गीतावली, रामचरितमानस, कवितावली
C. जानकी मंगल, कवितावली, गीतावली, रामचरितमानस
D. गीतावली, रामचरितमानस, जानकी मंगल, कवितावली

**61.** निम्न विकल्पों में से उस विकल्प का चयन करें जो प्रत्यय से बने शब्द का सही विकल्प नहीं है।
A. तिरोभाव B. कटौती
C. संपोला D. बैठा

**62.** निम्न विकल्पों में से उस विकल्प का चयन कीजिए जो दिए गए वाक्य के अनुसार विशेषण के भेद का सही विकल्प हो।

ज्वालामुखियों की (भीतरी) सतह ज्यादा गरम होती है।
A. संबंधवाचक B. संख्यावाचक
C. प्रश्नवाचक D. व्यक्तिवाचक

**63.** निम्न विकल्पों में उस विकल्प को चुनिए जो दिए गए शब्द-युग्म का सही अर्थ वाला विकल्प है।

करकट-कर्कट
A. कूड़ा-केकड़ा B. घर-कान
C. किला-केकड़ा D. कूड़ा-किला

**64.** निम्न वाक्य में कोष्ठक में दिए गए पदों का परिचय वाला विकल्प चुनिए।

यह उसकी वही कार है, (जिसे) कोई चुराकर ले गया था।
A. संबंधवाचक सर्वनाम
B. जातिवाचक संज्ञा
C. व्यक्तिवाचक संज्ञा
D. निश्चयवाचक सर्वनाम

**65.** हिंदी में पद कितने प्रकार के होते हैं?

A. तीन B. पाँच
C. चार D. छः

**66.** निम्न विकल्पों में से उस विकल्प का चयन कीजिए जो दिए समस्त पद के सही द्विगु समास का विकल्प है।

नवग्रह

A. नौ से ग्रह B. नौ ग्रहों का समूह
C. नौ ग्रह D. नौ का ग्रह

**67.** निम्न विकल्पों में से उस विकल्प का चयन कीजिए जो भाववाचक संज्ञा का सही विकल्प नहीं है।

A. सच्चाई B क्रोध
C. अमीरी D. कातर

**68.** निम्न विकल्पों में से उस विकल्प का चयन कीजिए जो दिए गए वाक्य के अनुसार क्रिया विशेषण के भेद का सही विकल्प है।

रामलीला का मंचन वहाँ हो रहा है।

A. रीतिवाचक B. परिमाणवाचक
C. स्थानवाचक D. कालवाचक

**69.** निम्न विकल्पों में से उस विकल्प का चयन कीजिए जो जातिवाचक संज्ञा का सही विकल्प है।

A. फूल B. रामायण
C. तेल D. परिवार

**70.** निम्न विकल्पों में से उस विकल्प का चयन कीजिए जो दिए गए वाक्य के अनुसार सही सर्वनाम पदबंध का विकल्प हो।

बिजली-सी फुरती दिखाकर आपने बालक को डूबने से बचा लिया।

A. डूबने से बचा लिया।
B. बालक को
C. बिजली-सी फुरती दिखाकर आपने
D. बिजली-सी फुरती

**71.** 'पालनहार' शब्द में कौन-सा प्रत्यय है?

A. नहर B. हार
C. र D. आर

**72.** निम्न विकल्पों में से उस विकल्प का चयन कीजिए जो दिए गए वाक्य के अनुसार सर्वनाम के भेद का सही विकल्प हो।

(यह) मेरी किताब है (वह) तुम्हारी है।

A. निश्चयवाचक B. पुरुषवाचक
C. संबंधवाचक D. निजवाचक

**73.** निम्न विकल्पों में से उस विकल्प का चयन कीजिए जो दिए गए वाक्य के अनुसार सही क्रिया के भेद का विकल्प हो।

हम कुली से बोझ उठवाते हैं।

A. संयुक्त B. प्रेरणार्थक
C. नामधातु D. अकर्मक

**74.** निम्न विकल्पों में से उस विकल्प का चयन कीजिए जो दिए गए वाक्य के अनुसार सही संज्ञा पदबंध का विकल्प हो।

चार ताकतवर मजदूर इस भारी चीज को उठा पाए।

A. ताकतवर
B. इस भारी चीज को
C. चार ताकतवर मजदूर
D. मजदूर

**75.** निम्न विकल्पों में से कौन-सा विकल्प नीचे दिए गए शब्द का सही विलोम शब्द है?

उपकार

A. अनुचित B. अपकार
C. अनुदार D. उत्थान

**76.** निम्न विकल्पों में से उस विकल्प का चयन कीजिए जो भाववाचक संज्ञा का सही विकल्प नहीं है?

A. भ्रातृत्व B. शीतल
C. शैतानी D. मित्रता

**77.** निम्न विकल्पों में से उस विकल्प को चुनिए जो दिए गए शब्द के सही अनेकार्थी रूप वाला विकल्प नहीं है।

क्षेत्र

A. खेत B. बाग
C. तीर्थ D. देह

**78.** निम्न विकल्पों में से उस विकल्प का चयन कीजिए जो समूह वाचक संज्ञा का सही विकल्प है।

A. दाल B. भीड़

C. वृक्ष D. भारत

**79.** निम्न विकल्पों में से उस विकल्प का चयन कीजिए जो दिए गए वाक्य के अनुसार विशेषण के भेद का सही विकल्प हो।

(वह) आदमी अच्छे से काम करना जानता है।

A. संबंधवाचक B. परिमाणवाचक

C. सार्वनामिक D. गुणवाचक

**80.** निम्न विकल्पों में से कौन-सा विकल्प नीचे दिए गए शब्द का सही समानार्थी शब्द नहीं है?

अंबु

A. वारि B. फलक

C. सलिल D. क्षीर

**81.** निम्नलिखित वाक्य में विधेय का सही विकल्प पहचानिए।

युवराज ने एक ओवर में छः छक्के लगाए।

A. युवराज ने एक ओवर में

B. एक ओवर में छः छक्के लगाए

C. युवराज

D. छः छक्के लगाए

**82.** नीचे दिए गए शब्द का सही संधि-विच्छेद वाला विकल्प पहचानिए।

मुनीश

A. मूनी + ईश B. मूनि + इस

C. मुनि + ईश D. मुनी + ईश

**83.** निम्नलिखित वाक्य में उद्देश्य का सही विकल्प पहचानिए।

रोहन गृहकार्य करने के लिए अभी अपने मित्र के घर गया है।

A. रोहन

B. रोहन गृहकार्य करने के लिए

C. अपने मित्र के घर गया है

D. गृहकार्य

**84.** निम्नलिखित वाक्य में उद्देश्य का सही विकल्प चुनिए।

दीपा की दादी बहुत अच्छी कहानियाँ सुनाती हैं।

A. बहुत अच्छी कहानियाँ

B. अच्छी कहानियाँ सुनाती हैं

C. दीपा की दादी

D. दीपा की दादी बहुत अच्छी

**85.** दिए गए वाक्य के भेद का सही विकल्प चुनिए।

डॉक्टर राजेंद्र प्रसाद भारत के प्रथम राष्ट्रपति थे।

A. संकेतवाचक वाक्य

B. निषेधवाचक वाक्य

C. संदेहवाचक वाक्य

D. विधानवाचक वाक्य

**86.** नीचे दिए गए शब्दों का सही संधि वाला विकल्प पहचानिए?

सु + सुप्ति

A. सुसुप्ति B. सुप्ति

C. सुषुप्ति D. सुहाप्ती

**87.** निम्न विकल्पों में से मिश्र वाक्य को पहचानिए।

A. सुरेश ने काम किया और वह अपने घर चला गया।

B. बाहर अगर बारिश हो रही हो तो छाता लेकर जाना।

C. रेलगाड़ी बहुत तेज चल रही है।

D. मीना अच्छा गाना गाती है।

**88.** निम्नलिखित विकल्पों में सरल वाक्य का सही विकल्प चुनिए।

A. श्वेता नए कपड़े लेकर आई है।

B. वह चला तो था लेकिन आधे रास्ते से लौट आया।

C. जो देर से कार्य खत्म करेगा उसे सजा मिलेगी।

D. दीपक आया और थक कर सो गया।

**89.** दो निकटवर्ती वर्णों के परस्पर मेल से जो परिवर्तन होता है उसे क्या कहते हैं?

A. वर्ण B. संधि-विच्छेद

C. संधि D. वाक्य

**90.** निम्न विकल्पों में से संयुक्त वाक्य को पहचानिए।

A. राकेश ने भोजन किया।

B. मैंने एक पक्षी देखा जो घायल था।

C. उसका काम बन जाए इसलिए वह किसी से सिफारिश कराने के चक्कर में है।

D. वह जो टोपीवाला बाबू है कहीं जा रहा है।

**91.** निम्नलिखित वाक्य में विशेषण उपवाक्य पहचानिए।

वही बच्चा सफल होता है जो मेहनती होता है।

A. वही बच्चा सफल होता है जो मेहनती

B. जो मेहनती होता है

C. सफल

D. वही बच्चा

**92.** नीचे दिए गए शब्दों का सही संधि वाला विकल्प पहचानिए?

भानु + उदय

A. भानदय B. भानोदय

C. भानुउदय D. भानूदय

**93.** निम्नलिखित वाक्य में विधेय का सही विकल्प चुनिए :

आप कुर्सी पर बैठकर बातें करें।

A. आप

B. आप कुर्सी पर बैठकर

C. कुर्सी पर बैठकर बातें करें

D. बातें करें

**94.** नीचे दिए गए शब्द में प्रयुक्त संधि भेद का सही विकल्प चुनिए :

उद्धरण

A. उत् + हरण

B. उदध + रण

C. उद + हरण

D. उद + धारण

**95.** निम्न विकल्पों में से मिश्र वाक्य को पहचानिए :

A. जब तुम दसवीं कक्षा में अच्छे अंकों से पास हो जाओगे तब तुम्हें कॉलेज में दाखिला मिल जाएगा।

B. माता जी खाना बना रही है।

C. विवेक काम से आया और थक कर सो गया।

D. दिन ढल गया और अँधेरा हो गया।

**96.** नीचे दिए गए शब्दों का सही संधि वाला विकल्प पहचानिए :

महा + ऊर्मि

A. महार्मी B. महारमी

C. महोर्मि D. महाऊर्मी

**97.** नीचे दिए गए शब्दों का सही संधि वाला विकल्प पहचानिए :

नर + ईश

A. नरीश B. नरिस

C. नारिश D. नरेश

**98.** निम्नलिखित वाक्य में कोष्ठक में दिए गए शब्द के उपवाक्य का नाम बताइए।

शिखा ने कहा कि (वह कल एक नाटक देखने जो रही है।)

A. विशेषण उपवाक्य

B. क्रिया उपवाक्य

C. संज्ञा उपवाक्य

D. क्रियाविशेषण उपवाक्य

**99.** नीचे दिए गए शब्द में प्रयुक्त संधि भेद का सही विकल्प चुनिए :

चतुष्पाद

A. चतुः + पाद B. चतु + श्पाद

C. चतुष + पाद D. चतू + श्पाद

**100.** जब संधि करते समय विसर्ग के बाद स्वर या व्यंजन वर्ण के आने से जो विकार उत्पन्न होता है उसे क्या कहते हैं?

A. अयादि संधि B. व्यंजन संधि

C. स्वर संधि D. विसर्ग संधि

**101.** नीचे दिए गए शब्द में प्रयुक्त संधि भेद का सही विकल्प चुनिए :

उच्छिष्ट

A. उत् + शिष्ट B. उ + शिष्ट

C. उच्च + शिष्ट D. उच्छि + ष्ट

**102.** अक्षर पर शिरोरेखा लगाने का अनुमोदन किस समिति द्वारा किया गया?

A. देवनागरी सुधार समिति

B. आचार्य नरेन्द्र देव समिति

C. हिंदी साहित्य सम्मेलन

D. राष्ट्रभाषा प्रचार समिति

**103.** नीचे दिए गए शब्द का सही संधि-विच्छेद वाला विकल्प पहचानिए :

अन्वेषण

A. अन + एषण B. अन + वेषण

C. अन्वे + शण D. अनु + एषण

**104.** नीचे दिए गए शब्द का सही संधि-विच्छेद वाला विकल्प पहचानिए :

संलग्न

A. संल + गन B. सं + लग्न

C. सम् + लग्न D. स + अंलग्न

**105.** "रात-दिवस, पूनम-अमा, सुख-दुःख, छाया-धूप।
यह जीवन बहुरूपिया, बदले कितने रूप।।" में कौन-सा छंद है?

A. सोरठा B. रोला

C. दोहा D. चौपाई

**106.** राम को रूप निहारति जानकी कंकन के नग की परिछांहि।
याते सवे सुधि भूलि गई कर टेक रही पल हारत नाहिं।।
पंक्ति में कौन-सा रस है?

A. करुण B. शृंगार

C. शांत D. हास्य

**107.** सिंह की गर्जना या साँप की फुँकार किस रस का उद्दीपन विभाव है?

A. वीर B. अद्‌भुत

C. भयानक D. रौद्र

**108.** जहाँ एक शब्द का भिन्न-भिन्न अर्थों में प्रयोग हो, वहाँ कौन-सा अलंकार होता है?

A. यमक B. श्लेष

C. अनुप्रास D. वक्रोक्ति

**109.** नीचे दिए गए शब्दों का सही संधि वाला विकल्प पहचानिए :

धर्म + अर्थ

A. धमर्थ B. धरमअर्थ

C. धर्मअर्थ D. धर्मार्थ

**110.** अमीर खुसरो की प्रसिद्धि का क्या कारण था?

A. उन्होंने बाल कहानियाँ लिखी

B. उन्होंने आत्मकथा लिखी

C. उन्होंने धर्म-ग्रंथों की रचना की

D. उन्होंने पहेलियाँ और मुकरियां लिखी

**111.** भाषाविज्ञान, भाषा को भाषा ही जानकर उसका कैसा अध्ययन करता है?

A. सामाजिक B. आर्थिक

C. पौराणिक D. वैज्ञानिक

**112.** निम्न कवियों में कौन हिंदी का महाकवि माना जाता है?

A. कालिदास B. भर्तहरी

C. अश्वघोष D. तुलसीदास

**113.** नागरी लिपि को दक्षिण में क्या कहा जाता है?

A. नंदी नागरी B. दक्षिण नागरी

C. पहाड़ी नागरी D. पर्वत नागरी

**114.** 1937 में वर्धा में 'अखिल भारतीय शैक्षिक सम्मेलन' का आयोजन किसकी अध्यक्षता में किया गया था?

A. मदनमोहन मालवीय

B. बाल गंगाधर तिलक

C. महात्मा गाँधी

D. राजा राममोहन राय

**115.** हिंदी के विषय में भारतीय संविधान में क्या लिखा है?

A. हिंदी विदेशी भाषा है

B. हिंदी संपर्क भाषा है

C. हिंदी जन भाषा है

D. हिंदी राजभाषा है

**116.** राजभाषा अधिनियम 1976 के अनुसार हिंदी प्रयोग की दृष्टि से देश राज्यों को कितनी श्रेणियों में बाँटा जा सकता है?

A. तीन B. पाँच

C. सात D. ग्यारह

**117.** हिंदी को राष्ट्रभाषा घोषित करने वाले अहिन्दी भाषी प्रस्तावक का नाम क्या था?

A. दलिप सेन

B. गोपालस्वामी आयंगर

C. महात्मा गाँधी

D. आचार्य शुक्ल

**118.** प्राचीन भारतीय सिक्कों पर कौन-सी लिपि अंकित है?

A. कुटिल B. देवनागरी

C. कौटिल्य D. ब्राह्मी

**119.** काशी नगरी प्रचारिणी सभा के संस्थापक कौन थे?

A. नंददुलारे वाजपेयी

B. धर्मवीर भारती

C. रामचंद्र शुक्ल

D. बाबू श्यामसुंदर दास

**120.** अमीर खुसरो का जन्म स्थान कौन-सा था?

A. जयपुर B. इटावा

C. एटा D. बिहार

**121.** रेडियो में विज्ञापन की शुरुआत कब से हुई।

A. 1950 B. 1923

C. 1947 D. 1823

**122.** एक व्यक्ति द्वारा अपने भावों और विचारों को दूसरों के समक्ष प्रस्तुत करने हेतु ध्वनि संकेत हेतु भाषा का प्रयोग क्या कहलाता है?

A. श्रवण B. लेखन

C. वाचन D. मौखिक अभिव्यक्ति

**123.** उपमेय में उपमान की संभावना होने पर कौन-सा अलंकार होता है?

A. उपमा B. श्लेष

C. उत्प्रेक्षा D. रूपक

**124.** भारतेन्दु-युग की साहित्यिक पत्रिका "आनन्द कादम्बिनी" के संपादक कौन थे?

A. उदय शर्मा

B. घनश्याम पंकज

C. धर्मवीर भारती

D. बदरीनारायण चौधरी 'प्रेमघन'

**125.** "आगे नदिया पड़ी अपार घोड़ा कैसे उतरे पार। राणा ने सोचा इस पार, तब तक घोड़ा था उस पार।" में कौन-सा अलंकार है?

A. रूपक B. उपमा

C. अतिशयोक्ति D. मानवीकरण

**126.** जनसंचार के आधुनिक माध्यमों में सबसे पुराना माध्यम कौन-सा है?

A. दृश्य-श्रव्य माध्यम B. कथन माध्यम

C. श्रवण माध्यम D. प्रिंट माध्यम

**127.** "सिर फट गया उसका वहीं। मानो अरुण रंग का घड़ा हो।" पंक्ति में कौन-सा अलंकार है?

A. उत्प्रेक्षा अलंकार B. श्लेष अलंकार

C. यमक अलंकार D. अनुप्रास अलंकार

**128.** शब्द की जिस शक्ति के कारण किसी शब्द का साधारण तथा प्रचलित या मुख्य अर्थ समझा जाता है, उसे क्या कहते हैं?

A. रूढ़ा शब्द शक्ति

B. लक्षणा शब्द शक्ति

C. अभिधा शब्द शक्ति

D. व्यंजन शब्द शक्ति

**129.** बनारस अखबार के प्रकाशन का कार्य निम्न में से किसके द्वारा किया गया?

A. नीलरतन हलधर

B. श्यामसुंदर सेन

C. राजा शिव प्रसाद

D. मौलवी नसीरुद्दीन

**130.** नागरी प्रचारिणी पत्रिका का प्रकाशन कब शुरू हुआ?

A. 1896 B. 1796

C. 1980 D. 1890

**131.** निम्न में से क्या रिपोर्ट लेखन की गलत विधि है?

A. आयोजन स्थल का नाम लिखना जरूरी नहीं है

B. प्रतियोगिता का परिणाम आया हो तो उसका भी उल्लेख किया जाना चाहिए

C. सर्वप्रथम संस्था का नाम लिखा जाना चाहिए

D. आयोजन की तिथि और समय की सूचना दी जानी चाहिए

**132.** "रहिमन पानी राखिए बिन पानी सब सून।
पानी गए न उबरै मोती मानस चून"।।
पंक्ति में कौन-सा अलंकार है?

A. उपमा
B. संदेह
C. विभावना
D. श्लेष

**133.** 'द राइज एंड ग्रोथ ऑफ हिंदी जर्नलिज्म' शोध प्रबंध किसका है?

A. डॉ. रामरतन भटनागर
B. बालमुकुन्द गुप्त
C. विष्णुदत्त शुक्ल
D. राधाकृष्ण दास

**134.** "पत्रकारिता, पत्र पत्रिकाओं के लिए समाचार लेख एकत्रित तथा सम्पादित करने, प्रकाशन आदेश देने का कार्य है।"
पत्रकारिता के संबंध में यह कथन किसका है?

A. डॉ. अर्जुन तिवारी
B. डॉ कृष्ण बिहारी मिश्र
C. श्री प्रेमनाथ चतुर्वेदी
D. डॉ बद्रीनाथ कपूर

**135.** "ले चला साथ मैं तुझे कनक।
ज्यों भिक्षुक स्वर्ण झनक।।"
पंक्ति में कौन-सा अलंकार है?

A. अतिश्योक्ति अलंकार
B. उपमा अलंकार
C. रूपक अलंकार
D. उत्प्रेक्षा अलंकार

**136.** विज्ञापन बनाते समय ध्यान रखने योग्य बातों के संबंध में कौन-सा विकल्प गलत है?

A. 'चित्रों' या 'रेखाचित्रों' का प्रयोग करना
B. विज्ञापन की भाषा एकदम सरल और सहज होनी चाहिए
C. कम शब्दों में उत्पाद की विशेषताओं और महत्व को प्रभावशाली तरीके से बताना
D. विज्ञापन का मूल्य और उसकी उपलब्धता के बारे में बिलकुल भी नहीं लिखे

**137.** लिखित रचना के शिक्षण में कौन-सी विधि पहले अपनाना सही होता है?

A. सरल से जटिल की ओर
B. जटिल से सरल की ओर
C. अज्ञात से ज्ञात की ओर
D. स्थूल से सूक्ष्म की ओर

**138.** 'रस मीमांसा' किसकी कृति है?

A. आचार्य विश्वनाथ
B. आचार्य केशवदास
C. आचार्य रामचंद्र शुक्ल
D. आचार्य मम्मट

**139.** निम्न विकल्पों में से कौन-सी साक्षात्कार के समय की जाने वाली त्रुटि नहीं है?

A. साक्षात्कारकर्ताओं का अचेतन पूर्वाग्रह
B. साक्षात्कार के समय सामान्य घबराहट
C. साक्षात्कार के प्रश्नों का स्पष्ट व पारदर्शी होना
D. साक्षात्कार में व्यर्थ शब्दावलियों को परिभाषित करना

**140.** चम्पक हरवा अंग मिलि, अधिक सुहाय।
जानि परै सिय हियरे, जब कुंभिलाय।।

पंक्ति में कौन-सा छंद है?

A. छप्पय
B. बरवै
C. उल्लाला
D. सवैया

**141.** 'हिततरंगिणी' किसकी रचना है?

A. कृपाराम
B. चिंतामणि
C. ग्वाल
D. मुबारक

**142.** भाषा का विशिष्ट ज्ञान कौन कराता है?

A. राजनीति
B. परिवार
C. धर्म
D. भाषा विज्ञान

**143.** "जिस रचना में वाचक विशेष और वाच्य विशेष अपने अभिधेय अर्थ को गौण बनाकर काव्यार्थ (व्यंग्यार्थ) व्यक्त करते हैं वह 'ध्वनि' कहलाती है। ध्वनि के संबंध में यह वाक्य किसका है?

A. मम्मट
B. आनंदवर्धन
C. दंडी
D. विश्वनाथ

**144.** सात्विक अनुभाव की संख्या कितनी मानी गई है?

A. चार
B. दस
C. आठ
D. बत्तीस

**145.** 'हल्दीघाटी' नामक महाकाव्य के रचयिता कौन हैं?

A. श्यामनारायण पाण्डेय
B. ठाकुर गोपालशरण सिंह
C. माखनलाल चतुर्वेदी
D. सुभद्राकुमारी चौहान

146. 'नाट्यशास्त्र' के रचयिता कौन हैं?
A. भरतमुनि B. अभिनव गुप्त
C. भट्ट लोल्लट D. आचार्य मम्मट

147. निम्न में से कौन काव्यमीमांसा के रचनाकार हैं?
A. लोल्लट B. राजशेखर
C. वामन D. मम्मट

148. छत्तीसगढ़ी बोली किस प्रदेश में बोली जाती है?
A. हरियाणा B. मध्य प्रदेश
C. दिल्ली D. बिहार

149. 'उत्पत्तिवाद' या 'आरोपवाद' किस आचार्य का मत है?
A. भट्ट लोल्लट B. अभिनव गुप्त
C. भट्टनायक D. भरतमुनि

150. 'केवल मनोरंजन न कवि का कर्म होना चाहिए' उक्ति किसके द्वारा अभिव्यक्त की गई है?
A. सूर्यकांत त्रिपाठी 'निराला'
B. जयशंकर प्रसाद
C. भारतेंदु हरिश्चंद्र
D. मैथिलीशरण गुप्त

151. 'निज भाषा उन्नति अहै, सब उन्नति को मूल' यह पंक्ति किस कवि के द्वारा लिखी गई है?
A. मैथिलीशरण गुप्त
B. सियारामशरण गुप्त
C. भारतेंदु हरिश्चंद्र
D. राम नरेश त्रिपाठी

152. डिंगल भाषा का अर्थ क्या है?
A. हरियाणवी मिश्रित राजस्थानी भाषा
B. अर्ध्यमागधी
C. अवधी और ब्रज के योग से बनी भाषा
D. अपभ्रंश के योग से बनी शुद्ध राजस्थानी

153. कुंतक ने वक्रोति के कितने भेद व उपभेद माने हैं?
A. 7 भेद, व 14 उपभेद
B. 9 भेद, व 20 उपभेद
C. 6 भेद, व 41 उपभेद
D. 41 भेद, व 6 उपभेद

154. निम्नलिखित में से वीभत्स रस का स्थायी भाव कौन-सा है?
A. जुगुप्सा B. क्रोध
C. निर्वेद D. हास्य

155. 'स्वांत सुखाय' कहकर किसने उसे काव्य का प्रयोजन स्वीकार किया?
A. कबीर B. तुलसीदास
C. चंद बरदाई D. सूरदास

156. भाषा विज्ञान अध्ययन के लिए सामग्री कहाँ से ग्रहण करता है?
A. प्राचीन शिलालेखों से
B. लोगों की कही-सुनी बातों से
C. विशुद्ध विज्ञान से
D. प्रचलित भाषा और साहित्य से

157. किस भाषा को आरंभ में पिंगल नाम दिया गया?
A. खड़ी बोली B. भोजपुरी
C. अवधी D. ब्रजभाषा

158. क्षेत्रीय टीवी, केबल नेटवर्क, बैनर, पोस्टर आदि के द्वारा छोटे क्षेत्र में किसी वस्तु के प्रचार प्रसार के लिए कैसे विज्ञापन का प्रयोग किया जाता है?
A. औद्योगिक विज्ञापन
B. राष्ट्रीय विज्ञापन
C. स्थानीय विज्ञापन
D. जनकल्याण संबंधी विज्ञापन

159. निम्नलिखित महाकाव्य के संबंध में दिए गए कथनों में से असत्य कथन को पहचानिए।
A. महाकाव्य में शृंगार, वीर और शांत में से कोई एक रस प्रधान रूप से होना चाहिए।
B. महाकाव्य का नायक धीरोदात्त और कुलीन होना चाहिए।
C. सम्पूर्ण महाकाव्य में आदि से अंत तक एक ही छंद का प्रयोग होना चाहिए।
D. महाकाव्य की कथा आठ सर्गों में व्यवस्थित होनी चाहिए।

160. इंशा अल्लाह खां द्वारा कौन-सी पुस्तक लिखी गई?
A. प्रेमसागर B. रानी केतकी की कहानी
C. नहुष D. श्रीकृष्ण चरित

**161.** मनोविनोद भाग (1, 2 और 3) किसकी रचना है?
A. पंत B. श्रीधर पाठक
C. सेनापति D. मुक्ति बोध

**162.** गीतावली किसकी काव्य कृति है?
A. मयूर कवि B. तुलसीदास
C. हजारीप्रसाद द्विवेदी D. दंडी

**163.** 'उच्छवास' किसका काव्य संग्रह है?
A. पंत B. निराला
C. प्रसाद D. हरिऔध

**164.** शुक्ल जी ने रासो शब्द की उत्पत्ति किसके द्वारा मानी है?
A. रासक शब्द से B. रस शब्द से
C. रास शब्द से D. रसायन शब्द से

**165.** 'संगीनों का साया' किसका काव्य संग्रह है?
A. अज्ञेय B. प्रभाकर माचवे
C. यशपाल D. राहुल सांकृत्यायन

**166.** निम्न में से कौन-सी शम्भुनाथ सिंह द्वारा रचित कृति नहीं है?
A. समय की शिला पर
B. रूप रश्मि
C. तुम जानो या मैं जानूँ
D. देशांतर

**167.** ''पश्चिम का अंधानुकरण करने की कोई जरूरत नहीं है, पर पश्चिम के विरोध के नाम पर मध्यकाल में तिरस्कृत मूल्यों को भी अपनाने की जरूरत नहीं है।'' किसके द्वारा कहा गया वाक्य है?
A. धर्मवीर भारती B. गिरिजा कुमार माथुर
C. श्रीधर पाठक D. शम्भुनाथ सिंह

**168.** ''सर्जना के क्षण'' किसकी कविता है?
A. अज्ञेय B. मुक्तिबोध
C. दिनकर D. भगवतीचरण वर्मा

**169.** सुमित्रानंदन पंत को ज्ञानपीठ पुरस्कार अपनी किस रचना के लिए मिला?
A. कला और बूढ़ा चाँद B. पल्लव
C. चिदम्बरा D. युगांत

**170.** ''नींद के बादल'' काव्य संग्रह के लेखक कौन हैं?
A. केदारनाथ अग्रवाल B. अज्ञेय
C. नागार्जुन D. भवानीप्रसाद मिश्र

**निर्देशः (प्र.सं. 171 से 175 तक) :** *निम्नलिखित अवतरण को ध्यानपूर्वक पढ़िए और उससे संबंधित प्रश्नों के दिए गए बहुविकल्पों में से सही विकल्प को चुनिए।*

वैदिक युग भारत का प्रायः सबसे अधिक स्वाभाविक काल था। यही कारण है कि आज तक भारत का मन उस काल की ओर बार-बार लोभ से देखता है। वैदिक आर्य अपने युग को स्वर्णकाल कहते थे या नहीं, यह हम नहीं जानते, किंतु उनका समय हमें स्वर्णकाल के समान अवश्य दिखाई देता है। लेकिन जब बौद्ध युग का आरंभ हुआ, वैदिक समाज की पोल खुलने लगी और चिंतकों के बीच उसकी आलोचना आरंभ हो गई। बौद्ध युग अनेक दृष्टियों से आज के आधुनिक आंदोलन के समान था। ब्राह्मणों की श्रेष्ठता के विरुद्ध बुद्ध ने विद्रोह का प्रचार किया था, बुद्ध जाति-प्रथा के विरोधी थे और वे मनुष्य को जन्मना नहीं, कर्मणा श्रेष्ठ या अधम मानते थे। नारियों की भिक्षुणी होने का अधिकार देकर उन्होंने यह बताया था कि मोक्ष केवल पुरुषों के ही निमित्त नहीं है, उसकी अधिकारिणी नारियाँ भी हो सकती हैं। बुद्ध की ये सारी बातें भारत को याद रही हैं और बुद्ध के समय से बराबर इस देश में ऐसे लोग उत्पन्न होते रहे हैं, जो जाति-प्रथा के विरोधी थे, जो मनुष्य को जन्मना नहीं, कर्मणा श्रेष्ठ या अधम समझते थे। किंतु बुद्ध में आधुनिकता से बेमेल बात यह थी कि वे निवृत्तिवादी थे, गृहस्थी के कर्म से वे भिक्षु-धर्म को श्रेष्ठ समझते थे। उनकी प्रेरणा से देश के हजारों-लाखों युवक जो उत्पादन बढ़ाकर समाज का भरण-पोषण करने के लायक थे, संन्यासी हो गए। संन्यास की संस्था समाज-विरोधिनी संस्था है।

**171.** दिए गए अनुच्छेद का सटीक शीर्षक लिखिए।
A. बुद्ध का समाज
B. बुद्ध की विचारधारा व प्रभाव
C. समाज की मान्यता
D. युवकों की सोच

**172.** दिए गए विकल्पों में से कौन-सा मोक्ष का पर्यायवाची शब्द नहीं है?
A. निर्वाण B. अपवर्ग
C. बंधन D. परधाम

**173.** बुद्ध की प्रेरणा का युवकों पर क्या प्रभाव हुआ?
A. वे हार कर घर बैठ गए
B. वे संन्यासी हो गए
C. वे बुद्ध के विरोधी हो गए
D. वे समाज के उत्थान में लग गए

**174.** बुद्ध की कौन-सी बात आधुनिकता के संबंध में ठीक नहीं लगती?
A. कि भिक्षु धर्म, गृहस्थ धर्म से निकृष्ट है
B. मोक्ष केवल पुरुषों के लिए है
C. नारियां भिक्षुणी की अधिकारी हैं
D. कि गृहस्थ धर्म, भिक्षु धर्म से निकृष्ट है

**175.** अनुच्छेद के अनुसार नारियों के विषय में बुद्ध के क्या विचार थे?
A. नारी भी मोक्ष की अधिकारी है
B. कि वे जाति-प्रथा की विरोधी होती हैं
C. कि उन्हें पुरुषों से कम अधिकार होना चाहिए
D. कि वे कर्मठ नहीं होतीं

**निर्देशः (प्र.सं. 176 से 180 तक) :** *निम्नलिखित काव्यांश को ध्यानपूर्वक पढ़िए और उससे संबंधित प्रश्नों के दिए गए बहुविकल्पों में से सही विकल्प को चुनिए।*

एक सुनहली किरण उसे भी दे दो, भटक रहा जो अंधियाली
के वन में
लेकिन जिसके मन में अभी शेष है चलने की अभिलाषा
एक सुनहली किरण उसे भी दे दो।
मौन, कर्म में निरत, बद्ध पिंजर में व्याकुल,
भूल गया जो दुख जतलाने वाली भाषा उसको भी वाणी के
कुछ क्षण दे दो।
तुम जो सजा रहे हो, ऊँची फुनगी पर के ऊर्ध्वमुखी
नव-पल्लव पर आभा की किरणें, तुम जो जगा रहे हो
दल के दल कमलों की आँखों के, सब सोये सपने,
तुम जो बिखराते हो भू पर, राशि-राशि सोना, पथ को उद्भासित
करने एक किरण से
उसका भी माथा आलोकित कर दो।
एक स्वप्न उसके भी सोये मन में जागृत कर दो।
एक सुनहली किरण उसे भी दे दो। भटक गया जो अंधियारे
के वन में।

**176.** काव्यांश में कवि सुनहरी किरण किसे देने के लिए कह रहा है?
A. जो सभी चीजों को जीतता आ रहा है
B. जिसके पास बहुत कुछ है तथा और की चाह भी है
C. जिसके मन में अभी भी कुछ करने की चाह है
D. जो अब कुछ भी करना नहीं चाहता

**177.** कवि किसके मन में स्वप्न भरने के लिए कह रहा है?
A. जो पथ भ्रष्ट हो गया है
B. जो सो नहीं रहा है
C. जिसके पास सब कुछ है खरीदने के लिए
D. जिसे सपने देखना पसंद है

**178.** दिए गए विकल्पों में से कौन-सा व्याकुल का समानार्थी शब्द नहीं है?
A. उत्सुक B. नाराज
C. आतुर D. बेचैन

**179.** कवि वाणी के कुछ पल किसे देने के लिए कह रहा है?
A. जिसे बोलना बहुत पसंद है
B. जिसे किसी का कुछ सन्देश पहुँचाना है
C. जिसे अब जीवित रहने की चाह नहीं
D. जो अपने दुखों को अभिव्यक्त करना भूल गया है

**180.** काव्यांश का उचित शीर्षक चुनिए।
A. उम्मीद की किरण
B. बोलने की चाह
C. व्याकुल लोग
D. जागरुक व्यक्ति

**181.** भारतीय साक्ष्य अधिनियम की किस धारा के तहत, बलात्कार के कुछ मुकदमों में सहमति के अभाव के रूप में अनुमान लगाया जा सकता है?
A. 114A B. 228A
C. 164A D. 376(A)

**182.** हैंस जुर्गन ईसेनक के अनुसार, अंतर्मुखता-बहिर्मुखता आयाम का आधार .............. के कार्य पद्धति में है।
A. आरोही जालीदार सक्रिय प्रणाली
B. स्वायत्त तंत्रिका प्रणाली
C. प्स्कोतिसिस्म
D. न्यूरोटिसिस्म

**183.** ............ यह प्रक्रिया है जो दर्शाती है कि संदेश को कैसे संप्रेषित करने की आवश्यकता है।

A. प्रश्नों B. स्कीमा
C. भाषा D. भाषण

**184.** निम्नलिखित में से कौन ADHD का विस्तार है?

A. अटेंशन डेफिसिट ह्यपेरेक्टिविटी डिसऑर्डर
B. अटेंशन डेफिसिट हाइपरटेंशन डिसऑर्डर
C. अटेंशन डिफेंसिव ह्यपेरेक्टिविटी डिसऑर्डर
D. अटेंशन डेफिशियेंसी ह्यपेरेक्टिविटी डिसऑर्डर

**185.** किसमें अनुभवों पर कल्पनात्मक परिवर्तन और विमर्श शामिल है, जिसमें छात्रों को अपने मन में विचारों को क्रियान्वित करने की क्षमता का विस्तार करने में मदद मिलती है?

A. वाद-विवाद B. नाटक
C. नृत्य D. कला

**186.** किस सिद्धांत के अनुसार, जैसे-जैसे लोगों ने एक साथ काम किया, लयबद्ध गुर्जुरहट उभरे जो भाषा में विधिवत शामिल थे?

A. ओनोमेटोपोइक एसोसिएशन
B. यो-ही-हो थ्योरी
C. साउंड स्म्बोलिस्म
D. स्पोन्टानोस एक्सक्लमेशंस

**187.** कौन-से पालन-पोषण में कठोर अनुशासनात्मक तरीकों के उपयोग और अनुशासनात्मक कार्रवाइयों को सही ठहराने से इनकार करने की विशेषता होती है?

A. साथी संगति
B. परमेस्सिव पेरेंटिंग
C. सत्तावादी पालन-पोषण
D. निम्न सामाजिक-आर्थिक स्थिति

**188.** नवजात महिला बच्चों की विचारपूर्वक हत्या को ...... कहा जाता है।

A. महिला शिशु वध
B. कन्या भ्रूण हत्या
C. मानव हत्या
D. एम्नियोसेंटेसिस

**189.** ............ अर्थात भगवान का सेवक, ब्रह्मचर्य का जीवन जीना था।

A. जौहर B. विधवा
C. सती D. देवदासियां

**190.** किसने सर्वप्रथम 'बुद्धि लब्धि' शब्द गढ़ा?

A. इवान पावलोव
B. विलियम स्टर्न
C. बुर्ह फ्रेडरिक स्किनर
D. हैंस जुर्गन ईसेनक

**191.** किसे, किसी दिए गए विषय पर चर्चा करने के उद्देश्य से लोगों के एकत्रीकरण के रूप में परिभाषित किया जा सकता है?

A. सेमिनार B. वाद-विवाद
C. आकलन D. पोर्टफोलियो

**192.** कौन-सा सिद्धांत गेस्टाल्ट मनोविज्ञान द्वारा किया गया?

A. मनोविश्लेषण
B. अंतर्दृष्टि अभिगम
C. पदानुक्रमिक
D. परीक्षण एवं त्रुटि

**193.** एरिक एरिक्सन के मनो-सामाजिक विकास के सिद्धांत के किस चरण में, व्यक्ति किसी अन्य व्यक्ति के साथ घनिष्ठ संबंध के प्रति घनिष्ठता या प्रतिबद्धता की भावना विकसित करता है?

A. चरण IV B. चरण VII
C. चरण V D. चरण VI

**194.** शिक्षा के मूल कारक छात्र, शिक्षक, शैक्षणिक संस्थान और ............. हैं।

A. समरूप B. पाठ्यक्रम
C. स्थावर D. परिवहन

**195.** भाषा में सीखने की अक्षमता को .......... के रूप में जाना जाता है।

A. डिसग्राफिया B. डिस्प्रेक्सिया
C. डिफासिअ D. अपपठन

**196.** ............. को प्रतिभागियों के बीच अधिक सशक्त चेतना को बढ़ावा देने के लिए उपागम के रूप में माना जाता है।

A. शैक्षिक नाटक
B. मल्टीडिसीप्लिनरी अप्रोच
C. मल्टिडीमेंशनल एप्रोच
D. क्रिटिकल पेडगोगी

**197.** ............ का अर्थ है एक कृत्रिम उद्दीपन और प्राकृतिक प्रतिक्रिया के बीच संबंध बनाना।

A. कंडिशन्ड स्टिमुलस
B. न्यूट्रल स्टिमुलस
C. अनकंडिशनड़ स्टिमुलस
D. प्रानुकूलन

**198.** कौन समान साथी समूह, आयु या क्षमता के अन्य लोगों के संबंध में छात्र के प्रदर्शन या प्रगति का वर्णन करता है?

A. मानदंड-संदर्भित व्याख्या
B. नियोजित व्याख्या
C. सम्मेराइज्ड इंटरप्रिटेशन
D. मानक-संदर्भित व्याख्या

**199.** .............. आमतौर पर मानकीकृत परीक्षण होते हैं जिनका उपयोग जवाबदेही के प्रयोजनों के लिए किया जाता है।

A. पूर्व आकलन
B. सारांशित असेसमेंट
C. नैदानिक परीक्षा
D. उच्च पण आकलन

**200.** ब्रूनर के बौद्धिक विकास के किस चरण में, मॉडल और चित्रों का उपयोग करके अधिगम प्राप्त किया जा सकता है?

A. दूसरा चरण
B. इनएक्टिव स्टेज
C. प्रथम चरण
D. अंतिम चरण

## उत्तरमाला

| 1 | 2 | 3 | 4 | 5 | 6 | 7 | 8 | 9 | 10 |
|---|---|---|---|---|---|---|---|---|---|
| A | B | C | C | B | A | C | B | A | D |
| **11** | **12** | **13** | **14** | **15** | **16** | **17** | **18** | **19** | **20** |
| D | C | C | B | D | C | C | D | A | A |
| **21** | **22** | **23** | **24** | **25** | **26** | **27** | **28** | **29** | **30** |
| C | C | D | D | A | A | A | A | A | D |
| **31** | **32** | **33** | **34** | **35** | **36** | **37** | **38** | **39** | **40** |
| A | D | D | A | D | D | B | D | C | C |
| **41** | **42** | **43** | **44** | **45** | **46** | **47** | **48** | **49** | **50** |
| A | C | B | B | A | B | B | C | A | D |
| **51** | **52** | **53** | **54** | **55** | **56** | **57** | **58** | **59** | **60** |
| D | B | D | A | C | D | A | B | C | D |
| **61** | **62** | **63** | **64** | **65** | **66** | **67** | **68** | **69** | **70** |
| A | A | A | A | B | B | D | C | A | C |
| **71** | **72** | **73** | **74** | **75** | **76** | **77** | **78** | **79** | **80** |
| B | C | B | C | B | B | B | B | C | B |
| **81** | **82** | **83** | **84** | **85** | **86** | **87** | **88** | **89** | **90** |
| B | C | A | C | D | C | B | A | C | C |
| **91** | **92** | **93** | **94** | **95** | **96** | **97** | **98** | **99** | **100** |
| B | D | C | A | A | C | D | C | A | D |

| 101 | 102 | 103 | 104 | 105 | 106 | 107 | 108 | 109 | 110 |
|---|---|---|---|---|---|---|---|---|---|
| A | A | D | C | C | B | C | A | D | D |
| **111** | **112** | **113** | **114** | **115** | **116** | **117** | **118** | **119** | **120** |
| D | D | A | C | D | A | B | D | D | C |
| **121** | **122** | **123** | **124** | **125** | **126** | **127** | **128** | **129** | **130** |
| B | D | C | D | C | D | A | C | C | A |
| **131** | **132** | **133** | **134** | **135** | **136** | **137** | **138** | **139** | **140** |
| A | D | A | D | D | D | A | C | C | B |
| **141** | **142** | **143** | **144** | **145** | **146** | **147** | **148** | **149** | **150** |
| A | D | B | C | A | A | B | B | A | D |
| **151** | **152** | **153** | **154** | **155** | **156** | **157** | **158** | **159** | **160** |
| C | D | C | A | B | D | D | C | C | B |
| **161** | **162** | **163** | **164** | **165** | **166** | **167** | **168** | **169** | **170** |
| B | B | A | D | B | D | A | A | C | A |
| **171** | **172** | **173** | **174** | **175** | **176** | **177** | **178** | **179** | **180** |
| B | C | B | D | A | C | A | B | D | A |
| **181** | **182** | **183** | **184** | **185** | **186** | **187** | **188** | **189** | **190** |
| A | A | D | A | B | B | C | A | D | B |
| **191** | **192** | **193** | **194** | **195** | **196** | **197** | **198** | **199** | **200** |
| A | B | D | B | C | D | D | D | D | A |

---

पिछले प्रश्न-पत्र (हल सहित)

# दिल्ली अधीनस्थ सेवा चयन बोर्ड

# DSSSB—PGT (हिन्दी) भर्ती परीक्षा, 2018*

**1.** निम्नलिखित में से कौन-सी रचना मलिक मुहम्मद जायसी की नहीं है?

A. आखरी कलाम B. अखरावट
C. चित्र रेखा D. मधुमालती

**2.** 'दोहा-चौपाई' में लिखित पदों को क्या कहते हैं?

A. रमैनी B. पद
C. बावनी D. साखी

**3.** "कबीरदास" की वाणी का संग्रह किसने किया था?

A. सुन्दरदास B. धर्मदास
C. मलुकदास D. रैदास

**4.** "कबीर दास" के पश्चात् कबीर की गद्दी का उत्तराधिकारी कौन बना?

A. रैदास B. धर्मदास
C. दादूदयाल D. कमाल

**5.** किस इतिहासकार ने "पृथ्वीराज रासो" को हिंदी का प्रथम महाकाव्य कहा?

A. शिवसिंह सैंगर B. राहुल सांकृत्यायन
C. रामचन्द्र शुक्ल D. लक्ष्मी सागर वार्ष्णेव

**6.** "पं. रामचन्द्र शुक्ल" के अनुसार कबीरदास का जन्म कब माना जाता है?

A. विक्रम संवत् 1454
B. विक्रम संवत् 1456
C. विक्रम संवत् 1455
D. विक्रम संवत् 1557

**7.** "सूर सागर" में वर्णित श्री कृष्ण की लीलाओं का "मूलाधार श्रीमद्भागवत" का कौन-सा स्कन्ध है?

A. पंचम् B. अष्टम्
C. प्रथम् D. दशम्

**8.** निम्नलिखित दोहे में कौन-सा अलंकार है?

सतगुरु की महिमा अनंत, अनंत किया उपकार,
लोचन अनंत उघाडिया अनंत दिखावण हार।

A. श्लेष B. रूपक
C. यमक D. उपमा

**9.** निम्नलिखित में से किसे संत कवि नहीं माना जाता है?

A. कबीरदास B. रैदास
C. मलूकदास D. ईश्वरदास

**10.** निम्नलिखित में कौन-सी प्रवृति संतकाव्य की नहीं है?

A. वर्णाश्रम व्यवस्था का समर्थन
B. जन जीवन का चित्रण
C. सदाचारादि गुणों का प्रतिष्ठान
D. क्रोध, लोभ, मोह, हिंसा की निन्दा

**11.** रामचन्द्र शुक्ल के "वीरगाथा काल" को "आदि काल" किसने कहा है?

A. महावीर प्रसाद द्विवेदी B. शान्ति प्रिय द्विवेदी
C. हजारी प्रसाद द्विवेदी D. गणपति चन्द्र गुप्त

**12.** रीतिकाल को "अलंकृत काल" किसने कहा है?

A. श्री कृष्णलाल B. विश्वनाथ प्रसाद मिश्र
C. परशुराम चतुर्वेदी D. मिश्र बन्धु

**13.** शुद्धाद्वैत दर्शन के प्रवर्तक आचार्य का नाम क्या है?

A. शंकराचार्य B. निम्बार्काचार्य
C. मध्यवाचार्य D. बल्लभाचार्य

**14.** हिंदी में किस कवि को राजशेखर की उपाधि से अलंकृत किया गया?

A. स्वयंभू B. विद्यापति
C. चन्दबरदायी D. जगनिक

---

* परीक्षा 24/07/2018 को संपन्न हुई।

15. "प्रत्येक देश का साहित्य वहाँ की जनता की चित्तवृत्ति का संचित प्रतिबिम्ब होता है" यह कथन किसका है?

A. हजारी प्रसाद द्विवेदी

B. रामचन्द्र शुक्ल

C. मिश्र बन्धु

D. राहुल सांकृत्यायन

16. भाषा पर कबीर का जबरदस्त अधिकार था। वे वाणी के डिक्टेटर थे ......... भाषा कबीर के सामने कुछ लाचार सी नजर आती है। यह कथन किसका है?

A. डॉ. रामकुमार वर्मा

B. डॉ. भोलानाथ तिवारी

C. डॉ. गोविन्द गुप्त

D. डॉ. हजारी प्रसाद द्विवेदी

17. अमीर खुसरो का मूल नाम क्या था?

A. अब्दुल रहमान B. अबुल कलाम

C. मलिक मुहममद D. अबुल हसन

18. पं. रामचन्द्र शुक्ल ने रीतिकाल का प्रवर्तक किसको माना है?

A. भिखारीदास B. मतिराम

C. चिंतामणि D. केशवदास

19. "दुर्गा सप्तशती" का 'चण्डी चरित्र' के नाम से हिंदी में अनुवाद किसने किया है?

A. गोविन्द सिंह B. अंगद देव

C. अमरदास D. गुरु नानक

20. हिंदी साहित्य के इतिहास का काल - विभाजन करने वाले प्रथम इतिहासकार कौन है?

A. पं. राहुल सांकृत्यायन

B. जार्ज ग्रियर्सन

C. पं. रामचन्द्र शुक्ल

D. मिश्र बन्धु

21. "दुःख ही जीवन की कथा रही, क्या कहूँ आजू जो नहीं कही।" किस कवि की पंक्तियां हैं?

A. सुमित्रानन्दन पंत

B. जयशंकर प्रसाद

C. सूर्यकान्त त्रिपाठी "निराला"

D. महादेवी वर्मा

22. तुलसीदास के कलियुग का वर्णन कवितावली के किस काण्ड में किया गया है?

A. उत्तरकाण्ड B. लंका काण्ड

C. सुन्दरकाण्ड D. बालकाण्ड

23. यह कथन किसका है?

"वात्सल्य और शृंगार के क्षेत्रों का जितना अधिक उद्घाटन सूर ने अपनी बंद आंखों से किया है उतना किसी अन्य कवि ने नहीं। इन क्षेत्रों का वे कोना-कोना छान आयें हैं?"

A. डॉ. हजारी प्रसाद द्विवेदी

B. पं. रामचन्द्र

C. डॉ. दीन दयाल गुप्त

D. डॉ. नगेन्द्र

24. भरतहि होय न राजमद विधि हरि हर पद पाइ।
कबहुँक कॉजी सीकरनि क्षीर सिन्धु विलगाय।।
इस दोहे में कौन-सा अलंकार है?

A. विनोक्ति B. दृष्टान्त

C. उपमा D. रूपक

25. किस सम्प्रदाय में श्रीकृष्ण को प्रमुख स्थान प्राप्त नहीं है?

A. वल्लभ सम्प्रदाय

B. राधा वल्लभ सम्प्रदाय

C. गौडीय सम्प्रदाय

D. निम्बार्क सम्प्रदाय

26. 'हे पुरुष सिंह तुम भी यह शक्ति करो धारण' में कौन-सा अलंकार है?

A. यमक B. रूपक

C. अनुप्रास D. विभावना

27. "श्री रामचरितमानस" को तुलसीदास ने कितने समय में पूर्ण किया?

A. 2 वर्ष 11 माह

B. 2 वर्ष 9 माह 3 दिन

C. 2 वर्ष 7 माह 26 दिन

D. 2 वर्ष 9 माह 27 दिन

**28.** ''राम की शक्ति पूजा'' में किन दो कविताओं का सार तत्व है?

A. वनबेला और वन तोड़ती पत्थर

B. तुलसीदास और सरोज स्मृति

C. सरोज स्मृति और वनबेला

D. तुलसीदास और कुकुरमुत्ता

**29.** ''नयनों का नयनों से गोपन प्रिय सम्भाषण'' में कौन-सा रस है?

A. श्रृंगार B. करुण

C. वीर D. शान्त

**30.** ''श्री रामचरिमानस'' में वक्ता-श्रोता के कितने युग्म हैं?

A. तीन B. दो

C. पाँच D. चार

**31.** ''राग गोविन्द'' के रचयिता का नाम बताइए।

A. सूरदास B. नन्ददास

C. रैदास D. मीराबाई

**32.** किस कवि की गणना अष्टछाप के कवियों में नहीं की जाती है?

A. कुंभनदास B. नरोत्तम दास

C. परमानन्द दास D. कृष्णदास

**33.** भ्रमरगीत में भ्रमर का प्रतीक कौन है?

A. अक्रूर B. श्रीदामा

C. उद्धव D. बलराम

**34.** अष्टछाप के कवियों में पिता-पुत्र कौन है?

A. छीतस्वामी–गोविन्द स्वामी

B. कुंभनदास–चतुर्भुजदास

C. सूरदास–नन्ददास

D. परमानन्द दास–कृष्णदास

**35.** निम्नलिखित में कौन-सा कवि बिट्ठल नाथ जी का शिष्य है?

A. परमानन्द दास B. चतुर्भुज दास

C. सूरदास D. कृष्णा दास

**36.** यह कथन किसका है?

''भारत वर्ष का लोकनायक वही हो सकता है जो समन्वय कर सके। .............. उनका सारा काव्य समन्वय की विराट चेष्टा है''

A. डॉ. रामकुमार वर्मा

B. डॉ. गोविन्द त्रिगुणायत

C. डॉ. राहुल सांस्कृत्यान

D. डॉ. हजारी प्रसाद द्विवेदी

**37.** पुरतें निकसीं रघुवीर–वधु, धरि धीर दए मग में डग दूवै–यह पंक्ति तुलसीदास के किस ग्रन्थ से उद्धृत है?

A. बरवै रामायण

B. श्री रामचरितमानस

C. दोहावली

D. कवितावली

**38.** निम्नलिखित में से कौन-सी रचना तुलसीदास रचित नहीं है?

A. बरवै रामायण B. ध्यान मंजरी

C. कवित रामायण D. कृष्ण गीतावली

**39.** यह कथन किसका है?

बुद्धदेव के बाद भारत में सबसे बड़े लोकनायक तुलसीदास हैं............. ये असाधारण प्रतिभा लेकर उत्पन्न हुए''

A. फादर कामिल बुल्के B. डॉ. नगेन्द्र

C. जॉर्ज ग्रियर्सन D. डॉ. नन्द दुलारे वाजपेयी

**40.** ''निराला दर्शनिक कवि है।'' यह कथन किसका है?

A. डॉ. नन्ददुलारे वाजपेयी

B. डॉ. रामविलास शर्मा

C. डॉ. नगेन्द्र

D. डॉ. हजारी प्रसाद द्विवेदी

**41.** निराला जी की किस रचना को मुक्त छन्द की हिंदी की प्रथम रचना माना जाता है?

A. गीतिका B. जूही की कलि

C. तुलसीदास D. अनामिका

**42.** यह कथन किसका है?

''स्कन्दगुप्त और चन्द्रगुप्त दोनों में स्वदेश प्रेम, विश्व प्रेम और आध्यात्मिकता का आधुनिक रूप बराबर झलकता है।''

A. पं. लक्ष्मी नारायण मिश्र

B. पं. रामचन्द्र शुक्ल

C. पं. हजारी प्रसाद द्विवेदी

D. पं. लक्ष्मी नारायण लाल

**43.** यह कथन किसका है?

''मैं इस सिद्धांत का समर्थक हूँ कि संसार में छोटे बड़े हमेशा रहेंगे और उन्हें हमेशा रहना चाहिए। इसे मिटाने की चेष्टा करना मानव जाति के सर्वनाश का कारण होगा।''

A. प्रेमचन्द

B. सुदर्शन

C. विश्वम्भर नाथ कौशिक

D. श्रद्धाराम फिलोरी

**44.** ''कामायनी'' में कुल कितने सर्ग है?

A. 15 B. 12

C. 18 D. 21

**45.** निम्नलिखित में से किस नाटक में भारतेंदु जी ने अभिनय किया था?

A. जानकी मंगल

B. रामचरितावली

C. प्रद्युम्न विजय

D. अभिमन्यु

**46.** निम्नलिखित छन्द में कौन-सा अलंकार है?

माधव धनि आएल कट भाँती

प्रेम हेम परखा ओल कसौटी, भादब कहु तिथि राति

A. लुप्तोपमा B. विरोधाभास

C. परम्परित रूपक D. विषम

**47.** निम्नलिखित में शृंगार–रस की दृष्टि से नायक का कौन-सा भेद नहीं है?

A. अनुकूल B. शठ

C. धीर प्रशान्त D. दक्षिण

**48.** निम्नलिखित में कौन-सा अभिनय का भेद नहीं है?

A. भारती B. वाचिक

C. आहार्य D. आंगिक

**49.** निम्नलिखित में कौन-सी रचना जय शंकर प्रसाद की नहीं है?

A. रश्मि B. आँसू

C. प्रेमपथिक D. महाराणा का महत्व

**50.** निम्नलिखित पंक्तियाँ कामायनी के किस सर्ग की है?

''नारी तुम केवल श्रद्धा हो, विश्वोस रजत नाग पगतल में, पीयूष स्रोत सी बहा करो जीवन के सुन्दर समतल में।''

A. लज्जा B. आनन्द

C. चिंता D. श्रद्धा

**51.** ''कामायनी'' में किस दर्शन की अभिव्यक्ति मिलती है?

A. जैन B. बौद्ध

C. अद्वैत D. शैव

**52.** यह कथन किसका है?

''वस्तु विन्यास की दृष्टि से कामायनी को दुखान्त रचना मान लेने में कोई आपत्ति नहीं।''

A. पं. मुकुटधर पाण्डे

B. पं. नन्द दुलारे बाजपेयी

C. डॉ. शंभुनाथ सिंह

D. पं. रामनरेश त्रिपाठी

**53.** यह संवाद किसका है?

''रोने से भीख मांगने में कुछ अधिकार मिलता है? जिसके हाथों में बल नहीं, उसका अधिकार ही कैसा?''

A. धातुसेन B. भटार्क

C. स्कन्दगुप्त D. कुमारगुप्त

**54.** राजनीति साहित्य नहीं है उसमें एक-एक का महत्व है। कभी एक क्षण के लिए भी चुक जायें, तो बहुत बड़ा अनिष्ट हो सकता है। राजनीतिक जीवन की धुरी में बने रहने के लिए व्यक्ति को बहुत जागरूक रहना पड़ता है। यह किसका कथन है?

A. मल्लिका B. प्रियंगु मंजरी

C. कालिदास D. विलोम

**55.** ''कामायनी की प्रमुख पात्र इड़ा किसका प्रतीकार्य है?

A. अहंकार B. मन

C. बुद्धि D. हृदय

**56.** यह कथन किसका है?

''कामायनी'' का महाकाव्यत्व असंदिग्ध है।

A. डॉ. हजारी प्रसाद द्विवेदी

B. पं. रामचन्द्र शुक्ल

C. डॉ. नगेन्द्र

D. डॉ. नन्द दुलारे बाजपेयी

**57.** वह कौन-सा दोष है जो सौ-सौ गुणों में भी नहीं छिपता?

A. वितृष्णा B. दारिद्रय

C. अपवाद D. आलस्य

**58.** प्रसाद जी के नाटकों में स्कन्दगुप्त को श्रेष्ठ किसने कहा है?

A. मिश्र बन्धु B. रामचन्द्र शुक्ल

C. राम कुमार वर्मा D. राहुल सांकृत्यायन

**59.** ''चम्पू काव्य उर्वशी'' का रचयिता कौन है?

A. रामधारी सिंह दिनकर

B. महादेवी वर्मा

C. सुमित्रानंदन पंत

D. जयशंकर प्रसाद

**60.** ''राम की शक्ति पूजा'' की रचना निराला जी ने कब की थी?

A. 1936 ई. B. 1937 ई.

C. 1938 ई. D. 1935 ई.

**61.** शुक्ल जी ने ऐसा किस निबंध में कहा है? ''हम मूर्ख, बलहीन और आलसी हो गए हैं। हमारा धन विदेश चला जाता है, रुपये का डेढ़ पाव घी बिकता है, स्त्री शिक्षा का अभाव है।''

A. लोभ और प्रीति

B. कविता क्या है

C. भाव या मनोविकार

D. लज्जा और ग्लानि

**62.** निम्नलिखित में दलित जीवन पर आधारित कहानी कौन-सी है?

A. ईदगाह B. घर जमाई

C. ठाकुर का कुआँ D. गुल्लीडण्डा

**63.** ''समकालीन मार्क्सवाद'' ग्रन्थ के लेखक का नाम बताइए।

A. डॉ. नगेन्द्र

B. डॉ. रामस्वरूप चतुर्वेदी

C. डॉ. विशम्भरनाथ उपाध्याय

D. डॉ. नन्ददुलारे वाजपेयी

**64.** गीता की कसम खाकर कहती हूँ कि जो कहूँगी सच कहूँगी। कचहरी में तो व्यक्ति कठघरे में खड़ा कसम खाकर झूठ बोल जाता है परंतु आत्मा का कठघरा बड़ा तीखा है। यह कथन किसका है?

A. कृष्णा अग्निहोत्री B. चित्रामुदगल

C. मैत्रेयी पुष्पा D. सूर्य वाला

**65.** जयशंकर प्रसाद द्वारा रचित ब्रजभाषा की रचनाएं किस काव्य संग्रह में संकलित है?

A. प्रेमपथिक B. कानन कुसुम

C. चित्राधार D. महाराणा का महत्व

**66.** ''बावनदास'' किस उपन्यास का प्रमुख पात्र है?

A. जुलूस B. मैला आँचल

C. दीर्घतपा D. परिती परिकथा

**67.** ''उपन्यास'' मासिक पत्र के सम्पादक कौन थे?

A. किशोरी लाल गोस्वामी

B. राधाचरण गोस्वामी

C. बालकृष्ण भट्ट

D. ठाकुर जगमोहन सिंह

**68.** 'रधिया' महादेवी वर्मा के किस संस्मरण की पात्र है?

A. घीस B. सबिया

C. बदलू D. रामा

**69.** ''लाल चीन'' उपन्यास के लेखक का नाम बताइए।

A. बृजनन्दन सहाय B. लाला सीताराम

C. लाला श्रीनिवास दास D. श्रीपत राय

**70.** अवस्था भेद के आधार पर कौन-सा भेद लोक गीत का नहीं है?

A. युवाओं द्वारा गेय गीत

B. वृद्धों द्वारा गेय गीत

C. बालकों द्वारा गेय गीत

D. किशोरों द्वारा गेय गीत

**71.** विशुद्ध चरितावली' (जीवन चरित) का लेखक कौन है?

A. माधव प्रसाद मिश्र

B. शकुदेव बिहारी मिश्र

C. केशव प्रसाद मिश्र

D. बालकृष्ण भट्ट

**72.** निम्नलिखित में कौन-सा नाटक जयशंकर प्रसाद का नहीं है?

A. कामना B. करुणालय

C. अजातशत्रु D. कल्पतरु

**73.** 'लगता नहीं है दिल मेरा'' किसकी आत्मकथा है?

A. रामनाथ त्रिपाठी B. कृष्णा अग्निहोत्री
C. रामदरश मिश्र D. मन्नू भण्डारी

**74.** ''जब लड़कों की तरह लड़कियों की शिक्षा और जीविका की सुविधाएं निकल आएगी तो दहेज प्रथा भी विदा हो जाएगी उसके पहले सम्भव नहीं।'' यह कथन किस कहानी से उद्धत है?

A. नशा B. गिला
C. घर जमाई D. बड़े भाई साहब

**75.** 'हिंदी साहित्य में शुक्ल जी का वही महत्व है जो उपन्यासकार प्रेमचन्द या कवि निराला का।'' यह कथन किसका है?

A. डॉ. नन्ददुलारे वाजपेजी
B. डॉ. रामविलास शर्मा
C. डॉ. नगेन्द्र
D. डॉ. दीन दयाल गुप्त

**76.** ''आत्मकथा में लेखक अपने जीवन की प्रायः आधोपान्त कहानी लिखता है। आत्म संस्मरण में जीवन के एक सीमित खण्ड का संस्करण लिखता है।'' यह कथन किसका है?

A. डॉ. दशरथ ओझा
B. महादेवी वर्मा
C. डॉ. नन्ददुलारे वाजपेयी
D. डॉ. नगेन्द्र

**77.** ''यात्रा के लिए निकलती रही है वृद्धि पर हृदय को साथ लेकर'' यह कथन किस निबंधकार का है?

A. डॉ. नगेन्द्र
B. पं. महावीर प्रसाद द्विवेदी
C. पं. नन्द दुलारे वाजपेयी
D. पं. रामचन्द्र शुक्ल

**78.** 'देश-विदेश' यात्रा वर्णन का लेखक कौन है

A. रामधारी सिंह 'दिनकर'
B. रामवृक्ष बेनीपुरी
C. रांगेय राघव
D. भगवत शरण उपाध्याय

**79. गोदान के किस पात्र ने ऐसा कहा है– ''विवाह को मैं सामाजिक समझौता समझता हूँ और उसे तोड़ने का** अधिकार न पुरुष को है न स्त्री को। समझौता करने से पहले आप स्वाधीन है, समझौता हो जाने के बाद आपके हाथ कट जाते हैं।''

A. प्रोफेसर मेहता B. पं. औंकार नाथ
C. अमरपाल सिंह D. मिर्जा खुर्शीद

**80.** ''विचित्र जीवन था इनका। घर में दो चार बर्तनों के सिवाय कोई सम्पत्ति नहीं। फटे चीथड़े से अपनी नग्नता को ढके रहते थे। संसार की चिंताओं से मुक्त। कर्ज से लदे।'' यह कथन किस कहानी से उद्धृत है?

A. पंच परमेश्वर B. पूस की रात
C. बड़े घर की बेटी D. कफन

**81.** जहाँ बिना कारण के कार्य होता है वहाँ कौन-सा अलंकार होता है?

A. अतिश्योक्ति B. विभावना
C. यमक D. विषम

**82.** ''घुमक्कड़' शब्द में प्रत्यय है :

A. इक्कड़ B. अक्कड़
C. आकड़ D. म्मकड़

**83.** 'ऋत' का विलोम शब्द है :

A. अवेक्षा B. अवृधा
C. अनृत D. अवैध

**84.** विद्या की दृष्टि से माटी की मूरतें, किस विधा की रचना है?

A. रिपोर्ताज B. रेखाचित्र
C. निबंध D. आत्मकथा

**85.** 'हरिगीतिका' छन्द में कुल कितनी मात्राएं होती हैं?

A. 24 B. 28
C. 32 D. 36

**86.** भरत मुनि के अनुसार काव्य दोषों की संख्या कितनी होती है?

A. 9 B. 8
C. 7 D. 10

**87.** तिनहिं सोहाइ न अवध बधावा, चोरहि चाँदनि राति न भावा। इस चौपाई में कौन-सा अलंकार है?

A. निर्देशना B. लुप्तोपमा
C. वक्रोक्ति D. प्रतिवस्तुपमा

**88.** 'प्रजाहित' में कौन-सा समास है?

A. बहुब्रीहि B. ततपुरुष
C. द्‌वंद्‌व D. अव्ययीभाव

**89.** 'संसार' शब्द में कौन-सी संधि है?

A. व्यंजन संधि B. गुण संधि
C. दीर्घ संधि D. विसर्ग संधि

**90.** 'अर्थ' की दृष्टि से वाक्य के कितने भेद होते हैं?

A. 6 B. 10
C. 7 D. 8

**91.** निम्नलिखित में रस सम्प्रदाय का आचार्य किसे माना जाता है?

A. कुतक B. दण्डी
C. क्षेमेन्द्र D. विश्वनाथ

**92.** 'दुः + राज' की संधि होगी :

A. दुराज B. दुःराज
C. दुरराज D. दूराज

**93.** "लिए स्वर्ण आरती भक्त जन करते शख ध्वनि झंकार", इसमें कौन-सा काव्य दोष है?

A. अक्रमत्व B. ग्रामीणत्व
C. अयथार्थ D. क्लिष्टता

**94.** निम्नलिखित में कौन-सा शब्द पृथ्वी का पर्याय है?

A. विश्वम्भरा B. ऋतंभरा
C. भामता D. पुष्कलक

**95.** 'शृंखला' संज्ञा भेद की दृष्टि से है :

A. समूहवाचक
B. पदार्थवाचक
C. भाववाचक
D. व्यक्तिवाचक

**96.** "ज्ञानराशि के संचित कोश का नाम साहित्य है।" साहित्य के संदर्भ में यह किस मनीषी का कथन है?

A. डॉ. हजारी प्रसाद द्विवेदी
B. पं. महावीर प्रसाद द्विवेदी
C. पं. रामचन्द शुक्ल
D. डॉ. नगेन्द्र

**97.** 'बताओ कि तुम कब लौटे' वाक्य का सरल वाक्य में परिवर्तन होगा :

A. तुम कब लौटे यह बताओ
B. अपने लौटने का सही-सही समय बताओ
C. बताओ तुम कब लौटे
D. अपने लौटने का समय बताओ

**98.** उस मकान की तीसरी मंजिल पर राजकुमार का दफ्तर है। इस वाक्य में पदबंध है :

A. क्रिया विशेषण पदबंध
B. संज्ञा पदबंध
C. सार्वजनिक पदबंध
D. विशेषण पदबंध

**99.** 'उसका सब कुछ लुट गया' इस वाक्य में कौन-सा सर्वनाम है?

A. संकेतवाचक सर्वनाम
B. अनिश्चयवाचक सर्वनाम
C. निश्चयवाचक सर्वनाम
D. निजवाचक सर्वनाम

**100.** भेद की दृष्टि से पदबंध कितने प्रकार के होते हैं?

A. 10 B. 6
C. 8 D. 4

**101.** अनुमितिवाद के प्रतिपादक आचार्य कौन है?

A. भामह B. षंकुक
C. दण्डी D. मम्मट

**102.** 'मास्टर मनबोध की डायरी' के रचयिता कौन है?

A. डॉ. धीरेन्द्र वर्मा
B. डॉ. विवेक राय
C. डॉ. राम स्वरूप चतुर्वेदी
D. डॉ. रमा सेन गुप्ता

**103.** गरब करहु रघुनन्दन जनि मन मॉहा
देखहु आपनि मूरत सिय के छॉह। में कौन-सा छन्द है।

A. बरवै B. सवैया
C. सौरठा D. दोहा

**104.** वाक्य में प्रयोग के अनुसार शब्द के कितने भेद होते हैं?

A. 2 B. 6
C. 8 D. 4

105. 'नवैष्वर्य' का सन्धि विच्छेद है :

A. नव + ऐष्वर्य B. नवै + ऐष्वर्य

C. नव + एष्वर्य D. नवै + ऐष्वर्य

106. 'जीवन यात्रा का कोलाज' के लेखक कौन है?

A. जानकी वल्लभ शास्त्री

B. डॉ. जगदीश जोशी

C. डॉ. विवेक राय

D. डॉ. श्याम सुन्दर घोष

107. मैं नहीं जानता कि वह कहाँ है। इस वाक्य में रेखांकित वाक्य किस प्रकार का उपवाक्य है?

A. क्रिया विषेशण उपवाक्य

B. विशेषण उपवाक्य

C. क्रिया उपवाक्य

D. संज्ञा उपवाक्य

108. रूपांतर के अनुसार शब्दों के कितने भेद होते हैं?

A. आठ B. चार

C. छः D. दो

109. मुझे थोड़ी चाय दो। इस वाक्य में कौन-सा विशेषण है?

A. समुदायवाचक B. परिणामवाचक

C. गुणवाचक D. संख्यावाचक

110. रस की साधन सामग्री के चार प्रमुख अवयवों में से निम्न में से कौन-सा नहीं है?

A. विभाव B. अनुभाव

C. संचारी भाव D. प्रश्नभाव

111. 'श्यामा प्रसाद मुखर्जी' जीवन चरित के लेखक कौन हैं?

A. छविनाथ पाण्डेय B. बलराज मधोक

C. आनंद प्रकाश जैन D. केदारनाथ साहनी

112. रचना की दृष्टि से वाक्य कितने प्रकार के होते हैं?

A. आठ B. नौ

C. तीन D. चार

113. प्रयोग के अनुसार सर्वनाम के कितने भेद होते हैं?

A. आठ B. दो

C. छः D. चार

114. 'पत्थर का लॅम्प पोस्ट' साक्षात्कार संग्रह का लेखक कौन है?

A. कैलाश कल्पित B. शरद देवड़ा

C. प्रेम कुमार D. रणवीर रांग्रा

115. भरतमुनि और रस प्रक्रिया के चार व्याख्याकारों में से निम्न में कौन नहीं हैं?

A. भट लोलट B. षंकुक

C. भटनायक D. भामह

116. विशेषण के कितने भेद होते हैं?

A. 6 B. 8

C. 2 D. 4

117. निम्नलिखित में से कौन-सा शब्द अविकारी है?

A. गाय B. तुम्हारा

C. अचानक D. सीता

118. "संसार का सारा कारोबार बच्चों को खिलाने-पिलाने-सुलाने आदि के लिए हो रहा है और इस महत्वपूर्ण कर्तव्य में भूल न होने देने का काम माँ नामधारी जीवों को सौंपा गया है।" यह किसका कथन है?

A. मन्नू भंडारी B. महादेवी वर्मा

C. सूर्यबाला D. सुमित्रानंदन पंत

119. "व्याकरण पढ़ने से मनुष्य अच्छा लेखक या वक्ता नहीं हो सकता। विचारों की सरलता अथवा असत्यता से भी व्याकरण का कोई संबंध नहीं। भाषा में व्याकरण की भूल न होने पर भी विचारों की भूल हो सकती है, रोचकता का अभाव रह सकता है।" यह कथन किसका है?

A. डॉ. नन्द दुलारे वाजपेयी

B. डॉ. हजारी प्रसाद द्विवेदी

C. पं. कामता प्रसाद गुरु

D. पं. किशोरी दास वाजपेयी

120. मैने सिल पहुँचाई ललित निबन्ध के लेखक कौन हैं?

A. डॉ. विद्यानिवास मिश्र

B. डॉ. विवेकी राय

C. डॉ. हजारी प्रसाद द्विवेदी

D. डॉ. वेद प्रकाश अमिताभ

121. 'वाच्य' कितने प्रकार के होते हैं?

A. 2 B. 5

C. 4 D. 3

122. मौलिक रूप से व्यंजना कितने प्रकार की बनती है?

A. 4 B. 2

C. 3 D. 6

**123.** 'हम हारी कै कै हहा, पाइन प्यौरु। लेहु कहा उजहूँ किये, तेह तरेरयौ त्यौरु (बिहारी)' इस दोहे में कौन-सा रस है?

A. संयोग श्रृंगार B. वीर रस
C. विप्रलम्भ श्रृंगार D. हास्य रस

**124.** 'ढोलकी' शब्द में कौन-सा प्रत्यय है?

A. की B. ई
C. यी D. लकी

**125.** दिवस का अवसान समीप था, गगन था कुछ लोहित हो चला, तरु शिखा पर थीं अब राजती कमलिनी कुल बल्लभ की प्रभा। इसमें कौन-सा अलंकार है?

A. व्याजोक्ति B. स्वाभावोक्ति
C. ब्याज स्तुति D. असंगति

**126.** निम्नलिखित में शब्दालंकार कौन-सा है?

A. दीपक B. यमक
C. रूपक D. उपमा

**127.** पूत कपूत तौ का धन संचै,
पूत सपूत तौ का धन संचै,
इसमें कौन-सा अलंकार है?

A. लटानुप्रास B. वृत्यापुप्रास
C. श्रुत्यनुप्रास D. छेकानुप्रास

**128.** वाणी की चार अवस्थाओं में से निम्नलिखित में से कौन-सी नहीं है?

A. परा B. मध्यमा
C. लधिमा D. पश्यन्ति

**निर्देशः (प्र.सं. 129 से 133 तक) :** *निम्नलिखित गद्यांश को पढ़िए और उसका सही उत्तर दीजियेः*

जिससे हमें दुःख पहुँचा है उस पर यदि हमने क्रोध किया और यह क्रोध हृदय में बहुत दिनों तक टिका रहा तो वह वैर कहलाता है। इस स्थायी रूप से टिक जाने के कारण क्रोध का वेग और उग्रता तो धीमी पड़ जाती है, पर लक्ष्य को पीड़ित करने की प्रेरणा बराबर बहुत काल तक हुआ करती है। क्रोध अपना वचाव करते हुए शत्रु को पीड़ित करने को युक्ति आदि सोचने का समय प्रायः नहीं देता, पर वैर उसके लिए बहुत समय देता है। पूछिए तो क्रोध और वैर का भेद केवल कालकृत है। दुःख पहुँचाने के साथ ही दुःख दाता को पीड़ित करने की प्रेरणा करनेवाला मनोविकार क्रोध और कुछ काल बीत जाने पर प्रेरणा करने वाला भाव वैर है। किसी ने आपको गाली दी। यदि आपने उसी समय उसे मार दिया तो आपने क्रोध किया। मान लीजिए कि वह गाली देकर भाग गया और दो महीने बाद आपको कहीं मिला। अब यदि आपने उससे बिना फिर गाली सुने, मिलने के साथ ही उसे मार दिया तो यह आपका वैर निकालना हुआ। विवरण से स्पष्ट है कि वैर उन्हीं प्राणियों में होता है जिनमें धारणा अर्थात् भावों के संचय की शक्ति होती है। पशु और बच्चे किसी से वैर नहीं मानते। चूहे और बिल्ली के संबंध का 'वैर' नाम आलंकारिक है। आदमी का न आम-अंगूर से कुछ वैर है न भेड़ बकरे से। पशु और बच्चे दोनों क्रोध करते हैं और थोड़ी देर के बाद भूल जाते हैं।''

**129.** चूहे और बिल्ली की संबंध में वैर शब्द है :

A. काल्पनिक B. असत्य
C. आलंकारिक D. सत्य

**130.** वैर में क्रोध का वेग :

A. बढ़ जाता है।
B. कम हो जाता है।
C. स्थिर रहता है।
D. ईर्ष्या में बदल जाता है।

**131.** दुःख पहुँचाने के साथ ही दुखदाता को पीड़ित करने की प्रेरणा देने वाला मनोविकार है :

A. ईर्ष्या B. वैर
C. क्रोध D. अमर्ष

**132.** वैर करने के लिए आवश्यक है :

A. शारीरिक शक्ति B. बौद्धिक शक्ति
C. धनबल D. धारणा शक्ति

**133.** शिशुओं और मानवेतर प्राणियों में वैर :

A. होता है।
B. हो भी सकता है।
C. नहीं भी हो सकता है।
D. नहीं होता है।

**134.** 'प्रेम परिषद, अधिनियम' कब बनाया गया था?

A. 1978 ई. B. 1984 ई.
C. 1976 ई. D. 1980 ई.

**135.** "अनेक व्यक्तियों की अभिरुचि जिस बात में हो, वह समाचार है।" समाचार की यह परिभाषा किसकी है?

A. हार्पर लीच

B. विलियन जी ब्लेयर

C. जेराल्ड डब्लू जॉनसन

D. जे. के. सिडलर

**136.** छः ककार सिद्धांत (क्या, कहाँ, कब, कैसे, क्यों, किसने) का प्रतिपादन किसने किया?

A. एडविन एल. शूमैन

B. जी. एलमर वैलेस

C. एफ. जे. गैसफील्ड

D. आर. डी. ब्रम फील्ड

**137.** 'बहुजन अधिकार' पाक्षिक का सर्वप्रथम प्रकाशन कहाँ से हुआ था?

A. पटना B. मेरठ

C. नई दिल्ली D. इलाहाबाद

**138.** प्रेस परिषद 'जाँच प्रक्रिया विनियम' कब बनाया गया?

A. 1976 ई. B. 1979 ई.

C. 1977 ई. D. 1978 ई.

**139.** हिंदी क्षेत्र से निकलने वाले प्रथम समाचार पत्र 'बनारस अखबार' का संपादक कौन था?

A. गोविन्द थत्ते B. गोविन्द रानाडे

C. भारतेन्दु हरिश्चन्द्र D. बालकृष्ण मह

**140.** "अख़बार उद्योग में संपादक नाम की संस्था गतिरोध पैदा कर रही है। इसलिए पूरे समाचार पत्र उद्योग में सामंजस्य लाने और उसे प्रतियोगिता में उतारने के लिए प्रबंधन और संपादन में एकीकरण लाना बहुत जरूरी है।" यह कथन किसका है?

A. सुभाष चंद्रा B. समीर जैन

C. रवीश कुमार D. शीतल राजपूत

**141.** "मैं जानता हूँ कि तुम्हारे द्वारा बोला गया प्रत्येक शब्द गलत है, फिर भी तुम्हारे बोलने के अधिकार की रक्षा के लिए मैं अपने प्राण त्याग दूंगा।" यह कथन किसका है?

A. प्लेटो B. वाल्टेयर

C. सुकरात D. गैलिलियो

**142.** 'प्रेस और पुस्तक रजिस्ट्रीकरण अधिनियम' कब बनाया गया?

A. 1862 ई. B. 1865 ई.

C. 1867 ई. D. 1858 ई.

**143.** 2009 तथा 2014 के चुनाव में समाचार पत्र और न्यूज चैनलों ने उम्मीदवारों से धन लेकर खबरों को छापा। क्या यह :

A. अफवाह है। B. मात्र प्रचार है।

C. असत्य है। D. सत्य है।

**144.** "भविष्य के अखबार ज्यादा रंगीन, बेहतर कागज और छपाई वाले होंगे, लेकिन उनमें आत्मा नहीं होगी।" यह कथन किसका है?

A. परिपूर्णानन्द वर्मा

B. अक्षय कुमार जैन

C. रामशरण जोशी

D. बाबूराव विष्णुराव पराड़कर

**145.** सी.एस.डी.एस. के एक सर्वे में यह पाया गया कि अंग्रेजी और हिंदी के छः बड़े अखबारों में ग्रामीण क्षेत्र से जुड़ी खबरों के लिए जगह मिलती है:

A. चार से आठ फीसदी

B. दो से तीन फीसदी

C. लगभग 10 फीसदी

D. चार से छः फीसदी

**146.** 'मध्य समाचार पत्र' के सभी संस्करणों का कुल परिलन कितना होना चाहिए?

A. 30000 से 60000 B. 10000 से 40000

C. 15000 से 50000 D. 25000 से 50000

**निर्देशः (प्र.सं. 147 से 150 तक) :** *निम्नलिखित पद्यांश को पढ़िए और उसका सही उत्तर दीजियेः*

अजगरों से भरे जंगल,
अगम, गति से परे जंगल,
सात-सात पहाड़ वाले,
बड़े-छोटे झाड़ वाले,
शेर वाले, बाघ वाले,
गरज और दहाड़ वाले,
कम्प से कनकने जंगल,

ऊँघते अनमने जंगल।
इन वनों के खूब भीतर
चार मुर्गे, चार तीतर,
पाल कर निश्चिन्त बैठे,
झोंपड़ी पर फूस डाले
गोंड़ तगड़े और कालेय

**147.** जंगल में झोपड़ी है।

A. ग्रामीणों की B. अन्त्यजों की
C. आदिवासियों की D. शिकारियों की

**148.** जंगल का जीवन है :

A. सामान्य B. सुखद
C. रोमांचक D. कष्टप्रद

**149.** उपर्युक्त पद्यांश के सात-सात पहाड़ वाले से कवि का तत्पर्य है :

A. सतपुड़ा पर्वत B. सप्त सिन्धु
C. अरावली पर्वत D. नीलगिरी पर्वत

**150.** उपर्युक्त पद्यांश का उचित शीर्षक है :

A. जंगल B. सतपुड़ा के जंगल
C. अनमने जंगल D. दुर्गम जंगल

**निर्देशः (प्र.सं. 151 से 154 तक) :** *निम्नलिखित पद्यांश को पढ़िए और उसका सही उत्तर दीजियेः*

घिसे, चले, मर चुके तलों को
मैं निकालता।
जीने वाले जानदार मैं तले डालता।।
सीकर, पालिष से चमकाकर,
मैं उबारता।
जूतों से बाबू लोगों की
धज सँवारता।।
मैं पथ की पटरी पर बैठा
कला बेचता।
जूतों के चलने में सबका
भला देखता।।
मैं तो उस ऊँची आत्मा को
नहीं जानता।
मानव जिसकी ऊँची आत्मा को
नहीं जानता।
मानव जिसकी ऊँचाई के गुन बखानता।

**151.** कविता में मानव किसकी ऊंचाई के गुण बखानता है?

A. मोची B. कवि
C. ईश्वर D. नेता

**152.** उपर्युक्त पद्य का उचित शीर्षक है :

A. मोची B. शीर्षक
C. नेता D. कवि

**153.** 'मैं पथ की पटरी पर बैठा कला बेचता' पंक्ति में है :

A. क्वि B. आम आदमी
C. नेता D. मोची

**154.** 'जूतों से बाबू लोगों का धज सँवारता' से कवि का आशय है :

A. सुन्दरता बढ़ाना B. सम्मान करना
C. औकात बताना D. पिटाई करना

**निर्देशः (प्र.सं. 155 से 159 तक) :** *निम्नलिखित गद्यांश को पढ़िए और उसका सही उत्तर दीजियेः*

अपने ही कल्पना-पटल पर इन अनुभव-प्रक्षेपणों के सही-सही कलात्मक चित्र प्रस्तुत करने के लिए, न केवल मार्मिक मनन और उनके संकलन-संचयन की आवश्यकता है, वरन् इसके बहुत-बहुत पहले विश्व-दृष्टि की आवश्यकता है। इस दृष्टि के अभाव में अपने ही अनुभवों के ठीक-ठीक महत्व हम आँक नहीं पाते और इसलिए केवल कुछ विशिष्ट अनुभवों या अनुभवाभासों को ही तरजीह देकर अन्य महत्वपूर्ण अनुभवों का गला घोंट देते हैं। क्या यह सच नहीं है। मेरे ख्याल से यह एक तथ्य है। इस रूख का नतीजा यह होता है कि बहुत बार हमारा साहित्यिक विकास जिस दिशा में जैसा होना चाहिए वैसा नहीं हो पाता। हम जो अनुभव, साहित्य प्रकटीकरण के लिए, प्रवृत्तिवश चुन लेते हैं उनकी हमें बाद में आदत पड़ जाती है, उनके चित्रण-अंकन का अभ्यास हो जाने के कारण हम केवल उन्हें ही प्रकट करते रहते हैं। शेष अनुभव, अपनी गहराई, तीव्रता तथा प्रभावशालित्व के बावजूद मन के अँधेरे में पड़े रहते हैं, भले ही कभी-कभी उनकी गूँज हमारे द्वारा निर्मित्त साहित्य में चली आये।

**155.** साहित्यकार का साहित्य लेखक के अनुसार प्रवृत्तिवश चयनित है।

A. अभ्यास B. तीव्रता
C. प्रभाव D. अनुभव

**156.** सामान्यतः लेखक अपने लेखन में प्रमुखता देता है :

A. सामान्य अनुभवों को
B. विशिष्ट अनुभवों को
C. विशिष्टीकरण को
D. सरलीकरण को

**157.** उत्कृष्ट लेखक :

A. प्रवृत्तिवश अनुभवों का चयन करता है।
B. विशिष्ट अनुभवों से युक्त होता है।
C. उत्कृष्ट वक्ता होता है।
D. प्रवृत्तिवश अनुभवों का चयन नहीं करता।

**158.** सही-सही कलात्मक चित्र प्रस्तुत करने के लिए लेखक की दृष्टि से सर्वाधिक आवश्यक तत्व है :

A. अनुभव प्रक्षेपण B. कल्पना
C. मार्मिक मनन D. विश्व दृष्टि

**159.** लेखक के अनुसार साहित्यिक विकास में मुख्य बाधक तत्व है।

A. अनुभवहीनता
B. क्लिष्ट शब्दावली
C. रस तत्व की अनदेखी
D. विशिष्ट अनुभवों की प्रधानता

**160.** मनोरंजन के कई और साधन निकल आयेंगें तभी व्यभिचार घटेगा। यह कथन किसका है?

A. दिनकर B. नागार्जुन
C. बेचन शर्मा 'उग्र' D. अज्ञेय

**161.** व्युत्पत्ति की दृष्टि से शब्दों को कितने वर्गों में बाँटा जाता है?

A. दो B. आठ
C. छः D. चार

**162.** 'वायुसखा' का पर्यायवाची कौन-सा है?

A. सुगंध B. अग्नि
C. पुष्प D. अरविंद

**163.** हिन्दी साहित्य का सबसे नया और शक्तिशाली रूप किस साहित्यिक विधा में प्रकट हुआ है?

A. उपन्यास B. निबन्ध
C. कहानी D. नाटक

**164.** 'प्रतीप' अलंकार के कितने भेद होते हैं?

A. चार B. पांच
C. आठ D. छः

**165.** "दूर-दूर तक विस्तृत था नभ, स्तब्ध उसी के हृदय समान" प्रसाद जी की इस पंक्ति में कौन-सा अंलकार है?

A. विभावना B. प्रतीप
C. विषम D. श्लेष

**166.** 'देशज' वे शब्द हैं :

A. जो पालि से हिन्दी में आये
B. जिनकी व्युत्पत्ति का पता नहीं चलता
C. जो संस्कृत से हिन्दी में आये
D. जो अपभ्रंश से हिन्दी में आये

**167.** कहानी के निम्न तत्वों में सर्वाधिक महत्वपूर्ण और आवश्यक तत्व कौन-सा है?

A. उद्देश्य B. कथावस्तु
C. पात्र D. देशकाल

**168.** 'सिर पर जूता/पैर में टोपी' ने नई कविता को बदनाम किया, तो एक संस्कार भी दिया। इस कविता का रचयिता कवि कौन है?

A. लक्ष्मीकान्त वर्मा
B. रघुवीर सहाय
C. जगदीश गुप्त
D. सर्वेश्वर दयाल सक्सेना

**169.** 'अनुपभुक्त' का विलोम होगा :

A. उन्मूलन B. उपभुक्त
C. उपयुक्त D. अभ्यान्तर

**170.** 'आस्था के चरण' निबन्ध संग्रह का लेखक कौन है?

A. डॉ. विजेन्द्र स्नातक
B. डॉ. भगीरथ मिश्र
C. डॉ. नगेन्द्र
D. रामविलास शर्मा

**171.** निम्नलिखित में कौन-सी 'आत्मकथा' हरिवंशराय बच्चन लिखित नहीं है?

A. अपनी खबर

B. क्या भूलूँ क्या याद करूँ

C. दशद्वार से सोपान तक

D. नीड़ का निर्माण फिर

**172.** 'सात्विक भाव' कितने प्रकार के होते हैं?

A. छः  B. चार

C. दस  D. आठ

**173.** सुधा चौहान द्वारा लिखित जीवनी 'मिला तेज से तेज' किसकी है?

A. लक्ष्मीशंकर व्यास

B. सुभद्राकुमारी चौहान

C. शरतचन्द्र चटोपध्याय

D. अज्ञेय

**174.** धर्मवीर भारती का 'अन्धा युग' क्या है?

A. कविता  B. दृश्य काव्य

C. नाटक  D. काव्य नाटक

**175.** 'दी डिफेंस ऑफ इंडिया एक्ट' किस सन् में पारित किया गया था?

A. 1940  B. 1939

C. 1937  D. 1938

**176.** निराला के दुर्लभ पत्रों का संकलन डॉ. रामविलास शर्मा ने 'निराला की साहित्य साधना' के किस खण्ड में किया है?

A. निराला की साहित्य साधना–द्वितीय खण्ड

B. निराला की साहित्य साधना–तृतीय खण्ड

C. राग विराग

D. निराला की साहित्य साधना–प्रथम खण्ड

**177.** भरत मुनि ने अपने 'नाटय शास्त्र' में संचारी भावों की कितनी संख्या का उल्लेख किया है?

A. तैंतीस  B. चौंतीस

C. इकत्तीस  D. बत्तीस

**178.** 'अब्ज' का अर्थ होता है–कमल, अब्द का अर्थ होगा :

A. शस्त्र  B. वर्ष

C. टली  D. यक्ष

**179.** अनुभवों को कितने वर्गों में विभाजित किया गया है?

A. दो  B. छः

C. चार  D. आठ

**180.** निरूपण में उपसर्ग है :

A. नी  B. नि

C. निर्  D. निस

**181.** कई स्कूल कर्मचारियों का मूल्यांकन ............ के लिए करते हैं :

A. प्रतिक्रिया देना

B. काम आवंटित करने

C. भुगतान संशोधन

D. माता-पिता को सूचित करने

**182.** निम्नलिखित में से कौन-सा विकल्प पाठ्यचर्या डिजाइनों का एक सेट है जो सीखने के लिए स्पष्ट रूप से सीखने वाले का केंद्रित दृष्टिकोण है?

A. परीक्षा केंद्रित डिजाइन, विषय-विशिष्ट, डिजाइन, लर्नर-केंद्रित डिजाइन, मानववादी डिजाइन

B. बाल केंद्रित डिजाइन, अनुभव-केंद्रित डिजाइन, रेडिकल डिजाइन, मानववादी डिजाइन

C. बाल केंद्रित डिजाइन, सामग्री केंद्रित डिजाइन, रोमांटिक डिजाइन, मानववादी डिजाइन

D. लर्नर-केंद्रित डिजाइन, ट्यूटर आधारित डिजाइन, पाठ्यचर्या उन्मुख डिजाइन, स्कूल आधारित डिजाइन

**183.** शामिल करने के सामाजिक मॉडल के अनुसार, भागीदारी के लिए बाधाएं हैं :

A. विकलांगता के कारण

B. समाज में किसी व्यक्ति के जीवन का एक हिस्सा

C. सही करने के लिए बहुत कुछ

D. सामाजिक सेंटिंग और लोगों का दृष्टिकोण

**184.** बच्चे जो बुद्धिमानी के अपने कालक्रम के स्तर से अच्छा प्रदर्शन करते हैं उन्हें आमतौर पर कहा जाता है:

A. बुद्धिमान बच्चे  B. उन्नत कलाकार

C. होशियार बच्चे  D. प्रतिभाशाली बच्चे

**185.** 'संवेदनशील अवधि' की अवधारणा, जिसके दौरान बच्चों को तीव्र उत्तेजना की तलाश है, निम्नलिखित में से किस दृष्टिकोण में प्रस्तावित किया गया था?

A. फ्रोबेल दृष्टिकोण

B. मोंटेसरी दृष्टिकोण
C. जीजुभाई का दर्शन
D. रेजीओ एमिलिया दृष्टिकोण

**186.** 'शिक्षक सतत शिक्षार्थी हैं, ऐसे शिक्षकों के लिए सच है जो :
A. परीक्षण करते हैं
B. ध्यान रखने वाले होते हैं
C. चिंतनशील होते हैं
D. छात्रों से बात करते हैं

**187.** शिक्षा में प्रदर्शन कला को जोड़ना इस दृष्टिकोण के अनुरूप है :
A. करके सीखना
B. खेल से सीखना
C. गतिविधियों के माध्यम से सीखना
D. गाने के माध्यम से सीखना

**188.** एक बच्चे की प्रगति उसके पिछले प्रदर्शन से तुलना करके सबसे अच्छा मापा जाता है :
A. स्वतः संदर्भ
B. ग्रेडिंग प्रणाली
C. सामान्य संदर्भ
D. रैंकिंग प्रणाली

**189.** कई स्थानों पर एक ही डेटा का भंडारण को कहा जाता है :
A. डेटा पुनरावृत्ति
B. डेटा समवर्ती
C. डेटा पुनर्स्थापित
D. डेटा अतिरेकता

**190.** हमारे दैनिक जीवन में पाए गए कुछ गैर-बायोडिग्रेडेबल कचरा निम्न में से कौन-सा है?
A. एल्यूमीनियम, प्लास्टिक, कीटनाशक, सीसा
B. लीड, आर्सेनिक, पारा, कागज
C. एल्यूमीनियम, कागज, पॉलिथीन, आर्सेनिक
D. प्लास्टिक, कागज, टिन, कीटनाशक

**191.** ए.एस.सी.आई.आई का विस्तरित रूप क्या है?
A. अमेरिकन स्टैण्डर्ड कोड फॉर इनफार्मेशन इंटरचेंज
B. अमेरिकन सोसाइटी कॉन्ट्रैक्ट फॉर इनफार्मेशन इंटरचेंज
C. एसोसिएशन ऑफ स्ट्रैण्डर्ड काउंसिल ऑफ इंटरनेशनल इनफार्मेशन
D. एसोसिएशन फॉर साइंटिफिक कोड एंड इंटरनेशनल इनफॉर्मेशन

**192.** पूर्व-प्राथमिक चरण में, प्रदर्शन कला को शामिल करने में मदद मिलती है :
A. मनोविज्ञान कौशल
B. रचनात्मक कौशल
C. तार्किक कौशल
D. भाषा कौशल

**193.** पढ़ने के लिए तीन 'एस' को क्या कहते हैं?
A. ध्वनि, प्रतीक, बोध (साउंड, सिंबल, सेंस)
B. प्रतीक, मानक, ध्वनि (सिंबल, स्टैण्डर्ड, साउंड)
C. कहावत, प्रतीक, वर्तनी (सेयिंग, सिंबल, स्पेलिंग)
D. ध्वनि, वर्तनी, बोलना (साउंड, स्पेलिंग, स्पीकिंग)

**194.** समय की बाधाओं और विषय विशेषज्ञों की उपलब्धता की समस्याओं को सबसे अच्छा संबोधित किया जा सकता है :
A. आभासी सीखने के वातावरण
B. बड़े समूहों के लिए व्याख्यान की व्यवस्था
C. पढ़ने की सामग्री भेजना
D. ई मेल

**195.** महिला शिक्षक बेहतर प्राथमिक और पूर्व प्राथमिक शिक्षकों का एक विशिष्ट उदाहरण है :
A. लिंग पर पक्षपात
B. लिंग गतिशीलता
C. वैज्ञानिक अभिविन्यास
D. लिंग जागरूकता

**196.** विशेष जरूरत वाले छात्रों को सी.बी.एस.ई बोर्ड द्वारा किस प्रकार समर्थित किया जाता है?
A. छूट देना
B. उपचारात्मक वर्ग आयोजित करना
C. छात्रवृत्ति प्रदान करना
D. समावेशी स्कूलों की स्थापना

**197.** ........... की सिफारिश शिक्षा आयोग (1964-66) द्वारा की गई थी।

A. सभी के लिए शिक्षा (ईएफए)
B. कॉमन स्कूल सिस्टम (सीएसएस)
C. सर्व शिक्षा अभियान (एसएसए)
D. ओपन स्कूल सिस्टम (ओएसएस)

**198.** चिंतनशील जर्नल एक शिक्षण डायरी से अलग है, क्योंकि इसमें निम्न शामिल हैं :
A. अनुभवों से सीखना
B. अन्तर्निहित सामग्री
C. अनुभव
D. शिक्षण विधियां

**199.** पाठ को पढ़ना और चिंतन करना इससे संबंधित है :
A. सामाजिक दृष्टिकोण
B. भाषा दृष्टिकोण
C. रचनात्मक दृष्टिकोण
D. व्यवहारवादी दृष्टिकोण

**200.** छात्र के काम पर उत्पादक प्रतिक्रिया देना एक है :
A. रचनात्मक दृष्टिकोण
B. व्यवहारवादी दृष्टिकोण
C. सकारात्मक सामाजिक दृष्टिकोण
D. संज्ञानात्मक दृष्टिकोण

## उत्तरमाला

| 1 | 2 | 3 | 4 | 5 | 6 | 7 | 8 | 9 | 10 |
|---|---|---|---|---|---|---|---|---|---|
| D | A | B | B | C | B | D | C | D | A |
| **11** | **12** | **13** | **14** | **15** | **16** | **17** | **18** | **19** | **20** |
| C | D | D | B | B | D | D | C | A | B |
| **21** | **22** | **23** | **24** | **25** | **26** | **27** | **28** | **29** | **30** |
| C | A | B | B | B | B | C | B | A | D |
| **31** | **32** | **33** | **34** | **35** | **36** | **37** | **38** | **39** | **40** |
| D | B | C | B | B | D | D | B | C | B |
| **41** | **42** | **43** | **44** | **45** | **46** | **47** | **48** | **49** | **50** |
| B | B | A | A | A | C | C | A | A | A |
| **51** | **52** | **53** | **54** | **55** | **56** | **57** | **58** | **59** | **60** |
| D | B | B | B | C | C | B | B | D | A |
| **61** | **62** | **63** | **64** | **65** | **66** | **67** | **68** | **69** | **70** |
| B | C | C | A | C | B | A | C | A | D |
| **71** | **72** | **73** | **74** | **75** | **76** | **77** | **78** | **79** | **80** |
| A | D | B | B | B | A | D | A | A | D |
| **81** | **82** | **83** | **84** | **85** | **86** | **87** | **88** | **89** | **90** |
| B | B | C | B | B | D | D | B | A | D |
| **91** | **92** | **93** | **94** | **95** | **96** | **97** | **98** | **99** | **100** |
| D | D | C | A | A | B | D | A | B | C |
| **101** | **102** | **103** | **104** | **105** | **106** | **107** | **108** | **109** | **110** |
| B | B | A | C | A | B | D | D | B | D |
| **111** | **112** | **113** | **114** | **115** | **116** | **117** | **118** | **119** | **120** |
| B | C | C | B | D | D | C | B | C | A |

| 121 | 122 | 123 | 124 | 125 | 126 | 127 | 128 | 129 | 130 |
|---|---|---|---|---|---|---|---|---|---|
| D | C | C | B | B | B | A | C | C | B |
| **131** | **132** | **133** | **134** | **135** | **136** | **137** | **138** | **139** | **140** |
| C | D | D | A | B | A | B | B | A | B |
| **141** | **142** | **143** | **144** | **145** | **146** | **147** | **148** | **149** | **150** |
| B | C | D | D | B | C | C | D | A | B |
| **151** | **152** | **153** | **154** | **155** | **156** | **157** | **158** | **159** | **160** |
| C | A | D | A | D | B | D | D | D | B |
| **161** | **162** | **163** | **164** | **165** | **166** | **167** | **168** | **169** | **170** |
| D | B | A | B | B | B | B | A | B | C |
| **171** | **172** | **173** | **174** | **175** | **176** | **177** | **178** | **179** | **180** |
| A | D | B | D | B | B | A | B | C | B |
| **181** | **182** | **183** | **184** | **185** | **186** | **187** | **188** | **189** | **190** |
| C | B | D | D | B | C | A | A | D | A |
| **191** | **192** | **193** | **194** | **195** | **196** | **197** | **198** | **199** | **200** |
| A | A | A | A | A | A | B | A | C | A |

पिछले प्रश्न-पत्र (हल सहित)

# दिल्ली अधीनस्थ सेवा चयन बोर्ड

# DSSSB—PGT (हिन्दी) भर्ती परीक्षा, 2015*

## पोस्ट स्पेसिफिक विषय-संबंधी प्रश्न

1. कबीरदास के समय में दिल्ली का शासक थाः
A. शाहजहाँ B. तुगलक
C. सिकन्दर लोदी D. अलाउद्दीन खिलजी

2. वैष्णव भक्ति के प्रथम आचार्य हैं:
A. मध्वाचार्य B. रामनुजाचार्य
C. वल्लभाचार्य D. शंकराचार्य

3. तुलसीदास को 'मुगल काल का सबसे बड़ा आदमी' किसने कहा है?
A. स्मिथ B. ग्रियर्सन
C. गिलक्राइस्ट D. मैक्समूलर

4. 'वापसी' किसकी कहानी है?
A. मैत्रेयी पुष्पा B. शिवानी
C. ममता कालिया D. उषा प्रियंवदा

5. 'इत्यलम्' – यह किसकी रचना है?
A. नागार्जुन B. अज्ञेय
C. निराला D. मुक्तिबोध

6. 'कबिरा खड़ा बाजार में'—यह साहित्य की कौन-सी विधा है?
A. उपन्यास B. निबन्ध
C. नाटक D. कहानी

7. कौन-सा उपन्यास प्रेमचंद जी का **नहीं** है?
A. निर्मला B. गोदान
C. सेवा सदन D. शह और मात

8. हिन्दी का पहला समाचार-पत्र है:
A. उदंत मार्तण्ड B. लोकमित्र
C. बंगदूत D. नवभारत

9. शब्दकोश में त्र किस वर्ण के बाद आता है?
A. त B. क्ष
C. ज्ञ D. ध

10. हिन्दी साहित्य के आरंभिक काल को 'आदिकाल' की संज्ञा किसने दी है?
A. पं. हजारी प्रसाद द्विवेदी
B. मिश्रबन्धु
C. आचार्य रामचंद्र शुक्ल
D. श्यामसुन्दर दास

11. 'निशा नियंत्रण' के रचयिता हैं:
A. सुमित्रानंदन पंत
B. जयशंकर प्रसाद
C. महादेवी वर्मा
D. हरिवंश राय बच्चन

12. संतों ने नारी को किस रूप में देखा है?
A. कर्कशा B. कामिनी
C. मुक्तिदायिनी D. शक्तिदायिनी

13. कबीरदास का दार्शनिक चिंतन है:
A. एकेश्वरवादी B. शुद्ध द्वैतवादी
C. द्वैतवादी D. अद्वैतवादी

14. सूरदास के पदों पर सर्वाधिक प्रभाव किसका है?
A. जयदेव B. विद्यापति
C. वल्लभाचार्य D. चण्डीदास

15. शरतचंद्र चट्टोपाध्याय के जीवन को रूपायित करने वाली कालजयी कृति है:
A. शिखर से सागर तक
B. अग्निसेतु

---
* Tire-I Exam.

C. कलम का मजदूर

D. आवारा मसीहा

**16.** काव्य में 'अनुकृति सिद्धान्त' के प्रवर्तक हैं:

A. हीगल B. अरस्तू

C. इलियट D. प्लेटो

**17.** समालोचना की सबसे बड़ी विशेषता है:

A. मूल्यांकन B. सौन्दर्योद्‌घाटन

C. तटस्थता D. वैज्ञानिक विवेचन

**18.** त्रैमासिक पत्रिका नहीं है:

A. भाषा B. आलोचना

C. कथाक्रम D. कल्पना

**19.** कविता को 'मनुष्य के व्यक्तित्व का प्रकाशन' कहने वाले हैं:

A. आचार्य रामचंद्र शुक्ल

B. आचार्य हजारी प्रसाद द्विवेदी

C. सूर्यकांत त्रिपाठी निराला

D. रवीन्द्रनाथ टैगोर

**20.** 'उर्दू भाषा से ही हिन्दी का विकास हुआ है'– यह कथन किसका है?

A. ग्रियर्सन B. मैक्स मूलर

C. बूहलर D. गार्सा द तासी

**21.** अधखिला फूल – उपन्यास के लेखक हैं:

A. अयोध्या सिंह उपाध्याय 'हरिऔध'

B. सच्चिदानंद हीरानंद वात्स्यायन 'अज्ञेय'

C. गजानन माधव मुक्तिबोध

D. सूर्यकांत त्रिपाठी निराला

**22.** गोल्डस्मिथ की कृति 'हरमिट' का अनुवाद है:

A. एकान्तवासी योगी

B. ऊजड़ ग्राम

C. श्रान्त पथिक

D. इनमें से कोई नहीं

**23.** हिन्दी का पहला रिपोर्ताज है:

A. अदम्य जीवन B. लक्ष्मीपुरा

C. तूफानों के बीच D. अल्मोड़े का बाजार

**24.** अवधी के प्रथम कवि हैं:

A. मुल्ला दाऊद B. अमीर खुसरो

C. जायसी D. तुलसी

**25.** कुतुबन ने गुरु का नाम है:

A. संत बूढ़न B. सैयद अशरफ

C. दामो D. मेंहदी बुरहान

**26.** करुण रस को 'रसराज' किसने कहा?

A. भवभूति B. शारदातनय

C. दण्डी D. भामह

**27.** 'चिन्मय' शब्द का सही संधि विग्रह है:

A. चिन् + मय B. चिन्म + य

C. चित् + मय D. चित्‌म + य

**28.** रेडियो नाटक की सफलता अवलम्बित रहती है:

A. सीमित पात्र संख्या पर

B. ध्वनि प्रधान संवादों पर

C. सीमित समयावधि पर

D. संगीत पर

**29.** ब्राह्मी लिपि की किस शैली से देवनागरी लिपि का विकास हुआ है?

A. पश्चिमी B. मध्य देशी

C. उत्तरी D. दक्षिणी

**30.** 'संघ की राजभाषा हिन्दी और लिपि देवनागरी होगी'–यह संविधान के किस अनुच्छेद में है?

A. 343 B. 344

C. 345 D. 346

**31.** संविधान की आठवीं अनुसूची में विनिर्दिष्ट 18 भाषाओं में कौन-सी भाषा सम्मिलित नहीं है?

A. नेपाली B. कोंकणी

C. मणिपुरी D. मैथिली

**32.** 'अभंग' नामक छन्द में सर्वप्रथम रचना करने वाले संत हैं:

A. दादूदयाल B. तुकाराम

C. नामदेव D. ज्ञानदेव

**33.** हिन्दी साहित्य का सबसे पहला इतिहास किस भाषा में लिखा गया?

A. फ्रेंच B. पुर्तगाली
C. अंग्रेजी D. हिन्दी

**34.** भाषा के अर्थ में अपभ्रंश शब्द का प्रयोग कब से आरंभ हुआ?
A. तीसरी शताब्दी से
B. पाँचवीं शताब्दी से
C. छठी शताब्दी से
D. सातवीं शताब्दी से

**35.** मिश्रबन्धुओं ने किसे हिन्दी का प्रथम गद्य लेखक माना है?
A. इंशाअल्ला खाँ B. गोरखनाथ
C. लल्लूलाल D. सदन मिश्र

**36.** काव्य भाषा के रूप में अवधी का सर्वप्रथम प्रयोग किस रचना में मिलता है?
A. रामचरित मानस B. चंदायन
C. पद्मावत D. हर्षचरित

**37.** 'अंतर्वेदी' किस बोली का प्राचीन नाम है?
A. अवधी B. ब्रज
C. खड़ीबोली D. राजस्थानी

**38.** कौन-सी रचना खड़ीबोली के प्राचीन प्रयोग से सम्बन्धित नहीं है?
A. खालिकबारी
B. कुवलयमाल
C. प्राकृत पैंगलम
D. उक्ति व्यक्ति प्रकरण

**39.** भाषा विकास की प्रक्रिया के सन्दर्भ में कौन-सा क्रम सही है?
A. बोली–भाषा–राष्ट्रभाषा
B. विभाषा–बोली–भाषा
C. बोली–विभाषा–भाषा
D. उपभाषा–विभाषा–भाषा

**40.** **कथन (A):** साहित्यिक भाषा का एक सामान्य लक्षण यह होता है कि वह सब बोलियों का महत्तम समापवर्तक होती है।

**कारण (R):** सबके समन्वय, योगदान और सम्मिश्रण से साहित्यिक भाषा का विकास होता है।

उपर्युक्त वक्तव्यों के सन्दर्भ में निम्नलिखित में कौन-सा निष्कर्ष सही है?
A. (A) और (R) दोनों सही हैं और (A) की सही व्याख्या (R) करता है
B. (A) और (R) दोनों सही हैं, किन्तु (A) की सही व्याख्या (R) नहीं करता है
C. (A) सही है, किन्तु (R) गलत है
D. (A) गलत है, किन्तु (R) सही है

**41.** निम्नलिखित में से कौन-सा विषम संयोजन है?
A. छत्तीसग्रढ़ी – पूर्वी हिन्दी
B. मगही – बिहारी हिन्दी
C. मालवी – राजस्थानी हिन्दी
D. बघेली – पश्चिमी हिन्दी

**42.** देवनागरी लिपि है:
A. चित्रात्मक
B. संकेतात्मक
C. अक्षरात्मक
D. वर्णनात्मक

**43.** राजभाषा का अर्थ है:
A. राज्यों में बोली जाने वाली भाषा
B. राजकीय कार्यों में प्रयुक्त होने वाली भाषा
C. देश में प्रचलित भाषा
D. इनमें से कोई भी नहीं

**44.** प्रथम विश्व हिन्दी सम्मेलन कहाँ हुआ था?
A. मॉरिशस में B. लन्दन में
C. त्रिनिदाद में D. नागपुर में

**45.** आर्य समाज की स्थापना का वर्ष है
A. 1870 B. 1872
C. 1873 D. 1875

**46.** 100वें संशोधन विधेयक द्वारा 2003 में संविधान की आठवीं अनुसूची में कौन-सी चार भाषाएँ सम्मिलित की गई?
A. सिन्धी – नेपाली – कोंकणी – डोगरी
B. बोडो – संथाली – सिन्धी – नेपाली
C. मणिपुरी – बोडो – सिन्धी – डोगरी
D. बोंडो – संथाली – डोगरी – मैथिली

**47.** संस्थाओं का वरीयता क्रम बताइएः

1. हिन्दी साहित्य सम्मेलन
2. दक्षिण भारत हिन्दी प्रचार सभा
3. नागरी प्रचारिणी सभा
4. राष्ट्रभाषा प्रचार समिति

A. 1, 3, 2, 4   B. 3, 1, 2, 4
C. 2, 4, 3, 1   D. 4, 3, 2, 1

**48.** आचार्य रामचंद्र शुक्ल द्वारा लिखित 'हिन्दी साहित्य का इतिहास' मूलतः किस ग्रन्थ की भूमिका के रूप में लिखा गया था?

A. हिन्दी शब्दानुशासन
B. हिन्दी साहित्य की भूमिका
C. हिन्दी शब्द सागर
D. हिन्दी वाङ्मय

**49.** 'शिवसिंह सरोज' रचना का सम्बन्ध किससे है?

A. इतिहास   B. काव्य
C. काव्य शास्त्र   D. उपन्यास

**50.** हिन्दी साहित्य का प्रथम कवि किसे माना गया है?

A. पुष्पदंत   B. सरहपा
C. शालिभद्र सूरि   D. अमीर खुसरो

**51.** डिंगल शैली का प्रयोग किसमें मिलता है?

A. सिद्ध साहित्य
B. जैन साहित्य
C. रासो साहित्य
D. लौकिक साहित्य

**52.** नाथ पंथ के प्रवर्तक कौन हैं?

A. गोरखनाथ   B. मत्स्येन्द्रनाथ
C. चौरंगीनाथ   D. भरथरी

**53.** 'पउम चरिउ' में किसकी कथा है?

A. कृष्ण   B. राम
C. नल दमयंती   D. महावीर

**54.** 'वज्रयान' क्या है?

A. विशालयान
B. वज्र के समान कठोर अस्त्र
C. पर्वत
D. बौद्धमत का एक पंथ

**55.** आचार्य रामचंद्र शुक्ल ने 'पृथ्वीराज रासो' को किस प्रकार का ग्रन्थ माना है?

A. पूर्णतः प्रामाणिक
B. पूर्णतः अप्रामाणिक
C. अर्ध प्रामाणिक
D. इनमें से कोई नहीं

**56.** कानों में बड़े-बड़े छेद करके उनमें भारी कुण्डल धारण करने वाले 'कन फटा साधु' किस सम्प्रदाय से सम्बन्धित हैं?

A. औघड़ पंथ
B. सूफी सम्प्रदाय
C. नाथ सम्प्रदाय
D. सहजिया सम्प्रदाय

**57.** अमीर खुसरो के धर्मगुरु कौन थे?

A. ख्वाजा
B. स्वयंभू
C. निजामुद्दीन औलिया
D. इनमें से कोई नहीं

**58.** मगहर स्थान का सम्बन्ध किससे है?

A. कबीर   B. सूरदास
C. तुलसीदास   D. जायसी

**59.** पुष्टि मार्ग में निर्धारित अवस्थाओं में कौन-सी नहीं है?

A. विरहासक्ति   B. रूपासक्ति
C. लीलासक्ति   D. भावासक्ति

**60.** कवितावली का प्रमुख छन्द हैः

A. दोहा-चौपाई   B. दोहा-कवित्त
C. कुण्डलिया   D. कवित्त-सवैया

**61.** तुर्की बाबरनामा का सर्वप्रथम फारसी अनुवाद किसने किया था?

A. अमीर खुसरो
B. ताजुद्दीन देहलवी
C. अबुल फजल
D. रहीम

**62.** निम्न में कौन-सा कवि अकबर के दरबार से सम्बंधित था?

A. नरहरि B. गंग
C. कुम्भनदास D. चतुर्भुजदास

63. "तुलसी का सारा काव्य समन्वय की विराट चेष्टा है"–यह कथन किसका है?
A. नामवर सिंह
B. हजारी प्रसाद द्विवेदी
C. रामविलास शर्मा
D. रामचंद्र शुक्ल

64. भूषण का वास्तविक नाम था?
A. कृष्णदास B. रासबिहारी
C. गोपीचंद D. घनश्याम

65. कौन-सी रचना रस विवेचन से सम्बन्धित है?
A. रस रहस्य B. भावविलास
C. अंग दर्पण D. उपर्युक्त सभी

66. बिहारी रीतिकाव्य की किस कोटि के कवि हैं?
A. रीति सिद्ध B. रीति बद्ध
C. रीति मुक्त D. इनमें से कोई नहीं

67. किसे 'कविराज शिरोमणि' कहा गया है?
A. घनानंद B. बिहारी
C. केशबदास D. पद्माकर

68. ललित ललाम ग्रन्थ में क्या है?
A. रस विवेचन
B. अलंकार विवेचन
C. छन्द विवेचन
D. नायक-नायिका भेद

69. राजा रविवर्मा का क्षेत्र कौन-सा है?
A. साहित्य B. चित्रकला
C. संगीत D. रंगमंच

70. सरस्वती पत्रिका का प्रकाशन वर्षः
A. 1885 B. 1890
C. 1900 D. 1905

71. कौन-सी रचना भारतेन्दुजी की नहीं है?
A. वर्षा विनोद B. अंधेर नगरी
C. फूलों का गुच्छा D. वर्षा विन्दु

72. 'कविता, कामिनी कान्त' किस कवि के लिए कहा गया है?
A. मैथिलीशरण गुप्त
B. हरिऔध
C. जगन्नाथ दास रत्नाकर
D. नाथूराम शर्मा

73. कवि और उपनाम में कौन-सा विषम संयोजी है?
A. अयोध्या सिंह उपाध्याय–हरिऔध
B. गया प्रसाद शुक्ल–सनेही
C. राय देवीप्रसाद–पूर्ण
D. मैथिलीशरण गुप्त–कलाधर

74. खड़ीबोली हिन्दी का प्रथम महाकाव्य हैः
A. साकेत B. प्रिय प्रवास
C. कामायनी D. इनमें से कोई नहीं

75. खड़ीबोली को सम्मानपूर्वक काव्य क्षेत्र में प्रतिष्ठित करने का श्रेय किनको जाता है?
A. वियोगी हरि
B. श्रीधर पाठक
C. अयोध्या सिंह उपाध्याय हरिऔध
D. रामनरेश त्रिपाठी

76. नयी कविता के प्रवर्तक हैं:
A. डॉ. जगदीश गुप्त
B. केदारनाथ सिंह
C. अज्ञेय
D. रामशेर बहादुर सिंह

77. रामधारी सिंह दिनकरजी की कौन-सी रचना भारत पर चीन के बर्बरतापूर्ण आक्रमण की प्रतिक्रिया है?
A. कुरुक्षेत्र B. परशुराम की प्रतीक्षा
C. ऊर्वशी D. सामधेनी

78. कौन रेखाचित्र विधा के जनक माने जाते हैं?
A. रामवृक्ष बेनीपुरी
B. सत्यदेव परिव्राजक
C. पदमसिंह शर्मा
D. प्रभाकर माचवे

79. 'रिपोर्ताज' किस भाषा का शब्द है?
A. अंग्रेजी B. हिन्दी
C. फारसी D. फ्रांसीसी

**80.** रस के सर्वप्रथम शास्त्रीय विवेचन को किसने किया था?

A. भरतमुनि B. रुद्रट
C. मम्मट D. आनंदवर्धन

**81.** 'घिग्घी बँध जाना' किस रस का अनुभाव माना जाएगा?

A. शांत B. भीभत्स
C. भयानक D. रौद्र

**82.** दुःखवाद को किसने माध्यम बनाया?

A. शॉपेनहावर B. लोंजाइनस
C. प्लेटो D. टी.एस. इलियट

**83.** 'क्षय' किसकी कहानी है?

A. मृदुला गर्ग B. मन्नू भण्डारी
C. शिवरानी प्रेमचंद D. कृष्णा सोबती

**84.** किस पत्रिका को पत्रिकारिता में मील का पत्थर माना गया है?

A. हंस B. सारिका
C. सरस्वती D. धर्मयुग

**85.** अनुभूति योग का अर्थ है:

A. मनोविकारों का परिष्कार
B. स्वार्थभाव से मुक्ति
C. अपनी अनुभूति को सबकी अनुभूति मानना
D. प्रकृति से रागात्मक सम्बंध स्थापित करना

**86.** आचार्य रामचंद्र शुक्ल ने कल्पना के कौन-से दो भेद माने हैं?

A. विधायक – ग्राहक
B. कवि – पाठक
C. प्राथमिक – विशिष्ट
D. मूर्त – अमूर्त

**87.** उदात्तवाद किनका है?

A. लोंजाइनस B. क्रोचे
C. टी.एस. इलियट D. जाँपाल सात्र

**88.** 'माध्यम' पत्रिका के सम्पादक हैं:

A. रामस्वरूप चतुर्वेदी
B. अशोक वाजपेयी
C. प्रभाकर श्रोतिय
D. सत्य प्रकाश मिश्र

**89.** 'प्रौढ़ मनोरमा' किस प्रसिद्ध व्याकरण ग्रन्थ की टीका है?

A. अष्टाध्यायी B. सिद्धान्त कौमुदी
C. हिन्दी शब्दानुशासन D. भाषा चंद्रोदय

**90.** तार सप्तक में कौन-सा कवि नहीं है?

A. मुक्तिबोध
B. केदारनाथ अग्रवाल
C. भारतभूषण अग्रवाल
D. रामविलास शर्मा

**91.** साहित्य अकादमी पुरस्कार प्राप्त कृष्णा सोबती की कृति है:

A. समय सरगम
B. मित्रो मरजानी
C. जिन्दगीनामा जिन्दारुख
D. सूरजमुखी अंधेरे में

**92.** चंद्रकांताजी के उपन्यास 'कथा सतीसर' को कौन-सा सम्मान मिला है?

A. व्यास सम्मान
B. ज्ञानपीठ सम्मान
C. साहित्य अकादमी सम्मान
D. यशभारती सम्मान

**93.** सन् 2006 को किस कवि की जन्मशती थी?

A. निराला B. अज्ञेय
C. जयशंकर प्रसाद D. महादेवी वर्मा

**94.** कौन हिन्दी साहित्य सम्मेलन के संस्थापक थे?

A. महात्मा गांधी
B. मदनमोहन मालवीय
C. पुरुषोत्तमदास टण्डन
D. उपर्युक्त में से कोई नहीं

**95.** 'चतुर्वर्ग' का तात्पर्य क्या है?

A. ब्राह्मण, क्षत्रिय, वैश्य, शूद्र
B. उच्च, उच्च मध्यम, मध्यम, निम्न वर्ग
C. धर्म, अर्थ, काम, मोक्ष
D. जगत्, माया, आत्मा, परमात्मा

**96.** सूरसागर की रचना का मुख्य आधार कौन-सा ग्रंथ है?

A. गीता B. महाभारत
C. गाथा सप्तशती D. भागवत पुराण

**97.** निम्नलिखित में से किसकी मातृभाषा गुजराती थी?

A. नन्ददास B. कृष्णदास

C. छीतस्वामी D. परमानन्द दास

**98.** सच्चाई और विश्वास जब एक-दूसरे को आच्छादित करते हैं तो उससे उद्‌गम होता है:

A. भगवद् साक्षात्कार

B. विवेक

C. ज्ञान

D. अज्ञान

**99.** विगत अनुभवों पर आधारित होकर भविष्य का दिशा दर्शन देनेवाला

A. भविष्यवाणी करना है

B. अंदाजा लगाना है

C. सच्चाई से मुँह मोड़ना है

D. आपे से बाहर होना है

**100.** किसी भी विषय पर एक तत्कालीन व्याख्यान, जिसके प्रमाणीकरण न हो, उसे कहते हैं

A. अवैज्ञानिकता B. कल्पना

C. सैद्धान्तिकता D. अप्रामाणिकता

## उत्तरमाला

| 1 | 2 | 3 | 4 | 5 | 6 | 7 | 8 | 9 | 10 |
|---|---|---|---|---|---|---|---|---|---|
| C | B | B | D | B | C | D | A | B | A |
| **11** | **12** | **13** | **14** | **15** | **16** | **17** | **18** | **19** | **20** |
| D | B | D | B | D | B | C | D | D | D |
| **21** | **22** | **23** | **24** | **25** | **26** | **27** | **28** | **29** | **30** |
| A | A | B | A | A | A | C | B | C | A |
| **31** | **32** | **33** | **34** | **35** | **36** | **37** | **38** | **39** | **40** |
| D | C | A | C | B | B | B | A | C | A |
| **41** | **42** | **43** | **44** | **45** | **46** | **47** | **48** | **49** | **50** |
| D | C | B | D | D | D | B | C | A | B |
| **51** | **52** | **53** | **54** | **55** | **56** | **57** | **58** | **59** | **60** |
| C | A | B | D | C | C | C | A | A | D |
| **61** | **62** | **63** | **64** | **65** | **66** | **67** | **68** | **69** | **70** |
| D | C | B | D | D | B | D | B | B | C |
| **71** | **72** | **73** | **74** | **75** | **76** | **77** | **78** | **79** | **80** |
| D | D | D | B | B | A | B | C | D | A |
| **81** | **82** | **83** | **84** | **85** | **86** | **87** | **88** | **89** | **90** |
| C | A | B | A | C | A | A | D | B | B |
| **91** | **92** | **93** | **94** | **95** | **96** | **97** | **98** | **99** | **100** |
| C | A | D | C | C | D | B | C | A | B |

# हिन्दी साहित्य

# हिन्दी भाषा और उसका विकास

भाषाई आधार पर यदि संसार की जातियों का वर्गीकरण किया जाए तो कहा जा सकता है कि एक तो आर्य जातियाँ हैं और दूसरी अनार्य जातियाँ, आर्य भाषा बोलने वाले देशों में भारत, पाकिस्तान, श्री लंका, कनाडा, संयुक्त राज्य अमेरिका, दक्षिणी अमेरिका, ऑस्ट्रेलिया, न्यूज़ीलैंड, दक्षिणी अफ्रीका, संपूर्ण यूरोप, ईरान, अफगानिस्तान एवं भारतीय उपमहाद्वीप प्रमुखता रखते हैं। आर्य परिवार की भाषा या यूरोपीय भाषा के कारण इन क्षेत्रों की मूल भाषाएँ अस्तित्वहीन हो गई। विद्वानों ने इस वृहत् परिवार का नाम भारत-यूरोपीय (भारोपीय) किया है। संसार का सबसे विशाल भाषा-परिवार यही है।

★ *मोटे तौर पर आर्य भाषा के दो वर्ग हैं–*

1. यूरोपीय आर्य भाषाएं,
2. भारत-ईरानी आर्य भाषाएं।

★ *भारत-ईरानी वर्ग की तीन भाषाएं बताई जाती हैं–*

1. इराकी/ईरान और अफगानिस्तान की भाषाएं।
2. दरद/कश्मीर और पामीर के पूर्व-दक्षिण की भाषाएं
3. भारतीय आर्य भाषाएं।

   संसार का प्राचीनतम ग्रंथ - ऋग्वेद - इसी आर्य भाषा में है।

## ★ भारतीय आर्य भाषा

ऐतिहासिक विकासक्रम के आधार पर भारतीय आर्यभाषा को तीन काल खंडों में विभक्त किया जाता है।

1. **प्राचीन (वैदिक संस्कृत और लौकिक संस्कृत) :** 5000 ई॰ पूर्व से 2000 ई॰ पूर्व तक।
2. **मध्यकालीन (पालि, प्राकृत, अपभ्रंश, अवहट्ट) :** 500 ई॰ पूर्व से 1000 ई॰ तक।
3. **आधुनिक (हिन्दी और हिन्दी से इतर भाषाएं) :** उड़िया, बंगाल, मराठी, गुजराती, असमी, सिंधी, पंजाबी)।

मध्यकालीन आर्यभाषा को तीन कालखंडों में विभक्त किया जाता है–

1. पालि (500 ई॰ पूर्व से एक ई॰ तक)
2. प्राकृत (एक ई॰ से 500 ई॰ तक)
3. अपभ्रंश तथा अवहट्ट (500 ई॰ से 1000 ई॰ तक)

## अपभ्रंश

अपभ्रंश मध्यकालीन आर्यभाषा की तीसरी अवस्था का नाम है। व्यादि और महाभाष्य के रचयिता पतंजलि ने संस्कृत के मानक शब्दों से इतर संस्कारच्युत, भ्रष्ट और अशुद्ध शब्दों को अपभ्रंश नाम दिया। बाणभट्ट और आचार्य हेमचंद्र ने अपभ्रंश को ग्राम भाषा कहा है। कुछ विद्वानों ने अपभ्रंश भाषा को देशी भाषा कहा है। दण्डी ने इस भाषा को आभीरादि की भाषा कहा। आभीर, जाट, गुर्जर आदि अनेक जातियों ने पश्चिमी भारत को हस्तगत किया। इनकी भाषा भारतीय संस्कृति में संस्कृत नहीं थी। इसीलिए इनकी भाषा को अपभ्रष्ट समझा जाता था। जैसे-जैसे इनकी राज्य सीमा का विस्तार हुआ वैसे-वैसे अपभ्रंश का भी विस्तार होता गया। राजसत्ताधिकारियों के प्रयोगों के कारण अपभ्रंश राजभाषा बनी। तत्पश्चात् यह साहित्यिक भाषा एवं देशभाषा बनी। सातवीं शती से लेकर ग्यारहवीं शती के अंत तक इस भाषा में सृजन धर्मियों ने सृजना की। मार्कण्डेय और इतर आचार्यों ने अपभ्रंश के कुल तीन भेद बताये हैं – 1. नागर (गुजरात की बोली); 2. उपनागर (राजस्थान की बोली); 3. व्राचड़ (सिंध की बोली)। राजस्थानी को अपभ्रंश की जेठी बेटी माना जाता है।

कालिदास के नाटकों में कुछ पात्रों के कथन, सिद्धों के चर्यापदों, शिलालेखों आदि में अपभ्रंश का वर्णन है।

**★ अपभ्रंश की प्रमुख विशेषताएं**

1. अ, इ उ, ए, ओं, ह्रस्व एवं आ, ई, ऊ, ए, ओ दीर्घ स्वर थे।
2. ऋ लिखा तो जाता था, पर इसका उच्चारण 'रि' होता था।
3. ऋ के इतर सभी स्वर आनुनासिक रूप में प्रयुक्त होते थे।
4. उकार बहुला भाषा थी। जैसे - मनु (मन), कारणु (कारण), अंगु (अंग)।
5. स्वर लोप एवं आगम की प्रवृत्ति बढ़ गई।
6. व्यंजनों में क, क्ह, ण्ह, न्ह, र्ह, म्ह् और ल्ह् उल्लेखनीय है। शेष संस्कृत के थे।
7. तद्भव शब्दों की संख्या अधिक।

## अवहट्ट

भाषा सतत् परिवर्तनशील होती है। कोई भी भाषा जब साहित्यालम्ब होकर प्रतिष्ठित होती है तो वह व्याकरण के नियमों की शृंखला बद्ध होने लगती है और धीरे-धीरे जनभाषा से उसका अलगाव होने लगता है। अपभ्रंश के ही उत्तरकालीन या परवर्ती रूप को 'अवहट्ट' नाम दिया गया है। ग्यारहवीं से लेकर चौदहवीं शती के अपभ्रंश रचनाकारों ने अपनी भाषा को अवहट्ट कहा। 'अवहट्ट' शब्द का सर्वप्रथम प्रयोग ज्योतिरीश्वर ठाकुर ने अपने 'वर्ण रत्नाकर' में किया। प्राकृत पैंगलम' के टीकाकार वंशीधर ने अवहट्ट माना। संदेश राशक, मैथिल कोकिल कृत' कीर्तिलता की भाषा को, अद्दहमान और विद्यापति ने अवहट्ट माना। अवहट्ट को अपभ्रंश और पुरानी हिन्दी के बीच की कड़ी माना जाता है। पुरातन प्रबंध संग्रह की कतिपय अनु-श्रुतियों, नाथ और सिद्ध साहित्य, नेमिनाथ चौपाई, बाहुबलि रास, थूलिमद्द फाग आदि के अलावा संत ज्ञानेश्वर की 'ज्ञानेश्वरी' और रोडाकृत राउलबेल की भाषा को भी अवहट्ट माना गया।

### ★ अपभ्रंश और पुरानी हिन्दी का संबंध

सन् 1000 ई॰ के आसपास रचित अपभ्रंश-साहित्य में देशी शब्दों का प्रयोग इतना अधिक होने लगा था कि हेमचंद्र ने उन्हें 'देशी नाममाला' में संग्रह करना उचित समझा। हिन्दी शब्दों की इसी अधिकता को लक्ष्य कर महापंडित राहुल साँकृत्यायन और चंद्रधर शर्मा 'गुलेरी' प्रभृति विद्वानों ने इस भाषा को 'पुरानी हिन्दी' के नाम से संबोधित किया। अतः हम कह सकते हैं कि सन् 1000 ई॰ के लगभग साहित्य में हिन्दी का प्रयोग होने लगा। यह हिन्दी अपभ्रंश या अवहट्ट थी। तद्नन्तर यही साहित्य की भाषा बनी। पुरानी हिन्दी अर्थात अपभ्रंश या अवहट्ट से ही हिन्दी का विकास माना जाता रहा है।

### ★ काव्य भाषा के रूप में अवधी का उदय

अवधी भाषा का आरंभिक रूप हमें कबीरादि संतों की सधुक्कड़ी भाषा में मिलता है, जो वाराणसी के आस-पास जीवनयापन करते थे। यह अवधी का असांस्कृतिक और अपरिमार्जित रूप था। तद्नन्तर जायसी आदि प्रेमाख्यानक कवियों ने इसे अपने साहित्य का माध्यम् बनाकर इसके रूप को कुछ संस्कृत किया। तुलसीदास ने अवधी भाषा को प्रौढ़ता प्रदान की। रामचरित मानस इसका उत्कृष्ट निदर्शन है। सूफियों की अवधी को ठेठ अवधी अर्थात् व्यवहार की अवधी कहा जाता था। जबकि तुलसी की अवधी प्रांजल और परिमार्जित थी। वह संस्कृतनिष्ठ थी। इस भाषा में प्रबंध-रचना की बहुलता है। पद्मावत, मृगावती, ज्ञानद्वीप, इन्द्रावती श्रेष्ठ प्रबंध काव्य है। 19वीं सदी के बाद अवधी भाषा में कोई श्रेष्ठ रचना दिखाई नहीं पड़ती। तुलसी के उपरान्त अवधी में रचना होने के बावजूद आधुनिक युग के द्वारिका प्रसाद मिश्र रचित 'कृष्णायन' के अतिरिक्त कोई महत्त्वपूर्ण रचना नहीं बन सकी। साहित्य में अवधी भाषा को जायसी-तुलसी ने ही परवान चढ़ाया और लगभग उन्हीं के काल में लुप्त सी होती गई।

### ★ काव्य भाषा के रूप में ब्रजभाषा का उदय

डॉ. धीरेन्द्र वर्मा के अनुसार, ''अवधी और ब्रजभाषा के दो मुख्य साहित्यिक रूपों का विकास 16वीं सदी में ही प्रारंभ हुआ। इन दोनों में ब्रजभाषा तो समस्त हिन्दी-प्रदेश की साहित्यिक भाषा हो गई, किन्तु अवधी में लिखे गये 'रामचरितमानस' का हिन्दी जनता में सबसे अधिक प्रचार होने पर भी साहित्य के क्षेत्र में अवधी भाषा का प्रचार नहीं हो सका।'' कृष्ण भक्ति की प्रधानता के फलस्वरूप ब्रजभाषा साहित्य में प्रतिष्ठित हुई। शृंगाराधिक रचना होना इसकी लोकप्रियता का कारण बना। सूरदास ने 16वीं सदी के आरंभ में इस भाषा को साहित्यिक रूप दिया। इसके पश्चात् ब्रजभाषा साहित्य में अविरल रूप से प्रवाहित होती रही। सूरदास के अलावा नंददास, कुंभनदास, हितहरिवंश, तुलसी की कुछ रचनाएं, परमानंद, हरिराय व्यास, आदि कवियों ने ब्रज भाषा को उन्नति प्रदान की। रसखान आदि मुसलमान कवियों ने भी ब्रज भाषा में साहित्यिक-सृजना कर अपने सरस उद्गारों को वाणी प्रदान की। कृष्ण भक्ति के विस्तार के साथ-साथ यह धीरे-धीरे समस्त उत्तर भारत में व्याप्त हो गई। दीर्घकालीन कवियों की कविता इसका प्रमाण है। बंगाल में 'ब्रजबुलि' इसी का रूप है।

### ★ साहित्यिक हिन्दी के रूप में खड़ी बोली का उदय और विकास

प्राचीन अपभ्रंश की कविता में खड़ी बोली का रूप दिखाई देने लगा था। अवधी और ब्रज के समान प्राचीन होने पर भी उसे मध्य कालीन साहित्य में उचित स्थान नहीं मिला। कारण चाहे इसे भक्ति का अवलम्वता का ही क्यों न हो। खड़ी बोली सामान्यतः एक बहुत बड़े क्षेत्र की व्यावहारिक बोलचाल की भाषा थी। दक्षिणाचार्य चिनहोद्योतन के ग्रंथ 'कुवलयमाला कथा' में इसके रूप की झलक प्रथमतः मिलती है। खड़ी बोली का सबसे शुद्ध और परिष्कृत रूप अमीर खुसरो की कविता में मिलता है। खुसरो का समय 1255-1315 ई॰ के मध्य माना जाता है। खुसरो से इतर कबीरादि निर्गुणी संतों की रचना में खड़ी बोली के दर्शन होते हैं अकबर कालीन कवि गंग भाट ने 'चंद छंद बरनन की महिमा' नामक एक गद्य-ग्रंथ लिखा था। आरंभ में इस भाषा को हिन्दी की

भाषा कहा जाता था। संवत् 1738 में राम प्रसाद निरंजनी कृत 'भाषा योग-वशिष्ठ' मानक ग्रंथ बहुत साफ सुथरी खड़ी बोली में लिखा हुआ है। पंडित दौलतराम ने 'पदम पुराण' का खड़ी बोली में अनुवाद किया। इसके लगभग पचास वर्ष उपरांत हिन्दी के क्षेत्र में लल्लू लाल, इन्शा अल्ला-खाँ आदि ने कहानियाँ लिखी।

**★ खड़ी बोली : जनता की भाषा**

यदि मध्य-युग की धार्मिक परिस्थिति ब्रज भाषा के उत्कर्ष में सहायक हुई, तो राजनैतिक परिस्थिति ने खड़ी बोली को प्रोत्साहित किया। मुस्लिम वर्ग के साथ, उर्दू के साथ, यह चारों तरफ व्याप्त हो गई। राजनीति के क्षेत्र में ब्रजभाषा का साहित्यिक महत्त्व घटने लगा। आधुनिक काल में खड़ी बोली की इतनी आशातीत उन्नति का प्रधान कारण - उसका गद्य रहा। क्योंकि खड़ी बोली एक विशाल प्रदेश की संपर्क-भाषा पहले से थी, इसलिए इसके गद्य को तीव्र गति से फैलने में अधिक समय नहीं लगा। इस काल का साहित्य जन-साधारण की वस्तु बन गया। साहित्य जन समाज के मानस में अवस्थित हुआ। रूढ़िग्रस्त भाषाओं का पराभव हुआ।

**★ खड़ी बोली-गद्य का प्रचार**

अंग्रेजों के शासनाधीन होने के पश्चात् सन् 1856 के बाद मध्यदेश की भाषा खड़ी बोली पर शासन परिवर्तन का प्रभाव पड़ा खड़ी बोली की प्रचुरता बढ़ने लगी। ब्रजभाषा का महत्त्व घटा।

- शासन कार्य के सुचारू संचालन हेतु अंग्रेजों को गद्य की आवश्यकता प्रतीत हुई। फलस्वरूप फोर्ट विलियम कॉलेज के अंग्रेज अधिकारियों की प्रेरणा से लल्लू लाल जी ने खड़ी बोली का तथाकथित सर्वप्रथम प्रयोग 'प्रेमसागर' लिखकर किया।
- खड़ी बोली की सशक्तता इतनी अधिक थी कि उस समय यह समूचे उत्तर भारत की लोक भाषा बन गई।
- साहित्यिक क्षेत्र में भारतेन्दु के प्रभाव से और धार्मिक क्षेत्र में स्वामी दयानंद सरस्वती के प्रभाव से खड़ी बोली गद्य का प्रचार प्रसार हुआ। 19वीं सदी के अंत तक हिन्दी काव्य की भाषा 'ब्रज' एवं गद्य की भाषा 'खड़ी बोली'।
- शिक्षा, प्रसार, मुद्रणकाल और पत्र-पत्रिकाओं के प्रचार से काव्य-भाषा 'ब्रज' और नागरिक जनता की भाषा 'खड़ी बोली' के बीच का यह अंतर जनता को असह्य हो उठा। फलस्वरूप महावीर प्रसाद द्विवेदी एवं अयोध्या प्रसाद खत्री ने ब्रजभाषा के विरूद्ध विद्रोह का स्वर उठाया।
- ब्रजभाषा का अभिव्यक्त-क्षेत्र अत्यंत सीमित और संकुचित था। शृंगार ही शृंगार के कोमल मधुर भाव! नवजागरण के साथ अनेक सामाजिक, सांस्कृतिक और राजनैतिक समस्याएं खड़ी हो गईं, जिनकी अभिव्यक्ति हेतु ब्रजभाषा में कोई परम्परा नही थी।

**★ खड़ी बोली के प्रसार में मुख्य योगदान**

**पूर्व हरिश्चंद्र युग**

- फोर्ट विलियम कॉलेज, कलकत्ता-(1799 स्थापना) जॉन गिलक्रिस्ट ने भारतीय भाषाओं का अध्ययन किया।
- इंशा अल्ला खाँ - रानी केतकी की कहानी - हिन्दुस्तानी में रचना।
- लल्लू लाल - 'प्रेमसागर' सहित चौदह रचनाएं।
- सदलमिश्र - नासिकेतोपाख्यान (1803 ई.), अध्यात्म रामायण, रामचरित्र
- सदासुखलाल नियाज - सुखसागर
- पत्र-पत्रिकाएं, हिन्दी का पहला समाचार पत्र - उदंत मार्तण्ड (1826) बंगदूत, बनारस अखबार, समाचार सुधावर्षण, ज्ञान प्रदायिनी, आदि।

**★ मानक हिन्दी का भाषा वैज्ञानिक विवरण (रूपगत)**

शिक्षित वर्ग द्वारा, शिक्षित वर्ग के लिए भाषा का जो सामान्यीकृत आदर्श तैयार होता है उसे भाषा का मानक रूप कहते हैं। यह स्वरूप, शिक्षा, संचार माध्यमों और सरकारी कामकाज में प्रतिष्ठित होता है। मानक भाषा को व्यापक रूप से सामाजिक मान्यता प्राप्त होती है। इस का क्षेत्र बोली के क्षेत्र से बड़ा होता है। यह किसी एक बोली के आधार पर विकसित किया जाता है। परन्तु अपने विकास में अनेक बोलियों का मिश्रण हो जाता है और क्रमशः अपनी मूल बोली से भी अंशों में दूर हो जाता है। इस तरह इसका स्वतंत्र अस्तित्व बन जाता है। उदाहरण स्वरूप खड़ी बोली का क्षेत्र मेरठ और बिजनौर का रहा। किन्तु व्यापकता के कारण अक्षर योजन एवं व्याकरण में परिवर्तन हुआ।

- देवनागरी लिपि का यह गुण है कि वह उच्चारण के अनुसार हिन्दी भाषा को अंकित करने में पूर्णतया समर्थ है। इससे उच्चारणगत एकरूपता लाने में सहायता मिलती है साथ ही स्थिरता एवं सुव्यवस्था आ गई।
- व्याकरण का भाषा के मानकीकरण में आवश्यक योगदान होता है। महावीर प्रसाद द्विवेदी की प्रेरणा से कामता प्रसाद गुरू ने व्याकरण का निर्माण किया।
- केन्द्रीय हिन्दी निदेशालय ने नागरीलिपि और अंकों में एकरूपता लाने हेतु उपयोगी सुझाव प्रसारित किये हैं। शिक्षा के क्षेत्र में विश्वविद्यालयों का योगदान भी सराहनीय रहा। वैज्ञानिक और तकनीकी शब्दावली आयोग ने विज्ञान, आयुर्विज्ञान, अभियांत्रिकी, मानविकी आदि विश्वविद्यालीय विषयों पर अनेक शब्दावलियों को प्रकाशित करके उच्चतम् शिक्षा में हिन्दी के प्रयोग में भारी सहायता पहुंचाई है — गैर

सरकारी स्तर पर हिन्दी के मानकीकरण में सिनेमा, रेडियो, पत्र-पत्रिकाओं, छापेखानों और उनसे निकलने वाली असंख्य पुस्तकों ने सहायता पहुंचाई।

– वर्तनी का मानकीकरण किया गया।
– शब्दावली का मानकीकरण किया।
– व्याकरण निश्चित किया।

**★ हिन्दी की बोलियाँ – वर्गीकरण तथा क्षेत्र**

हिन्दी की बोलियों को अपभ्रंश से उद्‌भूत होने के आधार पर पाँच भागों में बाँटा जाता है।

1. शौरसेनी अपभ्रंश से उद्‌भूत पश्चिमी हिंदी
2. अर्द्धमागधी अपभ्रंश से उद्‌भूत पूर्वी हिंदी
3. शौरसेनी अपभ्रंश से उद्‌भूत राजस्थानी
4. मागधी अपभ्रंश से उद्‌भूत बिहारी
5. खस अपभ्रंश से उद्‌भूत पहाड़ी

**★ शौरसेनी अपभ्रंश से उद्‌भूत पश्चिमी हिन्दी :** 5 बोलियाँ इसके अंतर्गत आती है।

**क. कौरवी या खड़ी बोली** – दिल्ली एवं मेरठ के आसपास के क्षेत्रों में बोली जाने वाली लोक बोली कहलाई। इसका विकास शौरसेनी अपभ्रंश के उत्तरी रूप से हुआ है। इस बोली में केवल लोक साहित्य ही मिलता है। खड़ी बोली को हिन्दी भाषा के आधार रूप में ग्रहण किया गया है। इसका क्षेत्र देहरादून का मैदानी भाग, सहारनपुर, मुजफ्फर नगर, मेरठ, दिल्ली नगर, गाजियाबाद, बिजनौर, रामपुर और मुरादाबाद तक विस्तृत है।

**ख. ब्रजभाषा** – ब्रज का विकास शौरसेनी अपभ्रंश के मध्यवर्ती रूप से हुआ। मध्यकाल में ब्रज साहित्य की भाषा रही। ब्रज में प्रचुर साहित्य रचा गया। सूरदास, नंददास, बिहारी आदि इसके प्रसिद्ध साहित्यकार हैं। यह मथुरा, आगरा, अलीगढ़, धौलपुर, मैनपुरी, एटा, बदायूँ, बरेली तथा आसपास के क्षेत्रों में बोली जाती है।

**ग. हरियाणवी या बांगरू** – पूरे हरियाणा प्रदेश एवं दिल्ली के देहाती भागों में बोली जाने वाली बोली को हरियाणवी या बांगरू कहा गया। इसका विकास शौरसेनी अपभ्रंश के पश्चिमी रूप से हुआ। इस बोली में केवल लोकसाहित्य मिलता है।

**घ. बुंदेली** – उत्तरप्रदेश एवं मध्यप्रदेश की सीमा से लगते क्षेत्र बुंदेलखंड में बोली जाने वाली बोली को बुंदेली कहा गया। यह झांसी, जालौन, हमीरपुर, ग्वालियर, ओरछा, सागर, नृसिम्हापुर, सितनी, होशंगाबाद तथा आसपास के क्षेत्रों तक विस्तृत हैं 'आल्हा' इसी बोली की शैली 'बनाफरी' में रचा गया। बुंदेली में केवल लोक साहित्य मिलता है।

**ङ कन्नौजी** – इस बोली का केन्द्र कन्नौज (कान्य कुब्ज) होने के कारण इसका नाम कन्नौजी पड़ा। ब्रज से यह बहुत प्रभावित है वरन् कुछ हद तक ब्रज के समान है। यह इटावा, फर्रुखाबाद, शाहजहाँपुर, हरदोई, पीलीभीत आदि में बोली जाती है। कन्नौजी में मात्र लोक साहित्य ही मिलता है।

**★ अर्द्धमागधी अपभ्रंश से उद्‌भूत पूर्वी हिन्दी :** तीन बोलियाँ इसके अंतर्गत आती हैं।

**क. अवधी** – उत्तरप्रदेश के मध्यवर्ती भाग (अवध क्षेत्र) में बोली जाने के कारण इस क्षेत्र की बोली को अवधी कहा गया। इसका विकास अर्धमागधी अपभ्रंश से हुआ। अवध, ब्रज की भाँति मध्यकाल में साहित्य की भाषा रही। रामचरित मानस, पद्‌भावत आदि लोकप्रिय रचनाएं इसी बोली में सृजित है। तुलसीदास जायसी आदि कवियों ने अवधी को लोकप्रिय बनाया। यह उत्तरप्रदेश के लखनऊ, इलाहाबाद, फतेहपुर, मिर्जापुर, उन्नाव, रायबरेली, सीतापुर, फैजाबाद, गोंडा, बस्ती, बहराइच, सुलतानपुर, प्रतापगढ़, बाराबंकी आदि क्षेत्रों तक विस्तृत है।

**ख. बघेली** – मध्यप्रदेश के (उत्तरप्रदेश के सीमावर्ती) बघेलघंड़ क्षेत्र में बोली जाने वाली बोली को बघेली कहा गया। इसमें केवल लोकसाहित्य मिलता हैं। यह रीवां, नागोद, शहडोल, सतना, मैहर तथा आसपास के क्षेत्रों में बोली जाती है।

**ग. छत्तीसगढ़ी** – अवधी, बघेली के अतिरिक्त छत्तीसगढ़ी भी अर्धमागधी अपभ्रंश से विकसित हुई हैं। छत्तीसगढ़ी, छत्तीसगढ़ राज्य के सरगुजा, कोरिया, बिलासपुर, रायगढ़, खैरागढ़, रायपुर, दुर्ग, नंदगाँव, कांकेर आदि में बोली जाती है। छत्तीसगढ़ी में भी लोक साहित्य ही मिलता है।

**★ शौरसेनी अपभ्रंश से उद्‌भूत राजस्थानी-चार बोलियाँ**

**क. मारवाड़ी** – राजस्थान के पश्चिमी क्षेत्रों (मारवाड़) में (शौरसेनी अपभ्रंश से) विकसित बोली को मारवाड़ी नाम दिया। राजस्थान के चारणों ने इसमें प्रचुर मात्रा में अपनी रचनाएं रची। प्रसिद्ध कृष्ण भक्त कवयित्री मीराबाई ने मारवाड़ी में पद गाए। राजस्थानी की यह प्रतिनिधि बोली है। इसका क्षेत्र जोधपुर, अजमेर, जैसलमेर, बीकानेर, मेवाड़, सिरोही आदि तक विस्तृत है।

**ख. मेवाती** – उत्तरी राजस्थान के मेव बहुल क्षेत्र में बोली जाने वाली बोली को मेवाती कहा गया। यह अलवर, भरतपुर के कुछ भागों गुड़गाँव के फिरोजपुर, नुंह आदि क्षेत्रों में बोली

जाती है। महेन्द्रगढ़, नारनौल रेवाड़ी, बहरोह से मुंड़ावर के क्षेत्रों में मेवाती की अहीरवाटी शैली का प्रयोग होता है।

ग. **दूंढाणी** – राजस्थान के पूर्वी भागों जयपुर, अजमेर, किशनगढ़ आदि में बोली जाने वाली बोली को दूंढाणी कहा जाता है। दादूपंथ का साहित्य दूंढाणी में ही है।

घ. **मालवी** – मध्यप्रदेश एवं राजस्थान की सीमा से लगते मालव प्रदेश में बोली जाने के कारण इसका नाम मालवी पड़ा। यह झालावाड़, इंदौर, उज्जैन, रतलाम, देवास, भोपाल, होशंगाबाद आदि क्षेत्रों में बोली जाती है।

★ **मागधी अपभ्रंश से उद्भूत बिहारी** : तीन बोलियाँ

क. **भोजपुरी** – मागधी अपभ्रंश से विकसित भोजपुरी बोली उत्तरप्रदेश के पूर्वी एवं बिहार के पश्चिमी क्षेत्रों मिर्जापुर, गोरखपुर, बनारस, रांची, देवरिया, छपरा, सीवान, गोपालगंज, गाजीपुर, बलिया, भोजपुर, पलामू आदि क्षेत्रों तक विस्तृत है। भोजपुरी सिनेमा काफी लोकप्रिय रहा है।

ख. **मगही** – बिहार के मगध क्षेत्र में बोली जाने वाली बोली को मगही कहा गया। यह गया, पटना, हजारीबाग, मुंगेर तथा पलामू में बोली जाती है।

ग. **मैथिली** – बिहार के उत्तरी भाग में पूर्वी चंपारन, मुजफ्फरपुर, मुंगेर, भागलपुर, दरभंगा, पूर्णिया आदि क्षेत्रों में बोली जाने वाली बोली मैथिली कही गयी। विद्यापति ने अपनी पदावली की रचना मैथिली में की थी। यह उड़िया और बंगाली से प्रभावित है।

★ **खस अपभ्रंश से उद्भूत पहाड़ी** : दो बोलियां

क. **उत्तरी पश्चिमी पहाड़ी** – हिमाचल प्रदेश के चंबा, चमोली आदि क्षेत्रों में बोली जाने वाली पहाड़ी बोली को पश्चिमी पहाड़ी कहा गया।

ख. **मध्यवर्ती** – गढ़वाल एवं कुमायूं क्षेत्र में बोली जाने वाली पहाड़ी बोली को मध्यवर्ती पहाड़ी कहा गया। इसके अतिरिक्त दार्जिलिंग क्षेत्र में बोली जाने वाली बोली को पूर्वी पहाड़ी कहा गया। ये पहाड़ी बोलियाँ खस अपभ्रंश से विकसित हुई हैं।

### ★ नागरी लिपि का विकास और उसका मानकीकरण

भारत की पुरातन लिपियों में सिंधुघाटी की लिपि, खरोष्ठी और ब्राह्मी लिपि प्रसिद्ध है। सिंधुघाटी सभ्यता की लिपि कुछ चित्राक्षर थी और कुछ ध्वन्याक्षर। सन् 400 ई.पू. से पूर्व इस भाषा को भारत के उत्तर-पश्चिमी प्रदेश में व्यवहृत किया जाता था। खरोष्ठी लिपि का प्रचलन उत्तर-पश्चिमी भारत में एक हजार वर्ष तक रहा। यह दाहिनें से बायें ओर चलती हुई लिखी जाती थी। इन दोनों लिपियों का देवनागरी से कोई प्रत्यक्ष सम्बंध नहीं रहा। व्यवहार में ब्राह्मी लिपि की प्रचलितता प्रमाणित होती है। डा. राजबली पाण्डेय का मत है कि ब्राह्मी का आविष्कार ब्रह्म या वेद की रक्षा के लिए हुआ था। ब्राह्मी लिपि के बहुत से अक्षर सिंधु घाटी की लिपि से मिलते-जुलते हैं।

देवनागरी का सर्वप्रथम प्रयोग गुजरात के राजा जयभट्ट (7वीं-8वीं शती ई.) के एक शिलालेख में हुआ है। राष्ट्रकूट नरेशों और विजयनगर के राजाओं के राज्यकाल में इसका भरपूर प्रसार हुआ। इस समय यह लिपि हिन्दी प्रदेश के अतिरिक्त महाराष्ट्र और नेपाल में प्रचलित है। इसका वैदिक और संस्कृत वाङ्मय देवनागरी लिपि में उपलब्ध है।

### मानकीकरण

सन् 1996 में 'मानक देवनागरी वर्णमाला' प्रकाशित की गई। इसके अनुसार देवनागरी के जो वर्ग एक से अधिक रूपों में लिखे जाते थे, उनके स्थान पर प्रत्येक वर्ण का एक ही मानक रूप निर्धारित किया गया।

- 1967 में 'हिन्दी वर्तनी' का मानकीकरण' नामक पुस्तिका प्रकाशित की।
- 1983 में केन्द्रीय हिन्दी निदेशालय की ओर से देवनागरी लिपि तथा हिन्दी वर्तनी का मानकीकरण का प्रकाशन हुआ।

### हिन्दी प्रसार के आंदोलन

भारत के संविधान में स्वीकृत भाषाओं की संख्या अठारह है, जिनमें संघ की राजभाषा हिन्दी है, जिसकी लिपि देवनागरी है। इसके साथ ही, अनुच्छेद-351 के अनुसार हिन्दी भाषा का प्रसार करना, उसका विकास करना ताकि वह भारत की सामाजिक संस्कृति के तत्वों की अभिव्यक्ति का माध्यम् हो सके, भारतीय भाषाओं के रूप, शैली और पदावली को आत्मसात करते हुए, जहाँ आवश्यक या वांछनीय हो वहाँ, उसके शब्द भंडार के लिए मुख्यतः संस्कृत से तथा गौणत अन्य भाषाओं से शब्द ग्रहण करते हुये उसकी समृद्धि सुनिश्चित करना संघ का कर्तव्य होगा।

पहला शिक्षा आयोग सन् 1941 ई. में डाँ. सर्वपल्ली राधाकृष्णन की अध्यक्षता में 'विश्वविद्यालय आयोग' के नाम से नियुक्त हुआ। उसे 'राधाकृष्ण आयोग' के नाम से भी अभिहित किया गया। इस आयोग ने उच्चशिक्षा का माध्यम् मातृ भाषा हो इस पर विचार किया।

डा. ताराचंद की अध्यक्षता में एक उच्चस्तरीय समिति गठित की गई, जो संघीय राजभाषा के माध्यम् पर विचार करने के लिए बनायी गई। इस समिति ने मातृभाषा के अतिरिक्त संघीय भाषा हिन्दी को उच्च बेसिक स्तर पर अनिवार्य करने की सिफारिश की।

- सन् 1952 में 'माध्यमिक शिक्षा आयोग' बना जिसके अध्यक्ष डाँ. लक्ष्मण स्वामी मुद्लियार थे। मातृ भाषा या क्षेत्रीय भाषा के प्रयोग पर इस समिति ने बल दिया।

- सन् 1956 में केन्द्रीय शिक्षा परामर्शदात्री परिषद् ने त्रिभाषा-सूत्र का आविष्कार किया। मातृभाषा हिन्दी और अंग्रेजी पर बल दिया।
- गुजरात का सरदार पटेल विश्वविद्यालय (वल्लभ विद्यानगर) सबसे पहला विश्वविद्यालय था जिसने हिन्दी को उच्चस्तरीय शिक्षा का माध्यम् बनाया था।

  भारत में पुनर्जागरण की लहर बंगाल में तदंनतर उत्तर भारत में आयी। बंगाल में राजा राजमोहन राय इसके कर्णधार बने और स्वभाषा प्रचार का कार्य किया।
- उत्तर भारत में पुनर्जागरण का श्रेय स्वामी दयानंद सरस्वती को है। स्वामी जी ने अपनी मातृभाषा गुजराती और प्रत्यत्नलब्ध संस्कृत को छोड़कर हिन्दी द्वारा सुधार-आंदोलन चलाया और दर्जनों ग्रंथों का हिन्दी में प्रचलन किया। पुनर्जागरण की उस लहर में भारतेंदु हरिश्चंद्र युग के लेखक पूरी तरह से योगदान देते रहे। महावीर प्रसाद द्विवेदी, प्रेमचन्द, मैथिलीशरण गुप्त, श्रीधर पाठक आदि इसी युग की देन हैं।
- इटली के भाषाविद् जान टी. प्लेट्स ने अपने व्याकरण में उर्दू को स्वतंत्र भाषा न मानकर हिंदुस्तानी ही माना है। इन विद्वानों के अतिरिक्त हिन्दी भाषा और साहित्य पर विचार करने वाले जॉन शेक्सपीयर, विलियम प्राइस, विलियम परे, जेम्स आर. वैलटाइन, सैड फोर्ट आनर्ट आदि हैं। इन सभी ने हिन्दी को स्वतंत्र भाषा मानते हुये उसे माध्यम के रूप में प्रचालित करने की सिफारिश की है। 'भाषा भास्कर' लिखने वाले रेवरैंड विलियम ऐथरिंगटन थे।

  श्री राजगोपालाचारी दक्षिणी हिन्दी प्रचार सभा, मद्रास के संस्थापकों में थे।

★ हिन्दी के प्रचार में संलग्न प्रमुख संस्थायें

1. अखिल भारतीय हिन्दी संस्था संघ, दिल्ली – 5 अगस्त, 1964
2. नागरीप्रचारणी सभा, काशी – 1893
3. दक्षिण भारत हिन्दी प्रचार सभा, मद्रास – 1918
4. केन्द्रीय सचिवालय हिन्दी परिषद्, नई दिल्ली – 3 मई, 1980
5. महाराष्ट्र राष्ट्रभाषा सभा, पूना –1937
6. गुजरात विद्यापीठ, अहमदाबाद
7. राष्ट्रभाषा प्रचार समिति, बर्धा – 1936
8. केरल हिन्दी प्रचार सभा, तिरूअनन्तपुरम – 1934
9. बिहार राष्ट्रभाषा परिषद्, पटना – 1947
10. असम राष्ट्रभाषा प्रसार समिति, गुवाहाटी – 1954
11. मणिपुर हिन्दी परिषद्, इम्फाल – 1953
12. प्रगतिशील लेखक संघ, लखनऊ – 1936
13. हिन्दी साहित्य सम्मेलन, प्रयाग –1910
14. सरस्वती पत्रिका – चिंतामणि घोष द्वारा संस्थापित – 1900
15. परिमल – 1935
16. दक्षिण भारत हिन्दी प्रचार संस्था, मद्रास में – गांधी जी द्वारा स्थापित – 1915
17. संगीत नाटक अकादमी – 1953
18. राष्ट्रीय नाटक अकादमी – 1959
19. साहित्य अकादमी – 1955
20. IPTA (Indian Peoples Theatre Association) 1942
21. हिन्दी भाषा संवर्द्धनी सभा, अलीगढ़
22. अखिल भारतीय संगीत परिषद् – 1919
23. फोर्ट विलियम कॉलेज –1801 ई.

★ राजभाषा के रूप में हिन्दी

राजकाज संचालन हेतु किसी न किसी भाषा की आवश्यकता पड़ती है। स्वतंत्रता के बाद राजसत्ता जनता के हाथ में आ गई। लोकतांत्रिक व्यवस्था में यह आवश्यक हो गया कि देश का राजकाज, लोक की भाषा में हो, अतः राजभाषा के रूप में हिन्दी को स्वीकार किया गया। 14 सितम्बर, 1949 ई. को भारत के संविधान में हिन्दी को मान्यता प्रदान की गई।

संविधान की धारा 120 के अनुरूप संसद का कार्य हिन्दी में या अंग्रेजी में किया जाता है।

धारा 210 के अंतर्गत राज्यों के विधानमंडलों का कार्य अपने-अपने राज्य की राजभाषा या हिन्दी में या अंग्रेजी में किया जा सकता है।

धारा 343 – संघ की राजभाषा हिन्दी और लिपि देवनागरी होगी और अंकों रूप भारतीय अंकों का अंतर्राष्ट्रीय रूप होगा।

धारा 344 – राष्ट्रपति द्वारा निर्धारित किया जाएगा कि कौन-2 से शासकीय कार्यों हेतु हिन्दी का प्रयोग अधिकाधिक किया जाये। 345, 346, 347, 348, 349, 350, 351 आदि सभी में राजभाषा के विकास और प्रसार का वर्णन है।

राजभाषा और राष्ट्रभाषा

राजभाषा का अर्थ है राजा या राज्य की भाषा – वह भाषा जिसमें शासक या शासन का काम होता है और राष्ट्र भाषा वह है जिसका व्यवहार राष्ट्र के समान्य जन करते हैं। राजभाषा का क्षेत्र सीमित होता है। राष्ट्रभाषा सारे देश की संपर्क भाषा है। राष्ट्र भाषा के साथ जनता का भावात्मक लगाव रहता है क्योंकि उसके साथ जनसाधारण की सांस्कृतिक परम्परायें जुड़ी रहती हैं। राजभाषा के प्रति वैसा सम्मान हो तो सकता है, लेकिन नहीं भी हो सकता है, क्योंकि वह अपने देश की भी हो सकती है। किसी गैर देश से आए शासक की भी हो सकती है।

# हिन्दी साहित्य का इतिहास

**★ हिन्दी साहित्य का इतिहास दर्शन –**

किसी भी साहित्येतिहास दर्शन में इतिहास के सम्बन्ध में प्रयुक्त और व्यवहृत विभिन्न दृष्टिकोणों, धारणाओं एवं विचारों का अध्ययन किया जाता है। इतिहास संबंधी इन्हीं विचारों या धारणाओं को समूह रूप में 'इतिहास दर्शन' कहते हैं।

साहित्य के इतिहास दर्शन की धारणा को व्यवस्थित सिद्धांत-रूप में व्यवहृत करने का श्रेय फ्रेंच विद्वान तेन को है। उन्होंने अपने अंग्रेजी साहित्य के इतिहास में प्रतिपादित किया कि साहित्येतिहास को समझने हेतु तीन तत्त्व सक्रिय रहते हैं–

1. जाति 2. वातावरण 3. क्षण विशेष।

तेन के उपर्युक्त सिद्धांत की आलोचना करते हुए हडसन ने कहा कि तेन ने साहित्यकार काव्य सृजक के व्यक्तित्व एवं उसकी प्रतिभा की उपेक्षा की है। वस्तुतः साहित्येतिहास दर्शन में सृजक के व्यक्तित्व एवं उसकी प्रतिभा का योगदान होता है।

इन साहित्येतिहास दर्शनों से इतर जर्मन के इतिहास नेताओं ने तद्‌युगीन चेतना को तथा मार्क्सवादियों ने द्वन्द्वात्मक भौतिक विकासवाद वर्गसंघर्ष एवं आर्थिक परिस्थितियों के संदर्भ में साहित्य के इतिहास दर्शन की प्रक्रिया को सुस्पष्ट किया।

**★ हिन्दी साहित्य के प्रमुख इतिहास ग्रंथ –**

यद्यपि 19वीं सदी से पूर्व ही विभिन्न कवियों और लेखकों द्वारा अनेक ऐसे ग्रंथों का प्रणयन किया जा चुका था जिनमें हिन्दी के सृजकों के व्यक्तित्व एवं कृतित्व का वर्णन किया गया। जिनमें चौरासी वैष्णवों की वार्ता, दो सौ बावन वैष्णवों की वार्ता, भक्त माल कविमाल, कालिदास हजारा। किन्तु इनमें कालक्रम सन् संवत् आदि का प्रायः अभाव दर्शित होता है। इन कविकृत संग्रहों को इतिहास की संज्ञा से भी अभिहित नहीं किया जा सकता।

**★ इतिहास ग्रन्थों की सूची (हिन्दी साहित्य)**

1. इस्तवार दाला लितरे-त्यूर ऐन्दुई ऐन्दुस्तानी – फ्रेंच विद्वान गार्सा दातासी, फ्रेंच भाषा में 1839 ई. में प्रथमतः प्रकाशित।
2. द माडर्न वर्नाक्यूलर लिटरेचर ऑफ हिन्दुस्तान – जार्ज ग्रियर्सन, सन् 1888
3. मिश्रबंधु विनोद-मिश्रबंधु-प्रथम तीन भाग 1913 में चतुर्थ भाग – 1934 में
4. शिवसिंह सरोज-शिवसिंह सेंगर – 1873
5. हिन्दी साहित्य का इतिहास-आ. रामचंद्र शुक्ल-1929 ना.प्र.स. वाराणसी
6. हिन्दी साहित्य की भूमिका-आ. हजारी प्रसाद द्विवेदी
7. हिन्दी साहित्यःउद्‌भव और विकास – हजारी प्रसाद द्विवेदी
8. हिन्दी साहित्य का आदिकाल – हजारी प्रसाद द्विवेदी
9. हिन्दी साहित्य का आलोचनात्मक इतिहास – डॉ. रामकुमार वर्मा – 1938
10. हिन्दी साहित्य का वृहत् इतिहास – नागरी प्रचारिणी सभा, 1961
11. हिन्दी साहित्य – डॉ. धीरेन्द्र वर्मा
12. हिन्दी साहित्य का इतिहास – सं. नगेन्द्र
13. राजस्थानी साहित्य की रूपरेखा–मोतीलाल मेनारिया, 1939
14. जैन इतिहास की पूर्व पीठिका तथा हमारा अभ्युत्थान् – हीरालाल जैन, 1939
15. Modern Hindi Literature–डॉ. इन्द्रनाथ मदान, 1939
16. A Scatch of Hindi Lit. – Adwin Greeks, 1917
17. A History of Hindi Lit. – एफ. इ. के. महोदय, 1920
18. हिन्दी भाषा और साहित्य – श्यामसुंदर दास, 1930
19. हिन्दी भाषा और उसके साहित्य का विकास – अयोध्या सिंह उपाध्याय, 1930
20. हिन्दी साहित्य का विवेचनात्मक इतिहास – सूर्यकांत शास्त्री, 1930
21. हिन्दी साहित्य का इतिहास–रमाशंकर शुक्ल रसाल, 1931
22. आधुनिक हिन्दी साहित्य का इतिहास – कृष्ण शंकर शुक्ल, 1934
23. हिन्दी साहित्य का अतीत – डॉ. विश्वनाथ प्रसाद मिश्र, 1960
24. हिन्दी साहित्य का संक्षिप्त इतिहास – डॉ. विश्वनाथ त्रिपाठी, 1985
25. हिन्दी साहित्य और संवेदना का विकास – रामस्वरूप चतुर्वेदी
26. हिन्दी साहित्य का दूसरा इतिहास – बच्चन सिंह

## आदिकाल

अपभ्रंश साहित्य और हिन्दी साहित्य के बीच सम्बन्ध पर्याप्त विवाद का विषय है। इस पर मतभेद की तीन कोटियां हैं–

1. चन्द्रधर शर्मा गुलेरी ने 1921 की नागरी प्रचारिणी पत्रिका में 'पुरानी हिन्दी' शीर्षक से एक लेखमाला की शुरूआत की, जिसमें उन्होंने सर्वप्रथम उत्तर अपभ्रंश को पुरानी हिन्दी बताया। उनके अनुसार अपभ्रंश साहित्य हिन्दी साहित्य के इतिहास का अनिवार्य अंग है। राहुल और आचार्य शुक्ल इसी मत के समर्थक हैं। शुक्ल जी ने पुरानी हिन्दी को ही 'प्राकृताभास हिन्दी' या 'अपभ्रंश' भी कहा है।
2. आचार्य हजारी प्रसाद द्विवेदी के अनुसार उत्तर अपभ्रंश हिन्दी नहीं है, परन्तु हिन्दी के अत्यन्त निकट है। अतः उसके साहित्य को हिन्दी के आदिकालीन साहित्य में सम्मिलित करना चाहिए।
3. रामविलास शर्मा के अनुसार, अपभ्रंश का व्याकरण हिन्दी के व्याकरण से पूर्णतः भिन्न है, इसलिए अपभ्रंश साहित्य को हिन्दी साहित्य के इतिहास में सम्मिलित नहीं किया जा सकता।

राहुल जी तथा अन्य अनेक विद्वान आदिकाल का आरम्भ सरहपा (हिन्दी के प्रथम कवि, 769 ई.) से मानते हैं जिसे मानना उचित भी है। अपभ्रंश की साहित्यिक परम्परा पहले से ही चली आ रही थी और आदिकाल में हिन्दी के समान्तर लम्बे समय तक चलती रही। हम इस अध्याय में आदिकाल की समय-सीमा में रची गयी प्रमुख अपभ्रंश-रचनाओं का भी परिचय देंगे।

**★ प्राकृत-/संस्कृत-/अपभ्रंश के लेखक –**

1. **हेमचन्द्र (1088-1197)** – ने प्राकृत का व्याकरण 'सिद्ध हेमचन्द्र शब्दानुशासन' नाम से रचा। इसमें अपभ्रंश-रचनाओं से दोहे उद्धृत किये गये हैं। हेमचन्द्र जैन मुनि थे। इनकी अन्य रचनाएं हैं – 'कुमारपालचरित' तथा 'देशीनाम माला'।
2. **जैनाचार्य मेरूतुंग** – ने 'प्रबन्धचिन्तामणि' की रचना संस्कृत में की।
3. **सोमप्रभ सूरि** – की रचना है 'कुमारपाल प्रतिबोध'।
4. **प्राकृत पैंगलम्** – का रचनाकार अज्ञात है। इसमें प्राकृत और अपभ्रंश की स्फुट रचनाएं संग्रहित हैं। यह छंदशास्त्र संबंधी पुस्तक है। आचार्य शुक्ल ने इसमें मिले आठ छंदों के आधार पर ही 'हम्मीर रासो' के अस्तित्व का पता लगाया था तथा उसका रचियता शार्डगंधर को बताया था। राहुल जी ने 'हम्मीर रासो' को जज्वल कवि की रचना बताया; परन्तु शुक्ल जी का मत ही सही लगता है।

**★ अपभ्रंश साहित्य के प्रमुख कवि/रचनाएं –**

वैय्याकरण ने 'अपभ्रंश भाषा' शब्द का उल्लेख किया था। आदि काल की समय सीमा में आने वाले अपभ्रंश भाषा के प्रमुख कवि नीचे दिये जा रहे हैं:

1. **कवि स्वयंभू (कर्नाटक, 783 ई. लगभग)** – की रचना 'पउमचरिउ' में राम के चरित्र का विस्तार से वर्णन है। इनकी अन्य कृतियां हैं – 'रिट्ठणेमि चरिउ', 'पंचमी चरिउ', 'स्वयंभू छन्द', 'हरिवंश पुराण'।
2. **पुष्पदंत** (10वीं सदी) शैव थे, बाद में जैन हो गये। इनकी रचना 'महापुराण' में 63 महापुरुषों का चरित्र है। अन्य रचनाएं हैं – 'णयकुमारचरिउ', 'जसहरचरिउ', 'हरवंशपुराण'।
3. **धनपाल** (10वीं सदी) की रचना 'भविसयत कहा' में एक वणिक की कथा में मनुष्य के हृदय की मार्मिक अभिव्यक्ति है।
4. **अद्दहमाण या अब्दुर्रहमान** की श्रृंगारिक रचना 'सदेशरासक' (खण्डकाव्य) में विक्रमपुर की एक वियोगिन की विरह कथा है।
5. **जिनदत्त सूरि** का 'उपदेशरसायन रास' एक नृत्यगीत (रासलीला) काव्य है।
6. **जोइन्दु कवि** की रचनाएं 'परमात्म प्रकाश' तथा 'योगसार' से अपभ्रंश में 'दोहा-काव्य' आरम्भ होता है।
7. **रामसिंह** (11वीं सदी) की रचना 'पाहुड दोहा' में इन्द्रियनिग्रह, त्याग एवं ज्ञान आदि की चर्चा है।
8. **कनकामर मुनि** की रचना है 'करकंडचरिउ'।
9. **विनय चन्द्र सूरि** की रचना 'नेमिनाथ चउपई' में पहली बार बारहमासा मिलता है।
10. **हरिभद्र सूरि** 'नेमिनाथ चरिउ'।

स्मरणीय है कि अपभ्रंश में रामकथा 'पउमचरिउ', 'पउचरियम्' या 'पउमपुराण' जैसे नाम वाले ग्रन्थों में कही गयी है जबकि कृष्णकथा 'हरिवंश पुराण' में।

## हिन्दी साहित्य

**1. सिद्ध साहित्य :** सिद्धों की संख्या 84 बतायी जाती है जिनका समय 8वीं से 12वीं सदी तक फैला है। सिद्ध बौद्धधर्म के परवर्ती स्वरूप में वज्रयानी शाखा से सम्बन्धित थे, जिसका स्वरूप आगे गुह्य और विकृत होता चला गया। सिद्धों ने ही 'महासुखवाद' का प्रर्वतन किया।

प्रथम सिद्ध सरहपाद हिन्दी के प्रथम कवि माने जाते हैं (राहुल जी के अनुसार)। इनके अन्य नाम हैं – सरहपा, सरोरूहपाद, सरोजवज्र। सरहपा ने सहजयान का प्रर्वतन किया। इनका समय राहुलजी ने 769 ई. माना है।

सिद्धों ने नैरात्म्य भावना, कायासाधना, सहज, शून्य तथा समाधि की भिन्न-भिन्न अवस्थाओं का वर्णन किया है। इन्होंने ब्राह्मणवाद, जाति-पाति तथा झूठे आचारों का तीव्र खंडन किया है।

सिद्धों की भाषा संधा-भाषा है जिसमें प्रतीकों के माध्यम से अंतस्साधनात्मक अनुभूतियों का संकेत होता है। सिद्धों ने चर्यापद (अनुष्ठान गीत) तथा दोहे रचे हैं। अन्य प्रमुख सिद्ध हैं – कण्हपा, लुईपा, शबरपा, डोम्भिपा। (रचनाएं 'डोम्बि-गीतिका तथा अक्षरद्विकोपदेश')।

म॰म॰ हरप्रसाद शास्त्री ने कुछ सिद्धों के चर्यागीतों और दोहाकोशों का 'बौद्धगान ओ दोहा' नाम से सन् 1917 में संपादन किया। प्रबोधचन्द्र बागची ने 'दोहाकोश' नाम से सिद्धों के दोहों को छपवाया। राहुल जी ने भी 'हिन्दी काव्यधारा' शीर्षक से चर्यापदों और दोहों का एक संकलन संपादित किया।

2. नाथ साहित्य – सिद्धों तथा नाथों में बहुत समानता है और केवल थोड़ा सा अन्तर। नाथ ब्रह्मचर्य और योगाभ्यास पर बल देते थे, जबकि सिद्ध कायासाधना पर। नाथों की संख्या 9 मानी जाती है। नाथ साहित्य के प्रारम्भकर्ता गोरखनाथ हैं जिनकें गुरु मछंदरनाथ (मत्स्येन्द्रनाथ) एक सिद्ध थे। गोरखनाथ ने पतंजलि के योग को आधार बनाकर 'हठयोग' का प्रवर्तन किया।

राहुल जी तथा हजारी प्रसाद द्विवेदी गोरखनाथ को दसवीं सदी का मानते हैं जबकि शुक्ल जी 13वीं सदी का। शुक्ल जी ने गोरखनाथ की दस हिन्दी पुस्तकों का उल्लेख किया है। डा॰ पीताम्बर दत्त बडथ्वाल ने गोरखनाथ की 40 रचनाएं मानी हैं। प्रमुख हैं– 'सबदी', 'पद', 'प्राणसंकली'। डा॰ बडथ्वाल ने सर्वप्रथम गोरख की बानियों का संग्रह 'गोरखबानी' (1930) नाम से छपवाया।

3. जैन साहित्य – जैन साहित्य मूलतः धार्मिक काव्य है, परन्तु उसमें काव्यत्व भी है। जैन साहित्य की रचना में आचार, रास, फागु, चरित आदि विभिन्न शैलियां मिलती हैं। हिन्दी में रचित जैन साहित्य की प्रमुख रचनाएं ये हैं–

**क. श्रावकाचार** (933 ई॰) – एक ग्रन्थ के रूप में हिन्दी की प्रथम रचना है। इसमें 250 दोहों में 'देवसेन' ने श्रावक-धर्म का प्रतिपादन किया है। देवसेन की अन्य रचनाएं हैं – 'दब्ब–सहाव–पयास' (= द्रव्यस्वभावप्रकाश; अपभ्रंश में रचित), लघुनयचक्र, (हिन्दी) 'दर्शनसार' (हिन्दी)।

**ख. भरतेश्वर-बाहुबली रास** – शालिभद्र सूरि रचित 205 छन्दों का खण्डकाव्य है। मुनि जिनविजय ने इसे जैनधर्म की रास परम्परा का पहला ग्रन्थ माना है। इसमें भरतेश्वर और बाहुबली का चरित वर्णन है।

**ग. चन्दनबाला रास** – में आसुग, कवि ने चन्दनबाला का चरितवर्णन किया है। इनकी अन्य रचनाएं हैं : 'जीवदया रास'।

**घ. स्थूलिभद्र रास** – में जिन धर्म सूरि ने स्थूलिभद्र और कोशा वेश्या की कथा कही है।

**ङ. रेवन्तगिरि रास** – में विजयसेन सूरि ने तीर्थंकर नेमिनाथ की प्रतिमा तथा रेवंतगिरि तीर्थ का वर्णन किया है।

**च. नेमिनाथ रास** – में सुमति गणि ने 58 छन्दों में नेमिनाथ का चरित वर्णन किया है।

4. रासो-साहित्य – 'रासो' शब्द की उत्पत्ति आचार्य शुक्ल 'रसायण' से तथा हजारी प्रसाद द्विवेदी 'रासक' से मानते हैं।

**क. खुम्माण रासो** – रचयिता 'दलपति विजय'।

**ख. रणमल्ल छंद** (1397 ई॰) – रचयिता 'श्रीधर'। (अनेक विद्वान् इसे आदिकाल में रचित न मानकर परवर्ती मानते हैं)

**ग. विजयपाल रासो** – का रचयिता 'नल्ल सिंह' नामक कवि है। इसमें विजयपाल के पंग राजा से हुए युद्ध का वर्णन है। मिश्रबन्धुओं ने इसे यद्यपि 14वीं सदी की रचना कहा है लेकिन प्रायः सभी विद्वान् इसे आदिकाल से परवर्ती रचना मानते हैं।

**घ. बीसलदेव रासो** – इसमें भोज परमार की पुत्री राजमती और अजमेर के चौहान राजा बीसलदेव तृतीय के विवाह, वियोग और पुनर्मिलन की कथा है। इसकी भाषा राजस्थानी हिन्दी है। रचयिता का नाम 'नरपति नाल्ह' है।

**ङ. परमाल रासो** – इसे आल्ह खंड भी कहते हैं। इसके रचयिता 'जगनिक' कवि हैं। यह मौखिक परम्परा में इतना लोकप्रिय है कि 'आल्हा' लोकगीत की एक शैली बन गया है। यह पूरा का पूरा 'वीर' छन्द में है।

**च. पृथ्वीराज रासो** – राजस्थानी पिंगल (डिंगल मिश्रित पिंगल) शैली में लगभग 68 प्रकार के छन्दों में रचित यह ग्रन्थ हिन्दी का प्रथम महाकाव्य है। इस तरह 'चन्द' हिन्दी के प्रथम महाकवि ठहरते हैं। इसके साथ ही यह ग्रन्थ प्रामाणिकता के मामले में सर्वाधिक दुर्भाग्यपूर्ण भी है। इसके चार संस्करण मिलते हैं –

| *संस्करण* | *छन्द संख्या* | *संग्रहालय/प्रकाशन* |
|---|---|---|
| वृहत्तम | 69 समय (खण्ड)/16306 छंद | उदयपुर/ना.प्र. सभा काशी, 1585 |
| दूसरा | 7000 छंद | अबोहर, बीकानेर/ अप्रकाशित |
| तीसरा | 19 समय/3500 छंद | बीकानेर |
| लघुतम् | 1300 छंद | (माताप्रसाद गुप्त एवं दशरथ शर्मा इसे ही मूल रासो मानते हैं।) |

हजारी प्रसाद द्विवेदी मूल रासो को शुक-शुकी संवाद के रूप में मानते हैं। रासो को प्रामाणिक सिद्ध करने के लिए मोहनलाल विष्णुलाल पाण्ड्या ने आनंद संवत् तक की कल्पना कर डाली। रासो की भाषा भी पर्याप्त विवाद का विषय है। मुनि जिनविजय ने 'पुरातन प्रबन्ध संग्रह' से चार छप्पय उद्धृत कर मूल रासो की भाषा अपभ्रंश बतायी है।

**पृथ्वीराज रासो की प्रामाणिकता–**

कर्नल टॉड ने रासो के सौन्दर्य पर रीझकर इसके अनेक छन्दों का अंग्रेजी में अनुवाद किया था। सन् 1875 ई॰ में सर्वप्रथम डॉ॰ बूलर ने 'पृथ्वीराज विजय' (रचनाकार – 'जयानक' कवि) ग्रन्थ की प्राप्त अधूरी प्रति के साक्ष्य से रासो को जाली घोषित कर दिया। इसकी प्रामाणिकता के सम्बन्ध में चार मत हैं–

क. प्रामाणिक मानने वाले – श्यामसुन्दर दास, मोहनलाल विष्णुलाल पाण्ड्या, मिश्रबंधु, कर्नल टॉड (सभा के संस्करण को), दशरथ शर्मा, माताप्रसाद गुप्त (लघुतम संस्करण को)।

ख. अप्रामाणिक मानने वाले – कवि राजा श्यामलदास, मुरारीदास, गौरीशंकर हीराचन्द्र ओझा, रामचन्द्र शुक्ल, मुंशी देवीप्रसाद, डॉ॰ बूलर।

ग. प्रामाणिक प्रति अनुपलब्ध मानने वाले – मुनि जिनविजय, सुनीति कुमार चटर्जी, हजारी प्रसाद द्विवेदी।

घ. रासो को मूलतः मुक्तक काव्य मानने वाले – केवल 'नरोत्तम स्वामी' हैं।

**5. लौकिक साहित्य –**

क. ढोला-मारु-रा दूहा – कल्लोल कवि (कुशललाभ) द्वारा रचित यह ग्रन्थ शृंगारकाव्य है। कुछ लोग इसे आदि काल की समय सीमा (11वीं सदी) में रचित मानते हैं और कुछ लोग परवर्ती (भक्तिकाल में)। इसमें नरवर देश के राजकुमार ढोला (दूल्हा) और पूगल देश की राजकुमारी मारवणी के विवाहोत्तर प्रेम और विरह का मार्मिक निरुपण है। भाषा पुरानी राजस्थानी है तथा पूरी रचना दोहा, छन्द में है।

ख. बसन्त विलास – इसके रचयिता का पता नहीं चल सका है। इसमें 84 दोहों में प्रकृति और नारी पर बसन्त के मादक प्रभाव का मनोहारी चित्रण है। सर्वप्रथम 1952 में हाजी मुहम्मद स्मारक से यह रचना प्रकाशित हुई। केशवलाल हर्षदराय ध्रुव इसके प्रथम संपादक थे।

ग. 'जयचन्द प्रकाश' एवं 'जयमयंक जसचन्द्रिका' – 'जयचन्द प्रकाश' का रचयिता 'भट्ट केदार' हैं तथा 'जयमयंक जसचन्द्रिका' का रचयिता 'मधुकर' कवि। दोनों ही रचनाएं अप्राप्त हैं तथा दोनों का उल्लेख सिंघायच दयाल दास कृत 'राठौडाँ री ख्यात' में मिलता है। दोनों में पृथ्वीराज के शत्रु राजा जयचन्द की महिमा का वर्णन है।

घ. खड़ी बोली हिन्दी के प्रथम कवि 'अमीर खुसरो' (1253-1325) – खुसरो के गुरु ख्वाजा निजामुद्दीन औलिया थे। अमीर खुसरो ने फारसी और खड़ी बोली दोनों में प्रभूत मात्रा में रचना की है। इनके ग्रन्थों में 'खालिकबारी', 'पहेलिया', 'मुकरिया', 'गज़ल' एवं 'दो सुखने' प्रसिद्ध हैं।

ङ. मैथिल कोकिल 'विद्यापति (1360-1448) – विद्यापति का जन्म मिथिला के जिला दरभंगा (ग्राम बिपसी) में हुआ था। तिरहत के राजा शिवसिंह के आश्रय में यह रहे। विद्यापति ने जयदेव (प॰ बंगाल) तथा चण्डीदास (बंगाल) की परम्परा में राधा-कृष्ण प्रेम की सरस अवतारणा की। उन्होंने संस्कृत, अपभ्रंश और मैथिली तीनों में रचना की है।

संस्कृत – शैवसर्वस्वसार, गंगावाक्यावली, भूपरिक्रमा, पुरुष परीक्षा, विभागसार, गोरक्षविजय नाटक आदि।

देशभाषा मिश्रित अपभ्रंश – कीर्तिलता, कीर्तिपताका

मैथिली – पदावली, लिखनावली।

6. गद्य साहित्य –

क. राउलवेल – यह शिलांकित कृति है। इसके रचयिता 'रोडा' नामक कवि माने जाते हैं। यह चम्पूकाव्य की प्राचीनतम हिन्दी कृति है। इसमें राउल नायिका का नखशिख-सौन्दर्य-वर्णन किया गया है। यह हिन्दी का पहला नख-शिख वर्णन का काव्य है। इसका पाठ बम्बई के प्रिंस ऑफ वेल्स संग्रहालय से उपलब्ध कराकर प्रकाशित कराया गया है। भाषा अपभ्रंश है।

ख. उक्तिव्यक्ति प्रकरण – का रचयिता 'दामोदर भट्ट' है। सुनीति कुमार चटर्जी ने इसकी भाषा को प्राचीन कोसली (अवधी) कहा है।

ग. वर्णरत्नाकर – यह मैथिली की पहली गद्य रचना है। इसके लेखक ज्योतिरीश्वर ठाकुर हैं। यह ग्रन्थ आठ कल्लोलों (अध्यायों) में विभक्त है।

## महत्त्वपूर्ण वाक्य/उद्धरण/कथन : (अध्याय-परिशिष्ट)

- 'जोइ-जोइ पिण्डे सोई ब्रह्मण्डे' – गोरखनाथ
- 'गोरख जगायो जोग, भगति भगायो लोग' – गोस्वामी तुलसी दास
- गोरक्षसिद्धान्त संग्रह (संपादक - गोपीनाथ कविराज) में नवनाथ गिनाये गये हैं– नागार्जुन, जडभरत, हरिश्चन्द्र, सत्यनाथ, भीमनाथ, गोरक्षनाथ, चर्पट, जलंधर और मलयार्जुन; तथा गोरखपंथ की संस्कृत पुस्तकें हैं –

'सिद्ध-सिद्धान्त पद्धति', 'विवेक मार्तंड', 'शक्ति-संगम-तंत्र', 'निरंजन पुराण', 'वैराट पुराण'

बारह से बहोत्तरा मझारि। जैठबदी नवमी बुधवारि।
नाल्ह रसायण आरंभइ। सारदा तूठी ब्रह्मकुमारि।।

— बीसल देव रासो

- 'पुस्तक जल्हण हत्थ दै चलि गज्जन नृपकाज।'
  'रघुनाथ चरित हनुमंतकृप भूप भोज उद्धरिय जिमि।'
  पृथिराज सुजस कवि चंद कृत चंदनंद उद्धरिय तिमि।।
  'एकादस सै पंचदह विक्रम साक अनंद।
  तिहि रिपुजय पुरहरन को भए पृथिराज नरिंद।।'
  एकादस सै पंचदह विक्रम जिस ध्रुमसुत्त।
  प्रतिय साक पृथिराज कौ लष्यौ विप्र गुन गुत्त।।'

— पृथ्वीराज रासो

- रासो के आरम्भ में चंद भाषा के बारे में कहता है—
  'उक्ति धर्म विशालस्य। राजनीति नवरसं।
  खट् भाषा पुराणं च। कुरानं कथितं मया।।'उ

तथा रासो का समापन इस छंद से होता है—

- 'रासउ असंभु नवरस सरस छंदु चंदु किअ अमिअ सम।
  शृंगार वीर करूणा बिभछ भव अदभुत्तह संत सम।।'

- 'बालचंद बिज्जवाई भाषा। दुहु नहिं लग्गइ दुज्जन हासा।।'
  'देसिल बअना सबजन मिट्ठा। तें तैंसन जंपओ अवहट्ठा।।'

— कीर्तिलता

- 'मैं हिन्दुस्तान की तूती हूँ, अगर तुम वास्तव में मुझसे कुछ पूछना चाहते हो तो हिन्दवी में पूछो'

'जे हाल मिस्कीं मकुन तगाफुल दुराए नैना बनाए बतियां।
किताबें-हिजरॉ न दारम-ए-जॉ, न लहियो काहे लगाय छतियॉ।।
शबाने-हिजरॉ दराज वो चूँ जुल्फ रोजे बसलत चूँ उम्र कोतह।
सखी पिया को जो मै न देखूँ तो कैसे काटूँ अँधेरी रतियाँ।।

— अमीर खुसरो

- 'जि कुछ दियउ कयमासहि अप्पनउ सु पायउ।'
  'दीनमान दिन पाइयइ।'

— पृथ्वीराज रासो

- 'दव का दाधा हो कूपल लेई।
  जीभ का दाधा न पाल्हवइ।'

— बीसलदेव रासो

- 'पुरूष कहानी हौं कहौं जसु पत्थावे प्रुन्नु।'

— कीर्तिलता

(1318 ई॰ – 1643 ई॰ आचार्य शुक्ल के अनुसार)

**भक्ति की सैद्धान्तिक पृष्ठभूमि :-**

1. **शंकराचार्य : (अद्वैतवाद की स्थापना) :** इस सिद्धान्त में ब्रह्म और आत्मा, ब्रह्म सत्य है जगत मिथ्या है। इस मिथ्या प्रतीत का कारण माया अथवा अविद्या है। ब्रह्म विशेषण रहित तथा इसलिए अनिर्वचनीय है। इसीलिए शंकर के यहां ब्रह्म को कोई नाम नहीं दे सकते। उसकी सत्ता को सूचित करने वाले सारे विशेषण निषेधात्मक हैं— अव्यय, अनादि, अनिर्वच आदि।
2. **आचार्य नाथमुनि :** ये तमिलनाडु में नवीं शताब्दी के उत्तरार्द्ध में हुए थे। ये शंकराचार्य के सिद्धान्त का विरोध करने वाले पहले वैष्णव आचार्य थे। इन्होंने वैष्णव सिद्धान्तों की दार्शनिक व्याख्या की तथा आलवार भक्तों के भक्ति-भावपूर्ण पदों को 'प्रबन्धम्' शीर्षक से चार भागों में संकलित किया। नाथमुनि 'श्री सम्प्रदाय' के प्रथम आचार्य माने जाते हैं। इनकी 'न्यायतत्व' एक प्रसिद्ध पुस्तक है।
3. **यामुनाचार्य :** 'श्री सम्प्रदाय' के चतुर्थ आचार्य थे। अपने पाश्चात्य के सिद्धान्तों विशेषकर 'शरणागति' का विशद् विवेचन किया।
4. **आचार्य रामानुज (विशिष्टाद्वैत की स्थापना - 1017-1137 ई.) :** ''ब्रह्म की अद्वैत सत्ता को स्वीकार करते हुए भी (ब्रह्म ही एकमात्र सत्य है) जीव को और ब्रह्म को अभिन्न माना जाता है। विशिष्टता का अर्थ है विशिष्ट का विशिष्ट रूप से अद्वैत। अद्वितीय ब्रह्म विशिष्ट है। जीव और प्रकृति उसके विशेषण। इस विशिष्ट रूप में ब्रह्म ही एकमात्र तत्व है।''

   आचार्य ने 'श्री' सम्प्रदाय की स्थापना की। इसमें विष्णु के अर्थावतार राम उपास्मदेव हैं। भक्ति-जीव की मुक्ति का एकमात्र साधन है। तत्वमसि का अर्थ है – 'उनका तू सेवक है।'
5. **मध्वाचार्य (द्वैतवाद) :** 'भगवान और भक्त के बीच पार्थक्य पहली शर्त है। श्री हरि अनन्त गुणों से परिपूर्ण है। जगत सत्य और जीव श्रीहरि का फिकर है। वेद के समस्त तात्पर्य भगवान विष्णु आठ गुणों से युक्त सर्वोच्च तत्व है। अल्पज्ञ जीव की मुक्ति का सर्वश्रेष्ठ साधन अमला (दोषरहित) भक्ति है।'

   आचार्य मध्व (स्वामी आनन्दतीर्थ) ने ब्रह्म का प्रवर्तन किया।
6. **निम्बकाचार्य (द्वैताद्वैतवाद या भेदाभेदवाद) :** 'जीव जगत तथा ईश्वर की पृथक सत्ता स्वीकार करते हुए भी इन्होंने इस बात पर बल दिया कि जीव जगत का अस्तित्व एवं व्यापार ईश्वर की इच्छा पर ही अवलम्बित रहता है। जीवात्मा अवस्था भेद से ब्रह्म के साथ भिन्न भी है और अभिन्न भी। ईश्वर की कृपा से ही जीव को अपनी प्रकृति का ज्ञान होता है।' लक्ष्मी तथा विष्णु के बजाय राधा-कृष्ण युगलोपासना का विधान है। सम्प्रदाय में राधा का स्वकीया रूप स्वीकृत है। भक्ति के पाँच रूपों में उज्ज्वल भक्ति (दाम्पत्य भक्ति) को श्रेष्ठ माना गया है। निम्बार्क द्वारा प्रवर्तित सम्प्रदाय 'हंस सम्प्रदाय' या 'सनक सम्प्रदाय' कहलाता है, क्योंकि साम्प्रदायिक आचार्यों के अनुसार इस के आदि उपदेष्टा श्री हंस भगवान हैं। उसने सनकादि से नारद को तथा नारद से 'आरूणि' को (निम्बाकी) इसका उपदेश मिला।
7. **विष्णुस्वामी :** ब्रह्म मायारहित शुद्ध सच्चिदानन्द स्वरूप हैं। माया उनके अधीन रहती है। ईश्वर का प्रधान अवतार नृसिंह है। इन्होंने 'रूद्र सम्प्रदाय' का प्रवर्तन किया।
8. **चैतन्य (अचिन्त्य भेदाभेदवाद) :** महाप्रभु चैतन्य ने 'गौडीय सम्प्रदाय' का प्रवर्तन किया। उनका 'चैतन्य मत' बिना चलाए ही चल पड़ा। इस सम्प्रदाय का शास्त्रीय आधार षडगोस्वामियों (रूपगोस्वामी, जीवगोस्वामी, सनातन गोस्वामी, आदि) द्वारा वृन्दावन में तैयार हुआ।

   ''भगवान में स्वरूपा आदि शक्तियों के अभिन्न होने के कारण विचार करना शक्य न होने से भेद (प्रतीत होता) हैं और भिन्न होने के कारण विचार करना शक्य होने से अभेद (प्रतीत होता) है। इसलिए भेदाभेद स्वीकार है – वे दोनों अचिन्त्य है। इसलिए इस मत को 'अचिन्त्य भेदाभेद' नाम दिया गया है।''
9. **आचार्य वल्लभ (शुद्धाद्वैतवाद) :** वल्लभ सम्प्रदाय का मूल सम्बन्ध विष्णुस्वामी सम्प्रदाय से स्थिर किया जाता है। शुद्धाद्वैतवाद इसका दार्शनिक आधार है।

''श्रीकृष्ण ही पूर्णानन्दस्वरूप पूर्ण पुरूषोत्तम परब्रह्म है। उनकी लीलाओं का कोई प्रयोजन नहीं है – स्वयं लीला ही उनका प्रयोजन है। साधना और व्यवहार के क्षेत्र में शुद्धाद्वैत दर्शन के साथ पुष्टिमार्गी भक्ति को स्थान प्राप्त है।''

## कुछ आचार्यों / सम्प्रदाय - व्याख्याकारों के ग्रन्थ

1. यामुनाचार्य - सिद्धित्रय, आगम, प्रमाणूय, गीतार्थ संग्रह
2. आचार्य रामानुज - वेदांत सार, वेदार्थ संग्रह, वेदांत दीप, गीता आष्टा,
3. विष्णुस्वामी - सर्वज्ञसूक्त
4. राघवानन्द - सिद्धान्त पंचमात्र
5. आचार्य वल्लभ - अणुभाष्य, सुबोधिनी टीका, तत्वदीप निबंध
6. स्वामी रामानन्द - वैष्णवमताद भास्कर, श्रीरामार्चन पद्धति रामरक्षा स्रोत
7. निम्बार्क - वेदांत परिजात सौरभ, दशश्लोकी, श्रीकृष्णस्तवराज, मन्त्ररहस्य षोडशी, प्रपन्नकल्पवल्ली
8. बलदेव विद्याभूषण - (चैतन्य सम्प्र॰ व्याख्याकार) : गोविन्दभाष्य
9. रूप गोस्वामी - (चैतन्य सम्प्र॰ व्याख्याकार) : उज्ज्वलनीलमणि, हरिभक्तिरसामृति सिन्धु
10. जीव गोस्वामी - (चैतन्य सम्प्र॰ व्याख्याकार) : भगवत्संदर्भ
11. सनातन गोस्वामी - (चैतन्य सम्प्र॰ व्याख्याकार) : षट्संदर्भ

## अन्य भाषाओं के भक्त / कवि एवं सम्प्रदाय : संक्षिप्त परिचय

1. आलवार और नायनार संत : कबीर ने कहा है 'भक्ति द्राविड उपजी'। भक्ति का प्रथम प्रस्फुटन तमिल (दक्षिण) के आलवार भक्तों की वाणी से हुआ। आलवार एवं नामनार संतों के माध्यम से सर्वप्रथम तमिल जाति बनी। आलवार संख्या में बारह थे। आलवारों की पहली रचना है –'तिरूवायमोलि'। अन्य प्रसिद्ध रचनाएं हैं - तिरूविरूतमु, विरूवर्गशरियेम, परियतिरूवन्दादि।
   आलवारों में काण्कोप, नाम्मालवार या शष्कोप तथा सातवें केरल के राजा कुलशेखर प्रसिद्ध हैं। एकमात्र महिला आलवार भक्त आंडाल थी। कुलशेखर की रचना है। प्रेरूमाल तिरूभोवि। इन्हीं आलवारों के पदों को 'श्री सम्प्रदाय' के प्रथम आचार्य श्रीरंगनाथ मुनि ने 'प्रबन्धम्' शीर्षक से संकलित किया।
2. संत बसवेश्वर (कर्नाटक) : कर्नाटक में वीरशैव और लिंगायत सम्प्रदाय की स्थापना हुई। संत बासव ने कन्नड भाषा के पद्य के स्थान पर गद्य का प्रचलन आरम्भ किया। साहित्य और शिक्षा माध्यम को उन्होंने कन्नड़ में बदलकर देशभाषा के रूप में स्थापित किया। कन्नड़ के एक अन्य महाकवि भी हैं – 'पंप' जिनकी प्रसिद्ध रचनाएं हैं – 'आदिपुराण' और 'रत्न'।
3. चण्डीदास (बंगाल) : बंगाल में जयदेव (12वीं सदी) के 'गीत गोविन्द' में ही इस आन्दोलन की नींव पड़ चुकी थी। चण्डीदास के गीत भी सूर से पहले के हैं। बंगाल के गौडीस वैष्णव सम्प्रदाय में अनेक प्रमुख कवि हुए। धर्मठाकुर, सत्यवीर, कर्ताभाजा, बादल तथा सहजिया सम्प्रदाय बंगाल में ही बने।
4. नरसी मेहता (1414-1480 गुजरात) गुजरात में कृष्णभक्ति आन्दोलन नरसी मेहता ने शुरू किया। आखा नामक एक निर्गुण भक्त भी हुए।
5. शंकरदेव (असम)
6. लल्लदेव (कश्मीर)
7. नुंचत रामानुज (केरल) : मलयालम के भक्त कवि थे। केरल में 'शास्त्रपूजक' सम्प्र॰ का जन्म हुआ था।
8. अन्नय्या (तेलगू) : तेलगू के प्रमुख भक्त कवि हैं – अन्नय्या, तिकन्ना, यर्रेन्न, आस्कर पोतन्न, पोतराज तथा नाचर सोम्य्या।
9. एकनाथ (मराठी) : मराठी भाषा के कई संत कवि हुए। प्रमुख हैं – समर्थ गुरू रामदास, संत एकनाथ, तुकाराम। मराठी के पहले भक्त कवि 'मुकुन्दराज; हैं। गुरूराम दास की रचनाएं हैं – ओवीबद्ध (इसमें ओवी छंद में रामकथा वर्णित है।), उस्मानी सुल्तानी, परचक्रनिरूपण, दासबोध, मनाचेश्लोक।
   संत तुकाराम के अभंग प्रसिद्ध हैं। इनके बारे में बहिणाबाई ने कहा है –

   *'तुकोबा के पद अद्वैत प्रसिद्ध*
   *उनका अनुवाद चिन्तमोही।।'*

   मराठी क्षेत्र में ही संत चक्रधर ने 'महानुभाव सम्प्र.' तथा सन्त पुण्डरीक ने 'वारकरी सम्प्र.' की स्थापना की।
10. पंचपुराण सम्प्र॰ का जन्म उड़ीसा में तथा रामावत सम्प्र. का उत्तर प्रदेश में हुआ था।

## भक्तिकाल में काव्य रचना की विविध धारायें

A. संत काव्य
B. प्रेम काव्य / सूफी काव्य
C. रामकाव्य
D. कृष्णकाव्य
E. फुटकल रचनाएं

### संतकाव्य / निर्गुण भक्तिकाव्य

प्रवर्तक : कबीरदास (1397 – 1518 ई॰)

आचार्य रामानन्द : भक्तमाल के अनुसार यह आचार्य रामानुज

की शिष्य-परम्परा में चतुर्थ शिष्य थे। इनके दीक्षा गुरु स्वामी राघवानन्द हैं। भक्तमाल में रामानन्दजी के बारह शिष्य गिनाये गये हैं। अनंतानंद, सुखानंद, सुरसुरानन्द, नरहर्यानन्द, भावानन्द, पीपा कबीर, सेन, धन्ना, रैदास, पद्मावती और सुरसरी।

"अनंतानंद, कबीर, सुखा, सुरसुरा, पदमावति, नरहरि।
पीपा, भवानन्द, रैदास, धना, सेन, सुरसर की घरहरि।।"
— भक्तमाल

रामानन्द जी ने रामावत सम्प्रदाय का प्रवर्तन किया, जो आगे चलकर श्री सम्प्रदाय से मिलकर एक जैसा हो गया। वस्तुतः दोनों में अन्तर है — श्री सम्प्रदाय के आराध्य नारायण (विष्णु) हैं। जबकि रामावत सम्प्रदाय के राम। इस सम्प्रदाय का मूलमंत्र 'राम' या सीताराम' है। रामानन्द जी के संस्कृत ग्रन्थ प्रसिद्ध हैं — 'वैष्णव मतादभास्कर' तथा 'श्री रामार्चन पद्धति'। इस शाखा का नामकरण विभिन्न विद्वानों ने इस प्रकार किया है। निर्गुण ज्ञानाश्रयी (रामचन्द्र शुक्ल), निर्गुण भक्तिधारा साहित्य (हजारी प्रसाद द्विवेदी) संतकाव्य परम्परा (डा॰ रामकुमार वर्मा) संत काव्य धारा क आरम्भिक कवि हैं — नामदेव, त्रिलोचन, सदना, बेनी, धन्ना, पीपा, सेन तथा रैदास

नामदेव के अनेक पद हिन्दी में हैं। मराठी में अनेक अभंग प्रसिद्ध हैं। नामदेव के गुरु 'विसोबा खंचर' थे।

1. **संत कबीर** - कबीर से संबंधित साम्प्रदायिक सामग्री के स्रोत : श्रीपीपा की वाणी (पीपा), भवतारण (धरम दास), भक्तमाल (नाभादास), कबीर-परिचई (अनंतदास), दविस्तान (मोहसिन फानी) प्रसंग परिजात (चेतनदास) कबीर- चरित्र बोध (इसमें सर्वप्रथम जन्मकाल का उल्लेख है।) श्री गुरू ग्रन्थसाहिब सटीक भक्तमाल (प्रियादास), कबीर चरित (मुकुन्ददास) भक्तमाल (राघोदास) तथा कबीरपंथ के दो ग्रन्थ निर्भयज्ञान और 'आशासागर'।

   ऐतिहासिक ग्रन्थ - आइन-ए-अकबरी (अबुल फजल) तथा दविस्ताने मजहिग (मोहसिन फानी)।

   ***कबीर वाणी के मुख्य संकलनकर्ता हैं—***

   सत्यकबीर की साखी (युगलानंद), सिखों का दशम ग्रन्थ, कबीर-ग्रन्थावली (श्याम सुन्दरदास), बीजक (धर्मदास) संत कबीर (राम कुमार वर्मा) कबीर-रचनावली (हरिऔध), कबीर के पद (क्षितिमोहन सेन)।

   कबीर की रचना 'बीजक' के तीन भाग हैं —साखी, सबद और रमैनी। रमैनी और सबद ब्रजभाषा में है। तथा साखियों में पूर्वी प्रयोग अधिक हैं। कबीर तथा अन्य संतों की उलटबासियाँ प्रसिद्ध अंतस्साधनात्मक अनुभूतियों को असामान्य प्रतीकों में प्रकट करती है। जिनका पूर्वरूप हमें सिद्धों की 'संघाभाषा' में मिलता है।

2. **रैदास** - रैदास से संबंधित साम्प्रदायिक सामग्री के स्रोत - रैदास की परिचई (अनन्तदास-जन्मकाल का उल्लेख नहीं है) भक्तमाल (नाभादास) सटीक भक्तमाल (प्रियादास) कहते हैं कि मीराबाई रैदास की शिष्या थी। रैदास के 40 पद 'गुरू ग्रन्थ साहिब' में तथा कुछ फुटकलपद 'संतबानी में संकलित हैं।'

3. **गुरूनानक देव (1469-1531 ई.)** - सिख धर्म के प्रवर्तक नानकदेव ने सिखों के दशम ग्रन्थ में 'कबीर की वाणी' का संकलन किया था। उनके अपने अनेक पद आदि गुरू ग्रन्थ साहिब के 'महला' प्रकरण में संकलित हैं। 'जपुजी' नानक दर्शन का सारतत्व है। उनकी रचनाओं में सबद और श्लोक मिलते हैं। गुरुनानक की रचनाएं हैं। जपुजी, असा दीवार, रहिरास और सोहिला (पंजाबी में)। उनकी रचना 'नसीहतनामा' में खड़ी बोली का भाषिक रूप स्पष्ट है। नानकदेव के पुत्र 'श्रीचंद' भी प्रसिद्ध संत हुए जिन्होंने 'उदासी सम्प्र॰' का प्रवर्तन किया।

4. **दादूदयाल** - इनके अनुसार स्थापित 'ब्रह्म सम्प्रदाय' आगे चलकर 'परब्रह्म सम्प्र॰' से हो गया तथा कालान्तर में उसे 'दादूपन्थ' की संज्ञा प्राप्त हुई। इनके शिष्य रज्जब, सुन्दरदास, प्रागदास आदि थे।

   इनके दो शिष्यों सन्तदास और जगन्नाथदास ने 'हरडेवाणी' शीर्षक से इनकी रचनाओं का संकलन प्रस्तुत किया। 'अंगवधू' इनका प्रसिद्ध काव्य संग्रह है, जिनका संकलन इनके प्रमुख शिष्य रज्जब ने किया इनकी रचनाओं का एक संकलन परशुराम चतुर्वेदी द्वारा सम्पादित 'दादूदयाल' में सुलभ है।

5. **सुन्दर दास** - संतों में महाकाव्य के शास्त्रीय पक्ष के मर्मज्ञ दादूदयाल के शिष्य 'सुन्दरदास' एकमात्र संत हैं। इन्होंने 42 ग्रन्थ प्रणीत किए जिनमें 'ज्ञानसमुद्र' एवं 'सुन्दरविलास' प्रसिद्ध हैं इन्होंने परिष्कृत ब्रजभाषा में विविध छन्दों का प्रयोग किया है।

6. **मलूकदास** - ने अवधी और ब्रजभाषा में काव्यरचना की है। इनके दो ग्रन्थ अतिप्रसिद्ध हैं — 'ज्ञानबोध', 'रामावतारलीला'। अन्य ग्रन्थ हैं—'रतनखान', 'भक्तवच्छावली', 'ज्ञानपरोछि', 'ब्रजलीला', ध्रुवचरित', 'सुखसागर' तथा 'भक्तिविवेक'।

7. **रज्जब** - दादू के प्रधान शिष्य हैं। इनके ग्रन्थ का नाम 'छप्पय' है। इन्होंने एक अन्य रचना 'सब्बंगी' में अपनी तथा दूसरे संतों की रचनायें संकलित की हैं। अन्य रचनाएं 'रज्जब बोनी' में संग्रहीत हैं।

8. **धर्मदास** - कबीर के प्रधान शिष्य हैं। इन्होंने 'बीजक' में कबीर की रचनाएं संकलित की हैं। इनकी रचनायें 'धनी धर्मदास की बानी' में संकलित हैं।

**9. गुरु अर्जुनदेव** - की प्रसिद्ध रचनायें हैं — सुखमनी, बावना अखरी, बारहमासा। ग्रन्थ साहिब में इनके 6000 पद हैं।

**10. जम्भनाथ** - ने 'विश्नोई सम्प्रदाय' की स्थापना की थी। यह नाथपंथ से विशेष प्रभावित थे।
इनके प्रमुख शिष्य हैं —
हावली पावजी, लोहा पागल, दत्तनाथ औल मालदेव।

**11. वीरभान** - ने 'साधो सम्प्र.' का प्रवर्तन किया। ये उदयमान के शिष्य थे। 'निर्वान ग्रन्थ' तथा 'बानी में इनके पद हैं।

**12. हरिदास निरंजनी** - सन्त हरिदास निरंजनी सम्प्र. के कवि थे जिसका मूल स्रोत नाथपंथ है। इसके प्रवर्तक निरंजन स्वामी अनुश्रूत हैं। दादूपंथी राघोदास के भक्तमाल में इसका प्रवर्तक जगन (जगन्नाथदास) को बताया गया है। यह मत भी प्रचलित है कि इसके प्रवर्तक संत हरिदास निरंजनी थे। आचार्य क्षितिमोहन सेन ने अपने ग्रन्थ मेडेवियल मिस्टिसिज्म में इसका प्रारम्भ उड़ीसा से दिखाया गया है। पुरोहित हरिनारायण द्वारा सम्पादित 'सुन्दरग्रन्थावली' की भूमिका में इनका उल्लेख है। हरिदास की भाषा सरल ब्रजभाषा है। प्रमुख ग्रन्थ हैं - ब्रह्मस्तुति, हंस प्रबोधग्रन्थ, समाधिजोग ग्रन्थ, निरपखमूल ग्रन्थ।

**13. संत सींगा** - की काव्य भाषा नीमाडी है।

**14. लालदास** - 'लालपन्थ' के प्रवर्तक लालदास मेव (मुसलमान) थे। लालपंथ का प्रचार अलवर की सीमाओं में ही हो सका है। इनकी रचनाएं 'लालदास की चेतावनी' में संग्रहीत हैं।

**15. बाबालाल** - बड़ौदा में इनका मठ है जिसे बाबा लाल का शैल कहते हैं। बाबा लाल तथा दाराशिकोह का वार्तालाप 'असरारे मार्फत' में संग्रहीत है। 'नादिरून्नितक़ात' में उनके कुछ विचारों का संग्रह है।

**16. अन्य संत** - अक्षर अनन्य (1653 ई.) बावरी साहिबा (बावरी पंथ की एक संत), निपट निरंजन स्वामी (निरंजनी सम्प्रदाय के संत, इनके ग्रन्थ हैं - 'शान्त सरसी' एवं 'निरंजन संग्रह')।

**17.** नामदेव, सेन, संदना, धन्ना, पीपा, कबीर, रैदास, आदि का भक्तकाल में उल्लेख है। आदि ग्रन्थ पहला ग्रन्थ है जिसमें संकलित पद विभिन्न राग-रागनियों में बांटे गए हैं।

## प्रेमाख्यानक काव्य / सूफी काव्य (निर्गुण भक्ति काव्य)

सूफी काव्यधारा के प्रवर्तक — मुल्ला दाउद (रचना चन्दायन)

**परिचय :** हमारे यहां लोक में प्रेमकथाओं के कहने की लंबी परम्परा मिलती है। कालिदास ने भी मेघदूत में 'उदयनकथाकोविद ग्रामवृद्धों' का जिक्र किया है। जिस तरह आदिकाल में जैन कवियों ने इन्हें साम्प्रदायिक रंग में रंगकर 'भविस्सयत्त कहा' जैसी रचनाएं की, उसी तरह भक्तिकाल में सूफी कवियों ने लोकप्रचलित कथाओं को सूफी ढाँचों में कसा हो ऐसा नही है। सूफी काव्य के समान्तर लौकिक-प्रेम काव्य भी रचे जाते रहे। इनमें ईश्वर दास की सत्यवती कथा, ढोला मारू रा दूहा, माधवानल-कामकंदला (कुशललाभ और आलम) सारंगा सदावृक्ष पर लिखी गयी प्रेमकाव्य रचनाएं गिनी जा सकती हैं।

सूफी रचनाएं प्रतीकात्मक हैं तथा दोहरा अर्थ (लौकिक के साथ अलौकिक के साथ भी संकेत) देने लगती है। चंदायन पहली सूफी रचना है। सभी भारतीय प्रेमाख्यानों एवं सूफी काव्यों में कथानक रूढ़ियों का प्रायः प्रयोग किया गया है। कथानक रूढ़ि से तात्पर्य किसी ऐसी घटना प्रसंगादि से है जो एक बार प्रयोग में आने के बाद परवर्ती प्रेमाख्यानों में बार-बार दोहराई जाती है तथा इस तरह रूढिगत हो जाती है। जैसे नायक और नायिका का पहली बार किसी मंदिर या फुलवारी में मिलन।

**सूफीकाव्य परम्परा :** इस्लाम धर्म में शरा (सनातनी) और बेशरा (मस्तमौला फकीर) दो कोटियां हैं। बेशरा साधक मलामती कहलाते हैं। भारतीय सूफी पुष्पतः बेशरा सम्प्रदाय के हैं। इनके प्रमुख उप सम्प्रदाय हैं — चिश्ती, कादिरी, सहरवर्दी, नक्शावंदी और सत्तारी। 'सूफी' शब्द की व्युत्पति जिन विभिन्न शब्दों से की गयी है, वे हैं — 'सुफ्फा (चबूतरा)' 'सफ्फ (अगली पंक्ति)', 'सफा (पवित्र जीवन बिताने वाला साधु)', सोफिस्त (ज्ञानी)', सूफा (अरबों की जाति विशेष)', 'सुफ्फाह (भक्त विशेष)', 'सूफ (सादा ऊन)'। इस 'सूफ (सादा ऊन)' शब्द पर अधिकांश विद्वान आज असहमत हैं तथा 'इन्साइक्लोपीडिया ब्रिटानिका' एवं 'इनसाइक्लोपीडिय आव इस्लाम' में भी इसी की पुष्टि है। **सूफी मत का आदि स्रोत शायी मत में मिलता है। सूफियों का प्रमुख तत्त्व प्रेम यहीं से आया है इसके अतिरिक्त सूफी मत के विकास में मानी मत तथा प्लेटिनस के चिन्तन का भी प्रभाव पड़ा है। सूफी मत का प्रभाव भक्तिकाल की प्रायः सभी धाराओं पर कुछ न कुछ पड़ा है। पर प्रेमाख्यानक काव्यधारा पर यह सर्वाधिक है। सूफी मत का अपना विश्व तत्व ज्ञान है किन्तु कथा प्रबंधन में तत्व ज्ञान का आग्रह घुलमिल गया है। इन्होंने परम-सत्ता के मधुर दाम्पत्य-भाव ही जोड़ा** है, अन्य कोई भाव नहीं। संसार में उसी की प्रतिछवि हैं यह प्रतिछवि में उसका प्रतीक है। सूफह इस प्रतीक को प्रतीकार्य (परम-सत्ता) का साधन मानते हैं। इसलिए उनके यहां प्रेम और उसमें भी विरह की प्रधानता है। सूफी 'प्रेम की पीर' के कवि कहे जाते हैं। इन्होंने प्रबंधकाव्य ही लिखे हैं। अवधी भाषा में

दोहा-चौपाई में कड़वक बद्ध हैं। केवल 'अनुराग बांसुरी' में दोहे की जगह बैरवे का प्रयोग है। सूफी प्रबंधकाव्य मसनवी-शैली में रचित है। अर्थात सर्गबद्ध नहीं है, काव्य को घटनाओं के शीर्षक में विभाजित किया गया है।

सूफियों के अनुसार, इश्क मजाजी (लौकिक प्रेम) इश्क हकीकी (अलौकिक प्रेम) का पहला सोपान है। उन्होंने स्वयं को पुरूष तथा परम्परा को नारी रूप में चित्रित किया है, जिससे प्रेम की तीव्रता व्यंजित होती है। आत्मा या साधक परमात्मा रूप नारी अलौकिक सौन्दर्य पर मुग्ध होकर प्रेम के मार्ग पर निरन्तर आगे बढ़ता जाता है। भारतीय सूफियों ने सूफी मार्ग की चार अवस्थाओं का उल्लेख किया है। साधक क्रम से इन उच्चतर शरीअत को पार करता है। ये हैं– शरीअत (नासूत), तरीकत (मलकूत), मारिफत (जबरूत), हकीकत, (लाहूत)।

**नासूत :** यह साधना की सबसे निचली अवस्था है जिसमें साधक शरीअत (कुरान) में प्रतिपादित विधि-निषेधों का पालन करता है।

**मलकूत :** इसमें साधक भौतिक जगत के ऊपर उठकर पवित्र हो जाता है। इस अवस्था में वह तरीकत (पवित्रता) अपनाने में समर्थ होता है।

**जबरूत :** इस अवस्था में मार्ग की सभी बाधाएं दूर हो जाती हैं तथा साधक में परमात्मा से मिलने की सामर्थ्य (मारिफत) आ जाती है।

**हकीकत :** यही परमसत्य है। इसमें साधक लाहूत की अवस्था प्राप्त करता है। वह अनलहक (अहं ब्रह्मास्मि) का अनुभव करने लग जाता है। इसके अतिरिक्त हाहूत आदि चार उच्चतर सापानों की कल्पना की गयी है जिन्हें मुकामात की संज्ञा दी गयी है। शैतान साधक के मार्ग में बाधाएं उपस्थित करता है। इस्लाम में शैतान खुदा का विरोधी है लेकिन सूफी उसे खुदा का परम भक्त मानते हैं। सूफियों के अनुसार, खुदा ने शैतान की सृष्टि साधक की परीक्षा के लिए की है, जिससे साधक को केवल गुरू ही बचा सकता है। मानव शरीर में जड़ तथा आध्यात्मिक दोनों ही प्रकार के अंश हैं। नफस (जड़ आत्मा) मनुष्य को पाप की ओर ले जाती है तथा रूह (आत्मा) ईश्वर की ओर। नफस को मारना ही जीवन का परम कर्तव्य है।

चिश्ती सम्प्रदाय – की सातवी पीढ़ी में ख्वाजा मुईनुद्दीन हुए। इस सम्प्र. में कुतुबुद्दीन, काकी तथा फरीदुद्दीन हुए।

सुहरावर्ती सम्प्र. – का भारत में प्रचार बहाउद्दीन जकारिया ने किया।

कादरी सम्प्र. – प्रवर्तक – अब्दुल कादिर अन्य सूफी सैयद मुहम्मद गौस।

नक्शबंदी सम्प्र. – का प्रचार 'अहमउद फारूखी' ने किया। राबिया एक प्रसिद्ध सूफी महिला साधक हो गयी।

## भारतीय प्रेमाख्यान (कथाकाव्य) परम्परा

चाहे शुद्धरूप से लौकिक प्रेमाख्यान हों या सूफी काव्य, दोनों ही काव्यरूप की दृष्टि से प्राकृत अपभ्रंश परम्परा के रोमांचक आख्यानों से जुड़े हैं। मध्यकालीन प्रेमाख्यानों/कथाकाव्यों की यह परम्परा हमें प्रारम्भ से ही मिलती है। ऋग्वेद के उर्वशी-पुरूरवा आख्यान से यह परम्परा शुरू होती है, परन्तु महाभारत से उसका अविच्छिन्न क्रम मिलता है। संस्कृत में वासवदत्ता (सुबन्ध), कादम्बरी (बाण), दशकुमारचरित (दण्डी), नल दमयन्ती प्रसंग (महाभारत), अन्य पुराणों के आख्यान तथा जैन कवियों के प्राकृत एवं अपभ्रंश में अनेक चरितकाव्य मिलते हैं। हिन्दी प्रेमाख्यान परम्परा की पहली कृति चन्दायन मानी जाती है, परन्तु कुछ विद्वानों ने अलग मत भी दिया है--

| कृति | मानने वाले आलोचक |
|---|---|
| मृगावती (कुतुबन) | आचार्य रामचन्द्र शुक्ल |
| सत्यवती कथा (ईश्वरदास) | आचार्य रामचन्द्र शुक्ल |
| हंसावली (असाइत) | मोतीलाल मेनारिया |
| चन्दायन (मुल्ला दाऊद) | रामकुमार वर्मा |

कालक्रम से इनका क्रम इस प्रकार है – हंसावली, चन्दायन, सत्यवती कथा तथा मृगावती। हंसावली की भाषा राजस्थानी हिन्दी है, परन्तु गुजराती विद्वान इसे शुद्ध रूप से गुजराती मानते हैं। आजकल प्रायः सभी आलोचक सूफी काव्यधारा की पहली कृति चन्दायन को ही मानते हैं।

1. **चन्दायन :** इससे हिन्दी में सूफी काव्य/प्रेमाख्यान काव्य परम्परा का सूत्रपात होता है। इसकी रचना मुल्ला दाऊद ने 1379 ई. में की थी। इसका मूलनाम माताप्रसाद गुप्त 'लोर कहा' या 'लोर कथा' मानते हैं। परन्तु अब चन्दायन (माता प्रसाद) या चन्दायन (परमेश्वरीलाल गुप्त) नाम ही प्रसिद्ध है। नायक लोक (लोरिक) तथा नायिका (चन्दा) का प्रणय वर्णन इसका कथ्य है।
2. **लखनसेन-पद्मावती कथा :** इसकी रचना दामोदर कवि ने की थी तथा इसे 'वीर कथा' कहा गया। परन्तु वास्तव में यह रोमानी शैली का शुद्ध प्रेमकाव्य है।
   छंद – चौपाई, दोहा, सोरठा आदि, भाषा – राजस्थानी हिन्दी।
3. **सत्यवती कथा (1501) :** के रचयिता ईश्वरदास सगुणोपासक भक्त थे। इसके कथानक का संबंध राजकुमारी

सत्यवती तथा राजकुमार ऋतुपर्ण के प्रथम दर्शनजन्य प्रेम-प्रसंग हैं।

छंद योजना—दोहा-चौपाई, शैली, भाषा-अवधी

4. **मृगावती (1503) :** के रचयिता क़ुतुबन ने इसमें प्रथम दर्शन जन्य प्रेम का निरूपण अत्यन्त भावात्मक शैली में किया है। कथा की परिणति अपभ्रंश के जैन काव्यों की परम्परा के अनुसार शान्तरस में होती है।

छन्द योजना - 'दोहा-चौपाई शैली', भाषा-अवधी

5. **माधवानल-कामकंदला :** के रचयिता 'गणपति' ने नायक माधव एवं नृत्यविशारदा कामकन्दकला के प्रेम को निरूपण किया है। काव्य के आरम्भ में अपना परिचय देने से पहले कवि ने कामदेव की स्तुति की है। इसकी भाषा राजस्थानी है तथा दोहा छन्द का प्रयोग है।

6. **पद्मावत (1540) :** 57 खण्डों (अध्यायों) में जायसी रचित 'पद्मावत' इस परम्परा का प्रौढ़तम् कथा काव्य है। यह एक रूपक काव्य (एलिगोरी) है। आचार्य शुक्ल इसे सूफी रचना मानते हैं। अनेक विद्वान इससे असहमत भी हैं। साही ने लिखा है "जायसी यदि सूफी है तो कुजात सूफी है।"

पद्मावत में प्रतीक योजना का निर्वाह हो पाया या नहीं। यह बात विवाद का विषय हो सकती है, परन्तु प्रतीकों का प्रयोग निर्विवाद है। इसमें चित्तौड़ के राजा रत्नसेन तथा सिंहल की राजकुमारी पद्मावती के प्रेम, विवाह, एवं विवाहोत्तर जीवन का मार्मिक चित्रण हुआ है।

छंद योजना - कडवकबद्ध पद्धति (दोहा-चौपाई), भाषा-ठेठ अवधी।

अन्य रचनाएं - अखरावट, चित्ररेखा, कहरानामा, मसलानामा, आखिरी कलाम (1528) फारसी में छपा है।

7. **मधुमालती :** मंझनकृत 'मधुमालती' में नायक-नायिका के प्रथम दर्शन जन्य प्रेम के साथ-साथ पूर्वजन्म के प्रणय संस्कारों की भी महत्ता दिखाई गयी है।

छंद योजना - कडवक पद्धति (दोहा-चौपाई), भाषा अवधी

8. **ढोला-मारू रा दूहा :** इसके रचयिता कुशल-लाभ माने जाते हैं। डॉ. मोती लाल मेनारिया ने अंतसाक्ष्यों के आधार पर इसे आदि काल की रचना न मानकर इसे भक्तिकाल के अंतर्गत रखा जाता है। कुशललाभ (कल्लोल कवि) द्वारा रचित यह ग्रन्थ नरवर देश के राजकुमार ढोला (दूल्हा) तथा पूगल देश की राजकुमारी मारवणी के विवाहोत्तर प्रेम और विरह की मार्मिक कथा कहता है।

छंद योजना - दोहा, भाषा पुरानी राजस्थानी।

9. **माधवानल-कामकन्दकला चौपाई :** के रचयिता कुशल-लाभ ने नायक-नायिका के अनेक जन्मों की कथा का वर्णन किया है।

छंद योजना - प्रधानतः चौपाई तथा दोहा और सोरठा एवं गाथा का भी प्रयोग।

भाषा - राजस्थानी

10. **रूपमंजरी :** अष्टछाप के प्रसिद्ध कवि नन्ददास द्वारा रचित 'रूपमंजरी' में विवाहिता रूपमंजरी और कृष्ण-प्रेम का चित्रण हुआ है। कवि ने इसमें पहली बार उत्पत्ति रस (नारी का परपुरूष से प्रेम) की स्थापना की है।

11. **प्रेमविलास-प्रेमलता की कथा :** रचनाकार जैन श्रावक 'जटमल' हैं। नायक-नायिका का प्रेम प्रत्यक्ष दर्शन से उत्पन्न होता है। तथा दोनों गुप्तरूप से विवाह कर के भाग जाते हैं।

छंद योजना - दोहा चौपाई

12. **छिताई-वार्ता :** के रचयिता 'नारायणदास' ने इतिहास और कल्पना के मिश्रण से 'छिताई देवगिरी' के राजा रामदेव की कन्या तथा 'ढोल समुद्रगढ' के राजकुमार के प्रणय का वर्णन किया है। इसका कथानक अनेक दृष्टियों से पद्मावत से प्रभावित है।

छंदयोजना - दोहा-चौपाई, भाषा - राजस्थानी मिश्रित ब्रज

13. **माधवानल-कामकन्दकला (1584) :** आलम कृत इस प्रेमाख्यान में नायक-नायिका के कई जन्मों की कथा न कहकर केवल एक जन्म की ही कथा का स्वाभाविक एवं सरस वर्णन है। छन्द स्वाभाविक एवं सरस वर्णन है।

छन्द योजना - कडवक (5 अर्द्धालियों पर एक दोहा या सोरठा) भाषा-अवधी।

14. **चित्रावली (1613) :** के रचयिता उसमान ने इसमें सुजान तथा चित्रावली के प्रेम का वर्णन किया गया है। छन्द योजना कडवक (7 अर्द्धालियों पर एक दोहा) भाषा - अवधी।

15. **रसरत्न :** इसमें पुहकर कवि ने राजकुमारी रम्भा तथा सोम के प्रेम का चित्रण किया है।

छंद योजना - 'दोहा-चौपाई' भाषा - अवधी

16. ज्ञानदीप - रचनाकार 'शेख नबी'

छंद - दोहा-चौपाई, भाषा - अवधी।

इसी परम्परा में रीतिकाल में कासिमशाह (हसं-जवाहिर), नुर मुहम्मद (इन्द्रावती, अनुराग बाँसुरी), शेख निसार (युसुफ जुलेखा) आदि कवि हुए जिनका परिचय रीति काल के अन्तर्गत दिया जाएगा।

अन्य :

17. ज्ञान कवि : ने सर्वाधिक (29) प्रेमाख्यानों की रचना की है। इनकी भाषा राजस्थानी प्रभावित ब्रज है। इनमें प्रमुख प्रेमाख्यान हैं – कथा कनकावती, तथा रत्नावती, कथा कंवलावती, कथा मोहिनी, कथा नल-दमयन्ती, कथा रूपमंजरी, कथा कलन्दर, कथा पिजरवां साहिजादै वा देवलदे, ग्रन्थ लै लै मजनूं।

18. नल-दमयन्ती (नरपति व्यास), कनक मंजरी काशीराम, नलचरित्र (मुकुन्दसिंह), पद्मिनी-चरित्र (लालचंद या लक्षोदय)।

## सगुण भक्ति काव्य

**रामकाव्य :** (आचार्य रामानुज, आलवार संत, रामानन्द, तुलसी तथा अन्य, प्राकृत-अपभ्रंश में राम काव्य परम्परा, हिन्दी रामकाव्य)

**कृष्णकाव्य :** (निम्बार्क, वल्लभ, हितहरिवंश, चैतन्य, सूर तथा अन्य कवि, विभिन्न सम्प्र. प्राकृत अपभ्रंश तथा हिन्दी कृष्णकाव्य)

**मध्कालीन भक्ति आन्दोलन :** मध्यकालीन भक्ति आन्दोलन अखिल भारतीय था। इसकी सबसे बड़ी देन यही रही कि प्राकृत अपभ्रंश की परम्परा से पूरी तरह पल्ला छूटा तथा देश भाषाएं स्थापित हुई। भक्तिकालीन हिन्दी काव्य की प्रमुख भाषा ब्रजभाषा है जो ब्रजभूमि के बाहर भी काव्यभाषा के रूप में स्वीकृत हुई। इसीलिए भिरणीरीदास ने बाद में कहा है - 'ब्रजभाषा हेतु ब्रजभास ही न अनुमानौ।' बंगाल-असम से ब्रजभाषा प्रभावित बंगला-असमियां को 'ब्रजबुलि' कहा गया। भक्तिकाल की दूसरी भाषा अवधी है। भक्ति साहित्य अनेक विधाओं और छंदों में रचा गया है। गेय पद और दोहा-चौपाई में निबद्ध कडवक उसके प्रधान रचना रूप है। गेयपदों की परम्परा हिन्दी में सिद्धों से शुरू होती है। कडवक की परम्परा भी सरहपा से मिलने लगती है, किन्तु सरहपा ने कोई प्रबन्ध काव्य नहीं लिखा। अवधी में प्रबंधकाव्यों की परम्परा मिलती है - भीमकवि का 'दंगवै पुराण', सूरज की 'एकादशी कथा', पुरूषोत्तम का 'जैमिनी पुराण', ईश्वर दास की 'सत्यवती कथा', जायसी का 'पद्मावत', तुलसी का 'रामचरित मानस', आदि।

दोहे की परम्परा अपभ्रंश में मिलने लगती है। सरहपा का 'दोहाकोश' प्रसिद्ध है। दोहा नाम से आदिकाल में 'ढोला मारू रा दूहा' जैसा प्रबन्धकाव्य भी मिलता है। कबीर ने 'साखी' तथा तुलसी ने 'दोहावाली' दोहा छंद में लिखी। दोहे का ही एक रूप सोरठा है।

छप्पय, सवैया, कवित्त, भुजंग प्रभात, बैरवे, हरिगीतिका आदि भक्तिकाव्य के बहुप्रयुक्त छन्द है। सवैया, कवित्त हिन्दी के अपने (जातीय) छंद है जो भक्तिकाल में मिलते हैं, इनकी स्पष्ट परम्परा पहले नहीं मिलती। तुलसी ने नहछू, कलेऊ, सोहर, मंगलकाव्य जैसे काव्यरूपों का भी उपयोग किया है। मध्यकालीन भक्ति आन्दोलनों के अन्तर्गत सगुण और निगुर्ण दोनों धाराएं आती हैं। हम यहां सगुण काव्यधारा की साम्प्रदायिक पृष्ठभूमि की संक्षिप्त चर्चा करेंगें।

**धार्मिक पृष्ठभूमि :** हिन्दू धर्म के अन्तर्गत शैव, शाक्त, सौर स्मार्त्त और गणपत्य की गणना की जाती थी। शैव धर्म के अर्न्तगत मध्यकाल में पाशुपत, वीरशैव, लिंगायत, कश्मीरी सम्प्र. विख्यात थे। वैष्णव धर्म के भागवत सम्प्रदाय से सगुण भक्तिकाव्य का सूत्रपात हुआ। वैष्णव धर्म के उपसम्प्रदायों में रावत, शास्तापूजक, धर्मठाकुर, सहजिया, सत्यपीर।

भागवत धर्म के प्रतिपादक तीन प्रमुख सम्प्रदाय हैं – नारायणी, सात्वत तथा पांचरात्र। भागवत धर्म अत्यन्त प्राचीन है। इसने विष्णु तथा वासुदेव में एक्य स्थापित किया। इसके पश्चात् सात्वत धर्म का स्थान आता है जिसके प्रवर्तक वासुदेव ही माने जाते हैं। 'वासुदेव' तथा 'सात्वत' शब्द पर्याय रूप में भी उपलब्ध हैं। उपर्युक्त दोनों के बाद 'पांचरात्र' धर्म का स्थान आता है। जो अधिक व्यापक शास्त्रीय आधार रखता हैं 'पांचरात्र' धर्म का स्थान आता है। जो अधिक व्यापक शास्त्रीय आधार रखता हैं। 'पांचरात्र' शब्द में 'रात्र' का अर्थ है 'ज्ञान'। पंचवधि ज्ञान-वचन (परमत्व, मुक्ति, भुक्ति, योग, विषय या संसार) को पांचरात्रा माना जाता है तथा उनके समवेत ग्रहण को पांचरात्र धर्म कहते हैं। भागवत धर्म में नवधा भक्ति मान्य हैं –

"श्रवणं, कीर्तनं, विष्णो, स्मरणां, पादसेवनम्।
अर्चनं, वदनं, दास्यम्, सख्यम्, आत्मनिवेदनम्।।"

नवधा भक्ति कहलाती है। मध्यकाल में प्रेम को भक्ति माना गया।

## वैष्णव भक्ति के प्रधान आचार्य

**1. आचार्य रामानुज (श्री सम्प्रदाय) :** रंगनाथ मुनि वैष्णव भक्ति के प्रथम आचार्य थे। वह श्री सम्प्र. के प्रथम आचार्य माने जाते हैं। मुनि ने आलवार भक्तों के पदों के 'दिव्यप्रबंधम्' शीर्षक से संकलित किया। श्री सम्प्र. के परवर्ती आचार्य पुण्डरीकाक्ष, राममिश्र तथा यमुनाचार्य हैं, जिन्होंने रामभक्ति का विशेष पोषण किया। इस आचार्य परम्परा में आचार्य रामानुज का स्थान अप्रतिम है। उन्होंने श्री सम्प्र. को व्यापक शास्त्रीय आधार दिया तथा विशिष्टाद्वैत सिद्धान्त की स्थापना की। श्री कांचीपूर्ण रामानुज के शूद्र गुरू थे।

**2. मध्वाचार्य (ब्रह्म सम्प्र.) :** आचार्य ने द्वैतवाद की स्थापना की तथा ब्रह्म सम्प्र. का प्रवर्तन किया।

**3. विष्णुस्वामी (रूद्र सम्प्र.) :** आचार्य ने 'सर्वज्ञसूक्त' नामक ग्रन्थ की रचना की तथा रूद्र सम्प्र. का प्रवर्तन किया।

**4. आचार्य निम्बार्क (सनक सम्प्रदाय) :** आचार्य ने द्वैताद्वैतवाद की स्थापना की जो प्राचीन भेदाभेदवाद का ही एक रूप है। सनक या हंस सम्प्र. का प्रवर्तन किया।

उपरोक्त में से श्री एवं ब्रह्म सम्प्र. से रामभक्ति को विशेष पोषण मिला।

## रामकाव्य

**संस्कृत, पालि, प्राकृत एवं अपभ्रंश में रामकाव्य :**

— वाल्मीकी रामायण (तीसरी सदी ईसा पूर्व) को रामकथा का आदिकाव्य माना जाता है। इसके तीन पाइ दक्षिणात्य, गौडीय, तथा पश्चिमोत्तरीय प्राप्त होते हैं।

— इसके पश्चात् उपनिषदों एवं पुराणों में रामकथा का वर्णन है।

— बौद्ध जातक कथाओं में राम 'दशरथजातक', 'अनामर्तजातक' तथा चीनी त्रिपिटिक के अन्तर्गत दशरथ कथानक में प्राप्त है।

— जैन ग्रन्थों में अपेक्षाकृत विस्तारपूर्वक रामकथा वर्णित है— पउमचरिउ (विमलसूरि), सियाचरियम्, राम चरियम् (भुवनतुंगसूरि), पद्मचरित (रविषेण), अत्तरपुराण (गुण भद्र), कथाकोष (हरिकोष), पदमचरिउ (स्वयंभू-अपभ्रंश), महापुराण (पुष्पदंत्त-अपभ्रंश)।

— वासुदेव हिण्डी (संघदास गणिवाचय), में कृष्णकथा (विस्तार से) तथा राम कथा (संक्षिप्त), दोनों हैं। यह जैन (प्राकृत) ग्रन्थ है।

— राम कथा पर आधारित संस्कृत नाटकों में कालक्रमानुसार प्रथम स्थान भास रचित 'प्रतिभा' एवं 'अभिषेक' नाटकों का है। 'प्रतिभा' नाटक की रचना सात अंकों में हुई है। इसमें सीता को लक्ष्मी का अवतार माना गया है। 'अभिषेक' में राम के विष्णुत्व की सांकेतिक अभिव्यक्ति हुई है।

— कालिदास प्रणीत 'रघुवंशम' में दसवें से पहन्द्रवें सर्ग तक रामकथा वर्णित है।

— प्रवरसेन रचित 'रावण-वध' महाकाव्य (प्राकृत भाषा 15 सर्ग) राम-रावण युद्ध पर आधारित है।

— छठी-सातवीं सदी के लगभग संस्कृत में 'महाकाव्य' अथवा 'रावणवध' शीर्षक से एक महाकाव्य (रचनाकार अज्ञात) मिलता हैं जिसमें कवि ने रामकथा के माध्यम से व्याकरण के नियम स्पष्ट किए हैं इसमें 22 सर्ग हैं।

— भवभूति ने 'उत्तररामचरित' में रामकथा का वर्णन किया है। इनकी एक अन्य रचना 'महावीरचरित' (7 अंक) है।

— अनंग हर्ष मातृराज रचित 'उत्तरराघव' नाटक (8वीं सदी) में छह अंकों में वनवास से अयोध्या वापस आने तक की कथा है।

— रामकथा से संबंधित अन्य प्रमुख रचनाएं हैं—

महाकाव्य - जानकी हरण (कुमारदास), रामायणमंजरी (क्षेमेन्द्र), दशावतार-चरितम् (क्षेमेन्द्र), उदारराघव (साक्यमज), राघवोल्लास (अद्वैत)।

नाटक - कुन्दमाला (दिङनाग), प्रसन्नराघव (जयदेव), उल्लास राघव (सोमेश्वर)।

उपरोक्त समस्त साहित्य आठवीं सदी तक का है। इसमें मूलतः कवि की दृष्टि से रामचरित को प्रस्तुत किया गया है, भक्त की दृष्टि से नहीं। राम को अवतार मानकर उनकी उपासना का सूत्रपात कब से हुआ यह बताना कठिन है, परन्तु जहां तक रामभक्ति के साम्प्रदायिक स्वरूप का प्रश्न है, वह आठवीं शताब्दी के पश्चात् प्रारम्भ हुआ। गुप्त साम्राज्य के पतन के बाद उत्तर भारत में भागवत धर्म का ह्रास होने लगा। वैष्णव साधना का गढ़ उत्तर भारत से दक्षिण में चला गया। जहां आलवारों ने रामभक्ति को अक्षुण्ण बनाए रखा। आलवारों का समय 800 ई.- 1100 ई. के आसपास तक है। रंगनाथ मुनि (824-924 ई.) ने इनके पदों का 'प्रबन्धम्' शीर्षक से संग्रह किया। 1100-1400 ई. में रंगनाथ मुनि (श्री सम्प्र.) के परवर्ती आचार्यों पुण्डरीकाक्ष, रामानुज तथा राघवानन्द आदि का युग आता है, जिन्होंने रामभक्ति के दार्शनिक आधार को प्रतिष्ठित किया। चौदहवीं सदी के आरम्भ में रामानन्द ने भक्ति का पुनः उत्तर में प्रचार किया। इस संदर्भ के कबीर का कथन है — 'भक्ति द्राविडी उपजी लाए रामानन्द।'

***अन्य भारतीय भाषाओं में प्रमुख रामकाव्य-रचनाएं —***

| | | | | |
|---|---|---|---|---|
| 'कृत्तिवासी' | - | कृत्तिवास | - | बंगला |
| 'कम्ब रामायण' | - | कम्ब | - | तमिल |
| 'भावार्थ रामायण' | - | संत एकनाथ | - | मराठी |
| 'ओवीबद्ध' | - | समर्थ गुरू रामदास | - | मराठी |
| 'रामायण' | - | वेणाबाई देशपाण्डे | - | मराठी |
| 'रामचरित' | - | राजाश्रीराम | - | मलयालम |
| 'रामायण' | - | नामचन्द्र | - | कन्नड |
| 'रंग रामायण', | | | | |
| 'भास्कर रामायण | - | —— | - | तेलगू |

**हिन्दी रामकाव्य परम्परा :** हिन्दी रामकाव्य परम्परा में कुछ जैन कवियों की रचनाएं प्रारम्भ में आती हैं। रावण-मन्दोदरी संवाद (मुनि लावण्य), रामचरित या रामरास (ब्रह्मनिदास), हनुमन्तरास (ब्रह्मजिनदास), हनुमन्तगामी कथा (ग्रह्मराममल्ल), हनुमान चरित (सुन्दरदास)।

**स्वामी रामानन्द :** 'श्री सम्प्र.' के आचार्य राघवानन्द के शिष्य, स्वामी रामानन्द रामानुज के शिष्य परम्परा में आते हैं। भक्तमाल के अनुसार वह रामानुज के शिष्य परम्परा में चतुर्थ शिष्य थे जबकि श्री रामाचर्नपद्धति के अनुसार चौहदवें। भक्तमाल में रामानन्द के बारह शिष्यों का उल्लेख है। स्वामी जी ने 'रामावत सम्प्रदाय' का गठन किया। इस सम्प्रदाय का मूलमंत्र 'राम' या 'सीताराम' हैं। इन्होंने 'रामतारक' मंत्र देकर मुसलमानों को भी हिन्दू बनाया। स्वामी जी ने काशी में वैरागी दल का भी गठन किया था। जो आज भी 'वैरागी' नाम से ही प्रसिद्ध है। इसी वैरागी परम्परा में एक शाखा में योगसाधना का समावेश हुआ जो 'तपसी शाखा' कहलायी। 'कील्हदास' तथा उनके शिष्य 'द्वारकादास' इसी शाखा के साधक थे। इनके अन्य ग्रन्थ रामरक्षा स्तोत्र को आचार्य शुक्ल इनके द्वारा रचित नहीं मानते।

**रामकथा के हिन्दी कवि :**

**1. ईश्वरदास :** रामचरित से संबंधित हिन्दी का प्रथम प्रबंधकाव्य संभवतः ईश्वरदास 'भारतविलाप' (16वीं सदी का आरम्भिक काल) है। 'अंगदपैज' भी रामकथा से संबंधित रचना है। इनकी एक अन्य प्रेमाख्यान रचना 'सत्यवती कथा (1501 ई.)' है। स्वर्गराहिणी कथा तथा रामजन्म भी इनकी ही रचनाएं है।

**2. अग्रदास :** रामानन्द जी के शिष्य अनन्तानन्द और अनतानंद के शिष्य कृष्णदास पयहारी थे। इन्हीं कृष्णदास पयहारी के शिष्य अग्रदास जी थे। इन्ही पयहारी जी ने जयपुर के समीप गलता नामक स्थान में अपनी गद्दी स्थापित की। रामभक्ति परम्परा में रसिक भावना के समावेश का श्रेय इन्हीं के शिष्य अग्रदास को है। अग्रदास ने रामभक्ति काव्य में रसिक सम्प्रदाय का प्रवर्तन किया, जिसका आधारभूत ग्रन्थ है – अग्रदास कृत 'ध्यानमंजरी'। यह स्वयं को जानकी जी की सखी मानकर 'अग्रअली' लिखते थे। अग्रदासी 'गोस्वामी जी' के लगभग समकालीन (जन्म कुछ पूर्व) थे। अतः गोस्वामी जी के मर्यादावाद के सामने यह रसिकभावना दबी रही परन्तु 100 वर्ष बाद यह अपने पूरे वेग से बही। कृपा निवास ने 'रामायत सखी सम्प्रदाय' की स्थापना की। 'रामस्नेही पंथ' के संस्थापक महंत रामचरण दास ने 'स्वसुखी शाखा' (पति-पत्नी भाव) का तथा जीवाराम ने 'तत्सुखी शाखा' (सखी भाव) का प्रवर्तन किया।

अग्रदास के ग्रन्थ ब्रजभाषा में है। प्रमुख रचनाएं है। अष्टयाम (या रामाष्टयाम), ध्यानमंजरी, रामभजनमंजरी, उपासना वाबली तथा पदावली।

**3. गोस्वामी तुलसीदास :** गोस्वामी के गुरू बाबा नरहरि दास थे। ये रामानन्द जी की शिष्य परम्परा में आते हैं। 'भक्तमाल' में यह क्रम इस प्रकार हैं।

रामानन्द – अनंतानंद – श्रीरंग – नरहरिदास – तुलसीदास परन्तु अन्य ग्रन्थों से इस संदर्भ में मतभेद भी मिलते हैं।

**जन्मतिथि एवं स्थान से संबंद्ध अंतस्साक्ष्य :** गोस्वामी के दो शिष्यों बेनीमाधवदास तथा महात्मा रघुबरदास की रचनाओं में अंतः साक्ष्य मिलते हैं। ये रचनाएं हैं–

मूलगोंसाईचरित (बेनीमाधवदास), तुलसीचरित (महात्मा रघुबरदास), दोनों में इनका जन्मस्थान राजापुर, जन्मसंवत् 1554 (मूलगोसाई चरित में जन्मतिथि श्रावण शुक्ला सप्तमी भी दी है।) माना गया है। तथा इन्हें सरयूपारीय ब्राह्मण माना गया है। शिवसिंह सरोज ने जन्मसंवत् 1583 तथा जार्ज ग्रियर्सन एवं पंडित रामगुलाम द्विवेदी ने 1589 ई. (1532 ई. यही मान्य है।) माना है।

**जनश्रुतियाँ :**

1. 'तुलसी परासर गोत दूबे पतिऔजा के'
2. 'मै पुनि निज गुरू सुनि, कथा सो सूकरखेत'
3. 'संवत् सोलह सौ असी, असी गंग के तीर।
   श्रावण शुक्ला सप्तमी, तुलसी तज्यों शरीर।।

**अंतःसाक्ष्य :**

1. 'मातु पिता जग जाई तज्यौ विधिहू न लिख्यौ कुछ भाल-भलाई'
   – कवितावली
2. 'जनक' जननी तज्यौ जनमि, करम बिनु विधिहू सू ज्यों अवडेरे।'
   – विनयपत्रिका
3. 'तनुजन्यो कुटिल कीट ज्यों, तज्या मातु-पिता हूँ।'
   – विनयपत्रिका
4. 'संवत् सोलह सौ असी, असी गंग के तीर।
   श्रावण कृष्णा तीज शनि, तुलसी तज्यो शरीर।।'

**आचार्य शुक्ल ने तुलसी के बारह ग्रन्थ गिनाए हैं :**

रामचरितमानस, कवितावली, विनयपत्रिका, दोहावली, गीतावली, रामाज्ञाप्रश्नावली, रामलला नहछू, पार्वती मंगल, जानकी मंगल, बरवै रामायण, वैराग्य संदीपनी, कृष्णगीतावली।

**शिव सिंह सरोज में दस और ग्रन्थ गिनाए गए हैं :**

हनुमान बाहुक, रामसतसई, संकटमोचन, रामशलाका, छन्दावली, छप्पय रामायण, कडखा, रामायण, रोला रामायण, झूलना रामायण, कुण्डिलिया रामायण।

अवधी : रामचरित मानस, जानकी मंगल, पार्वतीमंगल, बरवै रामायण, रामलला नहछू।

ब्रज : गीतावली, कृष्णगीतावली, कवितावली (साहित्यिक ब्रज) विनयपत्रिका।

प्रबन्धकाव्य : रामचरित मानस, रामलला नहछू, पार्वती मंगल, जानकी मंगल।

गीतिकाव्य : विनयपत्रिका, गीतावली, कृष्णगीतावली।

मुक्तककाव्य : कवितावली, दोहावली, वैराग्य संदीपनी, हनुमान बाहुक, बरवै रामायण, रामाज्ञा प्रश्नावली।

तुलसी की एक अन्य रचना कलिधर्माधर्म निरूपण बताई गई जिसे डॉ॰ रामकुमार वर्मा तथा कुछ अन्य विद्वान् ही प्रमाणिक मानते हैं।

**4. नाभादास :** नाभा दास अग्रदास जी के शिष्य थे। इन्होंने हिन्दी में 'भक्तमाल' परम्परा का सूत्रपात किया। अद्यावधि उपलब्ध भक्तमालों में इन्हीं का भक्तमाल सर्वश्रेष्ठ माना जाता है। इनकी एक अन्य रचना 'अष्टयाम' है।

**5. केशवदास :** ओरछानरेश महाराज रामसिंह के भाई इन्द्रजीत के दरबार में थे। इनके रचित सात ग्रन्थ हैं :

रामचन्द्रिका, कविप्रिया, रसिकप्रिया, वीरसिंहचरित, विज्ञान गीता, रतनबावनी, जहांगीर जसचंद्रिका। दो अन्य रचनाएं भी बताई गयी हैं — नखशिख तथा छन्दमाला। कविप्रिया (अलंकार ग्रन्थ) तथा रसिकप्रिया (रस ग्रंथ) दोनों ही सोलह (16) प्रकाशों में विभक्त हैं।

रामचन्द्रिका, वीरसिंहदेव चरित, विज्ञानगीता, जहांगीर जसचंद्रिका तथा रतनबावनी प्रबन्धकाव्य हैं।

**रामचंद्रिका :** यह प्रबन्धकाव्य 39 प्रकाशों में विभक्त हैं, जिसमें लगभग 125 प्रकार के छन्दों का प्रयोग है। इसे कुछ आलोचकों ने 'छन्दों का अजायबघर' कहा है। आचार्य शुक्ल ने तो केशव को 'कठिन काव्य के प्रेत' तक की संज्ञा दे डाली है। केशव की भाषा देशज प्रभावित ब्रज है जिसमें संस्कृत की क्लिष्ट पदावलियां गुम्फित हैं।

**6. सेनापति :** इनका काव्य ऋतु वर्णन, श्लेष-चमत्कार तथा गर्वोक्तियों के लिए प्रसिद्ध है। ये गंगाधर के पुत्र, परशुराम के पौत्र तथा हीरामणि दीक्षित के शिष्य थे। 'कवित्त रत्नाकर' (पाँच तरंगो में विभक्त) इनका प्रसिद्ध ग्रन्थ है। एक अन्य रचना भी बताई जाती है। 'काव्यकल्पद्रुम'। भाषा ब्रजभाषा है।

**7. अन्य**

| रामभक्ति काव्य | रचनाकार |
|---|---|
| रामायण महानाटक (प्रबन्धकाव्य) | प्राणचन्द चौहान |
| रामरासो, अध्यात्मरामायण | माधवदास |
| हनुमन्नाटक | हृदयराम |
| पौरूषेय, रामायण | नरहरि बारहट |
| अवध विलास | लालदास |
| रामायण (गुरूमुखी) | कपूर चन्द्र त्रिखा (ब्रज) |
| रघुनाथ चरित, दशावतार चरित | परशुराम देव |
| रघुनाथ लीला | माधवदास जगन्नाथी |
| हनुमानचरित्र | राममल्ल पाँडे |

## कृष्णकाव्य

कुछ तथ्य :

— डॉ॰ भण्डारकर तथा लोकमान्य तिलक वैदिक ऋषि आंगिरस कृष्ण तथा गीता के उपदेष्टा महाभारत कालीन कृष्ण को पृथक्-पृथक् मानते हैं। ऋग्वेद के प्रथम, अष्ट्म तथा दशम मंडल में भी कृष्ण का उल्लेख है। डॉ॰ भण्डारकर गोपाल कृष्ण को गीता का उपदेष्टा महाभारतकालीन कृष्ण से भिन्न मानते हैं।

— ग्रियर्सन, कैनेडी, वेबर आदि पाश्चात्य विद्वान् कृष्ण की बाललीलाओं को क्राइस्ट के चरित का अनुकरण मानते हैं। कृष्ण की लीलाओं के भक्त के लिए प्रसाद की प्राप्ति परमध्येय है। इसे उन्होंने लवफीस्ट कहा है।

— श्रीकृष्ण विषयक प्रमुख पुराण भागवत (इसकी रचना दक्षिण भारत में हुई थी।) में राधा को वह महत्वपूर्ण स्थान प्राप्त नहीं है। जो हरिवंश, ब्रह्मवैवर्त आदि पुराणों। रास पंचाध्यायी में तो रासलीला का मोहक वर्णन होते हुए भी राधा का स्पष्ट नामोल्लेख तक नही है।

— रामभक्ति के लिए प्रसिद्ध दक्षिण के आलवार भक्तों में से कई कृष्ण के भी उपासक थे।

— माधुर्य कृष्ण का वर्णन पुराणों से प्रारम्भ होता है। इसके पूर्व महाभारत में षडैश्वर्यशाली कृष्ण (ज्ञान, शक्ति, बल, ऐश्वर्य, वीर्य तथा तेज) का ही वर्णन है।

— सहजिया सम्प्रदाय में कृष्ण और राधा को 'रस' और 'रति' नाम से पुकारते हैं।

### संस्कृत/प्राकृत/अपभ्रंश साहित्य में कृष्णकथा

— कृष्णलीलाओं का संस्कृत काव्यों में सबसे पहले उल्लेख अवश्घोष के 'ब्रह्मचरित' काव्य में मिलता है।

— कृष्णकथा की कुछ मुख्य रचनाएं हैं।

गाहा सतसई (हालकवि), वेणीसंहार (नाटक), नाट्यदर्पण, अलंकार कौसतुभ, कंदर्प मंजरी, कृष्ण कथामृत, श्रीकृष्ण लीलामृत तथा गीत गोविन्द (जयदेव)।

— 12वीं से 15वीं सदी के मध्य की प्रमुख रचनाएं हैं।

हरिलीला (बोपदेव), यादवाभ्युदय (वेदान्त देशिक), हरिचरित काव्य, गोपलीला, कंसनिधन महाकाव्य, ब्रजबिहारी, गोपालचरित, मुरारिविजय नाटक हरविलास।

16वीं सदी में कृष्ण चैतन्य (चैतम्य महाप्रभु) के शिष्य षट्गोस्वामियों ने कृष्णभक्ति साहित्य को साहित्यशास्त्र की रस-परिपाटी पर स्थापित किया। इन्होंने संस्कृत में दो ग्रन्थ रचे— उज्जवल नीलमणि (रूपगोस्वामी), हरिभक्तिरसामृत सिन्ध (रूपगोस्वामी), षटसंदर्भ (सनातन गोस्वामी), भगवत्संभ (जीवगोस्वामी)।

— आदिकाल और भक्तिकाल की संधि रेखा पर विद्यापति का कृष्णकाव्य आता है। इसकी चर्चा हम आदिकाल के अंतर्गत कर चुके हैं।

## हिन्दी कृष्णकाव्य के सम्प्रदाय प्रवर्तक प्रमुख आचार्य

**1. वल्लभाचार्य (1479-1530 ई.) :** वल्लभ सम्प्र. के प्रवर्तक आचार्य वल्लभ तेलगू प्रदेश के निवासी विष्णुस्वामी मतावलम्बी भक्त लक्ष्मण भट्ट के पुत्र थे। आचार्य ने 'अणु-भाष्य', 'सुबोधिनी' (टीका), 'तत्वनिबन्ध', 'जैमिनीय पूर्वमीमांसा-सूत्रभाष्य' तथा 16 लघु प्रकरण ग्रन्थों (कृष्णाश्रय, पुष्टि प्रवाह मर्यादा आदि) की रचना की।

वल्लभ सम्प्र. सिद्धान्त पक्ष (दार्शनिक मत) को शुद्धाद्वैत तथा साधना पक्ष (भक्तिमार्ग) को पुष्टिमार्ग कहा जाता है। 'पुष्टि' शब्द भागवत पुराण के 'पोषणं तदनुग्रह' से लिया गया है। भगवत अनुग्रह या कृपा को 'पुष्ट' कहा जाता है। इस प्रकार पुष्टिमार्ग भगवान की अहैतु की कृपा का मार्ग है।

"पुष्टिं किं? में पोषणाम् किं ? तदनुग्रहः। भगवत्कृपा।"

पुष्टिमार्गी भक्ति रागानुरागी भक्ति है। इसमें भक्त ईश्वर को पाने के लिए कोई प्रयत्न नहीं करता बल्कि भगवदनुग्रह पर भरोसा करके समस्त प्रयत्नों का विसर्जन कर देता है और नित्यलीला में प्रवेश पाता है। पुष्टिमार्गी दीक्षा के समय गुरूमंत्र दिया जाता है—

"श्रीकृष्णः शरणं मम।"

आचार्य वल्लभ के पुत्र गोस्वामी विटठ्लनाथ ने वल्लभ के चार शिष्यों - सूरदास, कुम्भनदास, परमानन्ददास तथा कृष्णदास एवं अपने चार शिष्यों - नन्ददास, गोविन्दस्वामी, छीतस्वामी तथा चतुर्भुज दास को लेकर अष्टछाप की स्थापना की। अष्टछाप के कवियों ने ही मुख्यतः पुष्टिमार्ग भक्ति का पल्लवन किया।

वल्लभाचार्य के भक्त 'पूरणमल खत्री' ने गोवर्धन पहाड़ी पर श्रीनाथ जी का मंदिर बनवाया था। अष्टछाप के भक्त इन्हीं 'श्रीनाथ जी' की नित्यलीला में अंतरंग सखाओं के रूप में सदैव रहने के कारण 'अष्टसखा' कहलाते हैं। वल्लभ सम्प्र. में सेवानिधि का सांगोपांग विधान है। अष्टयाम की इस सेवा-मंगलाचरण, शृंगार, ग्वाल, राजयोग, उत्थापन, भोग, सन्ध्या आरती तथा शयन का नियमतः पालन किया जाता है।

**2. आचार्य निम्बार्क (12-13वीं सदी) :** (द्वैताद्वैतवाद का प्रवर्तन, हंसा या सनक सम्प्रदाय)।

साम्प्रदायिक आचार्यों के अनुसार, इस सम्प्रदाय के आदि उपदेष्टा श्री हंस भगवान हैं। उनसे सनत-सनकादि को उपदेश मिला। नारद मुनि ने इस उपदेश को ग्रहण कर इसे आचार्य निम्बार्क को दिया। निम्बार्क का प्रारम्भ नाम आरूणि था। डॉ. भण्डारकर के अनुसार, निम्बार्क का समय 1162 के आस-पास है। इनका शैशव का नाम नियमानन्द था। निम्बार्क के चार प्रधान शिष्य श्री निवासाचार्य, श्री औदुम्बराचार्य, श्री गौरमुखाचार्य, तथा श्री लक्ष्मण भट्ट हैं। श्री निवासाचार्य का ग्रन्थ 'वेदान्तकौस्तुभ' अत्यन्त प्रसिद्ध है। निम्बार्क को भगवान कृष्ण के सुदर्शन चक्र का अवतार माना जाता है। कुछ विद्वानों के अनुसार, अत्यन्त सुंदर होने के कारण इन्हें सुदर्शन कहते थे। निम्बार्क ने सिद्धान्त स्थापना के लिए पांच ग्रन्थों का प्रणयन किया। वेदान्तपारिजात सौरभ, दश लोकी, श्रीकृष्णस्तवराज, मन्त्ररहस्यषोडशी, प्रपन्नकल्पवल्ली। इस सम्प्र. में भक्ति का 'राधा-कृष्ण' युगलभाव ही स्वीकृत हैं। राधा का स्वकीया रूप स्वीकृत हैं तथा भक्ति के पांच रूपों में उज्जवल भक्ति (दाम्पत्य भक्ति) को सर्वश्रेष्ठ माना गया है। राजस्थान के सलेमाबाद में इस सम्प्र. की सबसे बड़ी गद्दी है।

**3. आचार्य हितहरिवंश** (राधावल्लभ सम्प्रदाय) **:** इस सम्प्रदाय का प्रवर्तन आचार्य हितहरिवंश गोस्वामी ने 1534 ई. में वृन्दावन में किया। इस सम्प्रदाय में प्रेम को ही भक्ति तथा सम्प्रदाय का मूलाधार माना जाता है। नित्यविहार दर्शन ही सहचरी (जीवात्मा) का उपास्य भाव है। जिसकी प्राप्ति केवल प्रेम से ही होती है। नित्यविहार के विधायक चार तत्व हैं — कृष्ण, राधा, सहचरी तथा वृन्दावन। राधा और कृष्ण नित्यविहारी हैं और जीवात्मा सखी भाव से उनके विहार दर्शन को परमसुखी मानती है। प्रेम में नित्यमिलन और विरह दोनों का इस सम्प्रदायमें विचित्र रीति से समाहार कर दिया गया है। हितहरिवंश ने इसे सारस अथवा चकई-चकवा के प्रणय द्वारा स्पष्ट किया है। प्रेम में 'तत्सुखीभाव' को स्थान देने की जैसी सफल चेष्टा इस सम्प्रदाय में लक्षित होती है, वैसी अन्यत्र नहीं।

इस सम्प्रदाय में उपासना का आधार रस माना जाता है, अतः वाह्यनिधिनिषेध को स्थान नहीं दिया जाता। राधा को कृष्ण से भी उच्च स्थान पर रखकर उपास्य माना जाता है। कृष्ण की उपासना आनुवांशिक रूप से होती है। राधा स्वयं आनन्द रूपा नित्यभाव है, इसीलिए उपासना को 'रसोपासना' कहा जाता है। इस सम्प्र. के मंदिरों में राधा का विग्रह कृष्ण के साथ नहीं होता। श्रीकृष्ण के वामभोग में एक वस्त्रनिर्मित गद्दी होती है। जिसके ऊपर स्वर्णपत्र पर 'श्रीराधा' शब्द अंकित रहता है। इसे 'गद्दी सेवा' कहते हैं।

इस सम्प्रदाय का तिलक भाल प्रदेश के नासिका भाग से ऊर्ध्व भाग तक अर्थात् त्रिकुटी तक रहता है। बीच में काली बिन्दी रहती

है। तिलक की सीधी रेखाओं को कृष्ण और काली बिन्दी को राधा माना जाता है। 'निजमन्त्र' ग्रहण करने पर दो लड़ी कण्ठी, जिसमें तुलसी के मनके रहते हैं, पहनना अनिवार्य है।

**4. स्वामी हरिदास ('सखी' सम्प्रदाय) :** 'सखी सम्प्रदाय' के प्रवर्तक स्वामी हरिदास से 200 वर्ष के पश्चात् होने वाले इसी सम्प्रदाय के 'ललितमोहिनीजी' वृन्दावन में बाँस की टट्टियों का घर बनाकर रहते थे। जिससे इसका एक नाम 'टट्टी सम्प्रदाय' भी हो गया। सर्वप्रथम मिश्रबन्धुओं ने इसे टट्टी सम्प्रदाय कहने की शुरूआत की। इस सम्प्रदाय के एक श्रेष्ठ वाणीकार भगवत रसिकजी ने सम्प्रदाय को वादमुक्त बताते हुए कहा है—

*"नाहीं द्वैताद्वैत हरि, नहीं विशिष्टाद्वैत।*
*बंधे नहीं मतवाद में ईश्वर इच्छाद्वैत।।"*

तथा सम्प्रदाय का रूप इस तरह स्पष्ट किया है —

*"आचारज ललिता सखी, रसिक हमारी छाप।*
*नित्यकिशोर उपासना, युगलमंत्र कौं जाय।।*
*युगलमंत्र कौं जाय, वेद रसिकन की बानी।*
*श्री वृन्दावनधाम, इष्ट स्यामा महारानी।।*
*प्रेम देवता मिले बिना, सिद्ध होय न कारज।*
*भावत सब सुखदानि प्रगट भये रसिकाचारज।।"*

सखी सम्प्रदाय का उपास्य 'प्रेम' नामक तत्व है। यह प्रेम नित्य है और अपनी क्रीडा के लिए राधा-हरि इन दो रूपों में नित्य-प्रकटित है। यह प्रेम का तीसरा रूप सखीजन है जो इस प्रेमलीला की प्रायोजिका और भोक्ता भी है। नित्यधाम वृन्दावन उसी प्रेम का चिद्घन रूप है। अन्य सम्प्रदायों में वर्णित कृष्णलीला तथा स्वामी हरिदास जी की निकुंजलीला में तारतम्य का भारी भेद है। अन्यत्र अवतार रूप श्रीकृष्ण की अराधना की जाती है। परन्तु स्वामीजी की राधा वृषभानुकुमारी नहीं है। ब्रज की लीला नैमित्तिकी लीला है, क्योंकि अवतार किसी न किसी निमित्त से नहीं होता है। अवतार के कर्त्तव्य, कर्म और लोकचरित्र से उनके नित्यविहार में बाधा पड़ती है। स्वामी हरिदासजी के उपास्य तो प्रेम के मूलस्वरूप नित्यनिकुंज बिहारी हैं, जिनको सृष्टिनिर्माण आदि से कोई मतलब नहीं है। यह कार्य तो उनकी पदनखछरा के अंश ज्योतिरूप-नारायण करते रहते हैं। वृन्दावन की नित्यलीला सदा एकरस और अखण्ड रहने वाली है। इस रास लीला में नारायण का प्रदेश भी नहीं है। देव-पितर की कौन कहे, ब्रज के राधाकृष्ण भी उस रास के लिए ललचाते रहते हैं।

**5. कृष्ण चैतन्य (अचित्य भेदाभेदवाद, गौडीय सम्प्रदाय या चैतन्य मत) :** गौडीय सम्प्रदाय के प्रवर्तक कृष्ण चैतन्य का जन्म बंगाल के नवद्वीप नामक स्थान में हुआ था। इनके बचपन का नाम विशम्भर था। घर में विभाई नाम से भी इन्हें पुकारते थे और रूप सौन्दर्य की अतिशयता के कारण गौर या गौरांग नाम से भी प्रचलित हो गए थे। दीक्षा-गुरू केशवभारती ने उनका नाम बदलकर कृष्णचैतन्य अथवा चैतन्य रखा। चैतन्य की भक्तिभावना के आधार बिन्दु थे - प्रेम, ममता और भावुकता। उनका चैतन्य मत बिना चलाए ही चल पड़ा। अचिंत्य भेदाभेदवाद की व्यापक धरातल पर प्रतिष्ठा बलदेव विद्याभूषण ने 'गोविन्द भाष्य' में की है।

## कृष्णकथा के हिन्दी कवि

### क. अष्टछाप के कवि :

**सूरदास :** सूरदास के जीवनवृत्त से सम्बद्ध साक्ष्य चौरासी वैष्णवन की वार्ता (गोकुलनाथ), भक्तमाल (नाभाजी), वल्लभदिग्विजय (यदुनाथ), भावप्रकाश (हरिराम) तथा निजवार्ता में मिलते हैं। सूर सारावली तथा साहित्य लहरी से भी अनेक पंक्ति खोजी गयी हैं। सूरदास (1474-1538 ई.) का गऊघाट निवासी होना चौरासी वैष्णवन की वार्ता से प्राप्त होता है। उसी से यह भी ज्ञात होता है कि इनकी मृत्यु पर गोस्वामी विट्ठलनाथ ने शोकार्त होकर कहा था— "पुष्टिमारग को जहाज जात हैं, जो जाको कुछ लेना होय सो लेहु।"

सूर की कृतियां हैं — सूरसागर (द्वादश स्कन्ध)।

सूरसारावली तथा साहित्यलहरी की प्रामाणिकता पर विवाद भी है। साहित्यलहरी दृष्टिकूट पदों का संग्रह है। अर्थ गोपन शैली तथा अलंकार निरूपण की दृष्टि से भी यह महत्वपूर्ण है।

**नन्ददास :** 'दो सौ बावन वैष्णवन की वार्ता' और 'अष्टसखान की वार्ता' में इन्हें तुलसीदास का चचेरा भाई बताया गया है। जिसे आचार्य शुक्ल ने प्रामाणिक नहीं माना है। ध्रुवदास जी की 'भक्तनामावली' में भी प्रशंसा के अलावा कोई संकेत नहीं है। नाभादास जी के भक्तमाल में इन पर एक छप्पय है—

*'चन्द्रहस अग्रज सहृद परमप्रेम पथ में पगे।'*

इनके संबंध में प्रसिद्ध कहावत है—

*'और कवि गढ़िया, नन्ददास जडिया।'*

जिसका कारण इनका सुन्दर शब्द चयन एवं सुष्ठु प्रयोग हैं। इनकी प्रसिद्ध पुस्तक 'रास-पंचाध्यायी' रोला छंद में है। अन्य रचनाएं हैं —

भंवरगीत, गोवर्धनलीला, अनेकार्ष मंजरी, मानमंजरी, रसमंजरी, रूपमंजरी, विरहमंजरी, सुदामाचरित, रूक्मिणीमंगल, सिद्धान्त

पंचाध्यायी, दशस्कन्ध भाषा, नन्ददास पदावली, प्रेमबारहखडी, श्यामसगाई, दानशीलता, मानलीला। अनेकार्थमंजरी तथा अनेकार्थ नाममाला इनके द्वारा रचित कोश ग्रन्थ है।

**कुंभनदास :** साक्ष्य 'चौरासी वैष्णवन की वार्ता' तथा 'भाव प्रकाश' (हरिराय) में मिलते हैं। भक्तमाल की टीकाओं में इनका खास उल्लेख नहीं मिलता। अकबर के समक्ष गाया गया इनका यह पद बहुत प्रसिद्ध है –

'संतन को कहा सीकरी सो काम।'

**परमानन्द दास :** 'परमानन्द सागर', 'परमानन्द के पद' तथा 'वल्लभ सम्प्रदायी कीर्तन संग्रह' नामों से इनके पदों के संकलन हुए हैं।

**कृष्णदास :** श्रीनाथ जी के मंदिर के प्रधान प्रबन्धक थे। इनका वृत्त 'चौरासी वैष्णवन' की वार्ता' तथा 'दो सौ बावन वैष्णवन की वार्ता' में मिलता है। कहते हैं श्रीनाथ मंदिर की वेश्या नर्तकी तथा कृष्णदास दोनों ने इस पद के (कृष्णदास रचित) गाने के साथ अपने प्राण छोड़े थे–

'मो मन गिरिधर छवि पर अटक्यो।'

**गोविन्द स्वामी :** किंवदन्ती है कि अकबरी दरबार के प्रसिद्ध गायक 'तानसेन' ने इनसे पद गायन की शिक्षा ली थी। सम्प्रति इनके पदों का एक संकलन 'गोविन्द स्वामी के पद' शीर्षक से उपलब्ध है।

**छीतस्वामी :** मथुरा के प्रसिद्ध पंडा थे, तथा राजा बीरबल जैसे लोग इनके जजमान थे। इनका एक प्रसिद्ध पद हैं–

'हे विधवा तोसों अचरा पसारि मॉगों, जनम-जनम दी जौ
माही याही ब्रज बसिबौं।'

**चतुर्भुजदास :** ये कुंभनदास के सात पुत्रों में से सबसे छोटे पुत्र थे।

## ख. निम्बार्क सम्प्रदाय के कवि

**श्रीभट्ट :** भक्तमाल (श्रीनारायण जी नाभा) तथा हरिव्याशामृत (रूप रसिकदेव) में इनका वृत्त साक्ष्य मिलता है। श्रीभट्ट जी का ब्रजभाषा में लिखा एक ही ग्रन्थ है– "युगलशतक"। युगलोपासना में श्री राधा जी का प्राधान्य दृष्टिगोचर होता है। इस ग्रन्थ का भाव 'गोपीभाव' या 'सखी भाव' है। श्रीभट्ट को सम्प्रदाय में 'हितू सखी' का अवतार माना जाता है। यह पद गाते हुए इन्हें राधाकृष्ण की स्पष्ट झलक मिली थी–

'भींजत कब देखौं इन नैना।'

युगलशतक के रचनाकाल संबंधी एक दोहा उसी में है–

"नयन बान पुनि राग ससि, गनां अंक गति बात।
युगलशतक पूरन भयौ, संवत अति अभिराम।।"

– युगलशतक

युगलशतक का ही एक अन्य नाम 'आदिबानी' भी है।

**हरिव्यास देव :** भक्तमाल में इन्हें श्रीभट्ट का शिष्य बताया गया है। इनके प्रमुख बारह शिष्य बताये गये हैं। इन्होंने चार संस्कृत – सिद्धान्त रत्नाउज्जलि, निम्बार्काष्टोत्तरशतनामु, तत्वार्थचंक (अप्राप्त) पंचसंस्कार निरूपण (अप्राप्त), तथा एक ब्रजभाषा –'महावाणी' ग्रन्थ रचे।।

'निम्बार्काष्टोत्तरशतनाम' विटठलनाथ जी की कृति 'सर्वोत्तमस्रोत्र' की छाया पर लिखित है। 'किशोरी अलिजी की वाणी' में हरिव्यासदेव जी के शिष्य रूपरसिक को 'महावाणी' का कर्ता बताया गया है।

'रूपरसिक से हम रसिकवर।'

'दिव्य महाबानी रससानी पगटर करन, प्रगटे अवनी पर।'

– किशोरी अलिजी की वाणी

**परशुराम देव :** हरिव्यास देव जी के प्रमुख शिष्य थे। यह ही सम्प्रदाय की गद्दी को ब्रज से सलेमाबाद ले गए। इनकी प्रसिद्ध रचना है – 'परशुराम सागर'।

## ग. राधावल्लभ सम्प्रदाय के कवि

**हितहरिवंश :** वंशी के अवतार हितहरिवंश जी के गुरू रूप में श्रीराधा जी को स्वीकार किया जाता है। इनके रचित दो हिन्दी ग्रन्थ – हितचौरासी, स्फुटवाणी तथा दो संस्कृतग्रन्थ – राधा सुधानिधि, यमुनाष्टक प्राप्त होते हैं। राधावल्लभ सम्प्रदाय के प्रवर्तक हितहरिवंश जी के ग्रन्थ 'हित चौरासी को इस सम्प्रदाय का मूलाधार माना जाता है। श्री हरीराम व्यास ने इनकी मृत्यु पर अत्यन्त मार्मिक पद लिखा है–

'हुतो रस रसकिन को आधार।'

**दामोदर दास (सेवक जी) :** सेवक चरित्र (प्रियादास) में वृत्तसाक्ष्य उपलब्ध है। व्यास जी विशाखा सखी के अवतार माने जाते हैं। विशाखा राधा-मानव मिलन में सहयोग देकर राधा का अनुगमन करती है। इनकी रचनाओं में 'व्यास वाणी' तथा 'रागमाला' प्रमुख हैं।

**चतुर्भुज दासः** राधावल्लभीय चतुभुर्जदास 'अष्टछाप' के चतुर्भुजदास से भिन्न है। जिन्हें सबसे पहले मिश्रबन्धुओं ने तथा फिर आचार्य शुक्ल ने एवं डा॰ रामकुमार वर्मा ने भ्रमवश अपने इतिहासों में मिलाकर एक कर दिया है। इस भ्रम के निराकरण का श्रेय डॉ॰ दीनदयाल गुप्त को हैं। राधावल्लभय 'चतुर्भुजदास' की प्रमुख रचनायें हैं– द्वादशयश, भक्तिप्रताप, हितजू को मंगल।

**ध्रुवदास :** इनके ग्रन्थों की संख्या 42 है। कुछ समय पहले तक इस पर थोड़ा विवाद था। ब्रजमाधुरीसार (वियोगी हरि),

में 40 हिन्दी साहित्य का इतिहास (रामचन्द्र शुक्ल) में 37 तथा मिश्रबंधुविनोद में 43 ग्रन्थ गिनाये गये है। प्रमुख रचनाएं हैं–

हितशृंगारलीला, सिंगारसत, नेहमंजरी, भजनसत, दानलीला, मानलीला आदि।

'भक्तनामावली' में इन्होंने नाभाजी के अनुकरण पर कई भक्तों का उल्लेख किया है। ये हित हरिवंश जी के स्वप्न-शिष्य हुए थे।

**नेहीनागरीदास :** 'अनन्यर सिकमाल' (भगवतमुदित) में इनका वृत्त साक्ष्य प्राप्त है। नेहीनागरीदस जी की हितवाणी और नित्यविहार में अनन्यनिष्ठा थी इनका एक प्रसिद्ध पद है, जिसका सम्प्रदाय में बहुत मान है। यह पद 'राधाष्टक' नाम से प्रसिद्ध है, जिसमें राधा और हरिवंश को छोड़कर और किसको कुछ भी स्वीकार नहीं किया गया है।

**घ. सखी-सम्प्रदाय के कवि**

**स्वामी हरिदास :** निजमत सिद्धान्त (किशोरदास), भक्तमाल (नाभादास), में वृत्त साक्ष्य उपलब्ध है। हरिदास जी अपने समय के महान संगीतज्ञ तथा ध्रुपद गायक थे। इनकी भाषा तद्भवप्रधान बोलचाल के अतिनिकट है। अकबरी दरबार के गायक तानसेन इन्ही के शिष्य थे। स्वामी हरिदास की केवल दो रचनाएं प्राप्त हैं – 'सिद्धान्त के पद' तथा 'केलिमाल'।

**बीठल बिपुल :** निजमत सिद्धान्त (किशोरदास), भक्तमाल (नाभाजी) तथा सटीक भक्तमाल (प्रियादास) में इनका उल्लेख है। नाभादास जी ने इन्हें 'रससागर' की उपाधि दी है।

**बिहारिन दास :** बिहारीदास या बिहारिन दास इस सम्प्रदाय के श्रेष्ठ कवि तथा सिद्धान्त व्याख्याता हुए है। सम्प्रदाय में ये 'गुरूदेव' नाम से प्रसिद्ध हैं। यह हरिदासी उपासना के लिए प्रमाण कोटि में ग्रहीत है। इनकी रचनाएं 'बिहारिनदास की वाणी' नाम से प्रसिद्ध है। यह बीठलबिपुलजी के शिष्य थे। इन्होंने अपने मत को वैदिक सिद्ध करते हुए कहा है–

'वेदन कह्यो सो हम कियौ, औरन के मत छोरि।
कहत बिहारिन दास यह, अनन्य सभा में डोरि।।'

**जगन्नाथ गोस्वामी :** स्वामी हरिदास के भाई थे। इनकी रचना है – 'अनन्य सेवानिधि'। बिहार-रसामृत (सन्तदास) में सम्प्रदाय के आराध्य श्रीबिहारी जी तथा हरिदास जी के बाद इनकी भी वंदना की गयी है।

**नागरीदास :** ये बिहारिनदास जी के प्रमुख शिष्य थे। निजमत सिद्धान्त (किशोरदास) में इनका वृत्त प्राप्त हैं। ध्रुवदास ने एक दोहे में इनके मृदुल स्वभाव की प्रशंसा की है। नागरीदास के छोटे भाई सरसदास भी इसी सम्प्रदाय के भक्त कवि हैं। सरसदास जी के 66 पद 'अष्टाचार्यों की वाणी' में संकलित हैं।

**ङ. गौड़ीय सम्प्रदाय के कवि**

**रामराय :** इनका उल्लेख 'भक्तमाल' (नाभा जी) तथा 'दो सौ बावन वैष्णवन की वार्ता' (गो. विट्ठलनाथ) में हुआ। इनके अनेक पदों में 'भगवान हितरामराय' की छाप मिलती है। ब्रज में इन्होंने श्रीनित्यानंद से दीक्षा ग्रहण की। इसके पूर्व यह गो. विट्ठलनाथ के शिष्य थे। रामराय जी संस्कृत तथा ब्रजभाषा दोनों के ही पण्डित थे। ब्रजभाषा में 'आदिवासी' तथा 'गीत गोविन्दभाषा' तथा संस्कृत में 'गौरविनोदिनी', वृत्ति गौर भाष्य, स्तवपंचकम् तथा गोविन्द तत्व दीपिका ग्रन्थों का इन्होंने प्रणयन किया। आदिवाणी से यह विशुद्ध गौडीय ज्ञात होते हैं।

**सूरदास :** भक्तमाल (नाभाजी) में इनके काव्य की प्रशंसा की है। यह श्री सनातन गोस्वामियों के शिष्य थे। सहृदबानी (बाबा कृष्णदास) में इनके 105 पद संग्रहीत हैं।

यह अकबर के दीवान थे और संडीले में निगुक्त थे। एक बार इन्होंने खजाने में आयी तेरह लाख मुद्रायें साधुओं के खिलाने-पिलाने पर खर्च कर दी तथा स्वयं वृन्दावन भाग गए। खजाने के विवरण में लिख भेजा –

'तेरह लाख संडीले उपजे, सब साधुन मिलि गटके।
सूरदास मदनमोहन, वृन्दावन को सटके।।'

**गदाधर भट्ट :** यह ब्रज भाषा के सुप्रसिद्ध कवि तथा भागवत के श्रेष्ठ वक्ता थे। इनकी प्रशंसा ध्रुवदास (भक्तानामावली), नागरीदास, भगवतरसिक, प्रियादास आदि ने की है। इनके बारे में भ्रान्ति है कि ये महाप्रभु चैतन्य के शिष्य थे और उन्हें भागवत सुनाया करते थे। इसी आधार पर आचार्य शुक्ल ने इन्हें सूर-पूर्व मान लिया है। वस्तुतः चैतन्य ने किसी को अपना शिष्य नही बनाया। उनको भागवत सुनाने वाले गदाधर पण्डित थे, गदाधर भट्ट नही।

**चन्द्रगोपाल :** रामराय जी के अनुज थें। इनकी संस्कृत रचनाएं हैं– श्रीराधामाधवाष्टक, श्रीराधामाधवभाष्य तथा गायत्रीभाज्य। ब्रजभाषा के इनके ग्रन्थ हैं– चन्द्रचौरासी, अष्टायाम सेवासुधा, गौरांग अष्टाया ऋतुबिहार तथा राधाविरह।

**माधवदास माधुरी :** 'श्रीमाधुरीवाणी' में इनकी कई रचनाएं संकलित की गयी हैं। ये रचनायें है– केलिमाधुरी, वंशीवट माधुरी, वृन्दावन माधुरी, उत्कण्ठामाधुरी, दानमाधुरी, मानमाधुरी, होरी माधुरी तथा प्रियाजी की बधाई।

**भगवतमुदित :** ये भक्तवर माधव मुदित के पुत्र थे जिनका उल्लेख प्रियादास ने 'भक्तिरस बोधिनी' में किया है। भगवत मुदित जी की दो रचनाएं हैं – 'वृन्दावनशत' तथा 'रसिक अनन्यमाल'। इनके अतिरिक्त 'हितचरित्र' तथा 'सेवक चरित्र' भी इन्हीं के रचित बताये जाते हैं, परन्तु ऐसा है नहीं। 'हितचरित्र' उत्तमदास की रचना है तथा सेवक चरित्र रसिक अनन्यमाल का ही एक अंश है।

'वृन्दावनशत' श्री प्रबोधानन्द सरस्वती के 'वृन्दावनमहिमामृत' नामक सरस संस्कृत ग्रन्थ के एक शतक का ब्रजभाषा में छायानुवाद है।

**भगवानदास :** 'दो सौ बावन वैष्णव की वार्ता' में इनका उल्लेख है। इनके पद रामराय जी के पदों में बड़ी संख्या में घुलमिल गये हैं। इनके पदों में भी 'भगवान हित रामराय' की छाप मिलती है।

**च. सम्प्रदाय निरपेक्ष कवि**

**मीराबाई :** ये मेड़तिया के राठौड़ रत्नसिंह की पुत्री, राव दादूजी की पौत्री तथा जोधपुर को बसाने वाले प्रसिद्ध राव जोधाजी की प्रपौत्री थी। मेड़ता के समीपवर्ती गांव कुडकी में ही इनका जन्म हुआ। जन्म के दो वर्ष बाद ही इनकी माता का देहान्त हो गया। मीरा का विवाह उदयपुर (चित्तौड़) के राणा सांगा के ज्येष्ठ पुत्र भोजराज के साथ हुआ। कृष्ण की पति रूप में भक्ति के कारण इनके परिजन इनके चरित्र पर कीचड़ उछालते तथा आतंकित करते थे। इन्होंने तुलसी को एक बार एक पद 'स्वस्ति श्री तुलसी कुलभूषण दूषनहरन गोसाई' करके भेजा था।

इनके अनुसार गोस्वामी ने 'विनयपत्रिका' का यह पद लिखकर भेजा था–

'जाके प्रिय न राम वैदेही'

विभिन्न भक्तमालों एवं वार्ताग्रन्थों में मीरा से संबंधित कई पदों के साक्ष्य मिलते हैं। राणा सांगा की मृत्यु के बाद विक्रम सिंह (भोजराज की मृत्यु भी विवाह के 7 वर्ष बाद हो गई थी) ने अनेक कष्ट दिए। मीरा घर छोड़कर वृन्दावन में रहती रही, जहां से कुछ काल के बाद द्वारिका चली गयी। वहीं रणछोड़ जी के मंदिर में शेष जीवन यापन किया। मीरा की कुल 11 रचनाएं हैं–

नरसीजी का माहेरो (मायरा), नरसी मेहता की हुण्डी, चरीत, रूक्मिणी मंगल, गीत गोविन्द का टीका, राग सोरठ के पद, मलार राग, राग गोविन्द, मीरा की गरबी।

**रसखान :**

'देखी गदरहित साहिबी, दिल्ली नगर मसान।
छिनहिं बादसा बंस की, ठसक छोरि रसखान।।
प्रेमनिकेतन श्री बनहिं, आइ गोबरधन धाम।
लह्यो सरन चित चाहकै, जुगल स्वरूप सलाम।।
तोरि मानिली तें हियो फोरि मोहिनी मान।
प्रेमदेव की छबिहिं लखि भए मियां रसखान।।'

– प्रेमवाटिका

गोस्वामी विट्ठलनाथ से इन्होंने वल्लभ सम्प्रदाय के अन्तर्गत दीक्षा ली थी। 'दो सौ बावन वैष्णव की वार्ता' में भी इन्हें वल्लभमतानुयायी कहा गया है। मूलगोसांईचरित (बेनी माधवदास) में गो. तुलसी दास द्वारा रचित 'रामचरित मानस' की कथा सर्वप्रथम रसखान को सुनाने का उल्लेख है–

'जमुनातट पै त्रयवत्सर लौं, रसखानहिं जाई सुनावत भौं।'

रसखान का असली नाम 'सैयद इब्राहीम' था। इनकी प्रमुख रचनाएं हैं– सुजान रसखान (कवित्त/सवैया), प्रेमवाटिका (दोहे), दानलीला और अष्टयाम। 'अष्टयाम' कल्याण के 'सन्तवाणी' अंक में छपी थी। रसखान स्वच्छन्दवृत्ति के रचनाकार थे। आचार्य शुक्ल ने लिखा है– ''शुद्ध ब्रजभाषा का जो चलतापन और सफाई इनकी और घनानंद की रचनाओं में है, वह अन्यत्र दुर्लभ है।''

## फुटकल कवि

**अन्य धाराओं के कवियों द्वारा प्रणीत रामकाव्य/कृष्णकाव्य**

1. सूरसागर के पहले और नवें स्कंध में (नवें सर्ग में 158 पदों में) रामकथा वर्णित है।
2. परशुराम (निम्बार्क सम्प्रदाय) ने 'रसिक शाखा' का प्रवर्तन किया। रधुनाथचरित दशावतारचरित इनकी रचनायें हैं।
3. रामकाव्य में 'सखी सम्प्रदाय' चलाने वाले हरी राम व्यास के पिता माधवदास जगन्नाथी द्वारा रचित 'रघुनाथ लीला' शीर्षक से एक रचना मिलती है।
4. तुलसीदास की 'कृष्णगीतावली' भगवान कृष्ण पर है।

**वीरकाव्य :** श्रीधर (रणमल्ल छंद), नल्हसिंह (विजयपाल रासो), दुरसाजी आढा (विरूद छितहरी), दयाराम या दयालकवि (राणा रासो), कुम्भकर्ण (रतन रासो), न्यामत खां जान (क्याम खां रासो), किसी अज्ञान कवि द्वारा रचित 'राउ जैतसी रासों'।

**प्रबन्धात्मक चरितकाव्य :** सधारू अग्रवाल कृत 'प्रद्युम्न चरित' इस परम्परा का पहला ग्रन्थ ठहरता है अन्य रचनायें

हैं— जाखू मणियार (हरिचन्द पुराण), शालिभद्र सूरि 'द्वितीय' (पंच माण्डव चरित रास), किसी अज्ञात कवि का 'गौतम रास', देवप्रभ (कुमारपाल रासो), पदमूनाभ (कान्हड दे प्रबन्ध), विष्णुदास (महाभारत कथा, रूक्मणीमंगल, स्वर्गारोहण, स्वर्गारोहण पर्व, स्नेहलीला) प्रिथीराज (बेलि क्रिसन रूकमणी री)।

**जैन (रास) परम्परा के काव्य :** देल्हण (गयासुकुमाल रास) (जिनपद्य सूरि पट्टाभिषेकरास), उदयवन्त (गौतम स्वामी रास), रयण (भयणरेहरासु)।

**नीतिकाव्य तथा अन्य तरह का काव्य :** पद्मनाभ (डूंगरबानी), ठाकुर सी (कृपण चरित्र, पंचेन्द्रीवेलि), छीहल (छीहल बावनी), रत्नावली (रत्नावली दोहा संग्रह), देवीदास (राजनीति के कवित्त), कवि जमाल (जमाल दोहावली), उदैराज (उदैराज को दूहा गुण बावनी), कवि बान (कलि चरित्र), छीहल (पंच सहेली की बात, पंथी गीत), वाजिद (ग्रन्थ गुण उत्पत्तिनाम, ग्रन्थ प्रेम नामा, ग्रन्थ गरज नामा, साखी वाजिद ज्ञात है कि वाजिद दादू दयाल के शिष्य थे।) बनारसीदास (अर्धकथानक : यह हिन्दी की पहली आत्मकथा है। नवरसपद्यावलि, समयसारनाटक, बनारसीबिलास, भाषासूक्तिमुक्तावली), राजसमुद्र (शालिभद्र चौपाई गजसुकुमाल चौपाई प्रश्नोत्तररलमाल, कर्म बत्तीसी, शील बत्तीसी, बालावाबोध) कुशलवीर (भौज-चौपाई, सीलवतीरास, कर्मचौपाई, वर्णन संपुट, उद्दिदमकर्म-संवाद)।

**अकबरी-दरबार का काव्य :** (अकबर के दरबारी कवि तथा अधीनस्थ शासक)

राजाआसकरण : 'आइने-अकबरी' में इनका उल्लेख मिलता है। इनके पद 'दो सौ बावन वैष्णव की वार्ता' तथा 'कीर्ति संग्रह' में मिले हैं।

कवि पृथ्वीराज : की रचनाएं हैं — बेलिक्रिसन रूकमणि री, पृथ्वीराज कथी श्यामलता, दशरयरावउत, वसुदेव रावउत, गंगा लहरी

मनोहर कवि : 'शत प्रश्नोत्तरी'।

महापात्र नरहरि बंदीजन : की रचनाए हैं — 'रूक्मिणीमंगल', 'छप्पयनीति', 'कवित्त संग्रहं'। इनके एक प्रसिद्ध छप्पय 'अरिहु दंत तिन धरै, ताहिनहि मारि सकत' कोई पर अकबर ने गोवध बंद करा दिया था।

बीरबल 'ब्रह्म' : का मूलनाम 'महेशदास भट्ट' था। इनका परिचय देते हुए भूषण ने एक पद लिखा है। इन्होंने लगभग 200 स्फुट पद रचे हैं।

इनकी मृत्यु पर अकबर ने कहा था —

''दीन देखि सब दीन, एक न दीन्हीं दुसह दुःख।
सो अब हम कहं दीन, कछु नहिं राख्यो बीरबल।।

कवि गंग : (मूलनाम 'गंगाप्रसाद')

'तुलसी गंग दुवौ भए सुकविन के सरदार' — भिखारीदास

इन्हें नूरजहां ने हाथी से कुचलवा कर मरवा डाला था, जिसके पर्याप्त साक्ष्य प्राप्त हैं—

'कबहुं न भड़ुवा रन चढै, कबहुं न बाजी बंब।
सकल सभाहि प्रनाम करि, विदा होत कवि गंग।।' —गंग
एक भए प्रेत, एक मींजि मारे हाथी' —देव
'गंग ऐसे गुनी को गयंद सो चिराइए' — लोकप्रचलित
'सब देवन को दरबार जुरयो, तहं पिंगल छंद बनाई कै गायो।
जब काहू ते अर्थ कह्यो न गयो, तब नारद एक प्रसंग चलायो।।
मृतलोक में है नर एक गुनी कवि गंग को नाम सभा में बतायो।
सुनिचाह भई परमेसर को, तब गंग को लेन गनेस पठायो।।'
— लोक प्रचलित

इनकी तीन अन्य रचनाएं प्रसिद्ध हैं— 'गंग पदावली', 'गंग पच्चीसी;, 'गंग रत्नावली'। सम्प्रति गंग—कवित्त शीर्षक से इनके 400 छंद संकलित हैं। एक बार रहीम खानखाना ने इस छप्पय पर इन्हें 36 लाख रूपये दे डाले थे— 'चकित भंवर रहि गयो, गम नही करत कमलवन।'

तानसेन : (बचपन का नाम तन्नू)। ग्वालियर निवासी 'मकरन्द पाण्डेय'के पुत्र थे। रचनाएं हैं — संगीतकार, रागमाला तथा गणेश स्त्रोत

तानसेन ध्रुपद शैली के श्रेष्ठ गायक तथा संगीतकार थे।

रहीम : की रचनाएं हैं — दोहावली, नगरशोभा, बरवैनायिका भेद, मदनाष्टक, श्रृंगार सोरठा। इनकी 'दोहावली' को रहीम 'सतसई' भी कहते हैं। इनका एक ज्योतिष ग्रन्थ 'खेलकौतुकम्' भी है।

मनोहर कवि : (उपनाम 'तौसनी') : की रचना है 'शतप्रश्नोत्तरी'।

होलराय : हरिवंशराय के आश्रित थे। कभी-कभार शाही दरबार भी जाते थे। एकबार तुलसी ने इन्हें अपना लोटा दिया तो इस पर उन्होंने कहा—

*'लोटा तुलसीदास को लाख टका को मोल।'*

जवाब मिला—

*'मोल-तोल कुछ है नहीं लेहु राय तुम होल।।'*

अकबर की प्रशंसा में इनका यह कवित्त प्रसिद्ध हैं जिसमें पूरे दरबार की प्रंशसा करते हुए अंत में कहा है—

''नवौ खंड सात दीप; सात हूँ समुद्र पार,
ह्वैहै ना जलालुद्दीन साह अकबर तें।'

टोडरमल तथा अकबर : स्वयं भी कवि थे तथा ब्रजभाषा में कविता करते थे।

अन्य कवि : लालचदास (हरिचरित, भागवत दशमस्कंध भाषा), नरोत्तमदास (सुदामाचरित), जमाल (फुटकल दोहे मिलते हैं।)। 'कादिर' की यह पंक्ति प्रसिद्ध है—

'गुनना हिरानो गुनगाहक हिरानो है।'

## रीतिकाव्य का प्रस्फुटन

**रूपगोस्वामी :** 'उज्ज्वलनीलमणि', 'भक्तिसामृतसिंधु' (संस्कृत)।

**कृपाराम :** की रचना है— 'हिततरंगिणी'। इसका निर्माण काल कवि ने लिखा है—

'सिधि निधि सिव मुख चन्द्र लखि माघ सुद्दि तृतियासु'
हिततरंगिनी हौं रूची कवि हित परमप्रकासु।।

**सूरदास :** साहित्य लहरी (दृष्टिकूट शैली, चित्रकाव्य है।)।

**नन्ददास :** रसमंजरी (नायिका भेद)।

**केशवदास :** रसिक प्रिया (रसविवेचन —16 प्रकाश), कविप्रिया (अलंकार विवेचन-16 प्रकाश), छन्दमाला (छन्दो विवेचन)।

**रहीमदास :** नायिका भेद (बरवै छन्द), नगरशोभा (नायिका भेदः सामाजिक वर्णों के अनुसार)।

**सुन्दर कविराय :** सुन्दर श्रृंगार (नायिका भेद)।

**न्यामत खां जान :** जानकवि मुख्यतः प्रेमाख्यानकार हैं। अन्य रचनाएं हैं — रसकोश कवि वल्लभ, सिंगारतिलक, रसमंजरी।

**बलभद्र मिश्र :** शिखन, बलभद्री व्याकरण, गोवर्धन सतसई टीका, हनुमन्नाटक, दूषणविचार।

**मुबारक :** तिलशतक, अलकशतक

मोहनलाल मिश्र : श्रृंगारसागर (अप्राप्य)।

सेनापति : काव्यकल्पद्रुम

## गद्यसाहित्य

**ब्रजभाषा :**

'चौरासी अपराध' या 'मार्ग सिद्धान्त' (वल्लभाचार्य), श्रृंगारमंडल, विद्वन्मंडन, यमुनाष्टक, नवरत्नसटीक (गो. विट्ठलनाथ), षडऋतुवार्ता (हरिराय), सिद्धान्त विचार (ध्रुवदास), अष्टायाम (नाभादास), बैसाख महानतम्, अगहन महातम (वैकुण्ठमणि शुक्ल), वचनामृत (गो. विट्ठलनाथ तथा उनके पुत्र गोकुलनाथ एवं अन्य। यह पुष्टि सम्प्रदाय का ग्रन्थ है।) सिंगार सुतुक, शालिहोत्र (रचनाकार अज्ञात)।

**खड़ी बोली गद्य :**

की पहली रचना है 'चंद छंद बरनन की महिमा' (गंग कवि), गोरा बाल की कथा (जटमल), कुतुबशतक, भोगुलुपुराना, सकुनावली, गणेस गोसठ, पोथी सचुषंडु (रचनाकार)।

**राजस्थानी गद्य :**

षडावश्क बालावबोध (तरूणप्रभु सूरि), पृथ्वीचन्द्र चरित्र (माणिक्य सुन्दर सूरि), राठोड़ाँ वंशावाली (रचनाकाल अज्ञात), बेलिक्रिसन रूकमणी दी टीका (कुशलधीर), समयसार कलश टीका (राजमल्ल पाण्डे), राठोडाँ री ख्याब (सिंघामय दयालदास)।

**दक्खिनी गद्य :**

मेराजुल आशिकीन (गेसूदराज बन्दानवाज), हिदायतनामा, शिकारनामा, तर्जुमावजूदुल आरिफीन (गेसूदराज वन्दानवाज), कल्मितुल हकायक (बुरहानुद्दीन जानम), अहकामुस्सलात (मौला अब्दुल्ला), सबरस (मुल्ला वजही), तफसीरी बहाव (अब्दुस्समद)।

## भक्तिकालः संक्षिप्त परिचय

छात्रों के लिए यह अत्यंत उपयोगी होगा कि वे कबीर, सूर, तुलसी, जायसी, मीरा तथा रसखान की प्रिय लगने वाली पंक्तियों को कण्ठस्थ कर लें। अनुमान के आधार पर नीचे हम कुछ पंक्तियां दे रहे हैं—

**कबीर :**

1. संस्कीरत है कूपजल भाखा बहता नीर।
2. संतो, भक्ति सतगुरू आनी।
3. भक्ति द्राविड़ी उपजी लाए रामानन्द।
4. ए अंखियां अलसानी, पिया हो सेज चलो।
5. पण्डित और मसालची दोनों सूझे नाहिं।
6. गुरू परसादी जैदेव नामा। भक्ति कै प्रेम इन्ही है जाना।
7. मै कहता हूँ आंखिन देखी। तू कहता कागद की लेखी।
8. मसि, कागद छूयौ नहीं, कलम गह्यो नहिं हाथ।
9. जाति-पांति पूछै नहीं कोई, हरि का भजै सो हरि का होई।।
10. तुम जिन जानौ गीत है, यहु निज ब्रह्म विचार।
11. एकै साखी सौ सिर खण्डै।'

**मलूकदास :**

1. अजगर करे न चाकरी पंछी करै न काम।
2. अब तो अजपा जपु मन मेरे।

**मंझन :**

1. 'कथा जगत जेती कवि आई। पुरूष मारि ब्रज सती कराई'
— मधुमालती

**जायसी :**

1. 'भा अवतार मोर नौ सदी। तीस बरस ऊपर कवि बदी।' — आखिरी कलाम
2. 'सन् नौ से सत्ताइस अहा। कथा आरम्भ बैन कवि कहा।' — पद्मावत
3. 'आदि अंत गाथा अहै। लिखि भाषा चौपाई कहै। — पद्मावत
4. 'औ मन जानि कबित अस कीन्हा। मकु यह रहै जगत महँ चीन्हा' — पद्मावत
5. 'जो यह वढै कहानी हम्ह संवरे दूइ बोल।' — पद्मावत
6. 'प्रेम कथा एहि भांति विचारहु।' — पद्मावत
7. 'कवि वियास रस कौलां। दूरिह नियर नियर भा दूरी।' — पद्मावत

**उसमान :**

1. 'जाकी बुद्धि होय अधिकाई। आन कथा एक कहै बनाई।' — चित्रावली

**कुतुबन :**

1. 'पहले ही ये दुई कथा अही।' — मृगावती
2. 'पुनि हम खोलि अरथ सब कहा।' — मृगावती

**आलम :**

1. 'कथा संस्कृत सुनि कुछ थोरी। भाषा बांधि चौपाई जोरी।।' —माधवानला
2. 'कामी पुरिष रसिक जै सुनही। ते या रैन दिन गुनही।।' — कामकन्दला
3. 'कहौ बात सुनै बस लोग। कथा-कथा सिंगार वियोग।।' — कामकन्दला
4. 'सकल सिंगार विरह की रीत। माधौ कामकनूदला प्रीत।।' — कामकन्दला
5. 'सन् नौ से इक्कानवे आही। करो कथ औ बोलौं ताही।।' — कामकन्दला

**मुल्ला दाऊद :**

1. 'वीर कहा मई थहि खंड गावँऊ। कथा काल कई लोग सुनावऊँ। कथा काल कई लोग सुनावऊँ।।' —चन्दायन

**तथ्य :**

1. दक्षिण के एक शायर 'नुसरती' ने (दक्खिनी) में 'गुलशन ए इश्क' नाम से एक प्रेमकथा लिखी थी।
2. 'पद्मावत' का एक अंश बंगला अनुवाद 'आगे उजाला' नामक कवि ने किया था।
3. जैन कवि बनारसी दास ने अपने आत्मचरित 'अर्धकथानक' (संवत् 1660 के आस-पास) में लिखा है—
   'तब घर में बैठे रहैं, नाहिन हाट बजार।
   मधुमालति, मिरगावती पोथी दारेय उचार।।'

**तुलसी :**

1. सुरतिय, नरतिय, नागतिय, यह चाहत सब कोय।
2. 'जाके प्रिय न राम वैदेही' — विनयपत्रिका
3. 'संवत् सोलह सै इकतीसा। करौं कथा हरियद धारि सीसा। नौमी भौमवार मधुमासा। अवधपुरी यह चरित प्रकासा।।' — रामचरितमानस
4. 'उपजहिं अनत-अनत छवि लहहीं। — रामचरितमानस
5. 'कीन्हे प्राकृतजन गुन गाना। सिर धुनि गिरा लागे पछताना।' —रामचरितमानस
6. 'नाम रूप दुइ ईस उपाधी।' —रामचरितमानस
7. 'अगुन-सगुन बिच नाम सुखानी। उभय प्रबोधक चतु दुभानी।' — रामचरितमानस
8. 'अगुनहिं सगुनहिं नहीं कुछ भेदा।' — रामचरितमानस
9. 'खेती न किसान को भिखारी को भीख।' —कवितावली
10. 'गोरख जगागो जोग,भगति भगायो भोग।' —कवितावली
11. 'झूठो, झूठो, झूठो है सदा जगु संत कहंत जे अंत लहा है।' — कवितावली
12. 'अन्तरजामिनहु ते बड बाहिरजामी है। राम जे नाम लिए ते।' — कवितावली
13. 'केसव कहि न जाई का कहिए' — विनयपत्रिका
14. 'रामराज भयो सगुन सुभ, राजा राम जगत विजयी हैं।' — विनयपत्रिका
15. 'सुनु सीतापति सील सुभाउ।' — विनयपत्रिका

**केशवदास :**

1. 'रामचन्द्र की चन्द्रिका बरनत हौं बहु छन्द' — रामचन्द्रिका
2. 'भाषा बोलि न जानहीं जिनके कुल के दास।
   भाषाकवि सो मन्दमति हि कुल के केशवदास।।' — कविप्रिया
3. 'जदपि सुजाति, सुलच्छनी, सुबरन सरस सुवृन्त।
   भूषन बिनु न बिराजई कविता, बनिता मित्त। — कविप्रिया
4. केसव केसनि अस करी बैरिहु जस न कराहिं।
   चंद्रबदनी मृगलोचनी 'बाबा' कहिं कहि जाहिं।। — कविप्रिया
5. 'टोडरमल तुम मित्र मरे सब ही सुख सोयौ।
   मोरे हित बरबीर बिना, टकु दीनन रायौ।' — वीरसिंह देवचरित

तुलसी :

'का भाषा का संस्कृत, प्रेम चाहिए सांच।
का सु जो आवै कामरी, का लै करअ कुमांच।।'

तुलसी के बारे में :

'कविता कर के तुलसी न लसे, कविता लसी या तुलसी की कला।' — हरिऔध

मीराबाई :

1. मन रे परस हरि के चरन।
2. जग सुहाग मिथ्या री सजनी होवा हो मिट जासी।
3. बिहारिन बावरी सी भई।
4. भजमन चरण कमल अविनासी।
5. हरि तुम हरौ जन की भीर
6. हे री! मैं तो प्रेम दिवानी, मेरो दरद न जाणै कोय।
7. मैं तो सांवरी के संग रांची।
8. सावन मा उमग्यो म्हारो हियरा भणक सुण्या हरि आवण री।
9. अंसुवन जल सीचिं–सींचि प्रेम बेल बोई।

रसखान :

1. आजु भई हुती भोर हौं रसखानि रई वहि नंद के भौनहिं।
2. धूरि भरे अति सोभित स्याम जु तैसी बनी सिर सुन्दर चोटी
3. कोऊ न काहि की कानि करै कुछ चेटक सो जु कियो जदुरैया।
   गाईगौ तान, जमाई गौ नेह, रिझाई गौ प्रान, चराई गौ गैया।
4. जा दिन ते वह नन्द का छोहरा, या वन धेनु चराइ गयो है।
   कोऊ न काहि कि कानि करै, सिगरो ब्रज बीर बिकाई गयो है।।
5. कान्ह भये बस बांसुरी के अब कौन सखी हम को चहिहैं।
   मिलि आओ सबै सखी भागि चलैं अब तो ब्रज में बांसुरि रहि है।।
6. मोरपखा सिर ऊपर धारिहौं, गुंज की माल गरे पहिरौंगी।
7. या लकुटी अरू कामरिया पर राज तिहूं पुर को तजि डारौं।
8. ब्रह्म मैं ढूंढ्यो पुरातन गानन, वेदरिचा सुनी चौगुनी चायन।
   देख्यो दुरयो वह कुंज कुटीर में बैठो पलोटत राधिका पायन।।
9. सेस, महेश, गनेस, सुरेसहु जाहि निरन्तर ध्यान लगावें।
   ताहि अहीर की छोहरियां छछिया भर छाछ पे नाच नचावै।।
10. कीन्हौं नही प्यार, नही सेयौ दरबार, चितचाह्यौ
    न निहार्यौ जो पै नन्द के कुमार को।

रहीम :

1. गोद लिए हुलसी फिरै तुलसी सो सुत होय।
2. 'चित्रकूट में रमि रहे रहिमन अवध नरेश।
   जापर विपदा परति है सो आवत यहि देस।।'
3. 'तबहीं लौं जीबो भलो देबौ होय न धीम।
   जग में रहिबो कुंचित गति उचित न होय रहीम।'
4. 'ये रहीम दर-दर फिरहिं, मांहि मधुकर खांहि।
   यारो यारी छाँडिए, वे रहीम अब नाहिं।।

जायसी :

1. 'मानसु प्रेम भयेउँ बैकुण्ठी। न त काह छार भरि मूठी।'
   — पद्मावत
2. 'छार उठाइ लीन्ह एक मूठी। दीन्ह उडाइ पिरथमी झूठी।'
   — पद्मावत

# रीतिकाल

(1643 ई. – 1843 ई. आचार्य शुक्ल के अनुसार)

रीति कालीन लक्षण / लक्ष्य ग्रन्थों के प्रमुख आधार ग्रन्थ निम्नलिखित हैं–

| | *रचना* | *रचयिता* |
|---|---|---|
| 1. | रसमंजरी, रससामग्री, रस तरंगिणी | भानु दत्त मिश्र |
| 2. | चन्द्रलोक | जयदेव |
| 3. | कुवलयानन्द | अप्पय दीक्षित |
| 4. | काव्य प्रकाश | मम्मट |
| 5. | साहित्य दर्पण | विश्वनाथ |
| 6. | वर्णरत्नाकर | भट्टकेदार |
| 7. | छन्दोमंजरी, प्राकृतपैंगलम् | गंगादास |
| 8. | गाथा सप्तशती | हाल |
| 9. | अमरूकशतक | अमरूक |
| 10. | आर्यासप्तशती | गोवर्द्धन |
| 11. | शृंगारतिलक, घटकपर | कालिदास |
| 12. | शृंगारशतक | भर्तृहरि |
| 13. | चौरपंचाशिका | किल्हण |
| 14. | कामसूत्र | वात्स्यायन |
| 15. | रतिरहस्य | कोक्कन |
| 16. | रतिमंजरी | जयदेव |
| 17. | अनंगरंग | कल्याणमल्ल |
| 18. | दशरूपक | धनन्जय |
| 19. | शृंगारमंजरी | अकबरशाह |
| 20. | शृंगारतिलक | रूद्रभट्ट |
| 21. | रवार्णवसुधाकर | शिंगभूपाल |

**परिचय :** रीतिकाल में दो तरह की रचना शैलियां रही हैं– एक वे रचनाएं हैं जो लक्षण-लक्ष्य की परम्परा में आती है। इन्हें रीतिपरक रचनाएं कहते हैं। दूसरी वे रचनाएं हैं जो इस परम्परा से पूर्णतः या अधिकांशतः मुक्त हैं। ये रचनाएं रीतिमुक्त रचनाएं कही जाती हैं। काव्यशास्त्र की परिपाटी पर की गयी काव्य रचना को 'लक्ष्य ग्रन्थ' कहते हैं तथा इन लक्ष्यों को लिखने हेतु निर्मित काव्यशास्त्र 'लक्षण ग्रन्थ' कहलाते हैं। शास्त्र को सुगम बनाने के लिए लक्षणों के साथ प्रायः उदाहरण के रूप भी मिलते हैं जबकि 'लक्ष्य ग्रन्थों में केवल लक्षणों के आधार पर रचा गया काव्य न कि लक्षण'। लक्षण ग्रन्थों को रचने वाले आचार्य कहलाते हैं। विश्वनाथ प्रसाद मिश्र ने इन्हें रीतिबद्ध कवि कहा है तथा डा. नगेन्द्र ने रीतिसिद्ध कवि। हम सीधे-सीधे 'लक्षण ग्रन्थकार' एवं 'लक्ष्यग्रंथकार' कह कर ही उनका परिचय देंगे।

**लक्षणग्रन्थकार :** केशव, चिन्तामणि, कुलपति मिश्र, देव, मतिराम, भिखारीदास, जसवंतसिंह, तोष, सुरति मिश्र, श्रीपति, जनराज, कुमारमणि, सोमनाथ, याकूब खां, रामसिंह, सेवादास, बेनीप्रवीन, पद्माकर, उदयनाथ, कृष्णकवि, कालिदास, भूषण, गोप, दलपतिराम, रघुनाथ, दूलह, बैरीसाल, सुखदेव मिश्र, माखन, जयकृष्ण, भुजंगदास, दशरथ, रामसहाय आदि।

**लक्ष्यग्रन्थकार :** सेनापति, बिहारी, रसनिधि, वृंद आदि।

**रीतिमुक्त कवि :** घनानन्द, आलम, ठाकुर बोधा, द्विजदेव।

नीचे हम रचनाकारों के क्रम से रचनाओं का परिचय दे रहे हैं। रीतिकवियों के अतर्गत 'लक्षणग्रन्थकार' तथा 'लक्ष्यग्रन्थकार' दोनों ही आते हैं। लक्ष्यग्रन्थों के आगे कुछ नहीं लिखा गया है, जबकि लक्षणग्रन्थों के आगे कोष्ठक में इस काव्यतत्त्व का नाम है जिसके लिये उसमें निर्मित किये गये संक्षिप्त रूप इस प्रकार हैं–

| | | | |
|---|---|---|---|
| 1. | सर्वांग निरूपक | – | स. नि. |
| 2. | रस निरूपक | – | र. नि. |
| 3. | शृंगार रस निरूपक | – | शृं. नि. |
| 4. | अलंकार निरूपक | – | अ. नि. |
| 5. | छन्दो निरूपक | – | छ. नि. |
| 6. | नायक नायिकाभेद निरूपक | – | ना. नि. |

## रीतिकाव्य-आचार्य

हिन्दी में रीतिपरम्परा की शुरूआत आचार्य शुक्ल ने चिन्तामणि त्रिपाठी से मानी है।

**1. चिन्तामणि :** की रचनाएं हैं–
'कवि कुलकल्पतरू (स. नि.)', पिंगल

**2. जसवंत सिंह :** की रचनाएं हैं–
'भाषाभूषण' (अ.नि., ना.नि.)।

3. **भिखारी दास** : की रचनाएं हैं– 'रस सारांश' (र. नि.), 'छंदार्णव पिंगल' (छ. नि.), 'काव्यनिर्णय' (स. नि.), 'शृंगार निर्णय (ना. नि.)।
4. **प्रताप सिंह** : की रचना है– 'व्यंग्यार्थ कौमुदी', (ना. वि. तथा ध्वनि सं प्र॰ संबंधी), अन्य रचनाएं हैं– अलंकार चिन्तामणि, जयसिंह प्रकाश, काव्यविनोद तथा शृंगारशिरोमणि।
5. **ग्वाल** : की रचनाएं हैं– 'अलंकार भ्रम भंजन' (अ. नि.), 'रसरंग' (र. नि.), कवि हृदयविनोद, रसिकानन्द, नेहनिबा, हम्मीरहठ, कुब्जानाटक, इश्कलहरदरियाव, नखशिख, दूषणदर्पण, राधामाधव मिलन।
6. **कुलपति** : की रचना है– 'रसरहस्य' (स. नि.)।
7. **सुखदेव** : की रचनाएं हैं– 'रसार्णव' (र. नि.), 'वृत्त विचार' (छ. नि.) 'छंदविचार'।
8. **कालिदास** : की रचनाएं हैं– 'कालिदास हजारा', 'वारवधूविनोद' (ना.नि.), 'राधामाधवबुधमिलनविनोद' (ना. नि.)।
9. **तोष** : 'सुधानिधि' (र. नि.), 'नखशिख', विनयशतक।
10. **सोमनाथ** : 'रसपीयूषनिधि' (स. नि.), 'शृंगारविलास' (शृं. नि.), 'सुजान विलास', 'माधवविनोद'।
11. **दूलह** : 'कविकुलकण्ठाभरण' (अ. नि.)।
12. **रसिक सुमति** : 'अलंकार चन्द्रोय' (अ.नि.)।
13. **कुमारमणि** : 'रसिक रंजन' (शृं. नि.), 'रसिकरसाल'।
14. **देव** : 'शब्द रसायन' या 'काव्यरसायन' (स.नि.), 'भावविलास' (र.नि., अ.नि.) अष्टयाम।
    अन्य रचनाएं हैं– जातिविलास, सुजान विनोद, सुखसागर तरंग आदि।
15. **रसिक गोविन्द** : 'रसिकगोविन्दाघन' (शृं. नि.), 'युगलरसमाधुरी'।
16. **अमीरदास** : 'सभा मंडन' (स.नि.), दूषण उल्लास, व्रतचन्दोदय।
17. **रसलीन** : 'रस प्रबोध' (र. नि.), अंगदर्पण (नखशिख वर्णन की पुस्तक है।)
18. **पद्माकर** : 'जगद्विनोद' (र. नि.), 'पद्माभरण' (अ.नि.), हिम्मतबहादुर विरूदावली, गंगालहरी, प्रतापसिंह विरूदावली, कलिपच्चीसी, प्रबोधपचासा।
19. **बेनी प्रवीन** : 'नवरसतरंग' (र. नि.), 'शृंगार भूषण' (शृं. नि.)।
20. **याकूब खां** : 'रसभूषण' (र. नि., अ. नि.)।
21. **उजियारे** : 'रसचन्द्रिका' (र.नि.), 'जुगलरस प्रकाश' (र. नि.)।
22. **रामसिंह** : 'अलंकार दर्पण' (अ.नि.), 'रसनिवास' (र.नि.), 'रस शिरोमणि' (शृं. नि.), 'जुगलविलास' (र.नि.)।
23. **चन्द्रशेखर वाजपेई** : 'रसिक विनोद' (र.नि.), 'हम्मीरहठ' (प्र॰का॰), नखशिख।
24. **मतिराम** : 'रसराज' (ना.नि.), 'ललितराम' (अ.नि.), 'अलंकारपंचाशिका' (अ.नि.) 'वृत्तकौमुदी' या छन्द सार (छ.नि.), 'सतसई'।
25. **कृष्ण भट्टिदेव 'ऋषि'** : 'शृंगाररस माधुरी' (ना.नि.), अलंकारकला निधिमाधुरी (अ.नि.)
26. **भूषण** : 'शिवराज भूषण' (अ.नि.), शिवाबावनी, छत्रसालदशक। शिवसिंहि सेंगर ने ये रचनाएं और गिनाई हैं – 'भूषण हजारा', 'भूषण उल्ला', तथा दूषण उल्लास।
27. **गोप** : 'रामालंकार (अ.नि.), 'रामचन्द्रभूषण' (अ.नि.), 'रामचन्द्राभरण' (अ.नि.)
28. **रघुनाथ बन्दीजन** : 'रसिक मोहन' (अ.नि.), 'काव्यकलाधर', 'रसरहस्य', 'सभासार', इश्कमहोत्सव।
29. **रसरूप** : 'तुलसीभूषण' (अ.नि.)।
30. **सेवादास** : 'रघुनाथ अलंकार' (अ.नि.), रसदर्पण (र.नि), अलबेले लालजू को नखशिख, अलबेले लालजू को छप्पय।
31. **गिरधर दास** : 'भारती भूषण' (अ.नि.)।
32. **मुरलीधर 'भूषण'** : छन्दोहृदय प्रकाश (छ.नि.), अलंकारप्रकाश (अ.नि.)।
33. **रामसहाय** : 'वृत्ततरंगिणी' (छ.नि.) वाणी भूषण, शृंगार सतसई, रामसतसई।
34. **माखन** : 'श्रीनाथपिंगल' अथवा 'छन्दविलास' (छ.नि.) विनोदशतक, सुदामाचरित।
35. **दशरथ** : वृत्तविचार (छ.नि.)।
36. **जनराज** : 'कविता रसविनोद' (स.नि.)।
37. **समनेस** : 'रसिकविलास' (र.नि.)।
38. **उजियारे** : 'रसचन्द्रिका' (र.नि.)।
39. **नवीन** : 'सतरंग' (र.नि.), सुधाकर।
40. **दलपतिराम** : 'अलंकाररत्नाकर' (अ.नि.)।
41. **गोविन्द** : 'कर्णाभरण' (अ.नि.)।
42. **बैरीसाल** : 'भाषाभरण' (अ.नि.)।
43. **नन्दकिशोर** : 'पिंगलप्रकाश' (छ.नि.)।
44. **श्रीपति** : 'काव्य सरोज' (स.नि.)।

नीचे दिए गये कवियों ने केवल लक्ष्यग्रन्थों की ही रचना की है। लक्षण नहीं लिखे।

इनमें विश्वनाथ प्रसाद मिश्र रीतिसिद्ध कवि हैं, जबकि डॉ॰ नगेन्द्र रीतिबद्ध कवि। मिश्र जी की मान्यता ही प्रचलित है।

45. बिहारीलाल : सतसई या 'बिहारी सतसई' (1606 ई. – 1666 ई.)
46. रसनिधि : 'रतनहजारा', हिंडोला', 'अरिल्ल', 'बारहमासा'
47. वृन्द : 'भावपंचाशिका', 'बारहमासा', 'नयन पचीसी', 'वृन्द सतसई'।
48. नृप शम्भू : 'नायिका भेद', 'नखशिख'।
49. नेवाज : 'शकुन्तलानाटक'।
50. हठीजी : 'श्री राधासुधाशतक'
51. विक्रमादित्य : 'विक्रमसतसई'
52. पजनेस : 'नखशिख'
53. मण्डन : 'रसविलास', 'नखशिख', 'नैनपचासा', 'रसरत्नावली'
54. उदयनाथ कवीन्द्र : 'रसचन्द्रोदय', 'विनोदचन्द्रिका'
55. जयकृष्ण भुजंग : 'पिंगलरूपदीपभाषा'
56. चन्दन : 'प्राज्ञविलास', 'कल्लोलतरंगिणी', 'शृंगार सागर', 'काव्याभरण'
57. ब्रजवासीदास : 'ब्रजविलास'
58. यदुनाथ : 'रसविलास'

## रीतिमुक्त कवि

1. घनानन्द (1689-1739) : 'कृपासागर' या 'सुजानहित', 'विरहलीला', 'कोकसार', 'कृपाकाण्ड', 'वियोगबेलि', 'इश्कलता', तथा 'प्रेम सरोवर' घनानन्द की प्रमुख रचनाएं हैं।
2. आलम : ये प्रेमाख्यानकर्ता 'आलम' से भिन्न हैं। इनकी रचनाएं हैं– 'आलमकेलि', 'स्यामस्नेही' तथा 'सुदामाचरित'।
3. ठाकुर : 'ठाकुर ठसक' (संपादक - लाला भगवानदीन), 'ठाकुरशतक' इनकी रचनाएं हैं।
4. बोधा : 'विरहवारीश' और 'इश्कनामा' इनकी रचनाएं हैं।
5. द्विजद्देव : 'शृंगार तिलक' और 'शृंगार बत्तीसी' इनकी रचनाएं हैं।

## रीतिकाल में रचित प्रबन्धकाव्य और नाटक

1. चिन्तामणि : रामायण, कृष्णचरित
2. गोविन्दसिंह : चण्डीचरित्र
3. मंडन : जानकी जू ब्याह, पुरन्दरमाया
4. छत्रसिंह : विजयमुक्तावली
5. देवीदत्त : बैतालपच्चीसी
6. हरनारायण : माधवानल-कामकान्दला
7. गोकुलनाथ : महाभारत
8. कुलपति मिश्र : द्रोणपर्व या संग्रामसार
9. लालकवि : छत्र प्रकाश
10. सूरति मिश्र : रामचरित श्री कृष्णचरित
11. श्रीधर : जंगनामा
12. सोमनाथ : पंचाध्यायी सुजानविलास
13. रघुनाथ : जगतमोहन
14. गुमानमिश्र : नैषधचरित या काव्यकला निधि, कृष्णचंद्रिका
15. सूदन : सुजानचरित
16. रामसिंह : जुगलविलास
17. चन्दन : सीतबसन्त, कृष्णकाव्य
18. पद्माकर : हिम्मतबहादुर विरूदावली, रामरसायन
19. रसिक गोविन्द : रामायण सूचनिका
20. ग्वाल : हम्मीर हठ, विजय विनोद, गोपीपच्चीसी
21. जोधराज : हम्मीररासो
22. खुमाण : नृसिंह चरित

### नाटक

| | | |
|---|---|---|
| 1. जसवन्तसिंह | : | प्रबोधचन्द्रोदय नाटक |
| 2. राम | : | हनुमन्नाटक |
| 3. नेवाज | : | शकुन्तला नाटक |
| 4. सोमनाथ | : | माधवविनोद नाटक |
| 5. देव | : | देवमायाप्रपंच नाटक |
| 6. ब्रजवासीदास | : | प्रबोधचन्द्रोदय नाटक |

## रीतिकाल की अन्य काव्य प्रवृत्तियां

### संतकाव्य–

**प्रमुख सन्त :** यारी साहब, दरिया साहब, जगजीवनदास, पलटूसाहब, चरनदास, शिवनारायण, तुलसी साहब, गुरु तेगबहादुर, आनन्दघन (जैन), अक्षर अक्षन्य, प्राणनाथ, धरणीदास, बूला साहब, गरीबदास, दयाबाई एवं सहजोबाई।

**सम्प्रदाय-प्रवर्तक :** सतनामी सम्प्रदाय (जगजीवनदास), चरनदासी सम्प्रदाय (चरनदास), साहबपन्थ (तुलसी साहब), गरीबदास सम्प्रदाय (गरीबदास), राधास्वामी सत्संग (स्वामी शिवदयाल)।

**प्रमुख रचनाएं :** ज्ञानदीपक (दरिया साहब), गुरु अन्यास (शिवनारायण), घटरामायण (तुलसी साहब), प्रेम प्रगास (धरणीदास), रत्नावली (धरणीदास), शब्दसागर (बूला साहब), सहज प्रकाश (सहजोबाई), ककहरा, शब्द, रमैनी (महाराज विश्वनाथ सिंह)।

## सूफी/प्रेमाख्यान काव्य

प्रमुख कवि : कासिमशाह, नूरमुहम्मद, शेख निसार, सूरदास, दुखहरनदास, दामोदर, हंस, बोधा, केसि तथा अन्य।

**प्रमुख रचनाएं :**

1. **हंस-जवाहिर :** रचनाकार 'कासिमशाह'। भाषा-अशुद्ध अवधी, छन्द योजना, कडवक (7 अर्द्धाली पर एक दोहा)।
2. **इन्द्रावती :** रचनाकार 'नूर मुहम्मद'। भाषा-जनपदीय अवधी, छन्द योजना कडवक (5 अर्द्धाली पर एक दोहा)।
3. **अनुराग-बांसुरी :** रचनाकार 'नूर मुहम्मद'। कट्टर साम्प्रदायिक रचना है। भाषा-अवधी। छन्द योजना कडवक (एकमात्र उपवाद, जिसमें 'दोहा-चौपाई' या 'सोरठा-चौपाई' की प्रचलित पद्धति छोड़कर 'बरवै-चौपाई को अपनाया गया है')।
4. **यूसुफ-जुलेखा :** रचनाकार 'शेख निसार' भाषा-'जनपदीय अवधी', छन्द योजना-कडवक (9 अर्द्धालियों पर एक दोहा)।
5. **नलदमन :** सूरदास
6. **पुहुपावती :** रचनाकार 'दुखहरनदास'। भाषा-जनपदीय अवधी तथा हल्का सा ब्रज का पुट, छन्द योजना-दोहा, कवित्त, कवि।
7. **माधवानल नाटक :** रचनाकार 'केसि'। भाषा-अवधी, छन्दयोजना-दोहा-चौपाई
8. **माधवालन कथा :** रचनाकार 'दामोदर' कवि।
9. **चन्द्रकुंवर री वात :** रचनाकार 'हंस' कवि। भाषा-राजस्थानी
10. **सारंगा-सदावृक्ष रा दूहा :** रचनाकार अज्ञात है।
11. **विरहवागीश :** रचनाकार 'बोधा'
12. **उषाचरित :** रचनाकार 'जनकुंज'
13. **मधुमालती :** रचनाकार 'चतुर्भुजदास'
14. **नलदमयंती चरित्र :** रचनाकार 'सेवाराम'
15. **उषा-अनिरूद्ध :** 'जीवनदास नागर'
16. **उषा-अनिरूद्ध :** 'मुरलीदास'
17. **उषा-अनिरूद्ध :** 'रामदास'

## रामकाव्यधारा

**प्रमुखकवि :** सेनापति, लालदास, गुरुगोविन्द सिंह, जानकीरसिकशरण, भगवन्तराम खींची, जनकराजकिशोरीशरण, नवलसिंह कायस्थ, विश्वनाथसिंह, रामप्रियाशरणदासजी, रसिकअली, सरजूराम पण्डित, कृपानिवास, मधुसूदन, जानकीशरणजी, बाल अजीजू, गोकुलनाथ, मनियार सिंह, ललकदास, गणेश, प्रेमसखी, रामचरणदास, जीवाराम, युगनान्यशरण।

रचनाएं :

1. **सेनापति** — कवित्तरत्नाकर
2. **लालदास** — अवधविलास
3. **गुरु गोविन्दसिंह** — गोविन्दरामायण
4. **जानकीरसिक शरण** — अवधसागर
5. **भगवन्तराम खींची** — हनुमत्पच्चीसी
6. **महंत जनकराजकिशोरीशरण जी** — सीताराम सिद्धान्त मुक्तावली, जानकीकरूणाभरण, रघुवरकरूणाभरण, सीताराम रसतरंगिणी
7. **नवलसिंह कायस्थ** — आल्हा रामायण, रामचन्द्र विलास, अध्यात्मरामायण, रूपकरामायण, नामरामायण।
8. **महाराज विश्वनाथ सिंह** — 'आनन्द रघुनन्दन नाटक' (यह हिन्दी का पहला नाटक माना जाता है।)
9. **महन्त रामप्रियाशरणदासजी** — 'सीतायन'
10. **रसिकअली** — षड्ऋतुपदावली, होरी मिथिलाविहार, अष्टयाम
11. **सरजूराम पण्डित** — जैमिनीपुराण भाषा
12. **कृपानिवास** — (रामायत 'सखी सम्प्र.' के प्रवर्तक), भावनापच्चीसी, माधुरीप्रकाश, समयप्रबन्ध, जानकी सहस्रनाम।
13. मधुसूदन — रामाश्वमेघ
14. जानकीशरणजी — सियाराम रसमंजरी
15. बालअजीजू — नेहप्रकाश
16. गोकुलनाथ — सीतारामगुणार्णव
17. मनियार सिंह — हनुमतछब्बीसी, सौन्दर्यलहरी, सुन्दरकाण्ड
18. ललकदास — सत्योपाख्यान
19. बख्शी हंसराज श्रीवास्तव 'प्रेमसखी' — श्रीराम तथा सीताजी का नखशिख
20. रामशरणदास — रामस्नेही पंथ की स्थापना की तथा 'स्वसुखी' शाखा का प्रवर्तन किया।
21. जीवाराम — तत्सुखी शाखा का प्रवर्तन किया
22. युगलानन्दशरण — सखी भाव की उपासना का प्रचार किया।

## कृष्णकाव्यधारा

**प्रमुखकवि :** गुमान मिश्र, ब्रजवासीदासी, मंचित कवि, रूपरसिकदेव, नागरीदास, अलबेली अलि, चाचा हितवृन्दावनदास, भगवतरसिक, वृन्दावनदेव, पीताम्बरदास, सुन्दरी कुंवरिबाई, प्रेमसखीजी, सहचरिसरनदास, मंजरीदास, कृष्णदास, रत्नकुंवरि, दामोदर चौधरी 'उरदाम' भोला भण्डारडी, बणी-ठणी जी।

रचनाएं :

1. **गुमानमिश्र** — 'कृष्णचन्द्रिका' (प्रबन्ध काव्य)
2. **ब्रजवासीदास** — 'ब्रजविलास' (प्रबन्ध काव्य)
3. **मंचित कवि** — 'कृष्णायन' (प्रबन्ध काव्य), 'सुरभि-दानलीला' (प्रबन्ध काव्य)

4. **रूपरसिकदेव** – (निम्बार्क सम्प्रदाय) : लीलाविशंति, हरिव्यासयशामृत, नित्यविहारपदावली, वृहदोत्सव मणिमाल।
5. **नागरीदास** – (सखी सम्प्रदाय) : इश्कचमन, जुगलरस माधुरी, फागविलासी, रासरसलता, फागविहार, भक्तिसार, रसिकरत्नावली, वर्षा के कवित्त, कृष्णजन्मोत्सव कवित्त, प्रियाजन्मोत्सव कवित्त, गोवर्द्धन धरण के कवित्त।
6. अलबेलि – 'विष्णुस्वामी सम्प्रदाय'
7. **चाचाहितवृन्दावनदास – (राधावल्लभ सम्प्रदाय) :** जुगल स्नेह पत्रिका, लाडसार ब्रजप्रेमानन्द, कृपा अभिलाष की बेली भ्रमरगीत।
8. **भगवतरसिक – (सखी सम्प्रदाय) :** महात्मा ललित मोहिनीदास के शिष्य थे इनकी रचनाओं का संकलन है– 'भगवतरसिक की वीणा'।
9. **वृन्दावन देव (निम्बार्क सम्प्रदाय)** – घनानन्द के गुरु थे। इनकी रचना है 'कृष्णामृत गंगा' या 'गीतामृतगीता'।
10. **पीताम्बरदास (सखी सम्प्रदाय)** – किशोरदास के गुरु थे। इनकी रचनाएं हैं– केलिमाल की टीका, समय प्रबन्ध, सिद्धान्त और रस की साखी, सिद्धान्त और रस के पद।
11. **सुन्दरीकुवांरीबाई (राधावल्लभ सम्प्रदाय)** – नेहनिधि, वृन्दावन गोपी महात्म्य, संकेत युगल, रसपुँज, प्रेमसम्पुट, सारसंग्रह, रंगझर, भावनाप्रकाश, रासरहस्य
12. **बख्शी हंसराज श्रीवास्तव 'प्रेमसखी' (सखी सम्प्र.)** – इनके गुरु विजयसखी वैष्णव थे। इनकी रचनाएं हैं – स्नेहसागर, विरहविलास, कृष्णजू की पाती, बारहमास, विरहपत्रिका, चुरिहारिनलीला, फागतरंगिनी
13. **सहचरिसरनदास (सखी सम्प्रदाय)** – 'ललित प्रकाश', 'सरस मंत्रावली'
14. **मंजरी दास (चैतन्य सम्प्रदाय)** – .......
15. **कृष्णदास** – माधुर्य महरी, भागवतभाषा पद्य, भागवत महात्म्य
16. **रत्नकुंवरि** – 'प्रेमरत्न' (प्रबंध काव्य)। ये राजा शिवप्रसाद 'सितारे हिन्द' की दादी थी।
17. **दामोदर चौधरी 'उरदाम'** – उरदाम प्रकाश, कूबरीकिलोल, कान्हा का बंसी, मनमौजसागर, कोरदार बतीसी।

**वीरकाव्य प्रबंध :** छत्रप्रकाश (लालकवि), हिम्मतबहादुर विरुदावली (पद्माकर), सुजानचरित (सूदन), नृसिंह (खुमाण), हम्मीर रासो (जोधराम), हम्मीर हठ (चन्द्रशेखर वाजपेयी)।

**मुक्तक :** शिवराज भूषण, शिवाबावनी, छत्रसाल दशक (भूषण), सूर छत्तीसी, वीरविनोद (बांकीदास)।

## नीतिकाव्य

वृन्द (वन्द सतसई), गिरिधर कविराय (कुण्डलियां : लिखी हैं जिनमें 'गिरधर कविराय' की छाप है), बैताल ('विक्रम' को सम्बोधित करके कुण्डलियां लिखी हैं।)। सम्मन (दोहे लिखे हैं), रामसहायदास (राम सतसई, ककहरा), दीनदयाल गिरि (अन्योक्तिकल्पद्रम)।

### स्फुट प्रवृत्तियां

1. **सबलसिंह चौहान :** (महाभारत, 'दोहा-चौपाई' में अनुवाद), ऋतुसंहार (अनुवाद), रूपविलास।
2. **ब्रजनिधि :** रास का रेखता, रेखता संग्रह (खड़ी बोली की रचना में है।), प्रीतिलता, फांगरंग, स्नेहबहार, ब्रजनिधि, हरिपद संग्रह प्रेमपन्थ (ब्रजभाषा की रचनाएं हैं।)।
3. **बेनी बन्दीजन :** भडौवा संग्रह, रसविलास, टिकैतराय प्रकाश।
4. **अली मुहिब खां 'प्रीतम' :** खटमल बाईसी।
5. **गिरिधर दास :** बाबू गोपाल चन्द्र 'गिरिधरदास' भारतेन्दु के पिता थे। इनकी प्रमुख रचनाएं हैं – जरासंघवध महाकाव्य, भारतीभूषण, (अलंकार ग्रन्थ), भाषाव्याकरण (छन्द निरूपक), नहुष (नाटक)।

## रीतिकालीन गद्य साहित्य

**ब्रजभाषा गद्य :** चौरासी वैष्णवन की वार्ता (गोकुलनाथ), दो सौ बावन वैष्णव की वार्ता, (गोकुलनाथ), हरतालिका कथा, (मीनराज प्रधान, 17वीं सदी), अष्टांग योग (अक्षरअनन्य 17वीं सदी), भावना संज्ञक टिप्पणी वाले वल्लभ सम्प्रदायी ग्रन्थ जैसे 'निजवार्ताभावना', 'भावभावना', आदि (हरिराय 18वीं सदी), पुष्टि प्रवाह मर्यादा (हरिराय), सेवक जू कोचरिग (प्रियादास), बैताल पच्चीसी (सूरति मिश्र), हितोपदेश ग्रन्थ महाप्रबोधिनी (देवीचन्द), स्वप्न प्रसंग (अनन्य अली), राजनीति (लल्लू लाल 19वीं सदी), ग्रन्थसजीवन (आलम 19वीं सदी)।

काव्यशास्त्रीय ग्रन्थ जिनमें टिप्पणी ब्रजभाषा गद्य प्रयुक्त है– शृंगार मंजरी (चिन्तामणि), कविकल्पतरू (चिन्तामणि), रसरहस्य (कुलपति), काव्यनिर्णय (भिखारीदास), अलंकार रत्नाकर (दलपतिराय), रसपीयूषनिधि (सोमनाथ), अलंकार शिरोमणि (बेनी कवि), रसिक गोविन्दानन्दघन (रसिकगोविन्द), पिंगल (सुखदेव मिश्र), वृत्ततरंगिणी (रामसहाय दास), बलभद्रप्रकाश (करनेस), व्यंग्यार्थ कौमुदी (प्रतापसिंह), काव्यविलास (प्रतापसिंह), अलंकार भ्रमभंजन (ग्वाल), पद प्रसंगमाला (नागरीदास), अणभौविलास (रामचरणदास), प्रबोधचन्द्रोदय (जसवन्त सिंह), माधोविलास (लल्लू लाल)।

**खड़ी बोली गद्य :** 'फर्सनामा' या 'पोथीसलोत्री की' (रचनाकार अज्ञात), सुरासुर निर्णय (मुंशी सदा सुख लाल), मोक्ष मार्ग प्रकाश

(टोडरमल जैन), चिद्विलास (दीप चन्द्र जैन), वार्तिक (मुंशी सदा सुख लाल), भाषा योग वशिष्ठ (रामप्रसाद निरंजनी), भाषा पद्पुराण या 'पदमपुराण वचनिका' (दौलतराम जैन), सुदृष्टि तरंगिणी वचनिका (टेकचन्द जैन), गीतानुवाद (बीरबल), सूर्य सिद्धान्त (पं. कामोदानन्द मिर अनूदित)।

**फोर्ट विलियम कॉलेज :** नासिकेतोपाख्यान (सदलमिश्र — कठोपनिषद् के नचिकेता प्रसंग पर), प्रेम सागर (लल्लूलाल), रानी केतकी की कहानी या उदयभान चरित (इंशा अल्ला खां), सुखसागर (मुंशीसदा सुख लाल नियाज), रामचरित्र (सदल मिश्र), सिंहासन बत्तीसी (लल्लूलाल), बैताल पच्चीसी (लल्लूलाल)।

**दक्खिनी गद्य :** रिसाले बजूदिया (शाह बुरहानुद्दीन कादिरी), गंजमखफी (मोहम्मद शरीफ)।

**राजस्थानी गद्य : मौलिक गद्य रूप हैं** — बात, ख्यात, वचनिका, वर्णन, दशवैत, सलोका, पत्र, वंशावली, पदावली, विगत, पीढी। अनूदित गद्य रूप हैं — बालाबोध, टीका, टिप्पण, भाषा।

**भोजपुरी : गद्य रूप हैं** — पत्र, दस्तावेज, सनद, पंचनामा आदि।

**अवधी गद्य :** रसविनोद (भानुमिश्र), उड्डील (नित्यनाथ), 'मानस' टीका (रामचरण), सगुनावली (गौतम ऋषि), व्यवहारदास (प्रियादास), कबीरदास टीका (विश्वनाथ), परमधर्मनिर्णय (विश्वनाथ सिंह)।

## स्मरणीय कथन / उद्धरण / प्रसंग

**भिखारी दास :**

1. 'काव्य की रीति सिखी सुकबीन सों, देखी सुनी बहुलोक की बातें।'
2. 'ब्रजभाषा हेतु ब्रजवास ही न अनुमानो, ऐसे-ऐसे कविन की बानी हूँ सों जानिए।'
3. 'तुलसी, गंग दुऔ भए सुकविन के सरदार।'
4. 'एक लहै तपपुंजन के फल ज्यों तुलसी अरू सूर गोसाई।'
5. 'अब तो बिहारी के वे बानक गए री, तेरी तन दुति केसर को नैन कसमीर भी।'
6. सुकवि रीझिहैं तो कविताई।

**मतिराम :**

1. 'ज्यों-ज्यों निहारिये तेरे ह्वै नैननि त्यों-त्यों खरी निखरै सी निकाई।'
2. आंखिन ते गिरे आंसू के बूंद सुहास गयो उडि हंस की नाई।'
3. 'ह्वै बनमाल हिये लगिये अरू ह्वै मुरली अधरा रस पीजै।'

**देव :**

1. 'अभिधा उत्तमकाव्य है, मध्य लक्षणा लीन।
   अधम व्यंजना रसविरस, उल्टी कहत नवीन।।'
2. 'बानी को सार बखान्यो सिंगार, सिंगार को सार किसोर किसोरी।'
3. 'भरि रही भनक-भनक तारताननि की तनक-तनक तामें झनक चुरीन की।'

**सेनापति :**

1. 'सेवक सियापति को, सेनापति कवि सोई
   जाकी द्वै अरथ कविताई निरबाह की।'
2. 'फरि एक बैठि कहूं फामै बितकति है।'
3. 'नाहीं-नाहीं करै थोरी माँगे सब दैन कहैं।'

**पद्माकर :**

1. और रस, औरे रीति, औरे राग, औरे रंग, औरे तन, औरे मन, औरे बन ह्वै गयों'
2. 'नैन नचाइ कही मुसकाइ लला फिरि आइयौ खेलन होरी।
3. 'एरी मेरी बीर जैसे-तैसे इन आंखिन तें, कठिगो अबीर पै अहीर तौ कढै नही।

**घनानन्द :**

1. 'लोग हैं लागि कवित्त बनावत, मोहिं तौ मेरो कवित्त बनावत।'
2. 'कबहूं वा बिसासी सुजान के आंगन, मो अंसुवानिहू लै बरसौ।
3. 'मो गति बूझि परै तबहीं जब होहु घरीक हूं आप तें न्यारे।'
4. 'ह्वै घनानन्द सोच महा मरिबो अनमीच बिना जिय जीबो।'
5. 'चाहै प्रान चातक सुजान घनआनन्द कों
   दैया कहूं काहू कौं परै न काम कूर सौं।'
6. 'अधर लगे हैं आनि करि कै पयान प्रान, चाहत चलन ये संदेसो ले सुजान को।'
7. 'ह्वैं सोऊ धरी भाग उघरी।
8. 'उजरिन बसी है हमारी अंखियानि देखौ।'
9. 'कान्ह परे बहुतायत में इकलैन की बदेन जानौ कहा तुम।'
10. 'आनन्द विधान सुखयानि-दुखियानि दैं।'
11. 'रीझ सुजान सची पररानी, बची बुधि बापुरी ह्वै करि दासी।'
12. 'अरसनि गही वह बानि कछू, सरसानि सो आनि निहोरत है।'
13. 'उधरो जग, छाप रहे घनआनन्द, चातक ज्यों तकिए अब तौ'
14. 'कहिए सु कहा, अब मौन अली, नहीं खोवते जौ हमें पावते जू।'
15. 'झूठ की सचाई छाक्यौ, त्यौं हित कचाई पाक्यौ, ताके गुनगन घनआंनद कहा गनौ।'

16. 'गति सुनि हारी, देखि थकनि मै चली जाति, थिर चर दसा कैसी ढकी उघरति है।'
17. 'तेरे ज्यौं न लेखौं, मोहि मारत परेखो महा, जान घनआनन्द पै खोयणे लहत है।'
18. 'ऐ रे बीर पोन! तेरो सबै और गौन, बारि।
तों सों और कौन मैन ढरको ही बानि दै।।'
19. 'अति सूधो सनेह को मारग है, जहां नेकु सयानप बांक नहीं।'
20. 'पाऊं कहां हरि हाय तुम्हैं, धरती मैं धंसों कि अकासहिं चीरौं।'
21. 'जब तें निहारे घनआनन्द सुजान प्यारे,
तबहें अनोखी आगि लागि रही चाह की।'
22. 'तब हार पहार से लगत हे, अब आनि कै बीच पहार परे।'
23. 'सो घनआनन्द जान अजान लौं, टूक कियौ पर बांचि न देख्यौ'
24. 'या मन की जु दसा घनआनन्द जीव की जीवनि जान ही जानै।'
25. 'रावरे रूप कौ रीति अनूप नयौ-नयौ लागत ज्यों-ज्यों निहारियै।'

**घनानन्द की ब्रजनाथ कृत प्रशस्ति :**

1. 'चाह प्रवाह अथाह परे नहिं ही आप विचछन जानै।
पूंछ विषान बिना पसु जो सु कहा घनआनंद बानी बरवानै।
2. नेही महा ब्रजभाषा-प्रवीन और सुन्दरतानि के भेद को जानै।
जोग वियोग की रीति में कोविद भावना-भेद स्वरूप को ठानै।
चाह के रंग में भीड़्या हियरे बिछुरे मिलें प्रीतम सांति न मानै।
भाषा प्रवीन सुछंद सदा दहै सो घनजी की कवित्त बीवाने।
3. जग की कविताई के धोखे रहें, ह्यां प्रवीनन की मति जाति छकी।
समुझें कविता घनआनंद की हिय आंखिन नेह की पीर तकी।

**ठाकुर :**

1. चोजिन के चोजी महा, मैजिन के महाराज,
हम कविराज हैं, वे चाकर चतुर के।
2. ढेल सो बनाम आय मेलत सभा के बीच लोगन,
कवित्त कीबो खेल करि जाने है।
3. सखी कारी घटा बरसे बरसाने पै गोरी घटा नंदगांव पै री।
4. वा निरमोहिन रूप की रासि जऊ उर हेतु न आनति ह्वैहै।
5. 'सीखि लीनों मीन मृग खंजन कमल नै।'

6. 'विधि के बनाए जीव जेते हैं जहां के तहां,
खेलत फिरत तिन्हैं खेलन-फिरन देव।'
7. 'हाल चवाइन की दुहचाल कि लाल तुम्हैं खेलन दिखात कि नाही।'

**आलम :**

1. 'जा थल कीन्हे विहार अनेकन ता थल कांकरी बैठि चुन्यो करै।'
2. 'देखन के अंखियान महासुख जो अंसुवानि सों देखन देखन पांऊ।'
3. आलम ने शेख रंगरेजिन को लिख का भेजा–
'कनक छरी सी कामिनी कटि काहे को छीन।'
तो उसने जवाब लिखा–
'कटि को कंचन काटि विधि कुचन मध्य धरि दीन।'
4. 'आप को न चाहै ताके बाप को न चाहिए।'

**मतिराम :**

1. कोऊ कितेक उपायकरो कहुं होत है आपनो पीउ पराये।
2. केलि के राम अघाने नहीं दिनहू में लला पुनि घात लगाई।

**देव :**

1. डारि द्रुम पलना, बिछौना नवपल्लव के,
सुमन झँगूला साहै तब छबि के भारी दै।
2. बडे-बडे नैनन सों आंसू भरि-भरि ढरि
गारो-गारो मुख आज ओरो सो बिलानो जात।
3. सांसन ही में समीर गयो अरू आंसून ही बन नीर गयो हरि।

**पद्माकर :**

1. 'हौं तौ स्याम रंग में चोराइ चित चोराचोरी
बोरत तो बोरयौ पै निचोरत बनै नहीं।'
2. 'बिरह बनायो तौ न पावस बनाउतो,
जौ पासव बनायो तौ न बिरह बनाउतौ।
3. बनन में बागन में बगरयो बसन्त है
4. किंसुक गुलाब कचनार और अनारन की
डास पै डोलत अंगास के पुंज है।
5. गोरिउ के रंग भीजिगो, सांउरो के रंग भजिगो गोरी।

**सेनापति :**

1. 'आने हैं पहार मानौ काजर के ढोइ कै।'
2. राम कैसो जस अध-ऊरध गगन है

**नूर मुहम्मद :**

1. जानत है वह सिरजनहारा, जो किछु है मन मरम हमारा।
हिन्दू मग पर पांव न राखेऊं, का जो बहुतै हिन्दी भखिऊं।
कामयाब कह कौन जगावा, फिर हिन्दी भाखै पर आवा।
छांडि फारसी कंद नवातैं, अरूझाना हिन्दी रस बातै।

## खण्ड एक

### आधुनिक काल (1850 ई.)

| खण्ड 1. | खण्ड 2. |
|---|---|
| पूर्वाभास (1843-1868) | प्रगतिवादी युग (1936-1943) |
| भारतेन्दु युग (1868-1900) | प्रयोगवादी युग (1943-1954) |
| द्विवेदी युग (1900-1920) | नयी कविता / नव लेखन (1954-1972) |
| छायावादी युग (1920-1936) | अद्यतन युवा लेखन (1972) |

खण्ड 1.

### पूर्वाभास काल (1843-1868) :-

जैसा कि हम देखते आये हैं, किसी साहित्यिक युग की समाप्ति के साथ ही उस युग की प्रधान रचना प्रवृत्ति पूरी तरह निर्मूल नहीं हो जाती। भक्तिकाल में वीरगाथापरक तथा रीतिकाल में भक्तिपरक रचनायें भी गौण रूप से होती रही। इसी तरह आधुनिक काल में भी रीतिपरक प्रवृत्तियों के अवशेष काफी समय तक रचनाशील रहे। हम इनका परिचय यहाँ संक्षेप में देने के बाद उन सामाजिक हलचलों की संक्षिप्त चर्चा करेंगे, जिनके गर्भ से 'आधुनिक' काल ने जन्म लिया तथा 'गद्य' रचना की प्रवृत्ति विकसित हुई।

1. रीवा नरेश महाराजा 'रघुराज सिंह' : (भक्त कवि) - सुन्दरशतक, पत्रिका, आनन्दाम्बुनिधि, रूक्मिणी परिणय, श्रीमद् भागवत महात्म्य, रामस्वयंवर (प्रबंध), रामाष्टयाम।
2. महन्त रघुनाथ दास रामस्नेही (भक्त कवि):-विश्राम सागर।
3. सरदार कवि :- रामलीला प्रकाश, रामरत्नाकर, षडऋतु, साहित्य सरसी, शृंगार संग्रह, तुलसीभूषण, साहित्य सुधाकर, वागविलास।
4. बाबू गोपाल चन्द्र गिरधारी दास (भारतेन्दु के पिता) :- जरासन्ध वध महाकाव्य, राधास्तोत्र, गोपाल स्तोत्र, बलराम कथामृत, रामकथामृत, भारती भूषण (अलंकार ग्रन्थ), छन्दोवर्णन।
5. साह कुन्दनलाल (ललित किशोरी) तथा साह कुन्दनलाल (ललित माधुरी) :- स्फुट रचनायें।
6. चन्द्रशेखर बाजपेई :- हम्मीर हठ (1845), नखशिख, रसिक विनोद (1846)।
7. शंकर कवि :- (ये ठाकुर के पोत्र थे) :- स्फुट छंद
8. रामदास :- कविकल्पद्रुम (ध्वनिसिद्धान्त संबंधी रचना है।)।
9. ग्वाल :- रसरंग (1847)।
10. सेवक :- वाग्विलास (नायिका भेद संबंधी), नखशिख।
11. बैजनाथ द्विवेदी :- सीतारामाभरणमंजरी, रामरस्य, वृत्तनिदोषकदम्ब, वामाविलास, उद्दीपन शृंगार, अनुभव उल्लास, चित्राभरण।
12. नवनीत चतुर्वेदी :- कुब्जापच्चीसी।

भारतेन्दु युग के रीति-निरूपक कवि :-
भारतेन्दु ने 'सुन्दरी तिलक' में रीतिकालीन मुक्तकों का संकलन किया।

13. लछिराम भट्ट : महेश्वर विलास, रामचन्द्रभूषण, रावणेश्वर कल्पतरू, मानसिंहांष्टक, प्रताप रत्नाकर, लक्ष्मीश्वर रत्नाकार, कमलानन्द कल्पतरू।
14. कविराजा मुरारिदान :- जसवन्त जसोभूषण
15. बालगोविन्द मिश्र :- भाषाछन्द प्रकाश
16. प्रताप नारायण सिंह :- रस कुसुमाकर (गद्य का प्रयोग)
17. कन्हैयालाल पोद्धार :- अलंकार प्रकाश (गद्य का प्रयोग)
18. गोविन्द मिल्लाभाई तथा नवनीत चौबे भी ब्रजभाषा के अच्छे कवि थे ।

### ब्रजभाषा काव्य की परम्परा :-

रीतिकाल के समापन के समय ब्रजभाषा अपने सशक्त रूप में थी। खड़ी बोली आधुनिक युग की अनिवार्यता के रूप में उभरी। ब्रजभाषा तथा खड़ी बोली का लंबे समय तक संघर्ष चला जो छायावादी युग में जाकर निर्मूल हुआ। भारतेन्दु युग में यह विचित्र अन्तर्विरोध था कि हर कवि खड़ी बोली में एक ओर तो आधुनिक बोध वाली रचनायें कर रहा था, दूसरी ओर ब्रजभाषा में रीतिपरक, शृंगारी तथा भक्तिपरक काव्य रचनायें भी। द्विवेदी युग के अंत तक ब्रजभाषा में सुन्दर रचनायें हुई। हम प्रमुख कवियों तथा उनकी रचनाओं का नीचे परिचय दे रहे हैं।

### भारतेन्दु युग :-

इस युग का हर कवि खड़ी बोली तथा ब्रजभाषा दोनों में रचनायें कर रहा था। परन्तु इस काल में ब्रजभाषा की कोई उल्लेखनीय रचना नहीं मिलती । हम उनका परिचय भारतेन्दु युग के अन्तर्गत खड़ी बोली रचनाओं के साथ ही देंगे।

### द्विवेदी युग :-

श्रीधर पाठक (कश्मीर सुषमा), हरिऔध (रसकलश), सत्यनारायण 'कविरत्न' (प्रेमकली, भ्रमरदूत), श्रीधर पाठक (ऋतुसंहार : अनुवाद), बाबू जगन्नाथदास 'रत्नाकर' (हिंडोला, कल-काशी, हरिशचन्द्र, गंगावतरण, उद्धवशतक), 'जंकी' उपनाम से उर्दू कविता भी करते थे।

### ब्रजभाषा में अनुवाद :-

सत्यनारायण कविरत्न (भवभूति के नाटकों 'उत्तररामचरित' तथा 'मालतीमाधव', मैकाले के खण्डकाव्य 'होरेशस' का), बाबू जगन्नाथदास 'रत्नाकर' (पोप के 'एस्से आन क्रिटिसिज्म' का 'समालोचनादर्श' नाम से पद्यात्मक अनुवाद, रोला छंद में तथा 'बिहारी रत्नाकर' का सम्पादन)।

### छायावादोत्तर काल :-

1. हरदयाल सिंह ('दैत्यवंश' - यह ब्रजभाषा में रचित महाकाव्य है।)।
2. द्वारकाप्रसाद मिश्र ('कृष्णायन' - यह अवधी में रचित महाकाव्य है।)।

### आधुनिक काल की सामाजिक हलचल (1842-1868):-

- 1800 में वार्ड कैरे और मार्शमैन ने श्रीरामपुर (कलकत्ता) में "डैनिश मिशन" की स्थापना की। कैरे ने 1803 में देवनागरी अक्षरों की ढलाई की तथा मिशन की एक प्रेस खोली। श्रीरामपुर मिशन के प्रेस से ये दो पत्र प्रकाशित हुए- 'समाचार दर्पण' तथा 'दिग्दर्शन'।

- राजा राममोहन राय ने 1821 में 'संवाद कौमुदी' नाम से एक बंगला साप्ताहिक निकाला। यह पहला पत्र था, जिसमें अपने देश का सन्दर्भ रहता था । उन्होंने ब्रमैनिकल मैगजीन (अंग्रेजी), जाए-ए-जहाँ-नुमा (फारसी) पत्र भी निकाले।

- 'बाम्बे समाचार' नाम से एक गुजराती पत्र, 1922 में गुजराती प्रेस बम्बई से छपना शुरू हुआ ।

- हिन्दी का पहला पत्र सन् 1826 में पण्डित जुगलकिशोर ने 'उदन्त मार्तण्ड' नाम से कलकत्ता से निकाला। इसके बाद अनेक पत्र निकाले। नीचे महत्वपूर्ण हिन्दी पत्रों की सूची दी जा रही है-

| | पत्र | स्थान/वर्ष | सम्पादक |
|---|---|---|---|
| 1. | उदन्त मार्तण्ड (साप्ताहिक) | (1826) कलकत्ता | पण्डित जुगलकिशोर शुक्ल |
| 2. | बंगदूत (") | कलकत्ता (1829) | राजा राममोहन राय |
| 3. | प्रजामित्र (") | कलकत्ता (1834) | राजा राममोहन राय |
| 4. | बनारस अखबार (") | बनारस (1845) | राजा शिवप्रसाद 'सितारेहिन्द' |
| 5. | मालवा अखबार (") | मालवा (1849) | राजा शिवप्रसाद 'सितारेहिन्द' |
| 6. | सुधाकर (") | बनारस (1850) | तारामोहन मिश्र |
| 7. | बुद्धिप्रकाश (") | आगरा (1952) | मुंशी सदासुख लाल |
| 8. | समाचार सुधावर्षण (दैनिक) | 1854 | श्यामसुन्दर सेन |
| 9. | प्रजाहितैषी (साप्ताहिक) | आगरा (1860) | राजा लक्ष्मण सिंह |
| 10. | लोकमित्रा (") | आगरा (1863) | राजा लक्ष्मण सिंह |
| 11. | तत्वबोधिनी पत्रिका (") | बरेली (1865) | राजा लक्ष्मण सिंह |
| 12. | ज्ञानप्रदायिनी पत्रिका (मासिक) | लाहौर (1867) | नवीनचन्द्र |
| 13. | कवि सुधा (सा0, पा0, मा0) | काशी (1868) | भारतेन्दु हरिश्चन्द्र |

— कलकता जर्नल (सम्पा0 बकिंघम) नामक अंग्रेजी पत्र भारतीयों की वैचारिक स्वतंत्रता के समर्थन तथा अंग्रेज सरकार के विरोध के कारण 1823 में बंद हुआ।

— 18वीं सदी के उत्तराद्ध में कम्पनी सरकार ने 'कलकत्ता मदरसा' तथा बनारस में 'संस्कृत कालेज' खोला। पहले में अरबी-फारसी में पढ़ाई होती थी तथा दूसरे में संस्कृत में। सन् 1823 में कलकत्ता में 'लोकशिक्षा समिति' की स्थापना की गई। सन् 1835 में मैकाले ने अंग्रेजी शिक्षा के पक्ष में एक प्रारूप तैयार किया। सन् 1857 में कलकत्ता, मद्रास तथा बम्बई में अंग्रेजी माध्यम के विश्वविद्यालय खुल गए ।

— राजा राममोहन राय ने 1828 में बंगाल में 'ब्रह्म समाज' की स्थापना कर समाज सुधार की प्रक्रिया को शुरू किया और फिर धीरे-धीरे पूरे भारत में सुधार की यह लहर फैल गई। प्रमुख 'सुधार-समाजों / सभाओं' की सूची नीचे दी जा रही है-

| | समाज सुधारसभा | स्थान/वर्ष | संस्थापक/अन्य जानकारी |
|---|---|---|---|
| 1. | ब्रह्म समाज | बंगाल (1828) | राजा राममोहन राय (सहयोगी देवेन्द्रनाथ टैगोर, केशवचन्द्र सेन) |
| 2. | प्रार्थना समाज | महाराष्ट्र (1867) | महादेव गोविन्द रानाडे (स्थापना केशवचन्द्र सेन के प्रभाव से हुई।) |
| 3. | रामकृष्ण मिशन | बंगाल | विवेकानन्द (शिकागो भाषण - 1893)। |
| 4. | आर्य समाज | उत्तर भारत (1875) | स्वामी दयानन्द सरस्वती (रचना 'सत्यार्थ प्रकाश' - सन् 1875) |
| 5. | 'थियोसोफिकल सोसाइटी' की शाखा | अड्यार (मद्रास, 1882) | एनीबेसेण्ट (मदाम ब्लावअ्स्की ओल्कार्ट, न्यूयार्क में 'थियोसोफिकल सोसाइटी' की स्थापना की थी, जिसकी शाखा मद्रास में खुली। |
| 6. | अखिल भारतीय संगीत परिषद् | 1919 | विष्णुनारायण भातखण्डे |
| | तदीय समाज | 1873 | भारतेन्दु |

## अन्य सुधार आन्दोलन / समाज :-

कायस्थ सभा (उ0 प्र0), सरीन सभा (पंजाब), सत्यशोधक समाज (महात्मा ज्योतिबा फुले, महाराष्ट्र), श्रीनारायण धर्मपरिपालन सभा (नारायण गुरू केरल), अहमदिया और अलीगढ आन्दोलन (मुसलमानों का था, सिंह सभा (सिखों के संबंधित), रहनुमाई मजदेयासान सभा (पारसी)।

## खड़ीबोली का आरम्भिक संघर्ष :-

1. **फोर्ट विलियम कॉलेज :-** की स्थापना सन् 1800 ई॰ में हुई। 1800 ई॰ में कॉलेज के प्रिंसिपल जॉन गिलक्राइस्ट ने हिन्दी / हिन्दुस्तानी (हिन्दी एवं उर्दू गद्य) में पुस्तकें लिखवाई। इस कॉलेज से सम्बद्ध खडी बोली के लेखक लल्लूलाल तथा सदल मिश्र हैं।
2. **मुंशी सदासुखलाल 'नियाज' :-** सुखसागर, 'सुरसागर निर्णय' (यह सदासुखजी का एक निबंध है जो लाला भगवानदीन तथा रामदास गौड द्वारा सम्पादित 'हिन्दी भाषा सार' में संकलित है।)
3. **इंशा अल्ला खाँ :-** 'उदयभान चरित' या 'रानी केतकी की कहानी'।
4. **लल्लूलाल जी :-** फोर्ट विलियम कालेज के अध्यापक थे। खडी बोली गद्य में इनकी रचना है। 'प्रेमसागर' (1803)
5. **सदल मिश्र :-** फोर्ट विलियम कालेज के अध्यापक थे। इनकी रचना है- 'नासिकेतोपाख्यान' (1803)
6. **हिन्दू कॉलेज :-** की स्थापना 1817 ई॰ में हुई थी। फोर्टविलियम के बाद यह दूसरा कलकत्ता का ही कॉलेज था, जिसने खड़ी बोली गद्य के विकास में योगदान दिया।
7. **स्कूल बुक सोसाइटी (आगरा) :-** की स्थापना 1833 ई॰ में हुई। इससे मार्शमैन के 'प्राचीन इतिहास' का अनुवाद 'कथासागर' नाम से छपा। 1840 में 'भूगोलसार' तथा '(1847)' में 'रसायनप्रकाश' छपा। कथासागर (ले॰-रतनलाल), भूगोलसार (पंडित भट्ट), रसायनप्रकाश (बद्रीलाल शर्मा)।
8. **अदालती भाषा :-** संयुक्त प्रान्त एवं पश्चिमोत्तर प्रदेश की अदालती भाषा 'फारसी' चली आ रही थी, सन् 1836 में कंपनी सरकार ने जनता की कठिनाइयों को देखते हुए अदालतों में देशी भाषाओं के प्रयोग की अनुमति दे दी । अतः फारसी लिपि के साथ नागरी लिपि का भी प्रचलन हो गया। परन्तु गार्सा द तॉसी एवं सर सैयद अहमद ने मजहबी प्रश्न घुसेड़ कर उर्दू का बहुत समर्थन किया। साम्प्रदायिक आग्रहवश 1837 ई॰ में उर्दू संयुक्त प्रान्त की अदालती भाषा कर दी गयी।

   राजा शिवप्रसाद 'सितारेहिन्द' ने हिन्दी भाषा तथा नागरी लिपि के संबंध में सन् 1868 में सरकार के पास एक आवेदन भेजा। वह एक आमफहम भाषा (उर्दू की ओर झुकी हुई हिन्दी) के समर्थक थे। हिन्दी के पक्ष में उद्योग करने वालों में 'फ्रेडरिक पिन्काट' का नाम अविस्मरणीय है। सन् 1881 में फारसी लिपि अदालतों से हटा दी गई। नागरी के प्रचार के लिए सन् 1893 में नागरी प्रचारिणी सभा (काशी) की स्थापना की गई । सन् 1900 में नागरी लिपि को भी कचहरी में प्रवेश की अनुमति मिल गई । परन्तु हिन्दी फारसी-उर्दू विवाद अभी चलता रहा।

   पंजाब के पं0 श्रद्धाराम फुल्लौरी ने हिन्दी को जगह-जगह व्याख्यान एवं भाषण देकर मजबूत किया। इनकी रचनायें है- 'सत्यामृतप्रवाह', 'तत्वदीपक', 'धर्मरक्षा', 'उपदेश संग्रह', 'शतोपदेश' तथा सामाजिक उपन्यास 'भाग्यवती'। हिन्दी के विकास के लिए सन् 1910 में **'हिन्दी साहित्य सम्मेलन'** (प्रयाग) की स्थापना हुई।

   फ्रेडरिक पिन्काट साहब की दो रचनायें हैं - बालदीपक, विक्टोरिया चरित्र। हिन्दी का हितसाधन करने के लिए बाबू तोताराम (भारतेन्दु युग) ने **'भाषा सम्बर्धिनी सभा'** (अलीगढ़) स्थापित की थी। ऐसी ही एक सभा सन् 1884 में **'हिन्दी उद्धारिणी प्रतिनिधि मध्य सभा'** नाम से प्रयाग में बनी थी। सरकारी दफ्तरों में नागरी को प्रवेश कराने में यद्यपि

भारतेन्दु को सफलता न मिल सकी, पर उद्योग बराबर चलता रहा।

नागरी प्रचारिणी सभा (संस्थापक - श्यामसुन्दरदास, रामनारायण मिश्र, ठा॰ शिवकुमार सिंह) के पहले सभापति बाबू राधाकृष्णदास थे। सभा के कार्यो (नागरी लिपि का प्रचार तथा हिन्दी साहित्य समृद्धि) में खड्गविलास प्रेस के स्वामी 'रामदीन सिंह', 'भारतजीवन' के अध्यक्ष बाबू राधाकृष्णवर्मा, बाबू गदाधर सिंह तथा कार्तिकप्रसाद खत्री के नाम अविस्मरणीय हैं। पंडित रविदत्त शुक्ल ने 'देवाक्षरचरित्रा' प्रहसन में उर्दू लिपि की गडबड़ी के बडे विनोदपूर्ण दृश्य दिखाए गए थे। 'नागरी प्रचार' के लिये सर्वाधिक त्याग पंडित गौरीदत्त शुक्ल (द्विवेदी युग) ने किया। जिन्होंने सारी जायदाद नागरी प्रचार के लिए रजिस्ट्री करके झंडा हाथ में लेकर आजीवन नागरी प्रचार किया। 'गौरी नागरी कोश' इन्ही का है। लोग नमस्कार में इनसे 'जय नागरी की' कहते थे। इन्होंने एक सामाजिक उपन्यास 'देवरानी जेठानी' लिखा।

नागरी प्रचारिणी सभा की स्थापना के तीन वर्ष अन्तर नागरी प्रचार पत्रिका निकली। इसमें महावीर प्रसाद द्विवेदी की एक कविता 'नागरी तेरी यह दशा' छपी थी। जैसा कि आन्दोलन पंडित गौरीदत्त ने नागरी प्रचार के लिए किया, लगभग उसी समय ब्रजभाषा की जगह, कविता में खडी बोली प्रयोग के लिए 'अयोध्याप्रसाद खत्री' ने किया ।

9. **'सितारे हिन्द' तथा राजा लक्ष्मण सिंह :-** राजा शिवप्रसाद ने पाठ्यक्रम के लिए उपयोगी कई कहानियाँ हिन्दी में लिखी। जैसे- राजा भोज का सपना, वीरसिंह का वृतान्त, आलसियों को कोड़ा इत्यादि। राजा शिवप्रसाद 'सितारेहिन्द' के रचित हिन्दी ग्रन्थ हैं-

मानवधर्मसार, योगवशिष्ठ के चुने हुए श्लोक, उपनिषद्सार, भूगोल हस्तामलक, वामामनरंजन (कहानी) तथा 'इतिहासतिमिरनाशक' (इस रचना का झुकाव कुछ अरबी-फारसी से लदी उर्दू की तरफ है।)

- राजा लक्ष्मण सिंह ने 'अभिज्ञानशाकुन्तलम्' (खड़ी बोली 1862), तथा 'मेघदूत', रघुवंश (ब्रजभाषा अनुवाद) हिन्दी में लिखे।

## भारतेन्दु युग (1868-1900 ई॰) प्रमुख रचनाकारः-

**1. भारतेन्दु हरिश्चन्द्र (1850-1885) :- नाटक**

**(अ) मौलिक :-** वैदिकी हिंसा न भवति, चंद्रावली, विषस्य विषमौषधम्, भारत दुर्दशा (1876), नीलदेवी, प्रेमजोगनी और सती प्रताप (अधूरा), अंधेर नगरी (1881), सत्यवादीहरिश्चन्द्र तथा भारत जननी।

**(ब) अनूदित :-** विद्यासुंदर, पाखंड-विडम्बन, धनंजय-विजय, कर्पूरमंजरी, मुद्रा राक्षस, रत्नावली, दुर्लभ बंधु।

**निबंध :-** कार्तिक-कर्म-विधि, माघ-स्नान-विधि, अथ अंग्रेज स्तोत्र लिख्यते, पाँचवा पैगम्बर, वैष्णवता और भारतवर्ष आदि। चरितावली (जीवनियां), उदयपुरोदय (जीवनी), बूँदी का राजवंश (जीवनी), बादशाह दर्पण (इतिहास), कश्मीर कुसुम (इतिहास), जयदेव का जीवनवृन्त

**उपन्यास :-** पूर्णप्रकाश और चन्द्रप्रभा (बंगाली से अनुवाद)।

**आलोचना :-** नाटक (निबंध) - यह सैद्धान्तिक आलोचना की पहली हिन्दी रचना है।

**कहानी :-** 'एक कहानी कुछ आपबीती कुछ जगबीती'।

**पत्र-पत्रिकायें :-** कवि वचनसुधा (1868), हरिश्चन्द्र मैगजीन (मासिक, 1873), 1874 में 'हरिश्चन्द्र मैगजीन' का नाम बदल कर 'हरिश्चन्द्र चन्द्रिका' हो गया। 'बालाबोधिनी' (1874, स्त्री शिक्षा संबंधी)।

**अन्य जानकारियां :-**

- 'कालचक्र' नाम की अपनी पुस्तक में भारतेन्दु ने नोट किया है- 'हिन्दी नये चाल में ढली, सन् 1873 ई॰ ।
- 'कालचक्र' में ही उन्होनें 'नहुष' (बाबू गोपाल चन्द्रगिरिधरदास) को हिन्दी का प्रथम, 'शकुन्तला' (राजा लक्ष्मण सिंह) को द्वितीय और 'विद्यासुन्दर' को तृतीय नाटक कहा है। वस्तुतः नहुष, ब्रजभाषा में है।
- भारतेन्दु ने समस्यापूर्ति के एक मंच 'कवितावर्धिनी सभा' (काशी) की स्थापना की। 'भारत दुर्दशा' नाटक की टेक है- ''अंग्रेज राज सुख साज सजे सब भारी। पै धन बिदेस चलि जात इहै अति ख्वारी।।''

'निजभाषा उन्नति अहै सब उन्नति को मूल' - भारतेन्दु की पंक्ति है।

'कहाँ है करूणानिधि केसव सोए' - नीलदेवी नाटक

**कविता :-**

भारतेन्दु बाबू ने ब्रजभाषा में प्रभूतमात्रा में काव्यरचना की। प्रमुख हैं- प्रेममालिका, प्रेम सरोवर, गीतगोविन्दानन्द, वर्षाविनोद, विनय प्रेमपचासा, प्रेममाधुरी, प्रेमफुलवारी, वेणु-गीत आदि।

भारतेन्दु उर्दू में 'रसा' उपनाम से कविता करते थे। उन्होंने पहेलियां, मुकरियां, व्यंग्यगीत (पैरोडी, स्याया, गाली), समस्यापूर्तियाँ तथा खड़ी बोली में देश की स्थिति पर कवितायें रचीं। प्रमुख हैं-

- अमानत के नाटक 'इन्दर सभा' की पैरोडी - 'बन्दर सभा'
- उर्दू की स्यापा (है है उर्दू हाय-हाय / कहाँ सिधारी हाय-हाय)
- समस्यापूर्ति (पिय प्यारे तिहारे निहारे बिना)

– खडी बोली की प्रसिद्ध कवितायें - विजयिनी विजय वैजयन्ती, भरतभिक्षा, विजयवल्लरी, रिपनाष्टक, प्रबोधिनी, बसन्त होली, प्रात समीरन (यह बंगला के पयार छंद में है।) आदि हैं।

**पंक्तियाँ :-**

– सखा प्यारे कृष्ण के गुलाम राधारानी के।
– मेरे तो साधन एक ही है, जग नन्दलला वृषभानु -दुलारी।
– डूबत भारत नाथ बेगि जागो अब जागो।
– भीतर-भीतर सब रस चूसे, हँसि-हँसि के तन-मन-धन मूसै।
जाहिर-बातन में अति तेज, क्यों सखि साजन ! नहिं अंगरेज।
– अंधाधुध मच्यौ सब देसा। मानह राजा रहत बिदेसा।।

काव्यानुवाद :-
तदीय सर्वस्व (नारद भक्तिसूत्र का अनुवाद)
भक्तिसूत्र वैजयन्ती (शाण्डिलय भक्तिसूत्र का अनुवाद)

**2. बाल कृष्ण भट्ट :-**
आचार्य रामचन्द्र शुक्ल ने बालकृष्ण भट्ट और प्रताप नारायण मिश्र को हिन्दी का 'स्टील' और 'एडीसन' कहा है।

**नाटक :-** कविराज की सभा, रेल का विकट खेल, दमयन्ती स्वयंवर, बाल विवाह, चन्द्रसेन शर्मिन्दा, वृहभला, वेणुसंहार और जैसा काम वैसा परिणाम आदि।

**निबंध :-** भक्ति दृढ़ता, प्रेम, भक्ति, चन्द्रोदय, रूचि, ईश्वर भी क्या ठठोल है, चली सो चली, देवताओं से हमारी बातचीत, नये तरह का जुनून, खटका, बाल विवाह आदि।

**उपन्यास :-** नूतन ब्रह्मचारी, सौ अजान एक सुजान

**आलोचना :-** सच्ची समालोचना (1886 : लाला श्रीनिवासदास के नाटक 'संयोगिता स्वयंवर' की 'हिन्दी प्रदीप' में समीक्षा, जहाँ से व्यावहारिक समीक्षा की हिन्दी में शुरूआत होती है।), रणधीर प्रेममोहिनी, नीलदेवी, परीक्षा गुरु तथा एकान्तवासी योगी की 'हिन्दी-प्रदीप' में आलोचनायें छपी।

**(3) प्रताप नारायण मिश्र :-**

**नाटक :-** भारतदुर्दशा, कलिकौतुक रूपक, संगीत शाकुन्तल, हठी हमीर, गोसंकट, जुआरी-खुआरी, कलि प्रभाव।

**निबंध :-** प्रायः 200 निबंध लिखे । कुछ हैं - धोखा, खुशामद, आप, बात, दांत, भौं, मुच्छ, नारी, परीक्षा, ह, द, मनोयोग, समझदार की मौत आदि।

**उपन्यास :-** बंकिम चंद्र चटर्जी के चार उपन्यासों 'राजसिंह', 'इन्दिरा', 'राधारानी' तथा 'युगलांगुरीय' का अनुवाद।

**पत्र-पत्रिकायें :-** ब्राह्मण (मासिक 1883, कानपुर) ; इस पत्र को चलाते रहने के लिए प्रताप नारायण मिश्र को एक बार इन शब्दों में चन्दा माँगना पड़ा था।
"आठ मास बीते जजमान। अब तो करौ दच्छिना दान।।"

**कविता :-**
प्रेम पुष्पावली, मन की लहर, लोकोक्ति शतक, तृप्यन्ताम्, श्रृंगार विलास आदि। मिश्र जी कसीदा, शेर, मरसिया भी लिखते थे तथा लोकशैलियों लावनी, कजली, आल्हा का प्रयोग भी करते थे। उनकी एक समस्यापूर्ति 'पपीहा जब पूछिहै पीव कहाँ' बहुत प्रसिद्ध है। वह कानपुर के समस्या पूर्ति मंच 'रसिक समाज' के प्रधान कार्यकर्ता थे ।

**4. बदरीनारायण चौधरी 'प्रेमघन' :-**
उर्दू में 'अब्र' उपनाम से कविता करते थे।

**नाटक :-** भारत सौभाग्य, प्रयाग रामागमन, वीरांगना रहस्य, बुद्ध विलाप।

**आलोचना :-** 'संयोगिता स्वयंवर' (लाला श्रीनिवासदास) तथा बाबू गदाधर सिंह के अनुवाद बंगविजेता की 'आनंद कादम्बिनी' में समीक्षा।

**पत्र-पत्रिकायें :-** 'नागरी नीरद' तथा 'आनंद कादम्बिनी' (मासिक, 1881 मिर्जापुर)

**कविता :-** जीर्ण जनपद (प्रबंधकाव्य), अलौकिक लीला (प्रबंधकाव्य), मयंक महिमा (प्रबंध अपूर्व) जैसे - आनन्द अरूणोदय, हार्दिक हर्षादर्श, वर्षाबिन्दु आदि इनकी एक समस्यापूर्ति प्रसिद्ध है -
'चरचा चलिबे की चलाइए ना'।

**5. लाला श्रीनिवासदास :-**

**नाटक :-** प्रह्लाद चरित्र, तप्तासंवरण, रणधीर प्रेममोहिनी, संयोगिता स्वयंवर (1885)।

**उपन्यास :-** परीक्षागुरू (1882, हिन्दी का पहला मौलिक उपन्यास है।)

**पत्र-पत्रिकायें :-** सदादर्श (1874, दिल्ली)।

**प्रमुख रचनायें :- नाटक :** हिन्दी का प्रथम नाटक 'आनन्दरघुनन्दन नाटक' (महाराजा विश्वनाथ सिंह रीतिकाल), खडी बोली हिन्दी का प्रथम नाटक 'शकुन्तला नाटक' (राजा लक्ष्मण सिंह अनुवाद, पूर्वाभास काल), 'नहुष' (बाबू गोपालचन्द्र गिरधर दास, पूर्वाभास काल)।

**भारतेन्दु युग :-** विद्यासुन्दर (1868 अनूदित, भारतेन्दु का पहला नाटक), सत्य हरिश्चन्द्र, नीलदेवी, भारतदुर्दशा तथा अन्धेर नगरी (भारतेन्दु हरिश्चन्द्र), जानकीमंगल (शीतला प्रसाद), संयोगिता स्वयंवर, रणधीर प्रेममोहिनी, तप्ता संवरण (रोमानी, लाला श्रीनिवास दास), प्रह्लाद चरित्र (लाला श्रीनिवास दास), प्रद्युमन विजय, रूक्मिणी परिणय (हरिऔध), नल दमयन्ती स्वयंवर, नई रोशनी का विष, जैसा काम वैसा परिणाम, आचार विडम्बन (बालकृष्ण भट्ट), महाराणा प्रताप, महारानी पद्मावती (ऐतिहासिक, राधाकृष्णदास), दुःखिनी बाला (सामयिक, राधाकृष्णदास), बूढे मुँह

मुहाँसे, तन मन धन गोसाई जी को अर्पण (राधाचरण गोस्वामी), अमर सिंह राठौर (ऐतिहासिक, राधाचरण गोस्वामी), भारत आरत (खड्गबहादुर मल्ल), रतिकुसुमायुध (रोमानी, खड्गबहादुर मल्ल), गोसंकट, भारत सौभाग्य (अम्बिकादत्त व्यास), देश दशा(गोपालराम गहमरी) विधवा विवाह (काशीनाथ खत्री), सिन्धु देश की राजकुमारियाँ, गुन्नौर की रानी (ऐतिहासिक काशीनाथ खत्री), उषाहरण (कार्तिक प्रसाद खत्री), प्रणयिनी-प्रणय, मयंक मंजरी महानाटक (रोमानी, किशोरीलाल गोस्वामी), कीर्तिकेतु (बाबू तोताराम), चोपटचपेट (किशोरीलाल गोस्वामी)।

## भवभूति नाटक

**संस्कृत में अनूदित :-**

**भवभूति :-** उत्तर रामचरित (लाला सीताराम), मालती माधव (लाला शालिग्राम, लाला सीताराम), महावीरचरित (लाला सीताराम)।

**कालिदास :-** अभिज्ञान शाकुन्तलम् (नन्दलाल विश्वनाथ दुबे), मालविकाग्निमित्रा (लाला सीताराम)।

**कृष्णमित्र :-** प्रबोधचन्द्रोदय (शीतला प्रसाद, अयोध्या प्रसाद चौधरी)।

**शूद्रक :-** मृच्छकटिकम् (गदाधर भट्ट, लाला सीताराम)।

**श्रीहर्ष :-** रत्नावली (देवदत्त तिवारी, बालमुकुंद सिंह)।

**भट्टनारायण :-** वेणीसंहार (ज्वालाप्रसाद मिश्र)।

**रवीन्द्रबाबू :-** चित्रांगदा (गोपालराम गहमरी), अचलायतन (रूपनारायण पाण्डे)।

**बंगला से अनूदित :-**

**द्विजेन्द्रलाल राय :-** उस पार, शाहजहाँ, दुर्गादास, ताराबाई (रूपनारायण पाण्डे)।

**माइकेल मधुसूदन दत्त :-** पद्मावती (बालकृष्ण भट्ट), शर्मिष्ठा (रामचरण शुक्ल), कृष्णाकुमारी (रामकृष्ण वर्मा)।

**मोहन बसु :-** सती (उदितनारायण लाल)

**राजकिशोर दे :-** पद्मावती (रामकृष्ण वर्मा)

**द्वारिकानाथ गांगुली :-** वीरनारी (रामकृष्ण वर्मा)

**अंग्रेजी से अनूदित :-**

**शेक्सपियर :-** मरचेन्ट आफ वेनिस (दुर्लभ बंधु- भारतेन्दु, वेनिस का व्यापारी - आर्या), द कामेडी आफ एटर्स (भ्रमजालक - मुंशी इमदाद अली, भूलभुलैया - लाला सीताराम), ऐज यू लाइक इट (मन भावना - पुरोहित गोपीनाथ), रोमियो जूलियट (प्रेमलीला - पुरोहित गोपीनाथ), मैकबेथ (सहसेन्द्र साहस - मथुराप्रसाद उपाध्याय)।

**जोजेफ एडीसन :-** केटो (वृतान्त - बाबू तोताराम),

**उपन्यास :-** 'देवरानी जेठानी की कहानी' (गौरीदत्त शुक्ल), भाग्यवती (1871, श्रद्धाराम फिल्लौरी), परीक्षागुरू (1882 लाला श्रीनिवास दास), परीक्षागुरू हिन्दी का पहला मौलिक अंग्रेजी छन्द का उपन्यास है। भाग्यवती हिन्दी का पहला उपन्यास है।

**उपदेश प्रधान सामाजिक उपन्यास :-** पूर्ण प्रकाश और चन्द्रप्रभा (भारतेन्दु), भाग्यवती (श्रद्धाराम फिल्लौरी), परीक्षागुरू (लाला श्रीनिवास दास), नूतन ब्रह्मचारी, सौ अजान एक सुजान (बालकृष्णभट्ट), निरराहाय हिन्दू (राधाकृष्णदास), विधवा विवाह (राधाकृष्ण गोस्वामी तथा देवी प्रसाद शर्मा), जया (कार्तिक प्रसाद खत्री), लवंग लतिका, कुसुम कुमारी, लीलावती वा आदर्श सती, पुर्नजन्मवा सौतिया डाह, अंगूठी का नगीना, त्रिवेणी वा सौभाग्य श्रेणी, हृदाहारिणी वा आदर्श रमणी (किशोरी लाल गोस्वामी), सास पतोहू, बडा भाई, नये बाबू (गोपालराम गहमरी), धूर्त रसिकलाल, स्वतंत्र रमा और परतंत्र लक्ष्मी चक्र हिन्दी गृहस्थ, आदर्श दम्पति, बिगडों का सुधार, सुशीला विधवा, आदर्श हिन्दू (मेहता लज्जाराम शर्मा), अधखिला फूल, ठेठ हिन्दी का ठाठ (हरिऔंध), सौन्दर्योपासक, राधाकान्त (ब्रजनन्दन सहाय), रामलाल (मन्नन दुबे), वनजीवन वा प्रेमलहरी (राधिकारमण प्रसाद सिंह), वीरमणि (1917, मिश्रबंधु) - कोष्ठक के अन्दर की रचनायें द्विवेदी युग की हैं।

**ऐतिहासिक उपन्यास :-** हृदयहारिणी वा आदर्शरमणी (1890), लवंगलता वा आदर्श बाला, तारा (1902), राजकुमारी (1902), कनक कुसुम वा मस्तानी (1903), लखनऊ की कब्र वा शाही महलसरा (1906), रजिया बेगम, प्रणयिनी परिणय, त्रिवेणी, चपला, मल्लिका देवी वा बंग सरोजनी, अंगूठी का नगीना (किशोरी लाल गोस्वामी)।

**रोमानी उपन्यास :-** ठाकुर जगमोहन सिंह का 'श्यामा स्वप्न' आश्चर्य वृतान्त (अम्बिका दत्त व्यास)।

**तिलस्मी-ऐयारी उपन्यास :-** चन्द्रकान्ता (1891), चन्द्रकान्ता सन्तति, नरेन्द्र मोहिनी, वीरेन्द्र वीर अथवा कटोरा भर खून, कुसुम कुमारी, काजर की कोठरी, अनूठी बेगम, गुप्त गोदना, भूतनाथ : छह भाग (देवकीनन्दन खत्री), कुसुमलता, मयंकमोहिनी या मायामहल, कमल कुमारी, निराला नकाबपोश, भयानक खून (हरिकृष्ण जौहर), तिलस्मी शीशमहल (किशोरीलाल गोस्वामी), पुतलीमहल (रामलाल वर्मा), भूतनाथ के शेष भाग (दुर्गाप्रसाद खत्री)।

**जासूसी उपन्यास :-** अद्भुत लाश, बेकसूर की फाँसी, गुप्तचर, सरकती लाश, खूनी कौन, बेगुनाह का खून, जासूस की भूल, अद्भुत खून, खूनी का भेद, गुप्त भेद (गोपालराम गहमरी)।

**अनूदित उपन्यास :-** बंगविजेता (गदाधर सिंह, बंगला), दुर्गेशनन्दिनी (गदाधर सिंह, बंगला), मृण्मयी (राधाचरण गोस्वामी, बंगला), आँखों की किरकिरी (रवीन्द्र नाथ टैगोर), वृतान्तमाला (रामकृष्ण वर्मा, उर्दू), पूना में हलचल (गंगाप्रसाद गुप्त, उर्दू), छत्रसाल (रामचन्द्र मराठी), स्वर्णलता, मरता क्या न करता (राधाकृष्णदास,

बंगला), दीपनिर्वाण (मुंशी उदित नारायण लाल), इला प्रमिला, जया, मधुमालती (कार्तिक प्रसाद खत्री), चतुरचंचला, भानमती, नये बाबू (गोपालराम गहमरी), वीरेन्द्र (पुरोहित गोपीनाथ), गुप्तचर (गोपालराम गहमरी), संसार दर्पण अमला वृतान्तमाला, ठग वृतान्तमाला, पुलिस वृतान्तमाला (रामकृष्ण वर्मा), बिरजा जावित्री (राधाचरण गोस्वामी, बंगला)।

**यात्रावृत्त :-** सरयू पार की यात्रा, लखनऊ की यात्रा (भारतेन्दु), गया यात्रा (बालकृष्ण भट्ट), विलायत यात्रा (प्रतापनारायण मिश्र), लन्दन यात्रा (श्रीमती हरदेवी), लन्दन का यात्री (भगवान दास वर्मा), मेरी पूर्व दिग्यात्रा, मेरी दक्षिण दिग्यात्रा (दामोदर शास्त्री), ब्रजविनोद (तोताराम वर्मा), बदरी-केदार यात्रा (कल्याण चन्द्र), ब्रजयात्रा (देवीप्रसाद)।

**अन्य :-** इतिहास तिमिरनाशक, भूगोल हस्तामलक (सितारेहिन्द), अवध समाचार (पूरनचन्द्र मुंशी), बूँदी का राजवंश, बादशाह दर्पण, उदयपुरोदय, कश्मीर कुसुम, चरितावली (भारतेन्दु), आमेर के राजे (देवी प्रसाद मुंसिफ), मारवाड के प्राचीन लेख (देवी प्रसाद मुंसिफ), इतिहास बुंदेलखण्ड (महाराज सिंह), राजनीति (श्रीनिवासदास), राजनीति (देवीदास)।

**पत्र-पत्रिकायें :-** कवि वचन सुधा (1868, काशी), हरिश्चन्द्र मैगजीन (1873, काशी), बालाबोधिनी (1874 काशी), हरिश्चन्द्र चंद्रिका (1874, काशी) भारतेन्दु, हिन्दी प्रदीप (1877, प्रयाग) बालकृष्ण भट्ट, हिन्दी दीप्तिप्रकाश (कलकत्ता, कार्तिक प्रसाद खत्री), सदार्दश (दिल्ली, लाला श्रीनिवास दास), भारतबंधु (अलीगढ, तोताराम), भारतमित्र (कलकत्ता, रूददत्त), आनंदकादंबिनी (मिर्जापुर, 1881), नागरी नीरद प्रेमघन, ब्राह्मण (कानपुर, 1883), प्रतापनारायण मिश्र, शुभचिंतक (लाला सीताराम), हिंदोस्थान (इंग्लैण्ड, 1883) राजा रामपाल सिंह, पीयूष प्रवाह काशी, अंबिका दत्त व्यास, भारत जीवन रामकृष्ण वर्मा, काशी, भारतेन्दु वृंदावन, 1884, राधाचरण गोस्वामी, प्रेमविलासिनी (पत्रिका, कार्तिकप्रसाद खत्री), मित्रविलास (लाहौर, पं॰ गोपीनाथ), उचितवक्ता (कलकत्ता, पं॰ दुर्गाप्रसाद मिश्र), सारसुधानिधि (कलकत्ता, सदानंद मिश्र), बिहार बन्धु (केशवराम भट्ट), आर्यसिद्धान्त (पं॰ भीमसेन शर्मा), उपन्यास (मासिक 1898, काशी, किशोरीलाल गोस्वामी), जासूस (गोपालराम गहमरी), उपन्यास लहरी (देवकीनन्दन खत्री), उपन्यास बहार (जयरामदास गुप्त), दारोगा दतर (रामलाल वर्मा)।

**कविता :-** भारतेन्दु प्रेमघन तथा प्रतापनारायण मिश्र की प्रमुख रचनायें पीछे दी जा चुकी है। शेष हैं -

**अम्बिकादत्त व्यास :-** पावसपचासा, सुकवि सतसई, हो-हो-होरी, बिहारी-विहार (यह बिहारी के दोहों का कुण्डलियां छंद में विस्तार है।) कंसवध यह अपूर्ण है तथा खडी बोली मे है अतुकान्त छन्द है।)

**जगमोहन सिंह :-** प्रेमसम्पतिलता, श्यामलता, श्यामा सरोजनी देवीयानी

**राधाकृष्णदास :-** भारत बारहमासा, देश दशा

## अनूदित काव्य :-

| | मूल कृति | अनुवाद | अनुवादक |
|---|---|---|---|
| 1. | रधुवंशम्, मेघदूतम् (कालिदास) | रघुवंश, मेघदूत | राजा लक्ष्मण सिंह |
| 2. | नारद भक्ति सूत्र | तदीय सर्वस्व | भारतेन्दु |
| 3. | शाण्डिल्य भक्ति सूत्र | भक्तिसूत्र वैजयन्ती | भारतेन्दु |
| 4. | वाल्मीकि रामायण | रामरामायण | बाबू तोताराम |
| | ऋतुसंहार, मेघदूतम् (कालिदास) | ऋतुसंहार, मेघदूत | ठा0 जगमोहन सिंह |
| 6. | मेघदूतम्, कुमारसंभव, ऋतुसंहार, रघुवंशम् | मेघदूत, कुमारसंभव ऋतुसंहार, रघुवंश | लाला सीताराम 'भूप' |
| 7. | द हरमिट (गोल्डस्मिथ) | एकान्तवासी योगी (1886) | श्रीधर पाठक |
| 8. | द डेजर्टेड विलेज (गोल्डस्मिथ) | ऊजडग्राम (1884) | श्रीधर पाठक |
| 9. | द ट्रैवलर (गोल्डस्मिथ) | श्रान्त पथिक | श्रीधर पाठक |

**समस्यापूर्तियों के मंच :-**

कवितावर्धिनी सभा (संस्थापक - भारतेन्दु, बनारस), रसिक समाज (राय प्रसाद पूर्ण, कानपुर), कविराज (बाबा सुमेर सिंह, आजमगढ़), पत्रिकायें-समस्यापूर्ति (बांकीपुर), रसिक पत्रिका (कानपुर)।

**प्रसिद्ध समस्यापूर्तियां :-**

- प्रिय प्यारे तिहारे न्यारे बिना, अँखियाँ दुखियाँ नहिं मानती है। - भारतेन्दु

- मरेहू पै आँखें ये खुली ही रहि जायँगी। - भारतेन्दु

- काशी के कवि समाज की ओर से 'समस्यापूर्ति प्रकाश' नामक अखबार भी निकलता था।

## द्विवेदी युग (1900-1920) प्रमुख रचनाकार :

### (1) आचार्य महावीर प्रसाद द्विवेदी (1864-1938)

**मौलिक काव्य ग्रन्थ :-** काव्य मंजूषा, सुमन, कान्यकुब्ज, अबला-विलाप

**अनूदित कविता :-** कुमारसंभवसार, कविता कलाप, गंगालहरी, ऋतुतरंगिणी।

**विविध गद्य :-** सम्पत्तिशास्त्र (1908), हिन्दी महाभारत, बेकन विचार रत्नावली (अनुवाद)।

**निबंध :-** रसज्ञ रंजन, लेखांजलि, कवि कर्त्तव्य, क्या हिन्दी नाम की कोई भाषा ही नहीं आदि।

**समालोचना :-** हिन्दी भाषा की उत्पत्ति, कालिदास की निरंकुशता, कालिदास और उनकी कविता, सुकवि संकीर्तन, साहित्य संदर्भ, आलोचनांजलि, साहित्य सीकर, समालोचना

समुच्चय (1930), विक्रमांक देव चरित चर्चा, नैषध चर्चा।

**पत्र-पत्रिकायें :-** सरस्वती(1903-1920) सन् 1900 में 'सरस्वती' मासिक पत्रिका का प्रकाशन शुरू हुआ था। चिन्तामणि घोष ने इसे प्रकाशित करने के लिए एक संपादक मंडल बनाया। घोष जी इंडियन प्रेस, प्रयाग में स्वत्वाधिकारी थे। प्रारम्भ में सरस्वती के सम्पादक मंडल में श्यामसुन्दरदास, राधाकृष्णदास, जगन्नाथ दास, कार्तिक प्रसाद और किशोरीलाल गोस्वागी थे। सन् 1901 में वे भी सम्पादन कार्य से अलग हो गए। सन् 1903 से द्विवेदी जी ने कार्य सम्पादन संभाला।

**पंक्तियाँ :-** ज्ञानराशि के संचित कोश ही का नाम साहित्य है।

– शुक्लजी ने इनके निबंधों को 'बातों का संग्रह' कहा है।

– "गद्य की भाषा पर द्विवेदी जी के इस शुभ प्रभाव का स्मरण जब तक भाषा के लिए शुद्धता आवश्यक समझी जायेगी, तब तक बना रहेगा।" - हिन्दी साहित्य का इतिहास (रामचन्द्र शुक्ल)।

**(2) श्रीधर पाठक :-**

**कवितायें :-** जगत सच्चाई सार, कश्मीर सुषमा, जार्ज वंदना, श्रीगोखले प्रशस्ति, सांध्य अटन, गुनवंत हेमंत, भारतगीत, स्वर्गीय वीणा।

**अनूदित :-** 'गोल्डस्मिथ' के 'हरमिट', 'डेजर्टेड विलेज' तथा 'ट्रैवलर' के अनुवाद क्रमशः एकान्तवासी योगी (1886, खडी बोली), ऊजड ग्राम (ब्रजभाषा), श्रांतपथिक (खडी बोली) नाम से। कालिदास के 'ऋतुसंहार' का अनुवाद इसी नाम से।

**पंक्तियाँ :-** 'जगत है सच्चा तनिक न कच्चा, समझो बच्चा ! इसका भेद।'

- 'लिखो, न करो लेखनी बंद। श्रीधर सम सब कवि स्वच्छन्द।'
- 'प्रकृति यहाँ एकांत बैठि निज रूप संवारति।'
- 'विजन वन-प्रांत था, प्रकृति मुख शांत था,
अटन का समय था, रजनि का उदय था।'

**(3) रामनरेश त्रिपाठी :-**

**काव्य :-** मिलन, पथिक (1920), स्वप्न (1939), मानसी

**अन्य :-** बाल साहित्य, कविता कौमुदी (संकलन : इसके एक भाग में ग्रामगीत संकलित है जो हिन्दी में पहला प्रयास है।)

**आलोचना :-** तुलसीदास और उनकी कविता

**संस्मरण :-** तीस दिन : मालावीय जी के साथ (1942)

**(4) अयोध्या सिंह उपाध्याय 'हरिऔध' :-** दो बार 'हिंदी साहित्य सम्मेलन' के सभापति रहे।

**काव्य संग्रह :-** प्रियप्रवास (यह खडी बोली हिन्दी का पहला महाकाव्य है। इस पर मंगलाप्रसाद पारितोषिक मिला। वैदेही वनवास (खडी बोली, प्रबंधकाव्य), रसकलश (ब्रजभाषा), चोखे-चौपदे, चुभते चौपदे, पद्यप्रसून, बोलचाल।

**नाटक :-** प्रद्युमन विजय व्यायोग, रूक्मिणी परिणय नाटक

**उपन्यास :-** ठेठ हिन्दी का ठाठ (1899), अखखिला फूल (1907), वेनिस का बाँका (पहली गद्य पुस्तक)।

**पंक्तियाँ :-** 'दिवस का अवसान समीप था। गगन था कुछ लोहित हो चला।'

- प्रियप्रवास की आरम्भिक पंक्ति है।

- 'लख अपार-प्रसार गिरीन्द में , ब्रज धराधिय के प्रिय-पुत्र का। सकल लोग लगे कहने, उसे, रख लिया है उँगली पर श्याम ने।'

- प्रियप्रवास

- 'रूपोद्यान प्रफुल्लप्राय कलिका राकेन्दु बिम्बानना।
श्रीराधा मृदुभाषिणी मृददृगी माधुर्य्य सन्मूर्ति थी।।'

- प्रियप्रवास

- 'क्यों पले पीस कर किसी को !
है बहुत पालिस बुरी तेरी।
हम रहे चाहते पटाना ही,
पेट तुझसे पटी नही मेरी।'

- चोखे चौपदे

**(5) मैथिलीशरण गुप्त (1886-1964) :-**

गुप्तजी की पहली कविता 'हेमन्त' 1905 की सरस्वती में छपी । आरम्भिक रचनायें 'वैश्योपकारक' (कलकत्ता) से छपती थी।

**काव्य ग्रन्थ :-** रंग में भंग (खण्डकाव्य, 1909), जयद्रथ-बध, भारत-भारती (1912), पंचवटी, साकेत (1932) महाकाव्य है। लक्ष्मण की पत्नी उर्मिला को नायिका बनाकर रामकथा कही गयी है। यशोधरा (1932) महाकाव्य है। नायिका गौतम बुद्ध की पत्नी यशोधरा है। नहुष, जयभारत (1952), विष्णुप्रिया (1957 महाकाव्य), विकट भट, गुरूकुल, क्रिसान, सिद्धराज, जयिनी (यह मार्क्स की पत्नी जैनी पर रचित रचना है।), शकुन्तला, त्रिपथगा, झंकार, काबा और कर्बला, मंगलघट, स्वदेश संगीत, कुणाल गीत, अजित, द्वापर, वैतालिक।

**अनुवाद :-** प्लासी का युद्ध, मेघनाद वध, वृत्त संहार।

**नाटक :-** तिलोत्तमा, चन्द्रहास, अनघ (गीतिनाट्य)।

**पंक्तियाँ :-** 'नारी निकले तो असती है, नर यती कहाकर चले निकले।'

- विष्णुप्रिया

('जयभारत' और 'विष्णुप्रिया' छायावादोत्तर काल के प्रमुख प्रबंधकाव्यों में से है। जय भारत 'महाभारत' का हिन्दी रूपान्तर है जबकि विष्णुप्रिया में चैतन्य की पत्नी विष्णुप्रिया की कथा है।)

- 'सहने के लिए बनी है, सह तू दुखिया नारी।' - विष्णुप्रिया

- 'अबला जीवन हाय, तुम्हारी यही कहानी, आँचल में है दूध और आँखों में पानी।' - साकेत
- 'राम तुम मानव हो, ईश्वर नहीं हो क्या? तब मैं नारीश्वर हूँ, ईश्वर क्षमा करे।' - साकेत
- 'संदेश नहीं मै यहां स्वर्ग का लाया, इस धरती को ही स्वर्ग बनाने आया' - साकेत

(6) **बालमुकुंद गुप्त :**

**निबंध** :- शिवशंभु के चिट्ठे (1905), चिट्ठे और खत

**कविता** :- ब्रज और खडी बोली में स्फुट रचनायें

**अनुवाद** :- मडेल भगिनी (1892, बंगला उपन्यास का अनुवाद), रत्नावली (हर्ष की नाटिका का अनुवाद)।

**समाचार पत्र संपादन** :- उर्दू : अखबारे चुनार, कोहेनूर हिन्दी : हिन्दोस्थान (1889-91), हिन्दी बंगवासी, भारत मित्र (1899-1907)।

(7) **श्यामसुन्दर दास (1875-1945) :-**

**आलोचना** :- साहित्यालोचन (1922), रूपक रहस्य, भाषा विज्ञान, हिन्दी भाषा और साहित्य।

**जीवनी** :- हिन्दी कोविद रत्नमाला : पहला भाग 1909, दूसरा भाग 1914

**आत्मकथा** :- मेरी आत्मकहानी (1941)

**पत्रकारिता** :- सरस्वती (1900-1902)

**संपादन** :- हिन्दी शब्द सागर (1929), हस्तलिखित ग्रन्थों के खोज विवरण, रामचरितमानस, पृथ्वीराज रासो, कबीर ग्रन्थावली, द्विवेदी अभिनन्दन ग्रन्थ (1933)।

**प्रमुख रचनायें** : काव्य ग्रन्थ

**नाथूराम शर्मा 'शंकर'** :- अनुराग रत्न, शंकर-सरोज, गर्भरण्डा रहस्य, शंकर सर्वस्व।

**राय देवीप्रसाद पूर्ण** :- बसन्त वियोग, स्वदेशी कुण्डल, मृत्युंजय।

**रामचरित उपाध्याय** :- रामचरित चिन्तामणि (महाकाव्य), राष्ट्रभारती, देवसभा, देवदूत, विचित्र विवाह।

**गया प्रसाद शुक्ल 'सनेही'** :-('सुकवि' पत्रिका के सम्पादक भी थे।) कृषक-क्रन्दन, प्रेम पचीसी, कुसुमांजलि, करूणा कादम्बिनी, राष्ट्रीय मंत्र, राष्ट्रीय वीणा, त्रिशूल तरंग (यह 'त्रिशूल' उपनाम से कविता करते थे।)

**रूपनारायण पाण्डेय** :- पराग, वनवैभव

**मुकुटधर पाण्डेय** :- पूजा-फूल, कानन कुसुम (द्विवेदी युग के सर्वश्रेष्ठ प्रगीतकार थे।)

**रामचन्द्र शुक्ल** :- 'हृदय का मधुरभार', बुद्धचरित (लाइट ऑफ एशिया का ब्रजभाषा में अनुवाद), कल्पना का आनन्द (एडिसन के 'ऐसे आन इमेजिनेशन का अनुवाद)।

**लाला भगवानदीन** :- वीर क्षत्राणी, वीर बालक, वीर पंचरत्न, नवीन बीन

**सैयद अमीर अली मीर** :- अलाहनापंचक, अन्योक्तिशतक

**लोचनप्रसाद पाण्डेय** :- प्रवासी, मेवाडगाथा, महानदी, पद्यपुष्पांजलि, मृगी दुःखमोचन

**ठाकुर गोपालशरण सिंह** :- माधवी, मानवी, संचिता, ज्योतिष्मती

**कामताप्रसाद गुरु** :- भौमासुर वध (ब्रजभाषा), विनयपचासा (ब्रजभाषा), पद्य पुष्पावली (खडी बोली) : इनका एक प्रसिद्ध व्याकरण ग्रन्थ भी है।

## निबंध :

**सरदार पूर्णसिंह** : 'सच्ची वीरता', 'कन्यादान', 'नयनों की गंगा', 'पवित्रता', 'आचरण की सभ्यता', 'मजदूरी और प्रेम', 'अमरीका का मस्त जोगी वाल्ट ह्विटमैन' नामक छह निबंध।

**चन्द्रधर शर्मा 'गुलेरी'** : 'पुरानी हिन्दी', 'काशी', 'जय जमुना मैया जी', 'कछुवा धरम', 'मारेसि मोंहि कुठाँव'। चर्चित कहानी 'उसने कहा था'।

**महावीर प्रसाद द्विवेदी** : म्युनिसपैलिटी के कारनामे, आत्मनिवेदन, प्रभात, सुतापराधे जनकस्य दण्ड, रसज्ञ रंजन, लेखांजलि, कवि कर्त्तव्य, 'क्या हिन्दी नाम की कोई भाषा ही नहीं' आदि।

**माधव प्रसाद मिश्र** :- पुष्पांजलि (1916, संकलन)।

**जगन्नाथ प्रसाद चतुर्वेदी** :- ब की बहार, पिक्चरपूजा, अनुप्रास का अन्वेषण।

**गंगा प्रसाद अग्निहोत्री** :- निबंधमालादर्श (चिपलूणकर के मराठी निबंधों का अनुवाद।)

## नाटक :-

**मौलिक** :- वेणुसंहार (बालकृष्ण भट्ट), करूणालय, राज्यश्री (जयशंकर प्रसाद), कृष्णार्जुन युद्ध (माखनलाल चतुर्वेदी), सेनापति उदल (वृन्दावल लाल वर्मा), भारत दुर्दशा (प्रताप नारायण मिश्र), चुंगी की उम्मीदवारी (बदरीनाथ भट्ट), अलद फेर, नोंक झोंक (जी. पी. श्रीवास्तव), चौपट चपट, मयंक मंजरी (किशोरी लाल गोस्वामी), रूक्मिणी परिणय, प्रद्युमन विजय व्यायोग (हरिऔध), सुदामा (शिवनंदन सहाय), चंद्रकला भानुकुमार (राय देवीप्रसाद 'पूर्ण'), कुरूवनदन (बदरीनाथ भट्ट)।

- जी. पी. श्रीवास्तव तथा बदरीनाथ ने हास्य व्यंग्यपूर्ण नाटक एवं कहानियाँ लिखी। पारसी नाटक मंडलियों के लिए लिखने वालों में आगा 'हश्र', नारायण प्रसाद बेताब तथा राधेश्याम कथावाचक प्रमुख हैं।
- पारसी नाटक मंडलियों के साथ स्पर्धा में अव्यावसायिक नाटक मण्डलियाँ सामने आयी। ये हैं- श्रीरामलीला नाटक

- मण्डली (प्रयाग), नागरी नाटक-मण्डली, भारतेन्दु नाटक मण्डली (काशी), हिन्दी नाट्य परिषद (कलकत्ता)।

**उपन्यास :-** काजर की कोठरी (1902), अनूठी बेगम, गुप्त गोदना, भूतनाथ : छह भाग (देवकीनन्दन खत्री), मयंक मोहिनी या मायामहल (1901), कमलकुमारी, निराला नकाबपोश, भयानक खून (हरे कृष्ण जौहर), तिलस्मी शीशमहल (किशोरी लाल गोस्वामी), पुतली महल (1908) (रामलाल वर्मा), सरकटी लाश, चक्करदार चोरी (1901), जासूस की भूल, जासूस पर जासूसी (1904), जासूस चक्कर में, इन्द्रजालिक जासूस, गुप्त भेद, जासूस की ऐयारी (1914) (गोपालराम गहमरी), प्रेम का फल या मिस जौहरा (निहालचन्द वर्मा), अद्भुत भूत (1916) (दुर्गाप्रसाद खत्री), नवजीवन वा प्रेमलहरी (राधिकारमण प्रसाद सिंह) : प्रेमा (1907), रूठी रानी (1907), सेवासदन (1918) (प्रेमचन्द)।

तारा, चपला, नव्य समाजचित्र, तरूण तपस्विनी, कुटीर वासिनी, रजिया बेगम या रंगमहल में हलाहल, लीलावती का आदर्श, राजकुमारी, लवंगलता व आदर्शबाला, हीराबाई या बेहयाई का बारका, लखनऊ की कब्र या शाही महलसरा (किशोरीलाल गोस्वामी), भोजपुर का ठग, बडा भाई, देवरानी जेठानी, दो बहिन, तीन पतोहू, सास पतोहू (गोपालराम गहमरी, अनूदित) मेहता लज्जाराम शर्मा, किशोरी लाल गोस्वामी, ब्रजनन्दन सहाय, मन्नन द्विवेदी भारतेन्दु युग से प्रारम्भ करके इस युग में लिखने वाले उपन्यासकार हैं। इनकी अनेक रचनायें इस युग में ही प्रकाशित हुईं, जो पहले (भारतेन्दु युग) में ही दे दी गयी है क्योंकि इनका लेखन प्रकृति से भारतेन्दु युग के ही अनुरूप बना रहा। एक जगह पर रचनायें इकट्ठी कर देने से छात्रों को स्मरण रखने में सुविधा होगी।

**कहानी :-** किशोरीलाल गोस्वामी की कहानी 'इन्दुमति' (1900 ई0) को आचार्य शुक्ल ने हिन्दी की पहली कहानी माना है। यह शेक्सपियर के 'टेम्पेस्ट' की छाया पर लिखित बताई जाती है।

| | कुछ महत्वपूर्ण कहानियाँ | प्रकाशन वर्ष | पत्र (जिसमें छपीं) | लेखक |
|---|---|---|---|---|
| 1. | इन्दुमती | 1900 | सरस्वती | किशोरीलाल गोस्वामी |
| 2. | मन की चंचलता | 1900 | सुदर्शन | माधव प्रसाद मिश्र |
| 3. | प्लेग की चुडैल | 1902 | सरस्वती | लाला भगवानदास |
| 4. | ग्यारह वर्ष का समय | 1903 | सरस्वती | रामचन्द्र शुक्ल |
| 5. | दुलाईवाली | 1907 | सरस्वती | बंग महिला (राजेन्द्र बाला घोष) |
| 6. | राखीबन्द भाई | 1909 | सरस्वती | वृन्दावन लाल वर्मा |
| 7. | छाया (संग्रह) | 1912 | इन्दु | जयशंकर प्रसाद |
| 8. | कानों में कंगना | 1913 | इन्दु | राधिकारमणप्रसादसिंह |
| 9. | उसने कहा था | 1915 | सरस्वती | गुलेरी |
| 10. | पंचपरमेश्वर | 1916 | सरस्वती | प्रेमचन्द |
| 11. | मिलन | 1915 | सरस्वती | ज्वालादत्त शर्मा |
| 12. | रक्षाबंधन | 1916 | सरस्वती | कौशिक |
| 13. | झलमला | 1917 | सरस्वती | पदुमलाल पुन्ना लाल बख्शी |

- 1918 में काशी से 'हिन्दी गल्पमाला' नामक मासिक पत्रिका छपना शुरू हुई। इसी में प्रसाद की कहानियाँ नियमित रूप से तथा इलाचन्द्र जोशी की प्रारंभिक कहानियाँ छपती थी।
- 'उसने कहा था' हिन्दी की पहली कलात्मक कहानी मानी जाती है। इसमें फ्लैशबैक पद्धति का प्रयोग है।

**अन्य महत्वपूर्ण कहानियाँ :-** गुलबहार (किशोरीलाल गोस्वामी), पंडित और पंडितानी (गिरिजा दत्त), ग्राम (1911, जयशंकर प्रसाद की पहली कहानी), रसिया बालम (बालम), सौत (1815, प्रेमचंद), बडे घर की बेटी (1916, प्रेमचन्द), टोकरी भर मिट्टी (1901, माधवराव सप्रे), 'इन्दुमती' या 'प्रणयिनी-परिणय' (1900 किशोरीलाल गोस्वामी), सज्जनता का दंड (1916), ईश्वरीय न्याय (1917), दुर्गा का मंदिर (1917) (प्रेमचन्द), रानी सारंधा (प्रेमचन्द)।

**आलोचना :-** 'अलंकार मंजूषा' - लाला भगवानदीन

- तुलनात्मक समीक्षा इस युग की प्रधान प्रवृत्ति रही, जिसका सूत्रपात पद्मसिंह शर्मा ने 1907 में बिहारी और सादी की तुलना द्वारा किया। 'हिन्दी नवरत्न' (मिश्र बंधु) में भी इसे स्थान मिला।
- कृष्णबिहारी मिश्र ने पद्मसिंह शर्मा की पुस्तक 'बिहारी सतसई का तुलनात्मक अध्ययन' के उत्तर में 'देव और बिहारी' नामक पुस्तक लिखी। इसमें देव को श्रेष्ठ दिखाया गया है। इसके जवाब में लाला भगवानदीन ने 'बिहारी और देव' लिख डाली।
- शुक्ल के आरम्भिक मनोवैज्ञानिक निबंध इसी काल में (ना0 प्र0 पत्रिका) में प्रकाशित हुए। उनके साहित्य (1904) तथा 'कविता क्या है' (1909) सरस्वती में प्रकाशित हुए।

**पत्र-पत्रिकायें :-** श्याम सुन्दरदास, राधाकृष्ण दास, रत्नाकर और सुधाकर द्विवेदी - चारों लोग आरम्भ में ना0 प्र0 पत्रिका से सम्बद्ध रहे।

| | पत्र-पत्रिकायें | सन्/ स्थान | सम्पादक |
|---|---|---|---|
| 1. | नागरी प्रचारिणी पत्रिका | 1896 (काशी) | वेणी प्रसाद (श्यामसुन्दर दास, रत्नाकर, सुधाकर द्विवेदी इससे सम्बद्ध रहे।) |
| 2 | सरस्वती | 1900 (काशी) | महावीर प्रसाद द्विवेदी (1903 से 1920 तक) |
| 3. | हिन्द केसरी | 1908 | तिलक |
| 4. | नृसिंह (साप्ताहिक) | 1908 | अम्बिका प्रसाद बाजपेई |
| 5. | अभ्युदय (साप्ताहिक) | प्रयाग | मदन मोहन मालवीय |
| 6. | प्रताप (साप्ताहिक) | कानपुर | गणेश शंकर विद्यार्थी |
| 7. | प्रभा (मासिक) | 1913 (खण्डवा) | कालूराम |
| 8. | सुदर्शन (मासिक) | 1900 (काशी) | माधव प्रसाद मिश्र |
| 9. | समालोचक (मासिक) | 1902 (जयपुर) | गुलेरी (प्रथम), कृष्णबिहारी मिश्र (परवती) |

| | | | |
|---|---|---|---|
| 10. | देवनागर (मासिक) | 1909 (काशी) | उमापति दत्त शर्मा तथा यशोदा नंदन अखौरी |
| 11. | इन्दु (मासिक) | 1909 (काशी) | अम्बिका प्रसाद गुप्त, जयशंकर प्रसाद |
| 12. | भारतमित्र (मासिक) | कलकत्ता | रूद्रदत्त (प्रथम), बालमुकुंद गुप्त (1899-1907), अम्बिका प्रसाद बाजपेई |
| 13. | श्री वेंकटेश्वर समाचार | 1903 (बम्बई) | मेहता लज्जाराम शर्मा |

**जीवन चरित एवं अन्य जानकारी :-**

- माधवप्रसाद मिश्र (विशुद्ध चरितावली), बाबू शिवनंदन सहाय (हरिश्चन्द्र का जीवन चरित, गोस्वामी तुलसीदास का जीवन चरित, 'जीवनचरित' (चैतन्य महाप्रभु का) )।

  'अनस्थिरता' शब्द के प्रयोग को लेकर आचार्य महावीर प्रसाद द्विवेदी एवं बाबू बालमुकुंद के बीच लम्बी बहस चली थी। गुप्त जी के व्यंग्य के प्रत्युत्तर में द्विवेदी जी ने 'सरगों नरक ठेकाना नाहिं' नाम से 'कल्लू अल्हैत' का आल्हा छापा था।

## छायावादी युग (1920-1936)

**ब्रजभाषा काव्य परम्परा :-** (संक्षिप्त नजर)

**भारतेन्दु / द्विवेदी युग :-**

- ठाकुर जगमोहन सिंह ('मेघदूत' का अनुवाद, प्रेमसम्पत्तिलता), श्यामलता, श्यामासरोजिनी।
- लाला सीता 'भूप' ('रघुवंश' का दोहा-चौपाई में अनुवाद, 'मेघदूत' का घनाक्षरी में)
- हरिऔध (रस - नायिकाभेद संबंधी)
- श्रीधर पाठक (ऋतुसंहार का अनुवाद, कश्मीर सुषमा, 'उजड ग्राम' अनुवाद)
- रत्नाकर (हिंडोला, कलकाशी, हरिश्चन्द्र, गंगावतरण, उद्धवशतक, 'बिहारी रत्नाकर' का सम्पादन, पोप के 'एसे आन क्रिटिसिज्म' का 'समालोचनादर्श' नाम से रोला छंद में अनुवाद) 'जंकी' उपनाम से उर्दू कविता भी करते थे।
- सत्यनारायण कविरत्न (भवभूति के नाटकों 'उत्तररामचरित' तथा 'मालतीमाधव' का अनुवाद, मैकाले के खण्डकाव्य 'होरेशस' का अनुवाद), प्रेमकली, भ्रमरदूत।
- राय देवीप्रसाद 'पूर्ण' ('रसिकवाटिका' नाम की पत्रिका भी निकाली। 'मेघदूत' का अनुवाद 'धाराधरधावन' नाम से किया)
- श्रीवियोगी हरि (प्रेमशतक, प्रेमपथिक, प्रेमांजलि, चरखास्तोत्र, असहयोगवीणा, 'वीरसतसई' : मंगलाप्रसाद पारितोषक इस रचना पर मिला)
- श्री दुलारे लाल भार्गव (दुलारे दोहावली : देव पुरस्कार मिल)
- पं0 रामनाथ ज्योतिषी (रामचंद्रोय काव्य : देव पुरस्कार मिला)

**छायावादी काव्य :-**

- रामचन्द्र शुक्ल ('बुद्धचरित' : लाइट ऑफ एशिया का ब्रजाभाषानुवाद)
- केसरीसिंह बारहठ (प्रतापचरित्र)
- राय कृष्णदास (ब्रजरज)
- उमाशंकर बाजपेई 'उमेश' (ब्रजभारती)

**छायावादोत्तर काल :-**

अमृतलाल चतुर्वेदी (श्यामसंदेसौ), डॉ॰ बलदेवप्रसाद मिश्र (श्यामशतक), डॉ॰ रसाल (उद्धव-शतक), हृषिकेश चतुर्वेदी (रामकृष्ण काव्य),लक्ष्मीनारायण सिंह 'ईश' (लंकादहन), हरदयालु सिंह (दैत्यवंश : महाकाव्य है), द्वारिका प्रसाद मिश्र (कृष्णायन : 'अवधी' में महाकाव्य है)

**छायावादी काल :**

- मुकुटधर पाण्डेय ने 1920 में 'श्रीशारदा' पत्रिका (जबलपुर) में 'हिन्दी में छायावाद' शीर्षक से चार निबंधों की एक लेखमाला छपवाई थी, जो छायावाद संबंधी सर्वप्रथम लेख है।
- 'सरस्वती' में छायावाद का सर्वप्रथम उल्लेख जून 1921 के अंक में मिलता है। इसमें किन्हीं सुशीलकुमार ने 'हिन्दी में छायावाद' शीर्षक संवादात्मक निबंध लिखा है।
- आचार्य महावीर प्रसाद द्विवेदी ने 1927 की 'सरस्वती' में 'सुकवि किंकर' छद्मनाम से 'आजकल के हिन्दी कवि और कविता' लिखा। इसमें उन्होंने लिखा था-

  "छायावाद से लोगों का क्या मतलब है, कुछ समझ में नहीं आता। शायद उनका मतलब है कि किसी कविता के भावों की छाया यदि कहीं अन्यत्र जाकर पड़े, तो उसे छायावादी कविता कहना चाहिए।"
- सन् 1929 में आचार्य रामचन्द्र शुक्ल का 'काव्य में रहस्यवाद' निबंध पुस्तकाकार निकाला। इसमें उन्होने ईसाई 'फैंटसमाटा' तथा 'छायावाद' के बीच बंगला कडी की कल्पना करी। उनकी इस कल्पना को हजारी प्रसाद द्विवेदी ने बाद में निर्मूल सिद्ध किया।
- आचार्य शुक्ल छायावाद को केवल 'शैली' के रूप देखते थे। पंतजी ने 'पल्लव' की भूमिका में इसके लिए 'चित्रभाषा पद्धति' शब्द का प्रयोग किया था।
- नन्ददुलारे वाजपेई ने 'हिन्दी साहित्य : बीसवीं शताब्दी' पुस्तक में इसे 'आध्यात्मिक छाया का भान' कहा। उनके अनुसार वह 'सांसारिक वस्तुओं में दिव्य सौंन्दर्य का प्रत्यय है।' नगेन्द्र ने इसे 'स्थूल के प्रति सूक्ष्म का विद्रोह' कहा।

## प्रमुख रचनाकार

**1. जयशंकर प्रसाद (1890-1937):**

**काव्य :-** चित्राधर (1918, ब्रजनाथ), यह प्रसाद का पहला काव्य संग्रह है। इसमें एक साथ 10 ग्रन्थ संकलित थे। कानन कुसुम, प्रेमपथिक, महाराणा का महत्व, करूणालय, सम्राट चंद्रगुप्त मौर्य, छाया, उर्वशी (चंपू), राज्यश्री, प्रायश्चित और कल्याणी परिणय। पहले चार इसमें से कविता संग्रह है। कानन कुसुम (1912, खड़ी बोली तथा ब्रजभाषा), प्रेमपथिक (1909 ब्रजभाषा, 1914 खडी बोली), करूणालय (1913), महाराणा का महत्व (1914), झरना (1918), आँसू (1925), लहर (1935), तथा कामायनी (1937, पांडुलिपि संस्करण 1971)।

**आँसू (1925) :-** इसका दूसरा संस्करण कुछ परिवर्तन-परिवर्धन के साथ 1933 में निकला। आँसू को लोग खण्डकाव्य कहते है, परन्तु वास्तव में यह एक लम्बा प्रगीत है। यह मानवीय विरह का काव्य है। 'सखी' छंद का प्रयोग है।

**लहर (1933) :-** यह श्रेष्ठ प्रगीतों का संकलन है।

**कामायनी (1937) :-** यह आधुनिक युग का महाकाव्य है। इसे एकार्थ काव्यरूप कह सकते हैं। इसमें कुल पन्द्रह सर्ग हैं। कामायनी का छंद विधान इस प्रकार है :-

**आल्हा छंद :-** चिन्ता सर्ग (31 मात्रा), आशा सर्ग (30 मात्रा), स्वप्न सर्ग (30 मात्रा), निर्वेद सर्ग (30 मात्रा)

**लावनी छंद :-** रहस्य सर्ग (32 मात्रा), इडा, श्रद्धा, काम, लज्जा सर्ग (32 मात्रा)

**रोला छंद :-** संघर्ष सर्ग ; सखी छंद : आनंद सर्ग, रूपमाला छंद : वासना सर्ग कामायनी में आदिपुरूष 'मनु' और 'श्रद्धा' के माध्यम से सभ्शता के निर्माण, विकास और भविष्य की कथा कही गयी है।

**नाटक :-** सज्जन कल्याणी-परिणय, प्रायश्चित, करूणालय, राज्यश्री, विशाख, अजातशत्रु (1922), कामना (अन्यापदेशिक नाटक या महानाटक), जनमेजय का नागयज्ञ, स्कन्दगुप्त (1928), चन्द्रगुप्त मौर्य (1831), ध्रुवस्वामिनी (1933), एक घूँट (एकांकी), अग्निमित्र (1980)।

**उपन्यास :-** कंकाल (1929), तितली (1934), इरावती (अपूर्ण, 1940)

**निबंध :-** काव्य और कला तथा अन्य निबंध (1939)

**कहानियाँ :-** ग्राम (1911), पुरस्कार, आकाशदीप, मधुवा, गुंडा, सालवती आदि।

'ग्राम' प्रसाद की पहली कहानी थी। उनके कहानी संग्रह है - छाया, प्रतिध्वनि, आकाशदीप, आँधी, इन्द्रजाल।

**पंक्तियाँ तथा अन्य जानकारियाँ :-**

— आँसू की आरम्भिक पंक्ति है - 'इस करूणा कलित हृदय में क्यों विकल रागिनी बजती' तथा अंतिम पंक्ति है - 'सब का निचोड़ लेकर तुम, सुख से सूखे जीवन में बरसो प्रभात हिमकन-सा, आँसू इस विश्व सदन में।'

— ''श्रद्धा और इड़ा इत्यादि अपना ऐतिहासिक अस्तित्व रखते हुए सांकेतिक अर्थ की भी अभिव्यक्ति करें, तो मुझे कोई आपत्ति नहीं।'' - 'कामायनी' का आमुख।

— कामायनी की पहली पंक्ति है - 'हिमगिरि के उत्तुंग शिखर पर बैठ शिला की शीतल छाँह' तथा अंतिम पंक्ति है - 'चेतनता एक विलसती आनन्द अखण्ड घना था।'

— शेरसिंह का शस्त्र समर्पण, पेशोला की प्रतिध्वनि, प्रलय की छाया और अशोक की चिन्ता लहर में एक संकलित प्रगीत है।

— कामायनी पर किये गए प्रमुख अध्ययन :
जयशंकर प्रसाद (नन्ददुलारे बाजपेई), कामायनी : एक पुनर्विचार (मुक्तिबोध), कामायनी : एक पुनर्मूल्यांकन (रामस्वरूप चतुर्वेदी)

— ''छोटे से जीवन की कैसे बडी कथायें आज कहूँ ? क्या यह अच्छा नहीं कि औरों की सुनता मैं मौन रहूँ ?''

— प्रसाद (प्रेमचंद को लिखे एक पत्र में)

— ''हृदय ही तुम्हें दान कर दिया। क्षुद्र था, उसने गर्व किया।। तुम्हें पाया अगाध गंभीर। कहाँ जल बिन्दु, कहाँ निधि क्षीर।।''
- 'झरना' को समर्पण

— 'तुम सुनकर सुख पाओगे, देखोगे यह गागर रीती' तथा
'जिसके अरूण कपोलों की मतवाली सुंदर छाया में
अनुरागिनी उषा लेती थी निज सुहाग मधुमाया में
उसकी स्मृति पाथेय बनी है थके पथिक की पंथा की
सीवन को उधेडकर देखोगे क्यों मेरी कथा की।'

— प्रसाद ('हंस' के आत्मकथा विशेषांक के लिए लिखित)

**2. सूर्यकान्त त्रिपाठी 'निराला' (1899-1961 ई.) :**

**काव्यग्रन्थ :-** अनामिका (1923, प्राचीन), परिमल (1929), गीतिका (1936), तुलसीदास (1938), अनामिका (1938, नवीन), कुकुरमुत्ता (1942), अणिमा (1943), बेला (1946), नये पत्ते (1946), अर्चना (1950), आराधना (1953), गीतकुंज (1954), सांध्यकाकली (1969)।

**उपन्यास :-** अप्सरा (1931), अलका (1933), प्रभावती (1936), निरूपमा (1937), चोटी की पकड़ (1946), काले कारनामे (1950)।

**कहानी :-** लिली (1930), सुकुल की बीबी (1941) आदि।

**संस्मरण :-** कुल्ली भाट (1939), बिल्लेसुर बकरिहा (1942)

**समीक्षा :-** रवीन्द्र कविता कानन, पन्त और पल्लव (1928)

**अन्य जानकारियाँ :-** निराला की अत्यधिक प्रसिद्ध कवितायें निम्नलिखित हैं - जूही की कली (परिमल, 1916,यह उनकी पहली रचना है।), रेखा, शेफालिका, जागो फिर एक बार, कवि, पंचवटी प्रसंग, जागरण, बादल राग, महाराज शिवाजी का पत्र (परिमल) ; वर दे वीणावादिनि वर दे (गीतिका), नव-बेला, सरोज-स्मृति, राम की शक्तिपूजा (अनामिका), सम्राट अष्टम एडवर्ड के प्रति, तोडती पत्थर (अनामिका), कुकुरमुत्ता (नये पत्ते) तथा तुलसीदास।

3. **सुमित्रानन्दन पन्त (1900-1977 ई.) :**
**काव्य ग्रन्थ :-** पहली कविता 'गिरजे का घण्टा' (1916), ग्रन्थि, पल्लव (1926), वीणा (1927), गुंजन (1932), युगांत (1936), युगवाणी (1939), ग्राम्या (1940), स्वर्णकिरण (1947), स्वर्णधूलि (1947), युगपथ (1949), उत्तरा (1949), अतिमा (1955), वाणी (1958), पतझर, कला और बूढा चाँद (1959), लोकायतन (1964, महाकाव्य), सत्यकाम (1975)।
**काव्यनाटक :-** ज्योत्स्ना (1934), रजत शिखर (1952), शिल्पी (1952)
**उपन्यास :-** हार (1960)
**आलोचना :-** गद्यपथ (1953), शिल्प और दर्शन (1961), छायावाद : पुनर्मूल्यांकन (1965)
**आत्मकथा :-** साठ वर्ष एक रेखांकन (1960)
**अन्य जानकारियाँ :-** पन्त जी की अत्यधिक प्रसिद्ध कवितायें ये हैं - उच्छ्वास, आँसू की बालिका, पर्वत प्रदेश में पावस, बादल, छाया, परिवर्तन, एक तारा, नौकाविहार, मधुस्मिति, भावी पत्नी के प्रति, अनंग, चाँदनी, अप्सरा आदि।

4. **महादेवी वर्मा (1907-1987 ई.)**
**काव्य ग्रन्थ :-** नीहार (1930), रश्मि (1932), नीरजा (1934), सांध्यगीत (1936), यामा (इसमें ऊपर की चारों काव्य रचनाओं को एक साथ संकलित कर दिया गया), दीपशिखा (1942)।
**रेखाचित्र संस्मरण :-** अतीत के चलचित्र (1941), स्मृति की रेखायें (1943), पथ के साथी (1956)।
**निबंध :-** शृंखला की कड़ियाँ (1942), क्षणदा (1956)।
**आलोचना :-** साहित्यकार की आस्था तथा अन्य निबंध (1962, सम्पादक - गंगाप्रसाद पाण्डेय)।

5. **प्रेमचन्द (1880-1936 ई.) :-** पहले नवाबराय नाम से लिखते थे। प्रेमचन्द का लेखन उर्दू में 1905 से तथा हिन्दी में 1918 से 'सेवासदन' के साथ शुरू होता है।
**उपन्यास :-** सेवासदन (1918, प्रमुख पात्र - सुमन, दरोगा कृष्णचन्द्र, वेश्या जीवन की समस्या पर रचित), वरदान (1921, पहले उर्दू में लिखा जा चुका था, बाद में हिन्दी में आया ), प्रेमाश्रम (1921, प्रमुख पात्र - प्रेमशंकर, किसान जीवन पर रचित), रंगभूमि (1924, प्रमुख पात्र - सूरदास, विनय और सोफिया, सुभागी; राष्ट्र की बहुआयामी परिस्थितियों तथा चेतना पर लिखा गया एक राष्ट्रीय उपन्यास), कायाकल्प (1926, प्रमुख पात्र - चक्रधर-मनोरमा, शंखधर-देवप्रिया हिन्दू-मुस्लिम दंगा तथा पुनर्जन्म के साथ अनेक चीजें जैसे समाज-सेवा, राजसी विलास आदि समेटने की कोशिश की गयी है।), निर्मला (1927, निर्मला-तोताराम, रूक्मिणी, मंशाराम, जियाराम और सियाराम दहेज और अनमेल विवाह की समस्या पर रचित), प्रतिज्ञा (1929, उर्दू में पहले ही रचा जा चुका था), गबन (1930, रमानाथ-जालपा, मनोवैज्ञानिक छवि से भरपूर मध्यवर्गीय जीवनयथार्थ पर केन्द्रित रचना है), कर्मभूमि (1932, अमरकान्त-सकीना, सुखदा, डॉ. शान्तिकुमार, एक बहुआयामी उपन्यास जिसमें राजनीतिक, सामाजिक तथा आर्थिक चेतना के स्वर गुथे हुए हैं), गोदान (1936, पात्र-होरी, धनिया, गोबर, सिलिया, रायसाहब, मालती तथा मेहता आदि, किसान जीवन पर की समानान्तर कथा), मंगलसूत्र (अपूर्ण, मरणोपरान्त प्रकाशन 1948)।
**कहानी :-** सप्तसरोज (संकलन : 1917), मानसरोवर : आठ भाग। कुछ अधिक प्रसिद्ध कहानियाँ हैं-
बूढी काकी, शतरंज के खिलाड़ी, इस्तीफा, पूस की रात, तावान, कफन, ईदगाह, आत्माराम, पंच परमेश्वर, नमक का दरोगा, नशा आदि।

- प्रेमचन्द के उर्दू कहानी संग्रह 'सोजेवतन' को अंग्रेज सरकार ने जब्त कर लिया था।
- सेवासदन उपन्यास, उर्दू उपन्यास 'बाजारे हुस्न' का हिन्दी अनुवाद है, जिसे पहले ही उन्होंने लिख लिया था। कायाकल्प पहला उपन्यास है, जिसकी पाण्डुलिपि हिन्दी में है।

**नाटक :-** संग्राम (1932), कर्बला (1934)
**पत्रकारिता :-** माधुरी (1928-1931), हंस (1930), जागरण (1932)
**आलोचना :-** साहित्य का उद्देश्य (1954)

6. **रामचन्द्र शुक्ल (1884-1941 ई.) :-**
**निबंध :-** आचार्य शुक्ल का निबंध 'कविता क्या है' (1909) पहली बार सरस्वती में छपा। उनके मनोविकार संबंधी निबंध हैं - भाव या मनोविकार, उत्साह, श्रद्धा-भक्ति, करूणा, लज्जा और ग्लानि, लोभ और प्रीति, ईर्ष्या, भय और क्रोध। अन्य महत्वपूर्ण निबंध हैं - मानस की धर्मभूमि, काव्य में लोकमंगल की साधनावस्था, साधारणीकरण और व्यक्ति

वैचित्र्यवाद तथा रसात्मक बोध के विविधरूप।

**संकलन :-** चिंतामणि, भाग-1 (1939), भाग-2(1945)।

**कहानी :-** ग्यारह वर्ष का समय (1930 'सरस्वती' में छपी)।

**कविता :-** मधुस्रोत (1971, संकलन)

**आलोचना :-** गोस्वामी तुलसीदास (1923), जायसी ग्रन्थावली की भूमिका (1924), भ्रमरगीत सार (1925), रस मीमांसा (1949)।

**इतिहास :-** हिन्दी साहित्य का इतिहास (मूल रूप 'हिन्दी शब्द सागर' की प्रस्तावना के रूप में) 1939, संशोधित-संवर्धित रूप 1940।

**अनुवाद :-** प्रमुख हैं - विश्व प्रपंच (रिड्ल ऑफ दि यूनीवर्स का अनुवाद 1920), शशांक (राखालदास बंद्योपाध्याय के उपन्यास का अनुवाद 1922), बुद्धचरित ('लाइट आफ एशिया' का अनुवाद 'काव्यभाषा' शीर्षक मौलिक भूमिका सहित 1922)।

**सम्पादन :-** हिन्दी शब्द सागर 1929 ।

## प्रमुख रचनायें

**उपन्यास :-**

1. **विश्वम्भर नाथ 'कौशिक' :-** भिखारिणी (1929), माँ (1929)
2. **जयशंकर प्रसाद :-** कंकाल (1929, पात्र : निरंजन, वाथम आदि, धार्मिक विसंगतियों एवं वासनात्मक सांसारिक मनोवृत्तियों पर केन्द्रित), तितली (पात्र : मधुआ, इन्द्रदेव-शैला, नंदरानी, तितली आदि प्रसाद की भारतीय दृष्टि और कृषि सभ्यता की गहरी पहचान का उपन्यास ), इरावती।
3. **पाण्डेय बेचन शर्मा 'उग्र' :-** उग्र की सामाजिक यथार्थ दृष्टि कुछ अंश में प्रकृतिवाद की ओर उन्मुख है। उनके प्रधान उपन्यास हैं -
   चन्द हसीनों के खतूत (1927, पत्रात्मक शैली का पहला उपन्यास, हिन्दू युवक और मुसलमान युवती के प्रेम की कहानी), 'बुधुवा की बेटी' या 'मनुष्यानन्द' (1928, पात्र - भंगी बुधुवा, रधिया, अघोरी मनुष्यानन्द, अछूत समस्या के आर्थिक सामाजिक पहलुओं पर रचित), शराबी, घंटा, दिल्ली का दलाल, सरकार तुम्हारी आँखों में, जीजी जी, कढी में कोयला और फागुन के दिन चार।
4. **मन्नन द्विवेदी :** कल्याणी, रामलाल
5. **दुर्गाप्रसाद :** लालपंजा
6. **मदारीलाल गुप्त :** सखाराम
7. **चतुरसेन शास्त्री :** हृदय की प्यास, 'अमर अभिलाषा' या 'बहते आँसू' हृदय की परख, आत्मदाह
8. **ऋषभचरण जैन :** भाई, मंदिरदीप, सत्याग्रह, दिल्ली का कलंक, दिल्ली का व्यभिचार, वेश्यापुत्र, रहस्यमयी
9. **वृन्दावन लाल वर्मा :** लगन, रांगम, प्रत्यागत, कुंडली चक्र, प्रेम की भेंट
10. **राधिकारमण प्रसादसिंह :** राम-रहीम
11. **प्रताप नारायण श्रीवास्तव :** विदा, विजय, विकास
12. **चंडीप्रसाद 'हृदयेश' :** मनोरमा, मंगलप्रभात
13. **सियाराम शरण 'गुप्त' :** गोद, अंतिम आकांक्षा
14. **शिवपूजन सहाय :** देहाती दुनिया (1926)
15. **अनूपलाल मंडल :** समाज की वेदी, रूपरेखा (दोनों उपन्यासों में पत्रात्मक प्रविधि का प्रयोग)।

## नाटक

**ऐतिहासिक-सांस्कृतिक नाटक :**

1. **मिश्रबन्धु :** पूर्व भारत (1922), उत्तर भारत (1923)
2. **बदरीनाथ भट्ट :** कुरूवन दहन (1912), वेन चरित, तुलसीदास, चन्द्रगुप्त, दुर्गावती
3. **कौशिक :** भीष्म
4. **माखनलाल चतुर्वेदी :** कृष्णार्जुन युद्ध (1918)
5. **वियोगी हरि :** छद्मयोगिनी (1923)
6. **सियाराम शरणगुप्त :** पुण्य पर्व (1933)
7. **ब्रजनन्दन सहाय :** सत्यभामा (1930)
8. **जगन्नाथ प्रसाद मिलिन्द :** प्रताप प्रतिमा (1928)

**एकांकी :-**

जयशंकर प्रसाद (एक घूँट - प्रथम एकांकी है), उग्र (चार बेचारेः संग्रह), भुवनेश्वर प्रसाद (कारवाँ : संग्रह), रामकुमार वर्मा (बादल की मृत्यु : आधुनिक ढंग की पहली एकांकी), जगदीश चन्द्र माथुर (भोर का तारा), भगवतीचरण वर्मा (सबसे बडा आदमी), भुवनेश्वर प्रसाद (स्ट्राइक), अश्क (लक्ष्मी का स्वागत)।

**हास्य प्रहसन :-**

1. **बदरीनाथ भट्ट :** चुंगी की उम्मीदवारी (1919), चबडघोंघों (1926), विवाह का विज्ञापन (1927), मिस अमेरिका (1929)
2. **जी. पी. श्रीवास्तव :** गडबडझाला (1912), दुमदार आदमी (1917), उलटफेर (1918), मर्दानी औरत, न घर का न घाट का, भूलचूक (1926), साहित्य का सपूत
3. **सुदर्शन :** माई हेड (1926)

**सामाजिक समस्या प्रधान नाटक :-**

1. **प्रेमचन्द** : संग्राम (1922), कर्बला (1924), प्रेम की बेदी (1933)
2. **सुदर्शन** : ऑनरेरी मजिस्ट्रेट (1927)
3. **रूपनारायण पाण्डेय** : प्रायश्चित (1928)
4. **रामनरेश त्रिपाठी** : वफाती चाचा (1927)
5. **लक्ष्मण सिंह 'चौहान'** : कुली प्रथा (1913), गुलामी का नशा (1924), उत्सर्ग, एक ही समाधि।

कहानी :-

1. **गुलेरी** : उसने कहा था (1915), सुखमय जीवन (1911), बुद्धू का काँटा।
2. **प्रेमचन्द** : पंचपरमेश्वर, नमक का दरोगा, बडे घर की बेटी, रानी सारंधा, सारंगा सदावृक्ष, सवा सेर गेहू, दो बैलों की कथा, दतरी, जुलूस, दीक्षा, लाटरी, माता का हृदय, मैकू, शंखनाथ, अलग्योझा, बूढी काकी, आत्माराम, गरीब की हाय, दुर्गा का मंदिर, ब्रजपात,सेवामार्ग, आभूषण, ठाकुर का कुआँ, शतंरज के खिलाडी, दिल की रानी, मैकू, दो बैलों की कथा, रामलीला, ईदगाह, बडे भाई साहब, नशा, मिस पद्मा, पूस की रात, मोटेराम शास्त्री, इस्तीफा, तावान, कजाकी, कफन, दामुल का कैदी (इस कहानी में पुनर्जन्म का कथा में प्रयोग है।)
3. **'कौशिक'** : रक्षाबंधन, ताई, पगली, उद्धार
   कहानी संग्रह - चित्रशाला, मणिमाला, कल्पमंदिर, कल्लोल
4. **विश्वम्भरनाथ 'जिज्जा'** : संग्रह है - 'घूँघट वाली'
5. **सुदर्शन** : हार की जीत, कवि की स्त्री, एथेंस का सत्यार्थी, कमल की बेटी।
   संग्रह है - सुदर्शन सुधा, तीर्थयात्रा, पुष्पलता, गल्पमंजरी, सुप्रभात, परिवर्तन, पनघट
6. **उग्र** : देशभक्त
   संकलन - चिनगारियां, शैतान मंडली, इन्द्रधनुष, बलात्कार, चाकलेट, दोजख की आग, निर्लज्जा
7. **रायकृष्णदास** : अंतःपुर का आरम्भ, रमणों का रहस्य
8. **चतुरसेन शास्त्री** : दुखवा मै कासो कहूँ मोरी सजनी (हरिसाधन मुखोपाध्याय की कहानी 'सेलिसमा बेगम' का रूपांतर), अंबपालिका, प्रबुद्ध, भिक्षुराज, बावर्चिन, हल्दीघाटी में, बाणवधू।
9. **जयशंकर प्रसाद** : आकाशदीप, देवदासी, रसिया बालम, आँधी, मधुआं, पुरस्कार, ममता, इन्द्रजाल, सालवती, गुंडा।

निबंध :-

1. **बाबू गुलाबराय** : ठलुआ क्लब, फिर निराशा क्यों, मेरी असफलताएं, कुछ उथले कुछ गहरे
2. **रघुवीर सिंह** : निबंध संग्रह हैं 'शेष स्मृतियाँ'
3. **शिवपूजन सहाय** : निबंध संग्रह है 'कुछ'
4. निराला : संग्रह है : प्रबंध प्रतिमा, चयन, चाबुक
5. **पदुमलाल पुन्नालाल बख्शी** : संग्रह हैं - 'पंचपात्र'। एक प्रसिद्ध निबंध है- 'क्या लिखूँ'
6. **गुलेरी** : विक्रमोवर्शी की मूल कथा, अमंगल के स्थान में मंगलशब्द।

आलोचना :-

**विश्वनाथ प्रसाद मिश्र :-** बिहारी की वाग्विभूति, वाङ्मय विमर्श, हिन्दी का समसामयिक साहित्य, हिन्दी नाट्य-साहित्य का विकास, हिन्दी साहित्य का अतीत

**सम्पादन :-** घनआनंद ग्रन्थावली, पद्माकर ग्रन्थावली, केशव ग्रन्थावली, भिखारीदास ग्रन्थावली, रामचरितमानस, लक्ष्मीनारायण सुधांशु (काव्य में अभिव्यंजनावाद), डॉ॰ रसाल आलोचनादर्श, रामकुमार वर्मा (साहित्य समालोचना), पद्मसिंह शर्मा (बिहारी सतसई की भूमिका), जनार्दन प्रसाद झा 'द्विज' (प्रेमचन्द की उपन्यास कला), कृष्णशंकर शुक्ल (केशव की काव्यकला, कविवर रत्नाकर), रामकुमार वर्मा (कबीर का रहस्यवाद)।

**आत्मकथा :-**

हिन्दी की पहली पद्य आत्मकथा 'मुझमें देवजीवन का विकास' (सत्यानन्द अग्निहोत्री)।
स्मरणीय है कि पहली आत्मकथा 'अर्धकथानक' (बनारसीदास) पद्य में है।

यात्रावृत्त :-

सत्यदेव परिव्राजक : मेरी जर्मन यात्रा, यात्री मित्र, योरप की सुखद स्मृतियां, राहुल सांकृत्यायन : तिब्बत में सवा वर्ष, मेरी यूरोप यात्रा, मेरी तिब्बत यात्रा।

**संस्मरण :-**

महादेवी : रामा, बिन्दा, बिट्टो, फीसा (सभी संकलन हैं)
श्रीराम : बोलती प्रतिमा (रेखाचित्र), भाई जगन्नाथ (संस्मरण)

**गद्यकाव्य :-**

रायकृष्णदास : संग्रह हैं - साधना, संलाप, प्रवाल, प्रवाह, छायापथ
वियोगी हरि : संग्रह हैं - तरंगिणी, अन्तर्नाद, भावना, प्रार्थना
भँवरलाल सिंधी : वेदना

कविता :-

ठाकुर गोपालशरण सिंह (माधवी, मानवी, संचिता, ज्योतिषमती, कादंबिनी), अनूप शर्मा (सुमनांजलि, जीवनमरण, 'सुनाल'-खण्डकाव्य है, 'सिद्धार्थ'-महाकाव्य है), जगदंबा प्रसाद हितैषी (कल्लोलिनी, नवोदिता), श्यामनारायण पाण्डेय (त्रेता के दो वीर, माधव, रिमझिम, 'हल्दीघाटी'-महाकाव्य है), पुरोहित प्रतापनारायण ('नलनरेश'-महाकाव्य है रोला, हरिगीतिका आदि छंदों में, मन के मोती, नव निकुंज, काव्य कानन), तुलसीराम शर्मा 'दिनेश' (पुरूषोत्तम श्रीकृष्ण के जीवन चरित पर एक बडा काव्य ग्रन्थ रचा।), सुभद्राकुमारी चौहान (त्रिधारा, मुकुल), गया प्रसाद शुक्ल 'सनेही' (राष्ट्रीय मंत्र), दिनकर (रेणुका), माखनलाल चतुर्वेदी (हिमकिरीटनी, हिमतरंगिणी), राम कुमार वर्मा (रूपराशि, निशीथ, चित्ररेखा, आकाशगंगा।)

पत्र-पत्रिकायें :-

| | पत्र-पत्रिकायें | प्रकाशन वर्ष/ स्थान | सम्पादक/ अन्य जानकारी |
|---|---|---|---|
| 1. | मर्यादा | 1923 | कृष्णकान्त मालवीय (प्रथम), सम्पूर्णानंद, प्रेमचंद (परवर्ती) |
| 2. | स्त्री दर्पण | प्रयाग | रामेश्वरी नेहरू |
| 3. | चांद | 1920 (सा0), 1923 (मासिक) प्रयाग | मासिक चाँद के सम्पादक रामशरण सहगल तथा चण्डी प्रसाद हृदयेश |
| 4. | प्रभा | कानपुर | बालकृष्ण शर्मा 'नवीन' (प्रथम), माखन लाल चतुर्वेदी (परवर्ती)। (इसी पत्रिका में 'भावों की भिडंत' शीर्षक प्रसिद्ध लेख छपा था, जिसमें निराला को टैगोर का नकलची सिद्ध किया गया था।) |
| 5. | माधुरी | 1922 (लखनऊ) | दुलारे लाल भार्गव (प्रथम), रूपनारायण पाण्डेय, कृष्णबिहारी मिश्र (सहयोगी), प्रेमचन्द (परवर्ती 1928-31)। |
| 6. | सुधा | लखनऊ | निराला (परवर्ती) |
| 7. | कल्याण | 1925 | —— |
| 8. | विशाल भारत | 1928 (कलकत्ता) | बनारसीदास चतुर्वेदी (प्रथम), अज्ञेय (परवर्ती) (इसी पत्र अग्र के कथा साहित्य को 'घासलेटी' कहकर उनके खिलाफ साहित्यिक आन्दोलन खडा किया गया था।) |
| 9. | हंस | 1930 (बनारस) | प्रेमचन्द (प्रथम), शिवदान सिंह चौहान अमृतराय (परवर्ती) |
| 10. | 'आदर्श' तथा | कलकत्ता | शिवपूजन सहाय 'मौजी' |
| 11. | समन्वय | 1922 (रामकृष्ण मिशन) | स्वामी माधवानन्द (प्रथम), निराला (परवर्ती) |
| 12. | सरोज | 1928 (कलकत्ता) | नवजादिकलाल श्रीवास्तव |
| 13. | साहित्य संदेश | आगरा | बाबू गुलाब राय |
| 14. | मतवाला | 1923 | महादेव प्रसाद सेठ (प्रधान), शिवपूजन सहाय, नवजादिकलाल श्रीवास्तव तथा निराला (सहयोगी) |
| 15. | जागरण | बनारस | शिवपूजन सहाय (प्रथम), प्रेमचन्द (1932 परवर्ती) |
| 16. | भारत | इलाहाबाद | नन्द दुलारे बाजपेई |
| 17. | हिन्दी नवजीवन | अहमदाबाद | महात्मा गाँधी |
| 18. | देश | पटना | राजेन्द्र प्रसाद |
| 19. | कर्मवीर | जबलपुर | माखनलाल चतुर्वेदी |
| 20. | श्रीकृष्णसंदेश | कलकत्ता | लक्ष्मीनारायण गर्दे |
| 21. | भारतमित्र (दैनिक) | कलकत्ता | लक्ष्मण नारायण गर्दे (इसके पहले यह साप्ताहिक था। यह हिन्दी का पहला सुसंगठित दैनिक पत्र है।) |
| 22. | दैनिक विश्वमित्र | 1916 | ——— |
| 23. | कलकत्ता समाचार | कलकत्ता | अमृतलाल चक्रवर्ती |
| 24. | आज | 1920 | श्रीप्रकाश, बाबूराव विष्णराव पराडकर, (वाराणसी) कमलापति त्रिपाठी |
| 25. | स्वतंत्र | 1920 | अम्बिकाप्रसाद बाजपेई |

**प्रमुख प्रसंग /उद्धरण/ अन्य संबंधित जानकारियाँ -**

- 'आदर्शोन्मुख यथार्थ' - प्रेमचन्द
- 'आधुनिक कहानी मनोवैज्ञानिक विश्लेषण और जीवन के यर्थाथ चित्रण को अपना ध्येय समझती है।' - प्रेमचन्द
- आरम्भिक काल में छायावाद का विरोध करने वाले पत्र थे
- सुधा, सरस्वती, विशाल भारत, प्रभा एवं छायावाद के समर्थक पत्र थे - मतवाला, जागरण, भारत
- आचार्य शुक्ल ने आलोचना के अनेक बीजशब्दों का निर्माण किया है। विभिन्न कवियों के संदर्भ में उनके द्वारा प्रयुक्त बीजाशब्द कथन इस प्रकार हैं -

| | कवि | बीजशब्द/ वाक्य |
|---|---|---|
| 1. | तुलसी | लोकमंगल या लोकधर्म |
| 2. | सूरदास | जीवनोत्सव (भ्रमरगीत सार की भूमिका) |
| 3. | जायसी | प्रेम की पीर |
| 4. | घन आनन्द | साक्षात् रसमूर्ति, जबाँदानी का दावा रखने वाला अन्यतम् कवि |
| 5. | केशव | कठिन काव्य के प्रेत |
| 6. | जयशंकर प्रसाद | मधुचर्या, कल्पना की मधुमती भूमिका |

- शुक्ल जी के अन्य बीजशब्द हैं। जैसे - मानस में चित्रकूट की सभा के लिए 'आध्यात्मिक घटना' का प्रयोग, संश्लिष्ट चित्रण, विरूद्धों का सामंजस्य, कर्म-सौन्दर्य, कल्प-प्रबंध, प्रसंग-गर्भत्व, शीलदशा आदि।
- शुक्ल जी के कुछ बीज वाक्य हैं -
  1. वैर क्रोध का अचार या मुरब्बा है।
  2. नाद-सौन्दर्य से कविता की आयु बढ़ती है।
  3. लोक हृदय में लीन होने की दशा का नाम रस दशा है।
- 'अधिकार-सुख कितना मादक और सारहीन है।' स्कन्दगुप्त (प्रसाद) नाटक की पहली पंक्ति
- 'लहर' (प्रसाद) के प्रगीतों की कुछ पंक्तियाँ :
  1. उठ-उठ री लघु-लघु बोल लहर
  2. उस दिन जब जीवन के पथ में
  3. मेरा अनुराग दो नभ के अभिनव कलरव
  4. मुझको न मिला रे कभी प्यार
  5. इस पथ का उद्देश्य नहीं है श्रान्त भवन में टिक रहना
  6. जीवन धन इस जले जगत को वृन्दावन बन जाने दो
  7. ले चल मुझे भुलावा देकर मेरे नाविक धीरे-धीरे
  किन्तु पहुँचाना उस सीमा पर जिसके आगे राह नहीं
  8. अपलक जगती हो एक रात
- बाले तेरे बाल-जाल में कैसे उलझा दूँ लोचन - पन्त
- 'शक्ति की करो मौलिक कल्पना'-निराला (राम की शक्तिपूजा)
- 'माँ की कुल शिक्षा मैने दी,
  पुष्प सेज तेरी स्वयं रची।' - निराला (सरोजस्मृति)
- 'दुख ही जीवन की कथा रही,
  क्या कहूँ, आज जो नहीं कही। - निराला (सरोजस्मृति)
- धिक् जीवन जो पाता ही आया है विरोध
  धिक् साधन जिसके लिए सदा ही किया शोध।'
  - निराला (राम की शक्तिपूजा)
- 'स्नेह निर्झर बह गया' - निराला
- 'काव्य में 'रहस्य' कोई 'वाद' है न ऐसा, जिसे लेकर निराला कोई पंथ ही खडा करें।'

× × ×

'खलेगा 'प्रकाशवाद' जिनको हमारा यह
कहेंगे कुवाद वे जो लेगें हम सारे सह।'
- रामचन्द्र शुक्ल (पाखंड प्रतिबेध कविता)

- 'रहने दो हे देव ! अरे, यह मेरा मिटने का अधिकार'
  - महादेवी
- 'वर्तमान सुख-दुख में पकड़ हर्ष, विवाद मनाता जो
  उपन्यास लेखक हैं वह, परिणाम-स्थिति ही सच्ची है।'
- प्रेमपथिक (जयशंकर प्रसाद)
- 'तोड़ दो यह क्षितिज मैं भी देख लूँ उस ओर क्या है।'
  - महादेवी
- 'रात के उर में दिवस की चाह का शर हूँ' - महादेवी
- 'मिलन का मत ले नाम मै बिरह में चिर हूँ' - महादेवी
- 'अर्द्ध विकच इस हृदय कमल में आ तू,
  प्रिये ! छोड बंधनमय छंदो की छोटी राह' - निराला
- प्रथम रश्मि का आना रंगिणी, तूने कैसे पहचाना - पन्त
- 'मै नीर भरी दुख की बदली' - महादेवी
- 'बालिका मेरी मनोरम मित्र थी' - पन्त
- 'पावस ऋतु थी, पर्वत प्रदेश। पल-पल परिवर्तित प्रकृति वेश' ' - पन्त
- 'देवि, माँ, सहचरी, प्राण!!' - पन्त
- 'मैने मैं शैली अपनाई' - निराला
- 'किस अनंत का नीला हिला-हिलाकर
  आती हो तुम मंडलाकर !' - निराला
- 'वह उस शाखा का वन विहंग
  उड गया मुक्त नभ निस्तरंग।' - निराला (तुलसीदास)
- 'तृण-वीरूध लहलहे हो रहे किसके रस से सिंचे हुए' -प्रसाद
- 'कल्पना के कानन की रानी' - निराला
- 'कल्पना के से विह्वल बाल' - पन्त
- 'नूपुर के सुट मंद रहे, जब तक न चरण स्वच्छंद रहे'
  - निराला
- 'अर्धेक मानवी तुमि, अर्धेक कल्पना' - रवीन्द्रनाथ टैगोर
- निराला ने हिन्दी में 'मुक्त छन्द' का प्रवर्तन किया।
- 'चन्द्रगुप्त' (जयशंकर प्रसाद) नाटक का समापन वाक्य है
  -'चलो, अब हम लोग चलें।'
- 'इस जनम में तो कोई आशा नही है, भाई ! हम राज नहीं चाहते, भोग-विलास नहीं चाहते, खाली मोटा-झोटा पहनना, और मोटो-झोटा खाना और मरजाद के साथ रहना चाहते हैं। वह भी नहीं सधता । - गोदान (प्रेमचन्द)
- 'हम कौन थे, क्या हो गये हैं और क्या होंगे अभी'
  आओ, विचारें आज मिलकर ये समस्यायें सभी।'
  - भारतभारती
- 'कहाँ करूणानिधि केसव सोए !' - भारतेन्द

## खण्ड दो

**कालक्रम : प्रगतिवाद (1936-1943)/ प्रयोगवाद (1943–1954)**
**+ नयी कविता / नवलेखन काल (1954–1972)**
**+ अद्यतन लेखन (1972 से वर्तमान युग तक)**

कविता :- प्रगति प्रयोग काल के समानान्तर अन्य कई तरह की काव्य रचनायें भी होती रहीं। इनका मुख्य स्वर या तो गाँधीवादी है या फिर विप्लव अथवा मस्ती का। हम पहले इन्हीं का परिचय यहाँ पर दे रहे हैं।

1. **हरिवंशराय बच्चन** :- मधुशाला (1935), मधुबाला (1936), मधुकलश (1937), निशा-निमन्त्रण (1938), एकांत संगीत (1939), आकुल अंतर (1943), सतरंगिणी, मिलनयामिनी तथा प्रणय पत्रिका।

   अंतिम चरण में बच्चन ने सामाजिक-राजनीतिक कवितायें लिखीं। ये हैं - बंगाल का अकाल, खादी के फूल, सूत की माला, धार के इधर-उधर, आरती और अंगारे, बुद्ध और नाचघर, त्रिभंगिमा, चार खेमे चौसठ खूँटे, दो चट्टानें, जाल समेटा।

   बच्चन ने उमर खैय्याम की रूबाइयों का अनुवाद 1935 में 'खैय्याम की मधुशाला' नाम से किया।

2. **रामकुमार वर्मा** :- रूपराशि, निशीथ, चित्ररेखा, आकाशगंगा, अंजलि, चन्द्रकिरण, एकलव्य (वर्मा जी छायावादी ढंग की ही कविता करते थे।)

3. **माखनलाल चतुर्वेदी** :- हिमकिरीटिनी, हिमतंरगिणी, वेणु लो गूँजे धरा, माता, युगचरण, मरणज्वार, बिजुली काजल आँज रही, समर्पण। इनकी कविता 'पुष्प की अभिलाषा' अत्यंत प्रसिद्ध है।

4. **सियारामशरण गुप्त** :- इनकी कविता 'एक फूल की चाह' बहुत प्रसिद्ध है। प्रमुख काव्य ग्रन्थ हैं - मौर्य विजय, अनाथ, दूर्वादल, विषाद, आर्द्रा, आत्मोत्सर्ग, पाथेय, मृण्मयी, बापू, उन्मुख, दैनिकी, नकुल, नोआखाली, गोपिका।

   प्रबंधकाव्य : उन्मुक्त (युद्ध की विभीषिका और मानवीय करुणा पर रचित ; अत्याचारी लौह द्वीप के लोग शान्तिप्रिय कुसुमद्वीप को युद्ध पर मजबूर कर देते हैं।)

5. **बालकृष्ण शर्मा 'नवीन'** :- इनकी 'साकी' कविता अत्यन्त प्रसिद्ध है। 'आज खड्ग की धार कुंठिता' और 'कवि कुछ ऐसी तान सुनाओ' भी प्रसिद्ध कवितायें हैं। इनके काव्यग्रंथ है- उर्मिला (प्रबन्धकाव्य), कुंकुम (पहला काव्य संग्रह है), रश्मिरेखा और अपलक, विनोबास्तवन, क्वासि, हम विषपायी जन्म के।

6. **भगवती चरण वर्मा** :- 'हम दीवानों की क्या हस्ती, हैं आज यहां कल वहां चले।' तथा 'चली आ रही भैंसागाडी' भी इनकी एक चर्चित कविता है। इनके काव्यग्रन्थ है - मधुकण, प्रेमसंगीत तथा मानव।

7. **सुभद्राकुमारी चौहान** :- झाँसी की रानी, जलियाँवाला बाग में वसंत आदि कवितायें।

8. **रामधारीसिंह 'दिनकर'** :- रेणुका (1935), हुंकार, रामधेनी, रसवन्ती, द्वन्द्वगीत, यशोधरा, कुरूक्षेत्र (युद्ध की समस्या पर रचित प्रबंधकाव्य है, जो मुख्यतः भीष्म-युधिष्ठिर संवाद पर आधारित है।), उर्वशी (ज्ञानपीठ पुरस्कार से सम्मानित प्रबंधकाव्य, जिसका उपजीव्य 'उर्वशी-पुरूरवा प्रेमाख्यान' है।), रश्मिरथी (महाभारत के 'कर्ण' को नायक बनाकर रचित प्रबंधकाव्य है।), आत्मा की आँखें, परशुराम की प्रतीक्षा (प्रबंधकाव्य) है। इतिहास के आँसू, धूप और धुआँ, दिल्ली, नीम के पत्ते तथा हारे को हरिनाम। 'संचयिता' हाल में किया गया संकलन है।

9. **नरेन्द्र शर्मा** :- शूल-फूल, कर्णफूल, प्रभातफेरी, प्रवासी के गीत, पलाशवन, ग्राम्या, मिट्टी के फूल, हंसमाला, रक्तचंदन, अग्निशस्त्र, कदलीवन, उत्तरजय (प्रबंधकाव्य, युधिष्ठिर तथा अश्वत्थामा के खण्डित और पीड़ाभोगी व्यक्तियों की गाथा), द्रौपदी (महाभारत में 'द्रौपदी' के चरित्र पर आधारित खंडकाव्य।)

10. **रामेश्वर शुक्ल 'अंचल'** :- मधुलिका, अपराजिता, लाल चूनर, किरणबेला, करील और वर्षान्त के बादल, अपराधिता (प्रबंधकाव्य)।

11. **सोहन लाल द्विवेदी** :- कुणाल, चित्रा, युगाधार।

12. **श्यामनारायण पाण्डेय** :- हल्दीघाटी, जौहर।

13. **उदयशंकर भट्ट** :- विसर्जन, मानसी, अमृत और विष, युगदीप, यथार्थ और कल्पना, एकला चलो रे, विजयपथ।

14. **जानकी बल्लभ शास्त्री** :- रूप-अरूप, शिप्रा, मेघगीत, अवन्तिका।
15. **गुरूभक्तसिंह 'भक्त'** :- विक्रमादित्य (प्रबंधकाव्य, कथानक विशाखदत्त के 'देवी चन्द्रगुप्त' नाटक पर आधारित), नूरजहाँ (प्रबन्धकाव्य)।
16. **मोहनलाल महतो 'वियोगी'** :- आर्यावर्त (पृथ्वीराज चौहान-गौरी युद्ध पर रचित प्रबन्धकाव्य)
17. **केदारनाथ मिश्र 'प्रभात'** :- कैकयी (प्रबंधकाव्य), कर्ण (खण्डकाव्य), शुभ्रा (गीतिकाव्य), बैठो मेरे पास तथा ऋतम्बरा प्रबंधकाव्य है। प्रलयवर्णन से प्रारम्भ होकर मानव-सृष्टि के भविष्य पर रचित।
18. **ठाकुर प्रसादसिंह** :- महामानव (प्रबंधकाव्य : गाँधी जी के जीवन पर।)

## प्रगतिवादी काव्य

सन् 1935 ई. में एम. फार्स्टर के सभापतित्व में पेरिस में 'प्रोग्रेसिव राइटर्स एसोसियेशन' नामक अन्तर्राष्ट्रीय संस्था का प्रथम अधिवेशन हुआ। सन् 1936 में सज्जद जहीर और डॉ. मुल्कराज आनन्द के प्रयत्नों से भारतवर्ष में भी इस 'प्रगतिशील लेखक संघ' का पहला अधिवेशन हुआ।

यद्यपि प्रगतिवादी काव्य रचना की शुरूआत निराला की अनेक परवर्ती कविताओं 'गर्म पकौडी', 'खजोहरा', 'नये पत्ते', 'कुकुरमुत्ता', 'मास्को डायलॉग्स' तथा 'तोड़ती पत्थर' आदि से ही हो जाती है, लेकिन व्यवस्थित रूप से प्रगतिवादी कवियों के अन्तर्गत नागार्जुन, केदारनाथ अग्रवाल, त्रिलोचन तथा शिवमंगल सिंह 'सुमन' आते हैं।

'प्रगतिशील लेखक संघ' के पहले सभापति प्रेमचन्द थे। बाद में रवीन्द्रनाथ टैगोर, जवाहर लाल नेहरू तथा श्रीपाद अमृत डाँगे जैसे लोग भी इसके सभापति बने। 1937 ई. के 'विशाल भारत' में शिवदान सिंह चौहान का एक लेख 'भारत में प्रगतिशील साहित्य की आवश्यकता' छपा।

नीचे हम प्रगतिवादी कवियों की रचनाओं का परिचय दे रहे हैं-

1. **नागार्जुन :** (वास्तविक नाम वैद्यनाथ मिश्र) इन्होंनें 'यात्री' नाम से मैथिली में भी कवितायें रची है। प्रमुख कविता-संग्रह हैं - सतरंगे पंखों वाली, प्यासी पथरायी आँखें, युगधारा, ऐसे भी हम क्या, ऐसे भी तुम क्या, आखिर ऐसा क्या कह दिया मैंने, पुरानी जूतियों का कोरस, रत्नगर्भ, तालाब की मछलियां, तुमने कहा था, खिचडी विप्लव देखा हमने, हजार-हजार बाँहों वाली, पका है यह कटहल, भूमिजा (खण्डकाव्य)। नागार्जुन की बहुत प्रसिद्ध कविताओं में से कुछ हैं -
   बादल को घिरते देखा है, पाषाणी, चन्दना, रवीन्द्र के प्रति, सिंदूर तिलकित भाल, तुम्हारी दंतुरित मुस्कान, ओ जन-मन के सजग चितेरे (यह केदारनाथ अग्रवाल पर लिखी गई है।), गुलाबी चूडियाँ, तन गयी रीढ़, यह तुम थी, जोत की फाँक, भादों की तलैया, प्रेत का बयान, मास्टर तथा अकाल।
2. **केदारनाथ अग्रवाल :** संग्रह है - युग की गंगा, फूल नहीं रंग बोलते हैं, पंख और पतवार, गुलमेंहदी, कहे केदार खरी-खरी, अपूर्वा, आत्मगंध, नीद के बादल, लोक तथा आलोक। केदार की प्रसिद्ध कवितायें हैं -
   बसंती हवा, चन्द्रगहना से लौटती बेर, आज नदी बिल्कुल उदास थी, केन किनारे पाल्थी मारे, केन हमारी तड़प रही है आदि।
3. **रांगेय राघव :** अजेय खंडहर, मेधावी, पांचाली (खंडकाव्य), पिघलते पत्थर, राह के दीपक (संकलन)।
4. **त्रिलोचन :** संग्रह है - धरती, मिट्टी की बारात, ताप के ताये हुए दिन, फूल नाम है एक, शब्द, उस जनपद का कवि हूँ, गुलाब और बुलबुल, दिगंत, अरघान, तुम्हें सौंपता हूँ, सबका अपना आकाश तथा अनकहनी भी कुछ कहनी है। त्रिलोचन का प्रिय छंद 'सॉनेट' है।
5. **'सुमन' :** संग्रह हैं - जीवन के गान, प्रलय-सृजन, हिल्लोल।
6. **रामविलास शर्मा :** ने भी कतिपय काव्य रचना की है, जो प्रगतिवादी काव्य के अंतर्गत ही आती है। इनके संग्रह का नाम है - 'रूपतरंग'।

## प्रयोगवादी काव्य

प्रयोगवाद का आरम्भ अज्ञेय के संपादकत्व में प्रकाशित 'तार सप्तक' (1943) से माना जाता है। अज्ञेय ने सभी कवियों को (जो इसमें संकलित थे) 'राहों के अन्वेषी' कहा। तार सप्तक में संकलित कवि हैं -

अज्ञेय, मुक्तिबोध, रामविलास शर्मा, नेमिचन्द्र जैन, गिरिजाकुमार माथुर, भारतभूषण अग्रवाल तथा प्रभाकर माचवे।

तार सप्तक के पाँच कवि अपने को मार्क्सवादी घोषित करते हैं। उन्होंने अपने लिये 'प्रयोगशील' और 'प्रयोग' शब्दों का उल्लेख किया है, प्रयोगवाद का नहीं। 'प्रयोगवाद' शब्द का सर्वप्रथम प्रयोग आचार्य नन्ददुलारे वाजपेयी ने एक निबंध 'प्रयोगवादी रचनाओं में किया। अज्ञेय ने दूसरा सप्तक (1951) की भूमिका में इसका खंडन किया। 1952 ई. में पटना रेडियो से उन्होंने 'नयी

कविता' नाम की घोषणा की। सन् 1954 में जगदीश गुप्त के सम्पादकत्व में 'नयी कविता' पत्रिका का प्रकाशन भी होने लगा।

'दूसरा सप्तक' (1951) में संकलित कवि हैं -

शमशेर बहादुर सिंह, भवानीप्रसाद मिश्र, शकुन्तला माथुर, हरिनारायण व्यास, नरेश मेहता, रघुवीर सहाय और धर्मवीर भारती।

सन् 1956 में नकेन के 'प्रपद्यवाद' का प्रकाशन हुआ। उन्होंनें (नरेश मेहता, केसरी कुमार, नलिन विलोचन शर्मा) कहा कि असली प्रयोगवादी 'नकेन' ही है। वस्तुतः वे रूपवादी थे।

'तीसरा सप्तक' (1959) की भूमिका में अज्ञेय ने नकेनवादियों को आड़े हाथ लिया। 'तीसरा सप्तक' के कवि हैं -

प्रयागनारायण त्रिपाठी, कीर्ति चौधरी, मदन वात्स्यायन, केदारनाथ सिंह, कुँवरनारायण, विजयदेवनारायण साही तथा सर्वेश्वर दयाल सक्सेना।

तीनों सप्तकों के संपादक 'अज्ञेय' ही है। सन् 1979 ई. में अज्ञेय ने चौथा सप्तक भी निकाला।

हम यहां प्रयोगवादी/नयी कविता के प्रधान कवियों का परिचय दे रहे हैं।

**अज्ञेय (1911-1987 ई.) :** के कविता संग्रह है - भग्नदूत (1933), चिंता (1942), इत्यलम् (1946), हरी घास पर क्षण भर (1949), बावरा अहेरी (1954), इंद्रधनुष रौंदे हुए (1957), अरी ओ करूणा प्रभामय (1959), आँगन के पार द्वार (1961), कितनी नावों में कितनी बार (1967), क्योंकि मैं उसे जानता हूँ (1970), सागर मुद्रा (1970), पहले मैं सन्नाटा बुनता हूँ (1974), महावृक्ष के नीचे (1977), नदी की बाँक पर छाया (1981), प्रिजन डेज एण्ड अदर पोएम्स ( अंग्रेजी, 1946)। चारों सप्तकों का संपादन। अज्ञेय की अत्यधिक प्रसिद्ध कवितायें हैं - नदी के द्वीप (संग्रह-हरी घास पर क्षण भर), असाध्य वीणा (आँगन के पार द्वार : संग्रह)। यह दीप अकेला, पूर्वा, सुनहरे शैवाल आदि।

**मुक्तिबोध (1917-1964) :** के दो काव्य संग्रह है - चाँद का मुँह टेढा है (1964), भूरि-भूरि खाक धूल (1980)। अत्यधिक प्रसिद्ध कवितायें हैं - एक आत्मवक्तव्य, चाँद का मुँह टेढा है, चकमक की चिंगारियाँ, भूल-गलती, दिमागी गुहान्धकार, ब्रह्मराक्षस तथा अँधेरे में।

**शमशेरबहादुर सिंह (1911-1993) :** के काव्यसंग्रह हैं - सुकून की तलाश में, कुछ कविताएं, कुछ और कविताएं, चुका भी हूँ नही मैं, इतने अपने पास, बात बोलेगी, काल तुझसे होड़ है मेरी, टूटी हुई बिखरी हुई, विविध-शमशेर, कहीं बहुत दूर से सुन रहा हूँ। शमशेर की कुछ अत्यधिक प्रसिद्ध कविताएं हैं -

'वाम, वाम, वाम दिशा', अमनराग, उदिता, चुका भी हूँ नहीं मैं, टूटी हुई बिखरी हुई, एक पीली शाम, सलोना जिस्म आओ न तथा 'अभिव्यक्ति का संघर्ष'।

**भवानीप्रसाद मिश्र :** कमल के फूल, वाणी की दीनता, टूटने का सुख, सतपुड़ा के जंगल, सन्नाटा, गीतफरोश, असाधारण, स्नेहशपथ, आदि कवितायें दूसरा सप्तक में संग्रहीत हैं। 'सतपुड़ा के जंगल' में प्रबंधत्व की विशेषता है।

काव्य संग्रह हैं - अनाम तुम आते हो, त्रिकाल संध्या, परिवर्तन जिए, मानसरोवर दिन, बुनी हुई रस्सी, खुशबू के शिलालेख। कालजयी (प्रबन्धकाव्य है)।

**नरेश मेहता :** के काव्य ग्रन्थ हैं - बनपाखी सुनो (1957), बोलने दो चीड़ को (1962), संशय की एक रात (1962), उत्सवा, मेरा समर्पित एकांत (1953), महाप्रस्थान (1975), शबरी (1977), प्रवाद पर्व (1977), 'समय देवता' इनकी एक प्रसिद्ध लंबी कविता है, जो 'मेरा समर्पित एकांत' में संकलित हैं।

संशय की एक रात, महा प्रस्थान, शबरी तथा प्रवाद पर्व इनकी महत्वपूर्ण काव्य रचनायें हैं। 'संशय की एक रात' एक पौराणिक काव्य रूपक (नाट्य शैली में रचित लम्बी कविता) है, जिसमें राम-रावण युद्ध से पूर्व राम के मन का संशय चित्रित हुआ है। 'महाप्रस्थान' भी पौराणिक काव्य-रूपक है जिसमें पांडवों के हिमालय में गलने की प्रसिद्ध कथा वर्णित है। 'प्रवाद-पर्व' सीता-बनवास के करूण प्रसंग पर आधारित खण्डकाव्य है। 'शबरी' प्रबंधकाव्य में शबरी (राम कथा से सम्बद्ध) की कथा है। 'चैत्या' हाल मे किया गया संग्रह है।

**धर्मवीर भारती :** की रचनायें हैं - ठंडा लोहा (काव्य संग्रह, 1952), अंधा युग (1955, प्रतीकवादी काव्य नाटक है, जिसमें महाभारत के अंतिम दिन के युद्ध से लेकर कृष्ण के गोलोकवास तक की घटनाओं को समेटा गया है।), सात गीत वर्ष (1959, 'प्रथुम्य गाथा' इस संग्रह की प्रसिद्ध लम्बी कविता है।), कनुप्रिया (1959, युद्ध और इतिहास की व्यर्थता को संकेतित करता, राधाकृष्ण-प्रेम पर रचित काव्य ग्रन्थ), संकलन : मेरी वाणी गैरिक वासना।

**नेमिचन्द जैन :** का कविता संग्रह है 'एकांत', 'अचानक हम फिर'।

**कुँवरनारायण :** की रचनायें हैं - चक्रव्यूह (काव्यसंग्रह), परिवेशः हम तुम (काव्य संग्रह), आत्मजयी (कठोपनिषद के 'नचिकेता-प्रसंग' पर आधारित चिंतनपरक प्रबंधकाव्य है), अपने सामने (काव्य संग्रह), कोई दूसरा नहीं (काव्य संग्रह)।

**सर्वेश्वरदयाल सक्सेना :** के कविता संग्रह है - काठ की घंटियाँ, बाँस का पुल, एक सूनी नाव में, कुआनों नदी, जंगल का दर्द,

खूँटियों पर टंगे लोग। बाद में 'कवितायें-1' तथा 'कवितायें-2' नाम से दो भागों में कुछ रचनायें प्रकाशित हुई हैं।

**रघुवीर सहाय (1929-1990) ई. :** के कविता-संग्रह है - सीढ़ियों पर धूप में (1960), आत्महत्या के विरूद्ध (1967), हँसो हँसो जल्दी हँसो (1975), लोग भूल गये हैं (1982), कुछ पते कुछ चिट्ठियाँ (1989)। रामदास की हत्या इनकी प्रमुख राजनीतिक कविता है।

**केदारनाथ सिंह :** के कविता संग्रह हैं : अभी बिल्कुल अभी (1960), जमीन पक रही है (1980), यहाँ से देखो, अकाल में सारस, उत्तर कबीर, 'बाघ' प्रसिद्ध लम्बी कविता है।

**विजयदेवनारायण साही :** कविता संग्रह हैं - 'मछलीघर', 'साखी', तथा 'छठवाँ दशक'। हाल में किया गया संग्रह है 'संवाद तुमसे'।

**गिरिजाकुमार माथुर :** के काव्य संग्रह हैं - मंजीर (1941), नाश और निर्माण (1946), धूप के धान (1955), शिलापंख चमकीले (1961), छाया मत छूना मन, भीतरी नदी की यात्रा, साक्षी रहे वर्तमान, कल्पांतर, अभी कुछ और, मै वक्त के हूँ सामने, 'पृथ्वीकल्प', मुझे और अभी कहना है।

**भारत-भूषण अग्रवाल :** के काव्य संग्रह हैं - अनुपस्थित लोग, कागज के फूल, छवि के बन्धन, मुक्तिमार्ग, जागते रहो, ओ अप्रस्तुत मन, उतना वह सूरज है।

प्रबन्ध काव्य - 'अग्निलीक' (सीता की अग्निपरीक्षा पर रचित)।

**प्रभाकर माचवे :** के काव्य संग्रह हैं - स्वप्नभंग, मेपल, क्षणभंगुर।

**देवराज :** दो प्रबंधकाव्य रचे - 'आहत आत्माएं', 'इला और अमिताभ'। काव्य संग्रह हैं -धरती और स्वर्ग, उर्वशी ने कहा।

**जगदीश गुप्त :** काव्य-संग्रह हैं - 'नाव के पांव', 'हिमदंश' तथा 'आदिम एकान्त'। प्रबन्धकाव्य 'शंबूक'।

**लक्ष्मीकान्त वर्मा :** काव्य संग्रह है - अतुकांत, तीसरा पक्ष तथा 'आधुनिक कवि - 15'।

इनकी कुछ कवितायें हैं - अपना-अपना जूता, सिर पर जूता पैर में टोपी। चित्रकूट चरित (खंडकाव्य)।

**विभिन्न काव्यान्दोलन :** - 'अकविता' अमरीका की बीट पीढ़ी की उपज है। 1962-63 में अमरीकी कवि गिन्सबर्ग भारत आया तथा बनारस में स्थायी रूप से रहा। उसका 'हाउल' नामक कविता संग्रह युवा कवियों का आदर्श बना। श्याम परमार ने सन् 1965 में 'अकविता' पत्रिका का संपादन शुरू किया। हिन्दी में 'अकविता आन्दोलन' के पुरस्कर्ता राजकमल चौधरी है। सन् 1963 में 'प्रारम्भ' शीर्षक से जगदीश चतुर्वेदी ने चौदह कवियों की रचनाओं का एक संग्रह प्रस्तुत किया। इसके बाद कुछ कवि अकविता पत्रिका के सम्पादन के सम्बद्ध हो गये तथा कुछ अकविता आन्दोलन से । 'अकविता आन्दोलन' के उल्लेखनीय कवि हैं - धूमिल तथा राजकमल चौधरी।

– 'वाम कविता' आन्दोलन के प्रर्वतक हैं - शलभ **श्री रामसिंह** इन्होंने 'युयुत्सा' पत्रिका का सम्पादन भी किया।

– 'आज की कविता' के प्रवर्तक हैं - हरीश मादानी। इन्होंने 'वातायन' पत्रिका का सम्पादन किया।

– 'सनातन सूर्योदयी आन्दोलन' के प्रवर्तक हैं - वीरेन्द्र कुमार जैन। इन्होंने 'भारती' पत्रिका का प्रकाशन किया।

– 'सहज कविता' आन्दोलन के प्रवर्तक हैं - रवीन्द्र भ्रमर (1964 ई.)। इसके प्रमुख कवि है- परमानन्द श्रीवास्तव, रामदरश मिश्र तथा विश्वनाथ त्रिपाठी।

– डॉ. महीप सिंह ने 'सचेतन कविता' का प्रवर्तन किया। 'सचेतन' पत्रिका का भी महीपसिंह और नरेन्द्र मोहन ने सम्पादन किया।

– 'समकालीन कविता' आन्दोलन के प्रवर्तक हैं - डॉ. विश्वम्भरनाथ उपाध्याय। इन्होंने 'समकालीन कविता की भूमिका' नामक पुस्तक भी लिखी।

इन काव्यान्दोलनों का इनके समय की रचनाशीलता से कोई गहरा संबंध नही दिखाई पडता है। 'अकविता' को छोड़कर शेष को तो आन्दोलन कहनें में भी संकोच लगता है। हम नीचे प्रमुख कवियों का परिचय दे रहे हैं। आन्दोलनों का परिचय सिर्फ नामों की जानकारी के उद्देश्य से ऊपर दिया जा चुका है।

**विपिनकुमार अग्रवाल** : नंगे पैर (लंबी कविता)

**वीरेन्द्रकुमार जैन** : अनागता की आँखें, यातना का सूर्य पुरूष, शून्य पुरूष और वस्तुएं

**राजकमल चौधरी** : मुक्तिप्रसंग, कंकावती (दोनों लम्बी कवितायें हैं)

**सौमित्र मोहन** : लुकमान अली

**जगदीश चतुर्वेदी** : इतिहासहन्ता, सूर्यपुत्रा

**कैलाश बाजपेयी** : संक्रान्त, भविष्य घट रहा है, महास्वप्न का मध्यांतर (प्रबंधकाव्य)

**श्रीकान्त वर्मा** : दिनारंभ, मायादर्पण, जलसागर, मगध

**दूधनाथ सिंह** : अपनी शताब्दी के नाम

**श्रीराम वर्मा** : शब्दों की शताब्दी, कालपात्र

**अशोक बाजपेयी** : एक पतंग अनन्त में, तत्पुरूष, शहर अब भी संभावना है, कहीं नहीं वहीं, बहुरि अकेला, अमर मेरी काया ('शहर अब भी संभावना है' का ही एक खंड है।), थोड़ी सी जगह, अभी कुछ और।

धूमिल : संसद से सड़क तक (1972), कल सुनना मुझे, सुदामा पांडे का प्रजातंत्र संकलन है। 'मोचीराम' इनकी एक बहुत प्रसिद्ध कविता है।

लीलधर जगूड़ी : के कविता संग्रह हैं - नाटक जारी है, इस यात्रा में, रात अब भी मौजूद है, बची हुई पृथ्वी, घबराये हुए शब्द, भय भी शक्ति देता है, ईश्वर की अध्यक्षता में, अनुभव के आकाश मैं चाँद। इनकी कुछ प्रसिद्ध कवितायें हैं- इस व्यवस्था में, अंतर्देशीय चिडिया-2

चन्द्रकान्त देवताले : के कविता संग्रह हैं - हड्डियों में छिपा ज्वर, दीवार पर खून से, लकडबग्घा हँस रहा है, रोशनी के मैदान की तरफ, पत्थर की बेंच।

विनोदकुमार शुक्ल : का काव्य संग्रह है - 'वह आदमी नया गरम कोट पहन कर विचार की तरह चला गया।'

रामदरश मिश्र : के काव्य संग्रह हैं - बैरंग बेनाम चिट्ठियाँ, पक गयी है धूप, कंधे पर सूरज, दिन एक नदी बन गया।

डॉ. विनय : एक पुरूष और (प्रबंधकाव्य ; विश्वामित्र और उर्वशी की पुराकथा नवीन अर्थ-संदर्भ में), कविता संग्रह है - कई अंतराल, दूसरा राग, पुनर्वास का दंड (प्रबंधकाव्य)।

नरेन्द्रमोहन : इस हादसे में, सामना होने पर

विजेन्द्र : त्रास, चैत की लाल टहनी, ऋतु का पहला फूल

ठाकुर प्रसाद सिंह : हारी हुई लड़ाई लड़ते हुए

अजीत कुमार : अंकित होने दो, अकेले कंठ की पुकार

बालस्वरूप राही : जो नितान्त मेरी है

उदयप्रकाश : अबूतर-कबूतर, सुनो कारीगर, रात में हारमोनियम

बलदेव बंशी : कोई आवाज नहीं, काला इतिहास (सम्पादन), बच्चे की वापसी (सम्पादन)

मणिमधुकर : बलराम के हजारों हाथ

ऋतुराज : एक मरणधर्मा और अन्य

कन्हैयालाल नंदन : मुझे मालूम है।

कुमारेन्द्र पारसनाथ सिंह : इतिहास का संवाद

आलोक धन्वा : दुनियां रोज बनती है

देवेन्द्र कुमार : बहस जरूरी है

राजेश जोशी : एक दिन बोलेंगे पेड, दो पंक्तियों के बीच

मलयज : ज़ख़्म पर धूल

मंगलेश डबराल : पहाड पर लालटेन, घर का रास्ता, हम जो देखते हैं, आवाज भी एक जगह है

स्नेहमयी चौधरी : पूरा गलत पाठ, अपने खिलाफ

सोमदत्त : किस्से अरबों हैं

सुनीता जैन : हो जाने दो मुक्त

श्याम विमल : इतना जो मिला

रणजीत : झुलसा हुआ रक्तकमल, इतिहास का दर्द, प्रगतिशील कविता के मील के पत्थर (सम्पादन)

पंकज चतुर्वेदी : एक सम्पूर्णता के लिए

गिरधर राठी : बाहर-भीतर, निमित्त, उनींदे की लोरी

शैलेश जैदी : अब किसे बनवास दोगे (प्रबंधकाव्य)

पी. डी. निर्मल : विधुरा (प्रबंधकाव्य)

कुमार विकल : संग्रह : एक छोटी सी लड़ाई, रंग खतरे में हैं, विपाशा की हार (लम्बी कविता है) निरूपमादत्त मैं बहुत उदास हूँ।

अरूण कमल : अपनी केवल धार, सबूत, नये इलाके में

असद जैदी : बहनें तथा अन्य कविताएं, कविता का जीवन

विष्णु खरे : सबकी आवाज़ के पर्दे में, पिछला बाकी

प्रकाश मनु : छूटता हुआ घर

शिरीष ढोबले : प्रदक्षिणा है यह

नरेन्द्र जैन : उदाहरण के लिए

लीलाधर मंडलोई : मगर एक आवाज, रात बिरात

कुमार अंबुज : किवाड़ क्रूरता, अनंतिम

शील : लाल पंखों वाली चिडिया

नीलाभ : चीज़ें उपस्थित हैं

ज्ञानेन्द्रपति : गंगातट

भगवत रावत : सच पूछो तो

गोरख पाण्डेय : स्वर्ग से विदाई, जागते रहो सोनेवालो

गोविन्द मिश्र : ओ प्रकृति माँ
विष्णुदत्त राकेश : देवरात (खण्डकाव्य)
वेणु गोपालकृष्ण : मरूताई

## नवगीतकार

गीत लिखने की परम्परा हिन्दी में बड़ी प्राचीन है। 'नयी कविता' आन्दोलन के समय सामान्यतः गीत लिखना बंद हो गया। नई कविता के वज़न पर नवगीत नाम से इसे जिलाए रखने की कोशिश हुई। नवगीत परम्परा की घोषणा वीरेन्द्र मिश्र (1957) ने की। प्रमुख नवगीतकार नीचे दिये जा रहे हैं -

शंभूनाथ सिंह : रूपरशिम, छायालोक, उदयाचल, दिवालोक, समय की शिला पर, मन्वन्तर, दर्द जहां नीला है, सम्पादनः नवगीत दशक 1, 2, 3 तथा नवगीत अर्धशती
जगदीशगुप्त : नाव के पांव, हिमदंश, हिमविद्ध
गोपालदास 'नीरज' : संघर्ष, अंतर्ध्वनि, विभावरी, बादर बरस गयो, गीत भी अगीत भी
रवीन्द्र भ्रमर : सोन मछरी मन बंसी, रवीन्द्र भ्रमरगीत
राजेन्द्र प्रसाद सिंह : भूमिका, संजीवनी कहाँ, भरी सड़क पर, आओ खुली बयार, गोतांगिनी, सम्पादन : 'आइना' पत्रिका
उमाकांत मालवीय : मेंहदी और महावर, सुबह रक्तपलाश की
ठाकुर प्रसाद सिंह : वंशी और मादल, हारी हुई लड़ाई लड़ते हुए
रमेश रंजक : मिट्टी बोलती है, इतिहास दुबारा लिखो, दरिया का पानी। रमेश रंजक के लोकगीत
रामदरश मिश्र : कंधे पर सूरज, मेरे प्रिय गीत, बेरंग बेनाम चिट्ठियां, पक गयी है धूप, दिन एक नदी बन गया, बाजार को निकले हैं लोग (गजल संग्रह)
जगदीश श्रीवास्तव : तारीखें
आरसीप्रसाद सिंह : कलापी, पांचजन्य
गोपालसिंह 'नेपाली' : पंछी, रागिनी
दुष्यन्त कुमार : एक कंठ विषपायी, साये में धूप (गजल संग्रह), सूर्य का स्वागत, आवाजों के घेरे
वीरेन्द्र मिश्र : गीतम, झुलसा है छायावट धूप में
चन्द्रदेव सिंह : पाँच जोड बाँसुरी
अनूप अशेष : लौट आयेंगे सगुन पंछी
कुंवर बेचैन : भीतर सांकल बाहर सांकल, शामियानेकाकरे (गजल संग्रह)
देवेन्द्र शर्मा 'इन्द्र' : पंख कटी मेहराबें, सम्पादन : यात्रा में साथ-साथ
नईम : पथराई आँखें
नचिकेता : आदमकद खबरें
राजेन्द्र गौतम : गति पर्व क्या है

## छायावादोत्तर काल के प्रबंधकाव्य

महाकाव्य/खण्डकाव्य : यद्यपि 'कामायनी' के बाद कोई महत्वपूर्ण महाकाव्य रचा नहीं गया,लेकिन परिपाटी के तौर पर जिन महाकाव्यों/ खण्डकाव्यों की रचना हुई, उनकी संक्षिप्त सूची नीचे दी जा रही है -

प्रणभंग, कुरूक्षेत्र, उर्वशी (दिनकर), नलनरेश (प्रतापनारायण), कृष्णायन (द्वारिका प्रसाद मिश्र, अवधी में), साकेत संत (बलदेव प्रसाद मिश्र; भरत के चरित्र पर आधारित), नूरजहाँ, विक्रमादित्य (गुरूभक्त सिंह 'भक्त'), सिद्धार्थ, बर्द्धमान (अनूप शर्मा), हल्दी घाटी (श्यामनारायण पाण्डेय), आर्यावर्त (मोहनलाल महतो 'वियोगी'), दैत्यवंश, रावण (हरदयाल सिंह), महामानव (ठाकुर प्रसाद सिंह), जननायक (रघुवीरशरण मित्र), जगदालोक (ठाकुर गोपालशरण सिंह), अंगराज (आनन्द कुमार), एकलव्य (रामकुमार वर्मा), देवार्चन (करील), मीरा (परमेश्वर द्विरेफ), युगसृष्टा प्रेमचन्द (द्विरेफ), झाँसी की रानी (श्यामनारायण प्रसाद), तांत्या टोपे (लक्ष्मीनारायण कुशवाहा), पार्वती (रामानन्द तिवारी), उर्मिला (नवीन), तारक वध (गिरिजादत्त शुक्ल गिरीश), गाँधीमानस (नटवरलाल सनेही), चन्द्रगुप्त मौर्य (राम खेलावन), रामराज्य (बलदेव प्रसाद मिश्र), अग्नि परीक्षा (आचार्य तुलसी), महाभारती (अरूण पोद्धार), दिग्विजय (कमलेश), सुनंदा, गोपिका, उन्मुक्त (सियारामशरण गुप्त), इतिहास पुरूष (देवराज), शम्बूक (जगदीश गुप्त), भस्मांकुर, भूमिजा (नागार्जुन), सुवर्णा (नरेन्द्र शर्मा), निष्कासिता (परमानन्द), युगपुरूष चाणक्य (लक्ष्मीकान्त विद्याभूषण), उत्तरामायण (रामकुमार वर्मा), तुलसीदास (कृष्णकुमार 'कौशिक'), सत्यकाम (सुमित्रा नन्दन पंत), अभिशप्त (मोहन अवस्थी), सारथी (रामगोपाल शर्मा), प्रियदर्शी (आनन्द मिश्र), पुरूषोत्तम राम, मुक्ति यज्ञ (गोविन्द वल्लभ पंत), श्री गाँधीचरितमानस (वी. डी. महाजन, अवधी में रचित) पुरूषोत्तम (तुलसीराम शर्मा, कृष्ण के जीवन पर), अमिताभ (प्रभागचंद्र), चाँदनी रात, अजगर ('अश्क'),

स्वतंत्रता की बलिवेदी (जगन्नाथ प्रसाद 'मिलिंद'), माँ (उमाकान्त मालवीय)।

- ऐसी रचनायें जिनका कथ्य आधुनिक तथा ढाँचामात्र कथातत्व का है, पीछे ही कवियों के साथ दी जा चुकी है।

## महत्त्वपूर्ण पंक्तियाँ

– अज्ञेय निजता की सुरक्षा के कवि हैं।

– 'किन्तु हम हैं द्वीप, हम धारा नहीं है।' स्थिर समपर्ण है हमारा। हम सदा से द्वीप हैं स्रोतस्विनी्के। किन्तु हम बहते नहीं हैं। क्योंकि बहना रेत होना है।'

- अज्ञेय

– ये उपमान मैले हो गए हैं। देवता इन प्रतीकों से कर गए हैं कूच। कभी बासन अधिक घिसने से मुलम्मा छूट जाता है।

- अज्ञेय

– 'मौन भी अभिव्यंजना है। जितना तुम्हारा सच है उतना ही कहो।'

- अज्ञेय

– 'नहीं होती कहीं भी खत्म कविता नहीं होती' - मुक्तिबोध

– 'ज्ञानात्मक संवेदन और संवेदनात्मक ज्ञान सूत्रा के प्रयोक्ता'

- मुक्तिबोध

– 'फेन्टेंसी को आभ्यन्तरीकरण के रूप में व्याख्यायित करने वाले'

- मुक्तिबोध

– 'जायसी यदि सूफ़ी है तो कुजात सूफ़ी है'

- साही (पद्मावत)

– 'लघुमानव' शब्द की नयी कविता में प्रचलन करने वाले

- लक्ष्मीकान्त वर्मा

– 'राष्ट्रगीत में भला कौन वह भारतभाग्य विधाता है। फटा सुथन्ना पहने जिसका गुन हरचरना गाता है।'

- रघुवीर सहाय

– 'मैने गोद में बच्चा लिए स्त्री को बस में चढते देखा और मेरे मन में दूर तक कुछ फिसलता सा चला गया।'

- रघुवीर सहाय ('रामदास की हत्या' कविता से)

**उपन्यास :-**

प्रेमचन्द के बाद उपन्यास कई धाराओं में बँट गया। विभिन्न धाराओं को अलग-अलग देने के पहले हम यहां पर प्रेमचन्द के समकालीन अन्य उपन्यासकारों की रचनाओं की सूची संक्षेप में दे रहे हैं -

**जयशंकर प्रसाद :** कंकाल (धार्मिक पाखण्डों पर केन्द्रित), तितली (प्रमुख पात्रा - मधुवन और तितली, इन्द्रदेव और शैल), इरावती (अपूर्ण, पुष्यमित्रा के पुत्रा अग्निमित्रा शुंग और इरावती की प्रेमकथा)।

**'कौशिक' :** माँ, भिखारिनी

**चण्डीप्रसाद शर्मा 'हृदयेश' :** मनोरमा, मंगलप्रभात

**शिवपूजन सहाय :** देहाती दुनियां

**सियारामशरण गुप्त :** गोद, अंतिम आकांक्षा, नारी

**पाण्डेय बेचन शर्मा 'उग्र' :** चन्द हसीनों के ख़तूत (हिन्दी में पत्रात्मक प्रविधि का पहला उपन्यास, 1927), 'बुधुआ की बेटी' या 'मनुष्यानन्द', शराबी, घंटा, दिल्ली का दलाल, सरकार तुम्हारी आँखों में, जीजी जी, कढ़ी में कोयला, फागुन के दिन चार।

**वृन्दावनलाल वर्मा :** लगन, संगम, प्रत्यागत, कुण्ड़लीचक्र, प्रेम की भेंट (1931), लोककथा पर आधारित - सोना (1950) तथा अमरबेल (1952)।

**चतुरसेन शास्त्री :** हृदय की परख (1931), अमर अभिलाषा, आत्मदाह (1934), बहते आँसू ; परवर्ती उप. - 'पत्थर युग के दो बुत' (1960, बंबई के नानावरी काण्ड पर)।

**राजा-राधिकारमण प्रसाद सिंह :** राम-रहीम (1936), पुरूष और नारी (1939), सूरदास, संस्कार, पूरब और पश्चिम।

**भगवतीप्रसाद बाजपेयी :** मीठी चुटकी, पतिता की साधना, पिपासा, निमंत्रण

**प्रतापनारायण 'श्रीवास्तव' :** विदा, विनाश के बादल, बेकसी का मज़ार

**उषादेवी 'मित्रा' :** वचन का मोल, जीवन की मुस्कान, पिया, पथचारी

**भगवतीचरण वर्मा :** चित्रलेखा (1934, पाप और पुण्य की समस्या पर रचित, प्रमुख पात्र - कुमारगिरि, चाणक्य, बीजगुप्त, चित्रलेखा और चन्द्रगुप्त ।

**रामेश्वर शुक्ल 'अंचल' :** चढ़ती धूप, नयी इमारत, उल्का, मरूप्रदीप

**हिन्दी के परवर्ती उपन्यासों की मुख्य धारायें -**

1. मनोवैज्ञानिक मनोविश्लेषणात्मक उपन्यास
2. समाजवादी और सामाजिक उपन्यास
3. ऐतिहासिक उपन्यास
4. आंचलिक उपन्यास

नीचे हम महत्त्वपूर्ण प्रेमचंदोत्तर उपन्यासकारों का परिचय दे रहे हैं। उपन्यासों के बारे में उनके आगे कोष्ठक में संक्षिप्त जानकारी दी गई है।

**जैनेन्द्र कुमार :** (मनोवैज्ञानिक उपन्यासकार) : परख (पात्रा : कट्टो), सुनीता (पात्रा : श्रीकान्त, सुनीता और हरिप्रसन्न), त्याग पत्र (पात्र : मृणाल), जयवर्द्धन, कल्याणी, मुक्तिबोध, दशार्क, सुखदा, विवर्त, व्यतीत, अनंतर, अनामस्वामी।

**इलाचन्द्र जोशी (मनो. उपन्यासकार) :** सन्यासी (1941, पात्रा('रामदास की हत्या' कविता से) नन्दकिशोर) पर्दे की रानी (पात्र : निरंजना, मनमोहन तथा इन्द्रमोहन), प्रेतछाया (पात्र : पारसनाथ), निर्वासित (पात्रः महीप), जिप्सी (पात्र : रंजन, मनिया, शोभना), जहाज का पंछी, लज्जा, मुक्तिपथ, सुबह के भूले, भूत का भविष्य, ऋतुचक्र, घृणामयी (पात्रा : लज्जा)

**'अज्ञेय' (मनो. उपन्यासकार) :** शेखर : एक जीवनी (दो भाग 1941-44, पात्र : शशि, शेखर), नदी के द्वीप (1951 : पात्र : भुवन, रेखा, गौरा और चन्द्रमोहन), अपने-अपने अजनबी (1961; पात्र : योटके, सेल्मा, अनेक आलोचक इसे अस्तित्ववादी उपन्यास भी मानते हैं।)

**देवराज (मनो. उपन्यासकार) :** अजय की डायरी, पथ की खोज, बाहर-भीतर, रोड़े और पत्थर, मै वे और आप, न भेजे गए पत्र।

**मन्मथनाथ गुप्त :** बहता पानी, शहीद और शोहदे

**यशपाल (प्रगतिवादी उपन्यासकार) :** अमिता, दिव्या (ऐतिहासिक उपन्यास ; पात्रा : दिव्या, पृथुसेन, मारिश, रूद्रधीर तथा देवी मल्लिका), दादा कॉमरेड (पात्रा : शैला, हरीश), पार्टी कॉमरेड, देशद्रोही, मनुष्य के रूप, झूठा-सच (देश विभाजन), मेरी तेरी उसकी बात, बारह घंटे, अप्सरा का श्राप, क्यों फँसे।

**अमृतलाल नागर (सामाजिक यथार्थ-वादी उपन्यासकार) :** महाकाल ('बंगाल के अकाल' पर ; 1946), सेठ बांकेमल, बूँद और समुद्र, शतरंज के मोहरे, सुहाग के नुपूर, अमृत और विष, सात घूँघट वाला मुखड़ा, एकदा नैमिषारण्ये, नाच्यो बहुत गोपाल, खंजन नयन, बिखरे तिनके, अग्निगर्भा, करवट, पीढ़ियाँ, मानस का हंस, नवाबी मसनद।

**उपेन्द्रनाथ 'अश्क' (सामाजिक यर्थाथवादी उपन्यासकार) :** सितारों के खेल, गिरती दीवारें (1947 : पात्र चेतन), गर्म राख, बड़ी-बड़ी आँखें, पत्थर-अल-पत्थर, निमिषा, शहर में घूमता आईना, एक नन्हीं कन्दील, बाँधों न नाव इस ठाँव (दो भाग- 1974), पलटती धारा।

**भगवती चरण वर्मा (सामाजिक यर्थाथवादी उपन्यासकार) :** पतन, धुप्पल (आत्मकथात्मक उपन्यास), चित्रलेखा (ऐतिहासिक उपन्यास), तीन वर्ष, टेढ़े-मेढ़े रास्ते, भूले बिसरे चित्र, सामर्थ्य और सीमा, रेखा, सीधी सच्ची बातें, सबहिं नचावत राम गोसाईं, प्रश्न और मरीचिका, आखिरी दाँव, युवराज चूण्डा, चाणक्य, अपने खिलौने।

**धर्मवीर भारती (मनो. उपन्यासकार) :** गुनाहों का देवता (पात्र : चन्दर, सुधा, पम्मी, गेसू, विनती), सूरज का सातवाँ घोडा (धर्म कथा शैली में रचित, पात्रा : किस्सागो 'मणिक मुल्ला', यह एक प्रयोगधर्मी रचना है।)

**वृन्दावन लाल वर्मा (ऐतिहासिक उपन्यासकार) :** गढ़कुण्डार (बुन्देलों और अंगारों पर ; पात्र : नागदेव, अग्निदत्त, हेमवती, मानवती), विराटा की पद्मिनी (पात्र : कुमुद, कुंजर), झाँसी की रानी, मृगनयनी (पात्र : राजा मानसिंह, मृगनयनी, अटल, लाखी), माधवजी, सिंधिया, टूटे कांटे (पात्र : मस्तानी), कीचड़ और कमल (पात्र : पद्मावती), कचनार, भुवनविक्रम (पात्र : रोमक, विक्रम, नील, फणिश, हिमानी), मुसाहिबजू, अचल मेरा कोई, अमरबेल, लगन, प्रत्यागत, प्रेम की भेंट, कुण्डली चक्र, संगम, सोना, अहिल्याबाई, आहत, उदयकिरण।

**राहुल सांकृत्यायन (प्रगतिवादी उपन्यासकार) :** जीने के लिए (सामाजिक उपन्यास), सिंह सेनापति (ऐति० उप० ; लिच्छवि सेनापति, रोहिणी, आचार्य बाहुलाश्व, भामा आदि मुख्य पात्र हैं।) मधुर स्वप्न, जय यौधेय, विस्मृत यात्री, दिवोदास।

**चतुरसेन शास्त्री (ऐतिहासिक उपन्यासकार) :** वैशाली की नगरबधू (दो भाग, पात्रा : अम्बपाली, बिम्बसार, सोम, बुद्ध आदि), वयं रक्षामः. सोमनाथ, आलमगीर, गोली, सोना और खून, धर्मपुत्र, मोती।

**हजारीप्रसाद द्विवेदी (ऐतिहासिक उपन्यासकार) :** बाणभट्ट की आत्मकथा (1944, बाण, भट्टिनी, निपुणिका), चारूचन्द्रलेखा (सीदीमौला, राजा सातवाहन, चन्द्रलेखा), पुनर्नवा (समुद्रगुप्त, आर्थक, देवरात, सुमेर काका, चन्द्रा, लोरिक-चन्दा की कथा इसी में नियोजित की गई है।) अनामदास का पोथा।

**रांगेय राघव (प्रगतिवादी उपन्यासकार) :** घरौंदे, विषादमठ, हुजूर, सीधा-साधा रास्ता, राई और पर्वत, छोटी सी बात, प्रतिदान, उबाल शहरी जीवन से सम्बन्धित उपन्यास है।

पथ का पाप, आखिरी आवाज ग्राम जीवन से सम्बन्धित आवाज है। कब तक पुकारूं (1957), धरती मेरा घर आंचलिक उपन्यास है। ऐतिहासिक उपन्यास है -

मुर्दो का टीला (1948, मोहन जोदडो की पृष्ठभूमि में आर्य-आक्रमण को लेकर) चीवर, अंधेरे के जुगनू, पक्षी और आकाश, राह न रूकी जीवनचरितात्मक उपन्यास है - देवकी का बेटा, यशोधरा जीत गयी, लोई का ताना, रत्ना की बात, भारती का सपूत, लखिमा की आँखे, धूनी का धुँआ।

**शिवप्रसाद मिश्र 'रूद्र' :** बहती गंगा (ऐतिहासिक उपन्यास)

**नागार्जुन (प्रगतिवादी उपन्यासकार) :** इनके उपन्यासों में आंचलिकता के तत्व मिलते हैं, परन्तु वे पूरी तरह आंचलिक नहीं हैं। इनके उपन्यास रतिनाथ की चाची (1948), बलचनमा (1952), नई

पौध, बाबा बटेसरनाथ (1954), दुखमोचन (1956), वरूण के बेटे (1957), कुंभीपाक, हीरक जयन्ती, उग्रतारा, इमरतिया, जमनिया के बाबा, चेहरे नए पुराने।

**फणीश्वरनाथ रेणु** (आंचलिक उपन्यासकार) : मैला आंचल (1954 ; मिथिला के पूर्णिमा जिले के मेरीगंज गाँव पर केन्द्रित प्रमुख पात्र : बालदेव, कालीचरण, लक्ष्मी, बावनदास, कमली तथा डॉक्टर) ; परती परिकथा, जुलूस, दीर्घतया, पल्टू बाबू रोड, कितने चौराहे, कलंकमुक्ति।

**उदयशंकर भट्ट** (आंचलिक उपन्यासकार) : वह जो मैंने देखा, नये मोड, लोक-परलोक, सागर लहरें और मनुष्य, (1956, बम्बई की मछुवा बस्ती बरसोवा पर केन्द्रित, पात्र : रत्ना, माणिक, डॉक्टर पांडुरंग), एक नीड दो पंछी, शेष-अशेष।

**लक्ष्मीनारायण लाल** (प्रयोगशील उपन्यासकार) : धरती की आँखें, बया का घोंसला और साँप, रूपाजीवा, प्रेम एक पवित्र नदी, काले-काले फूलों का पौधा, बसन्त की प्रतीक्षा, देवीना, मन वृन्दावन, बडी चम्पा-छोटी चम्पा।

**विष्णुप्रभाकर** : ढ़लती रात, निशिकांत, तट के बंधन, स्वप्नमयी, दर्पण का व्यक्ति, कोई तो, अर्द्धनारीश्वर, संकल्प (तीन उपन्यासों का संकलन)।

**भैरवप्रसाद गुप्त** (प्रगतिवादी उपन्यासकार) : शोले, मशाल, गंगा मैया, जंजीरें और नया आदमी, सत्ती मैया का चौरा, धरती, आशा, कालिन्दी, रंभा, बांदी, नौ जबान, भाग्यदेवता, अंतिम अध्याय (व्यंग्य उपन्यास), नौजवान, आदमी और जंजीरें।

**अमृतराय** (प्रगतिवादी उपन्यासकार) : बीज, हाथी के दांत, नागफनी का देश, धुआँ, सुख-दुख, भटियाली, जंगल।

**भीष्मसाहनी** (प्रगतिवादी उपन्यासकार) : झरोखे, कडियाँ, तमस (1973), बसन्ती, मयूयादास की माड़ी, कुंतो।

## महत्त्वपूर्ण स्वातन्त्रोत्तर हिन्दी उपन्यासः नई पीढ़ी के लेखक

### आंचलिक उपन्यास

| | | |
|---|---|---|
| राही मासूम रजा | : | आधा गाँव, (गाजीपुर के एक गाँव गंगोली पर केन्द्रित), टोपी शुक्ला, हिम्मत जौनपुरी, ओस की बूँद, दिल एक सादा कागज, सीन - 75, कटरा बी-आर्जू। |
| रामदरश मिश्र | : | पानी के प्राचीर, जल टूटता हुआ, सूखता हुआ तालाब। |
| विवेकी राय | : | बबूल, पुरूष पुराण, लोकऋण, श्वेत पत्रा, सोनामाटी, समर शेष है, मंगल भवन। |
| शैलेश मटियानी | : | हौलदार, चिट्ठी रसैन, चौथी मुट्ठी, मुख सरोवर के हंस। |
| राजेन्द्र अवस्थी | : | सूरज किरण की छाँव, जंगल के फूल। |
| सच्चिदानन्द धूमकेतू | : | माटी की महक |
| उदयराज सिंह | : | अँधेरे के विरूद्ध |
| हिमांशु जोशी | : | कगार की आग, बुराँश फूलते तो हैं, समय साक्षी है। |
| जगदीश चन्द्र | : | धरती धन न अपना |
| हिमांशु श्रीवास्तव | : | रथ के पहिए, |
| ठाकुरप्रसाद सिंह | : | सात घरों का गाँव |

आंचलिकता का दौर कुछ अरसे के बाद खत्म हो गया। महत्वपूर्ण आंचलिक उपन्यास ऊपर दिए जा चुके हैं। अब हम नीचे स्वातन्त्रोत्तर काल से लेकर अब तक के सभी महत्वपूर्ण हिन्दी उपन्यासकारों का संक्षिप्त कृतित्व दे रहें हैं -

## उपन्यास और रचनाकार

**प्रभाकर माचवे** (प्रयोगधर्मी रचनाकार) : साँचा, परन्तु, जो, द्वाभा, किसलिए, द्यूत, दर्द के पैबंद, तीस-चालीस-पचास।

**गिरिधर गोपाल** (प्रयोगधर्मी रचनाकार) : चाँदनी रात के खण्डहर, कंदील और कुहासे

**लक्ष्मीकान्त वर्मा** (प्रयोगधर्मी रचनाकार) : खाली कुर्सी की आत्मा, टेरीकोटा, एक कटी हुई जिन्दगी, एक कटा हुआ कागज।

**भारतभूषण अग्रवाल** (प्रयोगधर्मी रचनाकार) : लौटती लहरों की बाँसुरी

**सर्वेश्वर दयाल सक्सेना** (प्रयोगधर्मी रचनाकार) : सोया हुआ जल, पागल कुत्तों का मसीहा, कच्ची सडक, उडते हुए रंग, अंधेरे पर अन्धेरा।

**रामदरश मिश्र** : बीच का समय, अपने लोग, रात का सफर, आकाश की छत, बिना दरवाजे का मकान, दूसरा घर।

**शैलेश मटियानी** : बोरीवली से बोरीबंदर तक (रिपोर्ताज शैली में रचित), आकाश कितना अनन्त है, बावन नदियों का संगम, जलतरंग, छोटे-छोटे पक्षी, मुठभेड़, किस्सा नर्मदाबेन गंगूबाई।

**राजेन्द्र अवस्थी** : बीमार शहर, जाने कितनी आँखें, मछली बाजार।

**कृष्णचन्द्र शर्मा 'भिक्खु'** : लाल ढांग, मौत की सराय (ऐतिहासिक उपन्यास)

**विश्वंभरनाथ उपाध्याय :** रीछ, जोगी मत जा

**नरेश मेहता :** डूबते मस्तूल, यह पथ बंधु था, धूमकेतु : एक श्रुति, उत्तरकथा, दो एकान्त, नदी यशस्वी है।

**चन्द्रकिरण सोनरिक्सा :** चंदन चांदनी

**आनन्द प्रकाश जैन** (ऐति॰ उपन्यासकार) : कुड़ाल की आँखें, ताँबे के पैंसे

**नरेन्द्र कोहली :** अवसर, युद्ध की ओर, युद्ध, अभिज्ञान, दीक्षा (इसमें रामकथा को वर्तमान परिप्रेक्ष्य में देखा गया है। तथा अनेक राष्ट्रीय, अन्तर्राष्ट्रीय तथा मानवीय पक्षों से जोडा गया है।), जंगल की कहानी, साथ सहा गया दुख, टप्पर गाड़ी, शंखनाद, क्षमा करना जीजी।

**वीरेन्द्रकुमार जैन :** अनुत्तर योगी (तीन खंड, ऐतिहासिक उप॰, भगवान महावीर के जीवन पर), मुक्तिदूत

**कन्हैया लाल ओझा :** मकड़ी का जाल, अर्थान्तर, सिन्धु-सीमान्त, सर्वनाम, सम्भवामि (ऐति॰ उपन्यास है, हड़प्पा सभ्यता पर केन्द्रित)

**राजीव सक्सेना :** पणिपुत्री सोमा (ऐतिहासिक उपन्यास)

**मुक्तिबोध :** विपात्र

**कृष्णबलदेव वैद :** उसका बचपन, गुज़रा हुआ ज़माना, नसरीन, विमल उर्फ जाएँ तो कहाँ, दर्द-ला-दवा, काला-कोलॉज, नर-नारी

**मोहनराकेश :** अँधेरे बन्द कमरे, न आने वाला कल, अन्तराल

**राजेन्द्र यादव :** उखड़े हुए लोग, सारा आकाश, मंत्रविद्ध, एक इंच मुस्कान, प्रेत बोलते हैं, अनदेखे अनजाने पुल, शह और मात

**शानी :** काला जल, कस्तूरी, साँप और सीढ़ी, पत्थरों में बंद आवाज, नदी और सीपियाँ।

**निर्मल वर्मा :** वे दिन (पात्र : मैं, रायना) लाल टीन की छत, एक चिथड़ा सुख, रात का रिपोर्टर।

**गिरिराज किशोर :** लोग, जुगलबंदी, यथा प्रस्तावित यात्रायें, चिड़ियाघर, पहला गिरमिटिया (गाँधी जी के अफ्रीका प्रवास काल पर), दो, परिशिष्ट, अंतर्ध्वंस ढाई घर, इंद्रसुनें, दावेदार, तीसरी सत्ता।

**गिरीश अस्थाना :** धूप छाहीं रंग, धूलभरे चेहरे

**जगदम्बा प्रसाद दीक्षित** (महानगरीय बोध के उपन्यासकार) : मुरदाघर, कटा हुआ आसमान, अकाल

**गोपाल उपाध्याय :** एक टुकड़ा इतिहास

**महीपसिंह** (महानगरीय बोध के उपन्यासकार) : यह भी नहीं

**श्रीकान्त वर्मा :** दूसरी बार

**शिवसागर मिश्र :** अक्षत, दूब जनम आयी, जनमेजय बचो, मगध की जय, अजन्मा वह, राज तिलक।

**गंगाप्रसाद विमल :** मृगांतक, मरीचिका, कहीं कुछ और, अपने से अलग

**ख्वाज़ा बदी उज्जमा :** एक चूहे की मौत (महानगरीय जीवन पर), छठा तन्त्र, सभापर्व, छाको की वापसी।

**कमलेश्वर :** एक सड़क सत्तावन गलियाँ, काली आँधी, समुद्र में खोया हुआ आदमी, डाक बँगला, आगामी अतीत, लौटे हुए मुसाफिर, तीसरा आदमी, कितने पाकिस्तान (साहित्य अकादमी द्वारा पुरस्कृत)

**ठाकुरप्रसाद सिंह :** कुब्जा सुन्दरी

**देवेश ठाकुर :** भ्रमभंग, प्रिय शबनम

**योगेश गुप्त :** उनका फैसला

**मनोहर श्याम जोशी :** कुरू कुरू स्वाहा (व्यंग्य उप॰), कसप, ट-टा-प्रोफेसर, हरिया हरकुलिस की कहानी, हमजाद, नेता जी कहिन।

**गोविन्द मिश्र :** लाल-पीली जमीन, हुजूर दरबार, वह अपना चेहरा, उतरती हुई धूप, तुम्हारी रोशनी में, धीर-समीर, पाँच आंगनों वाला घर, फूल इमारतें और बंदर

**हरिशंकर परिसाई :** रानी नागफनी की कहानी (व्यंग्य उप॰)

**श्रीलाल शुक्ल** (व्यंग्य उपन्यासकार) : अज्ञातवास, रागदरबारी (1968, रिपोर्ताज़ शैली का प्रयोग), पहला पड़ाव, मकान, सीमाएं टूटती हैं, आदमी का जहर, बिस्रामपुर का संत।

**अमरकान्त :** सूखा पत्ता, ग्राम सेविका, कंटीली राह के फूल, काल उजले दिन, दीवार और आँगन।

**राजकमल चौधरी :** नदी बहती थी, मछली मरी हुई, एक अनारः एक बीमार, देहगाथा, बीस रानियों का बाईस्कोप, अग्निस्नान, शहर था शहर नहीं था, ताश के पत्तों का शहर।

**केवल सूद :** मुर्गीखाना

**महेन्द्र भल्ला :** एक पति के नोट्स, दूसरी तरफ, उड़ने से पेश्तर, दो देश और तीसरी उदासी

**रमेश बक्षी :** अठारह सूरज के पौधे, बैसाखियों वाली इमारत, खुले आम, चलता हुआ लावा, एक घिसा हुआ चेहरा, हम तिनके

**शिवप्रसाद सिंह :** अलग-अलग वैतरणी, गली आगे मुड़ती है, शैलूष, औरत, मंजुशिमा, वैश्वानर, नीला चाँद, कुहरे में युद्ध, दिल्ली दूर है

**मार्कण्डेय :** अग्निबीज, सानेल का फूल

**हृदयेश :** हत्या, एक कहानी अंतहीन, सफेद घोडा काला सवार, सांड, पुनर्जन्म, दंडनायक, पगली घंटी, गांठ

**जगदीश चन्द्र :** यादों का पहाड़, आधा पुल, मुट्ठी भर काँकर, कभी न छोड़ें खेत, टुण्डा लाट, धरती धन न अपना, नरक कुण्ड में वास, घासगोदाम

**काशीनाथ सिंह :** अपना मोर्चा (छात्र-आन्दोलन पर)
**सतीश जमाली :** प्रतिबद्ध
**दुष्यन्त कुमार :** आँगन में एक वृक्ष
**रमाकान्त :** जुलूस वाला आदमी, तीसरा देश, प्यारा फर्जी अदब, छोटे-छोटे महायुद्ध
**स्वयंप्रकाश :** बीच में विनय
**रमेश उपाध्याय :** दण्डद्वीप, स्वप्नजीवी, हरे फूल की खुशबू
**कामतानाथ :** समुद्र तट पर खुलने वाली खिड़की, एक और हिन्दुस्तान, तुम्हारे नाम, कालकथा
**पंकज बिष्ट :** लेकिन दरवाजा (महानगरीय जीवन पर), उस चिड़िया का नाम
**मंजूर एहतेशाम :** सूखा बरगद, दास्तान-ए-लापता
**अब्दुल बिस्मिल्लाह :** झीनी-झीनी बीनी चदरिया, मुखड़ा क्या देखे
**रमेशचन्द्र शाह :** गोबर गणेश, किस्सा गुलाम, आखिरी दिन, पुनर्वास
**संजीव :** किसनगढ़ के अहेरी, सर्कस, सावधान ! नीचे आग है, धार, जंगल जहाँ से शुरू होता है
**वीरेन्द्र जैन :** डूब, पार, पंचनामा
**सुरेन्द्र वर्मा :** अंधेरे से परे, मुझे चाँद चाहिए (1993, पात्र : यशोदा, वर्षा वशिष्ठ (नायिक), दिव्या कात्याल, हर्ष (नायक)), दो मुर्दों के लिए गुलदस्ता
**सुरेश कांत :** धम्मं शरणम्
**कमलाकान्त त्रिपाठी :** पाहीघर (1857 के स्वाधीनता संग्राम की पृष्ठभूमि में अवध की जनता में मानसिक उद्वेलन की कथा), बेदखल
**अजगर बजाहत :** सात आसमान
**विनोद कुमार शुक्ल :** नौकर की कमीज (1979), खिलेगें तो देखेंगे (1996), दीवार में एक खिडकी रहती थी (1997)
**हिमांशु श्रीवास्तव :** कथा सूर्य की नयी यात्रा
**मणि मधुकर :** सफेद मेमने, पिंजरे में पन्ना
**रामकुमार भ्रमर :** कांचघर
**शमशेरसिंह नरूला :** एक पंखड़ी की तेज धार
**प्रयाग शुक्ल :** गठरी, लौट कर आने वाला दिन
**श्याम व्यास :** एक प्यासा तालाब
**ओमप्रकाश दीपक :** कुछ जिन्दगानियाँ बेमतलब
**हरिप्रकाश त्यागी :** दूसरा आदमी लाओ
**सुरेन्द्र तिवारी :** फिर भी कुछ
**रवीन्द्र कालिया :** खुदा सही सलामत है
**यादवेन्द्र शर्माचन्द्र :** हजार घोडों का सवार, ढ़ोलन कुंजकली
**सुदर्शन चोपडा :** सम्मोहन
**द्रोणवीर :** टूटे हुए सूर्य
**अनिरूद्ध पाण्डेय :** पन्ना पुखराज
**मुद्राराक्षस :** हम सब मंसाराम, दण्डविधान
**पानू खोलिया :** बिम्ब
**भगवानसिंह :** अपने-अपने राम, महाभीषण
**रवीन्द्र वर्मा :** निन्यानबे
**दूधनाथ सिंह :** नमो अन्धकार
**प्रकाश मनु :** पापा के जाने के बाद
**मायानंद मिश्र :** पुरोहित
**हिमांशु जोशी :** कगार की आग, छाया मत छूना मन
**प्रियंवद :** परछाई नाच
**रामविलास शर्मा :** चार दिन
**भगवानदास मोरवाल :** काला पहाड़
**रघुवंश :** अर्थहीन
**जगदीश चतुर्वेदी :** कनॉट प्लेस

## महिला उपन्यासकार

**कृष्णासोबती :** मित्रो मरजानी (लंबी कहानी के रूप में चर्चित), डार से बिछुड़ी (1958), सूरजमुखी अँधेरे के (1972 पात्रा : रती), जिंदगीनामा (1979, की पंजाब की विभाजन पूर्व स्थिति पर), दिल-ओ दानिश (1993), यारों के यार, आदमीनामा, ए-लड़की!
**उषा प्रियंवदा :** पचपन खंभे लाल दीवारें (सुषमा (नायिका)), रूकोगी नही ........ राधिका ?, जय यात्रा
**मन्नू भण्डारी :** आपका बंटी (पात्र : शकुन और जय), महाभोज (राजनीतिक विसंगतियों पर रचित, पात्र : दा साहब, बिसेसर, बिंदा)
**शशिप्रभा शास्त्री :** अमलतास, नावें, सीढ़ियां, उम्र एक गलियारे की, मीनारें
**ममता कालिया :** बेघर, नरक दर नरक, प्रेम कहानी, एक पत्नी के नोट्स, साँची
**मृदुला गर्ग :** उसके हिस्से की धूप, चित्तकोबरा, अनित्य, मैं और मैं, कठगुलाब, वंशज
**राजी सेठ :** तत्सम्, निष्कवच
**निरूपमा सेवती :** पतझड़ की आवाजें, बंटता हुआ आदमी, मेरा नरक अपना है
**मृणाल पाण्डेय :** विरूद्ध, पटरंगपुर पुराण, देवी, रास्तों पर भटकते हुए

**मंजुल भगत :** अनारो, लेडी क्लब
**कमल कुमार :** अपार्थ
**कुसुम कुमार :** हीरामन हाईस्कूल
**चित्रा मुद्‌गल :** एक जमीन अपनी
**इला डालमियां :** छत पर अपर्णा
**नासिरा शर्मा :** सात नदियाँ : एक समुन्दर, शाल्मली, जिंदा मुहावरे, ठीकर की मंगनी
**प्रभा खेतान :** आओ, पेपे घर चलें, छिन्नमस्ता (पात्र : प्रिया), अपने अपने चेहरे, पीली आँधी।
**मैत्रेयी पुष्पा :** बेतवा बहती रही, इदन्नमम् (नायिका : मंदा), चाक, झूला नट, स्मृतिदंश, विजन, अग्नपांखी, अल्मा कबूतरी
**मेहरून्निसा परवेज :** उसका घर, आँखों की दहलीज
**सुनीता जैन :** बिन्दु
**सूर्यबाला :** मेरे सन्धिपत्रा
**कुसुम अंसल :** अपनी-अपनी यात्रा
**अलका सरावगी :** कलिकथा : वाया बाईपास, शेष कादम्बरी
**शिवानी :** चौदह फेरे, कृष्णकली
**कृष्णा अग्निहोत्री :** टपरेवाले
**मालती लफकर :** इन्नी
**रजनी पणिक्कर :** महानगर की गीता, दूरियाँ
**मालती जोशी :** पाषाण युग
**मीनाक्षी पुरी :** जाने पहचाने अजनबी
**कांता भारती :** रेत की मछली
**मैत्रेयी देवी :** झिपय्या, न हन्यते
**पद्‌मा सचदेवा :** भटको नही धनंजय
**ऋता शुक्ल :** अग्निपर्व
**प्रतिभा डावर :** वह मेरा चाँद

## नाटकः

'प्रसादजी' के समकालीन नाटककारों में से प्रमुख लेखकों की सूची नीचे दी जा रही है।इसके बाद हम प्रसादोत्तर नाटककारों पर एक संक्षिप्त नजर डालेगें।

### ऐतिहासिक-सांस्कृतिक नाटकः

पूर्व भारत, उत्तर भारत (मिश्र बंधु), कुरूवन दहन, वेनचरित, तुलसीदास, चन्द्रगुप्त, दुर्गावती (बद्रीनाथ भट्ट), भीष्म (कौशिक), कृष्णार्जुन युद्ध (माखनलाल चतुर्वेदी), छद्‌मयोगिनी (वियोगी हरि), पुर्ण्य पर्व (सियारामशरण गुप्त), सत्यभामा (ब्रजनंदन सहाय), प्रताप प्रतिज्ञा (जगन्नाथ प्रसाद मिलिन्द), समपर्ण, गौतम नन्द (जगन्नाथ प्रसाद मिलिन्द)।

### हास्य व्यंग्य नाटक :

चुंगी की उम्मीदवारी, चबड़घोंघों, विवाह विज्ञापन, मिस अमेंरिकन (बद्रीनाथ भट्ट), गडबड़झाला, दुमदार आदमी, उलटफेर, मर्दानी औरत, न घर का न घाट का, भूलचूक, साहित्य का सपूत (जी0 पी0 श्रीवास्तव), माई हैड (सुदर्शन)।

### सामाजिक समस्या प्रधान नाटकः

संग्राम, कर्बला, प्रेम की बेदी (प्रेमचन्द), ऑनरेरी मजिस्ट्रेट (सुदर्शन), प्रायश्चित (रूपनारायण पाण्डेय), वफाती चाचा (रामनरेश त्रिपाठी), कली प्रथा, गुलामी का नशा, उत्सर्ग, एक ही समाधि (लक्ष्मण)।

### प्रसादोत्तर हिन्दी नाटकः

**लक्ष्मीनारायण मिश्र** (समस्यामूलक नाटककार) : अशोक, सन्यासी, राक्षस का मंदिर, मुक्ति का रहस्य, राजयोग, सिन्दूर की होली, आधीरात, गरूड़ध्वज, नारद की वीणा, वत्सराज, दशाश्वमेघ, कवि भारतेन्दु, वितस्ता की लहरें, चक्रव्यूह, वैशाली में वसन्त, जगतगुरू, अपराजिता, धरती का हृदय, चित्रकूट, मृत्यंजय।
**हरिकृष्ण प्रेमी :** रक्षाबन्धन, शिवसाधना, प्रतिशोध, आहुति, स्वप्नभंग, मित्र, विषपान, प्रथम जौहर, शतरंज के खिलाड़ी, प्रकाशस्तम्भ, भग्नप्राचीर, विदा, साँपों की सृष्टि, रक्तदान, सोहिनी-महिवाल, अमरगान, सीमा संरक्षण, अमर बलिदान, शक्तिसाधना, अमृतपुत्री, स्वर्णविहान, पातालविजय, आन का मान, जौहर, छाया उद्धार, बन्धन।
**पाण्डेय बेचन शर्मा 'उग्र' :** गंगा का बेटा, माधव महाराज, महात्मा ईसा
**गोविन्द वल्लभ 'पंत' :** वरमाला, अंतःपुर का छिद्र, ययाति, अप्सरा, तुलसीदास, काशी का जुलाहा, कंजूसी की खोपड़ी, अंगूर की बेटी, राजमुकुट, सिंदूर की बिंदी, सुहागबिंदी।
**वृन्दावनलाल वर्मा :** सेनापति ऊदल, फूलों की बोरी, हंस मयूर, पूर्व की ओर, ललित विक्रम, झाँसी की रानी, बीरबल
**आचार्य चतुरसेन शास्त्री :** उत्सर्ग, अमर राठौर, मेघनाद, श्रीराम, अजीत सिंह, पग ध्वनि, छत्रसाल, गांधारी शशि गुप्त, सन्तोष कहाँ
**सेठ गोविन्ददास :** कुलीनता, शेरशाह, कर्ण, कर्तव्य, सिंहल द्वीप, रहीम, कवि भारतेन्दु महाप्रभु, वल्लभाचार्य, अशोक, भिक्षु से गृहस्थ, गृहस्थ से भिक्षु, स्नेह या स्वर्ग (गीतिनाट्य)।
**रामवृक्ष बेनीपुरी :** अम्बपाली, तथागत, विजेता चाणक्य, सीता की माँ
**चन्द्रगुप्त विघालंकार :** अशोक, रेखा, देव और दानव, न्याय की रात

**परिपूर्णानन्द वर्मा :** नाना फड़नवीस, सन् सत्तावन की क्रान्ति, वाजिद अलीशाह

**उदयशंकर भट्ट :** सागर विजय, विक्रमादित्य, विद्रोहिणी, अम्बा, कमला, मुक्तिदूत, शक विजय, अंतहीन अंत, क्रान्तिकारी, नया सभाज, पार्वती, यह स्वतंत्रता का युग है, दाहर अथवा सिन्ध पतन; इनके सात काव्य नाटक हैं - विश्वामित्र, मत्स्यगंधा, राधा, अशोक वननंदिनी, कालिदास, नहुषनिपात, एकला चलो रे

**सिद्धनाथ कुमार :** सृष्टि की साँझ और अन्य काव्य नाटक

**बलराज साहनी :** मशाल, जादू की कुर्सी

**रामकुमार वर्मा :** कौमुदी महोत्सव, विजय पर्व, अशोक का शोक, नौहर की ज्योति, नाना फड़नवीस, महाराणा प्रताप, जय आदित्य, जय बांग्ला, अग्निशिखा, पृथ्वी का स्वर्ग, संत तुलसीदास, समुद्रगुप्त पराक्रमांक, भगवान बुद्ध, अहिल्याबाई, स्वयंवरा, अनुशासन पर्व, सम्राट कनिष्क, कुन्ती का परिताप, सरजा शिवाजी, कर्मवीर कर्ण।

**राधिकारमण प्रसाद सिंह :** धर्म की धुरी, अपना पराया

**रांगेयराघव :** स्वर्गभूमि का यात्री, रामानुज, विरूढ़क

**भगवती चरण वर्मा :** कर्ण, सबसे बडा आदमी, रूपया तुम्हें खा गया, वसीयत, तारा (काव्यनाटक),

**उपेन्द्रनाथ अश्क :** जय पराजय, अंधीगली, उड़ान, छटा बेटा, पैंतरे, कैद, अलग अलग रास्ते, बड़े खिलाडी, अंजोदीदी, तूफान से पहले, स्वर्ग की झलक, पड़ोसिन का कोट, भँवर, आपस का समझौता, पर्दा उठाओ पर्दा गिराओ, लौटता हुआ दिन।

**जगदीश चन्द्र माथुर :** कोणार्क, शारदीया, पहला राजा, दशरथनन्दन, रघुकुल रीति, कुँवरसिंह की टेक

**भुवनेश्वर :** ऊसर (1938, एकांकी), ताँबे के कीड़े, (1946), एकाकी, कारवां (संकलन)

**विष्णुप्रभाकर :** डॉक्टर, नव-प्रभात, समाधि, युगे-युगे क्रान्ति, टूटते परिवेश, कुहासा और किरण, सत्ता के आर-पार, अब और नहीं, गांधार की भिक्षुणी, श्वेतकमल, बंदिनी (प्रभात कुमार मुखोपाध्याय के 'देवी' का नाट्यानुवाद)

**हंसकुमार तिवारी :** कच-देवयानी

**केदारनाथ मिश्र 'प्रभात' :** अंगुलिमाल

**देवराज दिनेश :** मानव प्रताप, यशस्वी भोज

**धर्मवीर भारती :** अंधा युग

**गिरिजाकुमार माथुर :** इन्दुमती, पृथ्वीकल्प, रोटी और कमल

**भारतभूषण अग्रवाल :** पलायन, सेतुबंधन, अग्निलीक

**दुष्यन्त कुमार :** एक कंठ विषपायी, मसीहा मर गया

**अज्ञेय :** उत्तर प्रियदर्शी

**अमृतलाल नागर :** युगावतार, उतार-चढाव, बात की बात, चंदन वन, चक्करदार सीढ़ियाँ और अन्धेरा, चुक्कड पर

**नरेश मेहता :** खण्डित यात्राएं, संशय की एक रात, अपराधी कौन, सरोवर के फूल, महाप्रस्थान, सुबहे के घण्टे

**भीष्मसाहनी :** हानुश, कबिरा खडा बाजार में, माधवी, मुआवजे

**कमलेश्वर :** अधूरी आवाज, चारूलता

**शिवप्रसाद सिंह :** घाटियाँ गूँजती हैं, चिरंजीत, तस्वीर उसकी

**रमेश बक्शी :** देवयानी का कहना है, तीसरा हाथी, बामाचार, कसे हुए तीर

**ख्वाजा अहमद अब्बास :** मैं कौन हूँ

**शील :** बेकारी, संघर्ष

**गिरिराज किशोर :** प्रजा ही रहने दो, घास और घोडा, चेहरे-चेहरे किसके चेहरे, नरमेध, केवल मेरा नाम लो, जुर्म आयद

**मृणाल पाण्डेय :** मौजूदा हालात को देखते हुए, जो राम रचि राखा, काजर की कोठरी, आदमी जो मछुवारा नहीं था, चोर निकल के भागा

**नरेन्द्र कोहली :** शम्बूक की हत्या

**सुदर्शन चोपड़ा :** अपनी पहचान

**मन्नू भण्डारी :** बिना दीवारों के घर, महाभोज (उपन्यास का नाट्य रूपान्तर)

**भैरव प्रसाद गुप्त :** चन्दवरदायी

**सुरेन्द्र तिवारी :** दीवारें

**अमृत नाहटा :** किस्सा कुरसी का

**प्रियदर्शी प्रकाश :** सभ्य साँप

**गंगाप्रसाद विमल :** आज नहीं कल

**कृष्णबलदेव वैद :** हाय हाय क्या

**ममता कालिया :** आप न बदलेंगे

**रमेशचन्द्र शाह :** मारा जाई खुसरो

**विभुकुमार :** तालों में बंद प्रजातंत्र, कहें ईसा सुनें मूसा

**आशीष सिन्हा :** एक उदास शाम

**जगदीश चतुर्वेदी :** पीली दोपहर

**सुदर्शन नारंग :** शवयात्रा

**विश्वेश्वर :** बहिष्कार

**राजेश जोशी :** जादू जंगल

**मधुकर सिंह :** सुबह के लिए

**मोहन राकेश :** आषाढ़ का एक दिन, लहरों के राजहंस, आधे-अधूरे, पैर तलें की जमीन, छतरियाँ, रात बीतने तक (ध्वनि नाटक), पाँच परदे

**लक्ष्मीनारायण लाल :** अंधा कुआँ, सुन्दर रस, मादा कैक्टस, रातरानी, दर्पन, सूर्यमुख, कलंकी, मि॰ अभिमन्यु, कर्फ्यू, अब्दुला दीवाना, रक्तकमल, गंगाद्वार, व्यक्तिगत, खेल नहीं नाटक, यक्ष प्रश्न, चतुर्भज राक्षस, एक सत्य हरिश्चन्द्र, संस्कार ध्वज, सगुन पंछी, गंगा माम्टी, पंच पुरूष, सूखा सरोवर, उत्तर युद्ध, नरसिंह कथा, राम की लड़ाई

**दयाप्रकाश सिन्हा :** साँझ सबेरा, भँवर, दुश्मन, इतिहास चक्र, ओह अमरीका, कथा एक कंस की, सादर आपका, मेरे भाई मेरे दोस्त, सीढियाँ

**ललित सहगल :** हत्या एक आकार की, वरदान, गुफावासी

**नागबोडस :** खूबसूरत बहू

**अमृतराय :** चिन्दियों की झालर, शताब्दी, हम लोग।

**ललितमोहन थपलियाल :** मछलियों का तालाब, सुबह होती है शाम होती है, काला राजा, चिमटे वाले बाबा, अलग-अलग राहें

**ज्ञानदेव अग्निहोत्री :** नेफा की एक शाम, वतन की आबरू, चिराग जल उठा, शुतुरमुर्ग, अनुष्ठान, माटी जागी रे

**विपिन कुमार अग्रवाल :** तीन अपाहिज, ऊँची' नीची टाँग का जंघिया, उत्तर प्रश्न, उल्टा-सीधा स्वेटर, रेल कब आयेगी, यह पूरा नाटक एक शब्द है, कूड़े का पीपा, लोटन, खोये हुए आदमी की खोज।

**शंकर शेष :** मूर्तिकार, नयी सभ्यता के नये नमूने, रत्नगर्भा, विवाह मण्डप, बेटों वाला बाप, तिल का ताड, बिन बाती के दीप, बंधन अपने अपने, फन्दी, खजुराहों का शिल्पी, एक और द्रोणाचार्य, घरौंदा, अरे मायावी सरोवर, रत्नगर्भा आधी रात के बाद, बाढ का पानी।

**मृदुला गर्ग :** एक और अजनबी, तुम लौट जाओ, जादू का कालीन।

**असगर वजाहत :** इन्ना की आवाज, वीरगति, फिरंगी लौट आये, सबसे सस्ता गोश्त (संकलन), पाँच नाटक (संकलन), जिस लाहौर नही देखया वो जन्मेई नई।

**बृजमोहन शाह :** त्रिशंकु, शह ये मात, युद्धमन, अलगोजा

**मुद्राराक्षस :** तिलचट्टा, योर्स फेथफुली, मरजीना, तेंदुआ, गुफाँए, सन्तोला, आला अफसर (अनुवाद : गोगोल के 'द गर्वनमेन्ट ऑफीसर' का)

**हमीदुल्ला :** समय संदर्भ, एक और युद्ध, उलझी आकृतियाँ, दरिन्दे, घरवन्द, दूसरा पक्ष, अपना अपना दर्द, उत्तर उर्वशी, हर बार

**सुशील कुमार सिंह :** बापू की हत्या हजारहवीं बार, सूरज जल धरती पर, अँधेरे के राही, सिंहासन खाली है, चार यारों की यार, नागपाश, गुडबाई स्वामी, नारी की सलीब।

**सर्वेश्वर दयाल सक्सेना :** बकरी, लडाई, कल भात आयेगा, अब गरीबी हटाओ।

**सुरेन्द्र वर्मा :** सेतुबंध, 'नायक, खलनायक और विदूषक', द्रौपदी, सूर्य की अन्तिम किरण से सूर्य की पहली किरण तक, आठवाँ सर्ग, नींद क्यों रात भर नही आती, वे नाक से बोलते हैं, मरणोपरान्त, हरी घास पर घण्टे भर, शनिवार को दो बजे, छोटे सैयद बडे सैयद, शकुन्तला की अंगूठी, एक दूनी एक, कैद-ए-हयात

**मणि मधुकर :** रस गंधर्व, बुलबुल सराय, दुलारी बाई, खेला पोलमपुर, इकतारे की आँख, सारे सर्वनाम, इलायची बेंगम, सुने बोधिवृक्ष, छत्रभंग (संगीत), फूले मंदे (काव्यनाटिका), सलवटों में संवाद (एकांकी संग्रह)

**कुसुम कुमार :** ओम क्रान्ति-क्रान्ति, सुनो शेफाली, दिल्ली ऊँची सुनती है, सुनती है, संस्कार को नमस्कार, रावणलीला, मरसिया, पवन चतुर्वेदी की डायरी, मादा मिट्टी।

**चिरंजीत (हास्यनाटककार) :** बेकारी, संघर्ष

**बलराज पण्डित :** पाँचवाँ सवार, लोग उदासी, एक और तथागत, जनाने दाँत का अस्पताल।

**प्रभाकर श्रोतिय :** इला, फिर से जहाँपनाह।

**शरद जोशी :** अंधों का हाथी, एक था गधा उर्फ अलादाद खाँ

**शंकर पुण्ताम्बेकर :** बचाओ मुझे डॉक्टरों से बचाओ, शीशे के टुकड़े।

**विलास गुप्ते :** आदमी का गोश्त, आपके कर कमलों से

**सतीशजमाली :** आदमी आजाद है

**आलोक शर्मा :** चेहरों का जंगल

**लक्ष्मीकान्त वर्मा :** आदमी का जहर, अपना अपना जूता

**सत्यव्रत सिन्हा :** अमृतपुत्र

**विनोद रस्तोगी :** आजादी के बाद, नया हाथ, बर्फ की मीनार

**डॉ॰ विनय :** एक प्रश्न मृत्यु, पहला विद्रोही

**सन्तोषकुमार नौटियाल :** चाय पार्टियाँ

**कणद ऋषि 'भटनागर' :** जहर, जनता का सेवक

**रमेश उपाध्याय :** पेपर वेट

**हबीब तनवीर :** आगरा बाजार, राज चम्बा और चार भाई, गाँव के नॉव ससुरार मोर नॉव दामाद, ख्याल ठाकुर पृथ्वीपालसिंह, चरनदास चोर

**सत्यप्रकाश संगर :** दीप से दीप जले

**रेवतीशरण शर्मा :** अपनी धरती

**रामकुमार वर्मा :** जग बंग्ला

**रघुवीर सहाय :** बरनम वन

**रामविलास शर्मा** : पाप के पुजारी
**काशीनाथ सिंह** : घोआस
**दूधनाथ सिंह** : यमगाथा
**शीला भाटिया** : दर्द आएगा दबे पाँव (फैज के जीवन पर)
**बलवन्त गार्गी** : चाकू
**राजेश जैन** : कोयल चली हंस की चाल
**शंभूनाथ सिंह** : दीवार की वापसी
**सुरेन्द्र गुलारी (हास्य नाटककार)** : दाल में काला, शाबास अनारकली

## काव्य-नाटक :

करूणालय (प्रसाद) हिन्दी का पहला काव्यनाटक माना जाता है। महत्वपूर्ण काव्य नाटक हैं -

कृष्णा, उन्मुक्त (सियाराम शरण गुप्त), अनघ, चन्द्रहास, लीला (मैथिलीशरण गुप्त), स्वर्ण विहान (हरिकृष्ण प्रेमी), तारा, शक्ति, द्रौपदी, महाकाल (भगवती चरण वर्मा), ज्योत्सना, राजशिखर,शिल्पी, सौवर्ण (पंत), राधा, मत्स्यगंधा, अशोक वन-वंदिनी, कालिदास, नहुष निपात, एकला चलो रे, विश्वामित्र (उदयशंकर भट्‌ट), संवर्त, कालदान, स्वर्णोदय (केदारनाथ मिश्र प्रभात), स्नेह या स्वर्ग (सेठ गोविन्ददास), मांस का विद्रोह (रामसिंहासन राय), सृष्टि की साँझ (सिद्धनाथ कुमार), पुनरावृति (हंसकुमार तिवारी), अन्धायुग (धर्मवीर भारती), संशय की एक रात, महाप्रस्थान (नरेश मेहता), उर्वशी (दिनकर), इन्दुमती, पृथ्वीकल्प (गिरिजा कुमार माथुर), सूखा सरोवर (लक्ष्मीनारायण लाल), सूरदास (वीरेन्द्रनारायण), एक कण्ठ विषपायी (दुष्यन्त कुमार), उत्तर प्रियदर्शी (अज्ञेय), समाधान, अपराजेय निराला (रामेश्वर सिंह कश्यप), दुष्यंत प्रिया (मजुला गुप्ता), सेतुबंधन, अग्निलीक (भारत भूषण अग्रवाल), रंगब्रहम, एक प्रश्न मृत्यु (डॉ. विनय), शम्बूक (जगदीश गुप्त), काठमहल (प्रभात कुमार भट्‌टाचार्य), प्रतिश्रुति, अश्वत्थामा (लक्ष्मीनारायण भारद्वाज), शिवधनुष रोशनी के सेतुबंध (डॉ. चन्द्रशेखर), दंशित आस्थाएं (पारसनाथ गोवर्द्धन), सूतपुत्र (विनोद रस्तोगी), बाहुबली (कथा जैन), कालचक्र (पोद्‌दार रामावातार अरूण), जटायु (कुमार प्रशान्त)

**एब्सर्ड नाटक :** भुवनेश्वर के संग्रह 'कारवाँ' से एब्सर्ड नाटकों की शुरूआत होती है। महत्वपूर्ण एब्सर्ड नाटक हैं -

ऊसर, ताँबे की कीडे (भुवनेश्वर) तीन अपाहिज (ग्यारह नाटकों का संग्रह), लोटन, ऊँची नीची टाँग का जंघिया (विपिन कुमार अग्रवाल), पैर तले की जमीन (मोहन राकेश), शुतुरमुर्ग (ज्ञान देव अग्निहोत्री), भग्नस्तूप का एक अक्षय स्तम्भ (राजकमल चौधरी), त्रिशंकु, शह ये मात (ब्रजमोहन शाह), समय संदर्भ, एक और युद्ध, उलझी आकृतियां, दरिन्दे (हमीदुल्ला), तिलचट्‌टा, मरजीवा, योर्स फेथफुली, तेंन्दुआ, संतोला (मुद्रा राक्षस), रस गर्धव (मणि मधुकर), पाँचवा सवार (बलराज पंडित)

**एकांकी :** जय शंकर प्रसाद के 'एक घूँट' को हिन्दी का पहला एकांकी माना जाता है। परन्तु आधुनिक ढंग का पहला एकांकी 'बादल की मृत्यु' (डॉ. राम कुमार वर्मा) को माना जाता है। प्रमुख एकांकी संग्रह निम्नलिखित हैं :

चार बेचारे (संग्रह , उग्र), कारवाँ (संग्रह : भुवनेश्वर), भोर का तारा (जगदीश चन्द्र माथुर), सबसे बडा आदमी, वसीयत (भगवती चरण वर्मा), स्ट्राइक, आजादी की नीद, सिकन्दर (भुवनेश्वर), पृथ्वीराज की आँखें, औरंगजेब की आखिरी रात, रेशमी टाई, चारू मित्रा, विभूति, सप्तकिरण, रूपरंग, रजत रश्मि, दीपदान, ऋतुराज, रिमझिम, इन्द्र धनुष, पांचजन्य, कौमुदी महोत्सव, मयुरपंख, जूही के फूल (संग्रह : डॉ. राम कुमार वर्मा), वापसी, अभिनव एकांकी, स्त्री का हृदय, चार एकांकी (संग्रह), समस्या का अन्त, धूमशिखा, नये मेहमान, अन्धकार और प्रकाश, आदिम युग परदे के पीछे, आज का आदमी, सात प्रहसन (संग्रह), नेता, उन्नीस और पैंतीस, वर निर्वाचन, बडे आदमी की मृत्यु, आदिम युग, प्रथम विवाह, गिरती दीवारें, वैवस्वत मनु (उदयशंकर भट्‌ट), देवताओं की छाया में, चरवाहे, पक्का गाना, तौलिए, परदा उठाओ परदा गिराओ, अंधी गली, साहब को जुकाम है, पच्चीस श्रेष्ठ एकांकी (संग्रह), तौलिये, लक्ष्मी का स्वागत, पायी, सूखा डाली, जोंक, आपस का समझौता, विवाह के दिन (उपेन्द्र नाथ अश्क), सच्चाधर्म, सप्तरश्मि, ईद और होली, एकादशी, पंचभूत, चतुष्पथ (संकलन : सेठ गोविन्ददास), मातृ मंदिर, राष्ट्रमन्दिर, मानमंदिर, न्याय मंदिर, वाणी मन्दिर, (संग्रह : हरि कृष्णप्रेमी), भोर का तारा, खण्डहर, घोंसले, ओ मेरे सपने (जगदीशचन्द्र माथुर), प्रकाश और परछाईं, इन्सान, बारह एकांकी, सीमारेखा (विष्णुप्रभाकर), नदी प्यासी थी (धर्मवीर भारती), अंडे के छिलके (मोहन राकेश), उमर कैद (गिरिजाकुमार माथुर), ताजमहल के आँसू, पर्वत के पीछे, नाटक बहुरंगी, दूसरा दरवाजा (लक्ष्मीनारायण लाल), बहू की विदा (विनोद रस्तोगी)

## कहानी

**उषादेवी मित्रा** : पिंड कहाँ
**राहुल सांकृत्यायन** : सतमी के बच्चे, वोल्गा से गंगा
**भगवती चरण वर्मा** : दो बाँके, मुगलों ने सल्तनत बख्श दी, इन्स्टालमेंन्ट, प्रायश्चित, राख और चिंगारी, प्रजेन्ट्स

राधिकारमण प्रसाद सिंह : दरिद्रनारायण, पैसे की घुघनी

भगवती प्रसाद बाजपेयी : मिठाई वाला, निंदिया लागी

सुभद्राकुमारी चौहान : बिखरे मोती, उन्मादिनी, पापी पेट

'उग्र' : देशभक्त, खुदाराम, चिन्गारियां, इन्द्रधनुष, चाकलेट, दोजख की आग, बलात्कार

अमृतलाल नागर : गरीब की हाय, नवाबी चक्कर, गोरखधन्धा, कालदण्ड की चोरी

उपेन्द्रनाथ 'अश्क' : गोखरू, अंकुर, चट्टान, डाची, पिंजरा, मेमने, काले साहब, कैप्टेन रशीद, टेबुल लैण्ड, जादुई शासन की गति, (संग्रह), कांगडा का तेली

जैनेन्द्र कुमार : तत्सत्, जानह्वी, हत्या, खेल, वातायन, अपना-अपना भाग्य, बाहुबली, ध्रुवतारा, नीलम देश की राजकन्या, कः पन्थः, फाँसी, एक रात, पाजेब, स्पर्धा, दो चिडियाँ, एक दिन, पत्नी

'अज्ञेय' : अमरवल्लरी, शरणार्थी, विपथगा, परम्परा, कोठरी की बात, जयदोल, पठार का धीरज, गैंग्रीन, ये तेरे प्रतिरूप, रोज, मेजर चौधरी की वापसी, शत्रु, हिली बोन की बतखें, पुलिस की सीट, कडियाँ, मैना, सिगनिलर, रेल की सीटी, हरसिंगार

'मुक्तिबोध' : काठ का सपना, क्लाड ईथरली, विपात्र, सतह से उठता आदमी

यशपाल : परदा, मक्रील, कुछ न समझ सका, सूखी गण्डेरी, ज्ञानदान, अभिशप्त, तर्क का तूफान, भस्मावृत चिनगारी, वो दुनियाँ, फूलों का कुर्ता, धर्मयुद्ध, उत्तराधिकारी, उत्तमी की माँ, तुमने क्यों कहा कि मै सुन्दर हूँ, पिंजरे की उडान, चित्र का शीर्षक, दो मुँह की बात, पाप का कीचड, सच बोलने की भूल।

नयी कहानी : नयी कहानी आन्दोलन 1956 के आसपास शुरू होता है, जिसमें मुख्य रूप से तीन कहानी कार - मोहन राकेश, राजेन्द्र यादव तथा कमलेश्वर, दो आलोचक - नामवरसिंह, देवीशंकर अवस्थी तथा एक कहानी -पत्रिकाओं ('कहानी', 'उपन्यास') के सम्पादक - भैरवप्रसाद गुप्त भाग लेते हैं। कुछ अन्य कहानीकार भी आरम्भ में इस आन्दोलन से जुडे - मार्कण्डेय, शिवप्रसाद सिंह, निर्मल वर्मा।

निर्मल वर्मा की कहानी 'परिन्दे' से नयी कहानी की शुरूआत होती है।

**कहानी सम्बन्धी विभिन्न आन्दोलन** : सन् 1964 में 'आधार' पत्रिका 'संचेतना' के सम्पादक डॉ॰ महीप सिंह ने 'सचेतन कहानी' का प्रर्वतन किया।

सातवें तथा आठवें दशक में प्रवर्तित आन्दोलन हैं :

सहज कहानी (अमृतराय), समकालीन कहानी (गंगाप्रसाद विमल), अकहानी (जगदीश चतुर्वेदी), समानान्तर कहानी (कमलेश्वर), सक्रिय कहानी (राकेश वत्स)

1971 ई॰ में कमलेश्वर ने 'समानान्तर कहानी' का प्रवर्तन किया। 'धर्मयुद्ध' में 'ऐय्याश प्रेतों का विद्रोह' नाम से इनका एक लेख छपा। इस आन्दोलन की मुख्य वाहिका 'सादिकी' पत्रिका बनी।

नीचे हम 'नयी कहानी' से लेकर अब तक के प्रमुख कहानीकारों की उत्कृष्ट कहानियों की सूची दे रहें हैं :

विद्यालंकार : एक और हिन्दुस्तानी का जन्म हुआ, हूक

विष्णुप्रभाकर : धरती अब भी घूम रही है

कमल जोशी : शीराजी, पत्थर की आँखें

निर्मल वर्मा : परिन्दे, दहलीज, लंदन की एक रात, कुत्ते की मौत, जलती झाडी, बीच बहस में, हिल स्टेशन, लवर्स, एक दिन का मेहमान, पिछली गर्मियों में, कव्वे और कालापानी

राजेन्द्र यादव : शहर के बीच एक वृक्ष, किनारे से किनारे तक, मेहमान, टूटना, अभिमन्यु की आत्महत्या, देवताओं की मूर्तियां, जहाँ लक्ष्मी कैद है, छोटे-छोटे ताजमहल, प्रतीक्षा, ढोल और अपने पार, एक दुनियाः समानान्तर (संग्रह), वहां तक पहुँचने की दौड

मोहन राकेश : कई एक अकेले, पाँचवें माले का लैट, मिस पाल, मलबे मालिक, सेफ्टीपिन, एक और जिन्दगी, जख्म, ठहरा हुआ चाकू, जानवर और जानवर, मवाली,

भीष्मसाहनी : चीफ की दावत, इन्द्रजाल, वांगचू, पहला पाठ, भटकी राख, शोभायात्रा, निशाचरी।

कमलेश्वर : राजा निरबंसिया, खोया हुआ आदमी, तलाश, पीला गुलाब, खोई हुए दिशाएं, एक अश्लील कहानी, नीली झील, मांस का दरिया, इतने अच्छे दिन, देवा की माँ, कस्बे का राजा, हमपेशा

अमरकान्त : जिन्दगी और जोंक, बहादुर, दोपहर का भोजन, डिप्टी कल्क्टरी, खलनायक, हत्यारे, बस्ती, मूस, सप्ताहांत, मकान

फणीश्वरनाथ रेणु : तीसरी कसम, लाल पान की बेगम, ठुमरी

कमलाकान्त वर्मा : खंडहर, तकली, पगडण्डी

शैलेश मटियानी : प्यास, घोडे, हारा हुआ

मन्नू भण्डारी : क्षण, यही सच है, आकाश के आईने में, कृषक, मै हार गयी, तीन निगाहों की एक तस्वीर, एक लैट सैलाब, आँखों देखा झूठ, रेत की दीवार, त्रिशंकु, अलगाव, तीसरा आदमी, एखाने आकाश नेई।

शिवानी : सती, करिये छिमा

नरेश मेहता : चाँदनी, अनबीता व्यतीत, तथापि, निशाजी, एक समर्पित महिला

श्रीकान्त वर्मा : टेरसो, टुकडों में बंटी जिन्दगी ठंड

सुरेश सिन्हा : पानी की मीनारें, नीली धुंध के आरपार, कई कुहरे, एक अपरिचित दायरा

मार्कण्डेय : हंसा जाई अकेला, आदर्शों का नायक, बीच लोग, भूदान, माही, गुलरा के बाबा, महुए का पेड, पानफूल

ज्ञानरंजन : फेस के इधर और उधर, घण्ट, बहिर्गमन, एक और अनुभव, पिता, संबंध, रचनाप्रक्रिया, यात्रा, शेष होते हुए, सपना नहीं

शेखर जोशी : दाज्यू, कोसी का घटवार, शुभो दीदी, प्रश्नवाचक आकृतियाँ, मेंटल, बोझ, बच्चे का सपना, गाइड, प्रथम साक्षात्कार, नौरंगी, बीमार है, विडुवा, संवादहीन, किस्सागो, बिरादरी, नेकलेस, निर्णय, आर्शीवचन, डांगरीवाले, बदबू, हलवाहा।

भैरव प्रसाद गुप्त : चाय का प्याला, मंगली की टिकुली, चुपचाप, ज्योतिष, झण्डा बाबा, लोहे की दीवार, सोने का पिंजडा, एक खामोश मौत, अपरिचय का घेरा, यही जिन्दगी है, कदम के नीचे, घुरघुआ, फूल एक मकान एक मौत, आप क्या कर रहे हैं, आँख की पट्टी, चरम बिन्दु

रांगेय राघव : पंच परमेश्वर, गदल

सतीश जमाली : प्रथम पुरूष, सहपाठी, निर्णय, चुनौती

काशीनाथ सिंह : सुधीर घोषाल, कहानी सराय मोहन की, अपना रास्ता लो बाबा, चाय घर में मृत्यु चोट, हस्तक्षेप, सूचना, कविता, की नई तारीख, लालकिले का बाज

रमेश उपाध्याय : किसी बहाने

गिरिराज किशोर : नया, चार मोती, बेआब, नीम के फूल, पेपरवेट, रिश्ता

भुवनेश्वर : सूर्यपूजा, भेडिये

इलाचन्द्र जोशी : खंडहर की आत्माएं, डायरी के नीरस पृष्ठ, आहुति, दीवाली और होली

भगवानदास मोरबाल : पहली हत्या, ललिहार, जीने के लिए, सूर्यास्त से पहले

उदयप्रकाश : डिबिया, तिरिछ, हीरालाल का भूत, दद्दू तिवारी, रामसजीवन की प्रेमकथा, टेपचू, वारेन हेस्टिंग्स का साँड, पॉलगोमरा का स्कूटर, दरियाई घोडा और अंत में प्रार्थना, पीली छतरी वाली लड़की, दिल्ली की दीवार

दूधनाथ सिंह : गुप्त दान, रीछ, इंतजार, दुःस्वप्न, आइसबर्ग, सपाट चेहरे वाला आदमी, माई का ,शोकगीत, सुखांत, ममी तुम उदास क्यों हो, प्रतिशोध, रक्तपात

रवीन्द्र कालिया : कहानी अधूरी ही है, छाया मद्ध

जितेन्द्र भादिया : शहादतनामा

मधुकर सिंह : तीसरी सांस, शिकस्त

नीरज सिंह : मोहभंग, उसकी वापसी, जमीन, एक होते हुए, तिलचट्टा

विवेकानन्द : गुंजन शर्मा बीमार है, देर से आई बारात, लाल लकीर, शरीफ लोग, शिवालिंगम्, चोंचले, मटुआ छाया

रधुवीर सहाय : रास्ता इधर से है, जो आदमी हम बना रहे हैं, सीढ़ियों पर धूम में (कहानी, कविता, संस्मरण आदि का संग्रह)

धर्मवीर सहाय : गुलकी बन्नो, सावित्री नम्बर-2, बंद गली का आखिरी मकान, चाँद और टूटते हुए लोग, स्पर्श और पृथ्वी
रामदरश मिश्र : खाली घर, एक वह, दिनचर्या, सर्पदंश, सड़क
मृदुला गर्ग : कितनी कैदें, टुकड़ा-टुकड़ा आदमी उर्फ सैम, डैफोडिल जल रहे हैं,, ग्लेशियर से, शहर के राम, दुनिया का कायदा, उसका विद्रोह
मैत्रीयी पुष्पा : चिन्टार, ललमलियाँ
कृष्णा सोबती : मित्रो मरजानी, डार से बिछुड़ी, यारों की यार, तीन पहाड़, नामपट्टिका का, से लड़की (लंबी कहानियाँ हैं।), बादलों के घेरे (संग्रह)
शिवप्रसाद सिंह : खैरा पीपल कभी न डोले, नन्हो, आरपार की माला, मुर्दासराय, इन्हें इतजार है, दादी माँ, बिन्दा महाराज
उषा प्रियंवदा : वापसी, जिंदगी और गुलाब के फूल, एक कोई दूसरा, फिर बसंत आया
गंगाप्रसाद विमल : प्रश्नचिन्ह्, एक और विदाई
हरिशंकर परसाई : भोलाराम का जीव
अमृतराय : ओर से पहले
मुद्राराक्षस : मुठभेड़
अखिलेश : जलडमरूमध्य, शापग्रस्त
महेन्द्र भल्ला : तीन चार दिन
प्रकाश : अंधेरे के सिलसिले (संग्रह)
गोविन्द्र मिश्र : गिद्ध, आसमान कितना नीला, हताबाज
इसराइल : अर्थहीन
योगेश गुप्त : एन्क्लोजर
वेद राही : हर रोज
अजगर वजाहत : केक
अमितेश्वर : हुक्कापाली, तीलियाँ
दिनेश पालीवाल : तोताचश्य, स्वीकारोक्ति, गिरता जटायु
मंजुल भगत : सफेद कौआ, मृत्यु की ओर, बूँद, गुलमोहर के गुच्छे
रमेश बत्तरा : थप्पड, लडाई
सुरेन्द्रतिवारी : वार्ड नम्बर टू
यादवेन्द्र शर्मा 'चन्द्र''चन्द्र' : स्वयं के निगलते हुए, महापुरूष
मंजूर एहतेशाम : तसबीह
विनोदकुमार शुक्ल : महाविद्यालय
अलका सरावगी : कहानी की तलाश में, दूसरी कहानी
मृणाल पाण्डेय : चार दिन की जवानी तेरी, यानि कि एक बात थी, बचुली चौकीदारिन
नाग बोडस : पाजामें में आदमी
कुँवरनारायण : अकारों के आसपास
संजीव : आप यहां हैं
विकल गौतम : शापित गंधर्व
नासिरा शर्मा : खुदा की वापसी
राजी सेठ : यह कहानी नहीं, पुल
विजयमोहन सिंह : शेरपुर 15 मील, एक बंगला बने गमे हस्ती का हो किसके
त्रिलोचन : देशकाल
शानी : इमारत ढहाने वाले
अब्दुल बिस्मिल्लाह : सुलह

## निबन्ध

गुलाबराय : ठलुवा क्लब, फिर निराशा क्यों, मेरी असफलताएं, कुछ उथल कुछ गहरे, मन की बातें, मेरे निबन्ध
निराला : प्रबंध प्रतिमा, चाबुक, चयन, संग्रह
रघुवीर सिंह : शेष कहानियाँ
पदुमलाल पुन्नालाल बख्शी : पंचपात्र
जयशंकर प्रसाद : काव्य कला और अन्य निबंध
महादेवी वर्मा : श्रृंखला की कडियाँ, क्षणदा, साहित्यकार की आस्था और अन्य निबंध
प्रेमचन्द : साहित्य का उद्देश्य
गुलेरी : विक्रमादित्य की मूल कथा, अमंगल के स्थान में मंगल शब्द
'अज्ञेय' : आत्मनेपद, भवन्ती, त्रिशंकु, आलावाल, लिखि कागद कोरे, हिन्दी साहित्य, एक आधुनिक परिदृश्य, केन्द्र और परिधि अद्यतन, स्रोत और सेतु, युगसंधियों पर घाट के किनारे, सर्जना और संदर्भ, जाग लिखी, अन्तरा, सब रंग कुछ राग (कुट्टिचातन नाम से)

नन्ददुलारे : जयशंकर प्रसाद, आधुनिक साहित्य, नया साहित्य : प्रश्न

हजारी प्रसाद द्विवेदी (ललित निबंधकार) : नाखून क्यों बढते हैं, ठाकुर की बटोर, कालिदास की लालित्य योजना, अशोक के फूल, विचार और वितर्क, कल्पता, विचार-प्रवाह, कुटज, मध्यकालीन धर्मसाधना, आलोकपर्व, शिरीष का फूल, बसंत आ गया, देवदारू, आम फिर बौरा गये आदि।

जैनेन्द्र कुमार : पूर्वोदय, मंथन, समय और हम, जड की बात, साहित्य का श्रेय और प्रेम, सोच-विचार, ये और वे इतस्ततः

शान्तिप्रिय द्विवेदी : संचारिणी, युग और साहित्य, सामयिकी, धरातल, प्रतिष्ठान, आधान, वृन्त और विकास, साकल्य।

दिनकर : अर्द्धनारीश्वर, मिट्टी की ओर, रेती के फूल, हमारी सांस्कृतिक एकता, पंत, प्रसाद और मैथिलीशरण, संस्कृति के चार अध्याय, शुद्ध कविता की खोज, राष्ट्रभाषा और राष्ट्रीय साहित्य

नगेन्द्र : यौवन के द्वार पर, चेतना के बिम्ब, आस्था के चरण, आलोचक की आस्था

रामवृक्ष बेनीपुरी : गेहूँ और गुलाब, बन्दे वाणी विनायकौ

देवेन्द्र सत्यार्थी : धरती गाती है, एक युग एक प्रतीक, रेखायें बोल उठी

भरन्त आनन्द कोसल्यायन : जो भूल न सका

वासुदेवशरण अग्रवाल : पृथ्वीराज, कला और संस्कृति

यशपाल : चक्कर क्लब, देखा सोचा समझ गया, बात बात में बात, गाँधी की शव परीक्षा, न्याय का संघर्ष

बनारसीदास चतुर्वेदी : साहित्य और जीवन, हमारे आराध्य

माखनलाल चतुर्वेदी : अमीर इरादे : गरीब इरादे

कन्हैयालाल मिश्र 'प्रभाकर' : जिन्दगी मुस्कराई, बाजे पायलिया के घुंघरू, कारवां आगे बढ गये, जिन्दगी लहलहायी, माटी हो गयी सोना, महके आँगन चहके द्वार

भगवतशरण 'उपाध्याय' : ठूँठा आम

'अश्क' : मंटो : मेरा दुश्मन

प्रभाकर माचवे : खरगोश के सींग

विद्यानिवास मिश्र (ललित निबंधकार) : तुम चन्दन हम पानी, मेरे राम का मुकुट भीग रहा है, जीवन अलभ्य है, जीवन सौभाग्य है, शिरीष की याद आयी, चितवन की छाँह, आँगन का पंछी और बनजारा मन, मैने सिल पहुँचाई

धर्मवीर भारती : ठेले पर हिमालय, कहनी-अनकहनी, पश्यन्ती

शिवप्रसाद सिंह : शिखरों के सेतु

कुबेरनाथ राय (ललित निबंधकार) : प्रिया नीलकण्ठी, रस आखेटक, गन्धमादन, निषाद बाँसुरी, विषाद योग, दृष्टि अभिसार, कामधेनु

विद्यानिवास मिश्र : हिन्दू धर्म : जीवन में सनातन की खोज, परम्परा बन्धन नही, बसन्त आ गया पर उत्कण्ठा नही, कँटीले तारों के आर पार, संचारिणी, कौन तू फुलवा बीननहारी, अस्मिता के लिये, भ्रमरानन्द के पत्र, अंगद की नियति, कदम की फूली डाल साहित्य की चेतना, महाभारत का काव्यार्थ, लागौ रंग हरी, अग्निरथ, देश-धर्म और साहित्य, तमाल के झरोखे से, व्यक्ति व्यंजना

मुक्तिबोध : नयी कविता का आत्मसंघर्ष, नये साहित्य का सौन्दर्यशास्त्र, समीक्षा की समस्या, एक साहित्यिक की डायरी

विजयदेव नारायण 'साही' : लघुमानव के बहाने हिन्दी कविता पर एक बहस, शमशेर की काव्यानुभूति की बनावट, अपनी- अपनी ढपली अपना-अपना राग, हस्ताक्षर, ठलुवा बुद्धिजीवी, हँसना मना है अतिथि की मूर्खता पर

निर्मल वर्मा : शब्द और स्मृति, कला का जोखिम, हर बारिश में, शताब्दी के ढलते वर्षो में, दूसरे शब्दों में

नेमिचन्द्र जैन : अधूरे साक्षात्कार, रंगदर्शन, बदलते परिप्रेक्ष्य, जनान्तिक

रमेश कुन्तल मेघ : क्योंकि समय एक शब्द है, अथातो सौन्दर्य जिज्ञासा, साक्षी है सौन्दर्य प्राश्किक

राहुल सांकृत्यायन : घुमक्कडशास्त्र, अथातो घुमक्कड जिज्ञासा

रामविलास शर्मा : आस्था और सौन्दर्य, भाषा साहित्य और संस्कृति, विराम चिन्ह, मार्क्सवाद और प्रगतिशील साहित्य, परम्परा का मूल्यांकन, मानव सभ्यता का विकास, भाषा युगबोध और कविता, कथा-विवेचना और गद्यशिल्प, भारत में अंग्रेजीराज और मार्क्सवाद, मार्क्स और पिछडे हुए समाज

विवेकीराय : बबूल, फिर बैतलवा डाल पर, जलुस रूका है, गंवई पाँव की गंध में

रवीन्द्रनाथ त्यागी : शोकसभा, देवदार के पेड, अतिथिकक्ष

हरिशंकर परसाई (व्यंग्यकार) : भूत के पाँव पीछे, विन्दारस, सदाचार का ताबीज, निठल्ले की डायरी, जैसे उनके दिन फिरे

शरद जोशी (व्यंग्यकार) : तिलस्म, जीप पर सवार इल्लिया, यथासंभव, श्रीगणेशाय नमः, भैसन्ह मांह रहता नित, बकुला, हम भ्रष्टन के भ्रष्ट हमारे, सरकार का जादू, बिल्लियों का अर्थशास्त्र, दूतावासों के चक्कर, हर फूल दिल्लीमुख, बंसी वाले का पुजारी, साहित्य का महाबली, बुद्धिजीवी, अर्थब्रहम, नदी में खड़ा कवि, प्रभु हमें डॉक्ट्रेट से बचा, अब मै रीतिकाल की ओर लौट रहा हूँ, मधुबाला से टीवी बाला तक, नये मेघदूत यत्र-तत्र सर्वत्र

भवानी प्रसाद मिश्र : जिन्होंने मुझे रचा, कुछ नीति कुछ राजनीति

रघुवीर सहाय : लिखने का कारण, दिल्ली मेरा परदेश, अर्थात्, और होगें जो मारे जायेंगे, ऊबे हुए सुखी, 'सीढियों पर घूप में' के कुछ निबंध हैं (ये हैं - लेखक के चारों ओर, दिल्ली-बसंत, आदि दिल्ली के एक सम्पादक से भेंट आदि)

श्रीकान्त वर्मा : जिरह

जगदीश चतुर्वेदी : दस्तावेज

अशोक वाजपेयी : फिलहाल, कवि कह गया है

रमेशचन्द्र शाह : समानान्तर, बागार्थ, शैतान के बहाने, साहित्य में आज का गतिरोध, समकालीन रचना में स्वतंत्रता का अर्थ

विष्णु प्रभाकर : हम जिनके ऋणी

जानकी वल्लभ शास्त्री : मन की बात, जो न बिक सकी

कृष्णदत्त पालीवाल : नया सृजन नया बोध

दूधनाथ सिंह : लौट आ ओ धार

गोविन्द मिश्र : परतों के बीच

श्रीनारायण चतुर्वेदी : राजभवन की सिगरेटदानी

लक्ष्मीचन्द्र : कागज की किश्तियां

लक्ष्मीकान्त : मैंने कहा

केदारनाथ अग्रवाल : समय-समय पर

नामवर सिंह : बकलमखुद

कृष्णबिहारी मिश्र : बेहया का जंगल, चुनाव जी गया, गाँव हार गया

विष्णुकान्त शास्त्री : कुछ चन्दन की कुछ कपूर की

मृदुला गर्ग : रंग ढंग

नन्दकिशोर नवल : कविता की मुक्ति, प्रेमचंद का सौन्दर्यशास्त्र, शब्द जहाँ सक्रिया हैं, दृश्यालेख

| जीवनी साहित्य | लेखक | जिस व्यक्ति की जीवनी लिखी गयी |
|---|---|---|
| पराडकर जी और पत्रकारिता | लक्ष्मीशंकर व्यास | बा. पि. पराडकर |
| महात्मा गाँधीः विश्व के अद्वितीय पुरुष | रोमां रोला (हिन्दी अनुवाद) | महात्मा गाँधी |
| बापू | धनश्यामदास बिडला | महात्मा गाँधी |
| महायोगी | रामचन्द्र दिवाकर | श्री अरविन्द |
| उत्तरयोगी | शिवप्रसाद सिंह | श्री अरविन्द प्रेमचन्द |
| घर में | शिवरानी देवी | प्रेमचन्द |
| कलम का सिपाही | अमृतराय | प्रेमचन्द |
| कलम का मजदूर | मदनगोपाल | प्रेमचन्द |
| महाप्राण निराला | गंगाप्रसाद पाण्डेय | निराला |
| निराला की साहित्य साधना (तीन खण्ड) | रामविलास शर्मा | निराला |
| नीलकंठ गोर्की | बनारसीदास चतुर्वेदी | गोर्की |
| गोर्की | ओंकार शदर | गोर्की |
| मिला तेज से तेज | सुधा चौहान | सुभद्राकुमारी चौहान |
| आचार्य रामचन्द्र शुक्ल : जीवनी और कृतित्व | चन्द्रशेखर शुक्ल | रामचन्द्र शुक्ल |
| सुमित्रानन्दन पन्त : जीवनी और साहित्य | शान्ति जोशी | पन्त |

| | | |
|---|---|---|
| आवारा मसीहा | विष्णु प्रभाकर | शरतचंद्र |
| अग्निसेतु | विष्णुचन्द्र शर्मा | काजी नजरूल इस्लाम |
| शिखर से सागर तक | रामकमल राय | अज्ञेय |
| कुल्लीभाट | निराला | अज्ञेय |
| बिल्लेसुर बकरिहा | निराला | अज्ञेय |
| भारतेन्दु की जीवनी | ब्रजरत्नदास | भारतेन्दु |
| मुक्तिबोध की जीवनी | विष्णुचन्द्र शर्मा | मुक्तिबोध |
| मुक्तिबोध की आत्मकथा | विष्णुचन्द्र शर्मा | मुक्तिबोध |
| माखनलाल चतुर्वेदी : जीवनी | बरूआ | माखनलाल चतुर्वेदी |

**आत्मकथा :** हिन्दी की पहली आत्मकथा - 'अर्द्धकथानक' (बनारसीदास) पद्य में है। पहली गद्य आत्मकथा - 'एक कहानी कुछ आपबीती कुछ जगबीती' (भारतेन्दु)

| आत्मकथा | लेखक |
|---|---|
| मेरी आत्मकहनी (पहली पूर्ण गद्य आत्मकथा) | श्यामसुन्दरदास |
| आत्मकथा | राजेन्द्र प्रसाद |
| मेरी असफलताएं | बाबू गुलाबाराय |
| मेरी जीवनयात्रा | राहुल सांकृत्यायन |
| आत्मनिरीक्षण | सेठ गोविन्द दास |
| मेरा जीवन प्रवाह | वियोगी हरि |
| साधना के पथ पर | हरिभाऊ उपाध्याय |
| पत्रकार की आत्मकथा | मूलचंद अग्रवाल |
| मैं क्रान्तिकारी कैसे बना | रामविलास शर्मा |
| अर्ध कथा | नगेन्द्र |
| प्रवासी की आत्मकथा | भवानीदयाल सन्यासी |
| जीवन की झाँकियाँ | इंद्र विद्यावाचस्पति |
| सिंहावलोकन | यशपाल |
| स्वतंत्रता की खोज में | सत्यदेव परिव्रजाक |
| परिव्राजक की कथा | शान्तिप्रिय द्विवेदी |
| चांद सूरज के बीरन | देवेन्द्र सत्यार्थी |
| नील यक्षिणी | देवेन्द्र सत्यार्थी |
| जीवन चक्र | गंगाप्रसाद उपाध्याय |
| साठ वर्ष : एक रेखांकन | सुमित्रानन्दन पंत |
| मेरा जीवन साथी | प्रेमचन्द |
| क्या भूलूँ क्या याद करूँ | हरिवंशराय बच्चन |
| नीड़ का निर्माण फिर | हरिवंशराय बच्चन |
| बसेरे से दूर | हरिवंशराय बच्चन |
| दशद्वार से सोपान तक | हरिवंशराय बच्चन |
| प्रवासी की डायरी | हरिवंशराय बच्चन |
| अपनी खबर | उग्र |
| आपबीती जगबीती | नरदेश शास्त्री |
| मेरा जीवन | शिवपूजन सहाय |
| आत्मचरित | स्वामी दयानंद |
| सेवाग्राम की डायरी | श्रीराम शर्मा |
| राज से लपटें | पी. डी. टंडन |
| मेरी जीवन रेखा | महावीर प्रसाद द्विवेदी |
| यादों की परछाइयाँ | चतुरसेन शास्त्री |
| मेरी आत्मकहानी | चतुरसेन शास्त्री |
| मेरी अपनी कथा | प. पु. बख्शी |
| अपनी कहानी | वृन्दावनलाल वर्मा |
| मैं जहाँ खड़ा हूँ | रामदरश मिश्र |
| मेरे सात जन्म | हंसराज रहबर |
| आत्मकथा | राजेन्द्र प्रसाद |
| आपबीती | परमानंद |
| मुझमें देवजीवन का विकास | सत्यानंद अग्निहोत्री |
| संस्मरण | बनारसीदास चतुर्वेदी |
| जिन्दगी का सफर | बलराज मधोक |
| कल्याण मार्ग का पथिक | स्वामी श्रद्धानन्द |

★ **रेखाचित्र/संस्मरण :** हंस के रेखाचित्र विशेषांक मार्च 1939 (सं. - श्रीपतराय) - मधुकर का रेखाचित्र विशेषांक 1946 (सं. बनारसीदास चतुर्वेदी)

| रेखाचित्र/संस्मरण | लेखक |
|---|---|
| पद्मपराग (रेखाचित्र), प्रबंधमंजरी (संस्मरण) | पद्मसिंह शर्मा (संस्मरण तथा रेखाचित्र के प्रवर्तक) |
| हमारे आराध्य (सं.), संस्मरण, रेखाचित्र, सेतुबन्ध (रे.) | बनारसीदास चतुर्वेदी |
| प्राणो में सौदा, जंगल के जीव, बोलती प्रतिमा | श्रीराम शर्मा |
| लाल तारा, माटी की मूरतें, गेहूँ और गुलाब | रामवृक्ष बेनीपुरी |
| मील के पत्थर | रामवृक्ष बेनीपुरी |
| अतीत के चलचित्र, स्मृति की रेखायें, पथ के साथी, स्मरिका, मेरा परिवार | महादेवी वर्मा |
| पुरानी स्मृतियाँ (सं.), रेखाचित्र | प्रकाशचन्द्र गुप्त |
| मौलवी साहब, देवी बाबा (संस्मरण) | राजा राधिकारमणप्रसाद सिंह |
| रेखा और रंग (रे.) | विनय मोहन शर्मा |
| जिन्दगी मुस्कराई (सं.) | कन्हैयालाल मिश्र प्रभाकर |
| माटी हो गयी सोना, दीप जले शंख बजे (रे.) | कन्हैयालाल मिश्र प्रभाकर |
| वे दिन वे लोग (रे.) | शिवपूजन सहाय |
| रेखाएँ बोल उठीं | देवेन्द्र सत्यार्थी |
| स्मृतियां और कृतियाँ | शान्तिप्रिय द्विवेदी |
| रेखाएँ और चित्र, मंटो : मेरा दुश्मन (सं.) | उपेन्द्रनाथ अश्क |
| ज्यादा अपनी कम परायी | उपेन्द्रनाथ अश्क |

बचपन की स्मृतियाँ, जिनका मैं कृतज्ञ, मेरे असहयोग के साथी — राहुल सांकृत्यायन
चेतना के बिम्ब (सं.) — नगेन्द्र
नए पुराने झरोखे — हरिवंशराय बच्चन
हम हशमत — कृष्णासोबती
इन लोगों के मध्य — विष्णुचन्द्र शर्मा
दस तस्वीर — जगदीश चन्द्र माथुर
लीक-अलीक — भारतभूषण अग्रवाल
मेरे अग्रज : मेरे मीत — विष्णुप्रभाकर
वन तुलसी की गंध — रेणु
रस गगन गुफा में — भगवतीशरण सिंह
निराला : जीवन और संघर्ष के मूर्तिमान रूप — मे. पी. चेलीशेव
लेखक की हैसियत से — शैलेश मटियानी
स्मृतिलेखा — अज्ञेय
छायावाद युगीन स्मृतियाँ — रामनाथ सुमन
दूर वन में — अजीत कुमार
समय सारथी (सं.) — मोहन राकेश
पंचरत्न (सं.) — रामविलाश शर्मा

**यात्रावृत्त :**

| *यात्रावृत्त* | *लेखक* |
|---|---|
| वो दुनिया, सागर की लहरों पर | भगवतीशरण उपाध्याय |
| दिल्ली से मास्को | महेशप्रसाद श्रीवास्तव |
| रूस में पच्चीस मास, घुमक्कडशास्त्र | राहुल सांकृत्यायन |
| तंत्रालोक से यंत्रालोक तक, अप्रवासी की यात्राएं | नगेन्द्र |
| यात्रा के पन्ने | राहुल सांकृत्यायन |
| सुदूर दक्षिण पूर्व, पृथ्वी की परिक्रमा | सेठ गोविन्द दास |
| पैरों में पंख बाँधकर | रामवृक्ष बेनीपुरी |
| राह बीती, लोहे की दीवार के दोनों ओर, | रामवृक्ष बेनीपुरी |
| गोरी नजरों में हम | प्रभाकर माचवे |
| चीड़ों पर चाँदनी | निर्मल वर्मा |
| हंसते निर्झर : दहकती भट्टी | विष्णु प्रभाकर |
| सैलानी की डायरी | राजेन्द्र अवस्थी |
| किन्नर देश में, मेरी चीन यात्रा | राहुल सांकृत्यायन |
| अरे यायावर रहेगा याद, एक बूँद सहसा उछली | अज्ञेय |
| आखिरी चट्टान तक | मोहन राकेश |
| खण्डहरों का वैभव, खोज की पगडंडियाँ | मुनि कान्ता सागर |
| हरी घास | डॉ. रघुवंश |
| ए पार बंग्ला ओ पार बंग्ला | (बंग्ला शंकर से अनुवाद) |
| पार उतरि कहँ जइहौ, धूप में सोई नदी | प्रभाकर द्विवेदी |
| सफरी झोले में | अजीत कुमार |
| मैं कहती हूँ आँखिन देखी | पद्मा सचदेव |

**गद्यकाव्य :** श्रद्धाकण (वियोगी हरि), मरी खाल की हाय, जवाहर (चतुरसेन शास्त्री), शारदीया, दुपहरिया के फूल, उन्मन, स्पन्दन (दिनेश नन्दिनी चौरड्या), चिन्ता (कुछ रचनायें), (अज्ञेय), शुभ्रा (रामप्रसाद विद्यार्थी), साहित्य देवता (माखनलाल चतुर्वेदी), शेष स्मृतियाँ (रखुवीर सिंह), निशीथ, आँसू भरी धरती, उदीची (ब्रह्मदेव), तरंगित हृदय (देवशर्मा)।

| रिपोर्ताज : | लेखक |
|---|---|
| लक्ष्मीपुरा | शिवदानसिंह चौहान |
| तूफानों के बीच (बंगाल के अकाल पर) | रांगेय राघव |
| बंगाल का अकाल | प्रकाशचन्द्र गुप्त |
| रेखायें और चित्र, पहाडों में प्रेममय संगीत | अश्क |
| नववर्षांक समारोह में | रामनारायण उपाध्याय |
| देश की मिट्टी बुलाती है | भदन्त आनन्द कौसल्यायन |
| क्षण बोले कण मुस्कायें | कन्हैयालाल मिश्र 'प्रभाकर' |
| ऋणजल धनजल, एकलव्य के नोट्स | फणीश्वरनाथ रेणु |
| खून के छींटे | भगवतीशरण उपाध्याय |
| बाढ!! बाढ!! बाढ!! | विवेकीराय |
| धरती के लिए | कैलाश नारद |
| क्या हमने कोई यंत्र रचा था | सतीकुमार |
| मुक्तिफौज | श्रीकान्त वर्मा |
| क्रान्ति करते हुए आदमी का देखना | कमलेश्वर |
| अपने ही घर में सरस्वती का अपमान (इंटरव्यू, निराला पर) | नरोत्तम नागर |
| लाल धरती | अमृतराय |

| | |
|---|---|
| इतिहास के पन्नों पर खून के धब्बे | भगवतीशरण उपाध्याय |
| प्लाट का मोर्चा | शमशेर |

**व्याकरण :** हिन्दी शब्दानुशासन : किशोरीदास वाजपेयी

**पत्र साहित्य एवं अन्य :** चेखव : एक इण्टरव्यू (राजेन्द्र प्रसाद), भगवान महावीर एक इण्टरव्यू (लक्ष्मीनारायण जैन), शिव शंभु के चिट्ठे (बाल मुकुंद गुप्त), दुबे जी (विश्वम्भर नाथ शर्मा कौशिक), सरस्वती के संपादक 'श्री नारायण चतुर्वेदी' को 'भ्रमरानन्द' उपनाम से विद्यानिवास मिश्र द्वारा लिखित पत्र (इन्ही में से एक पत्र है - पत्र इंटेलेक्चुअल भैया के नाम परम्परा जीजी का), अंकित होने दो (रेखाचित्र/ संस्मरण/ डायरी/ यात्रावृत का संकलन ; अजित कुमार), अमेरिका प्रवास की मेरी अद्भुत कहानी (सत्यदेव परिव्राजक), मितवाघर, दीवानखाना (साक्षात्कारः पद्मा सचदेव), संवाद अनायास (गोविन्द मिश्र : पत्र), मेरी कॉलेज डायरी (धीरेन्द्र वर्मा), डायरी के पन्ने (घनश्यामदास बिडला) पद्म सिंह शर्मा के पत्र (बनारसीदास चतुर्वेदी), निराला के पत्र (जानकीवल्लभ शास्त्री), पंत के दो सौ पत्र बच्चन के नाम (हरिवंश राय बच्चन), सेवाग्राम डायरी (श्रीराम शर्मा)

**संपादन :**

| | | |
|---|---|---|
| निराला की रचनावली | - | नंदकिशोर नवल |
| मुक्तिबोध रचनावली | - | नेमिचन्द्र जैन |
| रूद्र समग्र | - | नंदकिशोर नवल |
| भिक्षु के पत्र | - | भदंत आनंद कोसल्यायन |
| यशपाल के पत्र | - | मधुरेश |
| एक बार आयोवा | - | मंगलेश डाबराल, डायरी |

**आलोचना :** महत्वपूर्ण शुक्लोत्तर आलोचक तथा उनकी आलोचना कृतियाँ नीचे दी जा रही हैं :

**नंददुलारे वाजपेयी :** आधुनिक साहित्य, नया साहित्य-नये प्रश्न, कवि निराला, जयशंकर प्रसाद, राष्ट्रीय साहित्य, प्रकीर्णिका, हिन्दी साहित्य-बीसवीं शताब्दी, महाकवि सूरदास, आधुनिक काव्यः रचना और विचार,

सम्पादन - सूरसागर, रामचरितमानस

रत्नाकर के काव्य के बारे में बाजपेयी जी की यह टिप्पणी प्रसिद्ध है -

'जो काव्य अनिवार्य नहीं, उसे महान नहीं कह सकते।'

**शान्तिप्रिय द्विवेदी (प्रभाववादी समीक्षा के जनक) :** साहित्यकी, कवि और काव्य, सामयिकी, संचारिणी, युग और साहित्य, ज्योति विहग (सुमित्रानन्दन पन्त पर), हमारे साहित्य निर्माता

**आचार्य हजारी प्रसाद द्विवेदी (1907-1979 ई.) :** हिन्दी साहित्य की भूमिका (1940), सूर-साहित्य, कबीर (1942), हिन्दी साहित्य का आदिकाल (1952), मध्यकालीन बोध का स्वरूप (1970), मेघदूत एक कहानी, कालिदास की लालित्य योजना, भाषा साहित्य और देश, हिन्दी साहित्य का उद्भव और विकास, संदेश रासक (आलोचना)

**डॉ. नगेन्द्र (1915-2000 ई.) :** सुमित्रानन्दन पन्त (1938), साकेत : एक अध्ययन (1939), शोध और सिद्धान्त, काव्यबिम्ब, हिन्दी साहित्य की प्रवृतियां, विचार और अनुभूति, रीतिकाव्य की भूमिका, देव और उनकी कविता, रस सिद्धान्त (1964), मिथक और साहित्य, आधुनिक हिन्दी नाटक, कामायनी के अध्ययन की समस्यायें, नयी समीक्षा : नये संदर्भ, साहित्य का समाजशास्त्र, भारतीय सौन्दर्य की भूमिका, आधुनिक हिन्दी कविता की मुख्य प्रवृत्तियां, शैली विज्ञान, भारतीय समीक्षा और आचार्य शुक्ल की काव्य दृष्टि

**अनुवाद :** अभिनव भारती, वक्रोक्ति जीवत, ध्वन्यालोक तथा नाट्यदर्पण (नगेन्द्र की देख-रेख में आचार्य विश्वम्भर ने किया) अरस्तू का काव्यशास्त्र, काव्य में उदान्त तत्व (द सब्लाइम - लोंजाइनिस), काव्य कला (आर्स पोएतिका - होरेस), पाश्चात्य काव्यशास्त्र की परम्परा (लोसाई क्रिटिकाई - सेन्ट्सबरी)

| | | |
|---|---|---|
| **निराला** | : | रवीन्द्र कविता कानन, पन्त और पल्लव |
| **सुमित्रानन्दन पन्त** | : | गद्यपथ, शिल्प और दर्शन, छायावाद पुनर्मूल्यांकन |
| **प्रेमचंद** | : | साहित्य का उद्देश्य |
| **दिनकर** | : | पंत, प्रसाद और मैथिलीशरण, शुद्ध कविता की खोज |
| **गुलाबराय** | : | सिद्धान्त और अध्ययन, काव्य के रूप, अध्ययन और आस्वाद, नवरस |
| **विश्वनाथ प्रसाद मिश्र** | : | वाङमय विमर्श, बिहारी की वाग्विभूति, हिन्दी साहित्य का अतीत, हिन्दी का सम सामयिक साहित्य, हिन्दी नाट्य साहित्य का विकास |

**संपादन :** घनआनंद ग्रंथावली, पद्माकर ग्रन्थावली, केशव ग्रन्थावली, भिखारीदास ग्रन्थावली, रामचरित मानस

| | | |
|---|---|---|
| **पं. कृष्णशंकर शुक्ल** | : | केशव की काव्यकला, कविवर रत्नाकर |
| **लक्ष्मीनारायण सुधांशु** | : | काव्य में अभिव्यंजनावाद, जीवन के तत्व और काव्य के सिद्धान्त |
| **रामकुमार वर्मा** | : | साहित्य समालोचना, कबीर का रहस्यवाद, हिन्दी साहित्य का आलोचनात्मक इतिहास |

**जनार्दन प्रसाद झा 'द्विज'** : प्रेमचंद की उपन्यास कला
**गिरिजादत्त शुक्ल गिरीश** : महाकवि हरिऔंध, गुप्त की काव्य धारा
**रामनाथ सुमन** : प्रसाद की काव्य कला
**सत्येन्द्र** : गुप्तजी की कला

**शिवदानसिंह चौहान** (पहले मार्क्सवादी आलोचक) : 1937 ई॰ के 'विशाल भारत' में चौहान जी का एक महत्वपूर्ण लेख 'भारत में प्रगतिशील साहित्य की आवश्यकता' छपा था। इनकी प्रमुख पुस्तकें है : प्रगतिवाद, साहित्य की परख, आलोचना के मान, साहित्य की समस्याएं, साहित्यनुशीलन

**प्रकाशचंद्र गुप्त** (मार्क्सवादी आलोचक) : नया हिन्दी साहित्य, आधुनिक हिंदी साहित्य, हिन्दी सहित्य की जनवादी परम्परा

**रामविलास शर्मा** (प्रगतिशील आलोचक) : प्राचीन भारत के भाषा-परिवार, मार्क्स और पिछडे हुए समाज, प्रगति और परम्परा, प्रगतिशील साहित्य की समस्याएं, आस्था और सौंन्दर्य, भाषा साहित्य और संस्कृति, मार्क्सवाद और प्राचानी साहित्य का मूल्यांकन, आचार्य रामचन्द्र शुक्ल और हिन्दी आलोचना, महावीर प्रसाद द्विवेदी और हिन्दी नवजागरण, निराला की साहित्य साधना, लोकजागरण और हिन्दी साहित्य, नयी कविता और अस्तित्ववाद, भारतेन्दु हरिश्चन्द्र, भारतेन्दु युग और हिन्दी भाषा की विकास परम्परा, भाषा और समाज, परम्परा का मूल्यांकन, भारतीय इतिहास की समस्याएं, मार्क्सवाद और प्रगतिशील साहित्य, स्वाधीनता और राष्ट्रीय साहित्य, कथा विवेचन और गद्य शिल्प, मार्क्स, त्रातस्की और एशियाई समाज, प्रगतिशील विचारधारा और केदारनाथ अग्रवाल, भारतीय इतिहास और ऐतिहासिक भौतिकवाद, निराला, भारत में अंग्रेजी राज्य और मार्क्सवाद, प्रेमचन्द और उनका युग

**अमृतराय** (मार्क्सवादी आलोचक) : नयी समीक्षा

**नामवरसिंह** (प्रगतिशील) : इतिहास और आलोचना, आधुनिक साहित्य की प्रवृत्तियां, छायावाद, कहानी : नई कहानी, कविता के नये प्रतिमान, दूसरी परम्परा की खोज, कला के विकास में अपभ्रंश का योग, वाद विवाद संवाद, काल मार्क्स : कला और साहित्यचिंतन, पृथ्वीराज रासो : भाषा और साहित्य

**चन्द्रबली सिंह** (प्रगतिशील आलोचक) : लोकदृष्टि और साहित्य

**'अज्ञेय'** : त्रिशंकु, आत्मनेपद, अद्यतन, संवतसर, कवि-दृष्टि, हिन्दी साहित्य : एक आधुनिक परिदृश्य, लिखि कागद कोरे, सर्जन और संदर्भ, जोग लिखी

**पं॰ देवराज** : छायावाद का पतन, साहित्य चिन्ता, आधुनिक समीक्षा प्रतिक्रियाएं

**इलाचन्द्र जोशी** : साहित्य सर्जना, विवेचना, साहित्य सन्तरण, विशेषण, साहित्य चिन्तन

**देवराज उपाध्याय** : आधुनिक हिन्दी कथा साहित्य और मनोविज्ञान

**मुक्तिबोध** : कामायनी : एक पुनर्विचार, एक साहित्यिक की डायरी, नयी कविता का आत्म संघर्ष, नये साहित्य का सौन्दर्यशास्त्र, भारत : इतिहास और संस्कृति (प्रतिबंधित)

**विजयदेवनारायण साही** : के आलोचनात्मक निबंध है : लघुमानव के बहाने हिन्दी कविता पर एक बहस, शमशेर की काव्यानुभूति की बनावट, इतिहास और परम्परा, गोदान, राजनीति और साहित्य, जनवादी साहित्य, साहित्य क्यों, धर्मसापेक्ष और धर्मनिरपेक्ष तत्वों की तलाश हिन्दी साहित्य और उसके आसपास पुस्तक : 'पद्मावत' (जायसी की रचना 'पद्मावत' की समीक्षा है)

**रमेशचन्द्र शाह** : छायावाद की प्रासंगिकता, जयशंकर प्रसाद, वागर्थ, समानान्तर भारतीय साहित्य के निर्माता, अज्ञेय : भागर्थ का वैभव

**रमेशकुन्तल मेघ** : आधुनिकताबोध और आधुनिकीकरण, मध्ययुगीन रसदर्शन, अथातो सौन्दर्य जिज्ञासा, क्योंकि समय एक शब्द है, साक्षी है सौन्दर्य प्राश्निक

**नेमिचन्द्र जैन** : अधूरे साक्षात्कार, रंगदर्शन, बदलते, परिप्रेक्ष्य, जनान्तिक

**मैनेजर पाण्डेय** : साहित्य का समाजशास्त्र, साहित्य और इतिहास दृष्टि, भक्ति आंदोलन और सूरदास का काव्य, शब्द और कर्म अनभै साँचा। (निबंध)

**रामस्वरूप चतुर्वेदी** : मध्ययुगीन हिन्दी काव्यभाषा, नवलेखन, भाषा और संवेदना, अज्ञेयः आधुनिक रचना की समस्या, कामायनीः पुनर्मूल्यांकन, हिन्दी साहित्य और संवेदना का विकास, समकालीन हिन्दी साहित्य : विविध परिदृश्य

**लक्ष्मीकान्त वर्मा** : नयी कविता के प्रतिमान, नये प्रतिमान पुराने निकष

**रवीन्द्रनाथ श्रीवास्तव** : शैलीविज्ञान की भूमिका, संरचनात्मक शैली विज्ञान, शैली विज्ञान और हिन्दी का समाजशास्त्र, हिन्दी भाषा के संरचना के विविध आयाम, आलोचना की नयी भूमिका, भाषा विज्ञान : सैद्धान्तिक चिन्तन

**धर्मवीर भारती** : साहित्य और मानव मूल्य, पश्यन्ती

**रघुवंश** : साहित्य का नया परिप्रेक्ष्य, आधुनिक साहित्य का परिप्रेक्ष्य

**देवीशंकर अवस्थी** : विवेक के रंग, नयी कहानी : संदर्भ और प्रकृति, साहित्य विधाओं की प्रकृति

**इन्द्रनाथ मदान** : प्रेमचन्द : एक विवेचन, आलोचना और काव्य, आधुनिक कविता का मूल्यांकन, आज का हिन्दी उपन्यास, आधुनिकता और हिन्दी आलोचना, महादेवी, कामायनी : मूल्यांकन और मूल्यांकन

**बलदेव उपाध्याय :** भारतीय साहित्यशास्त्र

**रामदहिन मिश्र :** काव्य दर्पण, काव्य विमर्श

**बच्चनसिंह :** समकालीन साहित्य : आलोचना को चुनौती, आलोचक और आलोचना, आधुनिक हिन्दी आलोचना के बीजशब्द, साहित्य का समाजशास्त्र और रूपवाद, आधुनिक हिन्दी साहित्य का इतिहास, हिन्दी साहित्य का दूसरा इतिहास, हिन्दी नाटक

**निर्मला जैन :** पाश्चात्य साहित्य चिन्तन, इतिहास और आलोचना के वस्तुवादी सरोकार, अंतस्थल का पूरा विप्लव : अंधेरे में, हिन्दी आलोचना की बीसवीं सदी, कविता का प्रतिसंसार, नयी समीक्षा के प्रतिमान, रस सिद्धान्त और सौन्दर्यशास्त्र, आधुनिक साहित्य : मूल्य और मूल्यांकन

**विद्यानिवास मिश्र :** रीतिविज्ञान, नयी कविता की मुक्तधारा, साहित्य का प्रयोजन

**परमानन्द श्रीवास्तव :** समकालीन कविता का व्याकरण, शेखर एक जीवनी का महत्व, काव्य शास्त्र

**भगीरथ मिश्र :** हिन्दी काव्यशास्त्र का इतिहास, हिन्दी रीतिसाहित्य, भारतीय काव्यशास्त्र

**आनन्दप्रकाश दीक्षित :** रस सिद्धान्त : स्वरूप और विश्लेषण, रस चिन्तन के विविध आयाम

**रामानन्द तिवारी :** सत्यं शिवम् सुन्दरम्

**सुरेशचन्द गुप्त :** आधुनिक हिन्दी कवियों के काव्यसिद्धान्त

**गिरिजाकुमार माथुर :** नयी कविता : सीमायें और संभावनायें

**भोलानाथ तिवारी :** अभिव्यक्ति विज्ञान

**गंगाप्रसाद विमल :** समकालीन कहानी का रचना विधान

**रामचन्द्र तिवारी :** आचार्य रामचन्द्र शुक्ल

**कृष्णदत्त पालीवाल :** आचार्य रामचन्द्र शुक्ल का चिन्तन जगत्

**गिरिजाकुमार माथुर :** नयी कविताः सीमायें और सम्भावानायें

**जगदीश गुप्त :** नयी कविता : शक्ति और सीमा, नयी कविताः स्वरूप और समस्यायें

**जगदीशकुमार :** शमशेर का काव्यलोक

**प्रभाकर श्रोतिय :** संवाद, रचना एक यातना है, कालयात्री है कविता, मेघदूत : एक अन्तर्यात्रा, जयशंकर प्रसाद की प्रासंगिकता

**नरेन्द्र मोहन :** लंबी कविता का रचना विधान

**केदारनाथ सिंह :** आधुनिक हिन्दी कविता में बिम्बविधान, मेरे समय के शब्द

**मलयज :** कविता से साक्षात्कार

**दूधनाथ सिंह :** निराला : आत्महंता आस्था

**अशोक बाजपेयी :** फिलहाल, कविता का गल्प, कविता का जनपद, कवि कह गया है, कुछ पूर्वाग्रह

**विश्वनाथ त्रिपाठी :** लोकवादी तुलसीदास, हिंदी आलोचना

**नन्दकिशोर नवल :** निराला और मुक्तिबोध : चार लंबी कवितायें, हिन्दी आलोचना का विकास, महावीर प्रसाद द्विवेदी, मुक्बिोध : ज्ञान और संवेदना, समकालीन हिन्दी कवि

**राममूर्ति त्रिपाठी :** भारतीग काव्यशास्त्र : नव मूल्यांकन

**मार्कण्डेय :** कहानी की बात

**मधुरेश :** आज की हिन्दी कहानी : विचार और प्रतिक्रिया, सिलसिला : समकालीन कहानी की पहचान, हिन्दी कहानी : अस्मिता की तलाश, हिन्दी कहानी का विकास, हिन्दी उपन्यास का विकास, यशपाल : एक समर्पित व्यक्तित्व, राहुल का कथाकर्म

**रामदरश मिश्र :** हिन्दी उपन्यास : एक अन्तर्यात्रा

**सुनीति कुमारी चटर्जी :** भारतीय आर्यभाषा और हिन्दी

**हरदेव बाहरी :** भाषा विज्ञान

**कुमार विमल :** सौन्दर्यशास्त्र के तत्व, कला विवेचन

**चंद्रभूषण तिवारी :** आलोचना की धार

**विजयमोहन सिंह :** कथा समय

**देवेन्द्रनाथ शर्मा :** भाषा विज्ञान की भूमिका, पाश्चात्य काव्यशास्त्र, काव्य के तत्व

**प्रेमशंकर :** प्रसाद का काव्य, भक्ति काव्य का समाजशास्त्र, भक्तिकाव्य की भूमिका, हिन्दी स्वच्छंदतावादी काव्य

**विजयेन्द्र स्नातक :** कबीर

**मन्नू भण्डारी :** संकल्प का सौन्दर्यशास्त्र

**शेफालिका :** रेणु का कथा संसार

**रेखा खरे :** निराला की कवितायें और काव्य भाषा

**गोपालराम :** हिन्दी उपन्यास कोश

**अशोक चक्रधर :** मुक्तिबोध की कविताई, मुक्तिबोध की समीक्षाई

**रामचन्द्र तिवारी :** हिन्दी गद्य साहित्य

**नलिन विलोचन शर्मा :** साहित्य का इतिहास-दर्शन

**निर्मल वर्मा :** शब्द और स्मृति

**विपिन कुमार अग्रवाल :** आधुनिकता के पहलू

## पत्र / पत्रिकायें

| पत्र/ पत्रिकायें | सम्पादक |
|---|---|
| हिमालय, बालक मतवाला | शिवपूजन सहाय |
| रूपाभ | पंत, नरेन्द्र शर्मा |
| कहानी, नई कहानियाँ, उपन्यास (मासिक) (सहयोगी-श्रीपदराय) | भैरवप्रसाद गुप्त |

| | |
|---|---|
| दिनमान, प्रतीक (दिल्ली) | अज्ञेय |
| आलोचना | (प्रथम सम्पा०- शिवदानसिंह चौहान वर्तमान नामवर सिंह) समालोचक (आगरा) रामविलास शर्मा (कुछ समय बाद बन्द हो गयी) |
| नटरंग (नाट्य समीक्षा पर) | नेमिचन्द जैन |
| विशाल भारत (कलकत्ता) | (प्रथम सं० : बनारसीदास चतुर्वेदी परवर्ती : ब्रजमोहन वर्मा, मोहनसिंह सेंगर, श्रीराम शर्मा, अज्ञेय) |
| माधुरी, लखनऊ, जागरण (काशी) | प्रेमचन्द |
| हंस (काशी) | (प्रथम सं. : प्रेमचंद वर्तमान सं. : राजेन्द्र यादव) |
| इंदु (काशी) | जयशंकर प्रसाद |
| मतवाला | निराला |
| चाँद (प्रयाग) | महादेवी वर्मा |
| विश्वमित्र (कलकत्ता) | हेमचन्द्र जोशी |
| प्रभा (कानपुर) | (प्रथम सं. : माखनलाल चतुर्वेदी परवर्ती : बालकृष्ण शर्मा नवीन) |
| सरस्वती (प्रयाग) | महावीर प्रसाद द्विवेदी के बाद - श्रीनाथ सिंह, पदुमलाल पुन्नालाल बख्शी, देवीदत्त शुक्ल, हरिभाऊ उपाध्याय, गणेश. शंकर विद्यार्थी, ठाकुर दत्त मिश्र, देवीप्रसाद शुक्ल, उमेशचन्द्र मिश्र, देवीदयाल चतुर्वेदी, श्रीनारायण चतुर्वेदी |
| संगम (प्रयाग) | इलाचन्द्र जोशी |
| माध्यम (प्रयाग) | बालकृष्ण राव |
| कल्पना (हैदराबाद) | आर्येन्द्र शर्मा |
| मर्यादा, अभ्युदय (प्रयाग) | कृष्णकांत मालवीय, पद्मकांत मालवीय |
| माया | श्रीकृष्णदास |
| नयी कविता (1954, प्रयाग) | जगदीश गुप्त, रामस्वरूप चतुर्वेदी |
| वीणा (इन्दौर) | शान्तिप्रिय द्विवेदी |
| धर्मयुग (बम्बई) | धर्मवीर भारती, गणेश मंत्री |
| निकष | धर्मवीर भारती, लक्ष्मीकान्त वर्मा |
| नये पत्ते | लक्ष्मीकान्त वर्मा, रामस्वरूप चतुर्वेदी |
| क, ख, ग | (रघुवंश, लक्ष्मीकान्त वर्मा, रामस्वरूप चतुर्वेदी, विपिन कुमार अग्रवाल, कृष्णनाथ) |
| कृत्ति | नरेश मेहता, श्रीकान्त वर्मा |
| पूर्वग्रह, समास (भोपाल) | अशोक वाजपेयी |
| कवि | विष्णुचन्द्र शर्मा |
| युगचेतना/ युगसाक्षी | (देवराज, कुँवरनारायण, प्रेमशंकर, कृष्णनारायण कक्कड़, प्रतापनारायण टंडन) |
| लहर | प्रकाश जैन, मनमोहिनी |
| नया प्रतीक | अज्ञेय, इला डालमिया |
| दस्तावेज | विश्वनाथप्रसाद तिवारी |
| पहल | ज्ञानरंजन |
| अभिप्राय | राजेन्द्रकुमार |
| साक्षात्कार (भोपाल) | सोमदत्त, प्रभात त्रिपाठी, ध्रुव शुक्ल |
| समकालीन भारतीय साहित्य | इन्द्रनाथ चौधरी/ शानी/ गिरधारी राठी (साहित्य अकादमी से छपती है) |
| विप्लव (लखनऊ) | यशपाल |
| कादम्बिनी (दिल्ली) | विष्णु नागर |
| सारिका | अवधनारायण मुद्गल, गिरिजा शंकर त्रिपाठी |
| गंगा | कमलेश्वर |
| वागर्थ | प्रभाकर श्रोत्रिय |
| हिन्दुस्तान (दैनिक) | विश्वामित्र उपाध्याय |
| नवभारत टाइम्स (दैनिक) | राजेन्द्र माथुर |
| स्वतंत्र भारत (दैनिक) | अशोक जी |
| जागरण (दैनिक) | पूरनचन्द, नरेन्द्र मोहन |
| जनसत्ता (दैनिक) | प्रभाष जोशी |
| हिन्दुस्तान | मृणाल पाण्डे |
| दिनमान | घनश्याम पंकज |
| रविवार | उदयन शर्मा |
| वामा | विमला पाटिल |
| पराग (बाल साहित्य) | हरिकृष्ण देवसरे |
| नन्दन (बाल साहित्य) | जयप्रकाश भारती |

- 'आलोचना' पत्रिका के संपादक मण्डल में ये लोग रहे - शिवदानसिंह चौहान (प्रथम सं0), धर्मवीर भारती, रघुवंश, ब्रजेश्वर वर्मा, साही, नंददुलारे बाजपेयी तथा नामवर सिंह

'सरस्वती' के संस्थापक - चिन्तामणि घोष

'विशाल भारत' के संस्थापक - रामानंद चटर्जी

| | |
|---|---|
| 'मतवाला' के संस्थापक | महादेवप्रसाद सेठ |
| 'सुधा' के संस्थापक | दुलारे लाल भार्गव |
| 'कल्पना' के संस्थापक | बदरी विशाल पिन्त्तर |

## रंगमंच :

-बम्बई में सन् 1853 में पेस्तन जी घनजी भाई मास्टर ने 'पारसी नाटक मण्डली' की स्थापना की ।

- हिन्दी रंगमंच का प्रारम्भ 1868 ई. में बनारस थियेटर में मंचित 'जानकीमंगल' नाटक से माना जाता है।

- अव्यावसायिक नाटक मंडलियों में से प्रयाग की 'हिन्दी नाट्य समिति' सबसे प्राचीन है।

पहले इसका नाम 'रामलीला नाटक मंडली' (1889, संस्थापक - माधव शुक्ल) था। 1908 से माधव शुक्ल ने नाम बदल कर 'हिन्दीनाट्य समिति' कर दिया। प्रमुख रंगमंच सम्बंधी संस्थायें हैं -

**काशी** : कविता वर्द्धिनी सभा (1870), भारतेन्दु नाटक मण्डली (1908), रत्नाकर रसिक मंडल (1933), नटराज (1954), प्रगति (1968)

**प्रयाग** : नीटा, आर्य नाट्य सभा, रंगशाला, रंगवाणी,अभिनय

**लखनऊ** : हिन्दी नाट्य समिति (1915), राष्ट्रीय नाट्य परिषद्, उदयन

**कानपुर** : नाट्यभारती, दर्पण, कला संगम

**दिल्ली** : संगीत नाटक अकादमी (1953), लिटिल थियेटर ग्रुप, दिशान्तर, यात्रिक

**कलकत्ता** : अनामिका (1955), संगीत कला मंदिर, अदाकर

**बम्बई** : थियेटर यूनिट

- सन् 1944 में नारायणप्रसाद बेताब के कहने पर पृथ्वीराज कपूर ने 'पृथ्वी थियेटर' की स्थापना की।

- भारतीय जननाट्य संघ (इप्टा) - 1942 ई. (संस्थापक- कमला देवी चट्टोपाध्याय)

- कमलादेवी चट्टोपाध्याय के प्रयास से 1945 ई. में दिल्ली में 'एसियन थियेटर इन्स्टीट्यूट' की स्थापना हुई जिसका नाम 1959 ई0 में बदलकर राष्ट्रीय विद्यालय कर दिया गया।

- रंगमंच से सम्बद्ध प्रमुख पत्रिकायें हैं - नटरंग, रंगयोग, रंगायन, नाट्यवाणी, अभिनय संवाद, रंगभारती, नाटयपत्र, छायानद।

- संस्थाओं से जुडे व्यक्ति : इब्राहिम अल्का जी, शांता गाँधी सत्यदेव दुबे (थियेटर यूनिट, बम्बई), श्यामानन्द जालान (अनामिका, कलकत्ता), सत्यव्रत सिन्हा (प्रयाग रंगमंच, प्रयाग)।

## अन्य भारतीय भाषाओं के प्रमुख साहित्यकार, जिनकी रचनायें हिन्दी में अनूदित हुई :

| *रचना* | *रचनाकार* |
|---|---|
| आग का दरिया (उप., उर्दू ) | कुर्रतुल ऐन हैदर |
| आवारा सिजदे (उर्दू) | कैफी आजमी |
| दीवाने गालिब (उर्दू) | मिर्जा गालिब |
| सोजे वतन (उर्दू, प्रतिबन्धित हुई) | प्रेमचन्द |
| एक गधे की वापसी (कहानी, उर्दू) | कृश्नचंदर |
| एक गधे की सर्गुजश्त, हवाई किले (उर्दू) | कृश्नचंदर |
| अब्बू खाँ की बकरी (कहानी, उर्दू) | जाकिर हुसैन |
| लिहाफ (कहानी, उर्दू) | इस्मत चुगताई |
| हयवदन, तुगलक, रक्तकल्याण | गिरीश कर्नाड (नाटक, कन्नड) |
| नाकुतन्ति (कन्नड) | द. रा. बेन्द्रे |
| संस्कार (कन्नड) | यू. आर. अनंतमूर्ति |
| ययाति (उप., मराठी) | वि. स. खाण्डेकर |
| घासीराम कोतवाल (नाटक, मराठी) | विजय तेंन्दुलकर |
| सखाराम बाइन्डर (उप., मराठी) | विजय तेंन्दुलकर |
| कोसला (उप., मराठी) | भालचन्द्र नेमाडे |
| कागज ते कैनवास (पंजाबी) | अमृता प्रीतम |
| मढी का दीवा (उप., पंजाबी) | गुरदयालसिंह |
| प्रथम प्रतिश्रुति (उप., बंगला) | आशापूर्णा देवी |
| गणदेवता (उप., बंगला) | ताराशंकर बंद्योपाध्याय |
| पद्मा नदी का मांझी (उप., बंगला) | मानिक बंद्योपाध्याय |
| अमृत संतान (उप., उडिया) | गोपीनाथ महंती |
| गुजरात के नाथ (उप., गुजराती) | कन्हैया लाल मणिकलाल मुंशी |
| मछुवारे (उप., तमिल) (मूलनाम : चेम्मीन) | तकषी शिवशंकर पिल्लै |
| दूदामा ना यामा (उप., हिन्दी) | मैत्रैयी पुष्पा |
| आगरा बाजार (नाटक, नजीर के जीवन पर) | हबीब तनवीर |
| हंसिनी, चैरी का बगीचा (नाटक) | चेखव |
| जीभ दिखाना (गुंटर ग्रास की पुस्तक का हिन्दी अनुवाद) | विष्णुखरे (अनुवाद) |

## मध्यवर्ग का उदय और उपन्यास

सामन्तवादी व्यवस्था के ह्रास और पूंजीवाद के उन्नयन के बाद समाज में मध्यवर्ग का उदय हुआ। मध्यवर्ग का उदय प्रथमतः यूरोप के देशों में हुआ। यूरोप के विशाल सांस्कृतिक पुनर्जागरण के (15वीं शती) बाद समाज में प्रचलित अनेकशः रूढ़ियाँ तिरोहित हुई एवं नवीन विचारों का प्रादुर्भाव हुआ। धर्म की सत्ता का नियंत्रण कम हुआ। शैक्षिक गतिविधियों का प्रभाव बढ़ा। वैज्ञानिकता के साथ साथ औद्योगिक धंधों का आविर्भाव हुआ। समाज में आए इन क्रान्तिकारी परिवर्तनों के कारण दास अथवा निम्न वर्ग और पूंजीपति वर्ग के मध्य मध्यवर्ग का आविर्भाव हुआ। वैसे तो मध्यकालीन समाज में एक वर्ग था जो कवियों, कलाकारों और छोटे राज्यव्यवस्था के कर्मचारि का था। लेकिन ये लोग संख्या में नगण्य थे। औद्योगिकरण के पश्चात् शिक्षित लोगों का समुदाय अपनी उपस्थिति दर्ज कराने में सक्षम हुआ।

हिंदुस्तान में ईस्ट इंडिया कंपनी के आने के बाद मध्यवर्ग का उदय होता है। दुभाषियों एवं दलालों को मध्यवर्गी समाज का पूर्वज माना जाता है। सन् 1757 में प्लासी के युद्धोपरान्त अनेक क्षेत्रों में कंपनी का आधिपत्य होने लगा। भारतीय जनमानस अंग्रेजी शैली की शिक्षा एवं पाश्चात्य संस्कृति से प्रभावित हुआ। व्यापार हेतु यूरोपीयन लोगों को बुलाया गया। बंगालियों को एजेण्ट नियुक्त किया गया। 1765 ई॰ के बाद इस प्रकार बंगाल में एक शिक्षित मध्यवर्ग का विकास हुआ। 1770 ई॰ के अकाल ने भी इस वर्ग के उदय में विशेष योगदान किया। समाज सुधार, रूढ़ियों से मुक्ति, अंधविश्वास, बाल विवाह, विधवा विवाह आदि के विरूद्ध आर्य समाज, ब्रह्म समाज आदि संस्थाओं के सकारात्मक प्रयास से समाज में शिक्षा के विकास को बल मिला। वैज्ञानिक शिक्षा का पक्ष लिया गया। नवजागरण की लहर फैली। स्वाभिमान की रक्षा के साथ-साथ पाश्चात्य शिक्षा का समर्थन भी हुआ।

सन् 1835 ई॰ में लार्ड मैकाले ने स्पष्ट कहा कि, "हमें इस समय एक ऐसे वर्ग की रचना के लिए भरसक कोशिश करनी चाहिए जो हम तथा हमारे करोड़ों शासितों के मध्य दुभाषिये की भूमिका निभा सके अर्थात् व्यक्तियों का एक ऐसा वर्ग जो रक्त तथा त्वचा के रंग में तो भारतीय हो, लेकिन, रूचि, अभिमत, नैतिक, मानदण्डों और प्रतिभा में अंग्रेज हो।"

देश के स्वाधीनता-संग्राम में बाद में मध्यवर्ग से निकले बुद्धिजीवियों ने ही नेतृत्व की जिम्मेदारी संभाली। वैसे भारत में वास्तविक रूप में मध्यवर्ग का उदय 1857 ई॰ के स्वाधीनता संग्राम के उपरांत माना जाता है। संचार, डाक-तार, रेल से जनमानस, जनसाधारण प्रभावित हुआ। आधुनिक बोध की विवृत्ति करने वाली अनेक शिक्षण-संस्थाओं को खोला गया।

सत्रहवीं शती का 'राबिन्सन क्रूसो' 'डेनियल डिफो' पूंजीवादी वर्ग की साहसिकता और आशावाद को व्यक्त करने वाला उपन्यास है। परवर्ती उपन्यास में– पामेला (Recherdson), जोनाथन वाइल्ड (Henary Fielding), एमार (Jen Austin) आदि में मध्यवर्गीय समाज का चित्रण किया गया है। आ॰ नंद दुलारे वाजपेयी की सम्मति में "मध्ययुग के सामंती समाज का अंत होने पर जब नवीन औद्योगिक सभ्यता का आविर्भाव हो रहा था और नगरों में नवीन मध्यवर्ग की सत्ता स्थापित हो रही थी, उस समय उपन्यास का आविर्भाव हुआ। इस प्रकार उपन्यास एक ओर गद्य-साहित्य के निर्माण और विकास का समकालीन था तो दूसरी ओर मध्यवर्ग के उत्थान का समसामयिक है।"

डॉ॰ सत्यकाम ने लिखा है कि भारतीय रंगमंच पर उपन्यास का उदय अठारहवीं शती के उत्तरार्द्ध में ही हो पाया, हालांकि इसके लिए परिस्थितियाँ पिछले पचास वर्षों से तैयार हो रहीं थीं। हिन्दी में उपन्यास पद का प्रयोग सबसे पहले 'हरिश्चंद्र चंद्रिका' में 1875 ई॰ में प्रकाशित कहानी के लिए हुआ। उपन्यास नाम से लिखित हिन्दी की पहली पुस्तक 'निस्सहाय हिन्दू' है। डॉ॰ गोपाल राय देवरानी-जेठानी की कहानी जो 1870 ई॰ में छपी थी, को प्रथम उपन्यास-कृति मानते हैं। शुक्ल जी ने परीक्षा गुरू (1882 ई॰) को अंग्रेजी शैली का पहला उपन्यास माना। ये सभी प्रारंभिक कृतियां मध्यवर्गी जीवन पर केन्द्रित हैं।

## उपन्यास और यथार्थ तथा उसके विविध रूप

जब हक्सले ने उपन्यास को 'वासनायुक्त प्रेम, लोभ, भय, महत्त्वाकांक्षा, कर्त्तव्य और ममता से संबंधित तथ्यों का एक वृहत् संग्रह मात्र कहकर उपेक्षित करना चाहा था तो वे प्रकारान्तर से उसके यथार्थ-चित्रण के आग्रह को रेखांकित कर रहे थे। कला

जगत में यथार्थवाद के उदय की दो तिथियों का वर्णन किया जाता है। सन् 1855 ई॰ में कोर्वे द्वारा अपने चित्रों के संदर्भ में Realism का प्रयोग और सन् 1856 ई॰ में फ्लाबेयर के उपन्यास 'मादाम बावेरी' का प्रकाशन-यथार्थवाद के आविर्भाव की घोषणाएँ है। यथार्थ के प्रति उपन्यास का रूझान पुरातन है। जैसा कि डॉ॰ त्रिभुवन सिंह ने कहा है कि, "यथार्थ और यथार्थवाद के बीच कोई भेदक रेखा नहीं है। 'यथार्थ' यथार्थवाद का अनगढ़ रूप है, इसका रॉ मेटीरियल है।"

कजामियाँ ने चेताया था कि यथार्थवाद कोई शैली न होकर एक प्रवृत्ति है। लेकिन यथार्थवाद की चर्चा एक शैली के रूप में अधिक हुई और इसका एक रूप 'प्रकृतवाद' यथार्थवाद का पर्याय समझा जाने लगा। यहाँ तक कि प्रेमचंद भी इस भ्रम के शिकार रहे। प्रेमचंद यथार्थवाद को आँखे खोलने वाले के अलावा -पेसिमिस्ट' भी बताते रहे। गोदान : नया परिपेक्ष्य में डॉ॰ गोपाल राय ने कहा है कि, प्रेमचंद ने जिस यथार्थवाद को नकारा है, वह पाश्चात्य साहित्य का नेचुरलिज्म है। वास्तविकता यह है कि प्रकृतवाद से पहले जो यथार्थवाद उभरा था, उसकी प्रकृति आलोचनात्मक और विश्लेषणपरक थी। उसका विकास आदर्शोन्मुख यथार्थवाद और आलोचनात्मक यथार्थवाद आदि के रूप में कालान्तर में हुआ। वास्तविक यथार्थवादी साहित्य की विशेषता बताते हुये जार्ज ल्युकाक्स ने लिखा है कि यथार्थवादी लेखक वह है जो बिना किसी भय के या पक्षपात के जो कुछ अपने पास देखे उसका चित्रण करे। कुछ आलोचक यथार्थवाद को एक शैली विशेष मानते हैं। आर.एल. स्टीवेन्सन ने इसका सम्बन्ध रचना की कलात्मक शैली मात्र से माना है। वस्तुतः यथार्थवाद का संबंध—कथन और शिल्प दोनों से है। उपन्यास में यथार्थवाद के निम्न रूप प्रचलित हैं। 1. प्रकृतवाद, 2. अतियथार्थवाद, 3. आदर्शोन्मुख यथार्थवाद, 4. आलोचनात्मक यथार्थवाद, 5. समाजवादी यथार्थवाद, 6. जादुई यथार्थवाद।

रोमांटिक यथार्थवाद, ऐतिहासिक यथार्थवाद, आँचलिक यथार्थवाद आदि का नामोल्लेख भी होता रहा है। वस्तुतः 'यथार्थवाद' एक मानवीय जीवनदृष्टि है, जिसकी उपेक्षा करके कोई सार्थक उपन्यास नहीं रचा जा सकता। लेकिन केवल यथार्थवाद किसी रचना को महत्वपूर्ण नहीं बना सकता था। हावर्ड फास्ट ने कहा कि, "प्रतिभा की कमी और कला के अभाव को यथार्थवाद के आवरण से नहीं ढँका जा सकता है।

## उपन्यास में इतिहास, कल्पना और आधुनिकता

साहित्यिक विद्वानों ने कथा सृजन के दो रूप माने हैं— ऐतिहासिक और कल्पित। ऐतिहासिक कथा संसार के किसी विशेष काल खंड एवं स्थान पर घटित होती है। उपन्यास में कल्पित कथा के साथ-साथ अनेकशः सृजकगण घटित कथा का भी सृजन करते हैं। उपन्यास और इतिहास एक जैसे नहीं है। इतिहास में घटित कथा भी सृजक की तूलिका से इतिहास के गर्त को छोड़कर मैदान पर दिखाई पड़ने लगती है। डॉ॰ सत्यकाम के अनुसार, "इतिहास तथ्य प्रधान होता है जबकि उपन्यास कल्पना प्रसूत। इतिहास की प्रत्येक घटना का कोई साक्ष्य या प्रमाण होता है जबकि उपन्यास के क्रिया-व्यापार हेतु किसी तथ्य या प्रमाण की आवश्यकता नहीं पड़ती। निदर्शनार्थ महात्मा गांधी का दक्षिण अफ्रीका में साम्राज्यवादी शक्तियों से संघर्ष के इतिहास को गिरिराज किशोर ने 'पहला गिरमिटिया' उपन्यास का कथ्य बनाया। इसमें कल्पनाशीलता का सहारा लिया गया है। रवीन्द्रनाथ ठाकुर, वृंदावनलाल वर्मा, हजारी प्रसाद द्विवेदी, चतुरसेन शास्त्री आदि ने ऐतिहासिक संदर्भ के उपन्यासों की रचना कल्पना के सहारे की। बाणभट्ट की आत्मकथा, चारू चंद्रलेख, गोरा, वैशाली की नगर वधू, मृगनयनी, आदि में लेखकों ने तत्कालीन इतिहास की घटित घटना में युगीन परिदृश्य की समस्याओं, सवालों का प्रक्षेपण किया है। सामाजिक उपन्यासों में इतिहास तो नहीं होता लेकिन देश-काल की उपस्थिति ऐतिहासिकता का बोध करा देती है। जिसे हम गोदान, मैला आँचल आदि में देख सकते हैं।

डॉ॰ त्रिभुवन सिंह ने कल्पनाशक्ति का रचनात्मकता से गहरा संबंध बताते हुए लिखा है कि, "कल्पना उपन्यासकार की रचनात्मक प्रतिभा को आगे बढ़ाकर कार्य करने की भूमि प्रस्तुत करती है। उपन्यासकार कल्पना के द्वारा ही ऐसे प्रसंगों तथा मार्मिक स्थलों एवं घटनाओं की सृष्टि करने में सफल हो पाता है जो उसकी कृति को कलात्मक पूर्णता प्रदान करने के लिए आवश्यक होती है। कल्पनात्मकता के सहारे सृजक देश-काल, वातावरण के साथ-साथ चरित्र-चित्रण भी निरूपित करता है। रंगभूमि का सूरदास, बाणभट्ट की आत्मकथा का 'बाण' आदि लेखक का कल्पना प्रसूत चरित्र रखते हैं। लेखक की वैचारिकता इसमें कार्य करती है।

लेखक द्वारा प्रसूत इतिहास या कल्पना का 'आधुनिक सरोकारों से संपृक्त होना आवश्यक समझा जाता है। रचना में रचनाकार अपनी लेखनी से गड़े मुर्दे उखाड़ने के पीछे अपना उद्देश्य रखता है। इसीलिए वह औचित्यपूर्ण तथा सार्थक होती है। आधुनिकता को हर सृजक सक्रिय और जागरूक रूप से स्वीकारता है। विवादास्पद आधुनिकता के संदर्भ में डॉ॰ गंगा प्रसाद विमल कहते हैं कि, "वह केवल नगरीकरण ही नहीं है। नगरीकरण उसकी एक वृत्ति है, जो व्यापार रूप से प्रसारित होती है। मशीन की स्थापना जहाँ भी होती है, वह अपने साथ जिस प्रकार का तामझाम ले आती है, उसका अपना एक अनुशासन होता है, जिसे भ्रम से नगर बोध मान लिया जाता है, 'आधुनिकता मध्यकालीनता से छुटकारा

है अर्थात् उन रूढ़ियों और अंधविश्वासों से मुक्ति है जो मुनष्य पर बरबस लादी जा रही थी। आधुनिकता विज्ञान और प्रौद्योगिकी के माध्यम् से एक नयी जीवन-पद्धति है जो नवल विचारों और मूल्यों को व्यक्त करती है। भ्रम वश अनेक विद्वान इसे नगर बोध का पर्याय मान लेते हैं। डार्विन, मार्क्स, फ्रॉयड आदि विचारकों और विद्वानों ने गत सदी में सोचने-समझने की शैली को बदल दिया। मनुष्य को ही लक्ष्य किया जाने लगा। ईश्वर की सत्ता पर प्रश्न चिह्न लगा। सार्त्र, सीमोन, गाँधी, मिल, अंबेडकर, प्रेमचंद, इलियट आदि ने अपनी तरह से विश्व को आधुनिक बनाने का प्रयास किया। हिन्दी साहित्य के भारतेन्दु काल में ही आधुनिकता के दर्शन होने लगते हैं। जाति, वर्ण, व्यवस्था के मूल्यों का अवमूल्यन होता है। प्रेमचंद पूर्व ही अनेकशः रचनाकारों ने इसमें शिरकत की। प्रेमचंद में इसका पूर्ण रूप ग्राह्य है। आधुनिकता का दूसरा पहलू अस्तित्ववादियों का आया। जिसके फलस्वरूप नदी के द्वीप, अंधेरे बंद कमरे जैसी रचनाएँ हुईं। यह व्यक्ति-केन्द्रितता को दर्शाती है। अन्य दूसरे पक्ष पर यशपाल आदि रचनाकार दिखाई देते हैं जो प्रगतिशील विचार को अपनाते हैं। इसमें मानव मात्र की मुक्ति केन्द्रस्थ है।

आधुनिकता, उत्तर आधुनिकता की चर्चा बहसों के केन्द्र में है। सुधीश पचौरी सदृश लेखकों ने इसे जीवंत बना रखा है। मनोहर श्याम जोशी ने 'हरिया हरकुलिस की हैरानी' जैसे उपन्यास की सृजना की।

## प्रेमचंद पूर्व हिन्दी उपन्यास

हिन्दी साहित्य के आधुनिक काल को गद्यकाल भी कह सकते हैं। इस गद्य काल की सबसे सशक्त विधा उपन्यास है। रामदरश मिश्र ने प्रेमचंद-पूर्व युग के उपन्यास-साहित्य को उद्देश्य की दृष्टि से दो भागों में विभक्त किया है। 1. कोरा मनोरंजन 2. मनोरंजन के साथ सुधारवादी भावना। वे आगे कहते हैं कि वास्तव में इन दोनों वृत्तियों का संबंध अपने यहाँ की परम्परागत कहानियों से है। भारत वर्ष में कथा साहित्य की धारा अनादिकाल से बहती हुई आ रही है। वेदों, ब्राह्मणों, रामायण, महाभारत, पुराणों, जैन गाथाओं, जातक गाथाओं, हितोपदेश, वीरतागर्भित रोमानी कविताओं, पंचतंत्र, आदि में कथा का अनंत भंडार भरा हुआ है।

हिन्दी के उपन्यास साहित्य का आरंभिक उपन्यास कौन-सा है? इस विषय को लेकर अनेक मत दृष्टव्य है। आ. रामचंद्रशुक्ल ने श्रीनिवास दासकृत 'परीक्षा गुरु' (1882 ई.) को अंग्रेजी ढंग का पहला उपन्यास माना है। 'उपन्यास' पद का पहला प्रयोग 'हरिश्चंद्र चंद्रिका' में प्रकाशित कहानी के लिए 1875 ई. में हो चुका था। रहस्य कथा उपन्यास शीर्षक बालकृष्ण भट्ट की एक रचना 'हिन्दी प्रदीप' पत्र में नवम्बर 1879 ई. प्रकाशित होनी शुरू हुई। किन्तु, इस उपन्यास से पूर्व उपन्यास नाम से राधाकृष्णदासकृत 'निस्हाय हिन्दू' 1890 ई. में प्रकाशित हुई। श्री निवासदास ने तो अपने उपन्यास 'परीक्षा गुरू' को उपन्यास न मानकर अनुभव द्वारा उपदेश मिलने की एक संसार वार्ता कहा है। हम इस समग्र विवाद को दृष्टि में रखकर निष्कर्षतः कह सकते हैं कि हिन्दी का पहला उपन्यास पं. गौरीदत्त विरचित 'देवरानी-जेठानी की कहानी' है, जो कि 1870 ई. में प्रकाशित हुआ। यह यथार्थवादी पीठिका पर सृजित है।

प्रेमचंद पूर्व उपन्यासों की सबसे प्रमुख और सामान्य विशेषता है उनका घटना प्रधान होना। यानी ये उपन्यास घटना-चमत्कार का प्रदर्शन कर या तो मात्र मनोरंजन करना चाहते हैं या कोई उपदेश देना चाहते हैं। हम देख पायेंगे की प्रेमचंद के पूर्व जासूसी, तिलस्मी, ऐयारी, ऐतिहासिक, सामाजिक सभी तरह के उपन्यास लिखे गये किन्तु ये सभी घटना चमत्कार पर आधारित हैं। घटना चमत्कार पर आधारित उपन्यास जीवन यथार्थ की चिन्ता कम करता है। इसमें पात्रों की योजना चारित्रिक विशिष्टताओं, मानसिक सत्यों की निगूढ़ताओं, सामाजिक परिवेश के साथ उनके विभिन्न सम्बन्धों के चित्रण के लिए नहीं होती, घटनाएं भी गहन जीवन संदर्भों और पात्रों की पारस्परिक क्रिया-प्रतिक्रियाओं से प्रभावित नहीं होतीं, वे जीवन के विभिन्न प्रश्नों, समस्याओं और आकांक्षाओं की जटिलता से उलझी नहीं होती। सनसनी पैदा करने वाली, कौतूहल वर्धक करने वाली या किसी विशेष सुधारवादी अंत तक पाठक को पहुंचाने वाली घटनाओं को लेखक अपने ढंग से सजाता चलता है। (हिन्दी उपन्यासः एक अंतर्यात्रा रामदरश मिश्र) इस तरह से प्रेमचंद के पूर्व के उपन्यास विधा के अधिकांशतः सृजकों ने घटनाओं को बिना नियोजित किये शब्दबद्ध किया है। इस घटना प्रधान कथाओं में पात्रों की कोई निजी विशेषता नहीं होती, वे टाइप होते हैं।"

प्रेमचंद से पूर्व हिन्दी साहित्योतिहास में कोई महत्त्वपूर्ण उपन्यास लक्षित नहीं होता। कहा जा चुका है कि हिन्दी के आरंभिक उपन्यासों में शुद्ध मनोरंजनात्मक उपन्यासों के अतिरिक्त उपदेश-प्रधान उपन्यास भी लिखे गये और कुछ ऐतिहासिक पृष्ठभूमि पर आधारित उपन्यासों की भी रचना हुई। इसका मूल कारण उनका युग एवं युग की परिस्थितियां थी। भारतेन्दु युग के लेखक एक अपने देश और काल की चेतना से जाग्रत थे। प्रेमचंद युग के पूर्व तीन तरह की उपन्यास रचना रामदरश मिश्र ने बतायी है।

1. **शुद्ध मनोरंजन प्रधान**–*तिलस्मी ऐमारी :* लेखक-देवकी नंदन खत्री, किशोली लाल गोस्वामी, देवी प्रसाद शर्मा, जगन्नाथ प्रसाद चतुर्वेदी, हरे कृष्ण जौहर। *जासूसी :* लेखक-गोपालराम गहमरी, शिवनारायण द्विवेदी, शेरसिंह, रूद्रदत्त शर्मा, जयरामदास गुप्त आदि।
2. **उपदेश प्रधान सामाजिक उपन्यास**–श्री निवासदास, बालकृष्णभट्‌ट, राधाकृष्ण, राघवचरण गोस्वामी, देवीप्रसाद शर्मा, किशोरीलाल गोस्वामी, लज्जाराम मेहता आदि।
3. **ऐतिहासिक उपन्यास**–किशोरीलाल गोस्वामी, बलदेव प्रसाद मिश्र, कृष्ण प्रकाश सिंह, अखौरी, ब्रजनंदन सहाय, मिश्र बंधु आदि।

इन तीनों प्रवृत्तियों को रोमांच बहुल, रोमांस बहुल एवं उपदेश बहुल उपन्यास कहते हैं। शुद्ध मनोरंजन प्रधान या रोमांचकारी उपन्यासों में विस्मयकारी घटनाओं का ताना-बाना है। इसमें तिलस्म और ऐयारी के बड़े विचित्र कारनामें दृष्टव्य हैं। घटनाओं के बगैर कार्य-कारण संबंध का वर्णन किया जाता है जिससे कथा प्रवाह तीव्र बना रहता है। कौतूहल वृत्ति हमेशा बनी रहती है। चोरी डकैतियों और अन्य प्रकार की आपराधिक खोजों की जाँच जासूसी उपन्यास में होती है। जासूसी उपन्यास तिलस्मी, ऐयारी उपन्यासों की अपेक्षा अधिक विश्वसनीय होते हैं। जहाँ तिलस्मी, ऐयारी में जादुई तत्वों का प्रयोग होता है वहाँ जासूसी उपन्यासों में बुद्धि कौशल और वैज्ञानिक साधनों का प्रयोग होता है। यानी कि जासूसी उपन्यासों में कार्यकारण की शृंखला होती है और वे अविश्वसनीय नहीं होते।

देवकी नंदन खत्री के उपन्यास चंद्रकांता (1891 ई॰), चंद्रकांता संतति नरेन्द्र मोहिनी (1893 ई॰), वीरेन्द्रवीर (1895 ई॰), कुसुम कुमारी (1899), काजर की कोठरी (1902 ई॰), अनूठी बेगम (1905 ई॰), गुप्त गोदना (1906 ई॰), भूतनाथ आदि रोमांच बहुल उपन्यास है। इनके अलावा हरे कृष्ण जौहर कृत कुसुमलता, मयंक मोहिनी या मायामहल (1901 ई॰), कमल कुमारी (1902 ई॰), निराला नकाबपोश (1902 ई॰), भयानक खून (1903 ई॰), किशोरीलाल गोस्वामीकृत तिलस्मी शीशमहल (1905 ई॰) रामलाल वर्मा रचित 'पुतली महल' (1908) उपन्यास आते हैं।

गोपालराम गहमरी ने जासूसी उपन्यासों की रचना की। जिनमें अद्‌भुत लाश, बेकसूर की फाँसी, सरकती लाश, खूनी कौन, बेगुनाह का खून, जासूस की भूल, खून, खूनी का भेद, गुप्त भेद इनके उपन्यास हैं।

अपने समय और समाज के सवालों पर आधारित इस युग के उपन्यासों में 'उपदेशात्मक' स्वर बहुत तीक्ष्ण हैं, आरंभ में रचित अधिकतर सामाजिक उपन्यास उपदेशात्मक है। 'परीक्षा गुरू' में कुसंगति से मुक्त होने का उपदेश है और 'देवरानी-जेठानी की कहानी' में स्त्रियों के शिक्षित होने पर जोर दिया गया है। इन उपन्यासकारों का राष्ट्रीय अभिमान अधिक मुखर नहीं हो सका। किन्तु सामाजिक, धार्मिक पक्ष की विकृतियों को चित्रित करने में कोई विशेष अड़चन नहीं थी। राष्ट्रीय जागरण के साथ सामाजिक जागरण का स्वर उद्‌घोषित है। भारतेन्दु हरिश्चंद्र के 'पूर्ण प्रकाश' और 'चंद्रप्रभा' सामाजिक उपन्यास हैं। भाग्यवती (श्रद्धाराम फिल्लौरी, 1877), नूतन ब्रह्मचारी, सौ अजान : एक सूजान (बालकृष्ण भट्‌ट) निस्सहाय हिन्दू (राधाकृष्ण दास), विधवा विवाह) राधाचरण गोस्वामी और देवी प्रसाद शर्मा। इनके अलावा श्यामा स्पप्न, जया, लवंग लतिका, कुसुमकुमारी, लीलावती का आदर्शसती, पुनर्जन्म, सौतिया डाह, अंगूठी का नगीना, धूर्त रसिकलाल, स्वतंत्र रमा और परतंत्र लक्ष्मी, अधखिला फूल, ठेठ हिन्दी का ठाठ, सास पतोहू, सौन्दर्योपासक, राधाकांत, रामलाल, वनजीवन-वन प्रेम लहरी आदि के नाम अग्रगण्य हैं।

ऐतिहासिक उपन्यासों की शृंखला में किशोरीलाल गोस्वामीकृत हृदयहारिणी व आदर्श रमणी (1890), लवंगलता का आदर्शवाला (1890) तारा (1902) राजकुमारी (1902), कनक कुमारी वा मस्तानी (1903) लखनऊ की कब्र वा शाही महलसरा (1906) रजिया बेगम आदि, गंगा प्रसाद गुप्त-कृत, पृथ्वी राज चौहान (1902) कुमारसिंह सेनापति (1903) हम्मीर (1904) श्याम सुंदर वैद्य कृत, पंजाब पतनः कृष्ण प्रसाद सिंह आखौरीकृत वीर चूड़ामणि, मथुरा प्रसाद शर्माकृत, नूरजहाँ, ब्रजनंदनसहायकृत 'लालचीन' (1916) मिश्रबंधु कृत वीर मणि (1917) आदि उपन्यास इस काल के ऐतिहासिक कहे जाने वाले उपन्यास हैं। इस प्रकार प्रेमचंद के युग के पूर्व में उपन्यासों में राष्ट्रीयता के साथ सामाजिकता, मनोरंजन के साथ उपदेशात्मकता के भाव लक्षित होते हैं।

## हिन्दी उपन्यास और स्वाधीनता आंदोलन

हिन्दुस्तान के इतिहास में स्वाधीनता-आंदोलन का काल विशेष स्थान रखता है। यह काल राष्ट्रीय और सामाजिक उथल-पुथल का काल था। रामदरश मिश्र की सम्मति में यह संक्रान्ति काल– दो प्रकार की संस्कृतियों का, दो प्रकार के मूल्यों का, साथ ही साथ संघर्षकाल था–साम्राज्यवाद से राष्ट्रवाद का, सामंती सभ्यता से महाजनी सभ्यता का एवं सामंती और महाजनी दोनों सभ्यताओं से शोषित किसानों और मजदूरों की शक्तियों का था। राजनीतिक क्षेत्र में उथल-पुथल मची थी। पराधीन भारत साम्राज्यवादी ब्रिटिश

राज्य से मुक्त होने के लिए तड़प रहा था।'' 1857 ई० से सतत शुरू हुए विद्रोह के स्वर, मुक्ति के स्वर साम्राज्यवादी शक्तियों के प्रबल होने के बावजूद भी सक्रिय रहे। प्रतिरोध का क्रम टूटा नहीं। प्रथमतः तिलक, गोखले और लाला लाजपत राय एवं बाद में महात्मा गाँधी का नेतृत्व, सुभाष चंद्र बोस और भगत सिंह की शहादत ने इस मुक्ति संग्राम में आग में घी का काम किया। सन् 1942 से स्वाधीनता हेतु अंग्रेजों के विरूद्ध यहाँ की जनता ने भारत छोड़ो आंदोलन का उद्घोष किया। 'करो या मरो' के नारे के आगे यहाँ की अंग्रेज शासन- सत्ता को अंततः मुक्ति देनी ही पड़ी। लेकिन उनकी नीति जाते-जाते भी देश को विभाजित कर गई।

हिन्दी उपन्यासों पर स्वाधीनता आंदोलन का दो प्रकार से प्रभाव पड़ा। कुछेक उपन्यासकार तो गाँधी जी के प्रभाव से, स्वदेशी के प्रभाव और अंग्रेज सरकार द्वारा प्रदत्त सरकारी सेवाओं को त्यागकर आजादी की जंग में शिरकत करने लगे। जैसे प्रेमचंद ने गाँधी जी के आह्वान पर स्वयं नौकरी छोड़ दी और 'सोजेवतन' सदृश कहानी संकलन पर शासक-सत्ता का कोपभाजन झेलना पड़ा। जैनेन्द्र, विष्णु प्रभाकर आदि उपन्यास सर्जकों ने असहयोग आंदोलन आदि में सकारात्मक रूप से भाग लिया। यशपाल, मन्मथनाथ गुप्त आदि सशस्त्र क्रांतिकारियों के संगठन के सदस्य थे। उन्हें कई वर्षों तक सलाखों के पीछे रहना पड़ा। अज्ञेय का उपनाम 'अज्ञेय' जेल में ही पड़ा। फणीश्वरनाथ रेणु तथा विवेकी राय भी स्वाधीनता-संग्राम से संबद्ध रहे। इसके अलावा अन्य सर्जक कर्मियों ने प्रत्याक्षाप्रत्यक्ष स्वाधीनता आंदोलन को अभिव्यक्ति दी और आजादी की लड़ाई को अपनी सर्जना का उपजीव्य बनाया।

प्रेमचंद के उपन्यास कर्मभूमि, रंगभूमि और गबन में मुक्ति संग्राम के दौरान जनसहयोग, नेतृत्व क्षमता और शासकों की भेदनीति आदि का यथोचित प्रामाणिक वर्णन है। 'कर्मभूमि' में बीसवीं शती के तीसरे-चौथे दशक का यथार्थ है। 'रंगभूमि' संघर्ष के दौरान अहिंसा की ताकत का बयान है। इस उपन्यास में सूरदास का अंत उसी प्रकार दिखाया गया है जिस प्रकार महात्मा गांधी का हुआ। 'गबन' में देशभक्तों के विरूद्ध उपनिवेशवादियों के षडयंत्र को विषय बनाया गया है। इस उपन्यास में प्रेमचंद ने दोनों स्तरों पर मुक्ति की बात की है– देशी सामंतवाद से एवं विदेशी साम्राज्यवाद से। उन्होंने कहा कि जॉन की जगह गोविन्द को गद्दी पर बैठाने से जनता की मुश्किलें हल नहीं हो जाएंगी। जनता को स्वतंत्रता तभी मिल सकती है जब वे व्यवस्था की कमियों को लेकर उसका प्रतिरोध, प्रतिकार करें। जनता को इससे मतलब नहीं है कि शासक जॉन है या गोविन्द। तुलसीदास ने जनता के मन की आवाज को लेकर कहा कि, "कोउ नृप होइ हमें का हानी।" जैनेन्द्र व्यक्ति के मानस के रचनाकार हैं। उनके उपन्यासों में स्वाधीनता संघर्ष का विशद एवं बाह्य चित्रण नहीं हुआ है। उनके उपन्यास सामाजिक जीवन की असंगतियों, विसंगतियों, गिरते मानव-मूल्यों, स्त्री की स्थिति आदि को लेकर चलते हैं।

यशपाल और अज्ञेय की उपन्यास सृजना में क्रांतिकारी जीवन के अनुभवों की अभिव्यंजना है। अज्ञेय द्वारा रचित 'शेखर एक जीवनी में' शेखर को राजद्रोह के अपराध में फाँसी की सजा मिलती है। वह कारावास की कोठरी में बैठकर अपने अनुभव को व्यक्त करता है। स्वतंत्रता को लेकर वह कहता है कि, "मुक्ति, स्वराज, स्वतंत्रता—कितने सुंदर शब्द हैं। किन्तु कहाँ हैं इनके पनपने के लिए खंडित और खाद् युक्त मिट्टी, जनता ....।" यशपाल ने उपन्यास में आजादी को 'झूठा सच' कहकर व्यक्त किया है। 'देशद्रोही', 'दादा कॉमरेड' आदि में वे शुरू से ही आजादी के संघर्ष के पदच्युत होने से चिंतित हैं, लेकिन आजादी मिल जाने के बाद की उनकी निराशा 'झूठा सच' (भाग-2) में व्यक्त हुई। 'झूठा सच' इस कड़वी सच्चाई को उकेरता है कि अंग्रेजों के शासन में सांप्रदायिकता की जो बेल फली-फूली वह स्वतंत्रता प्राप्ति के बाद अधिक विकराल रूप में सबके गले में फाँस बन गई। 'तमस' के लेखक भीष्म साहनी ने भी आजादी मिलने के समय के संक्रमणकालीन यथार्थ को व्यक्त किया है। साम्राज्यवाद, सांप्रदायिकता, विभाजन की त्रासदी आदि पर इन्होंने कलम चलाई।

हिन्दी के अन्य अनेकों उपन्यासकारों ने स्वतंत्रता प्राप्ति की सूचना और उसके साथ जुड़े भले-बुरे परिवर्तनों के उल्लेख के साथ समाप्त हुए हैं। इनमें स्वाधीनता संघर्ष के दौरान शासकों एवं शासितों के मध्य के संघर्ष को विवृति मिली है विस्तृत विवरण के साथ। 'मैला आँचल' में बावनदास, चोला उतारने वाला, मुखौटा बदलने वाला पात्र है। रामदरश मिश्र के उपन्यास 'पानी के प्राचीर' में आजादी किसको मिली है, का वर्णन है। आम आदमी की आजादी को लेकर प्रश्नाकुलता है। 'आधा गाँव' में मुस्लिम सामंती शक्तियों की चर्चा है।

कुछ-एक और उपन्यास हैं जिनमें 1942 के भारत छोड़ो आंदोलन की अनुगूंज सुनाई पड़ती है। 'बयालीस' (प्रतापनारायण), 'श्वेत पत्र (विवेकीराय), 'देशद्रोही', 'मेरी तेरी उसकी बात' (यशपाल), 'बीज' (अमृतराय), 'जिच' (मन्मथनाथ गुप्त), 'बलिदान' (रघुवीर शरण मिश्रा), 'सीधी सच्ची बातें' (भगवती चरण वर्मा) आदि ने इस विद्रोह को दिखाया है। इनके अलावा तत्कालीन बाणभट्ट की

आत्मकथा एवं गिरिराज किशोर का पहला गिरमिटिया भी इसी उपजीव्य को लेकर सृजित है। पाहीघर, परछांई नाच, कालकथा, आदि मुक्ति संग्राम को व्यक्त करते हैं।

## स्वाधीन भारत के प्रमुख उपन्यास

हिन्दी साहित्य का आधुनिक काल गद्यकाल भी कहलाता है। लेकिन गद्य से इतर पद्यात्मक रचनाएं भी इस युग में होती रही। कविता का क्षेत्र जीवंत रहा। स्वातंत्र्योतर भारत में कविता की अधिकता इसका प्रमाण है। कविता को लेकर इतने आंदोलन, काल चले उतने उपन्यास या कहानी विधा को लेकर नहीं। लेकिन स्वातंत्र्योतर भारत में ऐसा नहीं है कि उपन्यास सृजना में विविधतापन नहीं दिखाई दी। विषय को लेकर कहें तो विविध विषय इस हेतु अपनाये गये। मुक्ति विमर्श के संपूर्ण आख्यान हेतु उपन्यास ही प्रबल विधा है। कथाकार अपने संपूर्ण संचित अनुभव को भली भाँति इसी विधान्तर्गत अभिव्यंजित कर सकते हैं और किया भी है। कविता की भाँति उपन्यास की रचना पर किसी विशेष प्रकार का आवरण नहीं डाला जाता है। उपन्यास मध्यवर्गीय जीवन, समाज का दस्तावेज होता है। मध्यवर्ग की जिन्दगी को व्यक्त करने का सशक्त साधन। महाकाव्यात्मक पीड़ा को इसी के जरिये व्यक्त कर सकते हैं।

स्वातंत्र्योतर भारत में अनेकों मनः स्थितियों के सर्जकों ने उपन्यास सृजन का कार्य किया। लेकिन उपन्यास कहानी या कविता की तरह नएपन की उद्घोषणा किए हुए सतत यात्रा पथ पर रहा। कविता-कहानी नयी-पुरानी हुई लेकिन उपन्यास आंचलिक जरूर हुआ इसके अलावा विचारधारा विशेष को मध्य में रखकर उसे संज्ञा प्राप्त होती। फलाँ आदर्शोन्मुख यथार्थवाद, फलाँ स्त्री विमर्श का तो फलाँ दलित विमर्श। बहरहाल! डॉ॰ विजय मोहन सिंह के शब्दों में, "इस शताब्दी का आखिरी दशक औपन्यासिक दृष्टि से अधिक समृद्ध माना जायेगा कविता और कहानी दोनों की अपेक्षा।"

स्वाधीन भारत के उपन्यासों पर विचार करें तो विविध प्रवृत्तियों के कारण, विशेषताओं के कारण अनेक उपन्यास अपनी ओर आकर्षित करेंगे। कुछ कथ्य को लेकर तो कुछ शैली या शिल्प को लेकर। आजाद हिन्द के प्रमुख उपन्यासों में ग्रामांचल की कथा को स्रोत में लिखा गया है। इन उपन्यासकारों ने अविकसित पिछड़े अंचलों को उनके बदलते यथार्थ को बगैर किसी आग्रह या पूर्वाग्रह के अंकित किया है। इस प्रकार की रचनाओं में रेणु, नागार्जुन, रांगेय राघव, राहीमासूम रजा, यादवेन्द्र शर्मा चंद्र, रामदरश मिश्र, शिव प्रसार सिंह, श्री लालशुक्ल, मेत्रेयी पुष्पा, नीलकांत, संजीव, मन्नु भंडारी प्रमुख स्थान रखते हैं। 'मैला आँचल', 'परती परिकथा' (रेणु), बलचनमा', 'बाबा बटेसर नाथ', 'वरूण के बेटे' (नागार्जुन), 'कब तक पुकारूँ', (रांगेय राघव), 'पानी के प्राचीर', 'जल टूटता हुआ' (रामदरश मिश्र) 'आधा गाँव' (रजा), 'अलग-अलग वैतरणीं' (शिव प्रसाद सिंह) 'राग दरबारी' (श्रीलाल शुक्ल), इदन्नम, चाक, झूलानट, अल्मा कबूतरी (मैत्रेयी पुष्पा), जंगल जहाँ से शुरु होता है (संजीव), गगन घटा धहरानी (मदन मोहन पाठक), जहाँ बाँस फूलते हैं (श्री प्रकाश मिश्र), महाभोज (मन्नु भंडारी) आदि उपन्यास उल्लेखनीय हैं।

महानगरीय जीवन पद्धति पर आधारित अनेकों उपन्यासों की रचना हुई। अंधेरे बंद कमरे (मोहन राकेश), उखड़े हुए लोग (राजेन्द्र यादव) अमृत और विष, बूंद और समुद्र, (अमृत लाल नागर), भूले बिसरे चित्र (भगवती चरण वर्मा) गिरती दीवारें (उपेन्द्र नाथ अश्क) यह पंथ बंधुथा (नरेश मेहता) नरक यात्रा (ज्ञान चतुर्वेदी), पमली घंटा (हृदयेश) उल्लेखनीय हैं।

इनके अतिरिक्त ऐतिहासिक उपन्यास हैं। पाहीघर (कमलाकांत त्रिपाठी), पहला गिरमिटिया (गिरिराज किशोर) कालकथा (कामता नाथ) प्रमुख हैं। इतिहास की सामग्री से विश्लेषण करने वाले, सांप्रदायिकता पर प्रहार करने वाले उपन्यास हैं– झूठा सच, तमस, जहाँ वे कैद हैं, जिंदा मुहावरे, सूखा बरगद, कितने पाकिस्तान! नारी जीवन की स्थिति और उस विडंबना को शब्द दिये हैं–इदन्नमम, पचपन खंभे लाल दीवार, मित्रो मरजानी, सूरजमुखी अंधेरे के, रेखा, सागर लहरें और मनुष्य, मुझे चाँद चाहिए, छिन्न मस्ता, यामिनी कथा, अर्द्धनारीश्वर, एक जमीन अपनी, आवाँ आदि। कथागत मौलिकता के लिए शेखर एक जीवनी, वे दिन, नदी के द्वीप, आपका बंटी, सावधान नीचे आग है। वहीं दलित जीवन पर हजार घोड़ों का सवार, जूठन, छप्पर, नाच्यौ बहुत गुपाल, आदि प्रमुख हैं। भाषा शिल्प की सजगता के लिए, सूरज का सातवाँ घोड़ा, एक चूहे की मौत, बहती गंगा, कलिकथा वाया, बाईपास प्रमुख उपन्यास हैं।

इसके अलावा वर्तमान में अनेकों उपन्यासकार लिख रहे हैं। जिनकी अभिव्यक्ति एवं भाव ग्रहण शैली विशेष हैं।

## हिन्दी उपन्यास में शिल्पगत प्रयोग

किसी भी सृजन में 'कथ्य' और 'शिल्प' दो स्वतंत्र आयाम हैं। वे संश्लिष्ट रूप में उपस्थित होते हैं तभी रचना प्रभावी और साधारणीकरण हेतु बनती है। सशक्त उपजीव्य (कथ्य) की शिथिल प्रस्तुति या कमजोर कथ्य की प्रभावशाली प्रस्तुति से बात नहीं बनती। भगवतीशरण वर्मा ने अज्ञेय के 'नदी के द्वीप' के उपन्यास

को 'पके फल में कीड़े' कहा था। पके फल अर्थात् सशक्त, परिपक्व शिल्प और कीड़े अर्थात् विकृत कथ्य! कलावादी रचनाकार रचना के भावपक्ष पर अधिक बल ना देकर रचना के शिल्प पक्ष पर अधिक ध्यान केन्द्रित करते हैं।

हिन्दी उपन्यास के उद्भव-उन्नयन काल से ही रचनाकार सबल-सरल भाषा और सहज-कथन-पद्धति का महत्व जान कर, रचना करते थे। आरंभिक मनोरंजन प्रधान उपन्यासों-तिलस्मी-ऐयारी-जासूसी उपन्यासों में लेखकों ने लगभग किस्सागोई की परम्परा का पालन किया है। इसी किस्सागोई शैली का सुधरा एवं सुथरा रूप प्रेमचंद के उपन्यास 'सेवासदन', 'प्रेमाश्रम' में दिखाई पड़ता है। प्रेमचंद के यहाँ घटनाओं के चित्रण में विश्लेषण परकता झलकती है। गोदान में प्रेमचंद दो कथाओं को जोड़ने में ग्रामकथा और शहर की कथा में विशेष शिल्प एवं भाषा का प्रयोग करते हैं। प्रेमचंद परिस्थिति एवं पात्रों के अनुसार भाषा का चयन करते हैं। भाषा में शिथिलता नहीं आने देते। किसी ने कहा भी है कि शिथिल भाषा समाज को शिथिलता प्रदान करती है। इसीलिए भाषा एवं शिल्प दोनों को जीवंत बनाए रखना चाहिए ताकि सामाजिक शिथिलता के भाव का अवमूल्यन न हो।

मनोवैज्ञानिक उपन्यासकारों ने बाह्य जगत का घटनाक्रम कम वर्णित कर आंतरिक जगत की उथल-पुथल को प्रश्रय अधिक दिया। जिसके परिणामस्वरूप उपन्यास लघु कलेवर में, लघु शिल्प में आने लगा। ये लोग शिल्प-सृजन में सजग रहते थे। जैनेन्द्र के उपन्यास इस प्रवृत्ति को परिलक्षित करते हैं। ये शिल्प सृजन में प्रायः ऐसा कथ्य लेते हैं जिसमें एक स्त्री और दो पुरूषों के प्रेम-त्रिकोण को बनाकर प्रेम-विवाह से संबंधित नैतिकता पर विचार करते हैं। 'जयवर्द्धन' का शिल्प प्रतीकात्मक है। जैनेन्द्र की भाषा अपूर्ण वाक्यों, सूक्ष्म संकेतों, अटपटे कथनों से बुनी गई है। अतः प्रायः संवेदनीयता की समस्या सिर उठाती है। पाश्चात्य शिल्प का प्रभाव अज्ञेय की सृजनधर्मिता पर सबसे ज्यादा दृष्टव्य है। प्रयोगधर्मी लेखक ने 'शेखर : एक जीवनी' का ताना-बाना इसी आधार पर बुना है। फ्लैशबैक शैली पर रचित इस जीवनी में शेखर कारागार में अवस्थित होने के पश्चात् चिन्तनशील एवं फाँसी की प्रतीक्षारत अपने अतीत की पर्तो को मनोविश्लेषण के आधार पर उधेड़ता है। इसमें चेतना प्रवाही पद्धति को देखा जा सकता है। स्मृति चित्रों को देखने के लिए 'वेदित' – लाल-टीन की छत (निर्मल वर्मा) आदि को देखा जा सकता है। इनमें भाषा का रूप बिम्बात्मक है और प्रायः प्रथम पाठ में रचना खुलती नहीं है। प्रेमचंद की परम्परा के अमृतलाल नागर भी किस्सागो हैं लेकिन 'अमृत और विष' के शिल्पगत प्रयोग हेतु स्मरणीय है। ये उपन्यास के भीतर उपन्यास समाहित करने में कुशल माने जाते हैं। ऐसा ही विवेकी राय का 'मंगल भवन' उपन्यास है। जो पूर्वांचल के मूल्य संक्रमण के साथ-साथ भारत-चीन युद्ध को भी व्यक्त करता है।

'बहती गंगा' और 'सूरज का सातवाँ घोड़ा' में लगभग समान शिल्प हैं। कहानियों के संकलन होने के साथ-साथ अगर इन कहानियों को क्रमशः पढ़ा जाए तो उपन्यास का सा शिल्प लगता है। शिल्प इनके कथ्य को और प्रभावशाली बना देता है।

आत्मकथात्मक शिल्प में सृजित 'बाणभट्ट की आत्मकथा' अद्भुत शिल्प एवं अपूर्व भाषा-विधान का निदर्शन है। सृजक ने ऐसा शिल्प बनाया है कि लगता है जैसे बाणभट्ट की ही आत्मकथा हो। वह 1944 ई॰ की कृति लगती ही नहीं है। राहुल सांकृत्यायनकृत 'सिंह सेनापति' की भूमिका में वर्णित किया गया है कि कथा खुदाई में प्राप्त ईंटों पर लिखी गई है, वे ईंटें पटना संग्रहालय में सुरक्षित हैं।

आंचलिक उपन्यास अपने विलक्षण शिल्प हेतु जाने जाते हैं। इस सृजन में कहीं फ्लैशबैक तो कही किंवदतियों, लोकगीतों, आंचलिक शब्दावली, व्यंजनाओं का मिला जुला स्वर है। उपन्यास बाह्य रूप से निर्बन्ध सा लगता है लेकिन आंतरिक रूप में अन्विति बरकरार रहती है। मैला आंचल, परती परिकथा, आधागाँव, बाबा बटेसर नाथ इसके उदाहरण हैं।

प्रयोगात्मक शिल्प-शैली में सृजित उपन्यासों में राजेन्द्र यादव व मन्नु भंडारी का नाम आता है। उनका उपन्यास 'एक इंच मुस्कान' जिसमें पुरुष पात्र वाला भाग राजेन्द्र यादव ने तो स्त्री पात्र की कथा को मन्नु भंडारी ने लिखी है। Scenario Technique (सिनेरियो टेकनीकि) में लिखा गया सर्वेश्वरदयाल सक्सेना का 'सोया हुआ जल' है। फैंटेसी के रूप में बदी उज्मा का 'एक चूहे की मौत' उपन्यास आता है। 'बाइसवीं सदी' (राहुल जी) यूटोपिया शिल्प में है। कितने पाकिस्तान (कमलेश्वर) व्यापक फैंटेसी शिल्प में सृजित की गई रचना है। प्रतीकात्मक-बिम्बात्मक शैली में हरिया हरिकुलिस की हैरानी (मनोहर श्याम जोशी) का नाम आता है। 'रागदरबारी' की तर्ज पर व्यंग्य का उपयोग-प्रयोग करने वाले उपन्यास दसवें दशक में छपे। इससे पूर्व हरिशंकर परसाईकृत उपन्यास रानी नागफनी की कहानी पैरोड़ी शैली में सृजित किया जिसका आधार इंशा अल्लाखां की रानी केतकी की कहानी है। बजरंगा, नरकयात्रा आदि व्यंग्यात्मक शैली की रचनाएं हैं।

इस प्रकार हिन्दी साहित्य में उपन्यास विधा हेतु विविध प्रकार के शिल्प का सृजन किया गया। भावों के अनुसार भाषा एवं शिल्प रचना शिल्प सौन्दर्य के उत्कर्ष को दर्शाती है।

## गोदान और भारतीय किसान

"कानून कहता है कि हम-तुम आदमी हैं। हममें आदमियत कहाँ? आदमी वह है, जिसके पास धन है, अख्तियार है, इलम है। हम तो बैल हैं और जुतने के लिए पैदा हुए हैं।"

— गोदान-प्रेमचंद, पृष्ठ 2

प्रेमचंद ने गोदान में भारतीय किसान के बैल जैसे रूप की कारूणिक तस्वीर उकेरी है जो कि यथार्थ है। सारी उम्र इसी बैल के से जीवन बिताने के बाद भारतीय किसान सही से अपने तन पर कपड़ा तक नहीं डाल सकता। यही किसान जीवन की त्रासदी है। प्रेमचंद के किसान जीवन के वर्णन के संदर्भ में पूरन चंद्र जोशी ने कहा कि, "गाँधी और प्रेमचंद दोनों ने ही उन औपनिवेशिक शासकों और शोषकों पर ही अपना ध्यान केन्द्रित किया जिन्होंने देशी आभिजात्य को भ्रष्ट किया और जिन्होंने देशी शासकों को पुरूषत्वहीन बनाकर श्रेष्ठवर्गीय भूपतियों और किसान जनता के बीच गहरी खाई और तनाव पैदा किया।"

प्रेमचंद ने भारतीय किसान के प्रतीक होरी से गोदान की कथा का आरंभ कर भारतीय किसान की मृत्यु तक इस कथा को सृजित किया है। उन्होंने दिखाया है कि एक किसान महाजनी सभ्यता पुरातन विचारों, अंधविश्वास रूढ़ियों, मर्यादावाद आदि के जंजाल में इस तरह फंसा हुआ है कि वह चाहकर भी इनको नहीं तोड़ सकता। नैतिकता और धार्मिकता के बंधन भारतीय किसान के पैरों में बेड़ियाँ डालने का कार्य करते हैं। इसी व्यवस्था में घुटते हुए एक किसान अपनी जिन्दगी बसर करता है। 'प्रेमचन्द' गोदान में किसानों की समस्या का समाधान वे संपत्तिशाली और शक्तिशाली वर्गों के हृदय-परिवर्तन के माध्यम् से नहीं खोजते। उनके ध्यान का मुख्य केन्द्र अब प्रबुद्ध भू-स्वामी नहीं; उनका ध्यान अब किसानों की जागृति की ओर, चेतना के उच्चतर स्तर तक पहुंचता है। गोदान होरी की कहानी है। एक ऐसे किसान की कहानी, जो पाँच बीघा जमीन को जोतते हुए वर्ष-भर किराया, ब्याज, टैक्स और बेगार के असह्य बोझ के कारण कभी किसान और कभी मजदूर बना चक्कर काटता रहता है। होरी की एकमात्र छोटी सी आकांक्षा एक छोटे से जमीन के टुकड़े और एक गाय को पाने की है और वह अपनी इस छोटी सी आकांक्षा को प्राप्त करने के लिए सभी आवश्यक समझौते करता है, लेकिन उसका यह सपना पूरा नहीं होता, बल्कि एक वर्गीय समाज की क्रूर ताकतों द्वारा छिन्न-भिन्न कर दिया जाता है।

प्रेमचन्द ने भारतीय किसान की आर्थिक विपन्नता का वर्णन गोदान में किया है। गोपाल राय के शब्दों में, 'प्रेमचंद ने किसानों की आर्थिक दुरवस्था का बहुत ही प्रामाणिक और मार्मिक चित्र प्रस्तुत किया है; तत्कालीन कृषक समाज, विदेशी सरकार, जमींदार और महाजन के तिहरे शोषण-चक्र में पिस रहा था। प्रेमचंद ने शोषकों के प्रतिनिधि के रूप में लाला पटेश्वरी और दारोगा रायसाहब और दुलारी सहुआइन, मंगरू शाह और पं. दातादीन को प्रस्तुत किया है। बेलारी गाँव के समस्त किसान, जिनके दुर्भाग्य की कहानी प्रेमचंद ने कही है, इन शोषकों द्वारा शोषण, दमन और अत्याचार के शिकार हैं। बेलारी के जिस परिवार को प्रेमचंद ने अपने कथा-संसार के केन्द्र में अवस्थित किया है, वह होरी का परिवार है। उपन्यास के प्रथम पृष्ठ में ही लेखक ने इस परिवार की विपन्नता का चित्र धनिया के स्वगत चिंतन के रूप में प्रस्तुत किया है : ....तीन लड़के बचपन में ही मर गये। उसका मन आज भी कहता था, अगर उनकी दवा-दारू होती तो वे बच जाते; पर वह एक धेले की दवा भी न मँगवा सकी थी। उसकी उम्र ही अभी क्या थी। छत्तीसवाँ साल तो था, पर सारे बाल पक गये थे, चेहरे पर झुर्रियाँ पड़ी थी। सारी देह ढल गई थी, वह सुंदर गेहुँआ रंग संवला गया था और आँखों से कम सूझने लगा था।" अन्यत्र होरी को चिलम पीते हुए चिंतन करते दिखाया है कि, "इस फसल में सब कुछ खलिहान मे तौल देने पर भी अभी उस पर कोई तीन सौ कर्ज थे, जिस पर कोई सौ रूपये सूद के बढ़ते जाते थे। लगान के भी अभी पच्चीस रूपये बाकी पड़े हुये थे और दशहरे के दिन सगुन के रूपयों का भी कोई प्रबंध करना था।" गोदान के होरी की कहानी उसके दिन प्रतिदिन विपन्न और असहाय होते जाने की कहानी है, जो वस्तुतः भारतीय किसान जीवन की भी कहानी है। जीवन की एक महत्त्वाकांक्षा के लिए वह किसान से मजदूर बनता है। लेकिन फिर भीं पुरोहितवादी शक्तियाँ, महाजनी सभ्यता उस इच्छा, अभिलाषा को पूर्ण नहीं होने देती। गोपाल राय कहते हैं कि, "ग्रामीण जीवन की विपन्नता और विवशता का इससे अधिक यथार्थ चित्रण और नहीं हो सकता। प्रेमचंद ने जिस सूक्ष्मदृष्टि और सहानुभूति से, ग्राम जीवन का अवलोकन किया है वह अद्वितीय है।" इस प्रकार अंततः कह सकते हैं कि गोदान कृषक जीवन का महाकाव्य है। इसका मूल विषय ग्रामीण कृषक की आर्थिक एवं सामाजिक समस्या का यथार्थवादी चित्रण है।

## गोदान में गाँव और शहर

प्रेमचंद द्वारा 1936 में सृजित उपन्यास गोदान 36 अनुच्छेदों में विभक्त है। इस उपन्यास को प्रेमचंद के गोदान काल का उपन्यास भी कह सकते हैं। प्रेमचंद ने अपने समग्र जीवन का बोध, सार इस उपन्यास में वर्णित किया है। चाहे वह नगर जीवन का बोध

हो या फिर ग्राम्य जीवन का बोध। इसीलिए प्रेमचंद ने कृषक की करूण कथा के साथ-साथ नगर के नागरिकों की कथा को भी इसमें सम्मिलित किया है। दोनों तरफ के खोखलेपन को प्रेमचंद ने जाँचा-परखा और वर्णित किया है। ग्राम्य कथा की प्रमुख कहानी होरी की है तो शहरी कथा में रायसाहब की। दोनों अपनी-अपनी मर्यादा और मरजाद के लिए समाज के व्यूह में फँसे हुये हैं। शोषक का भी शोषण सामंतवादी, साम्राज्यवादी शक्तियों के द्वारा होता है प्रेमचंद यह दिखाना चाहते हैं। महासागरीय उपन्यास गोदान के संदर्भ में गोपालराय कहते हैं कि, "गोदान में नगर जीवन का चित्रण गौण रूप में हुआ है। प्रायः आलोचकों ने गोदान की नगर-कथा को बहुत जरूरी नहीं माना है। लेकिन आचार्य नलिन विलोचन शर्मा को प्रतीत होता है कि असम्पृक्त सी लगने वाली कहानियाँ एक-दूसरे की पूरक हैं। इनके माध्यम् से सकल भारतीय समाज एवं जीवन को अभिव्यक्ति मिली है—"गोदान की असंबद्ध-सी दीख पड़ने वाली दोनों कहानियों के बीच से भारतीय जीवन की विशालधारा बहती चली जाती है। भारतीय जनजीवन का, जो एक ओर नागरिक है और दूसरी ओर ग्रामीण और जो एक साथ अत्यंत प्राचीन भी है जागरण के लिए छटपटा भी रहा है, इतने बड़े पैमाने पर इतना यथार्थ चित्रण हिन्दी में ही क्यों, किसी भी भारतीय भाषा के किसी उपन्यास में नहीं हुआ है।"

**गोदान की ग्राम कथा का वर्णन :** शिवकुमार मिश्र कहते हैं कि, "गोदान की ग्राम कथा, जो वस्तुतः एक किसान के क्रमशः तबाह और बरबाद होकर किसान से मजदूर बनते जाने की त्रासदी को हमारे सामने प्रस्तुत करती है, किसान के उस जीवन-चक्र को हमारे सामने उजागर करती है। यह त्रासदी जिसकी परिणति है। वस्तुतः यह हिन्दुस्तान के किसान के बुनियादी चरित्र की कथा है, जो सदियों से उसके त्रासद जीवन का भार ढोती रही है, अंग्रेजी राज में जो अपनी सारी धनता और उग्रता के साथ हमे अपनी पहचान कराता है।" किसानों की दुर्वह स्थिति का वर्णन तुलसीदास ने भी किया है लेकिन राजतंत्र में किसानों की स्थिति इतनी बुरी नहीं थी जितनी की अंग्रेजी शासन में। "अंग्रेज भारत को आधुनिक बनाने के बड़े-बड़े दावे करते हुए भारत की राजसत्ता पर काबिज हुए और राजसत्ता पर काबिज होते ही आधुनिकता और औद्योगिकीकरण के बदले चले आते हुए सामंतवाद से भी ज्यादा घातक सामंतवाद उन्होंने स्थापित किया। भारत की आत्मनिर्भर ग्राम्य-व्यवस्था को उन्होंने पूर्णतया ध्वस्त कर दिया। जो सबसे घातक कर्म उन्होंने किया वह यह कि किसान की बजाय भारत की, समूची भूमि के मालिक वे स्वयं बन गए। बिचोलिए के रूप में जमींदार वर्ग का उदय हुआ। इसके परिणामस्वरूप किसानों को जमींदारों के रहमो-करम पर निर्भर होना पड़ता था। जमींदार को इतने अधिक अधिकार अंग्रेज सरकार ने दिये की वह येन-केन प्रकारेण किसानों से लगान वसूल करे। किसान जीवन की त्रासदी की कथा इस उपन्यास में उभरी है। डॉ॰ राम विलास शर्मा और हंसराज 'रहबर' दोनों ही समीक्षकों ने लिखा है कि जिस समय प्रेमचंद 'गोदान' की रचना कर रहे थे, वे स्वतः कर्ज की समस्या से अपने निजी जीवन में जूझ रहे थे। कदाचित इस नाते भी यह वह समस्या अपनी समूची उग्रता, व्याप्ति, परिणाम और प्रभाव के साथ गोदान में उभरी है। ग्राम्य किसान की ग्रहण की समस्या का संबंध महज उसकी जमीन से ही नहीं, उसके समूचे जीवन चक्र से है। अज्ञान, अशिक्षा, चले आ रहे समाज और धर्म के रूढ़िगत संस्कार, बिरादरी, जायदाद और मर्यादा को बनाए रखना, उसे कर्ज लेने हेतु मजबूर करती है। मर्यादा और बिरादरी से जुड़े रहने का मोह भारतीय किसान में संस्कारबद्ध है। किसी भी कीमत पर वह इनकी रक्षा करना चाहता है। अपनी बरबादी तथा समूचे धर-परिवर की तबाही की कीमत पर भी। गोबर-झुनिया प्रसंग, रूपा की शादी में वह बेटी का सौदा करता है। ग्राम्य जीवन में किसान होरी के बारे में लिखा है कि, "हारे हुए महीप की भाँति उसने अपने को इस तीन बीघे के किले में बंद कर लिया था और उसे प्राणों की तरह बचा रहा था। फाके सहे, बदनाम हुआ, मजदूरी की, पर किले को हाथ से न जाने दिया।"

शिवकुमार शर्मा कहते हैं कि, "तात्पर्य यह कि ऋण के दुश्चक्र, उससे जुड़ी मानसिकता और उसके त्रासद परिणामों को 'गोदान' में प्रेमचंद ने मुख्यता के साथ चित्रित किया है। ग्राम केन्द्रित 'गोदान' की कथा में आनुवांशिक रूप से ग्रामीण जीवन के अनेक प्रश्न भले ही विन्यस्त हों, ऋण या कर्ज अथवा महाजनी-दुश्चक्र की समस्या ही 'गोदान' की केन्द्रींय समस्या है, जिसे प्रेमचंद ने उसकी पूरी सघनता और प्रभाव के साथ 'गोदान' में चित्रित किया है।"

**गोदान की नगर कथा :** गोदान की केन्द्रीय ग्रामकथा के समानान्तर उसमें एक नगर-कथा भी है जो उपन्यास के आदि से अंत तक बरकरार रहती है। इस नगर-कथा का संबंध अवध-अंचल के नवाबों के प्रसिद्ध शहर लखनऊ से है। सवाल है कि एक ग्राम को केन्द्र में रखकर रचे गये उपन्यास में नगर की इस कथा का औचित्य क्या है? शिवकुमार मिश्र के अनुसार, "गोदान प्रेमचंद की अंतिम रचना है, जो सन् 1956 में प्रकाशित हुई। प्रेमचंद का रचनाकार-मानव सदी के इस चौथे दशक के काफी कुछ पहले से 'गोदान' में समायोजित होने वाली अंतर्वस्तु और उससे जुड़े सवालों के प्रति चिंताशील होगा, यह कहने की बात नहीं है। ऐसा

लगता है कि प्रेमचंद गोदान के रचना-पट को इतना विस्तार देना चाहते थे कि उसमें एक बड़े परिप्रेक्ष्य को लेकर वे अपने समय के बिगड़ते-बनते चेहरे को उसकी विद्यमान वास्तविकता तथा भावी संभावनाओं के साथ बुन सकें। भारतीय संदर्भ में यह समय चली आ रही सामंती व्यवस्था अथवा सामंतवाद के ढहने और औद्योगिक-पूंजवादी व्यवस्था के उदय होने और क्रमशः मजबूत होने का समय था। गाँव हर दृष्टि से तबाह-बरबाद हो रहे थे, कृषि तंत्र ढीला और जर्जर होता जा रहा था और उसके स्थान पर औद्योगिक-पूंजीवादी सभ्यता उभर रही थी, नगरों को आबाद और रोशन कर रही थी। प्रेमचंद कदाचित इसी परिदृश्य को अपने इस अंतिम उपन्यास में समेटना चाहते थे। ... गोदान में किसान के क्रमशः मजदूर बनने की जो त्रासदी चित्रित हुई, नगर को कथा की परिधि में समेटे बिना वह पूरी नहीं हो सकती थी। शहर किस तरह गांव पर हावी हो रहा है, गोदान में इसके प्रभूत चित्र हैं, संकेत हैं।

गोदान में गाँव एवं शहर की कथा के अन्तरायोजन के संदर्भ में नन्द दुलारे वाजपेयी ने वर्णित किया है कि, "गोदान उपन्यास के नागरिक और ग्रामीण पात्र एक बड़े मकान के दो खंडों में रहने वाले दो परिवारों के समान हैं जिनका एक दूसरे के जीवन-क्रम से बहुत कम संपर्क है। वे कभी आते जाते मिल लेते हैं और कभी किसी बात पर झगड़ा भी कर लेते हैं परन्तु न तो उनके मिलने में और न उनके झगड़े में ही कोई ऐसा सम्बन्ध स्थापित होता है जिसे स्थायी कहा जा सके।" वाजपेयी जी ने तो पात्रों की स्थिति को लेकर बात की। नंदकिशोर नवल 'गोदान' के महाकाव्यात्मक चरित्र के पक्ष में सबल तर्क देते हुए भी उसके विधी-विधान पर टिप्पणी करते हैं कि—"उसमें बहुत कुछ ऐसा है जो अप्रमाणिक अनुभव के कारण कलात्मक रूपान्तरण नहीं ग्रहण कर सका है। गाँव की कथा के साथ ही शहरी कथा एक बड़ी सीमा तक निष्प्राण है। सिर्फ इसलिए नहीं कि उसमें लेखक की 'आदर्शमूलक जीवन-दृष्टि का अवशेष' है, बल्कि इस कारण की वह बहुत कुछ बनावटी सी जान पड़ती है।''

शिवकुमार मिश्र ने कहा कि, "वस्तुतः गोदान' की ग्राम-कथा और नगर-कथा में समायोजन की कमी है। ग्राम-कथा अपने ढंग से अपनी गति से चलती है और नगर-कथा उससे अलग-अलग अपने ढंग से, और अपनी गति से। दो या तीन प्रसंग ही समूचे उपन्यास में ऐसे हैं जहाँ गाँव और नगर परस्पर मिलते हैं।"

निष्कर्षतः कह सकते है, "ग्राम-कथा प्रभाव के साथ और सघनता से प्रेमचंद के मूलवर्ती संवेदनात्मक उद्देश्य को पाठक के सामने रख सकी है। जिस नाते उसका विधान किया गया वह उस विधान में खरी उतरी है। उसमें न केवल हमारे समय का एक त्रासद यथार्थ पूरी सजीवता से मूर्त हुआ है, उसके बीच से ऐसे कुछ 'टाइप' उभर सके हैं जो हिन्दी कथा-साहित्य को प्रेमचंद की महान् देन के रूप में सदा ही याद किए जाएंगे।

## महाकाव्यात्मक उपन्यास की परिकल्पना और गोदान

"विश्व की कल्पना प्रसूत संस्कृति को बुर्जुआ अथवा पूंजीवादी सभ्यता की सबसे महत्त्वपूर्ण देन उपन्यास है। उपन्यास उसकी एक महान खोज है।"
— रॉल्फ फोक्स

"उपन्यास ईश्वर विहीन दुनिया का महाकाव्य है।" — जॉर्ज लुकाच उपन्यास के जन्म की चर्चा करते हुए रिचर्ड चर्च ने जहाँ उसे 'कविता' की संतान कहा है, वहाँ बेकर ने उपन्यास का उत्स 'प्रबंध काव्य' से माना है। जे.टी. शिप्ले के विचार से उपन्यास के विकास का इतिहास एक ओर वीर आख्यान को स्पर्श करता है तो दूसरी ओर आधुनिक पत्रकारिता को। महाकवि गेटे उपन्यास को 'आत्मपरक महाकाव्य' कहने के पक्ष में हैं।

उपन्यास विधा को आधुनिक काल में मध्यवर्ग का महाकाव्य कहा गया है। यदि उपन्यास को योरपीय विधा के रूप में देखें तो यह एक सार्थक अवधारणा है। मध्यवर्ग के उदय का अर्थ था एक नये व्यक्ति का जन्म। दूसरे शब्दों में एक नये यथार्थ का जन्म। कुछेक लोगों की यह धारणा है कि प्रेमचंद ने उपन्यास में योरपीय ढाँचे को जस का तस स्वीकार किया है, वे विद्वान ये समझ पाने में असमर्थ हैं कि प्रेमचंद किस तरह भारतीय उपन्यास की एक नयी पहचान बना रहे थे और ग्रामीण चेतना या किसान चेतना को स्वाधीनता संघर्ष की चेतना के साथ नया परिप्रेक्ष्य देने की कोशिश कर रहे थे और इस कोशिश में, वे अकेले भारतीय उपन्यासकार नहीं थे। 'गोदान' को यदि किसान चेतना का महाकाव्य कहा जाता है, तो उस पृष्ठभूमि को समझने की जरूरत है। यह अनुशीलन-परिशीलन करने की बात है कि यूरोप में उपन्यास का जन्म जिन परिस्थितियों में हुआ, वैसी परिस्थितियाँ हमारे यहाँ पर नहीं थीं। भारतीय मध्यवर्ग का चरित्र यूरोपीय मध्यवर्ग के चरित्र से भिन्न था। उपनिवेशवाद के कारण सुविधा भोगी विलासी जमींदार वर्ग का उदय हुआ; वहीं अंग्रेजी शिक्षा-सभ्यता के प्रभाव से जड़हीन मध्यवर्ग का भी उदय हुआ।

'गोदान' में गाँव और नगर दोनों की कथाएं हैं और प्रयोजनवत हैं। निश्चित रूप से होरी ही केन्द्रीय है, नायक की तमाम परंपरित अवधारणाओं को बदलकर, अपनी तमाम दुर्बलताओं के साथ होरी ही गोदान का नायक है। गोदान होरी के संघर्ष की, होरी की त्रासदी की महागाथा है। किन्तु प्रेमचंद का प्रयोजन उस दूसरी

कथा के बगैर पूरा नहीं होता जिसमें मेहता मालती नई नैतिकता के लिए प्रयत्नरत दिखाई देते हैं। तदोपरान्त भी गोदान-कृषक चेतना का महाकाव्यात्मक उपन्यास है। रामविलास शर्मा ने कहा है कि, "उदात्त का सृजन केवल योद्धाओं के चित्रण से नहीं होता अपितु सामान्य जनों के चित्रण से भी उसका सृजन संभव है। महाकाव्य की अवधारणा को ताक पर रखकर गोदान महाकाव्यात्मक उपन्यास है। महाकाव्य के तत्त्व भी मौजूद हैं और वह ट्रेजेडी भी, जिन्हें साधारण के मर्म का बोध नहीं है, जो क्लासिक की एक स्थिर-सी पहचान बनाकर संतुष्ट हैं, जो सामंती संस्कारों से मुक्त न होकर नयी सामाजिक हलचल से उदासीन हैं, जिन्हें-शास्त्र की बद्ध धारणा नये यथार्थ को समझने के विवेक से वंचित रखती है, उनके लिए "गोदान में न तो महाकाव्य के औदात्य और उत्कर्ष का समारंभ आया है और न ही गहनतम उच्छ्वास तन्मयता आदि प्रभाव व्यक्त हुआ है। नंद दुलारे वाजपेयी गोदान को महाकाव्यात्मक उपन्यास मानने से इंकार करते हैं क्योंकि इसमें कोई बड़ी घटना, बड़ा संघर्ष नहीं है, राष्ट्रीय संघर्ष या राष्ट्रीय चेतना का कोई बड़ा स्वप्न नहीं है। उन्हीं के शब्दों में, "महाकाव्य का संपूर्ण वातावरण वीर-भावना से ओत-प्रोत होने के कारण ही उसे राष्ट्रीय जीवन और आदर्शों का प्रतिबिम्ब या मुकुट कहा जा सकता है 'गोदान' में इस प्रकार की वीर भावना का अभाव है।" दूसरी तरफ रामविलास शर्मा होरी के जीवन की सब दुर्बलताएं —समझौता, झूठ, छल, स्वार्थ, अंधविश्वास, खुशामद की प्रवृत्ति, झूठी मर्यादा का मोह-गिने जाते हैं पर अंत में लिखते हैं—होरी का चरित्र भारत के अजेय किसान का चरित्र है। 'गोदान' उसके भगीरथ प्रयत्न की गाथा है। परमानंद श्रीवास्तव के शब्दों में, "अंत में महाकाव्यात्मक उपन्यास के रूप में गोदान का महत्व निर्विवाद है। ढीले-ढाले कथा बंध के कलेवर में वह एक अधिक गहरे अंतर्गठन का उदाहरण है। दुर्बलताओं से घिरे अनायक जैसे चरित्र (होरी) में वह एक नये नायकत्व का संकेत है। किसान-चेतना का महाकाव्य होते हुए भी वह स्त्री-चेतना की अभिव्यक्ति के लिए नया स्पेश रचने वाला उपन्यास है। भारतीय मध्यवर्ग, शिक्षित और संपन्न मध्यवर्ग की कमजोरियों को संक्रमणकालीन विडम्बनाओं के साथ प्रत्यक्ष करने वाला उपन्यास है।... गोदान में भारतीय समाज के एक तरह के उद्वेलन का आभास तो है ही, यहाँ व्यक्तिवाद भी, मुक्तिबोध के शब्दों में एक वेदना के रूप में सामाजिक गर्भितार्थ लिए हुए है।"

## शेखर : एक जीवनी

### शेखर एक जीवनी में शेखर के चरित्र का वैशिष्ट्य

शेखर : एक जीवनी उपन्यास सृजन में अज्ञेय ने आद्यंत शेखर को प्रतिभाशाली एवं असाधारण व्यक्तित्व के रूप में उकेरा है। कथा का केन्द्र भी शेखर ही है। इस संदर्भ में आचार्य नन्द दुलारे वाजपेयी ने वर्णित किया है कि, "जीवनी की मूलभूत प्रेरणा क्रान्तिकारी या विद्रोहात्मक है। क्रान्ति और विद्रोह किसके प्रति जीवनी क्रान्ति और विद्रोह स्वयं अपना लक्ष्य है। यह एक मनोवृत्ति ही नहीं, स्वतंत्र जीवन दर्शन है। विद्रोह किसी वस्तु या स्थिति के प्रति नहीं, संपूर्ण वस्तुओं और सारी स्थितियों के प्रति। सृष्टि के प्रति, क्योंकि वह अधूरी या अपूर्ण है। समाज के प्रति क्योंकि वह संकीर्ण है और विकास/ का विघातक है। सभी संस्थाओं के प्रति, समस्त रीतियों के प्रति, जीवन मात्र के प्रति विद्रोह क्रान्तिकारी की स्वाभाविक प्रवृत्ति है। विद्रोह के पश्चात् कुछ नहीं, क्योंकि निर्माण भी विद्रोह ही है, विद्रोह में ही नियम है। इसलिए शेखर के विद्रोह-व्यक्तित्व के प्रति लेखक को इतनी निष्ठा है। प्रकृति की अपूर्णता के विरूद्ध संघर्ष तथा समाज के बंधनों के विरूद्ध संघर्ष शेखर की क्रान्तिकारी जीवनी की यही धारा है। इस विद्रोह का परिणाम अति भयानक है जो शेखर के चरित्र को अत्यधिक आसक्तिपूर्ण, व्यक्तिवादी और यातनामय ही नहीं बनाता, उसे एक असामाजिक, नृशंस और घातक व्यक्ति के रूप में भी उपस्थित करता है।"

डॉ. लक्ष्मीसागर वार्ष्णेय के शब्दों में, "शेखरः एक जीवनी जैसा कि उपन्यास के नाम से ही स्पष्ट है, में शेखर की प्रधानता है। उपन्यास की संपूर्ण क्रियाएं (एक्शंस) उसी को केन्द्र मानकर घूमती हैं। इस में शेखर के जन्म से लेकर उनके निकट खड़ी मृत्यु तक के काल का विवरण ही इस उपन्यास का विषय है। वस्तुतः 'शेखर एक जीवनी' में कई पात्रों की योजना हुई है, किन्तु गम्भीरतापूर्वक अध्ययन किया जाये तो स्पष्ट हो जाता है कि अन्य पात्रों का नियोजन भी शेखर के लिए ही किया गया है और उपन्यासकार अज्ञेय जी ने शेखर हेतु ही संपूर्ण कथा कही है। किन्तु यह कथा 'कथा' के लिए न होकर उसके चरित्र के रेखांकन के लिए ही मुख्यतः गढ़ी गई है।

शेखर के चरित्र का विश्लेषण करते हुए डॉ. त्रिभुवनपति सिंह ने सम्मति में कहा कि, अज्ञेय जी ने शेखर का निर्माण वैयक्तिकता के धरातल पर किया है। वे संपूर्ण समाज को उसके वास्तविक रूप में चित्रित करने की अपेक्षा एक व्यक्ति को विभिन्न परिस्थितियों में रखकर उसके वास्तविक जीवन की सूक्ष्मातिसूक्ष्म छानबीन करना अधिक श्रेयस्कर समझते हैं। शेखर ऐसा ही एक व्यक्ति है जो जीवन भर विद्रोह करता है। विद्रोहों के बीच निर्मित होने के कारण शेखर के व्यक्तित्व में एक ऐसा लोच आ गया है कि जिसके कारण उसका जीवन विविध आयामों में विभक्त हो गया है। रूचि, अरूचि और परिस्थितियों के संदर्भ में ही वह कोई

निर्णय लेता है। जीवन की भावुकता से वह कोसों दूर चला गया है। किसी वस्तु के सम्बन्ध में मत स्थिर करने से पूर्व वह अपने व्यक्तिगत अनुभवों का सहारा लेता है। सामाजिक आदर्शों और वैयक्तिक आदर्शों में भिन्नता का होना स्वाभाविक है। यही कारण है कि शेखर की गतिविधियों के बारे में किसी भी प्रकार की पूर्व घोषणा नहीं की जा सकती। शेखर के व्यक्तित्व का यही पक्ष उसे गूढ़ अथवा (राउंड) चरित्र की कोटि में ले आता है। शेखर की जीवन सरिता का पाट इतना चौड़ा है कि इसके अंदर देशकाल सम्बन्धी राजनीतिक, सामाजिक, धार्मिक तथा नैतिक समस्याएं सिमट कर आ गई हैं। अन्यथा लेखक का एकमात्र लक्ष्य नायक की वैयक्तिकता का चित्रण मात्र ही है।"

शेखर के जन्म से ही विद्रोही होने का पता हमे उपन्यास के प्रथम भाग से ही चल जाता है। श्री ओम प्रभाकर के मत से, "शेखर का चरित्र अद्वितीय है। अज्ञेय जी ने अपने चरित्रों को भारतीय जीवन के एक विशेष वर्ग में से, जिसका अभिजात्य बौद्धिकता, अहं, व्यष्टिवादिता, कुंठा, संवेदनशीलता आदि चारित्रिक विशेषताएं चुना है। अज्ञेय की रूचि व्यक्ति चरित्रों की रचना में रही है। टाइप चरित्रों में नहीं।"

शेखर एक व्यक्तिपात्र होने के बावजूद हमारे समक्ष व्यक्ति मात्र की अंतश्चेतना के प्रतीक के रूप में प्रत्यक्ष होता है। इस सम्बन्ध में डॉ॰ लक्ष्मी सागर वार्ष्णेय ने कहा है कि, "इस चरित्र प्रधान उपन्यास में शेखर के अनुभवों के जो वृतांत आए हैं, वे वैयक्तिक होते हुए भी नितांत व्यक्तिगत नहीं हैं और उनकी सामाजिकता में कोई संदेह नहीं प्रकट किया जा सकता।"

शेखर के चरित्र में विविधता विद्यमान है। इसलिए आलोचकों ने शेखर के विषय में अनेक विचार व्यक्त किये हैं। विश्वम्भर मानव ने शेखर को एक जन्मजात विद्रोही व्यक्ति मानते हुए उसके अहं की भावना को आत्म-विश्वास में परिणत होता हुआ बताया है। जिसके बिना मनुष्य राख के अतिरिक्त और कुछ नहीं होता। डॉ॰ प्रभाकर माचवे ने शेखर को उद्धत अहंवादी माना है।

कतिपय आलोचकों के मतानुसार, शेखर जैसे प्रभावशाली व्यक्तियों की देश-विदेश के साहित्य में इतनी आवृत्ति हो चुकी है कि वह 'टाइप' से बढ़कर 'स्टीरियो टाइप' बन गया है। कुल मिलाकर देखा जाय तो उसका दायित्व खण्डित है। यही कारण है कि भिन्न-भिन्न दृश्य खंडों में विभाजित होकर उसे वर्णन शील की आदर्श प्रतिभा भी नहीं बनाते।" इस संदर्भ में डॉ॰ बेचन लिखते हैं कि, "शेखर का विकासशील चरित्र है।" उसकी विद्रोह वृत्ति उसमें मानवता की भावना का पोषण करती है और मानवता की भावना अपनी पूर्ति के लिए उसे समाज और राजनीति में घसीट लेती है।"

अज्ञेय ने शेखर के व्यक्तित्व-सृजन की प्रेरणा रोम्यां रोलां के उपन्यास, 'ज्यॉ क्रिस्तोफ (जान क्रिस्टोफर) से ग्रहण की है और अपने औपन्यासिक नायक के विषय में स्वयं रोलां ने 'ज्यॉ क्रिस्तोफ' की भूमिका में लिखा है कि, मैं एकाकी था। एक ऐसे संसार में मेरा दम घुट रहा था जो पावन हृदय हो और निर्मल दृष्टि हो, जिसकी आत्मा इतनी अकलुषित हो जिससे उसे बोलने का अधिकार मिल सके और जिसकी वाणी इतनी सशक्त हो जिसे सुनने के लिए बाधित होना पड़े। मैंने धैर्यपूर्वक इस नायक का सृजन किया है। इससे पूर्व की मैं इसे शब्द-बद्ध करूं, यह रचना अनेक वर्ष मेरी परिकल्पना में पनपती रही।" क्रिस्तोल से प्रेरित होकर अज्ञेय ने शेखर के व्यक्तित्व को भी नवीनता से ओत-प्रोत कहा है। शेखर की नवीनता के संदर्भ में डॉ॰ सुषमाधन कहती हैं कि, "शेखर का जीवन दर्शन आधुनिक युग के जीवन दर्शन से मेल खाता है। शेखर आधुनिक युग का प्रतीक है। उपन्यास में एक व्यक्ति के निजी जीवन की वेदना एवं यातना का चित्रण होते हुए उसमें युग का बौद्धिक संघर्ष भी प्रतिबिम्बित होता है जिसके फलस्वरूप व्यक्ति का विकास होता है।" शेखर की बाल्यावस्था पर फ्रायडवादी प्रभाव को मानते हुए सत्यपाल चुघ लिखते हैं कि, "बाल-जीवन के चित्रण में शेखर की जिज्ञासाओं, व्यवहारों आदि का वर्णन फ्रिटज का अनुकरण मात्र नहीं, उसकी अपनी परिस्थितियों का परिणाम है। हम इस मत से सहमत हैं और हमारा तो यही कहना है कि शिशु के मन में जो सहज संवेदनाएं होती हैं। नई बातों और वस्तुओं, जैसे ईश्वर सम्बन्धी, जन्म सम्बन्धी तथा माता-पिता के यौन-प्रणय-व्यापार सम्बन्धी जो जिज्ञासा एक सामान्य शिशु में होती है, शेखर में उसी तीव्र जिज्ञासा भाव का आवर्तन-प्रत्यावर्तन अहिर्न रूप में होता हुआ दिखाई पड़ता है।"

निष्कर्षतः कह सकते हैं कि अज्ञेय ने शेखर के चरित्र को विशिष्ट बनाने हेतु अहंवादी, भयग्रस्तता, जिज्ञासु वृत्ति, अनास्थावादी भाव, अधोमुखी क्रियाएं, घृणाभावना, अनुशासन बद्धता, आत्मनिर्भरता की भावना, विद्रोह-धर्मिता, आत्म-पीड़ा आदि विशेष प्रवृत्तियों को उसमें पिरोया है। इन सभी प्रवृत्तियों से उसका चरित्र विशिष्ट बनाया गया है।

## उपन्यास और काव्यात्मकता

'शेखर : एक जीवनी' दो भागों में प्रकाशित एक व्यक्तित्व के विकास का, विकास में अंतर्निहित जीवन-सूत्रों के अन्वेषण का, व्यक्ति के समाज और युग से सम्बन्ध की स्पष्ट पहचान का एक प्रयास है। दो भागों में अनुस्यूत सूत्र के समान होने पर भी और दोनों के प्रेरक बिन्दुओं की एकतानता के बावजूद दो भाग अलग-अलग भी हैं।" (डॉ॰ चन्द्रकांत म॰ बांदिवडेकर)

शेखर एक जीवनी में मुख्यकथा के साथ में अनेक सहकथाएं चली हैं। इसका विवरण निम्न है।

मुख्य या केन्द्रित कथा – शेखर के समग्र जीवन की कथा है। जो उसको बाल्यकाल से प्रौढ़ावस्था में फाँसी तक चलती है। सहायक कथा– शेखर और शशि की कथा सहायक है जो मुख्य कथा के समानान्तर चलती है।

अन्य प्रमुख कथा सूत्र निम्नोक्त हैं– जो औपन्यासिक कथानक सागर का विकास करते हैं और नायक एवं नायिका के चरित्र को स्पष्ट करने हेतु प्रकाश डालते हैं– (अ) सरस्वती का कथा-सूत्र (आ) शेखर के माता-पिता का कथा-सूत्र (इ) शारदा का कथा-सूत्र (ई) रामेश्वर का कथा सूत्र (उ) सदाशिव की कथा (ऊ) बाबा मदनसिंह की कथा (ए) मोहसिन की कथा और (ऐ) राम जी की कथा।

प्रासंगिक कथाएं–ये कथाएं कथा को अप्रत्यक्ष रूप से प्रभावित करती हैं और कुछ कथा-प्रसंग प्रत्यक्षतः भी कथा को प्रभावित करते हैं। ये सभी प्रसंग उपन्यासकार ने शेखर के चरित्र के पल्लवन के सहायक के रूप में रखे हैं।

1. अन्ती का प्रसंग 2. शीला का प्रसंग 3. शांति का प्रसंग 4. गोपी का प्रसंग 5. कुमार का प्रसंग 6. राघवन का प्रसंग 7. हरिजन बुढ़िया का प्रसंग 8. मणिका प्रसंग 9. विद्या-भूषण प्रसंग 10. विद्यावती का प्रसंग 11. कांग्रेस कैम्प 12. सम्पादक-प्रकाशक प्रसंग 13. अमोलक राम का प्रसंग 14. क्रान्तिकारी दादा का प्रसंग 15. रसोइये का प्रसंग।

शेखर एक जीवनी की कथा-वस्तु में मौलिकता, रोचकता, स्वाभाविकता, समयबद्धता आदि एक सफल कथा साहित्य के समस्त गुण हैं।

पात्र-योजना और चरित्र-चित्रण की दृष्टि से 'शेखर : एक जीवनी' उन्यास बहुत सफल है। इसमें चरित्र-चित्रण उदप्त स्वाभाविक एवं प्रवाहपूर्ण है। प्रायः सभी चरित्र संश्लिष्ट हैं और अपने-अपने वर्गों का पूर्ण प्रतिनिधित्व करते हैं।

शेखर : शेखर युवा वर्ग का प्रतीक है। जो स्वभाव से विद्रोही किन्तु अपने व्यक्तित्व की खोज के लिए आंतरिक और बाह्य स्तर पर संघर्षरत् हैं।

शशि : शशि उस नारी वर्ग का प्रतीक है जो अपनी ससुराल वालों की अज्ञानता एवं अत्याचारों का शिकार बनती है, किन्तु एक आदर्श नारी के रूप में भटकते हुए पुरूषों का मार्ग दर्शन करती है, उसे नयी संचेतना, वैचारिकता और शक्ति प्रदान करती है तथा अपने संपूर्ण समर्पण द्वारा नारी-जाति का गौरव बढ़ाती है।

हरिदत्त : हरिदत्त आधुनिक भारतीय परिवार के सामान्य पिता हैं। वे अपनो संतान के प्रति अपना महत्व रखते हुए भी अपनी अतिशय सामाजिकता के प्रति-सचेष्ट होने के कारण निरंकुश और दंभी दिखाई पड़ते हैं। वे अपनी विशिष्टताओं और दुर्बलताओं के कारण परिस्थितियों से समझौता करने को विवश हो जाते हैं।

आलोच्य उपन्यास के पात्र सजीव भी हैं और सामान्य भी। वे यथार्थ-सत्य के प्रतीक हैं।

आलोच्य उपन्यास में कथोपकथन योजना या मनोविज्ञान के प्रस्तुतीकरण के लिए की गई है या वैचारिक धरातलों के उद्घाटन के लिए की गई है। शेखर और सरस्वती के संवाद उस बाल मानसिकता को प्रदर्शित करते हैं जिसमें अपार जिज्ञासा तो होती ही है साथ ही अपने बोध के लिए पर्याप्त आश्वासन भी होता है। यहाँ शेखर की प्रश्नाकुलता और सरस्वती के उत्तर बाल सुलभ मानसिकता को ही अभिव्यक्त करते हैं। शेखर ने सरस्वती से पूछा– 'मरते कैसे हो'

मर जाते हैं और क्या?

मर कर क्या होता है?

"पागल जान नहीं रहती, चल-फिर, बोल नहीं सकते, तब ले जाकर जला देते हैं।

डूबने से ऐसे ही मर जाते हैं?

हाँ।

क्यों मरते हैं?

साँस बंद हो जाती है, तब जान निकल जाती है।

शेखर थोड़ी देर इस बात को सोचता रहा, फिर एकाएक उससे पूछा,

जान क्या होती है?

होती है बस।

उसने फिर आग्रह किया क्या होती है?

'शेखर : एक जीवनी' उपन्यास में अज्ञेय जी की भाषा विषयक दृष्टि सृजनात्मक है। इसमें भाषा की बारीक-से-बारीक उलझी-से-उलझी मनः स्थितियों और नूतन तथा सूक्ष्म ध्वनियों का प्रयोग किया गया है। भाषा की मितव्ययिता वैचारिक बिम्बों को सहज रूप में प्रस्तुत कर देती है। इस उपन्यास की भाषा सभी प्रकार के भाषिक गुणों से सम्पन्न है। सरलता, रोचकता, प्रवाहपूर्णता, प्रसंगानुकूलता, व्यंग्य, चित्रात्मकता, पात्रानुकूलता और मार्मिकतादि इस उपन्यास की भाषा की प्रमुख प्रवृत्तियाँ हैं।

आलोच्य उपन्यास में लेखक ने काव्यात्मकता उत्पन्न करने हेतु नाटकीय शैली वर्णनात्मक शैली, आत्मकथात्मक शैली, निबंध शैली, अंतर्विवाद शैली और स्मृत्यालोचन शैली का प्रयोग हुआ है। उपन्यास में काव्यात्मकता लाने हेतु लेखक ने मार्मिक प्रसंगों की उद्भावना की है।

## शेखर एक जीवनी : मनोवैज्ञानिक आयाम

**मनोवैज्ञानिक उपन्यास का स्वरूप**-मनोवैज्ञानिक उपन्यासों में पात्रों की आंतरिक दशा को ही अधिक महत्व प्रदान किया जाता है। उनकी मनः स्थिति को सूक्ष्मता से चित्रित करने का प्रयास किया जाता है। डॉ॰ गोपालराय ने मनोवैज्ञानिक उपन्यास के संदर्भ में लिखा है कि, "आधुनिक मनोवैज्ञानिक उपन्यास का जन्म बीसवीं शताब्दी के द्वितीय दशक में मार्शल प्रूस्त डरोधी रिचर्डसन और जेम्स ज्वायस की कृतियों से माना जाता है। मार्शल प्रूस्त ने 1913 ई॰ में अपने आठ भागों में समाप्त उपन्यास, 'जिनके अंग्रेजी अनुवाद का विषय (बीती बातों की याद) है, दो भाग प्रकाशित कराये। जब ये भाग अभी मुद्रणाधीन थे। डोरोथी मिलर रिचर्डसन ने अपना द्वादश खण्डीय उपन्यास (तीर्थ यात्रा) लिखना शुरू कर दिया था। इसका पहला खंड 1915 में निकला और अंतिम 1938 ई. में। ठीक उसी समय आयरलैण्ड निवासी जेम्स ज्वायस ने, जो Triests के Berlitz स्कूल में अंग्रेजी का शिक्षक था, 1914 में (जवान आदमी के रूप में कलाकार का एक व्यक्ति चित्र) नामक क्रमशः प्रकाशित करना शुरू किया। इस प्रकार 1913 ई॰ और 1915 ई॰ के बीच आधुनिक मनोवैज्ञानिक उपन्यास का जन्म हुआ था जिसे हम अंग्रेजी में चेतना प्रवाही "उपन्यास" मौन का उपन्यास, अन्तरालाप और फ्रेंच में आधुनिक विश्लेषणात्मक उपन्यास, के नाम से पुकारते हैं।

इन सभी उपन्यासकारों ने एक साथ उपन्यास को बाहरी यथार्थ से भीतरी यथार्थ की ओर, बाहरी संसार से जिसे एक शताब्दी पूर्व बाल जाक ने चित्रित किया था, फैन्टेसी और दिवास्वप्न की तरफ अग्रसरित किया।

डॉ॰ नंदकुमार राय पात्रों की मनोवैज्ञानिकता के संदर्भ में लिखते हैं कि, "शेखर के व्यक्तित्व का विकास सिगमण्ड फ्रायड के यौन-सिद्धांत के अनुरूप ही होता है। उसके संपूर्ण जीवन में यौन-भाव (सैक्स) किसी न किसी रूप में व्याप्त होता है जिससे सम्बद्ध एवं उद्भूत समस्याओं तथा मनोभावों का सूक्ष्म विश्लेषण उपन्यासकार अज्ञेय जी ने अपने इस उपन्यास में किया है, जहाँ कहीं शेखर किसी अनुचित अथवा वर्जित दृश्य को देखता है, तत्क्षण उसका मन यौन-भाव (सैक्स) से अंदोलित हो उठता है। मनोविज्ञान का यह परीक्षित सत्य है कि मनुष्य विशेषकर, बच्चे निषिद्ध तथा वर्जनाओं के प्रति अधिकाधिक मात्रा में प्रवृत्त जिज्ञासु होते हैं। जिस मात्रा में वर्जन होती हैं, उसी अनुपात में बच्चे के मन में रहस्य की गहराई में प्रविष्ट होने की तीव्र उत्कंठा, लालसा और बलवती होती है। जाग्रत इच्छा शेखर के संदर्भ में यह मनोवैज्ञानिक सिद्धांत सौ फीसदी सही प्रतीत होती है। मध्यवर्गीय परिवारों की ही भाँति उसके परिवार में भी यौन सम्बन्धों की चर्चा वर्जित है। अतः उसका यौन भाव भी उसके अहम् भाव का अंग बनकर व्यक्त होता है। एक ओर वह अपने संपर्क में आने वाले समस्त पुरुषों से सम्मान की आकांक्षा करता है और दूसरी ओर स्त्रियों से प्रणय और प्यार। इस संदर्भ में एक और बात यह ध्यान रखने की है कि वह केवल आदान चाहता है। प्रदान नहीं। वह कहता है, मुझे मूर्ति उतनी नहीं चाहिए, मुझे मूर्तिपूजक चाहिए। मुझे कोई ऐसा उतना नहीं चाहिए जिसकी तरफ मैं देखूँ, मुझे वह चाहिए जो मेरी तरफ देखे। यही नहीं कि मुझे आदर्श पुरुष नहीं चाहिए, पर मैं उन्हें स्वयं बना सकता हूँ। मुझे चाहिए आदर्श का उपासक, क्योंकि मैं वह नहीं बना सकता। अपने लिए ईश्वर रचना मेरे वश में है, लेकिन मेरी ईश्वरता का पुजारी वह नहीं। जिस किसी से भी वह उसका स्नेह अथवा प्रणय सम्बन्ध स्थापित होता है, उस पर वह संपूर्ण रूप से अपना आधिपत्य चाहता है, जो मनोविज्ञान समर्थित है।

इस सम्बन्ध में डॉ॰ देवराज सम्मति देते हुए कहते हैं कि, "अज्ञेय जी का शेखर हिन्दी का प्रथम उपन्यास है जिसमें शिशु मानव को (फ्रायड के शब्दों में) आनंद प्रधान जीवन की झाँकियों को, उसके कौतूहल और जिज्ञासाओं को तथा उसकी स्वाभाविक प्रवृत्तियों पर समाज तथा माता-पिता के व्यवहार अथवा यों कहिए कि Reality Principle के संपर्क से उत्पन्न दमन की मानसिक ग्रंथियों को तथा उनके जीवन-व्यापी प्रभाव को कथा क्षेत्र में लाने का प्रयास किया है।" अज्ञेयकृत शेखर : एक जीवनी उपन्यास की अन्य मनोवैज्ञानिक उपन्यासों से तुलना करते हुए डॉ॰ सत्यपाल चुघ कहते हैं कि, उनके सभी उपन्यास मनुष्य की सहजात या मूल वृत्तियों के लिए चित्रण विश्लेषण पर आधारित हैं और मूल वृत्तियां देशीय या विदेशीय नहीं मानवीय हैं सर्वव्यापक हैं। यों तो जैनेन्द्र और इला चंद्र जोशी मनोवैज्ञानिक उपन्यासों की परम्परा का प्रवर्तन कर चुके थे और उनमें मूल वृत्तियों की किसी न किसी रूप में चर्चा तथा चित्रण भी है किन्तु सर्वप्रथम अज्ञेय ने ही, शेखर से इनके क्रमिक विकास का मनोविज्ञान सम्मत सम्यक् अध्ययन प्रस्तुत किया है और इस दृष्टि से हिन्दी उपन्यासों में 'शेखर' अकेला उपन्यास है। इन्हीं मूलवृत्तियों के व्यवस्थित अध्ययन के प्रयत्न के फलस्वरूप हिन्दी में बाल-जीवन के चित्रण को भी सर्वप्रथम इतना महत्त्व मिला। इस दृष्टि से भी 'शेखर' निरूपम उपन्यास है। अज्ञेय ने बालक शेखर में भय, अहम और सैक्स-इन तीन मूल प्रवृत्तियों को लिया है।" डॉ॰ नगेन्द्र का कहना है कि, "हिन्दी की एक महत्त्वपूर्ण वस्तु-मनोगुम्फी की तह में इतना गहरा घुसने वाला कलाकार हिन्दी ने दूसरा पैदा नहीं किया।"

मनोवैज्ञानिक उपन्यास में पात्रों के विचारों को गत्यात्मक रूप में प्रलेखित किया जाता है क्योंकि मस्तिष्क में विचार प्रायः अक्रमिक एवं असम्बद्ध रूप में उपजते हैं, इसीलिए चेतना-प्रवाह प्रविधि को महत्त्व मिला। चेतना को उसके मूल प्रवाह में पकड़ना और चित्रित करना। शेखर एक जीवनी में इस प्रविधि का प्रयोग हुआ है किन्तु आद्योपांत इस प्रविधि का प्रयोग नहीं हुआ है। उदाहरणार्थ—प्रथम खंड का 'प्रवेश' इसी प्रविधि में रचित है। अन्यत्र भी कहीं-कहीं इस प्रविधि को अपनाया गया है।

"मुक्त आसंग और प्रतीकात्मक पद्धति भी मनोविश्लेषणवाद की ही देन है। वयः संधिकाल में शेखर की मानसिकता के चित्रण में युक्तिसंगत पद्धति का ही प्रयोग हुआ है। इस पद्धति के अंतर्गत पात्रों के असंगत एवं उलझे हुये विचारों का चित्रण किया जाता है। यथा— "उसे लगता, उसके शरीर में कोई परिवर्तन हो रहा है। उसे लगता वह बीमार है, उसे लगता, उसमें बहुत शक्ति और स्फूर्ति आ गयी है...." तब उसने देखा Melancholia भी उसे है। उसके बाद hypocontria पर पहुँचा और उसके लक्षण पढ़ते हुए उसने पढ़ा..." शेखर ने कहा, अरे, यही तो मुझे है।" किन्तु समूचे उपन्यास में इस पद्धति का प्रयोग कम हुआ है।"

अज्ञेय ने संपूर्ण उपन्यास में प्रतीकात्मक पद्धति का प्रयोग किया है। अवचेतन प्रायः प्रतीकों के माध्यम् से ही अपनी अभिव्यक्ति करता है, सामाजिक-विधि निषेधों के कारण मनुष्य अपनी बहुत सारी इच्छाओं का दमन करता है इसलिए ये इच्छाएं अपने प्रकृत स्वरूप में ही अवचेतन में चली जाती है और "चेतन" पर अंकुश होने के कारण अपनी बात प्रतीकों के माध्यम् से कहती हैं। स्वप्न अवचेतन का प्रतीकात्मक भाष्य ही होता है। शेखर के व्यवहार, बातचीत एवं क्रिया में अवचेतन प्रायः प्रतीकात्मक रूप में विद्यमान होता है; यथा उसका लेटरबाक्स की सवारी करना उसके अहंता का प्रतीक है, सरस्वती को सरस कहना, वायलिन का रिकार्ड सुनना, रोजेरी आदि की प्रेमपरक कवितायें पढ़ना, शारदा का मस्तक चूमना, शांति को छूना आदि उसके अवचेतन में निहित 'काम' का प्रतीक है।

चूँकि मनोविज्ञान चेतन से अधिक अचेतन को महत्त्व देता है; इसलिए मनोवैज्ञानिक उपन्यासों में चेतन की अपेक्षाकृत अचेतन प्रक्रमों का दर्शन होना चाहिए किन्तु 'शेखर : एक जीवनी' में बहुत कुछ चेतन धरातल पर से ही कहा गया है। अतीत, वर्तमान के चेतना-फलक पर जगमगाता है, यद्यपि वह तो जुगनू की तरह चमकता है किन्तु चमकने और चमकाने के मध्य सृजक की प्रविधि है और वही चूक जाती है। डॉ. राजेन्द्र कुमार का कहना है— फ्रायड ने अचेतन मानसिक प्रक्रमों की अनिवार्यता स्वीकार करके चलने का जो सुझाव दिया है, अज्ञेय उस पर अधिक अमल नहीं करते। .. कारण यह है कि यदि 'शेखर एक जीवनी' में अहंता, भय, सेक्स को अवचेतन मानसिक प्रक्रमों वाली फ्रायडीय व्याख्या के तहत निरूपित किया गया होता, तब तो मनोवैज्ञानिक रूप में शेखर को एक 'ग्रंथिग्रस्त' व्यक्तित्व के तौर पर ग्रहण करना लेखक की विवशता हो जाती, यह विवशता लेखक की औपन्यासिक प्रतिज्ञा को ही उलट देती है। यानि तब शेखर की "स्वतंत्र व्यक्तित्व खोजी छवि" ही विपर्यस्त हो जाती" किन्तु ध्यातव्य है कि कुछेक प्रसंगों को छोड़कर अचेतन और चेतन की संगति आद्योपान्त दिखाई पड़ती है। जहाँ कहीं शेखर अधिक बाह्योन्मुख होने की कोशिश करता है, वहाँ प्रथमतया तो "अचेतन के दबाव के कारण उसकी सीमाएं स्पष्ट होने लगती हैं और दूसरा लेखक तदनुरूप "परिवेश" नहीं गढ़ पाता है, इसलिए "आकाश भाषित सामाजिक परिवेश में" उसका जीवंत विद्रोह भी अव्यवहारिक प्रतीत होने लगता है। यही कारण है कि शेखर का "एन्टीगोनम क्लब" निर्जीव प्रतीत होता है, जहाँ-जहाँ भाषणबाजी है, वहाँ-वहाँ अचेतन व चेतन की संगति टूट गयी है, जबकि अन्य घटनाओं-व्यवहारों, विचारों में जब भी हम उसे 'चेतन' के धरातल पर पाते हैं, तो देखते हैं कि अचेतन अपनी द्वंद्वात्मक एवं प्रतिक्रियात्मक' शक्ति के साथ चेतन धरातल पर मौजूद है, —"प्यार एक आकर्षण है, एक शक्ति है जिससे जीवन की स्थिति शीलता विचलित हो जाती है, ये विचलन ही समस्या है क्योंकि यह व्यापक है, मौलिक है, जीवन के "तलवार की धार पर" असंख्य धारों पर!... सधे हुये समतोल के डगमगा जाती है..."

शेखर एक जीवनी में उपन्यासकार ने शेखर के चरित्र-सृजन में मनोविश्लेषण के अहं, भय एवं सेक्स को महत्त्व दिया है। शेखर के चरित्र के मनोविश्लेषणात्मक पहलु निम्न हैं—

1. शेखर में भय
2. शेखर में अहम की भावना
3. काम-वासना का प्रस्फुटन एवं विकास
4. व्यक्तित्व की भावना
5. व्यक्ति स्वातन्त्रय
6. जिज्ञासा एवं बंधन
7. अनास्थाजन्य विद्रोह-धर्मिता
8. एकाकीपन
9. अवचेतन मन की स्वप्नाभिव्यक्ति
10. आत्मविश्वास की भावना

अंततः 'शेखर : एक जीवनी' के मनोवैज्ञानिक रचाव में लेखक की तमाम सीमायें स्पष्ट हैं, इसके बावजूद इस तथ्य से इंकार नहीं

किया जा सकता है कि अज्ञेय कृत इस उपन्यास के माध्यम् से हिन्दी मनोवैज्ञानिक उपन्यास को उस ऊँचाई तक समृद्ध किया है, जो कम से कम अभी तक अनछुई है।

## बाणभट्ट की आत्मकथा

### इतिहास और कल्पना

लेखक द्वारा किसी विशेष की घटनाओं, परिस्थितियों और उन सभी घटनाओं से संदर्भित तत्कालीन समाज के चरित्रों का शब्दबद्ध स्वरूप ही इतिहास है। ऐतिहासिक उपन्यासकार जब इतिहास के पृष्ठों को अपने उपन्यास में उतारता है तब उसके पास उपकरण तो वही होते हैं जो एक इतिहासकार के पास होते हैं, किंतु ऐतिहासिक उपन्यासों का सम्बन्ध इतिहास की संपूर्णता से न होकर ऐतिहासिक काल-विशेष, घटना-विशेष और फल-विशेष से होता है। मूलतः इतिहास एवं पुराण दोनों ही ऐतिहासिक उपन्यासों के लिए सामग्री है। ऐतिहासिक उपन्यासों का साधारण उद्देश्य मनुष्य का सार्वभौम विकास है। पाश्चात्य विद्वान मैकमिलन के अनुसार, "ऐतिहासिक उपन्यासकार का प्रमुख उद्देश्य उपन्यास के जीवन और उसके देशकाल की चुनी हुई घटनाओं एवं परिस्थितियों की ठीक-ठाक एवं कलात्मक अभिव्यक्ति है जो एक-दूसरे से इस प्रकार संबद्ध है कि मानवता और उसके भविष्य पर नया प्रकाश पड़ सके।"

लेखक ऐतिहासिक परिवेश में ही अपनी कथावस्तु की सृष्टि करता है। पर लेखक इतिहासकार नहीं होता; अर्थात् काव्य में समस्त ऐतिहासिक घटनाओं का यथातथ्य चित्रण करना न तो वांछित ही होता है और न उपयोगी ही; इसीलिए लेखक ऐतिहासिक कथावस्तु में भी अपनी कल्पना प्रयोग करता है। रामदरश मिश्र ने ऐतिहासिक सामग्री का उपयोग समकालीन समाज के आधार पर ग्रहण करने को लेकर कहा कि, "जीवंत साहित्य सदैव अपने युग और समाज से रस ग्रहण करता है। कथावस्तु पुरानी हो या नई, जीवंत साहित्य में उसका संयोजन नवीन दृष्टि से किया जाता है। वह दृष्टि आधुनिक युग-बोध से निर्मित होती है। आधुनिक युग बोध के बिना प्राचीन और नवीन सामग्रियाँ किसी व्यापक या गहरे सत्य के सूत्र से समन्वित नहीं हो पातीं। आधुनिक बोध वाला साहित्यकार इतिहास की सामग्रियों को नये संदर्भों में स्वीकार करता है। ये नये संदर्भ इतिहास की मृत सामग्री को नया स्वर प्रदान कर उन्हें वर्तमान का जीवन देते हैं, उन्हें इतिहास के गह्वर से निकालकर गतिमान जीवन के मैदानों में ला खड़ा कर देते हैं।"

जिस प्रकार समस्त साहित्य का कार्य मानवता के विकास में योग देना है, उसी प्रकार उसका एक अंग मानव के अतीत से प्रेरणा लेकर वर्तमान की आलोचना और भविष्य की रूपरेखा प्रस्तुत करता है।

उपन्यासकार के लिए यहाँ एक विवशता भी है और वह यह है कि उसे अपने ऐतिहासिक उपन्यास में काल विशेष की पृष्ठभूमि का ध्यान अपरिहार्य रूप में रखना पड़ता है। जिस काल खंड को लेकर उपन्यास की रचना की गई हो, उस काल का वातावरण उसमें अवश्य होना चाहिए। तत्कालीन सभ्यता, संस्कृति, रहन-सहन, वेशभूषा, सामाजिक परिस्थिति, धार्मिक परिस्थिति एवं राजनीतिक परिस्थितियों का अंकन होना चाहिए। इसी से ऐतिहासिक वातावरण का निर्माण होता है। इस समग्र वस्तु को उपन्यासकार या लेखक/साहित्यकार इस प्रकार अपनी कल्पना से व्यवस्थित करे जिससे उपर्युक्त वातावरण जीवंत हो सके।

आचार्य हजारी प्रसाद द्विवेदी हिन्दी एवं संस्कृत के प्रकाण्ड विद्वान, समालोचक एवं सृष्टा हैं। यह द्विवेदी जी जैसे प्रतिभावान के लिए ही सम्भव था कि वह बाणभट्ट जैसे प्रखर उद्भट विद्वान रचनाकार के जीवन को अपने उपन्यास का उपजीव्य बनाये। बाणभट्ट के कादम्बरी को संस्कृत के क्लिष्टतम ग्रंथों में से एक माना जाता है और विविध व्याख्याएं उसमें होती रही हैं, उसके रचयिता का जीवन वैसा रहा होगा, कल्पना योग्य है, विचारणीय है। कुछेक विद्वान बाणभट्ट की आत्मकथा को इतिहास के पर्दे में काल्पनिक रोमांस की संज्ञा देते हैं। मैं इससे सहमत भी हूँ किन्तु इतिहास के पर्दे में ऐसे रोमांस हिन्दी साहित्य में कितने लिखे गये हैं? इस उपन्यास में द्विवेदी जी ने तत्कालीन युग और उसकी विविध परिस्थितियों का ही गहन अवगाहन नहीं किया है वरन् एक कवि का बेबाक दर्शन भी व्याख्यापित किया है।

द्विवेदी जी अपने उपन्यास के माध्यम से एक कवि के मन की उलझनों, उसकी आकांक्षाओं, नारी के प्रति उसके विचारों एवं उसके स्वाभिमानी व्यक्तित्व और प्रकारान्तर से उसकी अस्मिता-बोध को वर्णित करना चाहते हैं। उनके लिए इतिहास एक उपकरण मात्र है जिसका उपयोग उन्होंने अपने कथ्य को अधिक परिपुष्ट एवं प्रभावशाली बनाने के लिए ही किया है। इतिहास उनके लिए साध्य ना होकर साधन मात्र था। इसीलिए किसी ने कहा है कि उनकी मूल निष्ठा अपने कथ्य के प्रति है, ऐतिहासिक घटनाओं या चरित्रों के प्रति नहीं। यही कारण है कि "हर्ष वर्धन जैसे सशक्त चरित्र को उन्होंने उतना महत्त्व नहीं दिया जितना कुमार कृष्णवर्द्धन को और निपुणिका तथा भट्टनी जैसे काल्पनिक चरित्र को जो स्वयं अपना इतिहास अपने हाथों से लिख गये हैं। 'बाणभट्ट की आत्मकथा' इतिहास और कल्पना का अद्भुत समुच्चय है। इसमें एक ओर तो सातवीं शताब्दी की भारतीय राजनीतिक, सामाजिक आदि परिस्थितियों, सत्ताधीशों के वैभव, उनके केलि विलास, बाह्य आक्रमणों की स्थितियों और धार्मिक विविधताएं सांगोपांग रूप में

वर्णित हुई हैं, दूसरी ओर मानव-मन की उदात्त भावनाओं एवं आस्थाओं का जीवंत परिदर्शन इसमें उपलब्ध है।"

## सांस्कृतिक पृष्ठभूमि

बाणभट्ट की आत्मकथा में भारतीय संस्कृति के स्वरूप की चर्चा भी अनेक प्रसंगों में आयी है। भारतीय संस्कृति का एक गुण माना जाता है समन्वयात्मकता। वैदिक समय से लेकर अद्यतन काल तक भारतीय संस्कृति परस्पर द्वंद्वात्मक विचारों के घात-प्रतिघात से अपना रूप ग्रहण करती रही है। ब्राह्मण और श्रमण संस्कृतियां इस देश में पुरातन काल से साथ चली आ रही हैं। दोनों में विरोध ात्मकता की जगह समन्वयात्मक प्रवृत्ति अधिक परिलक्षित होती है। "बौद्ध और जैन धर्म के अनेक तत्व ब्राह्मण संस्कृति ने अपनाए जरूर हैं, लेकिन समानता स्वतंत्रता और न्याय, जो कि बौद्ध और जैन धर्म के मूलभूत तत्त्व हैं, हिन्दू धर्म और ब्राह्मण संस्कृति ने कभी भी नहीं अपनाएं। आज भी स्वतंत्र भारत में जन्म के आधार पर ही इंसान की जाति का निर्धारण होता है और उसके आधार पर समाज में सामाजिक, आर्थिक, सांस्कृतिक स्थिति भी तय होती है। हिन्दू धर्म जिस असमानता, भेदभाव और जाति व्यवस्था में विश्वास करता है, उससे समन्वयात्मक संस्कृति का निर्माण होने में आज भी बाधाएं उत्पन्न हो रही हैं। समन्वय ही भारतीय संस्कृति की धरोहर रही है और जहाँ कहीं इस समन्वयात्मक विचारों में दरार आई है, जन-जीवन को दुःखों और संकटों का सामना करना पड़ा है। बाणभट्ट की आत्मकथा में भारतीय संस्कृति के इस पक्ष को केन्द्रीय महत्व दिया गया है।"

आ. हजारी प्रसाद द्विवेदी भारतीय संस्कृति के आख्याता और सजीव रूप हैं। बाणभट्ट की आत्मकथा में उन्होंने हर्षयुग का चित्रण प्रस्तुत किया है। उपन्यास में वर्णित सांस्कृतिक पृष्ठभूमि को निम्न बिन्दुओं के आधार पर विश्लेषित करेंगे:

## सामाजिक अवस्था

उपन्यास को हृदयंगम करने के पश्चात ज्ञात होता है कि तत्कालीन समय की सामाजिक व्यवस्था सुव्यवस्थित नहीं थी। समाज अनेक तबकों में विभक्त था, उच्चता एवं निम्नता का भाव समाज में विराजमान था। जो वर्ग राज-कृपा को प्राप्त कर लेता था वह समाज में प्रतिष्ठेय हो जाता था। निपुणिका के परिचय से यह स्पष्ट हो जाता है, "निपुणिका आजकल की उन जातियों में से एक की संतान है, जो किसी समय अस्पृश्य समझी जाती थी, परंतु जिनके पूर्व पुरुषों को सौभाग्यवश गुप्त सम्राटों की नौकरी मिल गई थी। नौकरी मिलने से उनकी सामाजिक मर्यादा कुछ ऊपर उठ गई हैं। वे आजकल अपने को पवित्र वैश्य वंश में गिनने लगी हैं और ब्राह्मण-क्षत्रियों में प्रचलित-प्रथाओं का अनुकरण करने लगी हैं।"

तत्कालीन समाज में बालविवाह का प्रचलन एवं विधवा विवाह का अप्रचलन था। निपुणिका और सुचरिता दोनों को इस घृणित पीड़ादायक कुरीतियों का मुकाबला करना पड़ता है। नारियों की स्थिति अच्छी नहीं थी। उन्हें मात्र काम-पुतलिका समझा जाता था और उनकी इच्छा के विरूद्ध भी उन्हें बलात् अंतःपुर में अपहृत कर बंदी बना लिया जाता था। विवाह से सम्बद्ध उनकी भावनाओं की कोई कद्र न थी— यही कारण है कि भट्टिनी को छोटे राजकुल के रंगमहल में बंदी होना पड़ा और महामाया को ग्रहवर्मा के साथ विवाह करना पड़ा। कुछ नारियाँ अपनी परिस्थितियों पर काबू न पा सकने के कारण वेश्या बन जाती थी। गणिका का तत्कालीन समाज में आदर होता था। चारूस्मिता का जीवन इसका उदाहरण है।

हर्षकालीन समाज में राजकीय उत्सवों का आयोजन बड़े-ठाठ बाट से होता था। साधारणजन से इतर अंतः पुर से सम्बन्धित सभी जन इसमें भाग लेते थे। कुमार कृष्णवर्धन के पुत्र के जन्म के अवसर का दृश्य द्विवेदी जी ने बड़ा ही भव्य और अद्भुत उकेरा है। गणिकाओं के अयोजन में भी जनता पर्याप्त संख्या में हिस्सा लेती थी। इसका कारण यह था कि उन दिनों लोगों की रूचि कला की ओर बहुत अधिक थी। चारूस्मिता के संदर्भ में कहे गये ये शब्द, "धावक ने कहा कि चारूस्मिता का नृत्य कान्यकुब्ज की विद्रोही जनता को वश में ले आने का अस्त्र है। यह क्या सत्य है?... चारूस्मिता का वंश मैंने सुना है, उनके गुण आज धावक ने बताये हैं, हाय कितनी गुण-संपत्ति है और कितने नीच उद्देश्य से उसका उपभोग हो रहा है।"

उन दिनों जनता द्वारा भी अनेक उत्सव आयोजित किये जाते थे। मदनोत्सव का यह दृश्य— सारा नगर पुर वासियों की करतल-ध्वनि, मधु-संगीत, और मृदंग के घोष से गूंज उठा था। मदमत्त नगर विलासिनियों के सामने जो भी पुरुष पड़ जाता उस पर ऋंमक (पिचकारी) के रंगीन जल की बौछार हो जाती थी।"

राजा को देवपद प्राप्त था। राजा अत्यंत वैभवशाली तरीके से दिन व्यतीत करता था। महाराज हर्षवर्धन की राजसभा का वर्णन आचार्य द्विवेदी ने इसी प्रकार से किया है।

उन दिनों समाज में ब्राह्मणों का सर्वोच्च स्थान माना जाता था। ज्ञान प्रसार का कार्य उन्हीं के जिम्मे था। बाण के पिता चित्रभानु के संदर्भ में कहा गया है कि, "यदि मैं कहूँ कि सरस्वती स्वयं आकर अपने पाणि-पल्लवों से मेरे पितृदेव के होम कालीन श्रमसीकरों को पोंछा करती थीं तो इसमें कुछ अत्युक्ति नहीं होगी; क्योंकि उस काल से लेकर सूर्योदय के दो मुहूर्तों तक निरंतर हवन करने के बाद जब मेरे पिता पसीने से तर होकर उठते थे तो सीधे

अध्यापन के कुशासन पर जा बैठते थे। यही उनका विश्राम था।" ब्राह्मण ही धर्म और व्यवस्था की व्याख्या करने वाला होता था। शास्त्रार्थ पद्धति प्रचलित थी। धर्म का आधार शास्त्रार्थ होता था। शास्त्रार्थ में चुना हुआ धर्म राजा-प्रजा द्वारा मान्य होता था। राजाश्रय का प्रचलन था। पंडित, कवि दरबार में ही रहते थे। स्तरानुकूल लोग वेश-भूषा पहनते थे। भाषा का प्रयोग भी ऐसा ही था।

### धार्मिक अवस्था

हर्षकालीन समाज में अनेक प्रकार के धर्मों का प्रचलन था। राजा का धार्मिक दृष्टि से किसी पर भी कोई नियंत्रण नहीं था। व्यक्तिगत रूप के आधार पर स्वतंत्रतापूर्वक व्यक्ति साधना मार्ग या धर्म को ग्रहण कर सकते थे। इस कालान्तर्गत बौद्ध संप्रदाय और अवधूत संप्रदाय प्रमुख थे। बौद्ध संप्रदायी बौद्ध विहारों में निवास करते थे और पीले रंग का चीवर धारण करते थे। इनकी तमाम चर्याएं इन विहारों में ही होती थीं। शास्त्रार्थ भी होता था। आचार्यगण शंका समाधान करते थे।

अवधूत संप्रदाय के लोग किसी एक स्थान पर न ठहरकर प्रायः भ्रमण करते रहते थे। ये लोग अधिकांशतः चामत्कारिक प्रयोग दिखाकर जनता को चमत्कृत कर अपने संप्रदाय में दीक्षित करते थे। स्त्रियाँ भी उनके संप्रदाय में दीक्षित हो सकती थीं। ये शिवोपासक थे।

इस समय धार्मिक क्षेत्र में कुछ लोग आडम्बरी, लोभी और कामुक भी होते थे। कहने को तो वे देवी के पुजारी होते थे, किन्तु प्रच्छन्न रूप से अनेक प्रकार के विषयों में फँसे रहते थे। बलि-पूजा का भी इन दिनों रिवाज था। लोग मनुष्य की बलि देखकर अपनी आराध्या को प्रसन्न करते थे। धार्मिक क्षेत्रों के लोग राजनैतिक भागीदारी भी निभाते थे। यही कारण था कि इनका सम्बन्ध राजकुल से होता था। आचार्य सुगतभद्र कुमार कृष्णवर्धन को अपना शिष्य बनाये हुये हैं। महामाया खुल्लमखुल्ला जनता को विद्रोह करने के लिए प्रेरित करती है, भर्वुपाद अपने पत्र से समूचे आर्यवर्त को म्लेच्छों के भावी आक्रमण से सचेत करता है।

### आर्थिक अवस्था

उक्त आलोच्य उपन्यास का क्षेत्र नगर संस्कृति तक ही सीमित रहा है। ग्राम्य संस्कृति में लेखक नहीं घुसा है। अतः यह बताना कठिन है कि उस काल में जनसाधारण की आर्थिक अवस्था कैसी थी। नगर खुशहाल एवं समृद्ध थे।

### राजनैतिक स्थिति

हर्षयुग व्यस्तता का युग रहा है। हर्ष को महाराजाधिराज माना जाता था, किन्तु अनेक सामंत ऐसे थे, जो मन ही मन उससे नाराज थे। बाण से कहे हुये लोरिक देव के ये शब्द,"देखो भट्ट, मेरी शिराओं में गुप्तों के अन्न से बना हुआ रक्त है। अठ्ठारह वर्ष की अवस्था से गुप्त-सेना का सैनिक रहा हूँ। मैंने सिंधु और कुंभा के उस पार तक समुद्रगुप्त के गरूड़ ध्वज को फहराया है। मेरी अवस्था इस समय साठ से ऊपर हो गई।... कान्य कुब्ज के राजा को मैं चरणाद्रि दुर्ग के पूर्व किसी प्रकार नहीं आने दूंगा।" महामाया का शेख भरा भाषण भी इसी ओर इंगित करता है। इस विवेचन के आधार पर कह सकते हैं कि 'बाणभट्ट की आत्मकथा' में सांस्कृतिक तत्वों का निरुपण किया गया है। लेखक संस्कृति में आ रहे उतार-चढ़ाव को दिखाना चाहता है।

## बाणभट्ट की आत्मकथा : आधुनिकता

"बाणभट्ट की आत्मकथा एक Classical Romantic उपन्यास है। अर्थात् अपने बंध, चित्रण, वर्णन, शिल्प, शैली में यह क्लासिकल है और प्राणगत ऊष्मा में रोमैंटिक। ये दोनों तत्त्व एक दूसरे से मिलकर एक अविभाज्य टेक्सचर बन जाते हैं। इस क्लासिकल विन्यास में अपेक्षित रोमैंटिक सूत्रों की कमी नहीं है और रोमैण्टिक आवेग को Classical संयम बांधे हुये हैं। क्लासिक में एक ओर औदात्य होता है और दूसरी ओर जड़ता। लेखक ने औदात्य तत्व को लेते हुये रोमांस के सन्निवेश-द्वारा जड़त्व की सहज ही परिहार कर लिया है। एक जड़त्व जीवन और परिवेश के स्तर पर भी है। लेखक उस पर गहरा प्रहार करता है और समस्त उपन्यास में स्पंद चेतना का नवोन्मेष फूट पड़ता है।" (बच्चन सिंह) स्पंद चेतना का फूट पड़ना ही आधुनिकता है। लेखक ने स्पंद चेतना को जिस काव्यात्मक पैटर्न के द्वारा प्रस्तुत किया है वह भी अद्वितीय है। यह अद्वितीयता वस्तु और रूप दोनों में है क्योंकि जो वस्तु है वही रूप है, जो व्यक्ति है वही परिवेश है। इस प्रकार की अवयवगत संपूर्णता काव्य में ही सम्भव है। इसीलिए इसके पैटर्न को मैंने कलात्मक कहा है। काव्य का अनुवाद नहीं हो सकता, इसलिए बाणभट्ट की आत्मकथा का भी अनुवाद नहीं हो सकता। इसके एक तार को छू देने पर समस्त तार एक साथ झंकृत हो उठते हैं। झंकृति ही स्पंद चेतना है। आचार्य द्विवेदी ने बाणभट्ट की आत्मकथा में सातवीं शताब्दी के प्रख्यात संस्कृत कवि बाणभट्ट को कथा नायक बनाकर उन्होंने उस समय के जीवन, आचार-व्यवहार, रीति-नीति, समाज, धर्म एवं राजनीति के साथ ही व्यक्ति के प्रेम व्यापार, उसकी आभिजात्यता तथा जीवन के अनुभवों को युगीन परिवेश-सापेक्षता के साथ अंकित किया है कहीं दूसरी ओर भारतीय समाज की कुछ

सामयिक समस्याओं, मानव-मात्र के कल्याण से सम्बन्धित कुछ सार्वजनीन संदर्भों पर भी मार्मिक प्रहार करने की कुशल चेष्टा की है। लेखक ने आधुनिक समाज के जलते प्रसंगों को कला में इस प्रकार अनुस्यूत किया है कि न तो उससे युग परिवेश में बाधा पहुंची है और न ही कथा की जीवंतता ही आघतित हुई है। इस उपन्यास में 1. विधवा विवाह : पुरुषप्रधान समाज में छटपटाती नारी की मुक्ति हेतु अभिव्यक्ति है, बाल-विवाह जो ह्रासोन्मुखी समाज-संस्कृति को दर्शाता है का वर्णन है। नारी के शक्ति रूप को अबला बनाये रखने को वर्णित किया गया है। गणिका, नारी-अपहरण, सामाजिक-स्तर-भेद जैसी सामाजिक बातें जो आधुनिक समाज में भी विद्यमान हैं, के साथ-साथ स्वाधीनता संग्राम को भी व्यक्त करता है। महामाया का विद्रोही आक्रोश इसका प्रमाण है। द्विवेदी जी की ऐतिहासिक चेतना आधुनिक है।

इस उपन्यास में अनेक जगहों पर प्रतीकात्मकता को दर्शाया गया है। बच्चनसिंह ने कुछ-एक प्रतीकों के संदर्भ में कहा कि महावराह उस स्पंद चेतना का प्रतीक है। इस पौराणिकमिथ का दुहरा उपयोग है। एक ओर तो यह उस अटूट अवस्था का प्रतीक है जो 'जलौघामना सचराचरा धरा' का उद्धार करने में समर्थ है, दूसरी ओर यह मनुष्य की निमित्तता और अकिंचनता का प्रतीक है।"

यथास्थितिवाद को तोड़ने का कार्य बाण करता है। "सचराचर धरा जल में मग्न है। सारा समाज एक प्रकार के अवरोध में है। भट्टिनी, महामाया, निपुणिका, सुचरिता यहाँ तक कि बाणभट्ट भी अवरूद्ध है। संपूर्ण मध्यकाल में गतिशून्यता भरी हुई है। राजनीति, संस्कृति, धर्म आदि बँधे घाटों के जल की तरह अविरल हैं सोचने का बंधा हुआ तरीका है। धर्म एक बंधी-बंधायी परिपाटी है, सब लकीर के फकीर हैं। बाण को लगा, "न जाने क्यों मुझे ऐसा लग रहा था कि नीचे से ऊपर तक सारी प्रकृति में एक अवग अवसाद की जड़ता छायी हुई है। इस उपन्यास में जड़ता को तोड़ने का रचनात्मक प्रयास है।"

अंततः जड़ता को तोड़ना, यथास्थितिवाद के खिलाफ बोलना, स्व के प्रति, अस्तित्व के प्रति चेतन होना आधुनिकता है। बाणभट्ट की आत्मकथा में ये भाव सर्वत्र प्रत्यक्षाप्रत्यक्ष वर्णित है। आधुनिक समाज की तस्वीर ऐतिहासिक पीठिका पर दर्शायी गई है।

## निपुणिका और नारी-मुक्ति की आकांक्षा

नारी मुक्ति की आकांक्षा को अपने जीवन में लिए, भारतीय समाज एवं संस्कृति की विधवा नारी निपुणिका, बाणभट्ट की आत्मकथा का सबसे सशक्त, प्रभावशाली एवं काल्पनिक पात्र है। इतिहास भी निपुणिका के संदर्भ में मौन है। इतिहास आभिजात्यों का होता है जनसामान्य का नहीं। निपुणिका साधारण होने के बाद भी एक असाधारण नारी थी। उत्कट जीजिविषा थी उसमें। इसलिए समाज की श्रृंखलाओं को लांघकर अनेकों स्थलों पर जीवनयापन करती है। नारी की मुक्ति के लिए अपने जीवन का सर्वस्व लगा देती है। प्रभावान्विति के आधार पर देखा जाए तो उपन्यास की नायिका निपुणिका ही है। निपुणिका मृत समान बाण में भी जीवन का संचार करती है। अभिशप्त वर्ग की निपुणिका उच्च संस्कारों से सम्पन्न होते हुए भी उसके दुर्भाग्य ने उसको कदम-कदम पर छला है। निपुणिका का परिचय उपन्यास में इस प्रकार है, "निपुणिका आजकल की उन संतानों में से एक की संतान है जो, किसी समय अस्पृश्य समझी जाती थीं परंतु जिनके पूर्व-पुरुषों को सौभाग्यवश गुप्त-सम्राटों की नौकरी मिल गयी थी। नौकरी मिलने से उसकी सामाजिक मर्यादा कुछ ऊपर उठ गयी थी। वह आजकल अपने को पत्रित्र वैश्य-वंश में गिनने लगी है और ब्राह्मण-क्षत्रियों में प्रचलित प्रथाओं का अनुकरण करने लगी है। उसमें विधवा-विवाह का चलन हाल में ही बंद हुआ है। निपुणिका का विवाह किसी कादम्बिक वैश्य के साथ हुआ, जो भड़भूजे से ऊपर उठकर सेठ बना था। विवाह के बाद एक वर्ष भी बीतने नहीं पाया था कि निपुणिका विधवा हो गयी।" इसके पश्चात् निपुणिका घर से भाग कर बाणभट्ट की नाट्य-मंडली में शामिल हो गयी। उस समय उसकी आयु सोलह वर्ष की थी। वह अधिक सुंदर नहीं थी। फिर भी उसकी आँखे और अंगुलियां अधिक सुंदर थीं। निपुणिका बाण से प्रेम करती थी किन्तु जब उसने देखा कि बाण ने उसकी उपेक्षा की है तो वह नाट्य मंडली छोड़कर उज्जयिनी से भाग निकली और छः वर्ष पश्चात् स्थाण्वीश्वर में बाण उसको पुनः मिल जाता है। उसी के सहयोग से बाण भट्टिनी को मुक्त कराने में सफल होता है।

लेखक ने उसे हतभाग्या चित्रित किया है। नियति ने उसे छला है। वह जिधर भी जाती उसे झंझावातों का सामना करना पड़ता है, थपेड़े ही थपेड़े यही जैसे उसकी नियति है। अपना प्राप्य उसे कभी नहीं मिला। हाँ भट्ट! मेरे भाग आने का कारण तुम्ही थे, परन्तु दोष तुम्हारा नहीं है, दोष मेरा ही है। तुम्हारे ऊपर मुझे मोह था। निपुणिका का जीवन संघर्षरत रहने के कारण वह साहस की प्रतिमूर्ति झलकती है। विषम परिस्थितियों में भी उसने झेला है। नारी होते हुए भी उसमें जो जीवट है, वह दर्शनीय ही नहीं श्लाघ्य भी है। छोटे राजकुल जैसे विलासियों के अंतः पुर से, जहां पग-पग पर सुरक्षा का कड़ा प्रबंध था, जिस प्रकार बाणभट्ट को ले जाकर (नारी वेश में) भट्टिनी का उद्धार कर पाने में, उसी के साहस

की बात है। चण्डी मण्डली के धूर्तपुजारी को उल्लू बनाकर और अपने नारीत्व को दांव पर लगाने की बात कहकर वह भट्टिनी के टिकने की व्यवस्था करती है। महामाया इसके संदर्भ में कहती है, "मगर अद्भुत शक्ति है निपुणिका की नाड़ियों में। एक बात बताऊं बेटी, निपुणिका महामाया-स्वरूप है, उसे सामान्य नारी न समझ।"

निपुणिका का प्रेम भक्ति में बदल गया। वह स्वयं कहती है कि, "छः वर्षों तक इस कुटिल दुनिया में मारी-मारी फिरी और अब मेरा मोह भक्ति में बदल गया है। भट्ट, तुम गुरू हो, तुमने मुझे स्त्री-धर्म सिखाया।"

परदुःखकातरता के कारण भट्ट के द्वारा भट्टिनी का उद्धार होता है। वह कोमला नारी है। अपने दुःखों की उसने कभी परवाह नहीं की। वह भट्टिनी को मुक्त कराने हेतु प्रयत्न करती है, उसकी रक्षा एवं स्वाभिमान हेतु स्वयं रक्षक बनती है। पर दुःख कातरता के साथ उदप्त अद्वितीय प्रेमिका है।

अंततः निपुणिका बाणभट्ट की आत्मकथा का केन्द्रस्थ पात्र है। वह आरंभ से अंत तक मुक्ति की कामना हेतु तत्पर रहती है। परोपकार, सेवाभाव, दया, करुणा की वह सरला सागर है। निस्वार्थता हर जगह परिलक्षित होती है। उसकी मृत्यु पर भट्टिनी कहती है कि, "हाय भट्ट, अभागिनी का अभिनय आज समाप्त हो गया। उसने प्रेम की दो शिराओं को एक सूत्र कर दिया और पछाड़ खाकर निणुणिका के मृत शरीर पर लोट पड़ी। अभिनय करके बाण ने जिसे पाया था, अभिनय करके ही उसे खो दिया।" चारूस्मिता भी निपुणिका की मृत्यु पर सफेद साड़ी पहनने को विवश हो जाती है, चलो आर्य, इस नश्वर जगत में यही एक शाश्वत सत्य है। निणुणिका स्त्री-जाति का शृंगार थी, सतीत्व की मर्यादा थी, हमारी जैसी उन्मार्गगामिनी नारियों की मार्ग दर्शिका थी।. ...दुनिया केवल प्रस्तर प्रतिमाओं पर रोती है।"

## आत्मकथा का तात्पर्य

आत्मकथा हिन्दी साहित्य की नूतन विधाओं में से एक है। पश्चिम के प्रभाव से यह विधा भी हिन्दी में पल्लवित हुई। स्वयं के द्वारा लिखी अपनी जीवनी आत्मकथा कहलाती है। दूसरे शब्दों में यों कहेंगे कि जब कोई व्यक्ति कलात्मक, साहित्यिक ही ढंग से अपनी जीवनी स्वयं लिखता है तब उसे आत्मकथा कहते हैं। लेखक अपने जीवन में घटित घटनाओं का क्रमिक ढंग से वर्णन कर, उन्हें सजीवता प्रदान करता है। ऐसा करने से उसके जीवन को प्रेरणा देने वाले उपादानों का भान होता है।

आत्मकथा से अतीत के चित्रण के साथ परिवेश की अभिव्यक्ति होती है। जो क्षण वह जी चुका है, उसका पुनः सृजन वह आत्मकथा के माध्यम से करता है। यहाँ लेखक स्रष्टा भी होता है और सामग्री भी। उसे साध्य और साधन दोनों कहा जा सकता है। ऐसे हालात में कभी सृजक कथ्य पर तो कभी कथ्य सृजक पर हावी हो जाता है।

जीवन यात्रा में प्राप्त हुए अपने अनुभवों को दूसरों के समक्ष रखना-मानवीय-प्रवृत्ति है। इस स्वाभाविक प्रवृत्ति के अतिरिक्त और अनेक कारण होते हैं जिनकी वजह से आत्मकथा लिखी जाती है। मनुष्य चाहता है कि उसके अनुभवों से अन्य लोग लाभ उठायें।" बुरे कार्यों का पश्चाताप करने के लिए आत्मकथा लिखी जाती है। आत्मकथाकार के लिए अपने चरित्र का उद्घाटन और विश्लेषण करना बहुत कठिन होता है। गुण-निरूपण से आत्म प्रशंसक होने का खतरा होता है, तो दोष दर्शाने से यह भय होता है कि लोग उसे बुरा समझेंगे। आत्मकथा में वैयक्तिक जीवन का उल्लेख होता है। यह ज़रूरी नहीं कि लेखक अपने जीवन की संपूर्ण घटनाओं का वर्णन करे। आत्मकथा में अतीत और वर्तमान का गहरा सम्बन्ध है। वर्तमान के निर्माण में जो स्थितियाँ सहायक या बाधक रही हैं, उनकी जाँच-पड़ताल वर्तमान के साथ मिलाकर होती है। उसी के आधार पर वह अपने जीवन का निरीक्षण करता है। साहित्य की अन्य विधाओं के समान आत्मकथा भी लेखक की सर्जनात्मकता की प्रतीक है।" आत्मकथा शब्द में कथात्मकता का तत्व होने के कारण इस साहित्य विधा में वे सभी विशेषताएं होनी चाहिए जो कथा-साहित्य में होती हैं, आत्मकथा में कथा-साहित्य के गुण होते हुए भी देखे और भोगे जीवन का अंकन होता है। लेखक सत्य के प्रति निष्ठावान होता है, निष्पक्ष होकर आत्मोदूघाटन करते हुये भोगे हुये क्षणों को अभिव्यक्त करता है। जीवन-गाथा की अभिव्यक्ति करते हुये लेखक के लिए कौशल और संयम ज़रूरी होता है। तटस्थ और संतुलित चित्रण के लिए न तो वह चरित्र के उज्जवल पक्ष का बढ़ा चढ़ाकर वर्णन करता है न ही दुर्बलता को छिपाता है।

लेखक जीवन मूल्यों के सम्बन्ध में आत्मकथा के माध्यम से विशिष्ट व्याख्या भी प्रस्तुत करता है। उससे उसके व्यक्तित्व और चरित्र का पता चलता है। आत्मकथा दो प्रकार की होती है—वास्तविक और कल्पित। वास्तविक आत्मकथा निज संदर्भ में होती है जबकि काल्पनिक दूसरों के संबंध में जैसे—पेड़ की आत्मकथा, सड़क की आत्मकथा, ताजमहल की आत्मकथा आदि।

## मैला आंचल—आंचलिक उपन्यास की अवधारणा

हिन्दी उपन्यास के अतीत में आंचलिक उपन्यास की अवधारणा मैला आंचल के प्रकाशन के बाद ही विकसित हुई। इस पद का

प्रयोग प्रथमतः, संभवतः, रेणु ने ही मैला आँचल की भूमिका में किया है। "यह है 'मैला आंचल' एक आंचलिक उपन्यास। कथांचल है पूर्णिया। पूर्णिया बिहार राज्य का एक जिला है।...मैंने इसके एक हिस्से के एक ही गाँव को– पिछड़े गाँवों को प्रतीक मानकर इस किताब का कथा क्षेत्र बनाया है।" इस उदाहरण से दो तथ्यों पर विशेष बल हैः एक कथाक्षेत्र का पिछड़ापन और गाँव से उसका अनिवार्य सम्बन्ध। शिवकुमार मिश्र के शब्दों में, "ग्राम जीवन पर आधारित प्रत्येक उपन्यास आंचलिक उपन्यास नहीं होता, यह बात प्रायः सर्वस्वीकृत है। दूसरी बात को, पूरी तरह सहमत न होते हुए भी, फिलहाल हम मान लेते हैं कि और वह यह कि ग्रामांचल से संबंधित उपन्यासों को ही आंचलिक उपन्यास कहा जाना चाहिए, नगरों के अपने विशिष्ट जीवन का चित्रण करने वाले उपन्यास आंचलिक उपन्यास नहीं माने जाने चाहिए। ऐसी स्थिति में हमारे सामने ग्रामजीवन को केन्द्र में रखकर लिखे गये दो प्रकार के उपन्यास विचारार्थ प्रस्तुत होते हैं। एक, जो आंचलिक उपन्यास नहीं कहे जा सकते; दूसरे, जिन्हें आंचलिक उपन्यास की संज्ञा दी जाती है। प्रेमचंद और रेणु के उपन्यासों का साक्ष्य लेकर हम अपनी बात साफ कर सकते हैं। ग्रामजीवन-केन्द्रित उपन्यास लिखने के बावजूद जहाँ प्रेमचंद को आंचलिक उपन्यासकार और उनके ऐसे उपन्यासों को आंचलिक उपन्यास नहीं कहा जाता, वहाँ रेणु न केवल आंचलिक उपन्यासकार के रूप में ख्यात हैं बल्कि उनके उपन्यासों को हिन्दी में आंचलिक उपन्यासों के प्रवर्तन का श्रेय भी प्राप्त है।"

वेद प्रकाश अमिताभ के अनुसार, "वस्तुतः आंचलिकता संकीर्ण अवधारणा नहीं है। इसे स्वातंत्र्योत्तर भारतीय परिवेश में उभरने का अवसर मिला है, लेकिन इसके लिए वातावरण पहले से बन चुका था। विदेशी कथा-साहित्य ने इसके अंकुरण और पल्लवन में महत्त्वपूर्ण भूमिका निभाई है। मारिया एजवर्द, हार्डी और अनेक रूसी उपन्यासकारों ने "आँचलिकता" के उदय को प्रेरणा दी है। "आँचलिकता" के पीछे सांस्कृतिक पुनर्जागरण की विश्वव्यापी मानसिकता सक्रिय है। डॉ. विवेकी राय के शब्दों में–"जिस तरह हार्डी में इंग्लैंड का वेसेम्स अंचल, फाकनर में अमेरिका के दक्षिणी अंचल अपने समस्त रसगंधों के साथ उभरते हैं, उसी प्रकार रेणु में पूर्णिया अंचल, गणेश नारायण दाण्डेकर (मराठी) में बराड़ अंचल, सतिनाथ भादुड़ी में बंग अंचल और झबेर चंद्र धाणी (गुजराती) में सौराष्ट अंचल उजागर होता है। यूरोप सहित विश्व और भारत के बीच आंचलिक साहित्य के निर्माणारम्भ के बीच यद्यपि पूरी एक शताब्दी का अंतराल है तथापि आश्चर्यजनक रूप से सर्वत्र प्रवृत्तियों में एकरूपता पाते हैं।" कतिपय आलोचकों ने "आँचलिकता के उदय के पीछे जनपदीय आंदोलन, बंगाली साहित्य के कल्लोल आंदोलन और प्रगतिशील लेखक संघ की स्थापना आदि आंतरिक कारणों की चर्चा की है। हिन्दी उपन्यास लेखकों को कल्लोल आंदोलन के अनजान और पिछड़े अंचलों की ओर मुड़ने की प्रेरणा मिली है। लेकिन अधिक संभावना यह है कि स्वाधीनता के बाद भी गाँवों की स्थिति जस की तस रह जाने से संवेदनशील कथाकारों को क्षुब्ध और आहत किया होगा जैसा कि प्रभाकर माचवे ने लिखा है, "भारतीय जनमानस में गाँव के प्रति एक विशिष्ट प्रकार का भाव है। यह भाव हार्डी के गाँव के दुखड़े का नियतिवाद नहीं है।"

### आंचलिक उपन्यास की पहचान के आधार

नायक-रेणु हिन्दी के पहले उपन्यासकार हैं जिन्होंने उपन्यास से नायक को लगभग निष्काषित कर दिया और उसके स्थान पर पूरे गाँव को बिठा दिया। नामकरण और व्यक्तित्व रचना के आधार पर, क्षेत्र विशेष की आर्थिक, राजनीतिक, सामाजिक, सांस्कृतिक परिस्थितियों के चित्रण के आधार पर, भाषा के आधार पर, क्षेत्र के जीवन-यथार्थ का पूरे खुलेपन से वर्णन करने के आधार पर, लोकगीत के आधार, अपभ्रष्ट शब्दों के आधार पर हम आंचलिक उपन्यास को देख परख सकते हैं।

## मैला आंचल–लोक संस्कृति और भाषा

"जिस तरह कुछ साधु-संतों के पास बैठकर ही असीम कृतज्ञता का अहसास होता है, हम अपने भीतर धुल जाते हैं, स्वच्छ हो जाते हैं, रेणु की मूक उपस्थिति हिन्दी साहित्य में कुछ ऐसी ही पवित्रता का बोध कराती थी।" – निर्मल वर्मा

"स्वातांत्र्योत्तर हिन्दी-साहित्य की कोई एक सबसे बड़ी उपलब्धि पूछे कि क्या है?– तो निस्संदेह यह कहा जा सकता है कि आधुनिक हिन्दी कथा-साहित्य में रेणु (रेणु के साहित्य) की उपस्थिति एक अद्भुत बात है। रेणु इस मायने में आधुनिक हिन्दी साहित्य के दुर्लभ लेखक हैं कि इनके साहित्य में सबसे अधिक लोक-जीवन की विभिन्न छवियों, रूपों, चरित्रों और भंगिमाओं की अभिव्यक्ति हुई है। रेणु इस मायने में बड़े लेखक हैं कि इनको लोक जीवन, संस्कृति की गहरी पकड़ है। आधुनिक हिन्दी में शायद पहली बार रेणु ने ही अपने साहित्य में लोक जीवन की विभिन्न समस्याएं, चरित्रों, कलाओं, बोलियों और मुहावरों को बेहद आत्मीयता एवं उसके स्वाभाविक सौन्दर्य के साथ प्रस्तुत किया है। रेणु की रचनाओं में लोक-चरित्र, लोक समस्याएं, लोक-परम्पराएं, लोक-भाषा, लोक-गीत और लोक मनोदशाएं चित्रित हैं, वह हमारे देश के किसी भी ग्राम्य समाज में कमो बेस दिख सकती है। रेणु के समकालीन निर्मल वर्मा कहते हैं कि, "रेणु का

महत्व उनकी आंचलिकता में नहीं, आंचलिकता के अतिक्रमण में निहित है।"

रेणु की लोक संस्कृति में भाषा का उतार-चढ़ाव अधिक नहीं है। पूर्णिया जिले की ठेठ भाषा है। यहाँ सामाजिक स्तर पर भेदभाव तो है लेकिन भाषागत आधार पर नहीं। क्योंकि जो क्षेत्र जितना ज्यादा पिछड़ा होगा उस क्षेत्र के वासी एक समान भाषा का व्यवहार करेंगे। रामस्वरूप चतुर्वेदी के अनुसार, "अंचल से ध्वनि निकलती है कि उसके निवासी अपने रहन-सहन, रूढ़ि-संस्कारों में एक दूसरे के बहुत निकट हैं। तब यह स्पष्ट है कि एक अंचल के सदस्यों में एक-दूसरे से सादृश्य जितना अधिक है उतना ही एक अंचल दूसरे अंचल से भिन्न होगा। प्रसिद्ध भाषा वैज्ञानिक यास्पर्सन्न ने एक जगह लिखा है कि, "लोग जितना पिछड़े हुए होंगे उतना ही अधिक समानता एक जाति के विविध सदस्यों के मध्य परस्पर होगी, और उतनी असमानता एक जाति तथा दूसरी जाति के बीच होगी। इसके विपरीत लोग जितना सभ्य होंगे उतना ही व्यक्तियों के बीच असमानता अधिक होगी और एक जनसमुदाय तथा दूसरे जनसमुदायों के बीच समानता के बिन्दु अधिक होंगे। सभ्यता व्यक्तिगत अंतरों को बढ़ाती है जबकि अपरिष्कृत लोग अपने परिवेश पर पूरी तरह निर्भर होते हैं और परंपरागत ढंग के चिन्तन से बंधे हुए रहते हैं।"

रेणु जब मैला आंचल में प्राकृतिक छटा का सौन्दर्यांकन करते हैं तब उसकी भाषा तत्सम शब्दावली से युक्त और सहज अलंकारों से दीप्त मनोहर हो जाती है। यथा-भारत माता ग्राम बासिनी/खेतों में फैला है—श्यामल/धूल भरा मैला-सा आंचल।

मैला आंचल में डॉ॰ प्रशांत का सृजन बिल्कुल अलग तरीके से करते हैं। कथाकार की तरह से नहीं। यथा—

"मैला आंचल! लेकिन धरती माता अभी स्वर्णांचल है। गेहूँ की सुनहली बालियों से भरे हुए खेतों में पुरवैया हवा लहरें पैदा करती हैं।"

इस भाषा का इस्तेमाल प्रत्येक स्थल पर नहीं किया जाता है। जहाँ धुर निरक्षर ग्रामीणों का चित्र उपस्थित होता है वहाँ 'नोटर' की भाषा परिनिष्ठित साहित्यिक हिन्दी से खिसक कर आम बोल की परिनिष्ठित हिन्दी पर उतर आती है। यथा, "महँगूदास के घूर के पास होने वाली सारंगा सदा-ब्रिज की कथा में औरतों के झगड़े से कोई बाधा नहीं पहुँचती है। औरतों के झगड़े पर यदि लोग आँख-कान देने लगें तो हुआ! औरतों के झगड़े का क्या?.

रेणु की भाषा लोक संस्कृति के और नजदीक जाती है निरक्षर ग्रामीणों के पास जाकर रेणु-एकाकार हो जाते हैं।

"अचारज गुरु काशी जी से आये हैं। सभी मठ के जमींदार है, आचरज गुरु साथ में तीना मुरती है।"

"इसपिताल के सभी घर बनकर तैयार हो गये हैं। सिर्फ मिट्टी सारन बाकी है, इस प्रकार रेणु ने लोक संस्कृति में रहन-सहन, लोक व्यवहार, रीति रिवाज, खेल-खलिहान, डॉक्टर-पेशेवर वर्ग, किसान-मजदूर, लोकगीत-एवं अन्य सभी प्रकार के व्यवहार में लायी जाने वाली भाषा को सर्जनात्मक प्रयोग किया। भाषा लोक संस्कृति के अनुकूल है और भाषा पूर्णिया जिले की संस्कृति को जीवंत बना देती है। यहाँ तक की ढोल की थाप को भी शब्दबद्ध किया है,

*ढ़िना, ढ़िन्ना, ढ़िन्ना, ढ़िन्ना*
*चरधा, गिरधा, चरधा, गिरधा*
*धगिड़ धागि धागिड़ धागिन्धनगिड़धागि*

## ग्राम जीवन में होने वाले आर्थिक-राजनैतिक परिवर्तन और सामाजिक गतिशीलता का चित्रण

स्वतंत्रता प्राप्ति के सात वर्षों बाद 'मैला आंचल' छपा। इस समयान्तराल में कुल मिलाकर देश में एक ही काम हुआ, विकास-क्षितिज का उद्घाटन। इस उपन्यास ने ग्राम चेतना को जिस रूप में प्रभावित किया और जिस दिशा में प्रेरित किया, उसका जीवंत और समग्र अंकन "मैला आंचल" की उपलब्धि है। डॉ॰ चमनलाल ने कहा कि, "मैला आंचल" उपन्यास का आरंभ ही राजनीतिक पर्यावरण की सृष्टि से होता है और उपन्यास का अंत भी राजनीतिक घटनाक्रम के दुखांत मोड़ से उपस्थित होता है। उपन्यास के बीच राजनीतिक घटनाक्रम की अनेक परतें व अनेक स्तर चित्रित हुये हैं।...

मोटे रूप में राजनीतिक संदर्भ में उपन्यास में ये स्थितियाँ चित्रित हुई हैं:

1. ब्रिटिश औपनिवेशिक शासन व्यवस्था।
2. भारतीय स्वतंत्रता के राष्ट्रीय आंदोलन में सक्रिय विभिन्न दल व प्रवृत्तियां।
3. भारतीय राष्ट्रीय कांग्रेस का एक राजनैतिक दल व एक शासक के रूप में चित्रण।
4. भारतीय ग्रामीण समाज के वर्ग व वर्ण अंतर्विरोधों का चित्रण।
5. स्वतंत्रतापूर्व व स्वातंत्र्योत्तर भारत का चित्रण।"

15 अगस्त 1947 के विभाजन व सत्ता परिवर्तन के उपरांत ब्रिटिश औपनिवेशिक शासन के प्रत्यक्षतः दूर हट जाने, किन्तु शासन व्यवस्था उसी ब्रिटिश व्यवस्था के रूप में बनी रहने की स्थिति में स्वातंत्र्योतर शासन व्यवस्था का सूत्रपात हुआ। दोनों ही स्थितियाँ संक्रमण कालीन समय एवं समाज की अभिव्यक्ति है और वह

स्थिति हमारे देश की राजनीति के व्यवस्थागत रूप को स्पष्ट करने वाली स्थिति है। प्रेमचंद ने जैसा कि कहा है कि जॉन की जगह गोविन्द सत्ता पर बैठ जायेंगे।" हुआ भी वैसा ही अंग्रेजी उपनिवेशवाद के जाने के पश्चात् अंग्रेज तो चले गये लेकिन व्यवस्था वही बनी रही। शोषण के तरीके वही रहे। आर्थिक-शोषण एवं आर्थिक ढाँचे में कोई परिवर्तन नहीं आया। रेणु ने स्वाधीनता प्राप्त भारत के सशक्त जलते सवालों की अभिव्यक्ति मैला आंचल में की है। "देश न सिर्फ आर्थिक स्तर पर एक नव-औपनिवेशिक परतंत्रता की ओर बढ़ रहा है, वरन् देश की तथाकथित जनताँत्रिक व्यवस्था की पोल भी खुलती नजर आ रही है।" रामदरश मिश्र ने कहा कि, रेणु ने एक गाँव की मर्यादा को भीतर समेट कर तत्कालीन राजनीतिक दलों के आपसी टकराव और अतिवादियों को बड़ी मार्मिकता से चित्रित किया है। व्यंग्य की शक्ति ने एक ओर लेखक को किसी दल का पक्षधर और कटु होने से बचा लिया है, दूसरी ओर प्रवाह में बड़ी तीव्रता भर दी है। लेखक की व्यंग्य शक्ति प्राचीन और नवीन के संघर्षों, प्राचीन-प्राचीन के संघर्षों, नवीन-नवीन के संघर्षों, राजनीति, धर्म और समाज की नयी-पुरानी मर्यादाओं के आपसी संघर्षों तथा इन सबके बीच उलझते-सुलझते तीव्र अंतर्विरोधों को बड़ी कुशलता से चित्रित किया है।"

नित्यानंद तिवारी 'मैला आँचल' की अपनी विषय-वस्तु की जीवनधर्मी प्रक्रिया, पद्धति और दृष्टि के कारण प्रौढ़ और संभावना गर्भित मानते हैं। वे आगे कहते हैं कि, "मैला आंचल की कुछ और महत्वपूर्ण विशेषताएं हैं जिन पर अब तक विचार नहीं हुआ है। उसकी ठेठ देशीयता (आंचलिकता) विश्वनागरिकतावादी विचारधारा के सामने चुनौती की तरह खड़ी है। वह चाहे जितनी पिछड़ी हुई हो, उसकी जड़ें, परंपराएं और सांस्कृतिक समृद्धि हैं। इन्हीं कारणों से वह सजीव तथा भिन्न है। यह भिन्नता ठोस मानवीय वास्तविकता है। मैला आँचल की आँचलिकता स्वाधीनता आंदोलन की संतान है। स्वाधीनता आंदोलन मुख्य रूप से राजनीतिक होते हुए भी सांस्कृतिक, साहित्यिक, सामाजिक, आर्थिक – सभी क्षेत्रों में अलग-अलग तरह के लोगों द्वारा अपनी-अपनी तरह लड़ा जा रहा था। मेरीगंज के लोग भी पूरी लड़ाई लड़ रहे हैं– सभी क्षेत्रों में अपनी तरह से। उन्हें मानवतावादी होने के लिए अनिवार्यतः परिवर्तन और क्रान्तिकारी प्रक्रिया के भीतर से गुजरना ही है। स्वाधीनता आंदोलन यदि राष्ट्रवादी और मानवतावादी है तो "मैला आँचल" की आँचलिकता में भी स्वातंत्र्योत्तर राष्ट्रवाद और मानवतावाद के नये प्रसंग, आवेश और उद्वेग की प्रस्तावना है।"

अंततः रेणु ने मैला आँचल में ग्राम्य जीवन की झांकी प्रस्तुत की है। स्वराज्य प्राप्ति से पूर्व एवं परवर्ती काल में आये बदलावों को उन्होंने रेखांकित किया है। आर्थिक स्थिति डाँवाडोल होना, राजनीति में स्वार्थपरता का प्रवेश एवं सामाजिक मूल्यों के ह्रास को उन्होंने चित्रित किया। "आजादी को झूठा" ही माना। दमन एवं शोषण समाज में होता है और हो रहा है, का चित्रण किया है।

## प्रेमचन्द की कहानी कला

प्रेमचन्द की कहानी कला को हम तीन अवस्थाओं में देख सकते हैं। उनकी प्रारंभिक कहानियाँ घटना बहुलता के कारण आकर्षक हैं। उनमें पात्र नहीं उभर पाये और कलेवर लंबा हो गया। आगे चलकर कहानियाँ अपेक्षाकृत छोटी हो गई तथा जीवन का मार्मिक अंश ग्रहण किया जाने लगा। तीसरी अवस्था में कथानक छोटा हो गया तथा व्यंग्य और प्रभाव की प्रधानता हो गई।

उनकी काफी कहानियाँ घटना-बहुल हैं। कभी-कभी तो उपन्यास के बराबर की घटनाएं कहानी में आ सिमटती हैं। उन कहानियों में संयोग और असाधारण रूप से सरलीकृत ढंग से हृदय परिवर्तन का आग्रह भी देखा जा सकता है। जैसे पंच परमेश्वर, बड़े घर की बेटी आदि।

उनकी कहानियां विशाल चित्रपट को समेटे हुए हैं। उनमें किसान-जमींदार, अमीर-गरीब, ब्राह्मण-शूद्र, मजदूर-उद्योगपति, नौकर-मालिक, परवारी-उद्योगपति, हिन्दू-मुस्लिम, आस्तिक-नास्तिक, स्त्री-पुरूष सभी के यथार्थ चित्र देखे जा सकते हैं।

प्रेमचन्द उपन्यास को 'मानव-चरित्र का चित्र' मानते हैं, यह बात कहानी पर भी लागू होती है। प्रेमचन्द ने अपने मानव पात्रों को परिस्थितियों और घटनाओं की टकराहट के बीच खड़ा कर उनके आंतरिक रहस्यों को खोलना चाहा है। इसलिए उनकी सभी कहानियों तथा विशेषतः परवर्ती कहानियों में मनोवैज्ञानिक उद्घाटन हुआ है। उनके शब्दों में, "मेरी 'सुजान आगत', 'मुक्तिमार्ग', 'पंचपरमेश्वर', 'शतरंज के खिलाड़ी', और महातीर्थ नामक सभी कहानियों में एक न एक मनोवैज्ञानिक रहस्य को खोलने की चेष्टा की गई है।

## प्रसाद की कहानी कला

प्रसाद की कहानियों का संसार भावात्मक है। वस्तु जगत की क्रूरताओं, विषमताओं और भौतिक जगत के घात-प्रतिघातों की सच्चाई की तस्वीर प्रस्तुत करना और इस प्रकार अपनी युग-चेतना को प्राथमिक रूप से पेश करना प्रसाद का उद्देश्य नहीं है। प्रसाद की स्वच्छंद काव्यदृष्टि सामाजिक-आर्थिक विषमताओं के तीव्र दबाव को महसूस नहीं करती।

प्रसाद का भावजगत मूलतः प्रेम का जगत है। पात्र प्रायः मानसिक द्वंद ग्रस्त रहते हैं। 'पुरस्कार' में प्रेम का द्वंद्व है। प्रसाद की कल्पना

का प्रेम पृथ्वी से दूर ऐसा जल-राज्य है जहाँ कठोरता नहीं केवल शीतल, तरल, कोमल आलिंगन है, प्रवंचना नहीं सीधा आत्मविश्वास है; वैभव नहीं सरल सौंदर्य है।

प्रसाद ने ऐतिहासिक कहानियों में प्रचुर कल्पना का योग दिया। उन्होंने संस्कृति, समाज, साहित्य आदि विविध क्षेत्रों से कथानक ग्रहण किए। जहाँ ऐतिहासिक कहानियों में भारतीय संस्कृति की उत्कृष्टता का निदर्शन किया। वहीं सामाजिक कहानियों में आदर्श का आग्रह न करके अपने असपास के वातावरण और सामाजिक समस्याओं को भी सूक्ष्मदृष्टि से देखा। जैसे आंधी, घीसू, इन्द्रजाल आदि।

प्रसाद के पात्रों में वैयक्तिक संवेदना की बहुलता है। शायद ही हम इनके पात्रों को वर्गगत या जातिगत चरित्रों के अन्तर्गत रख सकते हैं। सौंदर्यप्रिय प्रसाद के सभी पात्र सुंदर, मृदुभाषी, भावुक तथा कोमल हृदय हैं।

अधिकांश कहानियाँ, प्राकृतिक दृश्य उपस्थित कर वातावरण की सृष्टि करती हैं जैसे 'पुरस्कार', बनजारा, वैरागी आदि। नाटकीयता प्रसाद की कहानियों का विशेष गुण है। कवि होने के कारण कथोगकथन काव्यात्मकता से परिपूर्ण है। लोकोक्ति, मुहावरे, सूक्तियों, प्रतीकों आदि का विलक्षण प्रयोग है। भाषा परिष्कृत और तत्सम पदावली युक्त है। बोलचाल की सामान्य भाषा का प्रयोग कम हुआ है। चित्रात्मकता के साथ-साथ अलंकरण भी दृष्टव्य है।

## प्रेमचन्दोत्तर हिन्दी कहानी

सन् 36 के बाद हिन्दी कहानी में दो धाराएँ स्पष्ट दिखाई देती हैं–*(i)* सामाजिक यथार्थवादी; *(ii)* व्यक्तिवादी (मनोविश्लेषणात्मक)।

सामाजिक यथार्थवादी के प्रवक्ताओं में यशपाल, उपेन्द्रनाथ 'अश्क', रांगेय राघव, विष्णु प्रभाकर, भगवती चरण वर्मा, उग्र आदि। यशपाल ने प्रेमचन्द की परंपरा को आगे बढ़ाया तथा मानव-जीवन के यथार्थ की कहानियों की रचना की। उन्होंने कौतूहल और जिज्ञासा उत्पन्न करने वाली वेग के साथ बहा ले जाने वाली कथावस्तु की रचना की और अंत के बिन्दु पर वेग के साथ कहानी के मर्म का उद्घाटन किया।

यशपाल की कहानी का अंतिम बिंदु प्रेमचंद की तरह आदर्शवादी नहीं होता, वह तीखा व्यंग्य होता है जो सामाजिक विसंगति को उजागर करता है। उनकी कहानियां बड़ी ही कटी-छटी, साफ सुथरी और वेगवान होती हैं। उनमें न तो आवश्यक परिवेश चित्रण होता है और न ही फालतू विवरण। उनमें काव्य भाषा का सर्वथा अभाव है। यशपाल पुराण एवं इतिहास का उपयोग भी जीवन की संपूर्णता के संदर्भ में करते हैं, जैसे राजा, ज्ञानदान, दासधर्म, शंबूक आदि।

उपेन्द्रनाथ 'अश्क' कथाविन्यास में मनोवैज्ञानिक कहानीकारों तथा नये कहानीकारों के अत्यंत निकट दिखते हैं। अश्क की कहानियों में कथा लोक-परिवेश में मंद-मंद रमती चलती है और वह घटित होते हुए के प्रतिसहज विश्वसनीयता जगाती चलती है। 'डाची' में एक सच्चाई का अपने परिवेश में मंद-मंद फैलाव है। 'आकाशचारी' में एक अंहकारी व्यक्ति की चारित्रिक गुत्थियों का सुलझाव है। रांगेय राघव ने 'गदल' में एक गूर्जर स्त्री की उद्दाम जिजीविषा, खरापन और परुष व्यक्तित्व का चित्र उकेरा है। उग्र की जल्लाद, चाँदनी, उसकी माँ आदि में विसंगतियाँ दृष्टव्य है। भगवती चरण वर्मा की 'दो बांके' और 'मुगलों ने सल्तनत बख्श दी' में चिंतन और व्यंग्य की अन्तर्धारा एक साथ विकसित हुई।

मनोविश्लेषणवादी कवियों में जैनेन्द्र, इलाचन्द्र जोशी, भगवती प्रसाद वाजपेयी, अज्ञेय आदि प्रमुख हैं। यह कहानी आंदोलन यूरोप में फ्रायड़ के बढ़ते प्रभाव तथा वर्जिनिया वुल्फ के असर के कारण दृष्टव्य है। सन् 1929 में जैनेन्द्र 'फाँसी' को लेकर आए जिसका स्वागत प्रेमचन्द ने किया। थोड़ा आगे चलकर अज्ञेय क्रांतिकारी पात्रों के उत्सर्ग को लेकर 'विपथगा' की कहानियाँ लाए।

जैनेन्द्र ने अपना रास्ता प्रेमचन्द से अलग चुना। उन्होंने एक दार्शनिक मुद्रा के साथ व्यक्ति की संक्रांत मनःस्थिति को उजागर करना चाहा, वहाँ मानसिक परिवेश ही प्रधान रहा। उस मानसिक परिवेश के मनोवैज्ञानिक सत्यों की पहचान करना-कराना ही इनकी कहानियों का उद्देश्य है। 'पत्नी' में पति के लिए त्याग का चित्रण है। 'जाह्नवी' में एक प्रेम में टूटी हुई स्त्री की सामाजिक अभिव्यक्ति का चित्रण है जो एक अनुकूल परिवेश-बिंब के माध्यम् से है। 'चोर' में बच्चे के मन में अंकित भय और उत्पन्न परिस्थितियों का सुंदर चित्र है। वास्तविक चोर से साक्षात्कार उस भय को समाप्त कर देता है।

अज्ञेय की कहानियों में व्यक्ति मन की दुनियावाली कहानियों का गरिष्ठ बौद्धिक विकास हुआ। उनकी कहानियाँ उनकी संवेदनाओ का ही नहीं, उनके अध्ययन-मनन और एक बौद्धिक दृष्टि का भी परिचय देती है। अज्ञेय की कहानियों में एक बौद्धिक दृष्टि, अनुभव-वैशिष्य, अध्ययन संपन्नता और मित भाषिता में सतत सावधानी दिखाई पड़ती है। 'गैंग्रीन' कविप्रिया आदि में स्त्री की कुंठित और असहाय स्थिति का चित्रण है। बटवारे से उत्पन्न सांप्रदायिक आग में झुलसते मानवों की कथा शरणदाता, लेटरबाक्स, बदला, मुस्लिम-मुस्लिम भाई-भाई आदि में है।

भगवती प्रसाद वाजपेयी की कहानियों का मूल विषय दमित यौन-वासना हैं निंदिया लागी, सीढ़ियाँ, टिकुली, खाली बोतल, आदि यौन-संदर्भो की विशिष्ट कहानियाँ हैं। 'मिठाईवाला' में दर्द का उदात्तीकरण वात्सल्य के संदर्भों को लेकर है।

इलाचन्द्र जोशी ने अपनी कहानियों में मनोवैज्ञानिक केस-हिस्ट्री पिरोयी है। उनकी कहानियों में अधिकतर किताबी मूरतें, किताबी स्थितियाँ और ग्रंथियाँ पल्लवित हैं इसलिए वे एकदम नीरस, असंवेदनशील और अपठनीय हो गयी हैं।

## नई कहानी : संवेदना

"नई कहानी में तलाश पात्रों की नहीं यथार्थ की है, पात्रों के माध यम् से यथार्थ की अभिव्यक्ति होती है। पहले कहानी मूल्यों को लेकर लिखी जाती थी, अब जीवन-मूल्यों को"। कहानी में 'नयी' से अभिप्राय उस नयी संचेतना से है जो आज के समूचे जीवन की विडंबना को ग्रहण कर उसे रचना के स्तर तक पहुँचाने में समर्थ है।" (कमलेश्वर)

नयी कहानी ने कल्पना का सहारा छोड़कर यथार्थपरक चित्रण किया। नये कहानीकार ने अनुभूत और भोगे हुए क्षणों को यथार्थ के रंगों में प्रस्तुत किया। नीति, संस्कृति, सत्य, पुण्य और पवित्र आज शब्द मात्र हैं जिनका कोई अर्थ नहीं है। एक ओर मूल्यों का ध्वंस है, दूसरी ओर मूल्यों के निर्माण का संघर्ष भी है। जीवन में घोर अनास्था और निराशा का कारण समाज और राजनीति में व्याप्त भ्रष्टाचार, अवसरवादिता, धूर्तता और स्वार्थ ने प्रजातांत्रिक-व्यवस्था को विकृत किया है। परमात्मा का कुत्ता, जानवर और जानवर, चीफ की दावत आदि इसके उदाहरण हैं।

महानगरीय बोध वाले कहानीकारों ने महानगरीय बोध की कहानियाँ लिखीं, ग्राम्य कहानीकारों ने ग्राम्य यथार्थ की कहानियाँ लिखीं। स्वाधीनता प्राप्ति के बाद अपने-अपने परिवेश में शहर और गाँव के संबंध बढ़ते हैं, टूटे हैं, संक्रांतिया आई हैं, दृष्टियाँ बदली हैं। नये कहानीकारों ने अपने आस-पास के परिवेश को ही जीवंतता तथा प्रामाणिकता से प्रस्तुत किया। उन्होंने दिल्ली में बैठकर शेम या रूस का अंकन नहीं किया जैसे सावित्री नं. 2, मिस पाल, खोई हुई दिशाएँ, तीसरी कसम, प्रेत मुक्ति आदि।

नया कहानीकार सहज संवेदना और सहज मान्ती के ऊपर परत की परत विधी हुई विवशताओं और चेतना का विश्लेषण कर मूल संवेदनाओं की झलक दिखाता है। वह अपने और जीवन के प्रति बेहद ईमानदार है। वह अनुभवहीन क्षेत्र में दार्शनिक मुद्रा में प्रविष्ट नहीं होता, वह आज की जिंदगी के संक्रांत बोधों को उजागर करता है।

नये कहानीकार ने युगीन संक्रमण के अधिकाधिक दबाव को अनुभूत किया और फलस्वरूप तनाव, मूल्यों की तलाश और विविध संदर्भों में कहानियाँ लिखी। अकेलापन आज की जिंदगी की नियति बन गया है। नागरिक परिवेश के दबाव में वह अनेक प्रकार की मानसिक विकृतियों, ग्रंथियों तथा असंगतियों का शिकार बन जाता है, उसकी शंकालु बुद्धिवादी वृत्ति अनेक स्थापित मूल्यों, विश्वासों और संबंधों को नकारती हुई चलती हैं।

## नई कहानी : शिल्प

"नयी कहानी एक कलात्मक निर्माण होती है जो जीवन के लिए महत्वपूर्ण और उपयोगी होने के साथ जीवन के किसी नये पहलू को उद्घटित करती है या जीवन सत्यों को एकदम नयी दृष्टि से दिखाने में समर्थ होती है।" (मोहन राकेश)

उपरोक्त कथन से स्पष्ट है कि नई कहानी में शिल्प संवेदना को अभिन्न तथा अपृथ्क रूप में किसी विच्छिन फाँक की भाँति नहीं अपितु उसी में से उद्भूत प्रतीत होता है। नई कहानी ने संपूर्णता को महत्व दिया, टुकड़ों को नहीं। इसीलिए नई कहानी की तत्त्वों के आधार पर समीक्षा नहीं की जा सकती। वह एक पूर्णान्विति है। उसमें कहानी के सभी तत्त्व हो सकते हैं।

कथानक का मांसल आधार लुप्त हो गया। जीवन के किसी भी सत्य स्फुलिंग को लेकर कहानीकार उसके अंतरतम में बैठ जाता है और आवश्यक वातावरण की सृष्टि कर वह संवेदनाओं और विचारों की मिली-जुली गहराई में पाठकों को उतारता है। घटना-प्रवाह वहाँ लक्षित नहीं होता। नामवर सिंह के शब्दों में– "कोई लघु प्रसंग या विचार ही कथानक बन गया है।"

काव्य के उपकरणों का प्रयोग खूब हुआ। चूँकि नई कहानी विचारों के आरोपन का विरोध करती है, इसलिए अभिव्यक्ति में संयम और 'अंडरप्ले' का विशेष महत्व है। कम कहकर यह काम आसानी से किया जा सकता है। ब्यौरों या वर्णन की अपेक्षा बिंबों और प्रतीकों के उपयोग के प्रति आग्रह बढ़ा। शिल्प रूपों के प्रति नये कहानीकार काफी उदार हैं। किसी विशिष्ट शैली के प्रति पूर्वाग्रह नहीं है। पहले की सपाट या सीधी शैली की जगह सांकेतिक चित्रात्मकता का प्रयोग किया गया है।

व्यंग्य का प्रयोग कर यथार्थ को गहराई से पकड़ा गया है। नयी कहानी का रचनात्मक परिदृश्य हताशा, मोहभंग, देश की राजनीति के प्रति गहरी वितृष्णा से भरा है। उसमें उत्पन्न खीझ, चिड़ आदि को व्यंग्य के सहारे कुरेदा गया जैसे भोलाराम का जीव, भेड़े और भेड़िये, जैसे उनके दिन फिरे आदि।

प्रतीकों के माध्यम् से ग्रंथिल संबंधों को समझाने का प्रयास किया गया है। भाषा में ताजापन है। स्थानीय, देशज तथा विदेशी सार्थक शब्दों का प्रयोग है। नये मुहावरों का प्रयोग है। निरर्थक शब्द-जाल नहीं है। भाषा के पीछे दृष्टि की गहराई भी है।

## साधारणीकरण

**अभिप्राय:** आचार्य शुक्ल के शब्दों में "साधारणीकरण का अभिप्राय यह है कि पाठक या श्रोता के मन में जो व्यक्ति विशेष या वस्तु विशेष आती है वह जैसे काव्य में वर्णित 'आश्रय' के भाव का आलम्बन होती है, वैसे ही सहृदय पाठक या श्रोताओं के भाव का आलम्बन होती है।" इसमें काव्य के मनन द्वारा पाठक या श्रोता भाव की सामान्य भूमि पर आ जाता है। जब तक कोई भाव इस रूप में नहीं लाया जाता है कि सामान्यतः सबके उसी भाव का आलम्बन हो सके तब तक उसमें रसोदबोधन की शक्ति नहीं आ जाती। विषय का इसी रूप में लाया जाना हमारे यहाँ साधारणीकरण कहलाता है। दूसरे शब्दों में इस दशा में आये हुये विषय का कवि द्वारा इस रूप में वर्णन करना जो सामान्य लोकाश्रय को भी रस दशा में ला दे, साधारणीकरण की अवस्था होती है अर्थात् पाठक, दर्शक या श्रोता आत्मविस्मृत हो कवि द्वारा अद्भुत रस का पूर्ण अनुभव करने लगे। इसे उदाहरण द्वारा स्पष्ट किया जा सकता है।

पाठक या दर्शक द्वारा दुष्यंत और शकुंतला के रति का भाव न रखते हुये भाव की उस अवस्था पर पहुँच जाना जहाँ यह रति शकुंतला के प्रति दुष्यंत की रति न रहकर पुरुष का स्त्री के प्रति, साधारण रति मात्र रह जाती है। अर्थात् जो भी पाठक या दर्शक दुष्यंत-शकुंतला के इस दृश्य से मुखातिब होता है तब अपने हृदय में स्थित रति का अनुभव करने लगता है।

### साधारणीकरण से शुक्ल जी का आशय

**आलंबन का साधारणीकरण :** जब आलंबन का साधारणीकरण हो जायेगा तो आश्रय के साथ उनका तादात्म्य हो जाना स्वाभाविक है। यह शुक्ल जी का अपना विचार है। विश्वनाथ ने भी इसी ओर संकेत किया है। किन्तु भट्ट नायक और अभिनव गुप्त का मत उससे भी आगे बढ़ जाता है। उन दोनों ने स्थायी भाव तथा विभाव आदि सभी का साधारणीकरण माना है। भट्ट नायक और अभिनवगुप्त का कहना है कि शकुन्तला, सीता, राधा आदि पूज्य व्यक्तियों में सदृश्य हेतु रति भाव रखना अनुचित होगा।

**आलम्बन कौन?** शुक्ल जी आलंबन का साधारणीकरण मानते हैं। क्योंकि इनमें पात्र विशेष का बिम्ब उपस्थित किया जा सकता है। परंतु इतने पर भी हमारी पहले वाली शंका का समाधान नहीं हो पाता कि हमारा (पाठक या श्रोता) पूज्य व्यक्ति, अपना वही आलम्बन हर अवस्था में किस प्रकार हो सकता है, सीता के प्रति हमारे मातृ एवं पूज्य भाव है, किन्तु पुष्प वाटिका में जब राम सीता को देखकर लक्ष्मण से अपने रतिभाव व्यक्त करते हैं तो यदि राम के समान ही सीता के प्रति सबका मन रति से परिपूर्ण होने लगा तो अनर्थ ही हो जायेगा। मर्यादा का अतिक्रमण बड़े भयंकर रूप में हो जायेगा और पूज्य भावना को गहरा आघात लगेगा। ऐसी अवस्था में शुक्ल जी एक मार्ग दिखलाते हैं किन्तु वह भी संदेहावस्था में है।

शुक्ल जी का मत है कि ऐसी अवस्था में उनकी कल्पना में उसकी स्वयं की प्रेयसी की मूर्ति ही आयेगी। यहाँ आलम्बन सीता न रहकर उसकी अपनी प्रेमिका हो जायेगी। यहाँ पर यदि पाठक या श्रोता की कोई प्रेमिका ही नहीं हो तो कोई कल्पना मूर्ति ही उसकी कल्पना में बन जायेगी, किन्तु यह कल्पित मूर्ति भी विशेष की होगी, सामान्य की नहीं। शुक्ल जी का उक्त विचार अधिक उपर्युक्त प्रतीत नहीं होता। भट्टनायक और अभिनवगुप्त भी ऐसा मत नहीं रखते थे।

**एक ही पात्र सबका आलंबन नही हो सकता :** यहां एक प्रश्न और उठ खड़ा होता है कि एक ही आलम्बन भिन्न-भिन्न व्यक्तियों जैसे बालक, युवा, वृद्ध का आलंबन किस प्रकार बन सकता है। जिस समय काव्य का आलम्बन एक युवती हो और दर्शकगणों में सभी वय के व्यक्ति हों और विचारणीय तो तब होगा जब प्रेक्षकों में स्त्रियाँ भी हों; ऐसी स्थिति में युवती सबका आलंबन हो ही नहीं सकती।

उपर्युक्त विवेचन अनेक जिज्ञासाओं को जन्म देता है। जैसे— साधारणीकरण किसका होता है? साधारणीकरण कौन करता है? कैसे करता है? क्या साधारणीकरण का विभाजन होता है? वस्तुतः शुक्ल जी ने इन सबको समझने में भूल की है।

तादात्म्य कवि के भाव के साथ होता है या कवि की अनुभूति का साधारणीकरण होता है। सफल कवि या लेखक वही है जो अपने

अंतर के भावों को इस प्रकार व्यक्त करे कि वे पाठक या श्रोता के कोमल भावों से जा टकरायें और सच्चा साहित्य वही है जो कवि या लेखक के अभिव्यक्त भावों को पाठक या श्रोता के भाव बना दे। इससे परिणाम यह निकलता है कि पाठक या श्रोता का संबंध कवि, काव्य या लेखक से है न कि काव्य में वर्णित नायक से। पाठक की नायक के प्रति वही धारणा बन जाती है जो कवि बनवाता है। हर दशा में कवि के साथ तादात्म्य करने से सभी शंकाएं स्वतः समाप्त हो जाती हैं। यदि समाज में रहने वाला एक प्राणी है, उसके भाव भी नहीं होने चाहिए जो समाज के अन्य व्यक्तियों के हैं तब ही साधारणीकरण संभव होगा।

हम देखते हैं कि विभिन्न कवियों ने एक ही नायक को भिन्न-भिन्न व्यक्तित्व में रचा है। इसीलिए तो सूर के राधा-कृष्ण से बिहारी के राधा-कृष्ण भिन्न हैं। विद्यापति के कृष्ण-राधिका इनसे भी भिन्न हैं तो आधुनिक हरिऔध के राधाकृष्ण सबसे अलग-थलग हैं। हम किस कवि को बुरा कहें, किन राधाकृष्ण को बुरा कहें? उत्तर होगा किसी को भी नहीं। सब अपने समाज की परिस्थितियों के अनुकूल सृजित हैं। अतः हमें कहना पड़ेगा कि तादात्म्य कवि के साथ ही होता है।

यदि हम तुलसी के काव्य की नायिका सीता से रतिभाव रखते हैं तो कोई आपत्ति नहीं है क्योंकि काव्य की नायिका सीता कोई व्यक्ति नहीं है। वह कवि की अपनी मानवी सृष्टि है। अर्थात् वह कवि की अनुभूति का प्रतीक है न कि रक्त मांस की बनी हुई नारी।अतः हम जिसे आलम्बन कहते हैं, वह कवि की अपनी अनुभूति मात्र है। इसलिए संवेद्य रूप में साधारणीकरण का अर्थ होता है कवि की अनुभूति का साधारणीकरण।

कवि की अनुभूति सबकी अनुभूति होती है। इसलिए साधारणीकरण केवल कवि का होता है कवि वही होता है जो अपनी अनुभूति को सबकी अनुभूति से मिलाकर एक कर दे।

**कवि की अनुभूति का साधारणीकरण कैसे होता है? :** इस संदर्भ में विद्वानों और आचार्यों के दो मत हैं, एक पक्ष कहता है कि साधारणीकरण का होना भाषा की शक्ति पर आधारित है और दूसरे पक्ष का कहना है कि साधारणीकरण मूलाधार मानव सुलभ सहानुभूति है जो सभी व्यक्तियों के हृदय में एक ही समान व्याप्त है। पर देखा जाए तो दोनों ही बातें एक दूसरे की पूरक हैं। साधारणीकरण के लिए कवि, सहृदय एवं सहानुभूतिपूर्ण पाठक या श्रोता और माध्यम या साधन स्वरूप भाषा की आवश्यकता है। जब ये तीनों पूरक बन जाते हैं तभी काव्य का साधारणीकरण संभव है।

**साधारणीकरण और संस्कृत आचार्य :** भरत मुनि ने रस की व्याख्या हेतु 'विभावानुभाव व्यभिचारि संयोगाद्रसनिष्पत्ति' नामक सूत्र दिया। इस पर विभिन्न विद्वान भट्ट लोलट, शंकुक, भट्टनायक, अभिनवगुप्त ने अपने-अपने विचार प्रस्तुत किये हैं। इस पर विवेचन करते हुये सर्वप्रथम भट्टनायक ने ही साधारणीकरण को जन्म दिया। भट्ट लोलट और शंकुक के भरतमुनि के सूत्र पर आरोप लगाया कि कवि निर्मित पात्रों से श्रोता या पाठक रसास्वादन किस प्रकार करता है?

इसी प्रकार के समाधान हेतु भट्टनायक ने इस साधारणीकरण सिद्धांत की स्थापना की। उनका कथन है कि, "दर्शक पहले अभिधा शक्ति द्वारा नायक नायिका के संवादों का अर्थ ग्रहण करते हैं। फिर भावकत्व व्यापार द्वारा काव्य सौन्दर्य जो गुण आदि से उद्दीप्त होता है उसे ग्रहण करता है। भावकत्व व्यापार द्वारा विभाव, अनुभाव, संचारी भाव का साधारणीकरण हो जाता है।

"भावकत्वं साधारणीकरणं" कहकर भावकत्व को ही साधारणीकरण कहा है। साधारणीकरण के बाद सीता आदि विशेष आलम्बन न रहकर सामान्य हो जाते हैं, अपने पराये का सम्बन्ध भी नष्ट हो जाता है।

**अभिनव गुप्त :** इन्होंने भट्टनायक के संक्षिप्त कथन का सुव्यवस्थित विस्तार किया है। इनके अनुसार साधारणीकरण द्वारा कवि निर्मित पात्र व्यक्ति विशेष न रहकर सामान्य प्राणी मात्र बन जाता है, वह देशकाल से निरपेक्ष होकर सार्वजनिक हो जाता है क्योंकि कवि और उसका काव्य एक देशीय नहीं लोकव्यापी हो जाते हैं। नायक-नायिका के समस्त भाव प्रेक्षक या श्रोता के हृदय में साधारणीकृत हो जाते हैं। 'अभिज्ञान शाकुंतलम' पढ़ते समय प्रत्येक पाठक को शंकुतला स्त्री मात्र लगेगी और दुष्यंत पुरुष मात्र। इनकी रति साधारण स्त्री-पुरुष की रति होगी, जिससे किसी मर्यादा को ठेस नहीं पहुंच सकती।

**धनंजय :** अभिनवगुप्त के बाद धनंजय ने साधारणीकरण के दो सोपानों को महत्त्व दिया। प्रथमः नायक चाहे कितना ही प्रशांत या धीरोदात्त हो, काव्य में उसका चित्रण कवि की निज कल्पना द्वारा होता है।द्वितीय-पहली बार धनंजय ने कवित्व का उल्लेख करते हुये स्पष्ट किया है कि काव्यगत पात्र अपने रामत्व, सीतात्व (विशेष व्यक्तित्व) को त्यागकर सामान्य पुरुष और स्त्री बन जाते हैं। इससे ही सहृदय रसास्वादन कर लेता है। राम-सीता का पूर्वसंस्कारजन्य रूप साधारणीकृत होकर तिरोहित हो जाता है।

**आचार्य मम्मट :** इन्होंने साधारणीकरण तेरे मेरे मित्रशत्रु के भावों से विलगाकर अनुभूति को ही माना है। जब पाठक भूल जाते हैं कि राम-सीता न तेरे हैं न मेरे, सम्बन्ध नष्ट हो जाता है वही साधारणीकरण है।

**आचार्य विश्वनाथ :** साहित्य दर्पणकार का भी यही मत प्रतीत होता है। उनका कथन है श्रोता या पाठक का काव्य में निबद्ध विभावादि के साथ तादात्म्य हो जाना।

## आधुनिक हिन्दी के आचार्य

**डॉ. श्यामसुंदर दास :** इनके मतानुसार, "साधारणीकरण कवि अथवा भावक की चित्तवृत्ति से सम्बन्ध रखता है। चित्त के एकाग्र और साधारणीकरण होने पर सभी कुछ साधारण प्रतीत होने लगता है वस्तुतः हमारा हृदय ही साधारणीकरण करता है। इन्होंने साधारणीकरण की स्थिति को योग की 'मधुमति' भूमिका के समान कहा है जो अनुचित है, क्योंकि योग में रागात्मक सरसता नहीं होती।

**आ. रामचंद्र शुक्ल :** शुक्ल जी ने अपने निबंध साधारणीकरण और व्यक्ति-वैचित्र्य वाद में इसका वर्णन किया है। यथा—

—नाटक में जो पात्र दूसरे पात्र का आलम्बन बनता है वही श्रोता और पाठक का भी आलम्बन बन जाता है। जैसे— शकुंतला-दुष्यंत के लिए

—शकुंतला के प्रति दुष्यंत की रति देखकर पाठक या श्रोता के मन में भी रति भाव जाग्रत होता है जो उसकी प्रेयसी पर आरोपित हो जाता है, पर किसी की प्रेयसी नहीं होती तो कोई कल्पना रूपी प्रेयसी ही उसके मानस में आलंबन बन जाती है।

—साधारणीकरण आलम्बन धर्म का होता है। व्यक्ति तो विशेष ही रहता है किन्तु उसमें सामान्य धर्म की प्रतिष्ठा हो जाती है।

—रस दशा के कारण कभी-कभी श्रोता आलंबन के साथ तादात्म्य नहीं कर पाता-कभी कर लेता है। अतः यह रस दशा मध्यमू व उच्च कोटि की कहलाती है।

इस प्रकार शुक्ल जी ने सर्वाधिक बल आलम्बन के साधारणीकरण पर दिया है कवि या श्रोता आलंबन के माध्यम से अपनी अनुभूति साधारणीकृत करता है। शुक्ल जी आलम्बन के लोकधर्मी स्वरूप पर बल देते हैं।

## डॉ. नगेन्द्र और साधारणीकरण

आधुनिक हिन्दी आलोचकों में डॉ. नगेन्द्र का मत सर्वमान्य है। उन्होंने उसी रसात्मकता को आम और श्रेष्ठ बताया है जिसे शुक्ल जी ने मध्यम कोटि की बताया। वे कहते हैं कि साधारणीकरण आश्रय का होता है आलम्बन का नहीं। साधारणीकरण तो कवि की अनुभूति का ही होता है। इसलिए जब तुलसी के राम रावण की भर्त्सना करते हैं तब हम घृणा से भर उठते हैं, क्योंकि कवि भी यही चाहता था। इसके विपरीत 'माइकेल मधुसूदन दत्त' के मेघनाथ वध में रावण और मेघनाथ के प्रति सहानुभूति का हम अनुभव करते हैं। यह कवि की निजी सहानुभुति है, जिसके साधारणीकृत होने से हम भी उसके प्रति सहानुभुति रखते हैं। डॉ॰ नगेन्द्र आलम्बन को कवि की सहानुभूति मानते हैं जिसे हम आलम्बन कहते हैं, वह वास्तव में कवि की अपनी अनुभूति का संवेद्‌य है। उन्होंने कहा कि, "जब तक कवि की अनुभूति काव्य का आकार नहीं धारण करेगी, तब सहृदय उसे जान ही नहीं सकता, अतः रसास्वादन के लिए कवि की अनुभूति के साथ विभावादि का भी साधारणीकरण आवश्यक है, निष्कर्षतः साधारणीकरण त्रिपक्षीय है-प्रथम कवि की अपनी अनुभूति व्यक्त करता है। द्वितीय सहृदय जो कवितादि पढ़कर, सुनकर या नाटक देखकर कवि की अनुभूति को साधारणीकरण द्वारा अपने हृदय में जगाता है। तृतीय कवि का अभिव्यंजना कौशल जो कवि की अनुभूति को गहरी और लोकव्यापी बनाता है। इस प्रकार कवि, सहृदय और अभिव्यंजना कौशल साधारणीकरण के तीन पक्ष होते हैं। वस्तुतः साधारणीकरण कवि के भावों का होता है जो किसी व्यक्ति विशेष का न रहकर सर्वसाधारण का हो जाता है। देश का न होकर लोक व्यापी हो जाता है। साधारणीकरण से नायक-नायिका परम्परित रूप में न रहकर साधारण स्त्री पुरुष बन जाते हैं।

## रस सिद्धांत

भारतीय काव्यशास्त्रीय परम्परा में रस अति महत्त्वपूर्ण है। भारतीय काव्यशास्त्र में ही नहीं, प्राचीन भारतीय चिकित्सा पद्धतियों में भी और आधुनिक रसायन शास्त्र में भी रस अति महत्त्वपूर्ण है। काव्यशास्त्रीय संदर्भों में रस को आनंद प्रदायी गुण माना जाता है। पाठक या श्रोता के मन में रस कैसे निष्पन्न होता है? कैसे वह कविता के आंतरिक भावों से जुड़कर आनंद की प्राप्ति करता है। समग्रतः रस की निष्पत्ति की प्रक्रिया क्या है, इस विषय पर सर्वप्रथम नाट्‌यशास्त्र के प्रणेता आचार्य भरत ने एक सूत्र "विभावानुभावव्यभिचारीसंयोगाद्रसनिष्पतिः" में रस निष्पति की प्रक्रिया को समझाते हुये, जो धारणा व्यक्त की है उसी के विस्तार विवेचन से भारतीय काव्यशास्त्र में रस सिद्धांत के विश्लेषण की या रस निष्पत्ति की प्रक्रिया के उद्‌घाटन की परम्परा विकसित हुई। भरत के परवर्ती सभी आचार्यो ने अपने-अपने विवेक के विश्लेषण के माध्यम से रस निष्पत्ति को विश्लेषित करने का प्रयास किया है।

भरतमुनि के सूत्र की व्याख्या करने पर स्पष्ट होता है कि उनके द्वारा निर्दिष्ट रस निष्पत्ति की प्रक्रिया पूर्णतः जैविक धरातल पर आधारित है। उन्होंने जिन विभावों, अनुभावों और संचारी भावों की बात की है, वह पूर्णतः मनुष्य के भौतिक शरीर में घटने वाली

अंतः और बहिर्क्रियाएं हैं। आचार्य अभिनवगुप्त ने सबसे पहले रस निष्पत्ति की इस भौतिक और जैविक परम्परा को अध्यात्म और ईश्वरीय अंधकार में धकेलने की कोशिश की। उन्होंने कविता के आस्वादन से उत्पन्न रस को 'ब्रह्मानंद सहोदर' कहकर उसे आध्यात्मिक, अलौकिक बना दिया है, दैवीय बना दिया है।

उन्होंने कविता के आनंद को जनजीवन से काटकर मनुष्य की आशाओं और आकांक्षाओं से दूर कर उसे मनुष्य के कर्ममय सौन्दर्य से काटकर परलोक की वस्तु बना दिया जबकि भरतमुनि ने स्पष्ट लिखा है कि रस निष्पत्ति की प्रक्रिया मनुष्य के मन और शरीर पर घटने वाली समस्त क्रियाओं का समुच्चय है। उनके सूत्र की व्याख्या करने से ये भली प्रकार स्पष्ट हो जायेगा।

**विभाव**– आलम्बन विभाव : नायक-नायिका।

उद्दीप्पन विभाव : वाद्ययंत्र, वीणा, बाँसुरी, मलय समीर, पुष्पित वन, नव पल्लवित वल्लरियां।

अनुभाव– कटाक्ष, नेत्रों का झुकना, अश्रु-श्वेद, कंपन, समस्त शारीरिक विकार और नायक नायिकाओं की ऐसी चेष्टायें जो रतिभाव के उद्दीप्पन में सहायक होती हैं।

व्यभिचारी भाव– यों तो साहित्य शास्त्र में असंख्य संचारीभावों की गणना की गई है, लेकिन भरत मुनि ने तैंतीस संचारी भाव मुख्यतः माने हैं।

भरत मुनि के इस सिद्धांत की व्याख्या से जो बात मुख्य रूप से सामने आती है, वह इस सूत्र के 'संयोग और निष्पत्ति' ही विवाद का केन्द्र बन जाती है, इन्हीं दो शब्दों पर परवर्ती आचार्यों के सिद्धांत निरूपित हुये हैं। प्रश्न यह उठता है कि भरत मुनि का संयोग और निष्पत्ति से क्या तात्पर्य था। इसी तात्पर्य की खोज में चार प्रमुख संस्कृत-आचार्य सामने आए। आचार्य भट्ट लोलट, उनके ही समान धर्मी आ. शंकुक, फिर आ. भट्ट नायक और अंतिम आचार्य के रूप में अभिनव गुप्त। 19वीं सदी के अंतिम दौर में कुछ हिन्दी आचार्यों ने भी रस निष्पत्ति में योगदान दिया, बाबू श्याम सुंदर दास, बाबू गुलाब राय, आ. रामचंद्र शुक्ल, आ. नगेन्द्र।

## भट्ट लोलट का उत्पत्ति या आरोपवाद

भरतमुनि के सिद्धांत की सर्वप्रथम व्याख्या मीमांसा शास्त्र के प्रौढ़ आचार्य भट्ट लोलट ने की। 'मीमांसा दर्शन' के एक सिद्धांत उत्पत्तिवाद का आश्रय लेकर इन्होंने निष्पत्ति शब्द को उत्पत्ति के अर्थ में ग्रहण किया और संयोग का अर्थ लिया; कार्य-कारण संबंध से।

**कार्य कारण संबंध से तात्पर्य :** कार्य–स्थायीभाव द्वारा रस की प्राप्ति। कारण–विभाव (आलम्बन और उद्दीप्पन) और संचारी भाव।

**(क)** स्थायी भाव आलम्बन द्वारा उत्पन्न होकर, उद्दीपन द्वारा उद्दीप्त होकर संचारी भावों द्वारा पुष्ट होकर और अन्यभावों द्वारा व्यक्त होकर (प्रतीतियोग्य बनकर) अनुकार्य (मूलपात्र) में रस रूप में रहता है। अर्थात् स्थायी भाव उत्पन्न होता है जो रसरूप में सामने आता है। रस को उत्पन्न करने वाले कारण विभाव, अनुभाव और संचारीभाव हैं जो उसे प्रतीति योग्य बनाते हैं।

**(ख)** रसरूप, स्थायी भाव नर में उत्पन्न नहीं होता। हम नट में अभिनय और वेश-भूषा द्वारा उनका आरोपण कर लेते हैं।

**(ग)** स्थायी भाव तो प्रेक्षक या दर्शक में भी नहीं रहता, वह तो इस का नट पर आरोप करके चमत्कृत होता है और निष्कर्ष यह है कि रस अनुकार्य (मूलपात्र) में ही रहता है नट में चमत्कार आनंद रूप में परिवर्तित हो जाता है।

**(घ)** अभिनेता (अनुकर्ता) उसकी प्रतीति करवाने का माध्यम् है और प्रेक्षक गौण है।

**(ङ)** उपर्युक्त विवेचन के आधार पर भट्ट लोलट के रस विवेचन को तीन भागों द्वारा संबोधित किया जा सकता है–

(1) उत्पत्तिवाद– मूलनायक (अनुकार्य) के कारण

(2) आरोपवाद– नट (अनुकर्ता) के कारण

(3) चमत्कारवाद– प्रेक्षक (दर्शक) के कारण

भट्ट लोलट के सिद्धांत पर जो आपत्तियां लगायी जाती हैं या दोष बताये जाते हैं उनको हम निम्न प्रकार से अभिव्यक्त कर सकते हैं।

(1) **रस या स्थायीभाव संबंधी दोष** – भरतमुनि ने अपने सूत्र में कहीं भी स्थायी भाव का उल्लेख नहीं किया है। स्थायी भाव रस से भिन्न नहीं हो सकता और न ही इसे अलग से स्पष्ट किया जा सकता है अगर इसे मान भी ले तो फिर पुष्टि किस चीज की होती है।

(2) **कार्य कारण संबंधी** – इसमें भी महत्वपूर्ण है कार्य। भट्ट लोलट ने अपने विवेचन में स्थायी भाव या रस को कार्य मान लिया है जो उचित नहीं है क्योंकि रस तो विभाव और अनुभाव के बाद भी मन में विद्यमान रहता है। यदि रस कार्य है तो कारण (विभाव, अनुभाव) के बाद भी क्यों रहता है।

(3) भट्ट लोलट उत्पत्तिवाद के मानने वाले हैं अतः उनके अनुसार यह सिद्ध होता है कि रस वर्तमान नहीं होता अर्थात् वे यह नहीं मानते की रस पहले से विद्यमान होता है वे तो बस इतना मानते हैं कि रस उत्पन्न होता है। उनका यह मानना नितांत अनुचित है।

(4) नट संबंधी अवधारणा में भी भट्ट लोलट ने गंभीरता से काम नहीं लिया है। उन्होंने यह माना है कि अनुकर्ता (नर, अभिनेता) अनुकार्य (मूत्रपात्र) का अनुभवजन्य अनुकरण करता है। अनुकरण चाहें गौण ही क्यों न हो नहीं किया जा सकता। एक नट मूल पात्र राम, कृष्ण या दुष्यंत का अभिनय करते हुये उनके रति भाव का अनुभव कैसे कर सकता है।

(5) प्रेक्षक संबंधी उनकी स्थापना भी भ्रामक है भट्ट लोलट रस की उत्पत्ति मानते हैं यदि मान लेते हैं कि रस उत्पन्न होता है तो फिर दर्शक को कैसे आनंद मिलेगा, क्योंकि जहाँ रति होगी वहाँ रस भी होगा किन्तु वास्तविकता यह है कि दर्शकों के बीच रति आदि भावों की कोई क्रिया नहीं होती तो फिर वहां रस कैसे होगा। जहां रति नहीं है, जहाँ रस नहीं है तो फिर वहां आनंद ही कैसे प्राप्त हो सकता है। क्या दूसरों के भोजन से अपनी भूख तृप्ति संभव है।

(6) यदि हम नट के अभिनय को ही अनुकरण की सफलता मान लें तो बिना कार्य को देखे सफलता का पता किस प्रकार लगाया जा सकता है।

(7) आरोपित रस द्वारा दर्शकों में उत्पन्न हुआ चमत्कार मिथ्या भावना से रहित किस प्रकार हो सकता है। रस को अलौकिक आनंदमयी बताया गया है पर अनुकर्ता में रस सीमित रहता है तो वह सीमित हो जायेगा। तो फिर प्रेक्षक को रस अलौकिक आनंद की अनुभूति कैसे करा सकता है। विद्वान कहते हैं कि कार्य-कारण संबंधों के बीच किसी न किसी इकाई के रूप में समय का अंतर तो होता ही है लेकिन भट्ट लोलट की मान्यता के अनुसार नट के अभिनय करने और श्रोताओं के आनंदित होने की क्रिया में समय नहीं लगना बताया गया है।

## आचार्य शंकुक का अनुमितिवाद या अनुभाववाद

भरत मुनि के सूत्र की व्याख्या के दूसरे चरण में जब आ॰ शंकुक ने भट्ट लोलट के सिद्धांतों की समीक्षा की तब उन्होंने न्यायदर्शन के अनुयायी होने के कारण भरत के सूत्र की व्याख्या न्याय सम्मत अनुमितिवाद सिद्धांत के आधार पर की। उन्होंने भट्ट लोलट के संबंध में उठी हुई समस्त आपत्तियों का निराकरण करने के लिए अपना अनुमितिवाद स्थापित किया।

अनुमिति का अर्थ है कि नर के कुशल अभिनय के कारण दर्शक नट में नायकत्व (अनुकार्यत्व) का अनुमान कर लेता है और उसे नायक समझकर "चित्रतुरंग न्याय" द्वारा उसके अभिनय के द्वारा व्यक्त किये गये अनुभावों में आनंद पाता है जिससे चमत्कार का अनुभव होता है और वही अनुभव आनन्दजन्य होता है, दूसरे शब्दों में कहें तो आचार्य शंकुक ने रस की निष्पत्ति गम्य-गमक भाव से मानी। इस गम्य-गमक का अर्थ की भट्ट लोल्लट के कार्यकारण संबंध जैसा ही है। इसी कार्यकारण संबंध को आचार्य शंकुक के द्वारा गम्य-गमक भाव कहा गया है।

गमक– कारक या विभावादि का अनुमान करने वाले

गम्य– कार्य या रस का अनुमान किये जाने वाले या मुख्य विषय या अनुभव

अनुमान्य– (माध्यम) नट जिसके द्वारा या जिसमें रस का अनुमान कर लिया जाता है।

अनुमानक– दर्शक, प्रेक्षक, गौण।

अनुकार्य– मुख्य नायक। इसके अनुसार भी रस न तो नट में रहता है और न ही प्रेक्षक में केवल नट में उसके अनुमान के माध्यम से प्रेक्षक को चमत्कार होता है जिससे उसको आनंद प्राप्त होता है।

**शंकुक के अनुमितिवाद की आपत्तियां :** शंकुक ने दो बातों पर अत्यंत बल दिया है पहला अनुकरण दूसरा अनुमान, किंतु जो कठिनाइयाँ भट्ट लोलट के संबंध में उठी थी वे यहां भी विद्यमान हैं।

(क) अनुकरण न तो स्थायी भावों का हो सकता है और न ही सहकारी भावों का, नट केवल वेश-भूषा मात्र का अनुकरण कर सकता है।

(ख) अनुमान सत्य नहीं है फिर असत्य या मिथ्या के आधार पर सत्य की प्रतीति कैसे हो सकती है। प्रत्यक्ष ज्ञान से जो चमत्कार पूर्ण आनंद मिल सकता है वह अनुमान से कभी नहीं मिलता। "चित्र तुरंग न्याय" से चित्र का घोड़ा तो दिखाई दे सकता है किन्तु उस पर चढ़कर वह वास्तविक आनंद नहीं लिया जा सकता जो वास्तव में एक घोड़े की सवारी में मिलता है। वास्तव में रस या भाव सीधे अनुभव द्वारा ही भावना के विषय बन सकते हैं, अनुमान द्वारा नहीं और उत्पत्तिवाद और अनुमितिवाद दोनों में ही दोनों की सत्ता प्रेक्षक में गौण रूप में मानी गई है। तो फिर प्रश्न यह सामने आता है कि दूसरे के भावों को उसने किस प्रकार अपनाया।

(ग) यदि ऐसा मान लें कि रस की सत्ता गौण या प्रमुख रूप से प्रेक्षक में ही रहती है जैसा कि भट्ट लोलट और शंकुक मानते हैं तो फिर यह समस्या सामने आती है कि प्रेक्षक

का हृदय यदि कल्पित नायकत्व से छा जाता है अर्थात् प्रेक्षक स्वयं पर मूल नायक का आरोपण कर लेता है या खुद को ही मूल नायक मान लेता है तो यह बात देवी-देवता और अन्य पूज्य व्यक्तियों के संदर्भ में कैसे लागू हो सकेगी। सीता के विषय में राम की रति का प्रेक्षक के हृदय में आना निःसंदेह दोषपूर्ण है और लोकमर्यादा के विपरीत है और फिर नायक के शौर्य एवं पराक्रम के असंख्य कार्य जिसकी कल्पना भी नहीं की जा सकती; प्रेक्षक के मन में किस प्रकार आ सकेंगे। क्या प्रेक्षक हनुमान जी की तरह उड़कर समुद्र लाँघ सकता है?

एक महत्वपूर्ण सवाल और उठता है कि नायक के दुख, शोक इत्यादि भाव प्रेक्षक को आनंद कैसे दे सकते हैं। जब नायक दुःखी होगा तो जाहिर है दर्शक भी रसानुभूति के कारण दुःखी होंगे तो जाहिर है दर्शक की रसानुभूति के कारण दुखी होगा। ऐसी स्थिति में प्रेक्षक का आनंद प्राप्त करना कैसे संभव है।

## भट्ट नायक का भुक्तिवाद

भट्ट नायक सांख्य दर्शन के अनुयायी थे, इन्होंने अतः इन्हेंने सांख्य दर्शन के केन्द्रीय सिद्धांतों के आधार पर भुक्तिवाद के सिद्धांत का प्रवर्तन किया। भुक्तिवाद से यहां तात्पर्य रस निष्पत्ति से है। इन्होंने अपने सिद्धांतों में यह स्थापना की कि रस की न तो प्रतीति होती है जैसा आ. शंकुक मानते हैं और न ही उत्पत्ति होती है जैसा आ. भट्ट लोल्लट मानते हैं। अभिनवगुप्त के समसामयिक होने के कारण और दोनों का रस विवेचन एक ही समय में सामने आने के कारण यह भी अस्वीकार किया की रस की अभिव्यक्ति होती है। उन्होंने यह भी कहा कि अनुभव और स्मृति के बिना रस की प्रतीति किसी भी प्रकार नहीं हो सकती इसका कारण यह है कि इन सबसे दर्शक या पाठक बड़ी कठिनाई में पड़ जाता है यदि वह अनुकार्य तथा मूलनायक से तादात्म्य करता है तब उसे औचित्य की सीमा पार करके लज्जा का अनुभव करना पड़ेगा और यदि वह अपने को इस सारी प्रक्रिया से भिन्न रखता है तो वह प्रश्न एकदम समक्ष आता है कि दूसरे की रति से उसे क्या सरोकार है इस प्रकार पाठक, दर्शक या श्रोता यह समझ नहीं पाता कि वास्तव में वह अपने को कहाँ स्थित करे, किसके साथ रखने का प्रयत्न करे।

भट्टनायक ने पूर्व के रस विवेचन की कठिनाइयों को बड़ी सरलता से दूर करने का प्रयत्न किया है। उन्होंने रस निष्पत्ति पर विस्तारपूर्वक अध्ययन करते हुये रसनिष्पत्ति की तीन क्रियाएं मानी।

1. **अभिधा**– जिसके द्वारा शब्दार्थ का ज्ञान होता है।
2. **भावकत्व**– जिसके द्वारा विभावादि तथा रति आदि स्थायी भाव साधारणीकृत होकर सर्वसाधारण के भाव बनने की प्रक्रिया साधारणीकरण कहलाता है। मेरे या पराये, शत्रु के या मित्र के ऐसे बंधनों से मुक्त होकर उपभोग्य बन जाते हैं।
3. **भोजकत्व**– वह स्थायीभाव जो साधारणीकृत होकर उपभोग किया जाता है। भोजकत्व में नायक के रजोगुण, तमोगुण, सतोगुण युक्त लौकिक भाव भोजकत्व व्यापार द्वारा रज, तम रहित शुद्ध सतोगुणमय हो जाने के कारण अत्यंत विशिष्ट हो जाते हैं। इस प्रकार वह सर्वजन के उपभोग्य बन जाते हैं। इस प्रकार भट्ट नायक ने संयोग का अर्थ भोज्य और भोजकत्व का भाव और निष्पत्ति का भुक्ति माना है।

## भट्ट नायक के मत की आलोचना

अभिनवगुप्त ने भट्ट के विषय में कहा है कि उन्होंने काव्य में दो ऐसे नये व्यापारों को स्थान दिया है जिनके लिए शास्त्र में कहीं भी कोई प्रमाण नहीं मिलता। अभिनवगुप्त के अनुसार उन दो क्रियाओं, भावकत्व और भोजकत्व का काम व्यंजना और ध्वनि से चल सकता है। भोजकत्व स्वयं ही रस निष्पत्ति है वास्तव में रस वही है जिसका आस्वादन किया जा सके। अतः भोग का अर्थ स्वयं रस के साथ है। फिर भट्ट नायक द्वारा भोजकत्व को पृथक शक्ति मानने का कोई उचित कारण नहीं था क्योंकि वह तो ध्वनि के द्वारा स्वयं ही संपन्न हो जाता है। अतः संयोग का अर्थ ध्वनित तथा व्यंजित होना और निष्पत्ति का अर्थ आनंदभाव से प्रकाशित होना निकलता है।

## आचार्य अभिनवगुप्त का अभिव्यक्तिवाद

आ. अभिनवगुप्त ने भरत से लेकर भट्टनायक तक के रस विवेचन संबंधी मूल्यों का गंभीर विवेचन करते हुये अपने मतों का प्रतिपादन किया है। उनकी दृष्टि मूलतः उपर्युक्त तीनों आचार्यों के मतों का अध्ययन कर उसे व्यवस्था प्रदान करना रही है यह उनकी उपलब्धि समझी जानी चाहिए। रस सिद्धांत के क्षेत्र में उनकी सबसे बड़ी सीमा यह रही कि उन्होंने रस के आनंद को इस लोक के जीवनानुभव और प्रत्यक्षानुभव से काटकर परलोक की वस्तु बना दिया। उसका ब्रह्मनंदीकरण कर दिया। फिर भी उनके सिद्धांतों में एक व्यवस्था है एक मौलिक सोच है जिसे अनदेखा नहीं किया जा सकता।

अभिनवगुप्त का मानना है कि मनुष्य समय-समय पर भिन्न-भिन्न परिस्थितियों में पड़कर जिन-जिन भावों का अनुभव करता है वे

सभी भाव वासना रूप या संस्कार रूप में उसके हृदय पर स्थिर होते जाते हैं। कहने का आशय यह है कि स्थायी भाव पहले से ही संस्कार या वासना रूप में मनुष्य के हृदय में स्थिर होता है। किन्तु सामान्य अवस्था में स्वाभाविकता के कारण उसका अनुभव मनुष्य को नहीं हो पाता। इसे अज्ञानता की अवस्था भी कहा जाता है और हृदय की प्रकृत अवस्था भी कहा जाता है किन्तु विशेष घटना, विशेष अभिनय या विशेष परिस्थिति में विभाव आदि भावों के प्रदर्शन के कारण वे समस्त सुप्त भाव व्यक्तावस्था में आ जाते हैं। इससे यही स्पष्ट होता है कि रस की अभिव्यक्ति केवल वासनाजन्य संस्कारों में या मानवीय मनोविकारों में होती है। यदि वे संस्कार नहीं हैं तो रस की अभिव्यक्ति भी नहीं हो सकती। इस आधार पर उन्हीं व्यक्तियों को सहृदय कहा जाता है जिनके मन में संस्कार रूप में ये समस्त वासनाजन्य मनोविकार विद्यमान रहते हैं। जो मनुष्य वासना शून्य होता है (इच्छाओं से रहित) उसे साहित्य दर्पणकार ने लकड़ी की कुल्हाड़ी या पत्थर के समान संवेदना कहा है। मनुष्य के हृदय को संवेदनशील बनाने के लिए, मानव मात्र को सहृदय बनाने हेतु अभिनवगुप्त ने तीन प्रक्रियाओं का उल्लेख किया है। पहली प्रक्रिया में मनुष्य के सांसारिक अनुभव होते हैं, दूसरी प्रक्रिया में पूर्वजन्म के संस्कार होते हैं और अंतिम रूप से अपने अभ्यास से मनुष्य सहृदय बन सकता है। यह भी एक सच्चाई है कि अभिनवगुप्त ने शास्त्रकारों, मीमांसको और वैयाकरणों को सहृदय मनुष्यों की कोटि मे नहीं रखा है। अभिनवगुप्त के सिद्धांत में यह बात मुख्य रूप से सामने आती है कि यह संस्कार रूप में सामाजिकता में पहले से विद्यमान रहता है। इस बात को उन्होंने मिट्टी और बरसात की पहली बूंदों से अभिव्यक्त किया है। मिट्टी के भीतर एक सौंधी महक हर समय विद्यमान रहती है लेकिन उसका अनुभव मनुष्य को साधारण अवस्था में नहीं हो पाता। जैसे ही पावस ऋतु की पहली फुहार पड़ती है, मिट्टी के भीतर स्थित वह सौंधी सुगंध प्रकट हो जाती है।

## अभिनवगुप्त के मत की विशेषताएं

1. रस की उत्पत्ति सामाजिक के हृदय में मानते हैं।
2. सामाजिक के भीतर स्थायी भाव वासना रूप में सदैव विद्यमान रहता है किन्तु उद्बुध्दावस्था में साधारणीकृत विभावादि भावों के कारण उनके संयोग के कारण अव्यक्तावस्था से व्यक्तावस्था में उपस्थित हो जाते हैं जैसे मिट्टी और जल का संदर्भ दिखाया गया है।
3. सफल अभिनय से केवल सहृदय दर्शक ही तन्मय होते हैं और उन्हें ब्रह्मानंद सहोदर अखंड आनंद की प्राप्ति होती है।
4. संयोग का अर्थ व्यंजना और निष्पत्ति का अर्थ अभिव्यक्ति प्रकट होता है।

**आलोचना:** यह पूर्व में कहा जा चुका है कि रस निष्पत्ति की प्रक्रिया की अनुसंधान प्रविधि में अभिनवगुप्त ने जो प्रयोग किये वह एकदम सटीक और तार्किक है। उनके सिद्धांत पर सबसे बड़ी आपत्ति यह है कि उन्होंने रस के आनंद को ब्रह्म के आनंद के समकक्ष बताया है जो विभाव, अनुभाव आदि समस्त रस के अवयवों की लौकिक अभिव्यक्ति पर प्रश्न चिह्न लगा देता है। जब रस निष्पत्ति की प्रक्रिया का सबसे बड़ा केन्द्र मानव मन और मानव शरीर है, उसके हाव-भाव, सुख-दुःख रस निष्पत्ति की प्रक्रिया के मूल सोपान है तो फिर उससे उत्पन्न होने वाला आनंद परलोक की वस्तु कैसे हो सकता है। ब्रह्मानंद सहोदर कैसे हो सकता है।

मनुष्य तो अपने प्रत्यक्षानुभव और जीवनानुभव द्वारा उसे इसी लोक में महसूस करता है, भोगता है।

रसनिष्पत्ति की इस प्रक्रिया में आ॰ भरत, आ॰ भट्ट लोलट, आ॰ शंकुक और आ॰ भट्टनायक का रस विवेचन संयोग और निष्पत्ति शब्दों पर केन्द्रित रहा। तीनों आचार्यों ने अपने-अपने ढंग से रस और निष्पत्ति शब्दों की व्याख्या की।

भरत सहित इन चारों आचार्यों का मूल चिंतन इस बात पर है कि अनुभाव, विभाव स्थायी भाव और संचारी भाव सब मनुष्य के इस लोक के अनुभवों पर आधारित है लेकिन अभिनवगुप्त ने पहली बार इसे परलोक की वस्तु बना दिया। 'दसरूपककार धनंजय' ने बाद में रस विवेचन किया। लेकिन कुछ फेरबदल करने के बाद उन्होंने अभिनवगुप्त के मतों को ही स्पष्ट किया है।

आ॰ विश्वनाथ और पंडितराज जगन्नाथ ने भी कालांतर में रस विवेचन किया और आधुनिक हिन्दी के आचार्यों में श्यामसुंदर दास, बाबू गुलाबराय, आ॰ विश्वनाथ प्रसाद मिश्र, आ॰ रामचंद्र शुक्ल और आ॰ नगेन्द्र ने रस विवेचन किया है। पूरी रस प्रक्रिया को वैज्ञानिक पद्धति से देखा जाये तो हमें यही मानना होगा कि रस निष्पत्ति की प्रक्रिया का मूल स्रोत सामाजिक, प्रेक्षक, श्रोता, दर्शक, पाठक, अनुभावक, सहृदय है, यानि रस की निष्पत्ति उसी के मन में पहले से स्थित वासनारूप मनोविकार अर्थात् स्थायी भावों द्वारा होती है। यह भी एक सच्चाई है कि पाठक, श्रोता के साथ-साथ अनुकर्ता अर्थात नट भी अभिनय करते समय कुछ हद तक रसास्वादन करता है और सृष्टा अर्थात कवि या लेखक भी सृजन के क्षणों में रसास्वादन करता है। कहा भी गया है कि एक सर्जक के लिए अपनी रचना का सृजन प्रसवपीड़ा से कम नहीं होता। अतः हम रस निष्पत्ति प्रक्रिया से सर्जक को अलग नहीं कर सकते।

## अलंकार संप्रदाय

*"काव्य शोभाकरान् धर्मानलंकारान् प्रचक्षते।"* आचार्य दण्डी

**प्रवर्तक भामह**– प्राचीनता की दृष्टि से भारतीय काव्य संप्रदायों में रस सिद्धान्त के प्रवर्तन के बाद अलंकार संप्रदाय का ही स्थान माना जाता है। इस काव्य संप्रदाय के आदि प्रवर्तक 'भामह' हैं। उन्होंने ही सर्वप्रथम अपने ग्रंथ 'काव्यालंकार' की रचना कर 'अलंकार' को काव्य की आत्मा घोषित किया। इस प्रकार अलंकार संप्रदाय की स्थापना की। भामह का समय ईसा की छठी शताब्दी माना गया है। इनसे पूर्व भरतमुनि ने भी उपमा, दीपक, रूपक, यमक अलंकारों को स्वीकार किया था, इसलिए उन्हें ही अलंकार संप्रदाय का प्रवर्तक माना जाता है।

इन्होंनें 'शब्दार्थौ सहितो काव्यम्' कहकर शब्दालंकार और अर्थालंकार के दो भेद किए थे। इनका परवर्ती अलंकारवादियों पर इतना व्यापक प्रभाव पड़ा कि उन्होंने काव्य वस्तु की सर्वथा उपेक्षा कर अलंकार को ही काव्य का सर्वस्व मान उसे काव्य की आत्मा घोषित कर दिया।

1. **अलंकार संप्रदाय की परम्परा**– भारतीय काव्य संप्रदायों में रस के अतिरिक्त शेष सम्प्रदायों में सबसे पुराना अलंकार संप्रदाय ही है। वैसे तो 'भरतमुनि' ने अपने 'नाट्यशास्त्र' में चार अलंकारों उपमा, रूपक, दीपक तथा यमक का उल्लेख किया था, पर उन्होंने इन्हें महत्व नहीं दिया था।
2. **भामह**– का अलंकार शास्त्र (काव्यालंकार) 6 परिच्छेदों में विभक्त है। जिसमें क्रमशः काव्यशरीर, निर्णय, अलंकृति निर्णय, दोष निर्णय, न्याय निर्णय और शब्द शुद्धि पर विचार किया गया है। 'भामह' ने वक्रोक्ति को ही समस्त अलंकारों का मूल मानते हुये, उनकी संख्या 38 निर्धारित की है। इस प्रकार भामह ने काव्य का प्राणतत्व अलंकार बताते हुए, अलंकार का प्राणतत्व 'वक्रोक्ति' को बताया है।
3. **आ. दण्डी**– ये अलंकार सम्प्रदाय के पोषक माने जाते हैं। इन्होंने अपने सूत्र "काव्य शोभाकरान् धर्मानलंकारान् प्रचक्षते।" द्वारा अलंकार को काव्य की शोभा बढ़ाने वाला धर्म कहा है। इससे स्पष्ट है कि काव्य की शोभा केवल अलंकार पर ही आश्रित है। अतः अलंकार काव्य का शाश्वत् धर्म है। इन्होंने अलंकारों का वैज्ञानिक विवेचन करके उनकी संख्या 35 ही स्वीकार की है। इन्होंने यमक, निबंध और प्रहेलिका आदि का विस्तृत विवेचन किया है। तथा शब्दालंकार को विशेष महत्त्व प्रदान किया है। 'दण्डी' ने भामह की वक्रोक्ति के स्थान पर 'अतिशय' को अलंकार की आत्मा स्वीकार किया है। किन्तु वास्तव में दोनों का तात्पर्य एक ही है, केवल शब्द भेद ही दिखाई देता है, दण्डी ने तीन प्रकार के भाव परक अलंकार माने हैं–

   (क) प्रेमस--जो शृंगार से संबंधित है।

   (ख) रसवत– यह किसी भी रस से संबंध बना सकता है।

   (ग) ऊर्जस्वित– इसमें वीर, रौद्र रस का समावेश होता है।
4. **आचार्य उदभट्**– दण्डी के पश्चात इस सम्प्रदाय में उद्भट् का पदार्पण हुआ। इन्होंने 'काव्यालंकार' सार संग्रह की रचना की। इनका समस्त विवेचन 'भामह' का ही समर्थन करता है, पर उन्होंने जो विवेचन किया है वह सूक्ष्म और सटीक है। उन्होंने दृष्टांत, काव्यलिंग और पुनरूक्तिवाद भास अलंकार की सर्वथा नई उद्भावना की तथा अनुप्रास के भेदों में बढ़ोत्तरी की। इस प्रकार उद्भट् ने भामह के 38 अलंकारों की शृंखला को बढ़ाकर 41 कर दिया। उन्होंने श्लेष अलंकार के दो भेद-शब्द और अर्थ श्लेष किये हैं तथा दोनों को ही अर्थालंकार माना है। बाद में 'मम्मट' आदि ने इसकी आलोचना की।
5. **आचार्य रूद्रट**– इन्होंने 'काव्यालंकार सार' ग्रंथ की रचना की। अलंकार संप्रदाय में इनका अत्यंत महत्त्वपूर्ण स्थान है। इन्होंने अलंकारों का अत्यंत व्यापक और उदार दृष्टि से निरुपण किया। डॉ काणे के अनुसार, "रूद्रट अलंकारों का वर्गीकरण वैज्ञानिक रूप से करने वाले प्रथम आचार्य हैं। इन्होंने सर्वाधिक अलंकारों की उद्भावना की इनके अलंकार चार वर्गों में विभक्त हैं। इनका वर्गीकरण वास्तवोपम्य, अतिशय और श्लेष पर आधारित है।"
6. **आचार्य मम्मट**– अलंकार संप्रदाय की पूर्ण प्रतिष्ठा करने वाले आचार्य मम्मट ही थे। ये समन्वयवादी विचारक एवं ध्वनिवादी आचार्य थे। इनकी रचना 'काव्य प्रकाश' है। इसके नवम् व दसम् उल्लासों में अलंकारों का विवेचन है। इनकी विशिष्ट बात यह है कि इन्होंने अलंकारों को काव्य के लिए आवश्यक नहीं माना है। इन्होंने सहायक तत्वों के रूप में ही अलंकारों को स्वीकार किया है, मम्मट के अनुसार, "अलंकार काव्य के अंग अर्थात शब्दार्थ रूपी शरीर की शोभा बढ़ाते हुये काव्य का उपकार करते हैं। अलंकार को ये काव्य का अस्थिर धर्म मानते हैं।
7. **आचार्य वामन**– ने सौन्दर्य को ही अलंकार माना है। ये रीति संप्रदाय के प्रवर्तक आचार्य हैं। इन्होंने अलंकारों को काव्य के लिए महत्त्वपूर्ण माना है, पर काव्य की आत्मा नहीं माना।

8. **आ. जयदेव–** इन्होंने अपनी 'चन्द्रालोक' नामक कृति में अलंकारों का विवेचन किया है। इन्होंने खण्डन मण्डन रहित विवेचन किया है। अग्नि का रूपक देकर काव्य और अलंकार का संबंध बताया है। अग्नि और ऊष्णता का जो संबंध है वहां काव्य और अलंकार का है।

9. **विश्वनाथ–** 'साहित्यदर्पणकार' ने साहित्यदर्पण के दशम् स्कंध में अलंकारों का विवेचन करते हुये दो नवीन अलंकार निश्चय और अनुकूल की उद्भावना की।

## रीतिकालीन हिन्दी कवियों का मत

रीतिकालीन सैंकड़ों आचार्यों ने संस्कृत के आचार्यों का अनुसरण करके, अलंकार का काव्य में महत्त्व निर्धारित किया। ये अपना कोई नवीन मत नहीं दे सके। इन्होंने संस्कृत आचार्यों के मतों को दोहराया है। केशवदास ने भामह के सूत्र का छायानुवाद करते हुये लिखा है–

*"जदपि सुजाति सुलच्छणि, सुबरन सरस सुवृत।*
*भूषण बिनुनविराजहि कविता, बनिता मित्त।।*

**आधुनिक काल में हिन्दी आचार्य :** आचार्य रामचन्द्र शुक्ल और डॉ. नगेन्द्र प्रमुख आचार्य हैं, जिन्होंने अलंकार का विवेचन किया। इनके अलावा मुरारीदास, भगवान दीन, कन्हैयालाल पौद्दार, रामदहीन मिश्र आदि ने खड़ी बोली में अलंकारों का विवेचन किया है।

**अलंकार: परिभाषा एवं स्वरूप–** अलंकार दो शब्दों अलन+कार के योग से बना है। जिसका अर्थ है आभूषण या जो अलंकृत या सुशोभित करे वह अलंकार है। जिस प्रकार आभूषण मानव शरीर के अंग नहीं होते, ऊपरी आवरणमात्र है, जो शैली से संबंधित तत्व माने जाते हैं, पर अलंकारवादी आचार्य अलंकार को काव्य की आत्मा स्वीकारते हैं यहां हम कुछेक परिभाषाओं पर विचार करेंगे।

1. "शब्द या अर्थ का वैचित्र्य ही अलंकार है जिस प्रकार स्त्री का सुन्दर मुख भी बिना आभूषण के नहीं सजता, उसी प्रकार अलंकार के बिना कविता कामिनी की शोभा नहीं बढ़ती।"

–आचार्य भामह

2. "काव्य शोभाकरान् धर्मानूलंकारान् प्रचक्षते।"
काव्य की शोभा बढ़ाने वाले धर्म ही अलंकार हैं।"

–आचार्यदण्डी

3. "अभिधान पुकार विशेषा एवं चालंकाराः"
"कवि प्रतिभा से सृजित विशेष कथन ही अलंकार है।"

–आचार्य रूद्रट

4. "ऊष्णता का जो संबंध अग्नि से है वही संबंध अलंकार का काव्य से है।"

–आचार्य जयदेव

5. "काव्य की शोभा बढ़ाने में कभी-कभी सहायक हुये धर्मों को ही अलंकार कहा जाता है।"

–आचार्य रामचन्द्र शुक्ल

**काव्य में अलंकारों का महत्त्व:** एक सफल कवि की सफल कृति के पीछे अलंकारों का महत्त्वपूर्ण योगदान होता है। जिस प्रकार एक सुन्दर कामिनी ने अपने अंगों को अलंकारों से सुशोभित किया हो तो उसकी सुन्दरता पर चार चाँद लग जायेगें उसी प्रकार अलंकार अनुभूति को जैव बनाते हैं तथा कवि की मनोवृत्तियों का विस्तार करते हैं। इसी तथ्य को जानकर अलंकारवादियों ने अलंकार को काव्यात्मा माना है। "हालांकि इस विषय में काफी मतभेद है। आधुनिक आचार्यों ने अलंकार को बाह्य उपकरण या कवच के समान अलंकारों का महत्त्व माना है। अलंकार का प्रयोग कवि की प्रतिभा पर निर्भर करता है। अलंकार वे ही उचित और सार्थक हैं जो सहानुभूति में सहायक होते हैं। इस प्रकार अलंकार का प्रयोग दो प्रकार का होता है–एक बाह्य शोभाकार, दूसरा सहायक, आन्तरिक रूप में। चाहे जो हो अलंकार को बाह्य उपादान या आन्तरिक धर्म, काव्य में अलंकारों के महत्त्व को मुक्त होकर स्वीकारना पड़ेगा।

**मनोवैज्ञानिक दृष्टि से अलंकारों का महत्व:** भावोद्वेलन के अवसर पर हमारे मुख से जो शब्द निकलते हैं वे साधारण अवसरों पर कहे गये शब्दों से भिन्न होते हैं तथा उनके अर्थ में भी एक भिन्नता होती है, रोमांचकता आ जाती है। शब्द और अर्थ की यही भिन्नता अलंकारों को जन्म देती है। इसलिए सिद्ध कवियों की रचना में भावावेग के अवसरों पर स्वतः ही अलंकार स्वाभाविक रूप से आ जाते हैं और अपनी उपस्थिति से रचना के सौन्दर्य को बढ़ा देते हैं। पर कवि जब मात्र चमत्कार उत्पन्न करने के लिए अलंकारों का प्रयोग करता है तो भाषा में कृत्रिमता और अस्वाभाविकता आ जाती है। अतः साहित्य मनीषी अलंकारों के स्वाभाविक प्रयोग को उचित मानते हैं न कि बलात् प्रयोग को। यदि कवि अलंकार शास्त्र के ज्ञानानुसार अलंकारों का प्रयोग करता है तो उसकी रचना श्रेष्ठ बन जाएगी। इसके लिए शास्त्र का ज्ञान और अभ्यास आवश्यक है।

प्राचीन आचार्यों ने आवृति, सादृश्य, अतिशयोक्ति क्रम आदि को ही अलंकारों का आधार माना है। आवृत्ति चमत्कार उत्पन्न करती है चाहे वह ध्वनि की हो या शब्द की। यही ध्वनि की आवृत्ति काव्य में अनुप्रास के नाम से जानी जाती है। अर्थालंकारों में उपमा, रूपक आदि ऐसे ही अलंकार हैं। अतिश्योक्ति भी चमत्कार

द्वारा सौन्दर्य उत्पन्न करती है। क्रम अलंकार का भी अपना महत्त्व है। सिद्ध है कि बिखरी वस्तुएं जब क्रम में सजा दी जाती हैं तो सौन्दर्य निखरेगा ही। प्राचीन आचार्यों ने इसी आधार पर अलंकारों का विवेचन किया है।

वस्तुतः अलंकार, (1) मन का विस्तार करते हैं, (2) अलंकार कवि की मनोवृत्ति से संबद्ध हैं।

अतः महाकवि केशवदास का यह सूत्र अलंकारों का काव्य में महत्व सिद्ध करता है—

*"जदपि सुजाति सुलच्छनी, सुबरन सरस सुवृत।*
*भूषण बिनु न विराजहि, कविता बनिता मित्त।"*

अलंकार काव्य रूपी दुर्वा पर बिखरे हुये तुहिन कणों के समान है।

## ध्वनि संप्रदाय

ध्वनि संप्रदाय के प्रतिष्ठाता आचार्य आनन्दवर्द्धन माने जाते हैं। इन्होंने सन 875 ई॰ के आस-पास अपने प्रसिद्ध ग्रंथ 'ध्वन्यालोक' द्वारा इस नवीन काव्य संप्रदाय की स्थापना कर ध्वनि को काव्य की आत्मा घोषित किया। आनन्दवर्द्धन के 'ध्वन्यालोक' से पूर्व ध्वनि संप्रदाय के अस्तित्व का कोई निश्चित प्रमाण अभी तक नहीं मिल सका है। परन्तु इस ग्रन्थ में ध्वनि संप्रदाय की जैसी विशद और पूर्ण विवेचना की गई है। उसे देखते हुये इस बात पर विश्वास करने को बाध्य होना पड़ता है, कि इसकी पूर्ववर्ती कोई परम्परा अवश्य रही होगी। 'ध्वन्यालोक' की पहली कारिका में कहा गया है—

*"काव्यस्यात्मा ध्वनिरिति बुधैर्यः संभाम्नातपूर्व।"*

अर्थात काव्य की आत्मा ध्वनि है। जिसे बुद्धिमान लोग पहले से कहते आये हैं, ध्वनि संप्रदाय संस्कृत काव्यशास्त्र का अत्यंत महत्त्वपूर्ण और प्रौढ़ संप्रदाय माना जाता है। वस्तुतः 'ध्वन्यालोक' ही 'ध्वनि' संप्रदाय का जनक है।

**ध्वनि क्या है? स्वरूप :** आनन्दवर्द्धन प्राचीन आचार्यो के संदर्भ में ध्वनि पर प्रकाश डालते हुए कहते हैं जिसका सार है—

(1) व्यंजक शब्द जो ध्वनित करे या कराये।

(2) वह व्यंजक अर्थ जो ध्वनित करे या कराये।

(3) वह (अर्थात् रस, वस्तु और अलंकार) जिसकी व्यंजना करायी जाए।

(4) वह (शब्द-शक्ति व्यंजना) जिसके द्वारा व्यंजना करायी जाए।

(5) वह काव्य जिसमें रस, वस्तु, अलंकार ध्वनित होते हैं।

अतः ध्वनि शब्द-व्यंजक शब्द, व्यंजक अर्थ, व्यंजना-व्यापार तथा व्यंग्य काव्य के अर्थों में प्रयुक्त होता है। स्पष्टतः ये पांचों अर्थ एक दूसरे से घनिष्ठ संबंध रखते हैं।

'हिन्दी साहित्य-कोश' में ध्वनि की व्याख्या इस प्रकार की गई है— "सामान्य व्यवहार में कानों को सुनाई पड़ने वाले नाद को 'ध्वनि' कहते हैं।"

**ध्वनि की परिभाषा :** काव्य सिद्धान्त के रूप में 'ध्वनि' शब्द का सर्वप्रथम प्रयोग 'ध्वन्यालोक' में किया गया है।

*"यत्रार्थः शब्दो वा तमर्थमुप सर्जनी कृत स्वार्थों।*
*व्यंजक्तः काव्य-विशेषः स ध्वनिरिति सुरिभिः*
*कथितः।।"*

अर्थात विद्वान उस काव्य को ध्वनि कहते हैं जिसमें कथित शब्द और अर्थ अपने को अप्रधान बनाकर व्यंग्यार्थ को अभिव्यक्त करते हैं। परन्तु प्रत्येक व्यंग्यार्थ को काव्य नहीं किया जा सकता-चमत्कारी व्यंग्य ही काव्य के रूप में समादृत हो सकता है।"

**व्यंग्यार्थ ही काव्य है :** शब्द की तीन शक्तियां मानी गई हैं- अभिधा, लक्षणा और व्यंजना। इनमें से ध्वनिवादी केवल व्यंजना को ही वास्तविक और उत्कृष्ट काव्य का मूलाधार मानते हैं। व्यंजना ही काव्य में निहित अकथित अर्थात् छिपे हुये अर्थ को स्पष्ट करने में समर्थ होती है, अभिधा और लक्षणा नहीं। 'ध्वनि सिद्धांत' वैयाकरणों के स्फोटवाद सिद्धान्त पर आधारित है। स्फोटवाद के अनुसार शब्द के दो रूप होते हैं। "शब्द का स्थूल उच्चारित रूप उच्चारण भेद के अनुसार बदलता रहता है। यह शब्द का विकृत रूप माना जाता है और उसे अनित्य माना गया है। इसके अतिरिक्त शब्द का सूक्ष्म प्रतिरूप भी होता है। जो मानव मन में विद्यमान रहता है-वह नित्य और अविभाज्य है। इसी सूक्ष्म एवं नित्य ध्वनि-बिंब को शब्द के स्फोट की संज्ञा दी गई है।

अलंकार शास्त्रियों ने इसी स्फोटवाद के आधार पर ध्वनि सिद्धांत की स्थापना की है। काव्य का ज्ञान व्यंजना शक्ति ही करा सकती है अतः व्यंजना का ध्वनि से अटूट बंधन है। व्यंजना काव्य में निहित जिस प्रच्छन्न अर्थ का बोध कराती है वस्तुतः उसी अर्थ में काव्य का संपूर्ण सौन्दर्य निहित है। उन्होंने व्यंजना शब्द शक्ति को ध्वनि सिद्धान्त की आधार शिला माना है।

### ध्वनि के भेद (प्रकार)

आनन्दवर्द्धन ने ध्वनि काव्य के प्रधान दो ही भेद किए हैं जो इस प्रकार हैं—

1. अभिधा मूलक ध्वनि – (विवक्षितान्यपर वाच्य ध्वनि)
2. लक्षणा मूलक ध्वनि – (अविवाक्षित वाच्य-ध्वनि)

अभिधामूलक ध्वनि के दो उपभेद हैं—

**असंलक्ष्य क्रम ध्वनि :** जहां वाच्यार्थ के साथ-साथ व्यंग्यार्थ

ध्वनित हो जाता है, दोनों के मध्य कोई अन्तर प्रतीत नहीं होता, वहां असंलक्ष्य क्रम ध्वनि होती है।

जैसे– *"अरे! घी तो यहां रूपये का दो छटांक मिलता है।"*

*इसका व्यंग्यार्थ है कि यहां महंगाई बहुत है।*

**संलक्ष्य क्रम ध्वनि :** जहां पहले वाच्यार्थ और फिर व्यंग्यार्थ का बोध हो वहां संलक्ष्य क्रम ध्वनि होती है। इसे (अनुराग) अनुरंजन ध्वनि भी कहते हैं, क्योंकि घण्टे पर चोट पड़ने के कारण टंकार के बाद झंकार की सूक्ष्म लहरें भी सुनाई पड़ती हैं, उसी प्रकार ध्वनि में वाच्यार्थ से व्यंग्यार्थ स्पष्ट हो जाता है।

*"माली आवत देखकै, कलियन करे पुकार।*
*फूले-फूले चुनि लिए, कालि हमारी बार।।"*

यहाँ माली के स्थान पर काल या मृत्यु से संबंधित जिस अर्थ का बोध होता है, वहीं व्यंग्यार्थ है। व्यंग्यार्थ वाच्यार्थ की अनुभूति से किंचित बाद में प्रतीत होता है।

## लक्षणामूला या अविवक्षित वाच्य ध्वनि

आनंदवर्द्धन ने 'ध्वन्यालोक' में लक्षणा मूला ध्वनि के दो उपभेद किये हैं–

1. अर्थान्तर संक्रमित वाच्य
2. अत्यन्त तिरस्कृत वाच्य ध्वनि

**1. अर्थान्तर संक्रमित वाच्य :** जिस ध्वनि में वाच्यार्थ अपना पूर्ण विलय न करके अपना निजी अर्थ रखते हुये भी अन्य अर्थ में संक्रमण करता है, वह अर्थान्तर संक्रमित वाच्य ध्वनि होती है

यथा– *"मैं हूं बहिन पर भाई नहीं है*
*सजी है राखी पर कलाई नहीं है।"*

यहां कलाई का व्यंग्यार्थ है भाई की कलाई या वह भाई जिस को राखी बांधी जा सके। एक अन्य निदर्शन दृष्टव्य है–

*"यह घर अच्छा है।"*

यहां पर घर अच्छा होने के साथ व्यंग्यार्थ यह भी है कि कुल और संपदा, प्रतिष्ठा भी अच्छी है।

**2. अत्यंत तिरस्कृत वाच्य ध्वनि :** इसमें वाच्यार्थ का सर्वथा तिरस्कार हो जाता है तथा व्यंग्यार्थ कुछ और ही प्रकट होता है

जैसे– *"पेट में चूहे दौड़ रहे हैं।"*

यहां चूहे से तात्पर्य भूख से है। चूहे का वाच्यार्थ लोप होने पर ही व्यंग्यार्थ भूख स्पष्ट होगा।

निष्कर्षतः हम यह कह सकते हैं कि ध्वनि सिद्धान्त के प्रथम प्रामाणिक आचार्य प्रवर्तक (प्रतिष्ठाता) 'ध्वन्यालोककार' आनन्दवर्द्धन हैं। उनसे पूर्व इस सिद्धान्त का उल्लेख तो मिलता है। जैसा ध्वनि सिद्धांत में आनन्दवर्द्धन भी मानते हैं, पर इसका प्रभाव नहीं मिलता। अतः आनन्दवर्द्धन को ही ध्वनि सिद्धान्त का जनक मानना न्याय संगत होगा।

संभवतः इस सिद्धांत का प्रवर्तन तो आनन्दवर्द्धन से पूर्व भी था, इसका स्वरूप भी स्पष्ट था। इसके प्रमुख भेदों के साथ सैकड़ों उपभेद भी हैं। ध्वनि सिद्धान्त के प्राण शब्द शक्तियां हैं और शब्द शक्तियों में भी व्यंजना शब्द शक्ति इसका पोषण करतीं हैं। अन्य संप्रदायों की भांति ध्वनि संप्रदाय में भी त्रुटियां और असंगतियां हैं। फिर भी वाक्य में ध्वनि का स्थान महत्त्वपूर्ण है। हमें यह कहने में तनिक भी संकोच नहीं है कि वस्तुतः काव्य की आत्मा वह चारूता या सौन्दर्य ही है, जिसका उल्लेख बार-बार ध्वन्यालोककार द्वारा हुआ है तथा ध्वनि, अलंकार, रीति आदि में सब उसी चारूता की उपलब्धि के साधन मात्र हैं। ध्वनि का स्थान इन साधनों में महत्वपूर्ण है।

1. लक्षणामूलक ध्वनि –
   (1) अर्थान्तर संक्रमित वाच्य ध्वनि।
   (2) अत्यंत तिरस्कृत वाच्य ध्वनि।

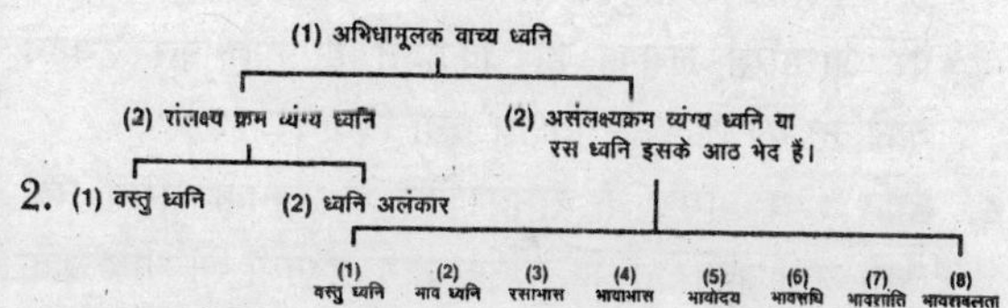


"वक्रोक्तिरेव वैदग्ध भंगी भणिति रुच्यते:"–आचार्य कुन्तक

"वक्रोक्ति काव्य जीवितम्"

"सदृश्या लक्षणावक्रोक्ति।"–आचार्य वामन

## वक्रोक्ति क्या है? स्वरूप एवं परिभाषा

**वक्रोक्ति संप्रदाय की परम्परा :** 'वक्रोक्ति जीवितम्' नामक ग्रंथ के रचयिता कुन्तक को ही वक्रोक्ति सिद्धान्त का वास्तविक प्रवर्तक माना जाता है। इनसे पूर्व काव्यशास्त्र के क्षेत्र में रस, अलंकार, रीति और ध्वनि संप्रदाय प्रतिष्ठित हो चुके थे। वक्रोक्ति को यद्यपि कुन्तक ने ही काव्य का मूलाधार घोषित किया था, परन्तु उससे पूर्व भी विद्वानों ने गौरवपूर्ण स्थान प्रदान कर रखा था। वक्रोक्ति का इतिहास भी अलंकार सिद्धान्त की भांति काफी पुराना है। कुन्तक का समय 10वीं सदी था, पर उनसे 400 वर्ष पूर्व भामह ने (छठीशती) वक्रोक्ति का प्रयोग कुन्तक के समान व्यापक रूप में कर उसे मूल अलंकार मान, संपूर्ण अलंकारों की जननी घोषित किया था। यहां हम वक्रोक्ति संप्रदाय की (विधिवत) परम्परा का उल्लेख करेंगे।

1. **आचार्य भामह :** आचार्य भामह का समय छठी सदी है। वे अलंकार संप्रदाय के प्रवर्तक माने जाते हैं। भामह अलंकारवादी

थे। उन्होंने वक्रोक्ति को अतिशयोक्ति का पर्याय मानकर अतिशयोक्ति (वक्रोक्ति) को समस्त अलंकारों की जननी माना है। भामह के अनुसार, "वक्रोक्ति रहित काव्य, काव्य न रहकर वार्ता मात्र रहा जाता है।"

2. **आचार्य दण्डी :** भामह के उपरान्त दण्डी ने भी वक्रोक्ति को वही महत्त्व दिया जो भामह ने दिया था। अर्थात इनके अनुसार भी वक्रोक्ति काव्य की आत्मा थी। इन्होंने अपने 'काव्यादर्श' में वक्रोक्ति का विशद विवेचन किया है। उन्होंने भामह की तरह वक्रोक्ति एवं स्वाभावोक्ति को एक ही नहीं माना। स्वाभावोक्ति को भिन्न मानकर वक्रोक्ति की तुलना में उसका महत्व स्वीकार करते हैं। इस तरह रस को भी वक्रोक्ति से पृथक कर दिया गया, जिससे वक्रोक्ति की सीमा संकुचित होती गई और वह मात्र अलंकार बन गई।
3. **आचार्य वामन :** आचार्यवामन ने वक्रोक्ति को विशिष्ट अर्थालंकार मानकर, इसके क्षेत्र को संकुचित कर दिया। उन्होंने लिखा, "सादृश्यालक्षणा वक्रोक्ति।" अर्थात सादृश्य पर आधारित लक्षणा ही वक्रोक्ति है, कह कर उन्होंने वक्रोक्ति को अलंकार विशेष बना दिया।
4. **रूद्रट :** ये वामन के समकालीन थे। इनके समय तक आते-आते वक्रोक्ति केवल अलंकार रह गयी जो मात्र वाक् छल पर ही आश्रित हो उठी। रूद्रट ने वक्रोक्ति को केवल शब्दालंकार ही माना। इस तरह भामह से रूद्रट तक वक्रोक्ति का निरंतर ह्रास होता रहा।
5. **आचार्य भोजराज :** सरस्वती कंठाभरण में भोजराज ने वक्रोक्ति में रसोक्ति को महत्त्व देकर पुनः रस की प्रतिष्ठा करने का प्रयास किया।

   ***"वक्रोक्तिश्च रसोक्तिश्च, स्वाभावोक्तिश्च वाङमय।"***

   इनका प्रभाव आनंदवर्द्धन ने ग्रहण किया तथा अपने 'ध्वन्यालोक' में वक्रोक्ति को नवजीवन दिया।
6. **आनन्दवर्द्धन :** ध्वनि संप्रदाय के अधिष्ठाता आचार्य आनन्दवर्द्धन ने वक्रोक्ति को उसकी सीमितकारा से मुक्त कर पुनः स्पष्ट महत्व प्रदान किया। आनन्दवर्द्धन ने इसे एक विशिष्ट अलंकार मानकर इसके सामान्य तथा व्यापक रूप को स्वीकार किया। उन्होंने वक्रोक्ति के संबंध में कहा, वक्रोक्ति के द्वारा अर्थ में एक अद्‌भुत चमक उत्पन्न हो उठती है, इसलिए कवियों को इसमें विशेष प्रयत्न करना चाहिए। **आनंदवर्द्धन** ने भामह के अनुसार ही अतिश्योक्ति और **वक्रोक्ति को पर्याय** माना। सभी अलंकारों को अतिश्योक्ति गर्भित स्वीकार किया। "इस प्रकार आनंदवर्द्धन ने वक्रोक्ति का पुनरुद्धार कर उसे गौरव प्रदान किया था। कुन्तक ने बाद में आनन्दवर्द्धन के वक्रोक्ति संबंधी विवेचना से प्रभावित होकर ही ध्वनि सिद्धान्त के विरोध में वक्रोक्ति को व्यापकता प्रदान कर उसे ही काव्य की आत्मा पोषित किया" –राजनाथशर्मा।

## आचार्य कुन्तक का परवर्ती वक्रोक्ति का रूप

कुन्तक के 'वक्रोक्ति काव्य जीवितम्' सिद्धान्त से यह स्पष्ट हो जाता है कि इस वक्रोक्ति संप्रदाय के वास्तविक (जनक) प्रवर्तक, आचार्य कुन्तक ही हैं। इन्होंने ही वक्रोक्ति को काव्य की आत्मा सर्वप्रथम घोषित किया। कुन्तक ने ही वक्रोक्ति की विस्तृत और प्रौढ़ व्याख्या तथा विवेचन किया।

कुन्तक का वक्रोक्ति संप्रदाय आनन्दवर्द्धन के ध्वनि संप्रदाय के विरोध में ही उत्पन्न हुआ। कुन्तक ने वक्रोक्ति की परिभाषा एवं व्याख्या इस सूत्र द्वारा स्पष्ट की।

***"वक्रोक्ति रैव वैदग्ध भंगी भणिति रूच्यते।"***

अर्थात् कथन की विचित्रता ही वक्रोक्ति है। यह कवि प्रतिभा पर निर्भर करती है।

उपर्युक्त विवेचन द्वारा हमने देखा कि अलंकारवादी भामह ने वक्रोक्ति को महत्व प्रदान किया था तथा उसे संपूर्ण अलंकारों की जननी घोषित किया। परन्तु भामह के उपरान्त इसका महत्त्व गिरता चला गया और आनंदवर्द्धन (ध्वनिवादी) ने इसका पुनः उद्धार किया। बाद में कुन्तक ने इसे अत्यंत व्यापकता प्रदान कर, इसे काव्य की आत्मा घोषित किया। इस प्रकार वक्रोक्ति संप्रदाय की स्थापना हुई! परन्तु कुन्तक के बाद इसका पराभव होने लगा और यह एक अलंकार मात्र रह गया। इस प्रकार संस्कृत काव्यशास्त्रीय समीक्षा में वक्रोक्ति को अधिक सम्मान नहीं मिल सका।

–राजनाथ शर्मा

–डॉ. जगदीश चन्द्र गुप्त

### वक्रोक्ति के भेद

आचार्य कुन्तक ने वक्रोक्ति का विस्तार से विवेचन करते हुये उसके अनेक भेदोपभेद निश्चित किये हैं। उन्होंने प्रमुखरूप से वक्रोक्ति के छः भेद माने–

1. वर्ण विन्यास वक्रता
2. पद परार्द्ध वक्रता
3. पद पूर्वार्द्ध वक्रता
4. प्रकरण वक्रता
5. प्रबन्ध वक्रता
6. वाक्य वक्रता

## संक्षिप्त विवेचन : वक्रोक्ति के भेदोपभेदों का

**1. वर्ण विन्यास वक्रता :** आचार्य कुन्तक के शब्दों में, जिसमें एक या दो या बहुत से वर्ण थोड़े-थोड़े अन्तर में बार-बार रचित हों, वह वर्ण विन्यास वक्रता अथवा वर्ण रचना की वक्रता कही जाती है। यहां वर्षा का तात्पर्य व्यंजन से लिया गया है। व्यंजनों की यही आवृति अलंकार संप्रदाय में अनुप्रास मानी गई है। कुन्तक ने इसके 3 भेद किये हैं–

(क) वर्णान्त से युक्त स्पर्श अर्थात 'क' से 'म' तक व्यंजनों का योग।

(ख) तलनाद्य-अर्थात् त, ल, न वर्ण की द्वित आवृति हो।

(ग) इन दोनों से युक्त तीसरा भेद यह है कि जहां 'र' का बार-बार प्रयोग हो। वस्तुतः यह संप्रदाय रीति, गुणों, माधुर्य, ओज, प्रसाद के समन्वय से किए गये हैं। यथा–

*"तुम तुंग हिमालय शृंग,*
*और मैं चंचल गति सुर सरिता।*
*तुम विमल हृदय उच्छवास,*
*मैं कान्त कामिनी कविता।।"*

**2. पद पूर्वार्द्ध वक्रता :** संस्कृत में इसे प्रवृत्ति कहा जाता है। इससे शब्दों की वक्रता पर ही विचार किया जाता है। इसके भी प्रमुख 10 उपभेद माने गये हैं, जो निम्न हैं।

(क) रूढ़िवैचित्र्य वक्रता : जब कवि अपनी प्रतिभा के बल पर किसी शब्द के रूढ़ या वाच्य अर्थ को इस प्रकार परिवर्तित करके जिससे उक्ति में चमत्कार आ जाये तो रूढ़ि वैचित्र्य वक्रता होगी।

(ख) पर्याय वक्रता : अनेक पर्यायवाची शब्दों में ही कवि अपनी प्रतिभा के आधार पर एक ऐसा शब्द चुनता है, जो उक्ति में सौन्दर्य उत्पन्न कर देता है, जैसे–

*"अबला जीवन हाय तुम्हारी यही कहानी,*
*आँचल में है दूध और आँखों में पानी।"*

(ग) उपचार वक्रता : जहां भेद होते हुये भी अभेदता का अनुभव किया जाये वहां उपचार वक्रता है।

*"पत्तों के आनन अधरों पर,*
*सो गया निखिल वन का मर-मर।"*

(घ) विशेषण वक्रता : जहां विशेषण के प्रयोग के कारण उक्ति में सौन्दर्य उत्पन्न हो, वहां विशेषण वक्रता होती है, यथा–

*"तुम पूर्ण इकाई जीवन की, जिसमें असार भव सिंधुलीन।"*
'पंत'

गांधी जी के व्यक्तित्व के लिए 'पूर्ण इकाई' का प्रयोग है।

(ङ) संवृत्ति वक्रता : जब सौन्दर्य का वैचित्र्य के प्रतिपादन के लिए सर्वनाम आदि के द्वारा वस्तु का संवरण या गोपन *किया जाए, तब संवृत्ति वक्रता होगी।* उदाहरण–

*"धिक-धिक ऐसे प्रेम को कहा कहहुँ मैं नाथ।"*

(च) वृत्ति वक्रता : जहां उक्ति में समासतद्धित आदि हों वहाँ वृत्ति वक्रता होती है–

*"कौघटि ए वृष भानुजा, वे हलधर के बीर।"*

(छ) लिंग वैचित्र्य वक्रता : जहां लिंग के चमत्कार पूर्ण प्रयोग से उक्ति में सौन्दर्य की सृष्टि हो–

*"कौन हो तुम बसन्त के दूत, विरह पतझड़ में सुकुमार।'* 'प्रसाद'
*"सिखा दो ऐ ना मधुप कुमारी, मुझे भी अपने मीठे गान।'* 'पंत'

(ज) क्रिया वैचित्र्य वक्रता : इसमें क्रिया के वैचित्र्य प्रयोग से सौन्दर्य में सृष्टि की जाती है।

*"तिर रही अतृप्ति जलधि में नीलम की नाद निराली।"*

(झ) भाववैचिक्रय वक्रता :

(ञ) प्रत्यय वक्रता :

**3. पदपरार्ध वक्रता :** इसका संबंध शब्द के उत्तरार्द्ध अंश या प्रत्यय आदि से है। इसके 6 (छः) उपभेद हैं।

*"पिय सो कहहु सन्देसड़ा है भोरा हे काग।"*

**उपभेद**– 1. कालवैचित्र्य वक्रता चुग की चिड़ कलियां, 2. कारक वक्रता, 3. संख्या वक्रता, 4. पुरुष वक्रता, 5. उपग्रह वक्रता, 6. प्रत्यय वक्रता।

**4. वाक्य वक्रता :** यहां वाक्य वकृता का आधार भूत वाक्य ही होता है। जहां चमत्कार द्वारा वाक्य में सौन्दर्य उत्पन्न किया जाये। इसमें उपमा, रूपक आदि अर्थालंकारों का बहुतायत प्रयोग "शशि मुख पर घूंघट डाले।" इसके दो उपभेद हैं– 1. स्वभावोक्ति। 2. अर्थालंकार।

**5. प्रकरण वक्रता :** अनेक वाक्यों के समूह या प्रबंध के देश या अंश या सर्ग को प्रकरण कहते हैं। वस्तुतः इसमें प्रसंग को ही प्रकरण नाम से अभिहित किया गया। जब कवि अपनी प्रतिभा से इस प्रकार के प्रकरण का चमत्कारपूर्ण वर्णन करता है तो प्रकरण वक्रता होती है। कुन्तक ने प्रकरण वक्रता के छः उपभेद किये हैं– 1. भावपूर्ण स्थिति की उद्भावना, 2. प्रसंग की मौलिकता, 3. पूर्व प्रचलित प्रसंग में संशोधन, 4. रोचक प्रसंगों का विस्तृत वर्णन, 5. प्रधान उद्देश्य की सिद्धि के लिए उप प्रधान प्रसंग की उद्भावना, 6. विशिष्ट प्रकरण की अतिरंजना।

**6. प्रबंध वक्रता :** इसके छः उपभेद किए गये हैं। प्रबंध वक्रता के अन्तर्गत महाकाव्य, खण्डकाव्य, एवं नाटक का समस्त वस्तु कौशल आ जाता है। इसमें प्रबन्ध कल्पना की समस्त वक्रता अन्तर्निहित है। कुन्तक ने इसके छः उपभेद बताए हैं–

(क) मूल रस परिवर्तन : कथा के मूल रस में परिवर्तन करके नवीन रस की सृष्टि करना। जैसे उत्तर रामायण में 'शान्त' की जगह 'करूणरस' है।

(ख) नाटक के चरित्र में संशोधन : 'किरातर्जुनीयम' नाटक में अर्जुन को शिव द्वारा परास्त करना तथा 'पाशुपतास्त्र' प्राप्त करना।

(ग) कथा के माध्यम से किसी ऐसे कल की प्राप्ति जिसके प्रधान कार्य में सुविधा हो, जैसे शिशुपाल वध महाकाव्य में शिशुपाल का पहले ही मृत्यु को प्राप्त होना।

(घ) नायक द्वारा मुख्य फल के साथ अनेक फलो की प्राप्ति : 'नागानंद' नाटक के नायक के पिता की खोज में जाते हुये रास्ते में मलयावती से मिलन, प्रेम होना, विवाह होना, शंखचूक नाग की प्राण रक्षा में आहूति आदि फल प्राप्त होते हैं।

(ङ) प्रबंध का नामकरण प्रधान घटना का सूचक : मुद्राराक्षस, शिशुपाल वध, साकेत, कामायनी आदि।

(च) एक ही कथा पर आश्रित प्रबंधों की मूल कथा का वैचित्र्य वैविध्य है। उदाहरण– रामायण की रामकथा पर आधारित रघुवंश, भट्टी काव्य, उत्तर रामचरित, रामचरितमानस, रामचन्द्रिका, साकेत।

**निष्कर्ष :** छठी शताब्दी में भामह ने वक्रोक्ति का विस्तार से वर्णन किया था पर इन्होंने इसे कोई विशेष महत्त्व नहीं दिया। इनके बाद आ॰ कुन्तक ने 'वक्रोक्ति काव्य जीवितम्' ग्रंथ रचकर इसका वास्तविक प्रवर्तन किया। अतः कुन्तक ही वक्रोक्ति संप्रदाय के प्रवर्तक माने जाते हैं। कुन्तक के बाद वक्रोक्ति का महत्त्व निरन्तर कम होता गया। रूद्रट और रूय्यक ने वक्रोक्ति को अलंकार विशेष कहकर इसके महत्त्व को संकुचित कर दिया पर ध्वन्यालोककार आनन्दवर्द्धन ने वक्रोक्ति को नव जीवन दिया। उन्होंने इसे काव्य की आत्मा स्वीकार किया पर फिर भी वक्रोक्ति संप्रदाय आज बहुत अधिक महत्त्व नहीं पा सका। यह एक अलंकार मात्र बनकर रह गया।

कुंतक के द्वारा वक्रोक्ति के जो भेद दिये गये हैं, उनसे स्पष्ट हो जाता है कि उन्होंने वक्रोक्ति को कितना व्यापक स्वरूप प्रदान किया था। इन्होंने इसे व्यापक बनाकर काव्य के सभी अंगों और क्षेत्रों से सम्बद्ध कर दिया।

**प्रश्न :** वक्रोक्ति का स्वरूप स्पष्ट करते हुये वक्रोक्ति एवं क्रोंचे के अभिव्यंजनावाद की तुलना कीजिये।

**उत्तरः** *'वक्रोक्ति रेव वैदग्ध भंगी भणिति रूच्यते'*। –आचार्य कुन्तक

'वक्रोक्ति जीवितम्' नामक ग्रंथ के रचयिता आचार्य कुन्तक को वक्रोक्ति संप्रदाय का प्रवर्तक माना जाता है। कुन्तक से पूर्व भारतीय काव्य शास्त्र के क्षेत्र में रस, अलंकार, रीति और ध्वनि संप्रदाय प्रतिष्ठित हो चुके थे। जब आचार्य ने ध्वनि को ही सर्वोपरी मान लिया तो ध्वनि का खण्डन करने वाले आचार्यों ध्वनि के दोषों को स्पष्ट करने लगे। ऐसे समय में कुन्तक ने अपने वक्रोक्तिवाद की स्थापना कर दूसरा मार्ग अपनाया। कुन्तक ध्वनि विरोधी थे। इन्होंने ध्वनि का विरोध करके एक प्रकार से रस सिद्धान्त का ही विरोध किया था। अपने विरोध की पुष्टि के लिए उन्होंने वक्रोक्ति सिद्धान्त की स्थापना की।

## वक्रोक्ति : अर्थ और स्वरूप

वक्रोक्ति का अर्थ है विलक्षण या लोकातिक्रान्त कथन। इससे अभिप्रायः है कथन भंगिमा। वक्रोक्ति का मूल अभिप्राय है कहने का विचित्र या चमत्कारी ढंग, वक्रोक्ति शब्द की संघि करने पर उसके दो पद हो जाते हैं– वक्र+उक्ति।

वक्र का अर्थ है कुटिल या बांका या विलक्षण। उक्ति का अर्थ है कथन, अतः वक्रोक्ति का अर्थ हुआ बाँकपन या विलक्षणता से भरा हुआ कहने का ढंग। वक्रता या विलक्षणता शब्द रूपिणी भी हो सकती है अर्थ रूपिणी भी। कुन्तक इन दोनों का काव्य में स्थान मानते हैं और वक्रोक्ति को ही काव्य की आत्मा घोषित करते हैं।

इस प्रकार कुन्तक विषय और उसकी अभिव्यक्ति दोनों को ही सुन्दर होना स्वीकार के अनुभूति और अभिव्यक्ति के सुचारू समन्वय का विधान करते हैं, परन्तु महत्त्व अधिक अभिव्यक्ति को ही देते हैं, इससे स्पष्ट है कि वक्रोक्ति काव्य की आत्मा भले ही न हो, काव्य का आवश्यक गुण अवश्य है। यह भी अलंकार की तरह महत्त्वपूर्ण है पर तथ्य यह भी है कि कुछ संस्कृत आचार्यों के साथ आधुनिक हिन्दी आचार्यों ने इसे एक अलंकार विशेष कहकर इसका क्षेत्र सीमित कर दिया है।

## वक्रोक्ति एवं क्रोचे के अभिव्यंजनावाद की तुलना

कुन्तक की वक्रोक्ति भारतीय काव्यशास्त्र परम्परा का वह चमत्कारिक सिद्धान्त है, जिसमें कर्ता या कृति पर विशेष दृष्टि रखकर काव्य के समस्त उपादानों का विवेचन किया जाता है। अभिव्यंजनावाद यूरोपीय सौंदर्यशास्त्र का महत्त्वपूर्ण कलात्मक पक्ष है, इसके प्रवर्तक आचार्य क्रोंचे कला को वस्तु जगत से हटाकर सर्वथा मानस व्यापार में पर्यवसित कर दिया तथा उसे केवल अभिव्यंजना माना, परन्तु वक्रोक्तिवादी आचार्य कुन्तक उस कृति को काव्य की संज्ञा देने में भी संकोच करते हैं, जिसमें अभिव्यंजना ही सब कुछ

हो, अभिव्यंज्य कुछ भी न हो। इन्हीं बातों को लेकर विद्वानों ने वक्रोक्ति एवं अभिव्यंजनावाद में समानताओं और असमानताओं का विवेचन किया, सर्वप्रथम आचार्य रामचन्द्र शुक्ल ने अपने इन्दौर में दिये गये भाषण में दोनों ही वादों को समान बतलाया। इसके बाद डॉ॰ नगेन्द्र ने उनके तर्कों का विवेचन करके कुछ नवीन मतों की स्थापना कर समानताओं का प्रदर्शन किया। यद्यपि डॉ॰ नगेन्द्र ने (पश्चात्) इसमें विषमताएं ही अधिक निरूपित की हैं। वस्तुतः दोनों सिद्धान्तों में समानताएं होने के अनन्तर असमानताएं अधिक हैं, इनका विवेचन अग्रांकित है।

**समानताएं :** आचार्य रामचंद्रशुक्ल के इन्दौर भाषण और अपने विवेचनाधार पर डॉ॰ नगेन्द्र ने निम्न समानताएं प्रतिपादित की है–

(1) क्रोंचे और कुन्तक दोनों ने ही कला या कविता को आत्मा की क्रिया माना है, जो अनिर्वचनीय है।

(2) दोनों ही काव्य में कल्पना तत्त्व की प्रमुखता स्वीकारते हैं.

(3) दोनों ही मूलतः उक्ति को अखण्ड, अविभाज्य और अद्वितीय मानते हैं, क्रोंचे की भांति कुन्तक ने भी अलंकार और अलंकार्य का भेद नहीं माना है।

(4) क्रोंचे ने सौंदर्य अथवा कला के अन्तर्गत कोटि क्रम स्वीकार नहीं किया है। कुन्तक ने भी कोटि क्रम की उपेक्षा करते हुए रीतियों के उत्तम, मध्यम् व अधम भेद को नहीं माना। वस्तुतः दोनों ही सफल अभिव्यंजना और सौन्दर्य अभिव्यंजना में श्रेणियां नहीं मानते।

**असमानताएं:** दोनों सिद्धान्तों में समानताएं कम असमानताएं ही अधिक हैं। डॉ॰ नगेन्द्र ने अपने विवेक एवं आचार्यत्व से जहाँ इसमें समानताएं देखी हैं, वहां उनमें असमानताएं भी स्पष्ट कर दी हैं।

डॉ॰ गोविन्द त्रिगुणायत ने अपनी कृति, 'शास्त्रीय समीक्षा के सिद्धान्त' में दोनों ही सिद्धान्तों में असमानताएं उजागर करते हैं।

आचार्य सीताराम चतुर्वेदी भी वक्रोक्ति और अभिव्यंजना में किसी प्रकार का सीधा संबंध स्वीकार नहीं करते। डॉ॰ नगेन्द्र समस्त विद्वानों की विषमताओं का सूक्ष्म विवेचन करने के बाद निम्न तर्क प्रस्तुत करते हैं। इनके ये विषमता सूचक शब्द सभी को स्वीकार है।

1. वक्रोक्तिवाद का संबंध उक्ति वक्रता से है, जबकि अभिव्यंजनावाद का संबंध केवल उक्ति से है। वक्रोक्तिवाद एक साहित्यिकवाद है जबकि अभिव्यंजनावाद एक दर्शन शास्त्रीय दृष्टि है। वक्रोक्तिवाद जहाँ एक कवि कौशल प्रक्रिया है, वहां अभिव्यंजनावाद एक आध्यात्मिक आवश्यकता है।

2. वक्रोक्ति में अलंकार को आवश्यक अंग स्वीकार किया गया है, जबकि अभिव्यंजना में अलंकार की सत्ता ही अमान्य है। अभिव्यंजनावाद में अलंकार आ भी जाता है तो उसे अलंकार रूप में ग्रहण न करके स्वाभावोक्ति (सहज उक्ति) के रूप में ग्रहण किया जाता है।

3. वक्रोक्तिवाद में वस्तु की उक्ति (कवि कौशल) से पृथक सत्ता मानी गई है। उनकी दृष्टि में वस्तु तथा उक्ति में भेद या अन्तर है। परन्तु अभिव्यंजनावाद में वस्तु और उक्ति को एक ही माना गया है। उनमें द्वैत का भाव नहीं है।

4. वक्रोक्तिवाद में बाह्य या शाब्दिक अभिव्यक्ति को ही प्रमुख माना गया है। कुंतक मानसिक अभिव्यकित की कल्पना तक पहुंचते ही नहीं थे। क्रोंचे ने वाह्य अभिव्यक्ति को गौण माना है। वह मानसिक या सूक्ष्म आध्यात्मिक क्रिया को ही सब कुछ मानता है।

5. क्रोंचे का अभिव्यंजनावाद सहजानुभूति अर्थात् भाव झंकृतियों पर आधारित है, अतएव रस (भाव) से उसका संबंध अन्तरंग और सात्विक है परन्तु वक्रोक्ति कवि कौशल पर आधारित है। अतः इसमें रस से संबंध बहिरंग और औपाधिक है। अभिव्यंजनावाद का तत्त्व रूप से कोई विरोध हो ही नहीं सकता।

निष्कर्षतः इस प्रकार स्पष्ट है कि अपने मूल स्वरूप में वक्रोक्तिवाद और अभिव्यंजनावाद दो पृथक सिद्धान्त हैं। कुंतक उक्ति वैचित्र्य पर बल देते हैं, क्रोंचे मात्र उक्ति पर। इस प्रकार क्रोंचे सफल अभिव्यक्ति को ही कला मानते हैं, उसमें काव्य भी आ जाता है, पर कुंतक वैचित्र्य प्रधान काव्योक्ति को ही वक्रोक्ति कहते हैं जबकि वक्रोक्ति एक मात्र साहित्यिकवाद है और अभिव्यंजनावाद एक दर्शन संबंधित सिद्धान्त है। (डॉ॰ सुरेश चन्द अग्रवाल एवं डॉ॰ जगदीश शर्मा भारतीय एवं पाश्चात्य काव्य शास्त्र) इस प्रकार स्पष्ट हो जाता है कि मूलभूत स्वरूपगत और सैद्धान्तिक रूप में दोनों में कोई समानता नहीं है।

## वर्डसवर्थः- काव्य भाषा सिद्धान्त

वर्डसवर्थ ने ग्रामीण जीवन को काव्य विषय बनाने के संबंध में कुछ बातें कहीं–कि ग्रामीण जीवन में

*(i)* मानव हृदय के भावों कें उपचय की अनुकूल भूमि मिलती है।

*(ii)* हमारे प्रारंभिक भावों, की सहस्थिति सरलतर रूप में पाई जाती है

*(iii)* प्रकृति के सरलतम, रमणीय और स्थायी रूपों के साथ मानवीय भावों का अधिक समंजन संभव है।

*(iv)* आचार-व्यवहार ऐसे नैसर्गिक अनुभवों से पैदा होते हैं जो आसानी से संवेद्य बन सके।

(v) ग्रामीण जीवन में मनुष्य के भाव सरल निष्कपट सच्चे होते हैं तथा प्रकृति के निरंतर सम्पर्क से विकसित होते हैं इसलिए उनमें तादात्म्य सुगम होता है।

इन भावों से प्रभावित होने के कारण वर्ड्सवर्थ में ग्रामीण जीवन के प्रति प्रबल आकर्षण तथा गहरी अनुरक्ति थी। वर्डसवर्थ की सम्पूर्ण काव्य-साधना की केन्द्र बिन्दु थी प्रकृति, जो निष्क्रिय और निश्पंद नहीं थी। वह सजीव और प्रेरक थी। उनके अनुसार ग्रामीण भाषा में सच्चाई और भावों के संप्रेषण की शक्ति होती है जो कृत्रिम भाषा में नहीं होती।

वर्ड्सवर्थ के पूर्व दाँते ने काव्य में ग्रामीण भाषा के प्रयोग को हेय माना था। बाद के कवियों ने भी इसका समर्थन किया। अभिजात्य भाषा और बोल-चाल की भाषा का यह द्वन्द्व पुराना है। इस द्वन्द्व को वर्डसवर्थ ने 'लिरिकल बैलेड्स' (Lyrical Ballads) के द्वारा पुनः विचारों का केन्द्र बनाया।

18वीं सदी के नव अभिजात्यवाद (Neo-Classicism) में भाषा के दो रूप प्रचलित थे। उच्च भाषा जिसे संस्कृत जनों की भाषा कहते थे तथा दूसरी निम्न भाषा जो साधारण जनों की भाषा थी। कालान्तर में उच्च भाषा कृत्रिम और दुर्बोध होती चली गई। इसीलिए भाषा के त्याग और ग्रामीण भाषा के प्रयोग पर वर्डसवर्थ ने बल दिया।

वर्डसवर्थ ने कहा-

(i) काव्य में ग्रामीणों की दैनिक भाषा का प्रयोग होना चाहिए।

(ii) गद्य और पद्य की भाषा में तात्विक भेद नहीं होता।

(iii) प्राचीन कवियों का भावाबोध जितनां सरल था, उनकी भाषा उतनी ही सहज थी। भाषिक कृत्रिमता और आडंबर बाद के कवियों की देन है।

अब हम इन तीन बिन्दुओं पर विस्तार से विचार करेंगे-

वर्ड्सवर्थ जब कहते हैं कि ग्रामीण भाषा का प्रयोग इसीलिए किया जाना चाहिए कि ग्रामीण हर समय प्रकृति के सम्पर्क में रहते हैं। भाषा का उत्तमांश उनसे ही प्रसूत है।

समाज में उपेक्षित होने के कारण अपने सीमित क्षेत्र के कारण तथा पारस्परिक व्यवहार के कारण ग्रामीण जन अपने भावों को स्वाभाविक रूप से व्यक्त कर पाते हैं। वे बाहरी प्रभावों से अछूते रहते हैं। इसीलिए वे केवल अपने व्यक्तिगत अनुभवों को ही संप्रेषित करते हैं। उनकी वाणी में ईमानदारी और सच्चाई होती है जो कृत्रिम भाषा में संभव नहीं। विषय और अभिव्यक्ति का समन्वय आवश्यक है और वांछनीय भी। अतः उनकी भाषा काव्य-भाषा का आदर्श प्रस्तुत करती है।

वर्डसवर्थ कहते हैं कि अच्छे गद्य और अच्छे पद्य में तत्वतः कोई भेद नहीं होता। इस मान्यता का प्रत्यक्ष और परम्परा से ही विरोध नहीं है बल्कि वर्डसवर्थ की अच्छी कविता ही स्वयं इसका अपवाद है। वर्डसवर्थ का यह कहना कि गद्य और काव्य में भेद छन्द के कारण होता है एक अतिवादी दृष्टिकोण है। गद्य और काव्य का अन्तर केवल छन्द के कारण नहीं बल्कि शब्द चयन, वाक्य विन्यास आदि के कारण होता है। काव्य भाषा के इस बिन्दु पर कॉलरिज ने भी इस मान्यता की खूब आलोचना की है।

वर्डसवर्थ कहते हैं कि यदि कवि के हृदय में भाव का प्रबल उन्मेष है तथा विषय का चयन उचित हुआ है तो उसकी भाषा अनायास ही भव्य, सजीव और चित्र प्रधान होती है। क्लिष्ट भाषा उत्तरवर्ती अपकृष्ट कवियों के कारण होती है। सभी देशों के प्राचीन कवियों के वास्तविक घटनाओं से प्रेरित भावों का आधार लेकर काव्य रचना की। इसीलिए उनकी भाषा प्रभावी और अलंकृत हो गई है। प्राचीन कवियों के अलंकार सच्चे भावावेश से उत्पन्न हुए हैं, जबकि बाद के कवियों के काव्यालंकरण में यांत्रिकता है। इस क्रम में अचानक ऐसी भाषा उत्पन्न हो गई जिसकी कृत्रिम भाषा क्रमशः जटिल आडंबरपूर्ण होती चली गई-भावोद्दीपन क्षमता समाप्त होती गई।

वर्डसवर्थ ने बार-बार Real Language of man, in a selection of Language really used by man, the very language of man— आदि शब्दों का प्रयोग किया। –प्रत्येक जगह man से उनका तात्पर्य ग्रामीण मनुष्य से ही है।

## आई.ए. रिचर्ड्स
## मूल्य सिद्धांत, काव्य-भाषा सिद्धान्त

आई. ए. रिचर्ड्स के अनुसार, आलोचना के दो आधार स्तम्भ हैं–

(i) मूल्य का लेखा-Account of value

(ii) संप्रेषण का लेखा-Account of Communication.

मूल्य की परिभाषा करते हुए वे कहते हैं कि मूल्य किसी वस्तु का वह गुण है जिसमें उसका परिशंसन (appreciation) तथा रूचि (interest) निहित होता है-अर्थात् कोई वस्तु हमें रूचिकर प्रतीत होती है तो वह हमारे लिए मूल्यवान है। ऐसी रूचि या प्रवृति का संबंध प्रथमतः अनुभूति से और अन्ततः इच्छा तथा प्रवृति (Tendency) से है। अर्थात् किसी वस्तु की इच्छा हुई फिर उसे प्राप्त करने की प्रवृति हुई–प्राप्त होने पर रूचिकर या अरूचिकर होने की अनुभूति हुई–रूचिकर होने से वह हमारे लिए मूल्यवान हो गई।

तात्पर्य यह है कि मूल्य और मूल्य की अनुभूति पर्याय है। मूल्य और अनुभूति में कोई भेद नहीं है। इसी आधार पर विकसित मूल्य

सिद्धान्त को मनोवैज्ञानिक मूल्य सिद्धान्त कहा गया। मूल्य अनेक प्रकार के हो सकते हैं-आर्थिक, नैतिक, धार्मिक, राजनीतिक आदि।

रिचर्ड्स आलोचना को मनोविज्ञान की एक शाखा मानते हैं। स्वभावतः मूल्य सिद्धान्त की उनकी सारी संकल्पना मनोविज्ञान पर ही आश्रित हैं।

काव्यानुभूति के संबंध गें रिचर्डरा मानव-मन की क्रियाओं, प्रक्रियाओं की व्याख्या करते हैं। मानव-मन आवेगों का तंत्र है। आवेग वह प्रक्रिया है जिसमें कोई मानसिक घटना घटित होती है। इस प्रक्रिया का आरंभ उद्दीपन से तथा अवसान किसी कार्य में होता है। उद्दीपनों का क्रम कभी अवरूद्ध नहीं होता। अतः आवेगों की उत्पत्ति भी कभी अवरूद्ध नहीं होती। चेतनावस्था में आवेगों की उत्पत्ति चलती रहती है।

रिचर्ड्स ने आवेगों के दो भेद किए हैं–

आवेग

इच्छा प्रवृतिमूलक आवेगद्वेष (निवृतिमूलक आवेग)

इसीलिए मनुष्य अपनी इच्छापूर्त्ति के लिए प्रवृत्त रहता है और द्वेष की निवृति के लिए उतना ही प्रयत्नशील रहता है।

रिड्चर्ड का मूल्य सिद्धान्त इच्छाओं की संतुष्टि से संबंधित है। आवेगों की अनेकता से मन में दुविधा पैदा होती है और आवेगों का आपसी संघर्ष तब तक जारी रहता है जब तक कि किसी कार्य विशेष के पक्ष में निर्णय न हो जाए। किन्तु निर्णय होते ही नए संघर्ष शुरू हो जाते हैं– कारण है नई अनुभूतियाँ। अतः आवेगों की हलचल शान्त नहीं हो पाती तथा मन की प्रसन्नता असंभव लगती है अतः यह काव्य का प्रयास है कि अधिकतम आवेग संतुष्ट हो तथा न्यूनतम कुंठित हो।

कभी-कभी उद्दीपन के प्रति आवेगों की अनुक्रिया इतनी सुगठित तथा इतनी तीव्र होती है कि क्षणिक अनुभूति में ही युगों की अनुभूति समाहित हो जाती है। इस प्रकार की मनःस्थिति में उद्‌भूत कला भावक की मनःस्थिति को भी उसी रंग में रंग देती है और आवेगों के संघर्ष से भावक को परमशान्ति और विश्रांति की अनुभूति होती है।

रिचर्ड्स ने अपनी पुस्तक 'प्रिंसीपल' में पृष्ठ 47 तथा 48 में तीन बार मूल्य (Value) की परिभाषा दी है। पर तीनों का अभिप्राय एक ही है (i) कोई वस्तु जो इच्छा को संतुष्ट करे, वह मूल्यवान है (ii) विभिन्न जटिल रूपों में भावना और इच्छा की संतुष्टि क्षमता मूल्य है (iii) ऐसी कोई भी वस्तु मूल्यवान है, जो समान या अधिक महत्वपूर्ण इच्छा को कुंठित किए बिना इच्छा को संतुष्ट करती है।

इन परिभाषाओं में दो बातों पर बल दिया गया है– *(i)* इच्छा की तुष्टि; *(ii)* जिस इच्छा की तुष्टि हो रही है उससे महत्वपूर्ण इच्छा का दमन न हो।

इच्छाओं की तुष्टि को आधार मान लेने पर रिचर्ड्स ने नैतिकता को सिर्फ दुनियादारी माना है। रिचर्ड्स यह भी मानते हैं कि काव्यानुभूति के क्षणों में ऐसी मादकता छा जाती है कि आवेग अपना युद्ध बन करके बैठ जाते हैं और रचना पूरी होने पर विक्षोभ पुनः आरंभ हो जाता है। आवेगों की विश्रांति में ही काव्य की महत्ता है- मूल्यवत्ता है।

## मूल्य-सिद्धान्त की असंगतियाँ

*(i)* रिचर्ड्स का विज्ञान के प्रति अतिरिक्त आग्रह मनोविज्ञान से पूरा नहीं होता। मनोविज्ञान सच्चे अर्थों में विज्ञान नहीं है अतः इसके निष्कर्ष की सत्यता का दावा नहीं कर सकते।

*(ii)* मानसिक आवेगों के कार्य व्यापार की रहस्यमयता स्वीकार करने के बाद अचेतन के अगम्य गह्वरों का अनुमान ही संभव है। निश्चयात्मक वचन संभव नहीं है।

*(iii)* रिचर्ड्स आनन्द के लिए काव्य-पाठन को हास्यास्पद मानते हैं। कविता को आनन्द के लिए पढ़ना, वे कविता के प्रति अपूर्ण अभिवृत्ति का परिचायक मानते हैं। रिचर्ड्स की यह मान्यता सही नहीं है। यदि आवेगों की संतुष्टि ही काव्य प्रयोजन है तो वह बाजार में उपलब्ध अनेक वस्तुओं से संभव है--काव्य की फिर क्या उपादेयता?

## काव्य-भाषा

रिचर्ड्स ने भाषा के दो भेद माने हैं–

**(i) वैज्ञानिक भाषा (Scientific Language)**

**(ii) रागात्मक भाषा (Emotive Language)**

वैज्ञानिक भाषा में निरूपण निर्देश अभिमत रहता है जबकि रागात्मक भाषा में भाव का उद्‌बोधन रहता है। एक में भाषा सीधी, सपाट तो दूसरी में रमणीयता सम्पन्न होती है। वैज्ञानिक भाषा का लक्ष्य है तथ्य को यथावत प्रस्तुत करना। न उसमें कुछ जोड़ना और न उसमें कुछ घटाना। इस भाषा में कल्पना से काम लेने की अनुमति नहीं होती। यदि तथ्य के निरूपण में अंतर आता है तो वैज्ञानिक भाषा की असफलता मानी जाएगी।

किन्तु रागात्मक भाषा में तथ्य विषय, भेद या असंगति का भी महत्व नहीं होता। उस भाषा की सफलता भावबोध में ही है। असत्य होने पर भी वह भाषा भाव जागृति में समर्थ होने के कारण सफल कही जा सकती है इस भाषा का उद्देश्य तथ्य निरूपण करना नहीं है।

वैज्ञानिक भाषा के प्रयोग की सफलता के लिए निर्देशों का सही होना ही काफी नहीं बल्कि उनका परस्पर संबंध और संयोजन तार्किक होना चाहिए। यह जरूरी है कि वे एक दूसरे के बाधक न हों तथा आगे के निर्देशों में अवरोध न आने पाए। इसके विपरीत रागात्मक भाषा में तार्किकता की अनिवार्यता नहीं होती। बल्कि इतना ही वांछित होता है कि उत्पन्न मनोवृत्तियों के बीच भावात्मक अन्तः संबंध न हो।

शब्दों के क्रमभंग से, तथ्य निरूपक भाषा की स्पष्टता भी बाधित होती है। जबकि रागात्मक भाषा भावोद्बोधन के लिए क्रमभंग होना भी स्वीकार कर लेती है।

रिचर्ड्स ने जो भेद किए हैं वह भाषा-शास्त्रीय दृष्टि से पूर्णतः अतार्किक है। सामान्य भाषा से रागात्मक भाषा का शब्द भंडार भिन्न नहीं होता। रिचर्ड्स स्वयं कहते हैं कि "शब्द" अपने आप में न तो सुन्दर होता है न ही असुन्दर, न तो आह्लाद होता है न ही अनाह्लादक।

रागात्मक भाषा के होने के कुछ साधन होते हैं जिनसे रागात्मक भाषा सिद्ध होती है।

"The meaning of Meaning" के अन्तिम अध्याय में इसकी कुछ चर्चा की गई है। वे लिखते हैं- "भाषा में रागात्मक तत्व की उत्पत्ति का प्रथम साधन है शब्द विन्यास। शब्द साक्षात् ध्वनि के रूप में साथ ही साह्चर्य आदि के रूप में भी भाव जगाते हैं। शब्दों के ध्वनि गुणों का साक्षात् और प्रत्यक्ष प्रभाव तो कम ही पड़ता है किन्तु लय और तुक से जो संचित तथा सम्मोहक प्रभावोत्पन्न होता है वह अधिक महत्वपूर्ण होता है।

तात्पर्य यह है कि शब्द-विन्यास, लय, तुक भाषा को रागात्मक बनाने के साधन हैं। परोक्ष साधनों में बिम्ब विधान, लक्षणा आदि का भी उल्लेख रिचर्ड्स करते हैं।"

रिचर्ड्स के अनुसार शब्द से उत्पन्न होने वाला प्रभाव साक्षात् साधन है तथा अर्थ से होने वाला प्रभाव अप्रत्यक्ष (Indirect) साधन है।

"The Meaning of Meaning" में रिचर्ड्स ने अर्थमीमांसा की है। इसकी संक्षिप्त चर्चा "PRACTICAL CRITICISM" में भी है।

"प्रैक्टिकल क्रिटिसिज्म" में जो अर्थमीमांसा है वह काव्यालोचना की पृष्ठभूमि के रूप में है क्योंकि जब तक अर्थबोध न हो तब तक काव्य का आस्वाद संभव नहीं। बोध और आस्वाद की अनुपस्थिति में आलोचना भी संभव नहीं।

रिचर्ड्स आलोचना के चार प्रकार्य (Function) मानते हैं– मुख्यार्थ, भावना, वचनभंगी, तथा उद्देश्य (Sense, feeling, tone and intention)

*(1)* मुख्यार्थ-हम जब भी बोलते है तो कुछ कहने के लिए और जब सुनते हैं तो इस आशा से कि कुछ कहा गया है। शब्दों का प्रयोग तीन बातों के लिए किया जाता है-
   (a) श्रोता का ध्यानाकर्षण करने के लिए
   (b) श्रोता के विचारार्थ कोई विषय प्रस्तुत करने के लिए
   (c) इन विषयों के संबंध में कोई विचार जागृत करने के लिए

*(2)* भावना-इन कार्यों के संबंध में हमारी कुछ भावनाएँ होती हैं। भाषा का प्रयोग इन भावनाओं की अभिव्यक्ति के लिए होता है। बोलने और सुनने के समय यह प्रक्रिया काम आती है।

*(3)* वचनभंगी-श्रोता के अनुसार ही शब्दों का चयन होता है। बच्चों, वयस्कों तथा गुरूजनों को ध्यान में रखकर शब्दों के चयन से हमारी वचनभंगी (TONE) में अंतर आता है।

*(4)* उद्देश्य-अन्ततः भाषा के प्रयोग में जाने-अनजाने वक्ता का उद्देश्य प्रकट होता है। हमारे उद्देश्य के अनुसार ही हमारी भाषा तय होती हैं।

## टी.एस. इलियट का निर्वैयक्तिकता सिद्धान्त, परम्परा की अवधारणा

"ट्रैडीशन एंड दि इंडिविजुअल टैलेंट" नामक लेख इलियट की समस्त आलोचना का आधार है अतः उसका विश्लेषण यहाँ प्रस्तुत किया जा रहा है।

इलियट का कहना है कि प्रत्येक राष्ट्र की, प्रत्येक प्रजाति (नस्ल-race) की अपनी सर्जनात्मकता ही नहीं बल्कि अपनी एक विशिष्ट आलोचनात्मक मनोवृत्ति भी होती है जिसमें उसकी समस्त विशेषताएँ प्रतिफलित होती हैं।

श्वसन की तरह आलोचना भी एक अनिवार्य और प्राकृतिक प्रक्रिया है। कुछ भी पढ़ते या सुनते या देखते समय उसके गुण-दोषों की विवेचना मन के अन्दर सहज भाव से चलती रहती है, जिसे भावक कभी अभिव्यक्त कर देता है तो कभी अभिव्यक्त नहीं करता।

किसी कवि की प्रशंसा या मूल्यांकन करते समय हम उस कवि की वैयक्तिक विशेषताएँ देखने का प्रयास करते हैं कि दूसरे कवियों से वह किन मामलों में अनूठा है–भिन्न है और इसी तथ्य से हम आनन्द प्राप्त करना चाहते हैं। किन्तु यदि हम रचना को ध्यानपूर्वक नहीं जो कवि का वैयक्तिक है बल्कि वह अंश ज्यादा महत्वपूर्ण तथा प्रभावी हैं जिनमें पूर्ववर्ती दिवंगत कवियों का प्रभाव जोरदार ढंग से व्यक्त हुआ। इलियट का मानना है कि वैयक्तिक प्रज्ञा परम्परा से असंबद्ध, निरपेक्ष या विच्छिन नहीं होती बल्कि

परम्परा से जुड़कर ही रचनाकार अपनी प्रतिभा की रमणीयता को उजागर कर सकता है।

परम्परा के प्रति आसक्ति का अर्थ अंधानुकरण कतई नहीं। इलियट ने परम्परा को एक व्यापक अर्थ में ग्रहण किया है। वे कहते हैं कि परम्परा को एक दाय के रूप प्राप्त नहीं किया जा सकता, बल्कि इसके लिए कठोर परिश्रम ज़रूरी है। इसके लिए सबसे जरूरी चीज है—इतिहासबोध। वे कहते हैं कि इतिहास बोध का अर्थ अतीत के अतीत्व का बोध ही नहीं बल्कि उसके वर्त्तमानत्व का बोध भी है। केवल अपनी पीढ़ी की अनुभूति लेकर लिखना इतिहास-बोध नहीं। उस इतिहास बोध में होमर से लेकर पूरे यूरोप के साहित्य का, साथ ही अपने देश के सम्पूर्ण साहित्य का तथा समस्त युग का बोध निहित होता है। यह इतिहासबोध कालातीत तथा कालिक (Timeless and temporal) का अलग-अलग तथा उनका समग्र बोध होता है जो लेखक को उसकी सम्पूर्ण परम्परा से जोड़ता है।

इलियट कहते हैं कि परम्परा कोई मृत या अनुपयोगी चीज नहीं। परम्परा तो अविच्छिन्न प्रवाह है- जो अतीत के साहित्य-सांस्कृतिक दाय के उत्तमांश से वर्त्तमान को समृद्ध एवं सार्थक बनाती है और भविष्य का पथ प्रशस्त करती है। परम्परा देश और काल तक व्याप्त होती है।

इलियट किसी कवि की पूर्ण सार्थकता केवल उसकी निजता में नहीं मानते। उसकी सार्थकता तथा परिशंसा दिवंगत कलाकारों की सापेक्षता में ही होती है। उसका अकेला मूल्यांकन भी नहीं हो सकता। साम्य और वैषम्य के लिए उसे दिवंगत कवियों के साथ रखना आवश्यक है। परम्परा की एक बड़ी अच्छी व्याख्या इलियट करते हैं। नई कला-कृति के आविर्भाव के पहले विद्यमान महत्वपूर्ण कृतियों की एक स्थिर व्यवस्था होती है जो नवीन कृति के आने के कारण थोड़ा बहुत परिवर्त्तित हो जाया करती है जैसे रेल के डिब्बे में किसी नए यात्री के प्रविष्ट होने पर पहले से विराजमान यात्री कुछ-कुछ खिसककर नवागन्तुक के लिए जगह बनाते हैं। परम्परा की आगे व्याख्या करते हुए वे कहते हैं कि कलाकार को परम्परा के भार से आक्रान्त नहीं होना चाहिए। इस भार के कारण या अत्यधिक ज्ञान के कारण काव्य संवेदना अस्त-व्यस्त हो जाती है। कवि को अतीत की चेतना को आजीवन विकसित करना होगा।

कलाकार की प्रगति सतत् आत्मोत्सर्ग है, व्यक्तित्व का सतत् निर्वापण (extinction) है। व्यक्तित्व के इसी निर्वैयक्तिकरण के कारण कला विज्ञान की स्थिति में पहुँच सकती है।

आगे इलियट निर्वैयक्तिकता की व्याख्या रचना की प्रक्रिया, रचनाकार के साथ रचना के संबंध आदि का विचार है।

इलियट कहते हैं—प्रौढ़ और अप्रौढ़ कवि में मौलिक अन्तर यह है कि प्रौढ़ कवि ऐसा सूक्ष्म और पूर्ण माध्यम् है जिसमें विविध या विशिष्ट संवेदन स्वच्छंदता पूर्वक नए रूप में संयोजित हो सकते हैं। ऑक्सीजन और सल्फरडॉय ऑक्साइड के किसी कक्ष में यदि प्लेटिनम का एक सूक्ष्म तार डाल दिया जाए तो ऑक्सीजन और सल्फर डायऑक्साइड की प्रतिक्रिया स्वरूप सल्फ्यूरस एसिड का निर्माण होता है। यह संयोजन प्लेटिनम की उपस्थिति के बिना संभव नहीं। साथ ही प्रतिफल के रूप में प्राप्त सल्फ्यूरस एसिड पर प्लैटिनम का कोई चिन्ह् नहीं दिखाई पड़ता है। प्लेटिनम इस पूरी प्रक्रिया में तटस्थ रहता है- प्रतिक्रिया में निष्क्रिय रहता है। इलियट कहते हैं कि कवि का मन प्लेटिनम का तार है। उसके सम्पर्क से विभिन्न अनुभूतियाँ नए-से-नए भाव ग्रहण करते हैं- किन्तु कवि इस पूरी प्रक्रिया में अछूता रहता है।

इलियट कहते हैं कि कलाकार जितना ही उत्कृष्ट होगा उसमें भोक्ता और स्रष्टा का अन्तर उतना ही स्पष्ट होगा अर्थात् उसके स्वानुभूत संवेदनों और भावों से काव्य में अभिव्यक्त संवेदना और भावों में सदा भिन्नता। इसके प्रतिकूल एक अप्रौढ़ और अपरिपक्व कवि अपने ही भावों और संवेदनों को व्यक्त करता है। फलतः उसका काव्य एक निम्न काव्य बनकर रह जाता है।

इलियट कहते हैं कि कवि के व्यक्तित्व की अभिव्यक्ति का प्रश्न बेमानी है क्योंकि उसे व्यक्तित्व की अभिव्यक्ति तो करनी ही नहीं है। वह तो केवल माध्यम्-मात्र है, अभिव्यक्ति का माध्यम् मात्र। संभव है कि कवि के जीवन में जो अनुभूतियाँ महत्वपूर्ण हैं, उनका कवि के काव्य में कोई स्थान न हो। कवि का दायित्व नए भावों को ढूंढ़ना नहीं बल्कि साधारण भावों का उपयोग करके काव्य रूप देने की प्रक्रिया में उनसे ऐसे संवेदन को व्यक्त करना है जो वास्तविक भावों में अनुपस्थित थे।

आलोचना पर विचार करते हुए इलियट ने आलोचक के दायित्व पर भी विचार किया। उनके अनुसार आलोचक का कर्त्तव्य परम्परा को कायम रखना, साहित्य को स्थिर और अखंड रूप में देखना यानि उसे काल द्वारा नियंत्रित रूप में न देखकर कालातीत रूप में देखना है।

## टी.एस. इलियट : परम्परा का सिद्धान्त

For Lancelot Andrews (1928 ई.) की भूमिका में इलियट ने स्वयं को 'साहित्य में परम्परावादी राजनीति में रॉयलिस्ट (Royalist) तथा धर्म में एंग्लो कैथोलिक कहा है'। उसके अनुसार कवि कल्पना की शक्ति के द्वारा अपने वैयक्तिक (Highly

Individualized) मस्तिष्क से काव्य रचना करता है। इलियट ने कला को कलाकार के आत्मप्रकाशन मानने वालों की कड़ी आलोचना की है। उन्होंने प्रभाववाद को अस्वीकार किया और 'मिडल्टन मरे' जो वर्तमान (गत) शताब्दी के प्रमुख सौन्दर्यवादी, प्रभाववादी एवं आनंदवादी समीक्षक हैं, का विरोध किया। वैयक्तिकता का विरोध करते हुये उन्होंने परम्परा का सिद्धांत सामने रखा, उन्होंने कहा कि परम्परा का काव्य-रचना में प्रमुख स्थान है और कवि अभिव्यक्ति का माध्यम् मात्र रहा है।

वैयक्तिक प्रतिभा (Talent) के स्थान पर इलियट ने परम्परा (Tradition) को महत्त्व दिया। मस्तिष्क को सक्रिय शक्ति न मानकर उन्होंने उसे प्रभावों को ग्रहण करने वाली निष्क्रिय शक्ति (Passive receplate of Impressions) माना। काव्य, को कवि के व्यक्तित्व की सीधी अभिव्यक्ति न मानकर उन्होंने व्यक्तित्व से पलायन की बात कही। परम्परा से उनका अभिप्राय पुरानी पीढ़ी या पीढ़ियों की काव्य-प्रवृत्तियों का निष्क्रिय अनुगमन नहीं। परंपरा हेतु ऐतिहासिक बोध का अर्थ केवल और केवल उसके अतीत में देखना नहीं है, उसे उसके वर्तमान रूप में भी देखना है। इलियट के अनुसार परम्परा और इतिहासबोध, काव्य का आधार बनता है। उनके समस्त काव्य चिंतन का प्रस्थान बिन्दु भी यही है। काव्य और परम्परा के वांछनीय और अनिवार्य संबंध पर उन्होंने अपने निबंध 'परम्परा और वैयक्तिक प्रतिभा (Tradition and Individual talent) में विस्तार से प्रकाश डाला है। इलियट वास्तव में परम्परा को ही संस्कृति के रूप में ग्रहण करते हैं। यह परंपरा किसी विशिष्ट जाति एवं समाज की समग्र सांस्कृतिक विरासत है। संस्कृति समाज के जीवन का एक विशिष्ट रूप या ढंग है, जो पूरे समाज के विचारों और रीति-रिवाजों को स्पष्ट करती है। वह अनेक रूपों में होती हुई भी समग्रता में एक है। इसी के परिज्ञान से काव्य के अंतर्गत कवि विभिन्नताओं का समाहार कर अनेकता में एकता की स्थापना करता है। इससे कलाकार और कवि एक समान लक्ष्य और इतिहास-बोध के सूत्र में बंध पाते हैं।

'After Strange Gods' में वर्णित किया है कि, "परम्परा से तात्पर्य उन सभी स्वाभाविक कार्यों, रीति-रिवाजों, धार्मिक कृत्यों से है, जो एक स्थान पर रहने वाले एक समुदाय के व्यक्तियों के रक्त संबंध को व्यक्त करती है। इसका स्पष्ट आशय यह है कि परम्परा का सम्बन्ध संस्कृति से है। वह अपनी प्रगति में जातीय जीवन, कला, दर्शन और साहित्य के उत्कृष्ट अंशों को सन्निविष्ट करती आती है। अर्थात् उसकी अविच्छन्न धारा प्रवाहित होती रहती है जिसमें अतीत, वर्तमान और भविष्य परस्पर संबद्ध हैं। परम्परा दाय के रूप में स्वयं उपलब्ध नहीं होती, उसे प्राप्त करने के लिए सचेष्ट प्रयत्न किये जाते हैं। कोई भी कलाकार, चाहे वह कितना ही महान क्यों न हो, परम्परा से सम्बद्ध होने पर ही महत्त्वपूर्ण बनता है। तुलसी के समक्ष रामकाव्य की एक लम्बी शृंखला थी। जिससे उन्होंने बहुत कुछ ग्रहण किया। परम्परा वैयक्तिक प्रस्फुटन में साधक होती है, बाधक नहीं। प्राचीन कवियों के कृतित्व के आलोक में यदि वर्तमान का मूल्यांकन होना चाहिए, तो वर्तमान कलाकार की रचनाएं हमें प्राचीन कलाकारों को सही परिप्रेक्ष्य में देखने में सहायक होती हैं। इस प्रकार अतीत दिशा-निर्देश देता है। इस दृष्टि से परम्परा स्थिर न होकर गतिमान (dynamic) शक्ति है।

इलियट की एक महत्वपूर्ण स्थापना यह है कि समस्त साहित्य अखंड है, उसमें परम्गरा की अखंड और अबाध अभिव्यक्ति होती रहती है। परम्परा के भीतर अतीत बोध भी है और वर्तमान बोध भी। वह शाश्वत होते हुये भी परिवर्तनशील है। उसकी गतिमय धारा निरंतर प्रवाहित होती रहती है तथा जातीय और सामाजिक जीवन के उत्कृष्ट रूपों को संजोती रहती है। जीवन के सामान्य और महत्त्वहीन अंश छूटते जाते हैं और नष्ट होते रहते हैं। इस प्रकार इलियट के विचार से परम्परा का काव्य-रचना में महत्वपूर्ण स्थान है। वह परम्परा का अंधानुकरण नहीं, वरन् उसका वास्तविक बोध आवश्यक है। इतिहास बोध से उनका तात्पर्य अतीत को वर्तमान में देखने से है। वर्तमान के परिप्रेक्ष्य में अतीत का इतिहास-बोध काव्य में नयी दृष्टि भरता है, इलियट का यह सिद्धांत मौलिक दृष्टिकोण प्रस्तुत करता है।

## वस्तुनिष्ठ समीकरण या "वस्तुनिष्ठ पारस्परिकता"

इलियट के अनुसार मूर्तविधान का सिद्धांत—अमूर्त का संप्रेषण नहीं हो सकता, यह सिद्ध है। ऐसी स्थिति में एक ही उपाय है कि किसी मूर्त वस्तु की सहायता से अमूर्त को संप्रेशित किया जाये।

"कला के रूप में भाव को अभिव्यक्त करने का एक ही उपाय है और वह है किसी सह संबंधी वस्तु (objective-corelative) जैसे वस्तु-समुदाय, परिस्थिति, घटना, शृंखला को ढूंढ निकालना जो उस विशिष्ट भाव का सूत्र हो, ऐसा सूत्र की जब वे वाह्य वस्तुएं प्रस्तुत की जाएं तो ऐन्द्रिय अनुभूति में अवसित होकर वे भाव को सद्यः उद्‌बुध कर दें।"

### इलियट के सूत्र की व्याख्या

1. भाव अमूर्त होता है। अतः उसकी अभिव्यक्ति किसी मूर्त वस्तु की सहायता से ही संभव है।

2. जिस किसी वस्तु से जिस किसी भाव की अभिव्यक्ति नहीं हो सकती; अभिव्यंज्य भाव और अभिव्यंजक वस्तु में ऐसा संबंध होना चाहिए कि उस वस्तु से वह भाव अभिव्यक्त हो सके। यहाँ वस्तु शब्द से वैसी वस्तु अभिप्रेत है जो एक ओर तो कवि का भाव अभिव्यक्त करे और दूसरी ओर भावक के मन में तत्सदृश भाव उत्पन्न करे।

3. इस तरह की मूर्त-विधान का कोई निश्चित रूप या प्रकार नहीं है। या तो प्रकृत भाव से संबद्ध कोई वस्तु समुदाय हो सकता है, या कोई परिस्थिति हो सकती है, या कोई घटना शृंखला हो सकती है।

4. बाह्य वस्तुओं की सहायता से भावक के मन में वैसे ही भाव उद्बुध होते हैं जैसे कवि के मन में उत्पन्न हुये थे। तात्पर्य है कि बाह्य वस्तुएं कवि एवं भावक के बीच भाव तादात्म्य स्थापित करने में माध्यम् का काम करती हैं।

"वस्तुनिष्ठ परस्परिकता का तात्पर्य है कि मनोभाव का निर्माण करने वाली वस्तुएं, जैसे कोई पदार्थ-समूह, परिस्थिति, घटना, शृंखला जैसे ही प्रस्तुत की जाये, ऐन्द्रिक अनुभूति से तिरोहित होकर, वह तुरंत मनोभाव को जाग्रत कर दे।

इलियट इसे और स्पष्ट करते हुये कहते हैं कि कविता एक ऐसी वाचिक संरचना होती है जिसके माध्यम से उन मनोभावों का संप्रेषण होता है जो कवि को अभीष्ट है। कवि, क्योंकि अपने मनोभावों को सीधे पाठक तक उसी तीव्रता के साथ नहीं पहुंचा सकता, अतः वह किसी प्रकार के माध्यम् का सहारा लेता है– यही वस्तुओं, स्थितियों और घटना-शृंखला के रूप में आता है और इसी माध्यम के कारण कवि जो कुछ कहना चाहता है, वह निजी न रहकर, वस्तुनिष्ठ हो जाता है। यह वस्तुनिष्ठ पारस्परिकता का सिद्धांत, फ्रांस के प्रतीकवादी साहित्यचिंतकों से प्रभावित है, जो कवि और कविता के पारस्परिक अविच्छिन संबंध को स्वीकार नहीं करते हैं। उनका मत है कि कवि अपनी कविता के माध्यम् से भावों को सीधे अभिव्यक्त नहीं करता, वरन् प्रतीकों के माध्यम् से उन्हें जाग्रत करता है।

इलियट कहता है कि कवि अपने व्यक्तित्व को नहीं, एक माध्यम को अभिव्यक्त करता है जिसमें उसके अनुभव और प्रभाव एक विलक्षण एवं अप्रत्याशित ढंग से संयुक्त हो जाते हैं। जो प्रभाव और अनुभव मनुष्य के लिए महत्त्वपूर्ण होते हैं, वे कविता में स्थान पाये यह आवश्यक नहीं और जो कविता में महत्त्वपूर्ण होकर आये हैं, वे मनुष्य और उसके व्यक्तित्व में नितांत उपेक्षणीय हो सकते हैं। इलियट ने 'हेमलेंट' की कलात्सक असफलता का सबसे बड़ा उदाहरण कहा है और उसी प्रसंगाधार पर 'वस्तुमूलक प्रतिरूपण' का सिद्धांत प्रतिपादित किया। इलियट के इस वस्तुनिष्ठ-समीकरण के सिद्धांत को विभाजन-व्यापार कह सकते हैं। यह विभाव-विधान ऐसा होना चाहिए कि सामाजिकों में नाटककार के मानस-भाव जाग्रत कर सके।

## कॉलरिज – कल्पना

समालोचना की दुनिया में कॉलरिज का एक अत्यंत महत्त्वपूर्ण योगदान उनके द्वारा कल्पनाशक्ति का विवेचन है। काव्य तथा दर्शन से कल्पना को बहुत पहले से जोड़ा जाता रहा है किंतु कॉलरिज ने इसका विस्तार से विवेचन-विश्लेषण किया और इसे मुख्य तथा गौण कल्पना में वर्गीकृत किया। कल्पना (Imagination) तथा ललित कल्पना (fantacy) में अंतर दिखलाकर दोनों की भिन्न-भिन्न विशेषताओं पर भी इन्होंने प्रकाश डाला। कल्पना वह शक्ति है जो मस्तिष्क में संवेदनों से प्राप्त अनुभवों के बिम्ब बनाती है और उन बिम्बों का यथातथ्य नहीं, बल्कि अपने तरीके से नया और अनूठा संयोजन कर सकती है।

कल्पना को कॉलरिज ने ईश्वरीय शक्ति माना है जिसका गुण है सृजन। कल्पना सृजन के साथ-साथ समन्वय का कार्य भी करती है। कॉलरिज कविता में समन्वय का बहुत महत्त्व मानता है। जर्मन दर्शन के प्रभाव स्वरूप वे रचना में आवयविक अन्विति को बेहद महत्त्व देते थे। श्रेष्ठ कविता में यह सामंजस्य कल्पना के माध्यम से आता था। इसीलिए कविता बाह्य सृष्टि का प्रतिबिम्ब या अनुकरण मात्र न रहकर उससे कहीं ऊँची, कहीं श्रेष्ठ तथा भव्य सिद्ध होती है। विचार तथा भाव को कल्पना द्वारा समन्वय श्रेष्ठ कविता को मूर्तरूप देता है। कल्पना पदार्थ और चेतना का विचार तथा भाव का समन्वय करती है। इसीलिए कॉलरिज ने इसे 'समन्वयकारिणी शक्ति' कहा है।

सारांश रूप में देखा जाये तो कॉलरिज कल्पना को व्यक्ति के आत्म (Subject) तथा बाह्य प्रकृति और वस्तु (Object) के बीच समन्वय स्थापित करने वाली शक्ति के रूप में देखते हैं। कॉलरिज तथा वर्डसवर्थ की कविता में प्रकृति तथा मानव-जीवन का बाह्य तथा आंतरिक संसार इस प्रकार घुला-मिला था कि उन्हें अलग करके देखना संभव नहीं था। वर्डसवर्थ तथा कॉलरिज के कल्पना संबंधी विचारों में कुछ बिंदुओं पर अंतर जरूर है पर दोनों ने ही कल्पना को सामान्यतः विपरीत या विरूद्ध माने जाने वाले इन तत्वों का समंजन तथा संलयन करने वाली शक्ति के रूप में देखा है।

### मुख्य कल्पना तथा गौण कल्पना

**मुख्य कल्पना**–(Primary Imagination) : कॉलरिज के मत से, "समस्त मानवीय प्रत्यक्ष बोध की आद्य अभिकर्ता तथा

जीवंत शक्ति है। यह सीमित मस्तिष्क में असीम अहमाहिन (मैं हूँ) के चिरंतन सर्जन कार्य का दोहराव है।"

**गौण कल्पना**– गौण कल्पना मुख्य कल्पना की 'प्रतिध्वनि' है। यह सचेत इच्छा के साथ चलती है। यह भी अभिकर्तृत्व का ही एक प्रकार है और गुण की दृष्टि से यह मुख्य कल्पना के समान है। दोनों में अंतर केवल परिमाण तथा कार्य प्रणाली के स्तर पर होता है। गौण कल्पना पुनर्रचना की खातिर (सामग्री को) बिखराती, फैलाती और पिघलाती है। जहाँ यह संभव नहीं होता, वहाँ भी यह प्रत्यक्षीकरण तथा एकत्व-स्थापन की चेष्टा करती है। यह शक्ति तत्वतः जीवंत होती है।

इस प्रकार मुख्य तथा गौण कल्पना दो अलग-अलग शक्तियां नहीं बल्कि एक ही शक्ति के दो रूप हैं जिनमें गुण का नहीं, मात्र परिमाण का अंतर है। कॉलरिज मुख्य कल्पना को समझ (Understanding) से तथा गौण कल्पना को 'तर्क' (Reason) से जोड़ते और इनमें एक उच्चताक्रम मानते हैं। मुख्य कल्पना की अपेक्षा ये गौण कल्पना को ऊँचा समझते हैं। मुख्य कल्पना जनसामान्य के मस्तिष्क में उपस्थित होती है जबकि गौण कल्पना मुख्यतः दार्शनिक तथा कलाकार की विशेषता है। मुख्य कल्पना का संबंध मुख्यतः भौतिक जगत से होता है, जबकि गौण कल्पना मनुष्य को उच्चतर आध्यात्मिक जगत का साक्षात्कार कराने में भी सक्षम है। वह अंतर्जगत के तथ्यों को गौण कल्पना प्रतीकों के माध्यम से व्यक्त करती है। मुख्य कल्पना सृजन है तो गौण कल्पना पुनः सृजन।

## फैंटेसी (ललित कल्पना)

ललित कल्पना (फैंटेसी) पर विस्तार से विचार करते हुये Imagination या कल्पना से भिन्नता दिखाना सौन्दर्य शास्त्र के क्षेत्र में कॉलरिज का मौलिक योगदान है। "इमैजिनेशन का स्रोत लैटिन-शब्द 'इमैजिनेशिओ' (Imaginatio) है और फैंटेसी का स्रोत ग्रीम शब्द 'फैंटेसिआ' (Phantasia) है। शायद अलग-अलग भाषाओं के होने के कारण इन्हें एक ही अवधारणा का द्योतक माना जाता है।

कॉलरिज स्पष्ट करते हैं कि ललित कल्पना को भ्रमवश गौण कल्पना का समानांतर मान लिया जाता है क्योंकि दोनों ही कल्पना द्वारा प्रस्तुत तथ्यों को लेकर आगे बढ़ती हैं किन्तु वास्तव में दोनों में स्पष्ट अंतर है। गौण कल्पना तथ्यों की गहराई में जाकर रचना करती है जबकि ललित कल्पना तथ्यों का मात्र संयोजन करती है। कॉलरिज ने ललित कल्पना को स्मृति का ही एक रूप माना है जो देश और काल के क्रम से मुक्त होता है।

## रूसी रूपवाद

रूसी रूपवादी समीक्षा 19वीं शती के उत्तरार्द्ध से शुरू होकर बीसवीं शती के दूसरे दशक तक विद्यमान रही। सन् 1930 में राजनीतिक कारणों से इसकी समाप्ति करनी पड़ी। किन्तु रूस के बाहर इसके प्रभाव का विस्तार 1965 ई. के पश्चात् हो पाया। इसी वर्ष तोदोरोव ने रूसीवादियों की समीक्षाओं का एक संकलन फ्रांसीसी भाषा में अनुदित किया। इसका प्रभाव पश्चिम की रूपवादी प्रणाली पर पड़ा। शैली विज्ञान, संरचनावाद आदि ने उससे प्रेरणा ग्रहण की। बोरिस एकेनवाम, विक्टर श्कलोवस्की, रोमन जैकोब्सन, बोरिस तोमस्जेवस्की आदि इसके प्रमुख प्रवक्ता थे। कुछ भाषाविद थे, कुछ साहित्य के इतिहासकार।

रूसी रूपवादी आंदोलन का आधार फ्रांसीसियों का प्रतीकवादी आंदोलन है। प्रतीकवाद में रूप पर ऐकांतिक बल दिया जाता है। परन्तु उसमें आत्मदर्शन और सपनों का समावेश रहता है। रूपवादियों ने काव्य को वैयक्तिकता और सौन्दर्यशास्त्र से मुक्त कर वैज्ञानिक बनाने की कोशिश की। उनका कहना था कि वे काव्यगत तथ्यों का वैज्ञानिक अनुसंधान करते हैं। इसे वे रूपात्मक अभिगम नाम देते हैं।

इनका मूल सरोकार साहित्यिक संरचना से है अर्थात् साहित्य सृजन में होने वाली समस्त तकनीकों से है। अन्य किसी से नहीं। श्लोवस्की के शब्दों में, "कला हमेशा जिन्दगी से मुक्त होती है। इसका ध्वज शहर की चारदीवारी पर फहराते हुये झंडे के रंग को प्रतिबिम्बित नहीं करता। कला-रूपों का विवेचन कला-नियमों द्वारा ही होना चाहिए।" साहित्य की साहित्यिकता पर रोमन जैकोबसन काफी बल देता है। कवि उसके लिए अविवेच्य है, विवेच्य है तो कविता। कविता भाषा से बनती है। उसकी विवेचना की परिधि में काव्य भाषा ही आती है। काव्य-भाषा भाषा का विशिष्ट प्रयोग है। इस प्रयोग की विशिष्टता उसके बिम्बों, अलंकारों, रूपकों, प्रतीकों आदि में नही है क्योंकि इनका प्रयोग तो सामान्य भाषा में भी होता है। वे सारी वस्तुएं जो साहित्य की साहित्यकता में सहायक हैं यही आलोच्य हैं, विवेच्य हैं।

श्लोवस्की अजनबीकरण (Making Stange) की बात करता है। इसमें परिचित अपरिचित हो जाता है। परिचित को रचनात्मक स्तर पर निरूपित करना उसका लक्ष्य होता है। प्रश्न होता है कि विरूपीकरण की प्रक्रिया द्वारा जो नयी दृष्टि मिलती है वह अर्थ की दृष्टि से और क्या होगी। ये रूपवादी नये यथार्थ का भी उल्लेख करते हैं जो पुराने यथार्थ से भिन्न होता है पर अंततोगत्वा वे डिजाइन और रूप तक ही अपने को सीमित कर लेते हैं।

संस्कृत के आचार्यों ने 'चमत्कार', 'विचित्र अभिधा', 'लोकातिक्रांत गोचर' आदि शब्दों का प्रयोग विरूपीकरण के लिए ही किया है। श्लोवस्की प्रगीतों और उपन्यासों पर एक ही प्रतिमान लागू करते हैं। यद्यपि प्रगीत और उपन्यास रचना की संरचना में काफी भेद है। प्रगीत की विषय वस्तु स्थिर होती है, इसका प्रभाव तात्कालिक होता है, उसे एक ही इकाई के रूप में आयत्त किया जाता है। उपन्यास में एक कथा होती है। वह एक कालावधि में गतिशील रहता है। अतः वह गत्यात्मक और क्रियात्मक होता है। श्लोवस्की को इसकी जानकारी थी। उपन्यासों पर किये गये उसके विचारों से ही औपन्यासिक सिद्धांतों की शुरुआत होती है। उपन्यास के काव्यशास्त्र का वह पहला प्रणेता है।"

रूपवादी समीक्षक-विचारक वस्तु को स्थगित करके रूप के पूर्ण आधिपत्य की वकालत करता है। उसका संबंध जैसा कहा जा चुका है सिर्फ साहित्यिकता से है जो अपने आप में पूर्ण इकाई है। रूपवाद की शक्ति कला की क्रियात्मक तकनीक पर निर्भर है। कला में तकनीक को आवृत भी किया जाता है और अनावृत भी। जहाँ तकनीक होती है वहां साहित्यिक पदार्थ का विकास अलक्षित रह जाता है।

जैकोब्सन का कहना है कि कवि भाषा का इस्तेमाल उसी तरह से करता है जिस तरह से चित्रकला रंगों का। ऐसी स्थिति में भाषा की संज्ञाहीनता या संवेदनाशून्यता से वह बचना चाहता है और बचता है। "जाहिर है कि रूपवादियों के लिए साहित्यिकता का मतलब है कवि-विशिष्ट भाषा-प्रयोग। जैकोब्सन के मतानुसार इसमें संकेत संकेतिक में रूपांतरित हो जाता है। इसके अपने नियम होते हैं जिनके तहत संरचना की प्रकृति उजागर होती है। छंद, लय, अलंकार आदि कविता के भीतर किसी यथार्थ का बोध नहीं करते। ब्रिक जैसे रूपवादी कविता को आंतरिक और आत्मानुशासिक संरचना मानते हैं जिसमें छंद और रूप का समान दर्जा होता है। जैकोब्सन का कहना है कि कविता सामान्य भाषा का सचेत विरूपीकरण है। सामान्य भाषा के खिलाफ एक संघटित आक्रमण।

"वास्तविक रूप में रूपवाद कलावाद का ही दूसरा नाम है।" इस कलावाद ने समीक्षा के क्षेत्र में काफी कहर ढाया है। साहित्य को जीवन से अलग करके सिर्फ संरचना तक ही अपने को सीमित कर लेना प्रतिक्रियावादी मनोवृति की चरम सीमा है। साहित्य के आस्वाद से भी कुछ लेना-देना नहीं है। जिस संवेदन-शून्य भाषा यानि रोजमर्रा की भाषा को संवेदनपूर्ण बनाने की चेष्टा की जाती है उसमें संवेदना क्या है? रूपवाद इस पर भी विचार नहीं करता। सामाजिक परिवर्तन से इसका कोई सम्बन्ध नहीं है। साहित्यिक परिवर्तन अपने-आप होता रहता है- यह परिवर्तन सिर्फ पुरानेपन को अपदस्थ करने के लिए होता है। इसमें सिर्फ भौगोलिक परिवर्तन होता है यानी बिम्बों, प्रतीकों आदि की सीमा कभी बड़ी हो जाती है और कभी संकुचित। इतिहास से इनका कोई सरोकार नहीं होता। भाषा संबंधी उनके विचारों को अपनाया जा सकता है, आंशिक रूप में ही सही।

## नयी समीक्षा

बीसवीं शती के आरंभ में परंपरागत कलामूल्यों, साहित्यिक अभिरूचि, कविता काव्यभाषा सम्बन्धी धारणा में मौलिक परिवर्तन हुआ। स्वच्छंदतावादी युग से भिन्न अब कविता को व्यक्तिगत राग-द्वेष और विचार, कवि की अनुभूति और उसके भावावेगों की सहज अभिव्यक्ति मात्र न मानकर प्रमुख रूप से कलात्मक माना गया। इलियट ने कहा कि, "Poetry is not a truing Loose of emotion but an escape from emotion, it is not the expression of personality but an escape from personality"" हूल्मे ने कहा कि, "Poetry is a matter of images and metalhoss–not personal expression but craft."

"बीसवीं शती आँग्ल-अमेरिकी साहित्य में आलोचना का युग है। सन् 1930-60 तक के समय को जॉन हॉलावे ने 'साहित्यिक आलोचना में क्रान्ति" का युग कहा है। कहना न होगा कि इस समय की सबसे महत्त्वपूर्ण और समृद्ध आलोचनात्मक प्रवृत्ति नयी समीक्षा है।" प्रवृत्ति विशेष हेतु यह नाम 1941 ई. में छपी 'जॉन क्रो रैंसम' की इसी शीर्षक रचना से हुआ। रैंसम की इस रचना में चार समसामयिक आलोचकों के अध्ययन के उपरांत एक 'औतरोलॉजिकल क्रिटिक' की वकालत की गयी है। नयी समीक्षा के जनक T.S. Iliot ने 1956 ई. में प्रकाशित अपने लेखा समीक्षा के सीमांत में मुक्त प्रयोग के विरूद्ध सावधान करते हुये कहा है कि, "लोग नयी समीक्षा शब्द का प्रयोग अक्सर यह बिना समझे करते हैं कि इस शब्द में कितनी विविधता का समावेश है परंतु इस शब्द का प्रचलन इस तथ्य को प्रमाणित करता है कि इस युग के अधिक प्रतिष्ठित आलोचकों में परस्पर कितना भी व्यापक अंतर क्यों न हो, वे सब के सब अपने से पहले की पीढ़ी के आलोचकों से किसी न किसी महत्त्वपूर्ण बात में भिन्न हैं।"

Columbiya University में तुलनात्मक साहित्य के प्रोफेसर स्पिनगार्न ने सन् 1910 ई. इस पदबंध का प्रयोग अपने एक निबंध में किया। नयी समीक्षा का आरंभ निश्चित रूप से किस समय और किस रचना से हुआ, यह निष्कर्षतः चाहे नहीं कहा जा

सके किन्तु उसकी प्रमुख प्रवृतियाँ और लक्षण टी॰एस॰इलियट की सेक्रेड वुड (1920), मिडलटन मरे की The Problems of Styles और आई॰ए॰ रिचर्डस की 'Principles of Litrery criticism' (1924), जैसी रचनाओं में मिलने लगी थी। एफ॰आर॰ लीविस ने रिवेल्युएशंस में कहा कि काव्यालोचन परंपरा में उस नये दृष्टिकोण का अनुसरण कर रहे हैं जिसका शिलान्यास एजरा पाउंड, टी॰एस॰ इलियट और रिचर्डस ने किया था।"

नयी समीक्षा का आविर्भाव जिस समय हुआ, वह वैज्ञानिक विकास और औद्योगीकरण की तीव्र प्रगति का युग था। काव्य की महत्ता प्रमाणित करना इस युग में दुसाध्य हो गया। इस निराशा एवं आत्मघात की ओर प्रवृत युग में यूरोपीय सभ्यता की केन्द्रीय परम्परा को नकारने की प्रवृत्ति बल पकड़ रही थी। लायनल ट्रिलिंग ने द मॉडर्न एलिमेंट इन मॉडर्न लिटरेचर में इस मानसिकता को भटकन, अजनबीपन और निराशा का बोध कहा है। मनुष्य की इस दुरवस्था का वर्णन अनेक लेखकों ने अनेक रूपों में किया है। उसे समूह मानव, अ-मानवीकृत मानव, संकटकाल का मानव या दायवंचित मानव कुछ भी कहा जाये, पर बात लगभग वही है। यूजीन देलाक्रुआ ने मानव की इस नियति की व्याख्या करते हुये प्रश्न किया है कि, "क्या यह स्पष्ट नहीं हो चुका कि शुभ या अशुभ, अच्छी या बुरी दिशा में प्रगति ने समाज को एक ऐसे अतल के कगार पर ला खड़ा किया है जिसमें उसे गिरना ही होगा ताकि पूर्ण बर्बरता की स्थिति के लिए मार्ग साफ हो जाये"।

जीवन के स्थायी मूल्य जब धुंधले हो जायें या नाशोन्मुख हों तो मानवता की, समाज की रक्षा हेतु उनकी पुनः स्थापना या पुनःशोध और भी जरूरी हो जाता है। यही कारण था कि इस युग के लेखक ने उप परंपरा के विरोध की गहरी आवश्यकता अनुभव की जिसमें साहित्य को बैठे-ठाले का निरर्थक काम समझा जाता था। जब Mathew Arnold ने साहित्य को धर्म के स्थानापन्न का पद दिया था तो उसका मुख्य तर्क था कि डार्विन, मिल, स्पेंसर, हक्सले ओर कोंत के युग में धर्म का विनाश हो चुका है।

नयी समीक्षा के विद्वान आलोचकों ने अपने समय के समाज के महत्त्वपूर्ण दायित्व का वहन करने का प्रयत्न किया। एक ओर स्वच्छंदतावादी प्रवृतियों का विरोध करते हुए इन समीक्षकों ने उन सबका तिरस्कार किया। जो पलायनवादी अव्यवस्थित, दुरुह, क्षीण और इस सबके साथ भावुक भी था। दूसरी तरफ इन विद्वानों ने अपनी नवीन दृष्टि से विक्टोरियन साहित्य का विरोध भी किया। ज्ञान की नई तकनीकि विधियों एवं साधनों के द्वारा इन विद्वान समीक्षकों ने साहित्य के पुनर्मूल्यांकन का साहस किया और परंपरा के संदर्भ में जीवन के मूल्यों पर पुनर्विचार किया। इनके सामने विज्ञान के समक्ष जीवन में कलाओं की उपयोगिता सिद्ध करने की चुनौती थी। जीवन में धर्म जैसी किसी केन्द्रीय शक्ति के अभाव में मनुष्य की संवेदनशीलता क्षीण हो चुकी थी, और वह अपनी पहचान भूलने लगा था। आधुनिक मानव के इस विकेन्द्रित जीवन का संप्रेषण कल्पना की क्रियाओं से ही किया जा सकता था। Science and Poetry में रिचर्डस ने मानव जीवन में मोह भंग करने वाले स्वरूप को स्पष्ट किया। Iliot ने After Strang guards में उसी प्रश्न पर ईसाई दृष्टि से विचार किया। उन्होंने कहा कि, "आधुनिक लेखकों ने प्रतिनिधि धर्मों या मिथकों का प्रयोग कलाकार के रूप में अपनी निजी समस्याओं को सुलझाने के लिए किया। निर्मला जैन ने कहा कि, "नयी समीक्षा का उदय स्वच्छंदतावाद के विरोध भर से नहीं हुआ। 19वीं शती के उत्तरार्द्ध और 20वीं शती के आरंभ में ज्ञान-विज्ञान की विविध भाषाओं के व्यापक और तीव्र प्रसार ने भी कलाकृति की प्रकृति और कार्य के संबंध में नयी समीक्षा को अंतर्दृष्टि प्रदान की। इतिहास, दर्शन, समाजशास्त्र, मनोविज्ञान, नृविज्ञान, सौंदर्यशास्त्र और अर्थ विज्ञान आदि ने कलाकृति की प्रकृति पर एक नया प्रकाश डाला।"

आधुनिक समाज के आलोचकों ने बल दिया कि साहित्यिक रचना एक भाषिक कृति या मासिक संरचना है और अपने इस रूप में वह मूलतः संप्रेषण की एक विधि है। संप्रेषण के माध्यम् से भाषा की प्रकृति की पहचान पर इस समय के अनेक लेखकों ने बल दिया। सतत रूप से भ्रष्ट एवं जड़ होती हुई भाषा को साहित्यिक संप्रेषण हेतु पुनः जीवित और प्रतिष्ठापित करे।

नयी समीक्षा में कृति की समझ हेतु साहित्य की पृष्ठभूमि और ऐतिहासिक वातावरण पर अतिरिक्त बल देने का भी विरोध किया गया और कृति से हटकर कृतिकार पर ध्यान देने का भी। रिचर्डस ने कविता के सही मूल्यांकन हेतु कविता को प्रतिक्रियाओं के लिए एक गुमनाम रचना के रूप में पेश किया। ये विद्वान समीक्षक कृति को स्वतंत्र रूप में आलोचना विषय बनाने के पक्ष में थे।

नये समीक्षकों ने कलावादियों के द्वारा प्रतिपादित स्वायतत्ता से अलगाकर इस विधि को प्रतिपादित करने का प्रयास किया। इसमें मानव और सभ्यता के प्रति गहरी चिंता है। कविता को ये एक स्वायत्त निरपेक्ष इकाई या रूप मानते थे। इस प्रकार नयी समीक्षा ने आलोचना में कविता के विस्तृत विश्लेषण और घनिष्ठ पाठ की परम्परा कायम की। परिणामतः पाठों की सूक्ष्म व्याख्याएं आने लगी।

मार्क शोरर ने नयी समीक्षा की उपलब्धियों का जिक्र करते हुये लिखा है कि, "साहित्यिक कृतियों के श्रम साध्य परीक्षण के द्वारा आधुनिक आलोचना ने निर्णयात्मक रूप से यह सिद्ध कर दिया है कि कला में सत्य और सौन्दर्य एक अविभाज्य इकाई है। यदि हम सौंदर्य के बजाय रूप का, और सत्य के बजाय कथ्य का प्रयोग करें तो इन शब्दों को कीट्स के द्वारा प्रदान की गयी अधिव्यंजनाएं कुछ कम हो सकती हैं और एक पुराने असमंजस का हल मिल

सकता है। बिना किसी क्षति का खतरा मोल लिये हम उनको और सीमित करके प्रविधि और विषय-वस्तु की बात कर सकते हैं। आधुनिक आलोचना ने हमे दिखा दिया है कि केवल कथ्य की बात करने का मतलब एकदम कला की बात न करके अनुभव की बात करना है। जब हम सिद्ध कथ्य के रूप की अर्थात् कलाकृति के रूप में कलाकृति की बात करते हैं, तभी हम सही मानों में आलोचकों की तरह बात करते हैं। कथ्य और अनुभव तथा सिद्ध कथ्य अथवा कला के बीच जो बच रहता है वह प्रविधि है। जब हब प्रविधि की बात करते हैं तो लगभग सर्वस्व की बात करते हैं। क्योंकि प्रविधि ही वह माध्यम् है जिसके द्वारा लेखक का अनुभव जो उसकी विषय-वस्तु है, उसे अपनी तरफ ध्यान देने के लिए मजबूर करती है, प्रविधि वह एकमात्र माध्यम है जिसके द्वारा वह अपने विषय की खोज, छानबीन और विकास करता है; जिसके द्वारा वह विषय में अंतर्निहित अर्थ का संप्रेषण करता है, और अंततः उसका मूल्यांकन करता है।"

## कल्पना और फैंटेसी

कॉलरिज स्वच्छंदतावादी आन्दोलन के प्रवर्त्तकों में गिने जाते हैं। उनकी सामालोचना का केन्द्र सर्जन-प्रक्रिया है। उनका मानना है कि परिनिष्ठित रचना के विवेचन की अपेक्षा उसकी सर्जन-प्रक्रिया का विवेचन समालोचना का मुख्य प्रयोजन होना चाहिए।

कॉलरिज का श्रेय दो बातों में है-एक तो कल्पना के स्वरूप-निरूपण में और दूसरे रम्य-कल्पना (Fancy) से कल्पना (imagination) के भेद निरूपण में।

रम्य कल्पना (फैंसी) तथा कल्पना का विवाद काफी पुराना है-इस विवाद को समाप्त करने का श्रेय कॉलरिज को है।

"फैंसी" शब्द ग्रीक के फांतासिया (Phantasia) से बना है और "इमेजिनेशन" लैटिन के इमेजिनातियों (imagination) से। ग्रीक में फंतासिया का लगभग वही अर्थ है जो लैटिन में "इमेजिनातियो" का। किन्तु आलोचनाशास्त्र में पारिभाषिक शब्द के रूप में इनका प्रयोग होने लगा। तब इसका अर्थ निश्चित किया जाना अनिवार्य हो गया। कॉलरिज ने पाया कि कल्पना तथा फैंसी-ये दो भिन्न शक्तियाँ हैं और वह भिन्नता इन दोनों शक्तियों के लक्षणों, व्यापारों तथा परिणामों में विद्यमान है।

कॉलरिज कल्पना के दो भेद करते हैं (1) मुख्य कल्पना (2) गौण कल्पना

मुख्य कल्पना वह शक्ति है जिसकी सहायता से दृश्य जगत का व्यवस्थित और स्पष्ट ज्ञान होता है। हमारी ज्ञानेन्द्रियों के समक्ष विविध वस्तुएँ आती रहती है; जिनको ग्रहण करने में वे सदा लगी रहती हैं। एक साथ हमारे सामने अनेक वस्तुएँ आती हैं पर ये सभी वस्तुएँ बिना किसी भेद-भाव के मन पर प्रतिबिम्वित हों तो मन की हालत बड़ी अराजक हो जाएगी। सब कुछ अव्यवस्थित, अस्त-व्यस्त, एक दूसरे में मिला हुआ-अस्पष्ट। समस्त जागतिक प्रपंच को व्यवस्थित रूप में ग्रहण कराने वाली शक्ति को कॉलरिज ने मुख्य कल्पना का नाम दिया है। मुख्य कल्पना जगत के नाना विध रूपों में स्पष्टता लाती है- एक-एक वस्तु को ठीक-ठिकाने पर अंकित करती है।

संजीवना क्रियाशीलता में मुख्य कल्पना के समान ही होती है। गौण-कल्पना भी ऐन्द्रिक संवेदनों को व्यवस्थित करती है पर दोनों ही प्रकार की कल्पनाओं में अन्तर यह है कि मुख्य कल्पना का काम अनजाने रूप से चलता है और गौण कल्पना अपना काम सचेत रूप से ज्ञान-पूर्वक व इच्छापूर्वक करती है। गौण कल्पना मुख्य कल्पना की तरह अनजाने, अनचाहे काम नहीं करती बल्कि उसका सारा व्यापार इच्छा और ज्ञान से परिचालित है। दूसरी महत्वपूर्ण चीज यह है कि मुख्य कल्पना केवल प्रत्यक्षाश्रित है किन्तु गौण कल्पना आत्मा, बुद्धि, इच्छज्ञ-भाव, ज्ञानेन्द्रिय पंचक-इन सब की सहायता लेती है। मुख्य कल्पना के द्वारा जो भी प्रत्यक्ष ज्ञान प्राप्त होता है उसे गौण कल्पना गला कर, घुला-मिलाकर बिल्कुल नया घोल तैयार करती है तथा कलाकार की रूचि तथा इच्छा के मुताबिक एक नया रूप प्रदान करती है।

कॉलरिज ने कल्पना को जादुई शक्ति कहा।

कॉलरिज ने फैंटेसी की निम्नलिखित विशेषताएँ बताई-रम्य कल्पना देश काल से मुक्त एक प्रकार की स्मृति है जो अपने उपयोग की सामग्री साह्‌चर्य-नियम से ग्रहण करती है तथा इसकी उपयोग्य सामग्री स्थिर और निश्चित होती है।

कॉलरिज ने फैंटेसी को स्मृति का ही एक रूप माना है पर सामान्य स्मृति के विपरीत फैंटेसी देश-काल के बंधन से मुक्त रहती है।

## कल्पना और रम्य कल्पना में अंतर

मुख्य कल्पना और गौण कल्पना में केवल मात्रात्मक अंतर है, गुणात्मक अंतर नहीं है। जबकि कल्पना और फैंसी का अंतर मात्रात्मक और गुणात्मक दोनो ही हैं। फैंसी बिम्बों को केवल पास-पास रख देती है उनमें कोई परिवर्तन नहीं लाती, किन्तु कल्पना उन्हें विगलित करके नए रूप में ढाल देती हैं।

कल्पना भावोदीपन को ध्यान में रखकर बिम्बों में एक आंतरिक सामंजस्य लाती है किन्तु फैंसी उन बिम्बों को केवल एकत्र करती है।

कल्पना का स्रोत अन्तःप्रेरणा और प्रत्यक्षादि हैं जबकि फैंसी प्रधानतः स्मृति पर ही निर्भर करती है।

कल्पना की कार्यपद्धति सजीव जैसी होती है पर फैंसी की कार्यपद्धति यांत्रिक होती है।

कल्पना प्रतिभा (genius) की उपज है जबकि फैंसी प्रज्ञा (Talent) की उपज है।

## रामचन्द्र शुक्ल : रसदृष्टि तथा लोकमंगल की अवधारणा

आ. रामचन्द्र शुक्ल के पहले की आलोचना पर ध्यान दें तो हम पाएंगे कि शुक्ल पूर्व आलोचना केवल बहिरंग संदर्भों यथा, भाषा के गुण दोष, अलंकारादि विवेचन तक ही सीमित थी। कवि की संवेदना उसके युगबोध आदि विषय शुक्ल पूर्व आलोचना में उपेक्षित थे। शुक्ल जी ने पहली बार व्यापक स्तर पर अन्तः प्रवृत्ति का अन्वेषण किया।

इसीलिए यह कहना सार्थक है कि हिन्दी साहित्य की कोई भी विधा किसी एक आदमी से उतनी समृद्ध नहीं हुई जितनी आ. शुक्ल से आलोचना।

आ. शुक्ल ने साहित्यालोचक होने की भीषण तैयारी की थी। हैकेल के "रिडल ऑफ यूनिवर्स" का उन्होंने "विश्व प्रपंच" नाम से अनुवाद किया। इस अनुदित कृति की भूमिका उन्होंने लिखी जिसमें उन्होंने पौराणिकता के बरअक्स वैज्ञानिकता को स्थापित करते हुए धर्म की इहलौकिक और विकासवादी व्याख्या की। इस भूमिका से आ. शुक्ल की विद्वता, पांडित्य और आलोचक दृष्टि का भी पता चलता है। ऐसा लगता है कि उन्होंने चार्वाक, सांख्य, चरक, नैयायिक गीता आदि भारतीय विचारों के साथ पश्चिम के भौतिक-दर्शन, मनोविज्ञान, लार्ड केलविन, डारविन, हक्सले, हर्बट, स्पेन्सर, स्पिनोना, डेकार्ट, कान्ट, बर्कले, शेलिंग, हीगेल, शॉपेनहावर ह्युम और प्लांः आदि का सामंजस्य प्रस्तुत किया है। विश्व-प्रपंच की भूमिका के आधार पर ही डॉ. राम विलास शर्मा ने आ. शुक्ल को भौतिकवादी माना है किन्तु वे भौतिकवादी होते हुए भी भूतवादी नहीं है। वे धर्म आस्था और लोक-मानस के अन्तः संबंधों को पहचानते हैं और लोक-जागरण में धर्म की सकारात्मक भूमिका को रेखाकिंत करते हैं।

अपने वैज्ञानिक दृष्टिकोण तथा धर्म की इहलौकिक व्याख्या के ही कारण आ. शुक्ल अध्यात्मवाद का विरोध करते हैं तथा तुलसी को लोक धर्म का संस्थापक सिद्ध करते हैं। वे कहते हैं कि रहस्यवाद की कविताओं में सबसे अधिक विरक्तिजनक दो बातें होती हैं-भावों में सच्चाई का अभाव और व्यंजना की कृत्रिमता। उसमें व्यंजित भावों का हृदय से सच्चा संबंध नहीं होता।

आ. शुक्ल कहते हैं- साहित्य का कार्य क्षेत्र मानव हृदय है तथा कविता की साधना को उन्होंने भाव योग कहा है। इसी के सहारे मनुष्य अपने संकुचित क्षेत्र से ऊपर उठकर लोक सामान्य की भाव-भूमि पर आसीन होता है। स्वार्थ संबंधों के संकुचित क्षेत्र से लोकोत्तर की नहीं लोक सामान्य भूमि की यात्रा भाव योग के सहारे होती है। इसी आधार पर वे रहस्यानुभूति तथा रीतिकालीन भाव-बोध को एक सिरे से खारिज कर देते हैं।

भावों और मनोविकारों की व्याख्या वे भाववादी होकर नहीं करते बल्कि वैज्ञानिक व विकासवादी विधान से करते हैं। यहाँ वे आई. ए. रिचर्डस से प्रभावित प्रतीत होते हैं।

जैसा कि हम जानते हैं कि शुक्ल जी का साहित्यिक सिद्धान्त रसवाद है लेकिन यह रसवाद संस्कृत आचार्यों का रसवाद नहीं। आ. शुक्ल ने रसवाद को एक पूर्ण और प्रगतिशील आधार प्रदान किया। वे कहते हैं कि रसानुभूति प्रत्यक्ष या वास्तविक अनुभूति से पृथूक कोई अन्तर्वृति नहीं बल्कि उसी का एक उदात्त और अवदात्त रूप है।

आचार्य शुक्ल लोक हृदय में लीन होने की दशा को रसदशा कहते हैं तथा इस संदर्भ में हृदय की मुक्तावस्था को प्राथमिकता देते हैं। शुक्ल जी की आलोचना में प्रेम का महत्वपूर्ण स्थान है। प्रेम की प्रकृति के अनुसार, वे विभेद करते हैं और व्यापक सीमा विहीन लोक सामान्य भूमि पर किए गए प्रेम को सर्वोच्च मानते हैं--प्रकारान्तर मे स्थूल प्रेम का निषेध करते हैं।

शुक्ल जी ने प्रेम के दो पक्ष माने हैं रंजन और पालन। रंजन का संबंध शृंगार से और पालन का संबंध वात्सल्य से है। सूरदास की प्रशंसा वे इसी कारण करते हैं कि उनकी रचनाओं में रंजन और पालन, इन दोनों का सम्यक् समावेश हुआ है।

साधनावस्था और सिद्धावस्था का अंतर बताते हुए वे कहते हैं कि साधनावस्था को लेकर चलने वाली रचनाओं में बीजभाव करूणा होती है जबकि सिद्धावस्था या उपभोग पक्ष को लेकर चलने वाले काव्यों में बीज रूप प्रेम होता है। प्रेम रंजन और पालन जबकि करूण लोकरक्षा की भावना द्वारा अनुप्राणित होता है।

शुक्ल जी काव्य और विश्व में अंतर नहीं मानते। वे कहते हैं कि प्रकृति के नाना-विविध रूपों में निमग्न होने पर काव्य जैसी अनुभूति मिलती है। इसीलिए वे 'विश्वकाव्य' शब्द का प्रयोग करते हैं तथा विश्व को एक महाकाव्य की संज्ञा देतें हैं।

शुक्ल जी ने रूप विधान पर भी विचार किया है। इसकी संख्या उन्होंने तीन बताई है--प्रत्यक्ष रूप विधान, स्मृत रूप विधान तथा संभावित या कल्पित रूप विधान।

भक्ति का मूल वे ज्ञान मानते हैं। वे कहते हैं कि कोरा ज्ञानी शुष्क होता है जबकि भक्ति सरस होती है। वे मानते हैं कि भक्ति की अनुभूति और काव्य की अनुभूति में एक साम्य है वह यह कि दोनों की अनुभूति का आधार ज्ञात जीवन और जगत् है। दोनों ही लोक सामान्य की भूमि पर अवलंबित रहते हैं। सूरदास की आलोचना करते हुए वे इन्हें सिद्धावस्था के अन्तर्गत मानते हैं। सूरदास के वात्सल्य वर्णन को उन्होंने विश्व-साहित्य में अद्वितीय कहा है। कृष्ण की लीला का क्षेत्र घर का कोई कोना नहीं बल्कि पूरी प्रकृति है उनका सारा कार्य क्षेत्र है जिसमें ग्वाल-बाल, यमुना, क्रीड़ा, दुग्ध, दही आदि सबका समावेश करके सूर ने गोकुल का अद्वितीय वर्णन किया है।

सच्चा प्रेम साहचर्य जनित होता है। यह आकस्मिक या दुर्घटना के रूप में नहीं घटता। यह लीला से जन्मा साहचर्य और उस साहचर्य से जन्में प्रेम के कारण ही शुक्ल जी इसे जीवनोत्सव कहते हैं। सूरदास द्वारा वर्णित विरह-वर्णन की प्रशंसा करते हुए वे कहते हैं कि विरह वर्णन भी घर के किसी कोने में या कोपभवन में न होकर प्रकृति के साथ यमुना के कछारों या वन स्थलियों तक फैला हुआ है।

तुलसी आ० शुक्ल के प्रिय कवि हैं। यह विचार करना कठिन प्रतीत होता है कि तुलसी ने उनके आलोचनात्मक प्रतिमानों का विकास किया कि तुलसी इन प्रतिमानों पर खरे उतरे।

शुक्ल जी प्रबंध काव्य को मुक्तक से ऊपर स्थान देते हैं क्योंकि मुक्तक में बीज-भाव के पल्लवित होने का अवकाश नहीं होता। प्रबंधकार कवि की कसौटी होती है कि वह कथा के मार्मिक स्थलों की पहचान कर सका है कि नहीं। राम का वन-गमन, अयोध्या-त्याग, भरत मिलाप, शबरी का आतिथ्य, लक्ष्मण को शक्ति लगने पर राम का विलाप आदि मार्मिक स्थलों की पहचान करने के ही कारण "रामचरितमानस" और गोस्वामी तुलसीदास उनके सर्वप्रिय ग्रन्थ और कवि है। श्री राम अनन्तशील सौन्दर्य समन्वित हैं जिनके कंधों पर लोक रक्षा का दायित्व है। जायसी को वे एकेश्वरवादी नहीं अद्वैतवादी मानते हैं एकेश्वरवाद और अद्वैतवाद के बीच फर्क है। एकेश्वरवाद स्थूल एक देववाद और अद्वैतवाद सूक्ष्म आत्मवाद या ब्रह्मवाद। इसीलिए वे सूफियों को अद्वैतवाद के करीब मानते हैं।

वे कहते हैं कि सूफी प्रेम की पीर की व्यंजना करते हैं जो समाज में समन्वय का एक प्रयास था। सूफियों ने दिखा दिया कि एक ही प्रेम का तार सबके हृदय से होकर जाता है।

पद्मावत को भी आ० शुक्ल इसीलिए पसंद करते हैं कि कवि ने इसमें मार्मिक स्थलों की पहचान की है।

कबीर और जायसी के रहस्यवाद में अन्तर बताते हुए, वे कहते हैं कि कबीर का रहस्यवाद वेदान्त और हठयोग की पारिभाषिक शब्दावली के आधार पर विकसित है जबकि जायसी का रहस्यवाद बड़ा ही स्वाभाविक और मर्मस्पर्शी है।

प्रकृति चित्रण के कारण भी शुक्ल जी ने जायसी की प्रशंसा की है। नागमती के विरह वर्णन को उन्होंने हिन्दी साहित्य में अद्वितीय कहा है। कारण है नागमती का रानीत्व त्याग और लोकभूमि पर आगमन।

शुक्लजी के आलोचना पद्धति तथा विचाराधारा की कुछ सीमाएँ थीं। जिनके कारण उन्होंने भक्तिकाल के उदय के कारण को इस्लाम की प्रतिक्रिया माना तथा कबीर आदि निर्गुण परम्परा के कवियों का सम्यक् मूल्यांकन नहीं किया। छायावादी कवियों में निराला के साथ भी ऐसा ही हुआ। बावजूद इसके आ० शुक्ल हिन्दी साहित्य के महानूतम आलोचकों में अग्रणी हैं।

## आलोचना : डॉ० राम विलास शर्मा — मार्क्सवादी समीक्षा

सन् 1925 ई० में भारतीय कम्युनिस्ट पार्टी की स्थापना से मजदूरों, किसानों तथा प्रगतिशील बुद्धिजीवियों का एक मंच अस्तित्व में आया। भारतीय स्वाधीनता आन्दोलन तथा उस युग के बौद्धिक जगत् की हलचलों को इस मंच ने एक क्रांतिकारी स्वर प्रदान किया। स्वाधीनता आन्दोलन तथा व्यापक जनसंघर्ष को वर्ग-चेतना से संपृक्त करने के कारण यह मंच एक ऐतिहासिक भूमिका निभाता रहा।

इसी प्रगतिशील और क्रांतिकारी परम्परा में डॉ० राम विलास शर्मा का नाम विशेष सम्मान के साथ लिया जाता है। उन्होंने आ० रामचन्द्र शुक्ल की आलोचना परम्परा को वैज्ञानिक ढंग से विकसित किया।

शुक्ल जी की आलोचना पद्धति में व्याप्त कुछ त्रुटियों तथा असंगतियों का परिष्कार करते हुए डॉ० राम विलास शर्मा ने मार्क्सवाद के रूप में एक सुसंगत और वैज्ञानिक विचारधारा को अपनी आलोचना पद्धति के रूप में अपनाया।

मार्क्सवादी आलोचक के रूप में डॉ० शर्मा ने साहित्य से संबंधित अनेक प्रश्नों का सामना किया और एक गंभीर चिंतन प्रस्तुत किया। प्रगति-विरोधी विचारक प्रायः जनता को अशिक्षित भीड़ की संज्ञा देते हैं। डॉ० शर्मा ने इस विचार का विरोध करते हुए बताया कि जनता और कला में कोई वैर नहीं। वैर भाव उन लोगों के मन में उठता है जिनके लिए जनता एक कल्पना है अर्थात् जो जनता से संघर्ष करती-आगे बढ़ती या फिर जीतती या हारती हुई पहचान को छोड़कर उसे अशिक्षित, कुसंस्कृत, अराजक, कलाहीन आदि पर्यायवाची शब्दों से पुकारते हैं। ये आलोचक जनता के संघर्षशील स्वरूप की सदा उपेक्षा करते हैं। डॉ० शर्मा ने मध्यकालीन भक्त कवियों की प्रगतिशीलता, लोकधर्मिता और कलात्मकता का उदाहरण प्रस्तुत करके अपने पक्ष को बड़े ही जोरदार ढंग से रखा है। आगे डॉ० शर्मा यथार्थवाद को और भी स्पष्ट करते हुए कहते हैं कि साहित्यकार को जनता को देखते हुए उसके जीवन के विभिन्न पक्षों में निहित संबंध को भी देखना चाहिए और उसका चित्र फोटोग्राफिक नहीं होना चाहिए। वे लिखते हैं- "बिना सम्बद्धता का विचार किए हुए जो साहित्यकार यथार्थवाद के नाम पर सामाजिक क्रियाओं का असम्बद्ध चित्रण करेगा, उसका चित्रण ऊपर से सच्चा प्रतीत होते हुए भी अवास्तविक होगा। इससे कला में अराजकता उत्पन्न होगी।"

कलाकार की पात्रता के विषय पर वे लिखते हैं कि "सामाजिक

विकास के नियमों को जानने से लेखक को वह पतवार मिल जाती है जिसके सहारे वह जनता के विशाल सागर में अपनी नाव खे सकता है। लेखक चाहे कितनी ही छोटी घटना का चित्रण करे, वह सफल कलात्मक चित्रण तभी कर सकेगा, जब वह उस घटना की सामाजिक पृष्ठभूमि को समझे तथा वह उस घटना के तत्कालीन भावी प्रभाव और महत्व से आँक सके।"

इस प्रकार डॉ. शर्मा ने यथार्थवाद पर लगाए गए आरोपों का जोरदार खंडन किया तथा यथार्थवाद और युगबोध के अन्तर्सम्बन्धों को व्याख्यायित किया। उन्होंने यथार्थवाद के बारे में फैलाई गई भ्रान्तियों का पर्दाफाश किया तथा यथार्थवाद को यथातथ्यवाद समझने वाले आलोचकों की खिंचाई की।

आ. शुक्ल मध्यकालीन भक्त कवियों की परम्परा यथा जायसी, सूर और तुलसी की प्रगतिशील परम्परा का अनुसंधान करते हैं वहीं डॉ. शर्मा आधुनिक काल की प्रगतिशील परम्परा का अनुसंधान करते हैं। उन्होंने प्रेमचंद, भारतेन्दु, निराला, रामचन्द शुक्ल और महावीर प्रसाद द्विवेदी पर आलोचनात्मक पुस्तकें लिखकर हिन्दी आलोचना को समृद्ध किया। प्रेमचंद पर डॉ. शर्मा ने दो पुस्तकें लिखी "प्रेमचन्द" 1941 ई. तथा "प्रेमचन्द और उनका युग" 1952 ई.।

"प्रेमचंद" (1941 ई.) नामक अपनी पुस्तक में उन्होंने प्रेमचंद की रचनाओं में आए शोषक वर्ग, उसकी सामाजिक पृष्ठभूमि, प्रेमचंद की प्रगतिशीलता आदि का विश्लेषण किया है। वे लिखते हैं- "निर्धनता और अंधविश्वास परन्तु इसके साथ सहनशीलता और सहृदयता किसानों के इस सरल सुखी संसार में नवीन सभ्यता आकर पुराने चक्र में जैसे बिजली डाल देती है और ये किसान छिन्न-भिन्न होकर इधर-उधर बिखर जाते हैं। प्रेमचंद हमें निराश नहीं करते। आत्मबल पर विश्वास कर, संगठित होकर सामाजिक यन्त्र पर आघात करने का हमें संदेश देते हैं। परन्तु उनकी आशा उथली नहीं है। उसके नीचे परिस्थिति की भयंकरता का पूरा ज्ञान है।" वे प्रेमचंद की रचनाओं के समानान्तर भारतीय स्वाधीनता आन्दोलन को रखते हैं तथा दिखाते हैं कि प्रेमचंद भारतीय स्वाधीनता युग की प्रगतिशील क्रांतिकारी विचारधारा को पहचानने की पूरी क्षमता रखते हैं।

गोदान में डॉ. शर्मा पूँजीवादी शोषण चक्र तथा महाजनी सभ्यता की क्रूर सच्चाईयों का उद्‌घाटन करते हैं। शोषण का बदला हुआ स्वरूप, उपनिवेशवाद और राजनीतिक चेतना, जातिवाद, आदि सामाजिक यथार्थ को डॉ. शर्मा ने बड़े ही महत्वपूर्ण ढंग से रेखांकित किया।

"प्रेमचंद और उनका युग" में प्रेमचंद का रचनाकार व्यक्तित्व, उनका सम्पादकीय व्यक्तित्व, युगीन परिस्थितियों और उनसे प्रभावित उनकी रचनाओं का विशद् वर्णन किया गया है।

1953 में प्रकाशित "भारतेन्दु हरिश्चन्द्र" तथा 1943 ई. में प्रकाशित "भारतेन्दु युग"। इन दोनों पुस्तकों में उन्होंने 19वीं सदी के उत्तरार्द्ध के बौद्धिक सांस्कृतिक परिवेश को पहचानने का प्रयास किया है।

"भारतेन्दु युग और हिन्दी भाषा की विकास परम्परा" (1975 ई.) में उन्होंने भारतेन्दु की स्थिति और आधुनिक समस्याओं के अन्तःसंबंधों पर विचार किया है। भारतेन्दु की रचना दृष्टि के अन्तर्विरोधों की पहचान करते हुए, वे कहते हैं कि भारतेन्दु-युग में एक ओर राजभक्ति मिलती है तो दूसरी ओर देशभक्ति। इसका कारण वे महारानी के घोषणा पत्र को मानते हैं जिसके कारण बुद्धि जीवी वर्ग में एक आशा की किरण झलकी। भारतेन्दु की राजभक्ति का कारण डॉ. शर्मा बेहतरी, विकास, न्याय और समान अवसर की आशा को मानते हैं। डॉ. शर्मा भारतेन्दु युग के रचनाकारों की प्रगतिशीलता को रेखांकित करते हुए उसे प्रगतिशील साहित्य की श्रेणी में रखते है। भारतेन्दु युग में नाटक, सभा-समितियों के गठन, तथा लेखकों का जनता से प्रगाढ़ तथा आत्मीय संबंध को भी वे रेखांकित करते हैं।

1946 ई. में "निराला" तथा 1972 ई. में "निराला की साहित्य साधना" नामक पुस्तक का द्वितीय खंड प्रकाशित हुआ। इन पुस्तकों में डॉ. शर्मा ने निराला के सम्पूर्ण साहित्य गद्य और पद्य दोनों की व्याख्या और उसका मूल्यांकन प्रस्तुत किया है।

"निराला" नामक पुस्तक का हिन्दी आलोचना में महत्वपूर्ण स्थान है। पुस्तक की भूमिका में छायावादी कवियों की प्रगतिशीलता के मूल्यांकन पर बल देते हुए डॉ. शर्मा ने लिखा है कि "इस पुस्तक को लिखने का मूल उद्देश्य यह है कि साधारण पाठकों तक निराला साहित्य पहुँचे।" वे आगे लिखते हैं कि नए कवियों (छायावादी) ने व्यक्ति के पूर्ण विकास के लिए उस सामाजिक स्वाधीनता की मांग की जिसे पिछले युग के बंधन दबाकर रखना चाहते थे और छन्द और भाषा के नए प्रयोग करके उन्होंने रीतिकालीन आचार्यों को बता दिया कि हिन्दी में एक नए युग का आरंभ हो गया है। निराला के "तुलसीदास" और राम की शक्तिपूजा नामक दो कविताओं में अंतर बताते हुए वे कहते हैं कि 'तुलसीदास' में कवि एक हद तक तटस्थ है, पर 'राम की शक्तिपूजा' एक नाटकीय कविता है जिसमें कवि अपने प्रति इतना तटस्थ हो गया है कि इस कविता में मुख्यपात्र से उसके तादात्म्य को हम समझ नहीं पाते। दूसरी बात यह है कि इस कविता में राम-संघर्ष का चित्र जितना प्रभावशाली है उतना उनकी विजय का नहीं।

"राम की शक्तिपूजा" "सरोज स्मृति" वनबेला, अनामिका को डॉ. शर्मा संक्रमण काल की कविता मानते हैं। डॉ. शर्मा निराला की यथार्थवादी प्रगतिवादी दृष्टि को उनकी गद्य रचनाओं में भी खोजते हैं।

अपने एक निबंध में डॉ॰ शर्मा लिखते हैं- बींसवीं सदी में हिन्दी भाषी जनता ने तीन महान् साहित्यिक विभूतियों को जन्म दिया। कथा साहित्य में प्रेमचन्द, "आलोचना में रामचन्द्र शुक्ल और कविता में सूर्यकान्त त्रिपाठी निराला। ये तीनों विभूतियाँ एक दूसरे की पूरक हैं।" वे आगे आ॰ शुक्ल की आलोचना दृष्टि पर एक पूरी पुस्तक "आचार्य रामचन्द्र शुक्ल और हिन्दी आलोचना" (1955 ई॰) लिखते हैं। इस पुस्तक में वे आ॰ शुक्ल की आलोचना दृष्टि, उनकी प्रगतिशीलता तथा लोक हृदय से उनकी आत्मीयता को रेखांकित किया है। इस सिद्धान्त की लौकिक व्याख्या करने के कारण शुक्ल जी को डॉ॰ शर्मा भौतिकवाद से प्रभावित भी करते हैं। तुलसीदास के संदर्भ में डॉ॰ शर्मा लिखते हैं- "शुक्ल जी ने तुलसी के इस प्रेम को पहचाना और इसे केशव-बिहारी के प्रेम से एकदम भिन्न माना। यही उन्हें हिन्दी का महान् आलोचक बनाता है।" डॉ॰ शर्मा लिखते हैं- शुक्ल जी ने केशव की वास्तविकता प्रकट करके आलोचना के पुराने सामंती मानदंडों को बदलने में बड़ी सहायता की। शुक्ल जी द्वारा केशव की आलोचना ने लाला भगवानदीन औरा राव राजा श्याम बिहारी मिश्र आदि का युग समाप्त कर दिया और हिन्दी आलोचना के एक नए युग का सूत्रपात किया।"

डॉ॰ शर्मा मुक्तिबोध और शमशेर के काव्य का सम्यक् मूल्यांकन नहीं कर पाए। शमशेर के आधार पर उन्हें सामंती या रीतिकालीन उर्दू साहित्य की परम्परा से जोड़ते दिखाई देते हैं। वहीं मुक्तिबोध की असुरक्षा की भावना को अस्तित्ववाद से प्रभावित बताते हैं। अज्ञेय, यशपाल और रेणु के साथ डॉ॰ शर्मा ने ऐसा ही किया और उसके साहित्य को एक सिरे से खारिज कर दिया।

डॉ॰ शर्मा की आलोचना गंभीर, भाषा सरल, शैली ध्वंसात्मक है। इस प्रकार उन्होंने हिन्दी की प्रगतिशील परम्परा को और भी समृद्ध बनाया।

## आ॰ हजारी प्रसाद द्विवेदी

शुक्ल जी साहित्य को जनता की चित्तवृत्ति का प्रतिबिम्ब मानते हैं किन्तु साहित्येतिहास लेखन के समय साहित्य का अध्ययन शिक्षित जनता अर्थात् मुख्यधारा में शामिल जनता की प्रवृत्तियों के आधार पर किया है।

जनता और शिक्षित जनता के बीच फर्क होता है। शुक्ल जी के भक्तिकाल संबंधी दृष्टिकोण के निर्धारण में यह अंतर एक निर्णायक भूमिका अदा करता है।

नाथ, सिद्ध वज्रयानी शाखा के निर्गुण कवियों पर चर्चा करते समय यह भेद महत्वपूर्ण हो जाता है। इन्हीं कवियों के अध्ययन के दौरान आ॰ शुक्ल ने शिक्षित जनता तथा अशिक्षित जनता जैसे शब्दों का प्रयोग किया है।

उदाहरण के लिए कबीर को ही लें। आचार्य शुक्ल ने कबीर को हिन्दू-मुस्लिम ऐक्य विधायक, शुष्क ज्ञानमीमांसक तथा ज्ञान का आडंबर करने वाले व्यक्ति के रूप में पहचाना। उन्हें रहस्यवादी तक घोषित कर दिया। यह सही है कि कबीर की कई रचनाएँ अन्तस्साधनात्मक हैं पर उनकी रचनाओं की मार्मिकता भी निःसंदेह है।

कबीर की साधना की ऐतिहासिक जाँच आ॰ द्विवेदी ने की। कबीर की जाति, निर्गुण साधना की परम्परा, उनकी साधना की विशेषताओं, इस्लाम का उन पर प्रभाव—इत्यादि कई प्रमाणिक सूचनाएँ आ॰ हजारी प्रसाद द्विवेदी ने दी है। उनका मानना है कि किसी भी रचना को समझने के लिए लेखक के साथ उसके जीवन और समुदाय के साथ सहानुभूतिपूर्ण संबंध होना अनिवार्य है। आलोचना परम्परा और ऐतिहासिक सन्दर्भों को काट कर नहीं की जा सकती।

आ॰ द्विवेदी ने "सूर साहित्य" भी इसी दृष्टिकोण से लिखा है। कृष्ण और राधा के पौराणिक ऐतिहासिक और साहित्यिक स्वरूपों की खोज करते हुए आ॰ द्विवेदी सूर की राधा का चंडीदास की राधा और विद्यापति की राधा के साथ तुलनात्मक विश्लेषण करते हैं।

द्विवेदी जी ने कबीर को कई किंवदन्तियों के जाल से निकाला जैसे "वे हिन्दू थे", "वे मुसलमान थे", "वे ब्राह्मणी के पुत्र थे" आदि-आदि।

आ॰ द्विवेदी ने वचनजीवी जातियों का समाजशास्त्रीय व नृवंशशास्त्रीय अध्ययन करके दिखाया कि ये जातियाँ नाथ-पंथ को मानती थीं और जाति-भेद और ब्राह्मण श्रेष्ठता तथा अवतारवाद में इनकी कोई आस्था नहीं थी। मुसलमानों के आने के बाद इनका सामूहिक धर्मान्तरण हुआ। कबीरदास इन्ही नवधर्मान्तरित लोगों के बीच पालित थे।

कबीर के शब्दावली का अन्वेषण करके उनकी शब्दावली का इतिहास तथा उसकी परम्परा का अन्वेषण आ॰ द्विवेदी ने किया। जैसे खसम अरबी भाषा का शब्द है और एक खसम शब्द सरहपा की रचनाओं में भी आया है इसका अर्थ ख-सम अर्थात् गगन सम है जबकि अरबी शब्द खसम का अर्थ पति है—कबीर इन दोनों ही अर्थों में इस शब्द का प्रयोग करते हैं।

शुक्ल जी ने बताया कि कबीर मूर्तिपूजा का खंडन मुलसमानी जोश के साथ करते हैं। जबकि आ॰ द्विवेदी ने कहा कि मूर्तिपूजा का विरोध तो नाथ पंथ की (कबीर की पूर्ववर्ती) परम्परा में पहले से ही अनुस्यूत है।

शुक्ल जी ने भक्तिकाल के उदय का कारण इस्लामी आक्रमण की प्रतिक्रिया माना है। मुसलमानों के आगमन तथा अत्याचार से उपजी हताशा को वे भक्ति साहित्य का प्रेरक मानते हैं जबकि आ॰

द्विवेदी इस भक्ति काव्य को भारतीय परम्परा का ही स्वाभाविक विकास माना है। वे कहते हैं कि यदि मुसलमान नहीं भी आए होते, तो भक्ति काव्य का बारह आना वैसा ही होता जैसा अभी है। उनके अनुसार भक्तिकाव्य निराश और हताश पौरूष का काव्य नहीं है।

आ॰ द्विवेदी की आलोचना बहुत ही सरल और सहज होती है। गहरी आत्मीयता का यह स्वरूप दो पक्षीय होता है- एक ओर वे कवि से आत्मीयता स्थापित करते हैं तो दूसरी तरफ पाठक के प्रति आत्मीयता भी स्थापित होती है।

भाव विभोर होकर जब वे आलोचना करते हैं। तब शुक्ल जी की तरह बौद्धिकता की प्रधानता न होकर मार्मिकता की प्रधानता हो जाती है। आ॰ शुक्ल इस तरह की प्रभाववादी आलोचना के विरोधी थे पर द्विवेदी जी कहते हैं कि काव्यालोचना कितनी ही बौद्धिक क्यों न हो अन्ततः वह भावों के समझने का ही प्रयास है। द्विवेदी जी की आलोचना कथित रूचियों का निषेध करती है अतः उनका मानवतावादी रूप निखर सामने आता है। वे साहित्य को संस्कृति और समाज से जोड़कर देखते हैं। यही कारण है कि आ॰ द्विवेदी काव्य को मुक्ति की कामना कहते हैं। द्विवेदी जी हिन्दी आलोचना में संभवतः पहले प्रगतिशील आलोचक हैं। प्रगतिशील आन्दोलन के साथ उनका सहानुभूतिपूर्ण संबंध था।

"कालिदास की लालित्य योजना" नामक पुस्तक में उन्होंने कालिदास की रचनाओं से ही कालिदास का शास्त्र ग्रहण किया है। इसी बहाने भारतीय सौन्दर्य-शास्त्र पर भी विचार किया है।

द्विवेदी जी कभी भी आलोचना का शास्त्र नहीं बनाते। वे रचना के अन्तर्गत ही सूत्र की तलाश करते हैं तथा रचना के परिवेश और रचनाकार के व्यक्तित्व से मिले सूत्रों से उसका तादात्म्य स्थापित करते हैं।

## पंडित नंददुलारे वाजपेयी

पं. नंदुलारे वाजपेयी के आलोचना ग्रंथ–हिन्दी आलोचना : बीसवीं शताब्दी, में इन्होंने आचार्य शुक्ल पर तीन लेख संकलित किये हैं। जिनमें उनकी महत्ता, देन एवं उनकी समीक्षा की सीमाएं बताई हैं। वाजपेयी जी के अनुसार : स्थूल व्यवहारवाद को निस्सीम बतलाकर और रहस्यवाद की कनकौए से तुलना कर विद्वान शुक्ल जी ने नवीन कविता के साथ अन्याय किया। सच्चाई तो यह है कि रहस्यवाद की हिमायत करने वाले वाजपेयी जी उसका उतना विश्लेषण नहीं करते जितना रहस्यवाद को 'कनकौआ' कहने वाले शुक्ल जी।

इसमें संदेह नहीं है कि छायावाद की भावभूमि को वाजपेयी जी ने पहचाना है। छायावाद का सामाजिक संदर्भ जितनी स्पष्टता के साथ वाजपेयी ने बताया है उतना उनके समय के अन्य किसी आलोचक ने नहीं बताया। उन्होंने कहा कि, "जिस प्रकार मध्ययुग का जीवन भक्तिभाव में व्यक्त हुआ उसी प्रकार आधुनिक जीवन की अभिव्यक्ति इस काव्य में हुई।

वाजपेयी जी छायावाद की आध्यात्मिकता पर बल देते हैं। छायावाद के भौतिक संदर्भ का संकेत देते हुये जयशंकर प्रसाद की कामायनी और कंकाल उपन्यास के माध्यम् से यह वर्णित करते हैं। ये करूणा एवं दुखांत में व्यंग्य भाव ढूँढते हैं। समाज एवं साहित्य के अंतर्सम्बन्धों की छानबीन एवं गहरे पैठ कर सकते हैं। इन्होंने अपनी कुशल दृष्टि से साहित्य में बौद्धिकता तथा सामाजिकता के दबाव को पहचाना।

वाजपेयी जी प्रेमचंद की प्रगतिशीलता को साहित्य का शाश्वत लक्षण मानते हैं। प्रेमचंद ने पूना अधिवेशन में कहा कि, "अगर प्रोपेगण्डा न हो तो संसार में साहित्य की जरूरत न हो। जो प्रोपेगण्डा नहीं कर सकता, वह विचार शून्य है ओर उसे कलम हाथ में लेने का कोई अधिकार नहीं। मैं उस प्रोपेगण्डा को बड़े गर्व से स्वीकार करता हूँ। "साहित्य के सभी नए आंदोलन एक अर्थ में प्रगतिशील कहे जा सकते हैं क्योंकि किसी न किसी नवीन विचारधारा के सहचर हुआ करते हैं।" अतः प्रेमचंद की ही भाँति वाजपेयी जी भी कहते हैं कि, किसी विशिष्ट साहित्य आंदोलन को ही प्रगतिशील कहने से भ्रम होता है, हमारे पहले के आंदोलन प्रगतिशील नहीं थे।

पंडित वाजपेयी ने जीवोन्मुख और उसकी उद्देश्ययुक्त नियोजना को प्रगतिशीलता का लक्षण माना है। उनके विश्लेषण से ऐसा लगता है कि वे प्रगतिशीलता को काव्य हेतु अनिवार्य मानते हैं। प्रगतिशीलता समय सापेक्ष्य है। भूत एवं भविष्य को वर्तमान के व्यवहार से समझकर। "साहित्य जीवन के संघर्षों के बीच रहकर रचा जाता है और उसका उद्देश्य जीवन को समृद्ध और सम्पन्न बनाना है।"

इन्होंने साहित्य सृजन के लिए सामयिक जीवन के महत्त्व पर पुनः बल दिया तथा प्रयोगवादी रचनाओं पर भी विचार किया। उन्होंने तारसप्तक के संकलनकर्ता और संपादक अज्ञेय के वक्तव्य की आलोचनात्मक छानबीन की है। हिन्दी साहित्य-बीसवीं शताब्दी में आ. द्विवेदी, मैथिलीशरण गुप्त, रत्नाकर आदि पर निबंध सृजित कर आलोचकीय गंभीरता और दायित्व का परिचय दिया।

वाजपेयी का साहित्यिक व्यक्तित्व अपने युग की राष्ट्रीय आशाओं, आकांक्षाओं का प्रतिनिधित्व करता है। उनके पुरुष व्यक्तित्व ने यदि खड़ी बोली हिन्दी को गठित, व्यवस्थित और एकरूपता दी तो प्रेरणादायक व्यक्तित्व ने हिन्दी को मैथिलीशरणगुप्त जैसा कवि दिया। छायावाद को द्विवेदी युग का विद्रोह स्वर तो बहुत जोर-शोर से कहा जाता है, लेकिन यह आंकने का प्रयास कम किया जाता है कि द्विवेदी युग को लांघकर हिन्दी में छायावाद नहीं आ सकता

था। छायावाद द्विवेदी युग का विद्रोह कम और विकास अधिक है। हमारे देश की प्रगति का द्विवेदी युग के साहित्य ने साथ दिया। इसे वाजपेयी जी ने लक्षित किया है और वर्णित किया है कि, "हीनता और दरिद्रता के प्रति सहानुभूति समय की सामाजिक और राजनीतिक प्रगति का साथ देना, शृंगार के विलास-वैभव का निषेध, ये सब द्विवेदी युग के आदर्श हैं। मध्य वर्ग की राष्ट्रीय भावना जो अकीरों के आतंक से छूट नहीं पायी थी। "द्विवेदी युग की आधारशिला है।"

वाजपेयी जी ने रत्नाकार के काव्य की जाँच विकास की द्वंद्वात्मक गति की शैली के आधार पर की और वे कहते हैं, कि, "गत युग के संस्कारों की स्थापना नव्यतर युग में करना निसर्गतः एक कृत्रिम प्रयास है। वह काव्य सुशोभन और गौरवास्पद हो सकता है किन्तु वह युग का अनिवार्य काम नहीं हो सकता। उत्कृष्ट साहित्य सदैव अनिवार्य हुआ करता है।"

कुशल और मर्मभेदी आलोचना 'जयद्रथ वध' जैसी रचनाओं के विश्लेषण करते समय स्पष्ट होती है। राष्ट्रीय चेतना का उत्कर्ष, पुराने कथानक में आधुनिकता की पहचान करना इनकी विशेषता है।

इनकी समीक्ष्यकृतियों को देखने के उपरांत लगता है कि ये शुक्ल जी की परंपरा के आलोचक हैं। उनकी सामर्थ्य शुक्ल जी का विरोध करने में नहीं बल्कि उनका समर्थन करने या उनके द्वारा निकाली गई समीक्षा पद्धति पर चलने में प्रकट हुई। वाजपेयी जी ने शुक्ल जी का विस्तार किया है, तर्क असंगत नहीं है।

## उत्तर-संरचनावाद

उत्तर-संरचनावाद संरचनावाद का ही अगला चरण है। इन दोनों को उस तरह अलगाया नहीं जा सकता। जिस प्रकार आधुनिकतावाद और उत्तर-आधुनिकतावाद को अलगाने का प्रचलन है। संरचनावाद कुछ विशिष्ट विचारों का गुंफ है जो कई अनुशासनों – इतिहास, नृतत्वशास्त्र मनोविज्ञान, साहित्य आदि पर लागू किया जा सकता है। नौवे दशक में इसका पराभव आरंभ हुआ। इसका स्थान उत्तर-संरचनावाद ने लिया। यद्यपि बहुत से मत-मतांत्तरों की तरह इसका (संरचनावाद) जन्म-स्थान फ्रांस है, फिर भी कुछ अन्य देशों के विद्वानों ने इसमें महत्वपूर्ण योगदान किया है। सस्योर, रोमन जेकोब्सन, माइकेल बाख्ति, पियरे, एडवर्ड सुधीर, नोम चाम्सकी, आदि। संरचनावादियों ने इनसे बहुत कुछ सीखा। संरचनावाद को स्थापित करने का श्रेय फ्रांस के पांच विद्वानों को दिया जाता है– क्लाडे लेविस स्त्रोस (नृतत्वशा स्त्री), माइकेल (विचारों का इतिहासकार) रोलॉवार्थ (साहित्य-आलोचक), लुई अलथ्युसर (राजनीतिक वैज्ञानिक) और जैकिपस लकिन (मनौवैज्ञानिक)। इनका कोई स्कूल नहीं है, प्रत्येक का अपना अनुशासन और व्यक्तित्व है। पर उनकी पद्धतियों में कुछ ऐसा साम्य भी है कि वे संरचनावादी कहे जाते हैं। इनमें लेविस स्त्रोस अकेला व्यक्ति हैं जो इसके साथ नौवें दशक के मध्य तक जुड़ा रहा। बार्थ और फूको आंशिक रूप से ही संरचनावादी हैं। संरचनावाद भाषिकी पद्धति है। उत्तर-संरचनावाद इसी का अगला चरण है।

सातवें दशक में जैकि एस दरिदा ने उत्तर-संरचनावाद का प्रवर्तन किया। उसके अमरीकी अनुयायी पाल डीमन ने उसे और भी पुष्ट किया। संरचनावादी पद्धति में भाषा को माडेल के रूप में लिया जाता है। उत्तर-संरचनावाद में संरचनावाद की अपेक्षा इस पर कहीं अधिक जोर दिया जाता है। वह सस्योर के भाषा सम्बन्धी सिद्धांतों से प्रभावित है। पर उसे एक सीमा के बाद उलट देता है। सस्योर के मतानुसार भाषा अर्थ को सम्मिलित करती है, दरिदा को यह मान्य नहीं है। अर्थेनमीलन का अभिप्राय है कि अर्थ शब्द के पहले रहता है। दरिदा का कहना है कि भाषा अर्थ की सृष्टि करती है। भाषा के बाहर कुछ भी नहीं है। उसकी पद्धति को विनिर्मिति, विघटन कहा जाता है। सस्योर भाषिक चिह्न को प्रकृत्या भिन्नतामूलक मानता है। यानि वह जो कुछ है, वह इसलिए है कि जो वह नहीं है और भाषा द्वारा जो कुछ दिखाई पड़ता है उसमें बहुत कुछ अप्रस्तुत या अनुपस्थित रहता है। इस अनुपस्थिति को कुछ लोग गहन संरचना भी कहते हैं। भाषिक चिह्न में जो नहीं है उसे 'ट्रेस' के रूप में खोजा जा सकता है, क्योंकि बुनियादी तौर पर वह होता ही है। आलोचना का काम इसी अनुपस्थिति को खोजना है। अतः सारा जोर रचना के पाठ पर दिया जाता है, पाठ के बाहर कुछ नहीं होता। आलोचना के प्रतिमान रचना की संरचना में ही होते हैं।

उत्तर-संरचनावादी रचनाकार और आलोचक में बुनियादी भेद नहीं मानता। दोनों ही भाषा का खेल खेलते हैं। दोनों रचना करते हैं। जहाँ रचयिता समाप्त करता है वहाँ से आलोचक और जहाँ आलोचक समाप्त करता है वहाँ से पाठक शुरू करता है। रचयिता को पाठ या टैक्स्ट से बाहर कर दिया जाता है। पाठ ही सृजक है। इसमें लेखक की मृत्यु (रोलॉबार्थ) हो जाती है। काव्य-सत्य अपने आप में सत्य नहीं होता, वह पाठक या आलोचक का सत्य होता है। उसके अनेक रूप हो सकते हैं। उत्तर-संरचनावाद में पाठ के अंधस्थलों का बहुत महत्व है। यह लेखक के दृष्टि पथ में, ज्ञान में, नहीं होता। किन्तु आलोचक हेतु ज्योति का कार्य करता है। संरचनावाद एवं उत्तर-संरचनावाद दोनों में एक अंतर यह भी है कि पहले ये वैयक्तिकता हेतु कुछ जगह पर दूसरे में नहीं।

## आधुनिकतावाद

आधुनिकतावाद एक जटिल पश्चिमी प्रत्यय है। इसकी अनेक व्याख्याएं और अंतर्विरोधी विवेचन होते रहे हैं, और हो रहे हैं।

फिर भी इसके उलझाव को समाप्त नहीं किया जा सका है। किन्तु आलोचना, साहित्यिक इतिहास और सिद्धांतों के विवेचन हेतु यह अनिवार्य हो गया है। पूर्व वर्षों में यह प्रत्यय आंग्ल-अमरीकी और स्कैंडेविया की सीमाओं में ही सिमटा रहा है। आज भी जर्मन और फ्रांसीसी आलोचनाओं में कम ही प्रयुक्त होता है। कुछ-एक विद्वान् उत्तर-आधुनिकता को इसका अगला चरण मानते हैं। इसके प्रवर्तन काल को लेकर विवाद रहा है। डी.एच. लारेंस की दृष्टि में इसकी शुरुआत 1915 में और जान गॉस के मतानुसार 1920 ई॰ में होती है। इस आंदोलन को परम्परा, इतिहास, देश-काल से मुक्ति का कहा जाता है, इसे किसी परम्परा से जोड़ना भारी भ्रम है। लूकाच इसे अमूर्त, इतिहास-निरपेक्ष, तर्केतर और मिथकीय कहता है। T.S. Eliot अपने समय को व्यर्थता और अराजकता का परिदृश्य कहता है। यह एक ऐसा तार था जो आधुनिकतावाद के अनेक सिद्धांतो स्वरों को अलंकृत कर गया। हिन्दी में आधुनिकतावादी गतिविधियों के अविर्भाव का वर्ष 1941 हो सकता है। इसी वर्ष अज्ञेय की 'शेखर : एक जीवनी' का प्रकाशन हुआ जो पारंपरिक रूप और नैतिक मान्यताओं को बुरी तरह ध्वस्त करता है। परन्तु सही अर्थ में इसकी शुरूआत का सिलसिला सन् 60 से चलता है और वह एक आंदोलन का रूप ग्रहण कर लेता है।

पश्चिम का आधुनिकतावाद एशिया का आधुनिकतावाद नहीं हो सकता। जापान और कोरिया को छोड़ दें तो एशिया के अन्य देश विकसनशील अवस्था में हैं। साहित्य अभी गाँव में संयुक्त है, अपनी संस्कृति के प्रति जागरूक है पर आधुनिक के अभिशाप की छाया से अछूता नहीं है। इसकी मुख्य विशेषताएं हैं—इतिहास और परम्परा से विच्छेद, गहन स्वात्म-चेतना, तटस्थता और अप्रतिबद्धता, व्यक्ति स्वातंत्रय, रूप और प्रयोग, अपने आप में बंद दुनिया, अपारदर्शी भाषा।

## उत्तर-आधुनिकतावाद

आधुनिकतावाद की तरह उत्तर-आधुनिकतावाद एक जटिल प्रत्यय है जिसकी रूपरेखा को स्पष्ट नहीं किया जा सकता। पश्चिमी विचारकों में मुख्यतः अमेरिकी विचारकों ने इसे विश्लेषित करने का प्रयास किया है। यह आधुनिकता से एक दम भिन्न है अथवा उसका विकास या अगला कदम? उत्तर-संरचनावाद, उत्तर-प्रौद्योगिकी, आवॉगार्द आदि से इसका क्या संबंध है? इसके अपने गुण-लक्षण क्या हैं? मानवीय समाज, संस्कृति और संवेदना को यह कहाँ, किस दिशा में ले जा रहा है? तीसरी दुनिया के विकसनशील देशों में इसका प्रभाव क्या रहा।

उत्तर-आधुनिकतावाद का प्रचलन एक-दो दशकपूर्व से होने लगा है। 20वीं शती के सातवें और आठवें दशक में। प्रथमः वास्तुकला के क्षेत्र में इसके दर्शन होते हैं इसे लोकप्रिय बनाने का श्रेय राबर्ट बेंतुरी और जेम्स स्टर्लिंग को जाता है। उन्होंने इसका विरोध वास्तुकला की अंतर्राष्ट्रीय शैली के विरोध में किया। इसी क्षेत्र में आधुनिकता की मृत्यु की घोषणा की गई। इसे फ्रांसीसी उत्तर-संचरनावादियों-देल्यूज, दरिदा, माइकेल फुको-से अधिक बल मिला। ये लोग आंठवें दशक में क्रियाशील थे। वे अनेक अर्थों में एक-दूसरे के विरोधी होते हुए भी कई अर्थों में एक-दूसरे से मिलते-जुलते थे, समान थे। वे यथार्थ के खंडित, परस्पर विरोधी और विजातीय तथा बहुवाची थे या अनेकांतवादी चरित्र के समर्थक थे। वह यह नहीं मानते थे कि मनुष्य किसी वस्तुनिष्ठ यथार्थ तक पहुँच सकता है। पर वे उस समय को कला और दर्शन तथा सामाजिक परिवर्तन को दृष्टि में रखते थे।

लियोतार्द आधुनिकतावाद का सम्बन्ध 'ग्रैंड नरेखि' से जोड़ता है, जिसमें एक सिलसिला होता है, समग्रता होती है, आध्यात्मिकता का द्वन्द होता हैं। उत्तर-आधुनिकता 'ग्रैंड-नरेखि' के विरूद्ध है। इसकी कला में संगति नहीं है, रोटैलिटी नहीं है, अन्विति की जगह बिखराव है।

उत्तर-आधुनिकतावाद में, कम्प्युटर युग, दूर-संचार माध्यम्, टेक्नोलॉजी के कारण जो नई स्थितियाँ पैदा हुई हैं उन्हीं से उत्तर-आधुनिकतावादी चेतना का विकास हुआ है। इसमें तर्क, रूप, यथार्थ, इतिहास सबका नकार है। यह एक अराजकतावादी निहलिस्ट प्रवृति है। इसे एक प्रकार के नाकारात्मक सौन्दर्य बोध का आह्लाद कहा जा सकता है।

## विखंडन (विनिर्मितिवाद) (डी-कान्स्ट्रक्शन)

यह पश्चिम की समीक्षा का नवीनतम आविष्कार है। फ्रांस के दार्शनिक, भाषाविद् और आलोचक दरिदा इसके जनक हैं। यह उत्तर-संरचनावाद का सर्वाधिक सशक्त अकादमीय आंदोलन है। अपने देश में भी इसकी धमक सुनाई पड़ने लगी है। इसके संबंध में विद्वान् दो खेमों में बंटे हैं। एक खेमें में इसे क्रांतिकारी कहा जाता है तो दूसरे शिविर में अर्थहीन और आतंकवादी।

दरिदा की पुस्तक ग्रामैंरोलॉजी इसकी बाइबिल है। वह भाषा में उच्चारण के स्थान पर लेखन को महत्त्व देते हैं।

निशान, पदचिह्न या ट्रेस कुछ है जिससे अनुपस्थिति तक पहुँचा जा सकता है। वह कहता है काव्य में भाषा का नहीं, निशान या ट्रेस तथा अनुपस्थिति का महत्त्व है। भाषा का मौन, अंतराल निशान ट्रेस ही है। पर निशान को अदृश्य प्रेत-छाया कहना कुछ भी संकेतित नहीं करता।

# विविध

## A. संस्थाएं

### (1) साहित्य अकादमी : (दिल्ली) :

- क्षेत्रीय कार्यालय : मुम्बई, कलकत्ता, चेन्नई
- स्थापना वर्ष : 1954
- पहला अध्यक्ष : जवाहर लाल नेहरू
- साहित्य अकादमी पुरस्कार स्थापना वर्ष : 1955
- भाषाएँ : प्रतिवर्ष अंग्रेजी सहित 22 भारतीय भाषाओं में दिया जाता है।
- अकादमी की स्थापना का उद्देश्य : सभी भारतीय भाषाओं का विकास तथा उनमें पारस्परिक समन्वय स्थापित करके सांस्कृतिक एकता का पोषण!
- अकादमी के प्रमुख कार्य :

  (1) भारतीय भाषाओं में साहित्यिक कृतियों के परस्पर अनुवाद तथा अभारतीय भाषाओं से भारतीय भाषाओं में अनुवाद कार्य

  (2) साहित्य के इतिहास तथा आलोचना-ग्रन्थों का प्रकाशन

  (3) ग्रन्थसूचियों तथा आत्मकथाओं जैसी संदर्भ पुस्तकों एवं देवनागरी और अन्य भारतीय लिपियों में पुस्तकों का प्रकाशन

जनसामान्य में साहित्य के अध्ययन को लोकप्रिय बनाना

**पत्र/पत्रिकायें/पुस्तकमाला प्रकाशन**

| | | |
|---|---|---|
| अंग्रेजी द्वैमासिक | : | इण्डियन लिटरेचर |
| हिन्दी त्रैमासिक | : | समकालीन साहित्य |
| संस्कृत षट्मासिक | : | संस्कृत प्रतिभा |

'भारत की विभिन्न भाषाओं के साहित्य का इतिहास' तथा 'भारतीय साहित्य के निर्माता' - दो पुस्तक मालायें

- भारतीय साहित्य के एक विस्तृत विश्वकोष का निर्माण
- साहित्य अकादमी पुरस्कार गत पाँच वर्ष के अंदर प्रकाशित रचनाओं पर मिलता है। इसकी राशि रु. 25000/- है। हिन्दी में पिछले कुछ वर्षों में यह पुरस्कार निम्नलिखित लोगों को मिला है -

| *वर्ष* | *कृति* | *रचनाकार* |
|---|---|---|
| 1995 | दूसरा कोई नहीं (का. सं.) | कुँवरनारायण |
| 1996 | मुझे चाँद चाहिए (उपन्यास) | सुरेन्द्र वर्मा |
| 1997 | अनुभव के आकाश में चाँद (का. सं.) | लीलाधर जगूड़ी |
| 1998 | नये इलाके में (का. सं.) | अरूण कमल |
| 1999 | दीवार में एक खिडकी रहती थी (उप.) | विनोदकुमार शुक्ल |
| 2000 | हम जो देखते हैं (का. सं.) | मंगलेश डबराल |
| 2001 | काली-कथा : विया बाइपास (उप.) | अलका सरोकी |
| 2002 | दो पंक्तियों के बीच (कविता) | राजेश जोशी |
| 2003 | कितने पाकिस्तान | कमलेश्वर |
| 2004 | दुश्चक्र में श्रेष्ठ (का. सं.) | विरन दनकवाल |
| 2C05 | क्याप (उप.) | मनोहर श्याम जोशी |
| 2006 | संश्यात्मा (का. सं.) | ज्ञानेन्द्रपति |
| 2007 | इन्हीं हथियारों से (उप.) | अमर कांत |

सबसे पहला साहित्य अकादमी पुरस्कार 1955 में माखनलाल चतुर्वेदी को उनके काव्य संग्रह 'हिमतरंगिणी' के लिए प्रदान किया गया था।

### (2) संगीत नाटक अकादमी (दिल्ली) :

- स्थापना वर्ष : 1953
- स्थापना का उद्देश्य : देश-विदेश में भारतीय नृत्य, संगीत का प्रचार-प्रसार एवं नाट्यकला का विकास
- संगीत नाटक अकादमी पुरस्कार : राशि रु. 25000/- स्थापना वर्ष 1952, नृत्य, संगीत एवं नाट्यलेखन के क्षेत्र में।

### (3) भारतीय ज्ञानपीठ परिषद् :

- स्थापना वर्ष : 1944
- संस्थापक : साहू शान्तिप्रसाद जैन एवं उनकी पत्नी रमा जैन
- ज्ञानपीठ पुरस्कार : देश की मान्यताप्राप्त किसी भी भारतीय भाषा में उत्कृष्ट साहित्य

  सृजन पर; स्थापना वर्ष 1965; राशि : रु. 2.5 लाख मात्र (1998 तक) रु. 5 लाख मात्र (1998 से)
- हिन्दी में ज्ञानपीठ पुरस्कार प्राप्त करने वाले प्रमुख साहित्यकार निम्नलिखित हैं-

  सुमित्रानन्दन पन्त (चिदम्बरा), दिनकर (उर्वशी), अज्ञेय (कितनी नावों में कितनी बार), महादेवी वर्मा (यामा), नरेश मेहता (सम्पूर्ण कृतित्व पर), लीलाधर जगूड़ी (अनुभव के आकाश में चाँद : काव्य संग्रह, वर्ष 1997), निर्मल वर्मा (शताब्दी के ढलते वर्षों में : निबन्ध संग्रह , वर्ष 1999), वर्ष 1998 में

ज्ञानपीठ पुरस्कार गिरीश कर्नाड़ (कन्नड नाटककार) को तथा वर्ष 1999 में निर्मल वर्मा एवं गुरूदयाल सिंह (पंजाबी उपन्यासकार) को सम्मिलित रूप से दिया गया। वर्ष 2000 इंदिरा गोस्वामी (असमी); वर्ष 2001 राजेन्द्र केशव लाल शाह (गुजराती); 2002 डॉ. जयकान्तन (तमिल); 2003 विन्दा करन्दीकर (मराठी); 2004 रहमान राही (कश्मीरी) तथा 2005 कुंवर नारायण (हिन्दी)।

**(4) नागरी प्रचारिणी सभा (वाराणसी) :**

- स्थापना वर्ष : 1893
- संस्थापक : श्यामसुन्दर दास, राम नारायण मिश्र, डॉ. शिवकुमार सिंह
- स्थापना का उद्देश्य : हिन्दी भाषा एवं नागरी लिपि का प्रचार-प्रसार
- प्रमुख कार्य :

1. सन् 1898 में कचहरियों में नागरी लिपि को प्रवेश दिलाना
2. आर्यभाषा पुस्तकालय की स्थापना
3. सन् 1945 में रामचन्द्र शुक्ल के सम्पादन में 'हिन्दी शब्द सागर' का निर्माण तथा एक राजकीय कोष का निर्माण
4. अठारह भागों के विशाल ग्रन्थ 'हिन्दी साहित्य का वृहद् इतिहास' का प्रकाशन
5. नागरी प्रचारिणी पत्रिका का प्रकाशन (प्रकाशन वर्ष : 1896, प्रथम सम्पादक : श्री वेणी प्रसाद)

**(5) हिन्दी साहित्य सम्मेलन (प्रयाग) :**

- स्थापना वर्ष : 1910
- संस्थापक : राजर्षि पुरूषोत्तम टण्डन
- स्थापना में सहयोगी कार्यकर्ता : श्यामसुन्दर दास, मालवीय जी, सेठ गोविन्ददास, तथा श्रीनारायण चतुर्वेदी
- प्रमुख कार्य : हिन्दी में अनेक परीक्षाओं का आयोजन तथा उपाधियों का वितरण (1913 से)
- अन्य जानकारी : प्रथम हिन्दी साहित्य सम्मेलन (इंदौर) के अध्यक्ष गाँधी जी थे। यह 1918 ई. में सम्पन्न हुआ। इसी वर्ष (1918) 'सम्मेलन' की एक शाखा मद्रास में खुली जिसे 1927 में स्वतंत्र करके 'दक्षिण भारत हिन्दी प्रचार सभा' मद्रास की संज्ञा दी गयी।

**(6) राजभाषा आयोग :**

- स्थापना वर्ष : 1955
- प्रथम अध्यक्ष : बी.जी. खेर
- 14 सितम्बर 1949 को भारत के संविधान में हिन्दी को मान्यता प्रदान की गयी। राजभाषा अधिनियम 1963 में लगाया गया। इसमें 9 धारायें थी। 1967 में अधिनियम का संशोधन किया गया।
- राजभाषा नियम 1976 में 12 नियम निर्धारित किये गये। इन्हीं के आधार पर आज भी हिन्दी भाषा संबंधी नीति का अनुपालन हो रहा है।

**(7) अन्य संस्थाएं :**

- हिन्दुस्तानी अकेडमी (प्रयाग) : स्थापना वर्ष 1927
- विश्वविद्यालय अनुदान आयोग (दिल्ली) : स्थापना वर्ष 1956;
- ललित कला अकादमी : स्थापना वर्ष 1954 ; वर्तमान अध्यक्ष : रामनिवास मिर्धा
- छठा विश्व हिन्दी सम्मेलन (लंदन) : 14 - 18 सितम्बर 1999

**(8) व्यास सम्मान (राशि 2.5 लाख रु.) :** रामविलास शर्मा (1991), शिवप्रसाद सिंह (1992), गिरिजा कुमार माथुर (1993), धर्मवीर भारती (1994)।

| *वर्ष* | *कृति* | *रचनाकार* |
|---|---|---|
| 1995 | कोई दूसरा नहीं (का0 सं0) | कुँवरनारायण |
| 1996 | हिन्दी साहित्य और संवेदना का विकास (आलोचना) | रामस्वरूप चतुर्वेदी |
| 1997 | उत्तर कबीर | केदारनाथ सिंह |
| 1998 | पाँच आँगनों वाला घर (उप0) | गोविन्द मिश्र |
| 1999 | बिश्रामपुर का संत (उप0) | श्रीलाल शुक्ल |
| 2000 | पहला गिरमिटिया (उप0) | गिरिराज किशोर |
| 2001 | पहला गिरिमिटिया (उप0) | गिरिराज किशोर |
| 2002 | पृथ्वी का कृष्ण पक्ष (उप0) | कैलाश वाजपेयी |
| 2003 | अनवन (उप0) | चित्रा मुदगल |
| 2004 | कथ गुलाब (उप0) | मृदुला (जैन) गर्ग |
| 2005 | कथा सतिसार (उप0) | चन्द्रकान्ता |
| 2006 | कविता का अर्थात | परमानन्द श्रीवास्तव |
| 2007 | एक कहानी यह भी (उप0) | मन्नु भण्डारी |

## B. काव्यशास्त्र : कथन/ सिद्धान्त/ पुस्तकें

**संस्कृत काव्य शास्त्र :**

पुस्तकें : नाट्यशास्त्र (भरत), काव्यालंकार (भामह), काव्यादर्श (दण्डी), काव्यालंकारसूत्र (वामन), वक्रोतिजीवितम् (कुन्तक), दशरूपक अवलोक (धनिक), ध्वन्यालोक (आनन्दवर्धन), काव्यप्रकाश (मम्मट), साहित्यदर्पण (विश्वनाथ), अभिनव भारती, ध्वन्यालोकलोचन (अभिनव गुप्त), औचित्य विचार चर्चा (क्षेमेन्द्र), दशरूपक (धनंजय), रस गंगाधर (पंडित जगन्नाथ), काव्यानुशासन (हेमचन्द्र), नाट्यदर्पण (रामचन्द्र गुणचन्द्र), काव्यकौतुक (भट्टतौत),

व्यक्ति विवेक (महिम भट्ट), हृदय दर्पण (भट्टनायक), सरस्वतीकण्ठाभरण (भोज)

**काव्यलक्षण :**

1. संक्षेपाद्वाक्यमिष्टार्थव्यवच्छिन्ना पदावली।
   काव्यं स्फुरदलंकारं गुणवद्दोषवर्जितम्।। (अग्निपुराण)
2. मृदुललितपदाढ्यं गूढशब्दार्थहीनम्
   जनपदसुखबोध्यम् युक्तिमन्नृत्ययोज्यम्।
   बहुरसकृतमार्ग सन्धिसन्धानयुक्तम्
   स भवति शुभकाव्यं नाटक प्रेक्षकाणाम्।। (नाट्यशास्त्र)
3. शब्दार्थौ सहितौ काव्यम् (भामह)
4. शरीरं तावदिष्टार्थं व्यवच्छिन्ना पदावली (दण्डी)
5. शब्दार्थशरीरं तावत्काव्यम्। काव्यस्यात्मा ध्वनिः।(आनन्दवर्द्धन)
6. तद्दोषौ शब्दार्थौ सगुणावनलंकृती पुनः क्वापि । (मम्मट)
7. अंगीकरोति यः काव्यं शब्दार्थवनलंकृती।
   असौ न मन्यते कस्मादनुष्णमनलंकृति।। (जयदेव)
8. बाक्यं रसात्मकं काव्यम् । विश्वनाथ)
9. शब्दार्थौ सहितो वक्र कवि व्यापारशालिनि । बन्धे व्यवस्थितौ काव्यम् (कुन्तक)
10. काव्यशब्दोऽयं गुणालंकारसंस्कृतयो शब्दार्थयोर्वर्तते (वामन)
11. अदोषौ सगुणौ सालंकारौ च शब्दार्थौ काव्यम् (हेमचन्द्र)
12. रमणीयार्थप्रतिपादकः शब्दः काव्यम् (पंडितराज जगन्नाथ)

**काव्यहेतु :**

1. बुद्धिस्तात्कालिकी ज्ञेया मतिरामाभिगोचरा
   प्रज्ञानवनवोन्मेषशालिनी प्रतिभा मता।। (भट्टतौत)
2. अपूर्ववस्तु निर्माणक्षमा प्रज्ञा ............ । (आनन्दवर्द्धन)
3. कवित्वबीजं प्रतिभानम् (वामन)
4. प्रतिभैव श्रुताभ्याससहितां कवितां प्रति
   हेतु : मृदम्बुसम्बद्ध बीजोत्पत्तिः लातामिव ।। (जयदेव)
5. प्रतिभैव च कबीनां काव्यकारणकारणम्
   व्युत्पत्यभ्यासौ तस्या एवं संस्कारककौ न तु काव्यहेतू।। (हेमचन्द्र)
6. शक्तिर्निपुणता लोकशास्त्रकाव्याद्यवेक्षणात्।
   काव्यज्ञशिक्षयाभ्यास इति हेतुस्तदुद्भवे।। (मम्मट)

**काव्य प्रयोजन :**

1. धर्मार्थकाममोक्षेषु वैचक्षण्यं कलासु च ।
   करोति कीर्ति प्रीतिं च साधु काव्यनिवेषणम्।। (भामह)
2. काव्यं यशसेऽर्थकृते व्यवहारविदे शिवेतरक्षतये।
   सद्यः परनिर्वृत्तये कान्ता सम्मित तयोपदेशयुजे (मम्मट)

**रस सम्प्रदाय :**

1. रसो वै सः। (तैत्तरीय उपनिषद)
2. विभावनुभावसंचारिसंयोगाद्रसनिष्पत्तिः
   (नाट्यशास्त्र : भरत का रससूत्र)
3. न हि रसदृतेकश्चिदर्थः प्रवर्तते । (नाट्यशास्त्र)
4. काव्येषु नाटकं रम्यं । (नाट्यशास्त्र)
5. एते ह्यष्टौ रसाः प्राक्ता द्रुहिणेन महात्मना । (नाट्यशास्त्र)
6. आस्वाद्यत्मेव रसः । यथाहिनांनाव्यंजनसंस्कृतमन्नं भुज्जानां रसानास्वादयन्ति सुमनसः पुरूषा : हर्षादीश्चाधिगच्छन्ति तथा नानाभावाभिनय व्यंजितात् वाग्ङ्सत्वोयेतान् स्थायिभावानास्वादयन्ति सुमनसः प्रेक्षकाः हर्षादींश्चाधिगच्छन्ति (नाट्यशास्त्र)
7. '..... आस्वादयन्ति मनसा तस्मान्नाट्यरसाः स्मृताः' (नाट्यशास्त्र)
8. स्त्वोद्रेकादखण्डस्वप्रकाशानन्दचिन्मयः
   वेद्यान्तरस्पर्शशून्यो ब्रह्मास्वादसहोदरः।।
   लोको ारचमत्कारप्राणः कैश्चित्प्रमातृभिः
   स्वाकारवदभिन्नत्वेनायमास्वाद्यते रसः ।। (विश्वनाथ)
9. सुख दुःखात्मो वै रसः (रामचन्द्र गुणचन्द्र)
10. एको रसः करूण-एव निमित्त भेदात् । (भवभूति)

**'रससूत्र' के व्याख्याकार :**

1. भट्टलोल्लट : मीमांसा दर्शन पर आधारित; मतः उत्पत्तिवाद/ आरोपवाद/ प्रतीतिवाद/ उपचयवाद
   संयोग = कार्यकरण संबंध, निष्पत्ति = उत्पत्ति
2. शंकुक : न्यायदर्शन पर आधारित; मतः अनुमितिवाद
   संयोग = गम्य-गमक भाव, निष्पति = अनुमिति
3. भट्टनायक : सांख्यदर्शन पर आधारित, मतः भुक्तिवाद
   संयोग = भोज्य-भोजक भाव, निष्पत्ति = भुक्ति
   इन्होंने सर्वप्रथम साधारणीकरण की परिकल्पना की ।
4. अभिनव गुप्त : शैवाद्वैत दर्शन के आनंदवाद पर आधारित, मतः अभिव्यक्तिवाद
   संयोग = व्यंजक-व्यंग्य संबंध, निष्पत्ति = अभिव्यक्ति

**ध्वनि सम्प्रदाय : (प्रवर्तक - आनंदवर्द्धन)**

1. काव्यस्यात्मा ध्वनिरिति बुधैर्यः समाम्नातपूर्वः
   तस्याभावं जगदुरपरे भाक्तमाहुस्तमन्ये
   केचिद् वाचां स्थितमविषये तत्वमूचुस्तदीयं
   तेन ब्रूमः सहृदयमनः प्रीतये तत्स्वरूपम्।। (आनन्दवर्द्धन)
2. पूर्व-पूर्व वर्णानुभवाहित संस्कारचिवेन अंत्यवर्णानुभवेन अभिव्यंजते स्फोटः
   (आनन्दवर्द्धन)

**अलंकार सम्प्रदाय : (प्रवर्तक - भामह)**

1. काव्यशोभाकरान् धर्मान् अलंकारान् प्रचक्षते । (दण्डी)
2. काव्यशोभायाः क ारि धर्मागुणाः। तद्तिशय हेतवस्त्वलंकाराः काव्यम् ग्राह्यमलंकारात् सौन्दर्यमलंकारः (वामन)
3. शब्दार्थयोरस्थिरा ये धर्माः शोभातिशायिनः (विश्वनाथ)

**वक्रोति सम्प्रदाय : (प्रवर्तक - कुन्तक)**

1. सैषा । सर्वत्र वक्रोक्तिरनयार्थो विभाव्यते। यत्नोंऽस्यां कविना कार्य कोऽलंकारोऽनया बिना।
   - (भामह)
2. वक्रोक्तिः काव्यजीवितम् । (कुन्तक)
3. वक्रोक्तिश्च रसोक्तिश्च स्वभावोक्तिश्च वाग्ड्मयम् सर्वासु ग्राहिणी तासु रसोंक्ति प्रतिजानते।। (भोज)

**रीति सम्प्रदाय : (प्रवर्तक - वामन)**

1. रीतिरात्मा काव्यस्य। विशिष्टापदरचना रीतिः विशेषों गुणात्मा गुणविपर्ययात्मानों दोषः (वामन)
2. वेषविन्यास क्रमः प्रवृत्तिः, विलास विन्यास क्रमः वृन्तिः, वचन विन्यास क्रमः रीतिः (राजशेखर)
3. सम्प्रति तत्र ये मार्गाः कविप्रस्थानहेतवः। सुकुमारो विचित्रश्च मध्यमश्चोभयात्मकः।। (कुन्तक)

**औचित्य सम्प्रदाय : (प्रवर्तक - क्षेमेन्द्र)**

1. औचित्यं रससिद्धस्थ स्थिरं काव्यस्य जीवितम् (क्षेमेन्द्र)

## पाश्चात्य काव्यशास्त्र

**'काव्य' की परिभाषायें :**

1. कविता सुस्पष्ट शब्दों में व्यक्त संगीत है। ड्राइडन)
2. कविता छन्दोमयी वाणी है। (जॉनसन)
3. कविता वह कला है जो कल्पना की सहायता से विवेक द्वारा सत्य और आनंद का संयोजन करती है । (जॉनसन)
4. काव्य संगीतमय विचार (musical thought) है। (कारलॉयल)
5. काव्य अपने मूलरूप में, जीवन की आलोचना है। (मैथ्यू ऑर्नल्ड)
6. प्रबल मनोभावों का सहज उच्छलन ही कविता है। (वर्ड्सवर्थ)
7. सर्वोत्तम शब्दों का सर्वोत्तम क्रम कविता है। (कॉलरिज)
8. सर्वसुखी और सर्वोत्तम मनों के सर्वोत्तम और सर्वाधिक महत्वपूर्ण क्षणों का लेख कविता है। (शेली)
9. कल्पनात्मक मनोवोग (Imaginative passion) कविता है। (ले हण्ट)
10. काव्य सौन्दर्य की लयपूर्ण सृष्टि है (एडगर एलन पो)

**साहित्यिक प्रवृतियाँ और विचारक :**

1. क्लासिसिज्म (Classicism) : प्लेटो, अरस्तू, होरेस, होमर, वर्जिल
2. नियो क्लासिसिज्म (Neo-classicism) : बेन जॉनसन, जॉन ड्राइडन, अलेक्जेण्डर पोप, सैमुअल जॉनसन, जॉन रस्किन, मैथ्यू आनल्ड, तोलस्तोय
3. रोमांटिसिज्म (Rematicism) : ब्लेक, राबर्ट बर्न्स, वर्ड्सवर्थ, सैमुअल टेलर कालरिज
4. कलावाद : मदाम द स्ताल, विक्तर कूजें, यूफ्रे, गोतिए, बॉदलेअर, मलार्मे, जेम्स ह्विसलर, ऑस्कर वाइल्ड, एडगर एलन पो, वाल्टर पेपर, ए. सी. ब्रैडली, स्विनबर्न, क्रोचे
5. मार्क्सवाद : मार्क्स, एगेंल्स, प्लेखानोव, क्रिस्टोफर कॉडवेल, राल्फ फाक्स, लूकाच
6. नयी समीक्षा : इलियट, जॉन क्रो रैन्सम, टी. ई. ह्यूम, मिडलटन मरे, आई. ए. रिचर्डस, एफ. आर. लीविस, बैबिट, एलन टेट, एजरा पाउण्ड, क्लीथ ब्रुक्स, डोनाल्ड डेविडसन, मेरिल मूर, राबर्ट पेन वॉरेन, आर. पी. ब्लैकमर, केनेथ बर्क, आइवर विंटर्स
7. साहित्य का समाजशास्त्र : रेमंड विलियम्स, एडोर्नो
8. मिथकवादी आलोचना : फ्रैंक कर्मोड, नार्थार्थ फ्रॉई, लियो लावेन्थन
9. बिम्बवाद : ह्यूम, एजरा पाउण्ड, आर्लाइंगटन, एमी लॉवेल
10. प्रतीकवाद : बॉदलेअर, वर्ले, रैम्बो, मलार्मे, एडगर एलन पो, येटस, कारलॉयल

**प्रमुख विचारक :**

1. प्लेटो : अनुकरणवाद पुस्तक 'द रिपब्लिक'
2. अरस्तू : अनुकरणवाद (परन्तु प्लेटो से भिन्न अर्थ में), त्रसदी विवेचन के संबंध में 'विरेचन सिद्धान्त' दिया। पुस्तक 'पोइटिक्स'।
3. लोंजाइनिस : 'उदात्त' सिद्धान्त। पुस्तक 'पेरिइप्सुस' अर्थात 'ऑन द सब्लाइम'।
4. कॉलरिज : आत्मवादी (प्रत्ययवादी) विचारक थे। 'कल्पना' पर महत्वपूर्ण चिंतन किया। पुस्तकें : लिरिकल बैलेडस (वर्डसवर्थ के साथ), पोयक्स, वायोग्राफिया लिटिरेरिया, द फ्रेंड, एड्स टु रिलेक्शन, चर्च एंड स्टेट, कंफेशंज ऑफ एन एनक्वायरिंग स्पिरिट
5. वर्ड्सवर्थ : कविता की भाषा पर विचार किया। पुस्तक : लिरिकल बैलेड्स
6. मैक्यू आर्नल्ड : पुस्तकें : कल्चर एंड अनार्की, लिटरेचर एंड ड्रामा, एसेज आन चर्च एंड स्टेट, ऐसेज इन क्रिटिसिज्म

7. क्रोंचे : आत्मवादी (प्रत्ययवादी) चिन्तक थे। 'अभिव्यंजनावाद' सिद्धान्त का प्रवर्तन किया। पुस्तकें : एस्थेटिक
8. टी. एस. इलियट : इनके चिन्तन की महत्वपूर्ण देन है - 'आब्जेक्टिव कोरिलेटिव' की अवधारणा तथा 'परम्परा' संबंधी चिन्तन। 'नयी समीक्षा' के जनक माने जाते हैं। पुस्तकें : द सेक्रेड वुड, ट्रेडिशियन एण्ड इण्डिविजुअल टैलेण्ट्स (निबंध), आटर स्ट्रेन्ज गाइड्स (निबंध), कविता के तीन स्वर (निबंध)
9. आई. ए. रिचर्ड्स : के चिन्तन की महत्वपूर्ण देन है - मूल्य सिद्धान्त, संप्रेषण सिद्धान्त तथा भाषा संबंधी विचार। पुस्तकें - द फाउंडेशन्स ऑफ एस्थेटिक्स, प्रिंसिपल ऑफ लिटरेरी क्रिटिसिज्म, मीनिंग ऑफ मीनिंग, प्रैक्टिकल क्रिटिसिज्म।
10. जॉन क्रो रैन्सम :सन् 1941 में 'नयी समीक्षा' पुस्तक प्रकाशित हुई। यहीं से इस नाम का प्रवृत्ति विशेष के लिए प्रचलन हुआ।

**हिन्दी के काव्यशास्त्रीय कथन :**

- जदपि सुजाति सुलच्छनी, सुबरन सरस सुवृन्त।
  भूषन बिनु न बिराजई, कविता बनिता मिन्त।।
  - कविप्रिया (केशवदास)
- बतकहाउ रसमै जु है कबित कहावै सोइ।
  - कविकुल कल्पतरू (चिन्तामणि)
- सब्द जीव तिहि अरथ मन, रसमय सुजस सरीर।
  चलत वहै जुग छन्द गति, अलंकार गम्भीर।।
  - काव्यरसायन (देव)
- पंडित और प्रवीनन को जोई चित्त हरै सो कवित्त कहावै।
  - ठाकुर
- हृदय सिंधु मति सीप समाना। स्वाति सारदा कहहिं सुजाना।
  जो बरसैं बर बारि विचारू । होहिं कबित मुक्तामनि चारू।।
  - रामचरितमानस (तुलसीदास)
- एक लहैं तपपुंजन के फल ज्यों तुलसी अरू सूर गोसाईं।
  एक लहैं बहुसम्पति केशव भूषण ज्यों बरबीर बडाईं।।
  एकन को जस ही सों प्रयोजन है रसखान रहीम की नाईं।
  दास कवित्तन की चरचा बुधवंतन्न को सुखदै सब ठाई।।
  - भिखारीदास
- ज्ञानराशि के संचित कोश का नाम साहित्य है।
  (महावीर प्रसाद द्विवेदी)
- अन्तःकरण की वृत्तियों के चित्र का नाम कविता है।
  - (महावीर प्रसाद द्विवेदी : रसज्ञ रंजन)
- जीवन और जगत् की अभिव्यक्ति काव्य है।(रामचन्द्र शुक्ल)
- हृदय की मुक्तावस्था के लिए वाणी जो शब्दविधान करती आई है, वही काव्य है। (रामचन्द्र शुक्ल)
- काव्य आत्मा की संकल्पात्मक अनुभूति है जो श्रेय सत्य को उसके मूलचारूत्व में सहसा ग्रहण कर लेती है।
  (जयशंकर प्रसाद)
- कविता हमारे परिपूर्ण क्षणों की वाणी है। (पन्त)

## C. भाषा - उत्पत्ति एवं क्षेत्र

- आधुनिक आर्यभाषाओं का जन्म सामान्यतः अपभ्रंश के विभिन्न क्षेत्रीय रूपों से इस प्रकार माना जाता है -

| | अपभ्रंश | आधुनिक आर्यभाषाएं/ उपभाषाएं |
|---|---|---|
| 1. | शौरसेनी | पश्चिमी हिन्दी, राजस्थानी, पहाड़ी, गुजराती |
| 2. | मगधी | बिहारी, बांग्ला, उड़िया, असमियां |
| 3. | अर्द्धमागधी | पूर्वी दिल्ली |
| 4. | पैचाशी | लहँदा, पंजाबी |
| 5. | ब्राजड़ | सिन्धी |
| 6. | महाराष्ट्री | मराठी |

**हिन्दी की मुख्यतः पांच उपभाषायें हैं -**
पश्चिमी हिंदी, पूर्वी हिन्दी, राजस्थानी, पहाड़ी, तथा बिहारी। इसके अन्तर्गत आने वाली बोलियाँ तथा उनके क्षेत्र नीचे दिये जा रहे हैं :

1. **पश्चिमी हिन्दी :** खड़ी बोली/ कौरवी (देहरादून का मैदानी भाग, सहारनपुर, मुजफरनगर, मेरठ, दिल्ली का कुछ भाग, बिजनौर, रामपुर तथा मुरादाबाद), ब्रजभाषा (आगरा, मथुरा, अलीगढ़, धौलपुर, मैनपुरी, एटा, बदायूँ, बरेली तथा आसपास का क्षेत्र), हरियाणवी (हरियाणा, दिल्ली का देहाती भाग), बुन्देली (मध्यप्रदेश तथा उत्तरप्रदेश की सीमारेखा के क्षेत्र अर्थात् झाँसी, छतरपुर, सागर, जालौन, हमीरपुर, ग्वालियर, ओरछा, नृसिंहपुर, सिवनी, होशंगाबाद तथा आसपास का क्षेत्र), कन्नौजी (इटावा, फर्रूखाबाद, शाहजहांपुर, कानपुर, हरदोई, पीलीभीत आदि),।
2. **पूर्वी हिन्दी :** अवधी (लखनऊ, इलाहाबाद, फतेहपुर, मिर्जापुर, उन्नाव, रायबरेली, सीतापुर, फैजाबाद, गोंड़ा, बस्ती, बहराइच, सुल्तानपुर, प्रतापगढ़, बाराबंकी), बघेली (रीवां, नागौद, शहडोल, सतना, मैहर तथा आसपास का क्षेत्र), छत्तीसगढ़ी (सरगुजा, कौरिया, बिलासपुर, रायगढ़, खैरागढ़, रायपुर, दुर्ग, नन्दगाँव, काकेर)।
3. **राजस्थानी :** पश्चिमी राजस्थानी/ मारवाड़ी (जोधपुर, अजमेर, किशनगढ़, मेवाड़, सिरोही, जैसलमेर, बीकानेर आदि), उत्तरी राजस्थानी/ मेवाती (अलवर, गुड़गाँव, भरतपुर, मेवती की ही एक मिश्रित बोली अहीरवारी है जो गुडगाँव, दिल्ली तथा करनाल के पश्चिमी क्षेत्रों में बोली जाती है।), पूर्वी राजस्थानी (अजमेर, किशनगढ़, जयपुर आदि. इसकी प्रतिनिधि बोली

जयपुरी या ढूंढाबी है, जिसका केन्द्र जयपुर है।), दक्षिणी राजस्थानी (इन्दौर, उज्जैन, देवास, रतलाम, भोपाल, होशंगाबाद, प्रतिनिधि बोली मालवी है जिसका मुख्य क्षेत्र मालवा है।)

4. **पहाड़ी :** पश्चिमी पहाड़ी (जौनसार, सिरमौर, शिमला, मण्डी, चम्बा तथा आसपास का क्षेत्र), मध्यवर्ती पहाड़ी (गढ़वाल तथा कुमाऊँ)
5. **बिहारी :** भोजपुरी (बनारस, जौनपुर, मिर्जापुर, गाजीपुर, बलिया, आरा, गोरखपुर, देवरिया, आजमगढ़, बस्ती, शाहाबाद, चम्पारन, सारन तथा आसपास का क्षेत्र), मगही (पटना, गया, पलामू, हज़ारीबाग, मुंगेर, भागलपुर तथा आसपास), मैथिली (दरभंगा, मुज़फरपुर, पूर्णिया, मुंगेर आदि।)
6. **ब्रजबुलि :** बंगाल-असम में ब्रजभाषा प्रभावित बंगला-असमिया को 'ब्रजबुलि' कहा गया।

## D. इतिहास ग्रन्थ सूची

**गार्सा द तासी :** 'इस्त्वार द ला लितरेत्यूर ऐंदुई ऐ ऐदुस्तानी' (फ्रेंच) दो भाग - 1839-49 हिन्दी साहित्य का पहला इतिहास है।

**शिवसिंह सेंगर :** 'शिवसिंह सरोज' 1878, द्वितीय संस्करण : 1883

**जार्ज ए. ग्रियर्सन :** 'द माडर्न वर्नाक्यूलर लिटरेचर ऑफ हिन्दुस्तान' : 1889

**मिश्रबन्धु :** 'मिश्र बन्धु विनोद' : तीन भाग 1913

**रामचन्द्र शुक्ल :** 'हिन्दी साहित्य का इतिहास' ('हिन्दी शब्द सागर' की भूमिका में हिन्दी साहित्य का विकास शीर्षक से प्रकाशित : 1929) : 1929, संवर्द्धित संशोधित रूप : 1940

**पादरी एफ.ई.के. :** 'अ हिस्ट्री ऑफ हिन्दी लिटरेचर'

**हजारीप्रसाद द्विवेदी :** हिन्दी साहित्य की भूमिका : 1940 हिन्दी साहित्य : उद्भव और विकास, हिन्दी साहित्य का आदिकाल

**रामकुमार वर्मा :** हिन्दी साहित्य का आलोचनात्मक इतिहास (1938)

**धीरेन्द्र वर्मा :** हिन्दी साहित्य (सम्पादित)

**नगेन्द्र :** हिन्दी साहित्य का इतिहास (सम्पादित) रीतिकाव्य की भूमिका

**भगीरथ मिश्र :** हिन्दी काव्यशास्त्र का इतिहास

**परशुराम चतुर्वेदी :** उत्तरी भारत की सन्त परम्परा

**प्रभुदयाल मीतल :** चैतन्य सम्प्रदाय और उसका साहित्य

**विजयेन्द्र स्नातक :** राधावल्लभ सम्प्रदाय, सिद्धान्त और साहित्य

**विश्वनाथप्रसाद सिंह :** हिन्दी साहित्य का अतीत

**चन्द्रकान्त बाली :** पंजाब प्रान्तीय हिन्दी साहित्य का इतिहास

**मोतीलाल मेनारिया :** राजस्थानी भाषा और साहित्य, राजस्थानी पिंगल साहित्य

**गणपतिचन्द्र गुप्त :** हिन्दी साहित्य का वैज्ञानिक इतिहास

**रामस्वरूप चतुर्वेदी :** हिन्दी साहित्य और संवेदना का विकास

## E. सिद्ध पुस्तकों से उद्धृत महत्वपूर्ण कथन

**1. हिन्दी साहित्य की भूमिका (हजारीप्रसाद द्विवेदी)**

- मै इस्लाम के महत्व को भूल नहीं रहा हूँ, लेकिन जोर देकर कहना चाहता हूँ कि अगर इस्लाम नहीं आया होता तो भी इस साहित्य (हिन्दी साहित्य) का बारह आना वैसा ही होता, जैसा आज है।
- कविता करना उनका लक्ष्य नहीं था, फिर भी उनकी उक्तियों में कवित्त की ऊँची चीज प्राप्त है। ............... वे साधना के क्षेत्र में युगगुरू थे और साहित्य के क्षेत्र में भविष्य के स्रष्टा। संस्कृत के 'कूपजल' को छुड़ाकर उन्होंने भाषा के 'बहते नीर' में सरस्वती को स्नान कराया। उनकी भाषा में बहुत सी बोलियों का मिश्रण है, क्योंकि भाषा उनका लक्ष्य नहीं था और अनजान में वे भाषा की सृष्टि कर रहे थे। - (कबीर के बारे में)
- भारतवर्ष का लोकनायक वही हो सकता है, जो समन्वय कर सके। - (तुलसीदास के बारे में)
- डॉ. ग्रियर्सन ने कहा है कि बुद्धदेव के बाद भारत में सबसे बड़े लोकनायक तुलसीदास थे।
- मै इसी रास्ते सोचने का प्रस्ताव करता हूँ कि मतों, आचार्यों, सम्प्रदायों और दार्शनिक चिन्ताओं के मानदंड से लोकचिंता को नहीं मापना चाहता बल्कि लोकचिंता की अपेक्षा में उन्हें देखने की सिफारिश कर रहा हूँ।

**2. हिन्दी साहित्य उद्भव और विकास** (हजारीप्रसाद द्विवेदी):

- यह बात अत्यंत उपहासास्पद है कि जब मुलसमान लोग उत्तर भारत के मंदिर तोड रहे थे, तो उसी समय अपेक्षाकृत निरापद दक्षिण के भक्त लोगों ने भगवान की शरणागति की प्रार्थना की। मुसलमानों के अत्याचार के कारण यदि भक्ति की भावधारा को उमड़ना था तो पहले उसे सिन्ध में और फिर उत्तर भारत में प्रकट होना चाहिए था, पर हुई वह दक्षिण में।
- प्रत्येक को अपने स्वभाव रूचि और संस्कार के अनुसार भक्ति की साधना की छूट दी। यह महागुरू ही कर सकता है। शिष्य को अपने व्यक्तित्व को विकसित करने का पूर्ण अवसर 'आकाशधर्मा गुरू' ही दे सकता है।

(रामानन्द के बारे में)

**3. हजारी प्रसाद द्विवेदी के निबंधों से उद्धरण :**

- भक्ति भगवान के प्रति अनन्यगामी एकान्त प्रेम का नाम है।
- मनुष्य ही साहित्यकार का लक्ष्य है।
- महाकाल का अकुंठ नृत्य

- मानव की जिजीविषा और उसकी जययात्रा
- दरिद्रनारायण की शक्ति
- समाज की तिरस्कृत और पतित जातियों की प्रतिशोध
- घर छोड़ने की माया
- सीधी लकीर खींचना टेढ़ा काम है। सहज भाषा पाने के लिए कठोर तप आवश्यक है।

**4. कबीर (हजारी प्रसाद द्विवेदी) :**

- भाषा पर कबीर का जबदस्त अधिकार था। वे वाणी के डिक्टेटर थे।
- यद्यपि कबीर ने कहीं काव्य लिखने की तथापि उनकी आध्यात्मिक रस की गगरी से छलके हुए रस से काव्य की कटोरी में भी कम रस इकट्ठा नहीं हुआ है।

**5. त्रिवेणी (आचार्य रामचन्द्र शुक्ल) :**

- ऐसे में कुछ भावुक मुसलमान 'प्रेम की पीर' की कहानियाँ लेकर साहित्य क्षेत्र में उतरे।
- कबीर की 'अटपटी बानी' से भी दोनों के दिल साफ न हुए। मनुष्य-मनुष्य के बीच जो रागात्मक संबंध है, वह उसके द्वारा व्यक्त न हुआ। अपने नित्य के व्यवहार से जिस हृदयसाम्य का अनुभव मनुष्य कभी-कभी किया करता है उसकी अभिव्यंजना उससे न हुई ।...........................कबीर ने केवल भिन्न प्रतीत होती हुई परोक्ष सत्ता की एकता का आभास दिया था। प्रत्यक्ष जीवन की एकता का दृश्य सामने रखने की आवश्यकता थी, वह जायसी द्वारा पूरी हुई। ('हिन्दी साहित्य का इतिहास' में भी उद्धृत)
- पूर्वार्द्ध तो बिल्कुल कल्पित कहानी है और उत्तरार्द्ध ऐतिहासिक आधार पर है। ('हिन्दी का इतिहास' में भी उद्धृत) (पद्मावत के बारे में)
- मनुष्यता के सौन्दर्यपूर्ण और माधुर्यपूर्ण पक्ष को दिखाकर इन कृष्णोपासक वैष्णव कवियों ने जीवन के प्रति अनुराग जगाया, या कम से कम, जीने की चाह बनी रहने दी।
- वात्सल्य और श्रृंगार के क्षेत्रों का जितना अधिक उद्घाटन सूर ने बन्द आँखों से किया है, उतना किसी और कवि ने नहीं। इन क्षेत्रों का कोना-कोना वे झाँक आये। (हिन्दी साहित्य का इतिहास में भी उद्धृत)

  हिन्दी साहित्य में श्रृंगार का रसराजत्व यदि किसी ने पूर्ण रूप से दिखाया तो सूर ने। उनकी उमड़ती हुई वाग्धारा उदाहरण रचने वाले कवियों के समान गिनाये हुए संचारियों से बंधकर चलने वाली नहीं थी।
- सूरसागर किसी पहले से चली आती हुई परम्परा का चाहे वह मौखिक ही रही हो पूर्ण विकास जान पड़ता है, चलने वाली परम्परा का मूलरूप नहीं।
- बाललीला के आगे फिर उस गोचारण का मनोरम दृश्य सामने आता है, जो मनुष्यजाति की अत्यंत प्राचीनवृत्ति होने के कारण उनके देशों में काव्य प्रिय विषय रहा है।

  चित्रकूट की उस सभा की कार्रवाई क्या थी, धर्म के एक-एक अंग की पूर्ण और मनोहर अभिव्यक्ति थी । रामचरितमानस में वह सभा एक 'आध्यात्मिक घटना' है।

**6. हिन्दी साहित्य का इतिहास (रामचन्द्र शुक्ल) :**

- जबकि प्रत्येक देश का साहित्य वहां की जनता की चित्तवृत्ति का संचित प्रतिबिम्ब होता है तब यह निश्चित है कि जनता की चितवृत्ति के परिवर्तन के साथ-साथ साहित्य के स्वरूप में भी परिवर्तन होता चला जाता है। आदि से अन्त तक इन्हीं चित्तवृत्तियों की परम्परा को परखते हुए साहित्य परम्परा के साथ उनका सामंजस्य दिखाना ही 'साहित्य का इतिहास' कहलाता है।
- प्राकृत की अंतिम अपभ्रंश अवस्था से ही हिन्दी साहित्य का आविर्भाव माना जा सकता है। उस समय जैसे 'गाथा' कहने से प्राकृत का बोध होता था। वैसे ही 'दोहा' या दूहा कहने से अपभ्रंश या प्रचलित काव्यभाषा का पद्य समझा जाता था।
- जब से प्राकृत बोलचाल की भाषा न रह गयी तभी से अपभ्रंश साहित्य का आविर्भाव समझना चाहिए। पहले जैसे 'गाथा' या 'गाहा' कहने से प्राकृत का बोध होता था वैसे ही 'दोहा' या 'दूहा' कहने से अपभ्रंश या लोकप्रचलित काव्यभाषा का बोध होने लगा।
- भक्ति का जो सोता दक्षिण की ओर से धीरे-धीरे उत्तर भारत की ओर पहले से ही आ रहा था उसे राजनीतिक परिवर्तन के कारण शून्य पड़ते हुए जनता के हृदय में फैलने के लिए पूरा स्थान मिला।
- उन्होंने भारतीय ब्रह्मवाद के साथ सूफ़ियों के भावात्मक रहस्यवाद, हठयोगियों के साधनात्मक रहस्यवाद और वैष्णवों के अहिंसावाद तथा प्रपत्तिवाद को मिलाकर के अपना पंथ खड़ा किया।
- इसका पूर्वार्द्ध तो एकांत प्रेममार्ग का ही आभास देता है, पर उत्तरार्द्ध में लोकपक्ष का विधान है।
- वल्लभाचार्य ने अपने 'पुष्टिमार्ग' का प्रवर्तन बहुत कुछ देशकाल देखकर किया।
- यह रचना इतनी प्रगल्भ और काव्यपूर्ण है कि आगे होने वाले कवियों की श्रृंगार और वात्सल्य की उक्तियाँ सूर की जूठी सी जान पडती है। अतः सूरसागर किसी चली आती हुई गीतकाव्यपरम्परा का चाहे वह मौखिक ही रही हो पूर्ण विकास सा प्रतीत होता है।
- सूर की बड़ी भारी विशेषता है नवीन प्रसंगों की उद्भावना करने वाली ऐसी प्रतिभा जिसे हम तुलसी में नहीं पाते।

- केशव को कवि हृदय नहीं मिला था। उनमें वह सहृदयता और भावुकता भी न थी जो एक कवि में होनी चाहिए।
- विहारी की कृति का मूल्य जो बहुत अधिक आँका गया है उसे अधिकतर रचना की बारीकी या काव्यागों के सूक्ष्म विन्यास की ओर ही मुख्यतः दृष्टि रखने वाले पारखियों के पक्ष से समझना चाहिए। उनके पक्षों से समझना चाहिए जो किसी हाथी-दाँत के टुकडे पर महीन बेलबूटों देख घंटो वाह-वाह किया करते हैं। पर जो हृदय के अंतस्तल पर मार्मिक प्रभाव है, किसी भाव की स्वच्छ निर्मलधारा में कुछ देकर अपना मन मग्न रखना चाहते हैं, उनका संतोष बिहारी से नहीं हो सकता।
- शुद्ध ब्रजभाषा का जो चलतापन और सफाई उनकी और घनानंद की रचनाओं में है, वह अन्यत्र दुर्लभ हैं।

(रसखान के बारे में)

- 'प्रेम की पीर' ही को लेकर इनकी वाणी का प्रादुर्भाव हुआ। प्रेममार्ग का ऐसा प्रवीण और धीर पथिक तथा जबाँदानी का ऐसा दावा रखनेवाला ब्रजभाषा का दूसरा कवि नहीं हुआ। ...................... जो कुछ हलचल है वह भीतर की है - बाहर से यह वियोग प्रशांत और गंभीर है न उसमें करवटें बदलना है। न सेज की आग की तरह तपना है, न उछल-उछलकर भागना है। उनकी 'मौनमधि पुकार' हैं।
- ईसाई संतों के छायाभास (फैंटासमाटा) तथा योरोपीय काव्यक्षेत्र में प्रवर्तित आध्यात्मिक प्रतीकवाद (सिंबालिज्म) के अनुकरण पर रची जाने के कारण बंगला में ऐसी कविताएं 'छायावाद' कही जाने लगी।
- किसी एक विशाल भावना को रूप देने की ओर भी अंत में प्रसाद जी ने ध्यान दिया, जिसका परिणाम है 'कामायनी'। इसमें उन्होंने अपने प्रिय 'आनन्द' की प्रतिष्ठा दार्शनिकता के ऊपरी आभास के साथ 'कल्पना की मधुमती भूमिका' बनाकर दी है।

**7. चिन्तामणि (रामचन्द्र शुक्ल) :**

- भक्ति धर्म की रसात्मक अनुभूति है।
- भक्ति का स्थान जहाँ मानव हृदय है - वहीं श्रद्धा और प्रेम के संयोग से उसका प्रादुर्भाव होता है।
- लोभियों का दमन योगियों के दमन से किसी प्रकार कम नही होता।
- बैर क्रोध का आचार या मुरब्बा है।
- जिस प्रकार आत्मा की मुक्तावस्था ज्ञानदशा कहलाती है, उसी प्रकार हृदय की यह मुक्तावस्था रसदशा कहलाती है। हृदय की इसी मुक्ति की साधना के लिए मनुष्य की वाणी जो शब्दविधान करती आई है, उसे कविता कहते हैं। इस साधना को हम 'भावयोग' कहते हैं और कर्मयोग एवं ज्ञानयोग का समकक्ष मानते हैं।
- जिस प्रकार जगत् अनेक रूपात्मक है। उसी प्रकार हमारा हृदय भी अनेक भावात्मक है।
- ज्यों-ज्यों हमारी वृत्तियों पर सभ्यता के नए-नए आवरण चढ़ते जाएंगे त्यों-त्यों एक ओर तो कविता की आवश्यकता बढ़ती जाएगी, दूसरी ओर कवि कर्म कठिन होता जाएगा।
- काव्य में अर्थग्रहण मात्र से काम नहीं चलता, बिम्बग्रहण अपेक्षित होता है। यह बिम्बग्रहण निर्दिष्ट, गोचर और मूर्त विषय का ही हो सकता है।
- नाद सौन्दर्य से कविता की आयु बढ़ती है।
- अलंकार क्या है ? सूक्ष्म दृष्टिवालों ने काव्यों के सुन्दर-सुन्दर स्थल चुने और उनकी रमणीयता के कारणों की खोज करने लगे। वर्णन-शैली या कथन की पद्धति में ऐसे लोगों को जो-जो विशेषताएं मालूम होती गई, उनका वे नामकरण करते गए । .......................... कौन कह सकता है कि काव्यों में जितने रमणीक स्थल है, सब ढूँढ़ डाले गए, वर्णन की जितनी सुन्दर प्रणालियाँ हो सकती हैं सब निरूपित हो गई अथवा जो-जो रमणीय स्थल लगे, उनकी रमणीयता का कारण वर्णन प्रणाली ही थी।
- सत्, चित् और आनन्द-ब्रह्म के उन तीन स्वरूपों में से काव्य और भक्तिमार्ग 'आनन्द' स्वरूप को लेकर चले। विचार करने पर लोक में इस आनन्द की अभिव्यक्ति की दो अवस्थाएं पाई जाएंगी - साधनावस्था और सिद्धावस्था।
- हम काव्यों के दो विभाग कर सकते हैं :

1. आनन्द की साधनावस्था या प्रयत्न-पक्ष को लेकर चलने वाले
2. आनन्द की सिद्धावस्था या उपभोग-पक्ष को लेकर चलने वाले

- विरूद्धों का (यही) सामंजस्य कर्मक्षेत्र का सौन्दर्य है।
- वह व्यवस्था या वृत्ति जिससे लोक में मंगल का विधान होता है, 'अभ्युदय' की सिद्धि होती है, धर्म है।
- 'अध्यात्म' शब्द की, मेरी समझ में, काव्य या कला के क्षेत्र में कहीं कोई जरूरत नहीं है।
- जब तक किसी भाव का कोई विषय इस रूप में नही लाया जाता कि वह सामान्यतः सबसे उसी भाव का अवलम्बन हो सके, तब तक उसमें रसोद्बोधन की पूर्णशक्ति नहीं आती। इसी रूप में लाया जाना हमारे यहां साधारणीकरण कहलाता है।
- लोकहृदय में लीन होने की दशा का नाम रसदशा है।
- बिम्ब जब होगा तब विशेष या व्यक्ति का ही होगा, सामान्य या जाति का नहीं।
- साधारणीकरण आलम्बनत्व धर्म का होता है।
- श्रद्धा और प्रेम के योग का नाम भक्ति है।

## वस्तुनिष्ठ प्रश्न

1. पुष्पदंत की रचना कौन–सी है?
   A. नागकुमार चरिउ B. भविष्यत्त कथा
   C. शब्दानुशासन D. पउम चरिउ
2. 'गोरखबानी' के सम्पादक का नाम है–
   A. आचार्य रामचन्द्र शुक्ल
   B. आचार्य हजारी प्रसाद द्विवेदी
   C. पीताम्बर दत्त बड़थ्वाल
   D. नगेन्द्र
3. 'रामचरितमानस' की भाषा कौन–सी है?
   A. ब्रज B. अवधी
   C. खड़ी बोली D. मैथिली
4. कबीरदास की भक्ति पद्धति है–
   A. सगुण B. निर्गुण
   C. सगुण–निर्गुण D. समन्वयवादी
5. समन्वय की विराट चेष्टा का कवि किसे कहा गया है?
   A. कबीर B. जायसी
   C. सूर D. तुलसी
6. रीतिमुक्त कवि की पहचान कीजिए–
   A. घनानन्द B. बिहारी
   C. देव D. भूषण
7. "कहत नटत रीझत खीझत मिलत खिलत लजियात।
   भरै भौन मैं करत है, नैनन ही सो बात।।"
   निम्नलिखित पंक्तियाँ किस कवि की है?
   A. भिखारीदास B. मतिराम
   C. बिहारी लाल D. बोधा
8. 'इन मुसलमान हरिजन न पै कोटिक हिन्दुन वारिए' नामक पंक्तियाँ भारतेन्दु हरिश्चन्द्र ने किस संत–भक्त कवि के लिए कही थी?
   A. रहीम B. रसखान
   C. जायसी D. अमीर खुसरो
9. 'धर्मार्थ काम मोक्षसेसु क्लासु च' को किसने भव्य प्रयोजन माना?
   A. दण्डी B. भामह
   C. मम्मट D. विश्वनाथ
10. 'वाक्यम् रसात्मकम् काव्यम्' किस संस्कृताचार्य का काव्य लक्षण है?
    A. जगन्नाथ B. भरतमुनि
    C. विश्वनाथ D. भामह
11. 'ब्राह्मण' पत्र का सम्पादक बताइए–
    A. भारतेन्दु
    B. राधाकृष्ण दास
    C. बालकृष्ण भट्ट
    D. प्रतापनारायण मिश्र
12. हिन्दी का प्रथम मौलिक उपन्यास आचार्य रामचन्द्र शुक्ल ने किसे माना है?
    A. भाग्यवती B. लवंगलता
    C. परीक्षागुरु D. नूतन ब्रह्मचारी
13. 'ऑनरेरी मजिस्ट्रेट' नामक एकांकी के रचयिता हैं–
    A. उपेन्द्रनाथ अश्क
    B. सुदर्शन
    C. जगदीश चन्द्र माथुर
    D. मार्कण्डेय
14. 'एक साहित्यिक की डायरी' के रचयिता हैं–
    A. मुक्तिबोध B. अज्ञेय
    C. धर्मवीर भारती D. शमशेर
15. हिन्दी में रिपोर्ताज लेखन की परम्परा की शुरुआत किसने की?
    A. कृष्णा सोबती
    B. अज्ञेय
    C. नगेन्द्र
    D. शिवदान सिंह चौहान

16. सुमेलित कीजिए—

| (सूची-क) रचनाकार | (सूची-ख) रचना |
|---|---|
| (a) स्वयंभू | 1. दोहाकोश |
| (b) सरहपा | 2. पदावली |
| (c) विद्यापति | 3. पृथ्वीराज रासो |
| (d) चंदबरदाई | 4. पंचमी चरिउ |

| कूट : | (a) | (b) | (c) | (d) |
|---|---|---|---|---|
| A. | 4 | 3 | 2 | 1 |
| B. | 1 | 2 | 3 | 4 |
| C. | 4 | 1 | 2 | 3 |
| D. | 3 | 2 | 4 | 1 |

17. सुमेलित कीजिए—

| (सूची-क) रचनाकार | (सूची-ख) रचना |
|---|---|
| (a) केशवदास | 1. छन्द विचार |
| (b) चिंतामणि | 2. कविप्रिया |
| (c) पुहकर | 3. कर्णाभरण |
| (d) करनेस | 4. रसरत्न |

| कूट— | (a) | (b) | (c) | (d) |
|---|---|---|---|---|
| A. | 4 | 3 | 2 | 1 |
| B. | 1 | 2 | 3 | 4 |
| C. | 4 | 2 | 3 | 1 |
| D. | 2 | 1 | 4 | 3 |

18. सुमेलित कीजिए—

| (सूची-क) रचनाकार | (सूची-ख) रचना |
|---|---|
| (a) जायसी | 1. सूरसागर |
| (b) तुलसीदास | 2. पदमावत |
| (c) सूरदास | 3. बीजक |
| (d) कबीरदास | 4. कृष्ण गीतावली |

| कूट : | (a) | (b) | (c) | (d) |
|---|---|---|---|---|
| A. | 2 | 4 | 1 | 3 |
| B. | 3 | 4 | 2 | 1 |
| C. | 4 | 3 | 2 | 1 |
| D. | 1 | 2 | 3 | 4 |

19. सुमेलित कीजिए—

| (सूची-क) रचनाकार | (सूची-ख) रचना |
|---|---|
| (a) सर्वेश्वर | 1. गर्म हवाएं |
| (b) शमशेर | 2. इतने पास अपने |
| (c) निराला | 3. ककुरमुत्ता |
| (d) महावीर प्रसाद द्विवेदी | 4. काव्य मंजूषा |

| कूट : | (a) | (b) | (c) | (d) |
|---|---|---|---|---|
| A. | 4 | 3 | 2 | 1 |
| B. | 1 | 2 | 3 | 4 |
| C. | 1 | 4 | 3 | 2 |
| D. | 3 | 2 | 4 | 1 |

20. सुमेलित कीजिए—

| (सूची-क) रचनाकार | (सूची-ख) रचना |
|---|---|
| (a) प्राणचंद चौहान | 1. अंधों का हाथी |
| (b) लक्ष्मी नारायण मिश्र | 2. मरजीवा |
| (c) मुद्राराक्षस | 3. रामायण महानाटक |
| (d) शरद जोशी | 4. संन्यासी |

| कूट : | (a) | (b) | (c) | (d) |
|---|---|---|---|---|
| A. | 1 | 2 | 3 | 4 |
| B. | 4 | 3 | 2 | 1 |
| C. | 3 | 4 | 2 | 1 |
| D. | 3 | 2 | 4 | 1 |

21. सुमेलित कीजिए—

| (सूची-क) रचनाकार | (सूची-ख) रचना |
|---|---|
| (a) भारतेन्दु | 1. साहित्य सहचर |
| (b) हजारी प्रसाद द्विवेदी | 2. शब्द और स्मृति |
| (c) निर्मल वर्मा | 3. परम्परा बंधन नहीं |
| (d) विद्यानिवास मिश्र | 4. तदीय सर्वस्व |

| कूट : | (a) | (b) | (c) | (d) |
|---|---|---|---|---|
| A. | 3 | 4 | 2 | 1 |
| B. | 1 | 2 | 3 | 4 |
| C. | 4 | 3 | 2 | 1 |
| D. | 4 | 1 | 2 | 3 |

22. सुमेलित कीजिए—

| (सूची-क) रचनाकार | (सूची-ख) रचना |
|---|---|
| (a) जयशंकर प्रसाद | 1. दो बांके |

| | | |
|---|---|---|
| (*b*) अज्ञेय | | 2. सालवती |
| (*c*) भगवतीचरण वर्मा | | 3. काठ का सपना |
| (*d*) मुक्तिबोध | | 4. शरणार्थी |

| कूट– | (*a*) | (*b*) | (*c*) | (*d*) |
|---|---|---|---|---|
| A. | 4 | 3 | 2 | 1 |
| B. | 1 | 2 | 3 | 4 |
| C. | 2 | 4 | 1 | 3 |
| D. | 3 | 2 | 4 | 1 |

**23.** सुमेलित कीजिए–

| (सूची-क) रचनाकार | (सूची-ख) रचना |
|---|---|
| (*a*) जगमोहन सिंह | 1. श्यामा स्वप्न |
| (*b*) प्रेमचंद | 2. सेवासदन |
| (*c*) यशपाल | 3. झूठा सच |
| (*d*) कमलेश्वर | 4. कितने पाकिस्तान |

| कूट : | (*a*) | (*b*) | (*c*) | (*d*) |
|---|---|---|---|---|
| A. | 1 | 2 | 3 | 4 |
| B. | 3 | 4 | 2 | 1 |
| C. | 1 | 2 | 4 | 3 |
| D. | 3 | 2 | 4 | 1 |

**24.** सुमेलित कीजिए–

| (सूची-क) रचनाकार | (सूची-ख) रचना |
|---|---|
| (*a*) श्यामसुन्दर दास | 1. छायावाद |
| (*b*) नगेन्द्र | 2. साहित्यलोचन |
| (*c*) नामवर सिंह | 3. रंगमंच कला और कृति |
| (*d*) गोविन्द चातक | 4. रस सिद्धांत |

| कूट : | (*a*) | (*b*) | (*c*) | (*d*) |
|---|---|---|---|---|
| A. | 1 | 2 | 3 | 4 |
| B. | 2 | 4 | 1 | 3 |
| C. | 4 | 3 | 2 | 1 |
| D. | 3 | 4 | 2 | 1 |

**25.** सुमेलित कीजिए–

| (सूची-क) विधा | (सूची-ख) रचना |
|---|---|
| (*a*) उपन्यास | 1. वो दुनिया |
| (*b*) रेखाचित्र–संस्मरण | 2. एक और द्रोणाचार्य |
| (*c*) नाटक | 3. कुटज |
| (*d*) निबंध | 4. अल्मा कबूतरी |

| कूट : | (*a*) | (*b*) | (*c*) | (*d*) |
|---|---|---|---|---|
| A. | 1 | 2 | 3 | 4 |
| B. | 4 | 3 | 2 | 1 |
| C. | 1 | 3 | 4 | 2 |
| D. | 4 | 1 | 2 | 3 |

**26.** सही कालानुक्रम ज्ञात कीजिए–

A. शबरपा – कबीर – घनानंद – भारतेन्दु
B. भारतेन्दु – शबरपा – घनानंद – कबीर
C. कबीर – शबरपा – घनानंद – भारतेन्दु
D. शबरपा – घनानंद – कबीर – भारतेन्दु

**27.** सही कालानुक्रम ज्ञात कीजिए–

A. तुलसीदास – अमीर खुसरो – बालकृष्ण भट्ट – मुक्तिबोध
B. अमीर खुसरो – तुलसीदास – बालकृष्ण भट्ट – मुक्तिबोध
C. तुलसीदास – बालकृष्ण भट्ट – अमीर खुसरो – मुक्तिबोध
D. अमीर खुसरो – बालकृष्ण भट्ट – तुलसीदास – मुक्तिबोध

**28.** सही कालानुक्रम ज्ञात कीजिए–

A. बिहारी – सरहपा – विद्यापति – प्रतापनारायण मिश्र
B. सरहपा – बिहारी – विद्यापति – प्रतापनारायण मिश्र
C. सरहपा – विद्यापति – बिहारी – प्रतापनारायण मिश्र
D. विद्यापति – सरहपा – बिहारी – प्रतापनारायण मिश्र

**29.** सही कालानुक्रम ज्ञात कीजिए–

A. महावीर प्रसाद द्विवेदी – भिखारीदास – जायसी – अज्ञेय
B. भिखारीदास – जायसी – महावीर प्रसाद द्विवेदी – अज्ञेय
C. महावीर प्रसाद द्विवेदी – जायसी – भिखारीदास – अज्ञेय
D. जायसी – भिखारीदास – महावीर प्रसाद द्विवेदी – अज्ञेय

**30.** सही कालानुक्रम ज्ञात कीजिए–

A. फूलों का गुच्छा – पदावली – चर्यापद – सुजान रसखान

B. चर्यापद – पदावली – सुजान रसखान – फूलों का गुच्छा
C. पदावली – चर्यापद – फूलों का गुच्छा – सुजान रसखान
D. फूलों का गुच्छा – सुजान रसखान – चर्यापद – पदावली

**31.** सही कालानुक्रम ज्ञात कीजिए–
A. बकरी – रामायण महानाटक – नीलदेवी – संन्यासी
B. संन्यासी – बकरी – रामायण महानाटक – नीलदेवी
C. रामायण महानाटक – नीलदेवी – संन्यासी – बकरी
D. नीलदेवी – बकरी – संन्यासी – रामायण महानाटक

**32.** सही कालानुक्रम ज्ञात कीजिए–
A. लज्जा – परीक्षा गुरु – गोदान – बाबा बटेसरनाथ
B. बाबा बटेसरनाथ – परीक्षा गुरु – गोदान – लज्जा
C. परीक्षा गुरु – बाबा बटेसरनाथ – गोदान – लज्जा
D. परीक्षा गुरु – गोदान – बाबा बटेसरनाथ – लज्जा

**33.** सही कालानुक्रम ज्ञात कीजिए–
A. मछलीघर – लोकायतन – वीणा – यह मुखौटा किसका है
B. वीणा – लोकायतन – मछलीघर – यह मुखौटा किसका है
C. लोकायतन – वीणा – मछलीघर – यह मुखौटा किसका है
D. मछलीघर – वीणा – लोकायतन – यह मुखौटा किसका है

**34.** संगत अनुक्रम बताइए–

| (सूची-क) रचयिता | (सूची-ख) रचना |
|---|---|
| (*a*) मन्नू भण्डारी | 1. दजनी दर्पण |
| (*b*) उषा प्रियम्वदा | 2. वामाचार |
| (*c*) बदीउज्जमा | 3. भारतीय आत्मा |
| (*d*) मैत्रेयी पुष्पा | 4. द्रौपदी |

A. कोई नहीं B. 1 और 3
C. सिर्फ 2 D. सिर्फ 1

**35.** संगत अनुक्रम बताइए–

| (सूची-क) रचयिता | (सूची-ख) रचना |
|---|---|
| (*a*) लक्ष्मीनारायण लाल | 1. मादा कैक्टस |
| (*b*) लक्ष्मीनारायण मिश्र | 2. शारदीया |
| (*c*) हरिकृष्ण प्रेमी | 3. प्रतिशोध |
| (*d*) शंकर शेष | 4. फंदी |

A. कोई नहीं B. 1, 3 और 4
C. 1 और 2 D. सिर्फ 3

**36.** संगत अनुक्रम बताइए–

| (सूची-क) रचनाकार | | (सूची-ख) रचना |
|---|---|---|
| 1. धर्मवीर भारती | — | सूरज का सातवां घोड़ा |
| 2. कमलेश्वर | — | अकेला पलाश |
| 3. मुद्राराक्षस | — | जिन्दा मुहावरे |
| 4. काशीनाथ सिंह | — | अपना मोर्चा |

A. कोई नहीं B. 1 और 2
C. 1 और 4 D. 2 और 4

**37.** संगत अनुक्रम बताइए–

| (सूची-क) रचयिता | | (सूची-ख) रचना |
|---|---|---|
| 1. अज्ञेय | — | नदी के द्वीप |
| 2. मुक्तिबोध | — | ब्रह्मराक्षस |
| 3. साही | — | मछलीघर |
| 4. देवराज | — | भूल गलती |

A. सिर्फ 2 B. कोई नहीं
C. 1 और 2 D. सिर्फ 4

**38.** संगत अनुक्रम बताइए–

| (सूची-क) रचयिता | | (सूची-ख) रचना |
|---|---|---|
| 1. बालकृष्ण भट्ट | — | नूतन ब्रह्मचारी |
| 2. विष्णु प्रभाकर | — | बिना दिवारों का घर |
| 3. शरतचन्द्र | — | देवदास |
| 4. श्रीलाल शुक्ल | — | रागदरबारी |

A. 2 और 3 B. 1 और 2
C. सिर्फ 2 D. कोई नहीं

**39.** संगत अनुक्रम बताइए–

| (सूची-क) रचयिता | | (सूची-ख) रचना |
|---|---|---|
| 1. नरेश मेहता | — | मरूप्रदीप |
| 2. मार्कण्डेय | — | जलते पंख |

3. प्रभाकर माचवे — माटी की महक
4. राजेन्द्र यादव — पथहीन

A. सभी B. कोई नहीं
C. केवल 2 D. 1 और 3

**निर्देश :** नीचे दो वक्तव्य दिए गए हैं। एक को **कथन (A)** और दूसरे को **कारण (R)** कहा गया है। इन दोनों वाक्यों का सावधानीपूर्वक परीक्षण करें और निर्णय करें कि क्या **कथन A** और **कारण R** स्वतंत्र रूप से सही हैं और यदि ऐसा है तो क्या **कारण (R) कथन (A)** का सही स्पष्टीकरण है। इन प्रश्नों का उत्तर नीचे दिए कूटों की सहायता से चुनिए।

**कूट :**

A. कूट A और R दोनों सही हैं, और R, A का सही स्पष्टीकरण है।
B. A और R दोनों सही हैं, और R, A का सही स्पष्टीकरण नहीं है।
C. A सही है परन्तु R गलत है।
D. A गलत है परन्तु R सही है।

**40.** **कथन (A) :** हिन्दी साहित्य के आधुनिक युग का प्रारम्भ 'नाटक' से ही हो सकता था।
**कारण (R) :** नाटक एक सामूहिक कर्म है और आधुनिक युग में जिस संघर्ष की जरुरत थी उसका संदर्भ बिन्दु ही सामूहिकता है।

**41.** **कथन (A) :** जनवादी साहित्य प्रगतिवादी साहित्य की अगली कड़ी में विकसित हुआ।
**कारण (R) :** जनवादी साहित्य को नया प्रगतिवाद भी कहा जा सकता है।

**42.** **कथन (A) :** राजनीतिक व्यक्तित्व के अभाव में सार्थक साहित्य की रचना संभव नहीं है और इतिहास को मुख्यतः रचना के भीतर समझना चाहिये।
**कारण (R) :** राजनैतिक मतवाद का प्रभाव साहित्य को एकांगी भी बनाता है।

**43.** **कथन (A) :** छायावाद ने नारी को मुक्त करने की घोषणा की, किन्तु उसे भी या तो एकदम अप्सरा बना दिया अथवा निष्प्राण देवी।
**कारण (R) :** बिना किसी ठोस आधार के उसका नारी मुक्ति आन्दोलन नारी के लिए दूसरा कारागार बन गया। इस प्रकार नारी पुरुष के स्वच्छन्द प्रेम का शिकार होने के लिए मुक्त हो गयी।

**44.** **कथन (A) :** चित्रात्मकता छायावादी कवियों की बहुत बड़ी विशेषता है। विराट उपमाओं के सहारे कभी–कभी बड़े मनोरम चित्रों की रचना की गई।
**कारण (R) :** छायावादी कवियों ने प्रकृति के चित्रों को अपनी कल्पना के रंग में रंग दिया।

**45.** **कथन (A) :** प्रेमचन्द के यहाँ भारतीय ग्राम्य जीवन का सतही रूप ही प्रकट हुआ है।
**कारण (R) :** 'गोदान' भारतीय किसान के संघर्ष का दस्तावेज है।

**46.** ध्वन्यालोक किसकी कृति है?
A. आनन्दवर्धन B. भामह
C. मम्मट D. केशव

**47.** प्रतीक के कितने प्रकार माने जाते हैं?
A. दो B. चार
C. छह D. सात

**48.** बौद्धगान औ दोहा संग्रह है–
A. बौद्धों का B. सिद्धों का
C. नाथों का D. जैनों का

**49.** नई समीक्षा के जन्मदाता कौन हैं?
A. इलियट B. क्रोचे
C. इलान D. कॉलरिज

**50.** क्रिटिक्स एण्ड क्रिटिसिज्म के रचयिता कौन हैं?
A. आर.एस. क्रेन B. हीगल
C. क्रोचे D. प्लेटो

**51.** आसादीवार के लेखक हैं–
A. गुरु नानक B. जायसी
C. दादू D. सुंदरदास

**52.** कवि कुलकल्पतरु के रचयिता हैं–
A. चिंतामणि B. केशव
C. वृन्द D. बोधा

**53.** हम्मीरहठ रचना किसकी है?
A. ग्वाल B. देव
C. प्रतापसिंह D. तोष

**54.** स्वदेशी कुण्डल रचना किसकी है?
A. मैथिलीशरण गुप्त B. महादेवी वर्मा
C. श्रीधर पाठक D. राय देवीप्रसाद पूर्ण

**55.** 'दुख ही जीवन की कथा रही' पंक्ति किसकी है?
A. निराला B. महादेवी वर्मा
C. श्रीधर पाठक D. प्रसाद

**56.** कामायनी को फैंटसी किस विद्वान ने कहा है?
A. डॉ. नगेन्द्र B. मुक्तिबोध
C. रामचन्द्र शुक्ल D. हजारी प्रसाद द्विवेदी

**57.** 'वाणी की व्यथा' रचना किसकी है?
A. अज्ञेय B. शिवमंगल सिंह सुमन
C. प्रसाद D. साही

**58.** 'मयंक मंजरी' नामक रचना किस विधा की है?
A. कविता B. आलोचना
C. नाटक D. कहानी

**59.** 'तप्ता संवरण' रचना किसकी है?
A. भारतेन्दु
B. प्रतापनारायण मिश्र
C. लाला श्रीनिवास दास
D. महावीर प्रसाद द्विवेदी

**60.** 'मंटो मेरा दुश्मन' किसकी रचना है?
A. मुक्तिबोध B. दिनकर
C. उपेन्द्रनाथ अश्क D. जैनेन्द्र

**61.** सुमेलित कीजिए—

| **(सूची-क) पत्र-पत्रिका** | **(सूची-ख) सम्पादक** |
|---|---|
| (*a*) पहल | 1. प्रताप नारायण मिश्र |
| (*b*) ब्राह्मण | 2. भारतेन्दु |
| (*c*) मतवाला | 3. ज्ञानरंजन |
| (*d*) कविवचन सुधा | 4. निराला |

| **कूट :** | (*a*) | (*b*) | (*c*) | (*d*) |
|---|---|---|---|---|
| A. | 4 | 3 | 2 | 1 |
| B. | 3 | 1 | 4 | 2 |
| C. | 1 | 2 | 3 | 4 |
| D. | 3 | 4 | 2 | 1 |

**62.** सुमेलित कीजिए—

| **(सूची-क) रचनाकार** | **(सूची-ख) रचना** |
|---|---|
| (*a*) देवसेन | 1. विजयपाल रासो |
| (*b*) नल्ल सिंह | 2. चर्यापद |
| (*c*) शबरपा | 3. कर्पूर मंजरी |
| (*d*) राजशेखर | 4. श्रावकाचार |

| **कूट :** | (*a*) | (*b*) | (*c*) | (*d*) |
|---|---|---|---|---|
| A. | 1 | 2 | 3 | 4 |
| B. | 3 | 2 | 4 | 1 |
| C. | 4 | 1 | 2 | 3 |
| D. | 4 | 3 | 2 | 1 |

**63.** सुमेलित कीजिए—

| **(सूची-क) रचनाकार** | **(सूची-ख) रचना** |
|---|---|
| (*a*) नाभादास | 1. परमानंद सागर |
| (*b*) परमानंद दास | 2. भक्तमाल |
| (*c*) मीरा | 3. सुजान रसखान |
| (*d*) रसखान | 4. नरसी का मायरा |

| **कूट :** | (*a*) | (*b*) | (*c*) | (*d*) |
|---|---|---|---|---|
| A. | 1 | 2 | 3 | 4 |
| B. | 3 | 2 | 4 | 1 |
| C. | 1 | 2 | 4 | 3 |
| D. | 2 | 1 | 4 | 3 |

**64.** सुमेलित कीजिए—

| **(सूची-क) रचनाकार** | **(सूची-ख) रचना** |
|---|---|
| (*a*) देव | 1. रसराज |
| (*b*) मतिराम | 2. भवानी विलास |
| (*c*) भिखारी दास | 3. श्रृंगार निर्णय |
| (*d*) जसवंत सिंह | 4. भाषा भूषण |

| **कूट :** | (*a*) | (*b*) | (*c*) | (*d*) |
|---|---|---|---|---|
| A. | 2 | 1 | 3 | 4 |
| B. | 4 | 3 | 2 | 1 |
| C. | 1 | 2 | 3 | 4 |
| D. | 4 | 3 | 1 | 2 |

**65.** सुमेलित कीजिए—

| **(सूची-क) रचनाकार** | **(सूची-ख) रचना** |
|---|---|
| (*a*) भारतेन्दु | 1. भारत दुर्दशा |
| (*b*) सर्वेश्वर | 2. स्कंदगुप्त |
| (*c*) धर्मवीर भारती | 3. बकरी |
| (*d*) जयशंकर प्रसाद | 4. अंधायुग |

| **कूट :** | (*a*) | (*b*) | (*c*) | (*d*) |
|---|---|---|---|---|
| A. | 1 | 2 | 3 | 4 |
| B. | 1 | 3 | 4 | 2 |
| C. | 2 | 4 | 3 | 1 |
| D. | 3 | 4 | 2 | 1 |

**66.** सुमेलित कीजिए—

| **(सूची-क) रचनाकार** | **(सूची-ख) रचना** |
|---|---|
| (*a*) लाला श्रीनिवास दास | 1. एक चूहे की मौत |

(b) जयशंकर प्रसाद 2. अंधेरे बंद कमरे
(c) बदी उज्जमां 3. परीक्षा गुरु
(d) मोहन राकेश 4. इरावती

| कूट : | (a) | (b) | (c) | (d) |
|---|---|---|---|---|
| A. | 4 | 3 | 2 | 1 |
| B. | 3 | 2 | 4 | 1 |
| C. | 3 | 4 | 1 | 2 |
| D. | 1 | 2 | 3 | 4 |

**67.** सुमेलित कीजिए—

| (सूची-क) रचनाकार | (सूची-ख) रचना |
|---|---|
| (a) आचार्य रामचंद्र शुक्ल | 1. आत्मनेपद |
| (b) चन्द्रधर शर्मा गुलेरी | 2. ठेले पर हिमालय |
| (c) अज्ञेय | 3. चिंतामणि |
| (d) धर्मवीर भारती | 4. मारेसि मोहि कुण्ठाव |

| कूट : | (a) | (b) | (c) | (d) |
|---|---|---|---|---|
| A. | 1 | 2 | 3 | 4 |
| B. | 3 | 4 | 1 | 2 |
| C. | 4 | 3 | 2 | 1 |
| D. | 1 | 3 | 2 | 4 |

**68.** सुमेलित कीजिए—

| (सूची-क) कहानी | (सूची-ख) कहानीकार |
|---|---|
| (a) इन्दुमती | 1. जयशंकर प्रसाद |
| (b) ग्राम | 2. किशोरी लाल गोस्वामी |
| (c) दोपहर का भोजन | 3. मोहन राकेश |
| (d) एक और जिंदगी | 4. अमरकांत |

| कूट : | (a) | (b) | (c) | (d) |
|---|---|---|---|---|
| A. | 3 | 2 | 4 | 1 |
| B. | 1 | 2 | 3 | 4 |
| C. | 3 | 4 | 1 | 2 |
| D. | 2 | 1 | 4 | 3 |

**69.** सुमेलित कीजिए—

| (सूची-क) रचनाकार | (सूची-ख) रचना |
|---|---|
| (a) भरतमुनि | 1. साहित्य दर्पण |
| (b) भामह | 2. नाट्यशास्त्र |
| (c) विश्वनाथ | 3. दशरूपक |
| (d) धनंजय | 4. काव्यालंकार |

| कूट : | (a) | (b) | (c) | (d) |
|---|---|---|---|---|
| A. | 2 | 4 | 1 | 3 |
| B. | 1 | 2 | 3 | 4 |
| C. | 4 | 3 | 2 | 1 |
| D. | 3 | 4 | 2 | 1 |

**70.** सुमेलित कीजिए—

| (सूची-क) सिद्धांत | (सूची-ख) प्रवर्तक |
|---|---|
| (a) रस | 1. वामन |
| (b) अलंकार | 2. भरतमुनि |
| (c) ध्वनि | 3. भामह |
| (d) रीति | 4. आनन्दवर्धन |

| कूट : | (a) | (b) | (c) | (d) |
|---|---|---|---|---|
| A. | 3 | 2 | 4 | 1 |
| B. | 1 | 2 | 3 | 4 |
| C. | 2 | 3 | 4 | 1 |
| D. | 4 | 3 | 2 | 1 |

**71.** संगत अनुक्रम बताइए—

| (सूची-क) विद्वान | (सूची-ख) नामकरण |
|---|---|
| 1. हजारी प्रसाद द्विवेदी | — आदिकाल |
| 2. रामचन्द्र शुक्ल | — वीरगाथा काल |
| 3. ग्रियर्सन | — बीजवपन काल |
| 4. मिश्रबंधु | — सिद्ध सामंत काल |

A. कोई नहीं B. सिर्फ 2
C. सभी D. 1 और 2

**72.** संगत अनुक्रम बताइए—

| (सूची-क) रचयिता | | (सूची-ख) रचना |
|---|---|---|
| 1. देवसेन | — | श्रावकाचार |
| 2. गोरखनाथ | — | गोरखपंथ |
| 3. जगनिक | — | बीसलदेव रासो |
| 4. जल्हण | — | परमाल रासो |

A. सिर्फ 1 B. सभी
C. 1 और 2 D. कोई नहीं

**73.** संगत अनुक्रम बताइए—

| (सूची-क) रचयिता | | (सूची-ख) रचना |
|---|---|---|
| 1. रामानुजाचार्य | — | राम की महिमा |

2. शंकराचार्य — रामरक्षा स्तोत्र
3. तुलसीदास — कवितावली
4. मीरा — मीरा की गरवी

A. 1 और 2 B. सिर्फ 3
C. 3 और 4 D. कोई नहीं

**74.** असंगत अनुक्रम बताइए—

| **(सूची-क)** **रचयिता** | | **(सूची-ख)** **रचना** |
|---|---|---|
| 1. मतिदास | — | श्रृंगार सागर |
| 2. देव | — | भाव विलास |
| 3. जसवंत सिंह | — | भाषा भूषण |
| 4. भूषण | — | शिवाबावनी |

A. कोई नहीं B. सिर्फ 1
C. सिर्फ 2 D. सभी

**75.** असंगत अनुक्रम बताइए—

| **(सूची-क)** **रचयिता** | | **(सूची-ख)** **रचना** |
|---|---|---|
| 1. प्रतापनारायण मिश्र | — | भारत दुर्दशा |
| 2. बालकृष्ण भट्ट | — | नीलदेवी |
| 3. बालमुकुन्द गुप्त | — | नीलकुसुम |
| 4. प्रसाद | — | कामना |

A. सभी B. कोई नहीं
C. 1 और 2 D. 2 और 3

**76.** असंगत अनुक्रम बताइए—

| **(सूची-क)** **रचयिता** | | **(सूची-ख)** **रचना** |
|---|---|---|
| 1. नागार्जुन | — | अकाल और उसके बाद |
| 2. त्रिलोचन | — | बाघ |
| 3. केदारनाथ अग्रवाल | — | मछली मरी हुई |
| 4. केदारनाथ सिंह | — | साखी |

A. 2, 3 और 4 B. सभी
C. सिर्फ 2 D. कोई नहीं

**77.** सही कालानुक्रम ज्ञात कीजिए—

A. भिखारीदास – तुलसीदास – पुष्पदंत – भारतेन्दु
B. पुष्पदंत – तुलसीदास – भिखारीदास – भारतेन्दु
C. पुष्पदंत – भिखारीदास – तुलसीदास – भारतेन्दु
D. तुलसीदास – भिखारीदास – पुष्पदंत – भारतेन्दु

**78.** सही कालानुक्रम ज्ञात कीजिए—

A. निराला – घनानंद – विद्यापति – रहीम
B. रहीम – विद्यापति – घनानंद – निराला
C. विद्यापति – रहीम – घनानंद – निराला
D. घनानंद – रहीम – निराला – विद्यापति

**79.** सही कालानुक्रम ज्ञात कीजिए—

A. गोकुलदास – नन्ददास – मुक्तिबोध – मंगलेश डबराल
B. नन्ददास – गोकुलदास – मुक्तिबोध – मंगलेश डबराल
C. मंगलेश डबराल – गोकुलदास – नन्ददास – मुक्तिबोध
D. मुक्तिबोध – नन्ददास – गोकुलदास – मंगलेश डबराल

**80.** सही कालानुक्रम ज्ञात कीजिए—

A. मैथिलीशरण गुप्त – भवभूति – कालिदास – बाल्मीकि
B. बाल्मीकि – कालिदास – भवभूति – मैथिलीशरण गुप्त
C. कालिदास – बाल्मीकि – भवभूति – मैथिलीशरण गुप्त
D. भवभूति – कालिदास – बाल्मीकि – मैथिलीशरण गुप्त

**81.** सही कालानुक्रम ज्ञात कीजिए—

A. साकेत – रामायण – रामचरितमानस – उत्तररामचरित
B. रामायण – उत्तररामचरित – रामचरितमानस – साकेत
C. उत्तररामचरित – रामायण – रामचरितमानस – साकेत
D. रामचरितमानस – उत्तररामचरित – रामायण – साकेत

**82.** सही कालानुक्रम ज्ञात कीजिए—

A. प्रिय प्रवास – भागवत – पदावली – सूरसागर
B. पदावली – भागवत – सूरसागर – प्रिय प्रवास
C. भागवत – प्रिय प्रवास – पदावली – सूरसागर
D. भागवत – पदावली – सूरसागर – प्रिय प्रवास

**83.** सही कालानुक्रम ज्ञात कीजिए–
A. इतने पास अपने – घर–घर घूमा – जीर्ण जनपद – कुकुरमुत्ता
B. जीर्ण जनपद – कुकुरमुत्ता – इतने पास अपने – घर–घर घूमा
C. इतने पास अपने – घर–घर घूमा – जीर्ण जनपद – कुकुरमुत्ता
D. कुकुरमुत्ता – घर–घर घूमा – इतने पास अपने – जीर्ण जनपद

**84.** सही कालानुक्रम ज्ञात कीजिए–
A. वामाचार – भारत भारती – जनमेजय का नागयज्ञ – बकरी
B. जनमेजय का नागयज्ञ – भारत भारती – बकरी – वामाचार
C. भारत भारती – जनमेजय का नागयज्ञ – बकरी – वामाचार
D. वामाचार – जनमेजय का नागयज्ञ – वामाचार – बकरी

**निर्देश :** नीचे दो वक्तव्य दिए गए हैं। एक को **कथन (A)** और दूसरे को **कारण (R)** कहा गया है। इन दोनों वाक्यों का सावधानीपूर्वक परीक्षण करें और निर्णय करें कि क्या **कथन A** और **कारण R** स्वतंत्र रूप से सही हैं और यदि ऐसा है तो क्या **कारण (R) कथन (A)** का सही स्पष्टीकरण है। इन प्रश्नों का उत्तर नीचे दिए कूटों की सहायता से चुनिए।

**कूट :**
A. कूट A और R दोनों सही हैं, और R, A का सही स्पष्टीकरण है।
B. A और R दोनों सही हैं, और R, A का सही स्पष्टीकरण नहीं है।
C. A सही है परन्तु R गलत है।
D. A गलत है परन्तु R सही है।

**85.** **कथन (A) :** पल्लव की भूमिका को छायावाद की घोषणा माना जाता है।
**कारण (R) :** पल्लव की भूमिका में पंत जी ने ब्रज भाषा और दरबारी प्रवृति की निन्दा की है।

**86.** **कथन (A) :** सरहपा हिन्दी के पहले कवि माने जाते हैं।
**कारण (R) :** अपभ्रंश साहित्य को धार्मिक साहित्य कह कर साहिंत्य से खारिज नहीं किया जा सकता।

**87.** **कथन (A) :** एडमंड विल्सन ने घोषणा की कि 'कविता एक मरती हुई विधा' है।
**कारण (R) :** साहित्य के दूसरे रूप और पद्धतियाँ उनका स्थान ले रही है।

**88.** **कथन (A) :** 'परिमल' में नई कविता से जुड़े प्रयोगवादी कवि शामिल थे।
**कारण (R) :** वे 'व्यक्ति–स्वतंत्र्य' के पक्षधर थे और कला साहित्य की शाश्वत चिन्ताओं में लीन थे।

**89.** **कथन (A) :** धर्म सामन्ती व्यवस्था को जायज और शाश्वत सिद्ध करता है।
**कारण (R) :** मनुस्मृति में विभिन्न वर्णों के जीवन–व्यवहार की लक्ष्मण रेखाएँ खींची गई है।

**90.** **कथन (A) :** प्रगतिवाद और प्रयोगवाद दो भिन्न और परस्पर विरोधी काव्यधाराएँ थी।
**कारण (R) :** प्रगतिवाद सामूहिकता, वर्गसंघर्ष और सर्वहारा की विजय को लेकर चला तो प्रयोगवाद व्यक्ति–स्वातंत्र्य, स्वानुभूति और वैयक्तिक दायित्व को लेकर।

**91.** साहित्य का प्रथम इतिहास किसने लिखा?
A. रामकुमार वर्मा B. रामचन्द्र शुक्ल
C. गार्सा दा तासी D. हजारी प्रसाद द्विवेदी

**92.** आधुनिक साहित्य रचना किसकी है?
A. जैनेन्द्र
B. नन्ददुलारे वाजपेयी
C. बनारसी दास चतुर्वेदी
D. निर्मल वर्मा

**93.** ठेले पर हिमालय रचना किस विधा की है?
A. आलोचना B. कहानी
C. निबन्ध D. संस्मरण

**94.** एक टोकरी भर मिट्टी कहानी किसकी है?
A. माधव प्रसाद स्प्रे B. प्रेमचन्द
C. प्रसाद D. निराला

**95.** 'त्रिपथगा' कहानी का प्रकाशन वर्ष क्या है?
A. 1931 ई. B. 1930 ई.
C. 1929 ई. D. 1932 ई.

**96.** 'अश्क' किस साहित्यकार का उपनाम है?
A. उपेन्द्रनाथ B. प्रेमचन्द
C. राजेन्द्र D. विपिन चन्द्र

**97.** 'किन्नरों के देश में' रचना किसकी है?
A. प्रसाद B. कृष्णा सोबती
C. राहुल सांकृत्यायन D. देवराज

**98.** 'अशुभ बेला' रचना किसकी है?
A. भगवानदास मोरवाल
B. मैत्रेयी पुष्पा
C. समरेश मजूमदार
D. विवेकी राय

**99.** 'गोस्वामी कृष्ण शरण' प्रसाद के किस उपन्यास का महत्वपूर्ण पात्र है?
A. कंकाल B. तितली
C. इरावती D. कामायनी

**100.** साहित्य अकादमी पुरस्कार किस रचनाकार को प्राप्त नहीं हुआ?
A. प्रेमचन्द B. अरूण कमल
C. मंगलेश डबराल D. दिनकर

**101.** साहित्यालोचन किसकी आलोचनात्मक कृति है?
A. प्रेमचन्द B. श्यामसुंदर दास
C. डॉ. नगेन्द्र D. रामकुमार वर्मा

**102.** सांख्य दर्शन के आधार पर रस निष्पति की व्याख्या किसने की है?
A. भट्टलोल्लट B. अभिनव गुप्त
C. भट्टनायक D. शंकुक

**103.** क्रोचे के अभिव्यंजना सिद्धान्त को किस कवि के भारतीय काव्यशास्त्रीय सिद्धांत से जोड़ा जाता रहा है?
A. शुक्ल B. क्षेमेन्द्र
C. कुन्तक D. वामन

**104.** 'रिट्ठणेमी चरिउ' रचना किसकी है?
A. पुष्पदन्त B. स्वयंभू
C. मेरूतुंग D. खुसरो

**105.** भक्ति आंदोलन का सूत्रपात उत्तर भारत से न होकर दक्षिण भारत में हुआ, इसका मूल कारण क्या है?
A. दक्षिण भारत में मुसलमान शासकों ने आक्रमण किए थे
B. दक्षिण भारत पूर्णतः निरापद था
C. दक्षिण भारत व्यापारिक केन्द्र था जिससे अनेक धर्मावलम्बी वहां आकर बसे
D. दक्षिण भारत में हिन्दू ज्यादा थे

**106.** सुमेलित कीजिए—

| (सूची-क) स्थायी भाव | (सूची-ख) रस |
|---|---|
| (*a*) रति | 1. वीर |
| (*b*) उत्साह | 2. शांत |
| (*c*) शोक | 3. शृंगार |
| (*d*) निर्वेद | 4. करूण |

| कूट : | (*a*) | (*b*) | (*c*) | (*d*) |
|---|---|---|---|---|
| A. | 1 | 2 | 3 | 4 |
| B. | 4 | 3 | 2 | 1 |
| C. | 3 | 1 | 4 | 2 |
| D. | 1 | 3 | 4 | 2 |

**107.** सुमेलित कीजिए—

| (सूची-क) सिद्धांत | (सूची-ख) प्रवर्तक |
|---|---|
| (*a*) उदात्त | 1. अरस्तु |
| (*b*) त्रासदी | 2. कॉलरिज |
| (*c*) कल्पना | 3. क्रोचे |
| (*d*) अभिव्यंजनावाद | 4. लांजाइनस |

| कूट : | (*a*) | (*b*) | (*c*) | (*d*) |
|---|---|---|---|---|
| A. | 1 | 3 | 4 | 2 |
| B. | 1 | 2 | 3 | 4 |
| C. | 4 | 3 | 2 | 1 |
| D. | 4 | 1 | 2 | 3 |

**108.** सुमेलित कीजिए—

| (सूची-क) रचनाकार | (सूची-ख) रचना |
|---|---|
| (*a*) श्रीधर | 1. रजमल्ल छंद |
| (*b*) धनपाल | 2. भविष्यन्त कथा |
| (*c*) शार्गधर | 3. हम्मीर रासो |
| (*d*) अब्दुल रहमान | 4. संदेश रासक |

| कूट : | (*a*) | (*b*) | (*c*) | (*d*) |
|---|---|---|---|---|
| A. | 1 | 2 | 3 | 4 |
| B. | 2 | 3 | 4 | 1 |
| C. | 1 | 2 | 4 | 3 |
| D. | 3 | 4 | 2 | 1 |

**109.** सुमेलित कीजिए—

| (सूची-क) रचनाकार | (सूची-ख) रचना |
|---|---|
| (*a*) मंझन | 1. चित्रावली |
| (*b*) उसमान | 2. मधुमालती |
| (*c*) वल्लभाचार्य | 3. मानमंजरी |
| (*d*) नंददास | 4. अणुभाष्य |

| कूट : | (*a*) | (*b*) | (*c*) | (*d*) |
|---|---|---|---|---|
| A. | 2 | 1 | 4 | 3 |
| B. | 4 | 3 | 2 | 1 |
| C. | 1 | 2 | 3 | 4 |
| D. | 4 | 2 | 3 | 1 |

**110.** सुमेलित कीजिए—

| (सूची-क) दर्शन/सिद्धांत | (सूची-ख) प्रवर्तक/आचार्य |
|---|---|
| (*a*) अद्वैतवाद | 1. वल्लभाचार्य |
| (*b*) विशिष्टाद्वैतवाद | 2. माध्वाचार्य |
| (*c*) द्वैतवाद | 3. रामानुजाचार्य |
| (*d*) पुष्टिमार्ग | 4. शंकराचार्य |

| कूट : | (*a*) | (*b*) | (*c*) | (*d*) |
|---|---|---|---|---|
| A. | 1 | 2 | 3 | 4 |
| B. | 4 | 2 | 3 | 1 |
| C. | 3 | 2 | 4 | 1 |
| D. | 4 | 3 | 2 | 1 |

**111.** सुमेलित कीजिए—

| (सूची-क) रचनाकार | (सूची-ख) रचना |
|---|---|
| (*a*) घनानंद | 1. इश्कनामा |
| (*b*) बोधा | 2. आलम केलि |
| (*c*) ठाकुर | 3. सुजानहित |
| (*d*) आलम | 4. ठाकुर ठसक |

| कूट : | (*a*) | (*b*) | (*c*) | (*d*) |
|---|---|---|---|---|
| A. | 4 | 3 | 1 | 2 |
| B. | 1 | 2 | 3 | 4 |
| C. | 3 | 1 | 4 | 2 |
| D. | 3 | 4 | 2 | 1 |

**112.** सुमेलित कीजिए—

| (सूची-क) रचनाकार | (सूची-ख) रचना |
|---|---|
| (*a*) आलोक धन्वा | 1. पटकथा |
| (*b*) राजकमल चौधरी | 2. दुनिया रोज बनती है |
| (*c*) धूमिल | 3. लुकमान अली |
| (*d*) सौमित्र मोहन | 4. मुक्ति प्रसंग |

| कूट : | (*a*) | (*b*) | (*c*) | (*d*) |
|---|---|---|---|---|
| A. | 4 | 3 | 2 | 1 |
| B. | 2 | 4 | 1 | 3 |
| C. | 1 | 2 | 3 | 4 |
| D. | 4 | 3 | 2 | 1 |

**113.** सुमेलित कीजिए—

| (सूची-क) विधा | (सूची-ख) कृतियां |
|---|---|
| (*a*) कहानी | 1. सूर्य का स्वागत |
| (*b*) कविता | 2. मादा कैक्टस |
| (*c*) नाटक | 3. काली आंधी |
| (*d*) उपन्यास | 4. मधुआ |

| कूट : | (*a*) | (*b*) | (*c*) | (*d*) |
|---|---|---|---|---|
| A. | 4 | 3 | 2 | 1 |
| B. | 1 | 2 | 3 | 4 |
| C. | 2 | 3 | 4 | 1 |
| D. | 4 | 1 | 2 | 3 |

**114.** सुमेलित कीजिए—

| (सूची-क) रचनाकार | (सूची-ख) रचना |
|---|---|
| (*a*) हजारी प्रसाद द्विवेदी | 1. वे दिन |
| (*b*) नागार्जुन | 2. पुनर्नवा |
| (*c*) निर्मल वर्मा | 3. चितकोबरा |
| (*d*) मृदुला गर्ग | 4. बाबा बटेसर नाथ |

| कूट : | (*a*) | (*b*) | (*c*) | (*d*) |
|---|---|---|---|---|
| A. | 3 | 4 | 1 | 2 |
| B. | 2 | 3 | 4 | 1 |
| C. | 2 | 4 | 1 | 3 |
| D. | 1 | 2 | 3 | 4 |

**115.** सुमेलित कीजिए—

| (सूची-क) विधा | (सूची-ख) रचना |
|---|---|
| (*a*) रेखाचित्र संस्मरण | 1. हम हशमत |
| (*b*) आत्मकथा | 2. मेरी आत्मकहानी |
| (*c*) जीवनी | 3. अकाल पुरुष गांधी |
| (*d*) यात्रा वृतांत | 4. खंडित यात्राएं |

| कूट : | (a) | (b) | (c) | (d) |
|---|---|---|---|---|
| A. | 1 | 2 | 3 | 4 |
| B. | 3 | 4 | 2 | 1 |
| C. | 1 | 2 | 3 | 4 |
| D. | 3 | 2 | 4 | 1 |

**116.** सही कालानुक्रम ज्ञात कीजिए—
A. प्रसाद – गुरु अर्जुन देव – गुरु गोविंद सिंह – नानक
B. नानक – गुरु अर्जुन देव – गुरु गोविंद सिंह – प्रसाद
C. नानक – प्रसाद – गुरु गोविंद सिंह – गुरु अर्जुन देव
D. गुरु अर्जुन देव – गुरु गोविंद सिंह – प्रसाद – नानक

**117.** सही कालानुक्रम ज्ञात कीजिए—
A. नित्यानंद तिवारी – मुक्तिबोध – अज्ञेय – निराला
B. निराला – मुक्तिबोध – अज्ञेय –नित्यानंद तिवारी
C. निराला – अज्ञेय – मुक्तिबोध – नित्यानंद तिवारी
D. मुक्तिबोध – अज्ञेय – निराला – नित्यानंद तिवारी

**118.** सही कालानुक्रम ज्ञात कीजिए—
A. नाटक जारी है – राम की शक्ति पूजा – सुजान हित – बावन अखरी
B. बावन अखरी – सुजान हित – राम की शक्ति पूजा – नाटक जारी है
C. बावन अखरी – नाटक जारी है – सुजान हित – राम की शक्ति पूजा
D. राम की शक्ति पूजा – नाटक जारी है – बावन अखरी – सुजान हित

**119.** सही कालानुक्रम ज्ञात कीजिए—
A. रामचन्द्र शुक्ल – हजारी प्रसाद द्विवेदी – रामविलास शर्मा – नामवर सिंह
B. नामवर सिंह – हजारी प्रसाद द्विवेदी – रामचन्द्र शुक्ल – रामविलास शर्मा
C. रामविलास शर्मा – नामवर सिंह – रामचन्द्र शुक्ल – हजारी प्रसाद द्विवेदी
D. हजारी प्रसाद द्विवेदी – रामचन्द्र शुक्ल – नामवर सिंह – रामविलास शर्मा

**120.** सही कालानुक्रम ज्ञात कीजिए—
A. उदय प्रकाश – महादेवी – बोधा – मीरा
B. बोधा – मीरा – महादेवी – उदय प्रकाश
C. महादेवी – बोधा – मीरा – उदय प्रकाश
D. मीरा – बोधा – महादेवी – उदय प्रकाश

**121.** सही कालानुक्रम ज्ञात कीजिए—
A. साकेत – पद्मावत – दो सुखने – बिहारी सतसई
B. दो सुखने – पद्मावत – बिहारी सतसई – साकेत
C. साकेत – बिहारी सतसई – पद्मावत – दो सुखने
D. दो सुखने – बिहारी सतसई – साकेत – पद्मावत

**122.** सही कालानुक्रम ज्ञात कीजिए—
A. छन्दशती – मतिराम सतसई – वृन्द सतसई – पदावली
B. पदावली – छन्दशती – वृन्द सतसई – मतिराम सतसई
C. मतिराम सतसई – छन्दशती – पदावली – वृन्द सतसई
D. पदावली – मतिराम सतसई – वृन्द सतसई – छन्दशती

**123.** सही कालानुक्रम ज्ञात कीजिए—
A. तिरिछ – कफन – इन्दुमती – दोपहर का भोजन
B. इन्दुमती – कफन – दोपहर का भोजन – तिरिछ
C. दोपहर का भोजन – कफन – इन्दुमती – तिरिछ
D. तिरिछ – इन्दुमती – कफन – दोपहर का भोजन

**124.** संगत अनुक्रम बताइए—

| | (सूची-क) रचयिता | | (सूची-ख) रचना |
|---|---|---|---|
| 1. | पुष्पदंत | — | महापुराण |
| 2. | घनानंद | — | रसकेलिवल्ली |
| 3. | मैथिलीशरण गुप्त | — | जय भारत |
| 4. | सभुद्राकुमारी चौहान | — | भारत भारती |

A. 1, 2 और 3 B. कोई नहीं
C. सिर्फ 1 D. 1 और 3

**125.** संगत अनुक्रम बताइए—

| (सूची-क) **नामकरण** | | (सूची-ख) **विद्वान** |
|---|---|---|
| 1. रीतिकाल | — | रामचन्द्र शुक्ल |
| 2. शृंगार काल | — | विश्वनाथ प्रसाद मिश्र |
| 3. अलंकार काल | — | हजारी प्रसाद मिश्र |
| 4. कला काल | — | मिश्र बंधु |

A. कोई नहीं
B. 1 और 2
C. सिर्फ 1
D. 1 और 3

**126.** संगत अनुक्रम बताइए—

| (सूची-क) **रचयिता** | | (सूची-ख) **रचना** |
|---|---|---|
| 1. रसखान | — | सुजान रसखान |
| 2. रहीम | — | कृष्ण गीतावली |
| 3. अमीर खुसरो | — | दो सुखने |
| 4. आलम | — | आलम केलि |

A. 1 और 2 B. कोई नहीं
C. 1 और 3 D. 1, 3 और 4

**127.** असंगत अनुक्रम बताइए—

| (सूची-क) **रचयिता** | | (सूची-ख) **रचना** |
|---|---|---|
| 1. प्राणचन्द चौहान | — | उत्तर रामचरित |
| 2. भवभूति | — | रामायण महानाटक |
| 3. कालिदास | — | देव माया प्रपंच |
| 4. देव | — | विज्ञान गीता |

A. एक और तीन B. कोई नहीं
C. एक और दो D. सभी

**128.** असंगत अनुक्रम बताइए—

| (सूची-क) **रचयिता** | | (सूची-ख) **रचना** |
|---|---|---|
| 1. भारतेन्दु | — | स्वर्ग में विचार सभा |
| 2. निराला | — | पंत की कविता |
| 3. रामचन्द्र शुक्ल | — | रस मीमांसा |
| 4. साही | — | धूमिल की कविता |

A. 2 और 3 B. सिर्फ 3
C. 2 और 4 D. कोई नहीं

**129.** असंगत अनुक्रम बताइए—

| (सूची-क) **रचयिता** | | (सूची-ख) **रचना** |
|---|---|---|
| 1. प्रेमचन्द | — | गोदान |
| 2. नागार्जुन | — | बलचनामा |
| 3. सर्वेश्वर | — | अंधेरे बंद कमरे |
| 4. भीष्म साहनी | — | तमस |

A. कोई नहीं B. सिर्फ 2
C. सिर्फ 3 D. 1 और 3

**निर्देश :** नीचे दो वक्तव्य दिए गए हैं। एक को **कथन (A)** और दूसरे को **कारण (R)** कहा गया है। इन दोनों वाक्यों का सावधानीपूर्वक परीक्षण करें और निर्णय करें कि क्या **कथन A** और **कारण R** स्वतंत्र रूप से सही हैं और यदि ऐसा है तो क्या **कारण (R) कथन (A)** का सही स्पष्टीकरण है। इन प्रश्नों का उत्तर नीचे दिए कूटों की सहायता से चुनिए।

**कूट :**

A. कूट A और R दोनों सही हैं, और R, A का सही स्पष्टीकरण है।
B. A और R दोनों सही हैं, और R, A का सही स्पष्टीकरण नहीं है।
C. A सही है परन्तु R गलत है।
D. A गलत है परन्तु R सही है।

**130. कथन (A) :** कल्पना छायावादी कविता की मौलिक विशेषता है।
**कारण (R) :** उससे पहले की कविता कल्पना शून्य थी।

**131. कथन (A) :** प्रकृति की तरह नारी भी छायावादी कवियों के अति भाववादी दृष्टि का शिकार हो गयी।
**कारण (R) :** छायावादी कवियों के लिए नारी श्रद्धा की वस्तु थी।

**132. कथन (A) :** छायावाद के गर्भ से 1930 के आसपास नवीन सामाजिक चेतना से युक्त साहित्य–धारा का जन्म हुआ।
**कारण (R) :** प्रगतिवादी साहित्य विशुद्ध पाश्चात्य प्रभाव नहीं था।

**133.** **कथन (A) :** मार्क्सवादी सौन्दर्य शास्त्र का नाम प्रगतिवाद है।
**कारण (R) :** प्रगतिवाद मानव विरोधी विचारधाराओं का विरोध करता है।

**134.** **कथन (A) :** प्रगतिवाद युगीन जरुरत की पैदाइश थी।
**कारण (R) :** इसने देसी आवश्यकताओं पर अन्तर्राष्ट्रीय समस्याओं को तरजीह दी।

**135.** **कथन (A) :** प्रगतिवादी कवि का प्रेम इतना स्वस्थ और स्फूर्तिदायक इसलिए है कि वह प्रेम को सम्पूर्ण जीवन का अंग समझकर अनुभव करता है।
**कारण (R) :** प्रेम की उत्कृष्ट कविताओं की सर्जना प्रगतिशील कवियों ने ही की है।

**136.** हिन्दी काव्यधारा पुस्तक के रचयिता हैं—
A. राहुल सांकृत्यायन
B. साही
C. देवराज
D. रांगेय राघव

**137.** हिन्दी क्षेत्र की बोलियों की संख्या कितनी है?
A. 12 B. 14
C. 16 D. 18

**138.** लक्ष्मीधर की रचना है—
A. विजयपाल रासो B. प्राकृत पैंगलम
C. बीसलदेव रासो D. छन्दसार

**139.** कीर्तिपताका के रचयिता हैं—
A. कबीर B. गोरखनाथ
C. विद्यापति D. विजयपाल

**140.** जायसी की रचना है—
A. पद्मावत B. सूरसागर
C. सुजान रसखान D. बरवे रामायण

**141.** इश्कनामा के रचयिता हैं—
A. ठाकुर B. आलम
C. घनानंद D. बोधा

**142.** कर्पूर मंजरी नाटक के रचयिता हैं—
A. प्रतापनारायण मिश्र B. बालकृष्ण भट्ट
C. भारतेन्दु D. बालमुकुन्द गुप्त

**143.** प्रेमचन्द का नाटक है—
A. चन्द्रगुप्त B. प्रेम की वेदी
C. विद्यासुंदर D. संन्यासी

**144.** काठ का सपना कहानी के लेखक हैं—
A. सर्वेश्वर B. मुक्तिबोध
C. धूमिल D. धर्मवीर भारती

**145.** बकरी नाटक किसका है?
A. सर्वेश्वर B. अज्ञेय
C. राजकमल चौधरी D. सौमित्र मोहन

**146.** मुक्तिप्रसंग के रचयिता हैं—
A. निराला
B. पंत
C. भवानी प्रसाद मिश्र
D. राजकमल चौधरी

**147.** छाको की वापसी उपन्यास के लेखक हैं—
A. मंजूर एहतेश्याम B. सूर्यबाला
C. बदीउज्जमां D. मृदुलागर्ग

**148.** 'अज्ञेयः कवि और काव्य' नामक आलोचनात्मक कृति के लेखक हैं—
A. राजेन्द्र प्रसाद B. राजेन्द्र यादव
C. राजेन्द्र सिंह D. राजेन्द्र कुमार

**149.** हंस पत्रिका के पहले सम्पादक थे—
A. राजेन्द्र यादव B. राजेन्द्र प्रसाद
C. प्रेमचन्द D. देवेन्द्र

**150.** कमलेश्वर को किस कृति के लिए साहित्य आकदमी पुरस्कार मिला?
A. पाकिस्तान मेल B. मुर्दाघर
C. तमस D. कितने पाकिस्तान

**151.** सुमेलित कीजिए—

| (सूची-क) रचनाकार | (सूची-ख) रचना |
|---|---|
| (*a*) मनोहर श्याम जोशी | 1. लखनऊ मेरा लखनऊ |
| (*b*) देवेन्द्र सत्यार्थी | 2. रेखाएं बोल उठी |
| (*c*) श्रीराम शर्मा | 3. आदमी से आदमी तक |
| (*d*) भीमसेन त्यागी | 4. जंगल के जीव |

| कूट : | (a) | (b) | (c) | (d) |
|---|---|---|---|---|
| A. | 1 | 2 | 4 | 3 |
| B. | 3 | 2 | 1 | 4 |
| C. | 4 | 3 | 2 | 1 |
| D. | 1 | 3 | 4 | 2 |

**152.** सुमेलित कीजिए—

| (सूची-क) रचनाकार | (सूची-ख) रचना |
|---|---|
| (a) श्रीकांत वर्मा | 1. यात्रा वृतांत |
| (b) अजीत कुमार | 2. सफरी झोले में |
| (c) निर्मल वर्मा | 3. चीड़ों पर चांदनी |
| (d) अज्ञेय | 4. अरे यायावर रहेगा याद |

| कूट : | (a) | (b) | (c) | (d) |
|---|---|---|---|---|
| A. | 4 | 3 | 2 | 1 |
| B. | 1 | 2 | 3 | 4 |
| C. | 3 | 1 | 2 | 4 |
| D. | 4 | 2 | 1 | 3 |

**153.** सुमेलित कीजिए—

| (सूची-क) रचनाकार | (सूची-ख) भेंटवार्ता |
|---|---|
| (a) पदमसिंह शर्मा 'कमलेश' | 1. मेरी मुलाकातें |
| (b) प्रभाकर माचवे | 2. मैं इनसे मिला |
| (c) माजदा असद | 3. जैनेन्द्र के विचार |
| (d) अज्ञेय | 4. अपरोक्ष |

| कूट : | (a) | (b) | (c) | (d) |
|---|---|---|---|---|
| A. | 4 | 3 | 2 | 1 |
| B. | 1 | 2 | 3 | 4 |
| C. | 3 | 2 | 4 | 1 |
| D. | 2 | 3 | 1 | 4 |

**154.** सुमेलित कीजिए—

| (सूची-क) पत्र-पत्रिका | (सूची-ख) सम्पादक |
|---|---|
| (a) समयांतर | 1. नामवर सिंह |
| (b) हंस | 2. महीप सिंह |
| (c) आलोचना | 3. प्रताप सिंह बिष्ट |
| (d) संचेतना | 4. राजेन्द्र यादव |

| कूट : | (a) | (b) | (c) | (d) |
|---|---|---|---|---|
| A. | 2 | 3 | 4 | 1 |
| B. | 3 | 4 | 1 | 2 |
| C. | 1 | 3 | 4 | 2 |
| D. | 1 | 2 | 3 | 4 |

**155.** सुमेलित कीजिए—

| (सूची-क) पुरस्कार | (सूची-ख) रचना |
|---|---|
| (a) साहित्य अकादमी | 1. चिदम्बरा |
| (b) ज्ञानपीठ | 2. मुझे चांद चाहिए |
| (c) सरस्वती–सम्मान | 3. नीला चांद |
| (d) व्यास–सम्मान | 4. दशद्वार से सोपान तक |

| कूट : | (a) | (b) | (c) | (d) |
|---|---|---|---|---|
| A. | 1 | 2 | 3 | 4 |
| B. | 2 | 1 | 4 | 3 |
| C. | 3 | 2 | 1 | 4 |
| D. | 4 | 3 | 2 | 1 |

**156.** सुमेलित कीजिए—

| (सूची-क) रचनाकार | (सूची-ख) रचना |
|---|---|
| (a) नागरीदास | 1. चण्डी चरित्र |
| (b) पजनेश | 2. मनोरथ मंजरी |
| (c) रसलीन | 3. पजनेश प्रकाश |
| (d) गुरु गोविन्द सिंह | 4. अंग दर्पण |

| कूट : | (a) | (b) | (c) | (d) |
|---|---|---|---|---|
| A. | 1 | 2 | 3 | 4 |
| B. | 4 | 3 | 2 | 1 |
| C. | 1 | 3 | 4 | 2 |
| D. | 2 | 3 | 4 | 1 |

**157.** सुमेलित कीजिए—

| (सूची-क) रचनाकार | (सूची-ख) रचना |
|---|---|
| (a) श्रीधर पाठक | 1. श्रांत पथिक |
| (b) केदारनाथ अग्रवाल | 2. किवाड़ |
| (c) कुमार अंबुज | 3. युग की गंगा |
| (d) मंगलेश डबराल | 4. घर का रास्ता |

| कूट : | (a) | (b) | (c) | (d) |
|---|---|---|---|---|
| A. | 1 | 3 | 2 | 4 |
| B. | 4 | 3 | 2 | 1 |
| C. | 1 | 2 | 3 | 4 |
| D. | 4 | 3 | 2 | 1 |

**158.** सुमेलित कीजिए—

| (सूची-क) रचनाकार | (सूची-ख) रचना |
|---|---|
| (a) गिरीश कर्नाड | 1. चरण दास चोर |
| (b) विजय तेन्दुलकर | 2. नागमण्डल |
| (c) हबीब तनवीर | 3. हानूश |
| (d) भीष्म साहनी | 4. घासीराम कोतवाल |

| कूट : | (a) | (b) | (c) | (d) |
|---|---|---|---|---|
| A. | 3 | 1 | 4 | 2 |
| B. | 2 | 3 | 4 | 1 |
| C. | 2 | 4 | 1 | 3 |
| D. | 1 | 2 | 3 | 4 |

**159.** सुमेलित कीजिए—

| (सूची-क) रचनाकार | (सूची-ख) रचना |
|---|---|
| (a) यशपाल | 1. विषाद योग |
| (b) हरिशंकर परसाई | 2. न्याय का संघर्ष |
| (c) नगेन्द्र | 3. आस्था के चरण |
| (d) कुबेरनाथ राय | 4. सदाचार का ताबीज |

| कूट : | (a) | (b) | (c) | (d) |
|---|---|---|---|---|
| A. | 2 | 4 | 3 | 1 |
| B. | 3 | 4 | 2 | 1 |
| C. | 1 | 2 | 3 | 4 |
| D. | 4 | 2 | 3 | 1 |

**160.** सुमेलित कीजिए—

| (सूची-क) रचनाकार | (सूची-ख) रचना |
|---|---|
| (a) जगदम्बा प्रसाद दीक्षित | 1. पाकिस्तान मेल |
| (b) खुशवंत सिंह | 2. मुर्दाघर |
| (c) मंजूर एहतेश्याम | 3. काले कारनामें |
| (d) निराला | 4. सूखा बरगद |

| कूट : | (a) | (b) | (c) | (d) |
|---|---|---|---|---|
| A. | 2 | 1 | 4 | 3 |
| B. | 3 | 2 | 4 | 1 |
| C. | 1 | 2 | 3 | 4 |
| D. | 3 | 4 | 1 | 2 |

**161.** सही कालानुक्रम ज्ञात कीजिए—

A. सियारामशरण गुप्त – भूषण – स्वयंभू – गोरखनाथ

B. गोरखनाथ – भूषण – स्वयंभू – सियारामशरण गुप्त

C. स्वयंभू – गोररखनाथ – भूषण – सियारामशरण गुप्त

D. सियारामशरण गुप्त – स्वयंभू – गोरखनाथ – भूषण

**162.** सही कालानुक्रम ज्ञात कीजिए—

A. प्रतापनारायण मिश्र – हेमचंद्र – नूर मुहम्मद – मुल्ला दाऊद

B. हेमचंद्र – मुल्ला दाऊद – नूर मोहम्मद – प्रतापनारायण मिश्र

C. मुल्ला दाऊद – प्रतापनारायण मिश्र – हेमचंद्र – नूर मोहम्मद

D. प्रतापनारायण मिश्र – नूर मोहम्मद – मुल्ला दाऊद – हेमचंद्र

**163.** सही कालानुक्रम ज्ञात कीजिए—

A. सर्वेश्वर – प्रसाद – भारतेन्दु – महाराज विश्वनाथ सिंह

B. महाराज विश्वनाथ सिंह – प्रसाद – सर्वेश्वर – भारतेन्दु

C. प्रसाद – सर्वेश्वर – भारतेन्दु – महाराज विश्वनाथ सिंह

D. महाराज विश्वनाथ सिंह – भारतेन्दु – प्रसाद – सर्वेश्वर

**164.** सही कालानुक्रम ज्ञात कीजिए—

A. उदय प्रकाश – यशपाल – प्रेमचन्द – किशोरीलाल गोस्वामी

B. किशोरीलाल गोस्वामी – प्रेमचन्द – यशपाल – उदय प्रकाश

C. किशोरीलाल गोस्वामी – यशपाल – प्रेमचन्द – उदय प्रकाश

D. प्रेमचन्द – यशपाल – उदय प्रकाश – किशोरीलाल गोस्वामी

**165.** सही कालानुक्रम ज्ञात कीजिए—
A. प्रार्थना बंद करो – जयभारत – बैरवे रामायण – हरिवंश पुराण
B. हरिवंश पुराण – बैरवे रामायण – प्रार्थना बंद करो – जयभारत
C. जयभारत – प्रार्थना बंद करो – हरिवंश पुराण – बैरवे रामायण
D. हरिवंश पुराण – बैरवे रामायण – जयभारत – प्रार्थना बंद करो

**166.** सही कालानुक्रम ज्ञात कीजिए—
A. कुकुरमुत्ता – राम की शक्ति पूजा – जूही की कली – सरोज स्मृति
B. सरोज स्मृति – राम की शक्ति पूजा – जूही की कली – कुकुरमुत्ता
C. जूही की कली – सरोज स्मृति – राम की शक्ति पूजा – कुकुरमुत्ता
D. कुकुरमुत्ता – राम की शक्ति पूजा – सरोज स्मृति – जूही की कली

**167.** सही कालानुक्रम ज्ञात कीजिए—
A. सबूत – ठण्डा लोहा – कामायनी – लहर
B. लहर – सबूत – ठण्डा लोहा – कामायनी
C. कामायनी – लहर – सबूत – ठण्डा लोहा
D. लहर – कामायनी – ठण्डा लोहा – सबूत

**168.** सही कालानुक्रम ज्ञात कीजिए—
A. भारत दुर्दशा – मुक्ति का रहस्य – मरजीवा – शंकुक की हत्या
B. शंकुक की हत्या – मरजीवा – भारत दुर्दशा – मुक्ति का रहस्य
C. मुक्ति का रहस्य – शंकुक की हत्या – मरजीवा – भारत दुर्दशा
D. मुक्ति का रहस्य – शंकुक की हत्या – भारत दुर्दशा – मरजीवा

**169.** संगत अनुक्रम बताइए—

| | **(सूची-क)** **रचयिता** | | **(सूची-ख)** **रचना** |
|---|---|---|---|
| 1. | मतिराम | — | ललित ललाम |
| 2. | भिखारीदास | — | भाषा भूषण |
| 3. | भारतेन्दु | — | भारत की महत्ता |
| 4. | निराला | — | नए पत्ते |

A. 1 और 2 B. 1 और 4
C. कोई नहीं D. 2 और 3

**170.** संगत अनुक्रम बताइए—

| | **(सूची-क)** **रचयिता** | | **(सूची-ख)** **रचना** |
|---|---|---|---|
| 1. | विद्यापति | — | कीर्तिलता |
| 2. | जायसी | — | कहरनामा |
| 3. | रहीम | — | ईश्वरीय महिमा |
| 4. | रामनरेश त्रिपाठी | — | मिलन |

A. कोई नहीं B. सिर्फ 3
C. 1 और 3 D. 1, 2 और 4

**171.** संगत अनुक्रम बताइए—

| | **(सूची-क)** **रचयिता** | | **(सूची-ख)** **रचना** |
|---|---|---|---|
| 1. | गोपालचन्द्र गिरिधरदास | — | नहुष |
| 2. | प्रतापनारायण मिश्र | — | चन्द्रहास |
| 3. | प्रेमचन्द | — | कर्बला |
| 4. | गिरीश रस्तोगी | — | रंगनाथ की वापसी |

A. 1, 3 और 4 B. 1 और 2
C. 2 और 3 D. कोई नहीं

**172.** असंगत अनुक्रम बताइए—

| | **(सूची-क)** **रचयिता** | | **(सूची-ख)** **रचना** |
|---|---|---|---|
| 1. | निराला | — | अनामिका |
| 2. | प्रसाद | — | कामायनी |
| 3. | पंत | — | लोकायतन |
| 4. | महादेवी | — | यामा |

A. 1 और 2 B. 2 और 3
C. केवल 3 D. एक भी नहीं

**173.** असंगत अनुक्रम बताइए—

| | **(सूची-क)** **रचयिता** | | **(सूची-ख)** **रचना** |
|---|---|---|---|
| 1. | रामचन्द्र शुक्ल | — | रस रहस्य |
| 2. | हजारी प्रसाद द्विवेदी | — | भाषा रहस्य |
| 3. | नगेन्द्र | — | रहस्यवाद |
| 4. | रामविलास शर्मा | — | प्रगतिवाद |

A. केवल 1 B. 1 और 3
C. 2 और 3 D. 1, 2, 3 और 4

**174.** असंगत अनुक्रम बताइए—

| (सूची-क) रचयिता | (सूची-ख) रचना |
|---|---|
| 1. भारतेन्दु | — विद्यासुन्दर |
| 2. प्रसाद | — ध्रुवस्वामिनी |
| 3. लक्ष्मी नारायण लाल | — काला राजा |
| 4. भीष्म साहनी | — आलमगीर |

A. सिर्फ 2　　B. 2 और 3
C. सिर्फ 3　　D. कोई भी नहीं

**निर्देश :** नीचे दो वक्तव्य दिए गए हैं। एक को **कथन (A)** और दूसरे को **कारण (R)** कहा गया है। इन दोनों वाक्यों का सावधानीपूर्वक परीक्षण करें और निर्णय करें कि क्या **कथन A** और **कारण R** स्वतंत्र रूप से सही हैं और यदि ऐसा है तो क्या **कारण (R) कथन (A)** का सही स्पष्टीकरण है। इन प्रश्नों का उत्तर नीचे दिए कूटों की सहायता से चुनिए।

**कूट :**

A. कूट A और R दोनों सही हैं, और R, A का सही स्पष्टीकरण है।
B. A और R दोनों सही हैं, और R, A का सही स्पष्टीकरण नहीं है।
C. A सही है परन्तु R गलत है।
D. A गलत है परन्तु R सही है।

**175. कथन (A) :** एडमंड विल्सन ने घोषणा की कि 'कविता एक मरती हुई विधा' है।
**कारण (R) :** साहित्य के दूसरे रूप और पद्धतियाँ उनका स्थान ले रही हैं।

**176. कथन (A) :** साहित्य क्रांति नहीं करता वह मनुष्यों के दिमाग बदलता है और उन्हें क्रांति की जरुरत के प्रति जागरूक बनाता है।
**कारण (R) :** राजनीति के बगैर क्रांति संभव नहीं है।

**177. कथन (A) :** लोकप्रिय संस्कृति ही लोक संस्कृति है।
**कारण (R) :** लोक संस्कृति जनता की संस्कृति होती है अभिजनों की नहीं।

**178. कथन (A) :** साहित्य का अध्ययन–अध्यापन अनिवार्य रूप से रचनात्मक सक्रियता की ओर नहीं ले जाता।
**कारण (R) :** लेकिन बुझ रही रचनात्मक चिन्गारी को यह ऑक्सीजन मुहैया कराता है।

**179. कथन (A) :** प्रगतिवाद और प्रयोगवाद दो भिन्न और परस्पर विरोधी काव्यधाराएँ थीं।
**कारण (R) :** प्रगतिवाद सामूहिकता, वर्गसंघर्ष और सर्वहारा की विजय को लेकर चला तो प्रयोगवाद व्यक्ति–स्वातंत्र्य, स्वानुभूति और वैयक्तिक दायित्व को लेकर।

**180. कथन (A) :** संतों की रचनाएँ सिद्धों–नाथों के साहित्य से विशिष्ट है।
**कारण (R) :** संतों ने सिद्धों–नाथों से उनके विरोध का पक्ष तो लिया, किन्तु बौद्धों के गर्हित कर्मकांडों का परित्याग किया।

**181.** 'पहल' पत्रिका के सम्पादक कौन हैं?
A. ज्ञानरंजन　　B. कमलेश्वर
C. पंकज बिष्ट　　D. धर्मवीर भारती

**182.** आचार्य शुक्ल ने "साक्षात् रसमूर्ति" किस कवि को कहा है?
A. मतिराम　　B. भूषण
C. घनानंद　　D. पद्माकर

**183.** कबीर को वाणी का डिक्टेटर किसने कहा है?
A. हजारी प्रसाद द्विवेदी
B. रामचन्द्र शुक्ल
C. श्यामसुन्दर दास
D. नामवर सिंह

**184.** इनमें से कौन–सी बोली पूर्वी हिन्दी की है?
A. छत्तीसगढ़ी　　B. मैथिली
C. मगही　　D. पहाड़ी

**185.** वर्ष 2000 का 'साहित्य अकादमी पुरस्कार' किस रचना को मिला?
A. तट के बन्धन　　B. सबूत
C. हम जो देखते हैं　　D. यह मुखौटा किसका है

**186.** वर्ष 1999 का 'व्यास सम्मान' किस रचना को मिला?
A. नए इलाके में　　B. मिट्टी की ओर
C. विश्रामपुर का संत　　D. मछलीघर

**187.** भक्ति आन्दोलन को मुस्लिम आक्रमण की प्रतिक्रिया किसने माना?
A. रामचन्द्र शुक्ल　　B. बाबू गुलाब राय
C. रामविलास शर्मा　　D. डॉ. नगेन्द्र

188. ब्रजभाषा का विकास किससे हुआ?
A. शौरसैनी B. मगही
C. अर्द्धमाग्धी D. पाली

189. 'नीरजा' किसकी रचना है?
A. निराला B. पंत
C. महादेवी वर्मा D. प्रसाद

190. अनुकरण सिद्धांत किसका है?
A. अरस्तु B. क्रोचे
C. प्लेटो D. कॉलरिज

191. औचित्य सिद्धांत किसका है?
A. क्षेमेन्द्र B. कुन्तक
C. वामन D. आनन्दवर्धन

192. ध्वनिवाद की स्थापना किसने की?
A. भामह B. भट्टनायक
C. आनन्दवर्धन D. वामन

193. पहले जैसे 'गाथा' या 'गाहा' कहने से प्राकृत का बोध होता था वैसे ही पीछे 'दोहा' या 'दूहा' कहने से अपभ्रंश या लोकप्रचलित काव्यभाषा का बोध होने लगा। यह कथन किसका है?
A. नामवर सिंह B. हजारी प्रसाद द्विवेदी
C. रामचन्द्र शुक्ल D. डॉ. नगेन्द्र

194. राजभाषा आयोग के प्रथम अध्यक्ष थे–
A. माहात्मा गाँधी B. श्यामसुन्दर दास
C. बी.जी. खेर D. लाला लाजपत राय

195. 'नए इलाके में' रचना किसकी है?
A. विमल कुमार B. मृणाल पाण्डेय
C. अरुणु कमल D. मुक्तिबोध

196. सही कालानुक्रम ज्ञात कीजिए–
A. विमल कुमार – धर्मवीर भारती – मंगलेश डबराल – निराला
B. निराला – धर्मवीर भारती – मंगलेश डबराल – विमल कुमार
C. मंगलेश डबराल – विमल कुमार – धर्मवीर भारती – निराला
D. निराला – धर्मवीर भारती – विमल कुमार – मंगलेश डबराल

197. सही कालानुक्रम ज्ञात कीजिए–
A. मतिराम – स्वयंभू – मुक्तिबोध – महावीर प्रसाद द्विवेदी
B. महावीर प्रसाद द्विवेदी – स्वयंभू – मुक्तिबोध – मतिराम
C. स्वयंभू – मतिराम – महावीर प्रसाद द्विवेदी – मुक्तिबोध
D. स्वयंभू – महावीर प्रसाद द्विवेदी – मतिराम – मुक्तिबोध

198. सही कालानुक्रम ज्ञात कीजिए–
A. घनानंद – विद्यापति – रसखान – गोपाल चंद्र गिरिधरदास
B. रसखान – घनानंद – विद्यापति – गोपाल चंद्र गिरधरिदास
C. विद्यापति – घनानंद – रसखान – गोपाल चंद्र गिरिधरदास
D. विद्यापति – रसखान – घनानंद – गोपाल चंद्र गिरिधरदास

199. सही कालानुक्रम ज्ञात कीजिए–
A. बालमुकुन्द गुप्त – हजारी प्रसाद द्विवेदी – कुबेरनाथ राय – मृणाल पाण्डेय
B. मृणाल पाण्डेय – बालमुकुन्द गुप्त – कुबेरनाथ राय – हजारी प्रसाद द्विवेदी
C. कुबेरनाथ राय – हजारी प्रसाद द्विवेदी – मृणाल पाण्डेय – बालमुकुन्द गुप्त
D. हजारी प्रसाद द्विवेदी – कुबेरनाथ राय – मृणाल पाण्डेय – बालमुकुन्द गुप्त

200. सही कालानुक्रम ज्ञात कीजिए–
A. अनामिका – रामचंद्रिका – बकरी विलाप – सुजान हित
B. रामचंद्रिका – सुजान हित – बकरी विलाप – अनामिका
C. सुजान हित – बकरी विलाप – अनामिका – रामचंद्रिका
D. सुजान हित – रामचंद्रिका – अनामिका – बकरी विलाप

# उत्तरमाला

| 1 | 2 | 3 | 4 | 5 | 6 | 7 | 8 | 9 | 10 |
|---|---|---|---|---|---|---|---|---|---|
| A | C | B | B | D | A | C | B | B | C |
| 11 | 12 | 13 | 14 | 15 | 16 | 17 | 18 | 19 | 20 |
| D | C | B | A | D | C | D | A | B | C |
| 21 | 22 | 23 | 24 | 25 | 26 | 27 | 28 | 29 | 30 |
| D | C | A | B | D | A | B | C | D | B |
| 31 | 32 | 33 | 34 | 35 | 36 | 37 | 38 | 39 | 40 |
| C | D | B | D | B | C | D | C | A | A |
| 41 | 42 | 43 | 44 | 45 | 46 | 47 | 48 | 49 | 50 |
| A | B | B | B | D | A | A | B | A | A |
| 51 | 52 | 53 | 54 | 55 | 56 | 57 | 58 | 59 | 60 |
| A | A | A | D | A | B | B | C | C | C |
| 61 | 62 | 63 | 64 | 65 | 66 | 67 | 68 | 69 | 70 |
| B | C | D | A | B | C | B | D | A | C |
| 71 | 72 | 73 | 74 | 75 | 76 | 77 | 78 | 79 | 80 |
| D | A | C | B | D | A | B | C | B | B |
| 81 | 82 | 83 | 84 | 85 | 86 | 87 | 88 | 89 | 90 |
| B | D | B | C | A | A | A | A | A | A |
| 91 | 92 | 93 | 94 | 95 | 96 | 97 | 98 | 99 | 100 |
| C | B | C | A | A | A | C | C | A | A |
| 101 | 102 | 103 | 104 | 105 | 106 | 107 | 108 | 109 | 110 |
| B | C | C | B | C | C | D | A | A | D |
| 111 | 112 | 113 | 114 | 115 | 116 | 117 | 118 | 119 | 120 |
| C | B | D | C | A | B | C | B | A | D |
| 121 | 122 | 123 | 124 | 125 | 126 | 127 | 128 | 129 | 130 |
| B | D | B | A | B | D | D | C | C | C |
| 131 | 132 | 133 | 134 | 135 | 136 | 137 | 138 | 139 | 140 |
| A | A | A | D | A | A | D | B | C | A |
| 141 | 142 | 143 | 144 | 145 | 146 | 147 | 148 | 149 | 150 |
| D | C | B | B | A | D | C | A | C | D |
| 151 | 152 | 153 | 154 | 155 | 156 | 157 | 158 | 159 | 160 |
| A | C | D | B | B | D | A | C | A | A |
| 161 | 162 | 163 | 164 | 165 | 166 | 167 | 168 | 169 | 170 |
| C | B | D | B | D | C | D | A | B | D |
| 171 | 172 | 173 | 174 | 175 | 176 | 177 | 178 | 179 | 180 |
| A | D | D | C | A | C | D | C | A | A |
| 181 | 182 | 183 | 184 | 185 | 186 | 187 | 188 | 189 | 190 |
| A | C | A | A | C | C | A | A | C | C |
| 191 | 192 | 193 | 194 | 195 | 196 | 197 | 198 | 199 | 200 |
| A | C | C | C | C | B | C | D | A | B |

# वस्तुनिष्ठ हिन्दी

# एवं

# व्याकरण

# हिन्दी भाषा और व्याकरण

## भाषा

भाषा अभिव्यक्ति का समर्थ साधन है। इसका विकास कालान्तर में आवश्यकतानुसार हुआ है। संसार की सभी भाषाओं के बारे में यह तथ्य लागू होता है। आदिकाल से लेकर अब तक भाषा के अनेक रूप रहे हैं।

भाषा का नाम उसे दिया जाता है, जो आम जनता के व्यवहार में आती हो। इसमें लोक व्यवहार के शब्दों का बाहुल्य होता है। लिखने-पढ़ने और बोलने की भाषा में सामान्यतया अन्तर पाया जाता है। लिखने-पढ़ने की भाषा व्याकरण के नियमों से बँधी होती है और उसमें शुद्धाशुद्ध का ध्यान रखा जाता है। बोलने की भाषा में व्याकरण के नियमों का बन्धन अधिक कठोर नहीं होता।

हिन्दी भाषा के विकासक्रम में आरम्भ में अर्थात् आदि काल में हिन्दी भाषा पर अपभ्रंश का अधिक प्रभाव था। साथ ही देशज शब्दों के प्रयोग की भी भरमार थी। मध्यकाल में अपभ्रंश के स्थान पर संस्कृत का प्रयोग बढ़ने लगा और देशज शब्दों के स्थान पर तत्सम शब्दों का प्रयोग अधिक होने लगा। इस काल में ब्रज और अवधी का खूब विकास हुआ। 'खड़ी बोली' कही जाने वाली भाषा का विकास आधुनिक युग में हुआ। इस काल में गद्य-पद्य दोनों के लिए खड़ी बोली का प्रयोग हुआ।

आज हिन्दी-भाषी क्षेत्र में बोली जाने वाली प्रमुख बोलियाँ हैं—बाँगरू, खड़ी बोली, ब्रजभाषा, बुन्देली, कन्नौजी, अवधी, बघेली, छत्तीसगढ़ी, मैथिली और भोजपुरी।

मानव-व्यवहार विचारों के आदान-प्रदान के बिना नहीं चल सकता। संकेत कुछ हद तक ही विचारों के आदान-प्रदान का माध यम बन सकते हैं। गूँगा आदमी लाख प्रयत्नों के बावजूद अपने मन की बात या भाव को पूरी तरह समझा सकने में असमर्थ होता है। अतः दूसरों की बात समझने और अपनी बात समझाने का समर्थ साधन भाषा ही है। भाषा का प्रयोग दो प्रकार से होता है—बोलकर और लिखकर। बोलने में ध्वनियों का सहारा लिया जाता है और लिखने में लिपि का व्यवहार होता है।

## व्याकरण

व्याकरण वह विद्या है, जिससे भाषा का प्रयोग करना सीखा जाता है। यह विद्या हमें शुद्ध उच्चारण, शुद्ध लिखने, शुद्ध बोलने और शुद्ध पढ़ने का ज्ञान प्रदान करती है। व्याकरण, में भाषा का वैज्ञानिक अध्ययन होता है। इसमें भाषा से जुड़े हुए नियम आदि होते हैं। व्याकरण के नियमों से भाषा का सर्वमान्य रूप निर्धारित होता है।

**वर्ण**—वर्ण का अर्थ है अक्षर। वर्ण या अक्षर वह मूल ध्वनि है जिसके खण्ड या टुकड़े नहीं किए जा सकते, जैसे अ, इ, उ आदि। वर्णों के समूह को वर्णमाला कहते हैं।

हिन्दी वर्णमाला में 46 वर्ण या अक्षर हैं—

**स्वर**— अ आ इ ई उ ऊ ऋ ए ऐ ओ और (11 स्वर)

**व्यंजन**— क ख ग घ ङ कवर्ग
च छ ज झ ञ चवर्ग
ट ठ ड ढ ण टवर्ग (33 व्यंजन)
त थ द ध न तवर्ग
प फ ब भ म पवर्ग
य र ल व श ष स ह

अयोगवाह— अं (अनुस्वार)
अः (विसर्ग)

**अनुस्वार और विसर्ग**—अनुस्वार का चिन्ह ( ं ) है और विसर्ग का चिन्ह (:) है। ये दोनों व्यंजन हैं; क्योंकि इनका प्रयोग (उच्चारण) स्वर की सहायता के बिना नहीं किया जा सकता। ध्यान रहे कि चन्द्रबिन्दु ( ँ ) और अनुस्वार दोनों अलग-अलग हैं। चन्द्रबिन्दु ( ँ ) का उच्चारण मुँह और नासिका दोनों की मदद से होता है, जैसे हँसना। अनुस्वार का उच्चारण केवल नासिका से किया जाता है, जैसे हंस।

वर्ण दो प्रकार के होते हैं—स्वर और व्यंजन।

**स्वर**–स्वर मूल ध्वनि हैं। इन्हें किसी अन्य ध्वनि की सहायता के बिना उच्चरित किया जा सकता है, जैसे–अ, इ, उ। स्वरों की संख्या 11 है– अ, आ, इ, ई, उ, ऊ, ऋ, ए, ऐ, ओ और औ। उच्चारण में लगने वाले समय के अनुसार स्वरों को तीन भागों में बाँटा जा सकता है– (*i*) ह्रस्व स्वर, (*ii*) दीर्घ स्वर, और (*iii*) प्लुत स्वर। जिन स्वरों के उच्चारण में 'अ' के उच्चारण के बराबर समय लगता है, उन्हें ह्रस्व स्वर कहा जाता है। अ, इ, उ, ऋ ह्रस्व स्वर हैं। जिन स्वरों के उच्चारण में 'आ' के उच्चारण के बराबर समय लगता है, उन्हें दीर्घ स्वर कहा जाता है। आ, ई, ऊ, ओ और औ दीर्घ स्वर हैं। प्लुत स्वरों के उच्चारण में तीन मात्राओं के उच्चारण के बराबर समय लगता है।

रचना के आधार पर स्वरों को दो भागों में बाँटा जा सकता है– (*i*) मूल स्वर और (*ii*) संयुक्त स्वर। मूल स्वर हैं–अ, इ, उ, ऋ और संयुक्त स्वर हैं– अ + अ = आ, अ + इ = ए, अ + ए = ऐ, अ + उ = ओ आदि।

**व्यंजन**–व्यंजन उन वर्णों को कहते हैं, जिनके उच्चारण में स्वरों की सहायता ली जाती है। क् + अ = क, च् + अ = च, त् + अ = त– ये सब व्यंजन के उदाहरण हैं। यहाँ क, च और त के उच्चारण में 'अ' की सहायता ली गई है।

हिन्दी में तीन संयुक्त व्यंजन हैं–क्ष, त्र, और ज्ञ। इनका निर्माण इस प्रकार होता है– क् + ष = क्ष; त् + र = त्र और ज् + ञ = ज्ञ।

व्यंजन तीन प्रकार के होते हैं–(*i*) स्पर्श, (*ii*) अन्तस्थ और (*iii*) ऊष्म। क से म तक 25 वर्ण स्पर्श कहलाते हैं; य, र, ल, व अन्तस्थ कहे जाते हैं और श, ष, स, ह ऊष्म कहे जाते हैं।

उच्चारण स्थान के आधार पर वर्णों का वर्गीकरण इस प्रकार होता है–

**(1) कण्ठ्य**– अ, आ, कवर्ग (क, ख, ग, घ, ङ), ह और विसर्ग के उच्चारण में जिह्वा कण्ठ छूती है।
क, ख, ग–इनका उच्चारण कण्ठ और जिह्वा मूल से होता है।

**(2) तालव्य**– इ, ई चवर्ग (च, छ, ज, झ, ञ), य और श केवल तालु से बोले जाते हैं।

**(3) मूर्द्धन्य**– ऋ, टवर्ग (ट, ठ, ड, ढ ण), र, ष तथा ड़ और ढ़ का उच्चारण मूर्द्धा से होता है।

**(4) दन्त्य**– तवर्ग (त, थ, द, ध, न), ल और स का उच्चारण दाँतों के साथ जिह्वा के मेल से होता है।

**(5) ओष्ठ्य**– उ, ऊ (प, फ, ब, भ, म) का उच्चारण ओठों से होता है।

**(6) कण्ठन्तालु**– ए, ऐ का उच्चारण कण्ठ और तालु के मेल से होता है।

**(7) कण्ठोष्ठ**– ओ, औ का उच्चारण कण्ठ और ओठों के मेल से होता है।

**(8) दन्तोष्ठ**– व (फ) का उच्चारण दाँत और ओठों से होता है।

**(9) अनुनासिक**– ङ, ञ, ण, न, म का उच्चारण मुँह और नाक से होता है।

**(10) नासिका**– सभी अनुस्वार नाक से बोले जाते हैं।

## शब्द

उन ध्वनियों को शब्द कहते हैं, जो एक या एक से अधिक वर्णों से मिलकर बनी हों और जिनका कुछ अर्थ निकलता हो।

अर्थ की दृष्टि से शब्द दो प्रकार के होते हैं–(1) सार्थक और (2) निरर्थक। सार्थक शब्द वे हैं, जिनसे किसी अर्थ का बोध होता हो, जैसे, कुत्ता, गाय, जंगल, कमीज, पुस्तक आदि। निरर्थक शब्द वे हैं, जिनसे किसी अर्थ का बोध नहीं होता, जैसे पशुओं और पक्षियों की आवाजें।

व्युत्पत्ति के आधार पर शब्दों के तीन भेद हैं–(*i*) रूढ़, (*ii*) यौगिक और (*iii*) योगरूढ़। रूढ़ शब्द उन्हें कहते हैं जो दूसरे शब्दों के मिलने से नहीं बनते; जिनकी अपनी स्वतंत्र स्थिति होती है और जिनके सार्थक खण्ड नहीं हो सकते। रूढ़ के उदाहरण हैं–घर, जल, मोर, घोड़ा आदि। यौगिक शब्द उन्हें कहते हैं जो दो या दो से अधिक शब्दों के योग से बनते हैं और जिनके सार्थक खण्ड हो सकते हैं। यौगिक शब्दों के उदाहरण हैं–पाठशाला (पाठ + शाला), हिमालय (हिम + आलय) आदि। योगरूढ़ शब्द उन्हें कहते हैं जो यौगिक हों और जिनका विशेष अर्थ निकलता हो। नीलकंठ योगरूढ़ है। इसमें नील + कंठ का योग है और इसका अर्थ है 'शिव'।

उत्पत्ति के आधार पर शब्दों के चार भेद किये जाते हैं–(*i*) तत्सम, (*ii*) तद्भव, (*iii*) देशज और (*iv*) विदेशी। तत्सम शब्द वे हैं, जो संस्कृत के हैं और हिन्दी में उन्हें ज्यों-का-त्यों प्रयोग किया जाता है, जैसे–मित्र, अग्नि आदि। तद्भव शब्द संस्कृत मूल के हैं, लेकिन हिन्दी में उन्हें कुछ बदल कर इस्तेमाल किया जाता है, जैसे–'क्षेत्र' का 'खेत', 'दुग्ध' को 'दूध', 'चूर्ण' का 'चूरण'

आदि। देशज शब्द संस्कृत मूल के नहीं हैं, जैसे—पेट, जिन्दगी आदि। विदेशी शब्द विदेशी भाषाओं के हैं, जिन्हें हिन्दी में स्वीकार कर लिया गया है, जैसे कोट, डॉक्टर, प्लेटफार्म, स्टेशन आदि।

अर्थ के आधार पर शब्दों का वर्गीकरण इस प्रकार किया गया है— (*i*) वाचक, (*ii*) लाक्षणिक, (*iii*) व्यंजक। साधारण, लोक-प्रसिद्ध अर्थ देने वाले शब्दों को वाचक शब्द कहते हैं, जैसे—गौ भारत का पवित्र पशु है। यहाँ 'गौ' का जो सामान्य लोक-प्रसिद्ध अर्थ है, वह हम सभी समझते हैं। लाक्षणिक शब्द लोक-प्रसिद्ध अर्थ से हटकर लक्षण बोध कराता है, जैसे गोविन्द गधा है। यहाँ 'गधा' शब्द बुद्धिहीनता का द्योतक है। ऐसे शब्दों को व्यंजक कहते हैं, जो वाचक और लाक्षणिक अर्थ से हटकर व्यंजक अर्थ प्रकट करें, जैसे घंटी बज गई। इसका व्यंजक अर्थ है 'छुट्टी हो गई'।

**वाक्य में प्रयोग के अनुसार शब्दों के आठ भेद हैं—**

(1) संज्ञा, (2) सर्वनाम, (3) विशेषण, (4) क्रिया, (5) क्रिया-विशेषण, (6) संबंधबोधक, (7) योजक और (8) विस्मयादिबोधक।

इसके संबंध में अध्ययन करने से पूर्व हम संक्षेप में लिंग और वचन के बारे में पढ़ेंगे।

## लिंग

हिन्दी में दो लिंग होते हैं—स्त्रीलिंग और पुल्लिंग। जो शब्द स्त्री जाति का बोध कराते हैं, उन्हें स्त्रीलिंग कहा जाता है जैसे— राधा, लड़की, पुत्री, पुस्तक, शेरनी, चिड़िया आदि। इसके विपरीत जो शब्द पुरुष जाति का बोध कराते हैं, उन्हें पुल्लिंग कहा जाता है, जैसे—कृष्ण, शेर, बैल, गीदड़, पुत्र, लड़का। ध्यान रहे कि नपुंसक लिंग का प्रयोग संस्कृत में होता है, हिन्दी में नहीं होता।

### कुछ शब्द जो प्रायः स्त्रीलिंग ही होते हैं—

(1) ईकारान्त शब्द। जैसे—चिट्ठी, पत्री, लेखनी, पोथी, बोली, गोली, चोली, डोली इत्यादि।

**अपवाद**— मोती, घी, जी, पानी आदि शब्द पुल्लिंग हैं।

(2) नदियों के नाम। जैसे—गंगा, यमुना, सरस्वती, रावी इत्यादि। प्रायः सभी नदियों के साथ नदी शब्द का प्रयोग किया जा सकता है।

(3) संस्कृत के स्त्रीलिंग और नपुंसक लिंग। जैसे—आशा, माता, दिशा इत्यादि।

(4) राशियों, तिथियों और नक्षत्रों के नाम। जैसे—मेष, वृष, मिथुन, कन्या, तीज, प्रतिपदा, आश्विन, रोहिणी आदि।

(5) धातुओं के नाम जैसे—चाँदी, मिट्टी, धातु आदि।

(6) कुछ समुदायवाचक संज्ञाएँ। जैसे—सेना, शाला, फौज, टोली, सभा, श्रेणी, कक्षा इत्यादि।

(7) अनाज, दालें इत्यादि। जैसे—अरहर, मकई आदि।

(8) कुछ प्राणीवाचक शब्द। जैसे—भगिनी, गाय, कोयल, चील, मैना, बिल्ली आदि।

### कुछ शब्द जो प्रायः पुल्लिंग ही होते हैं—

(1) पर्वतों आदि के नाम। जैसे—हिमालय, शिवालिक, विंध्याचल आदि।

(2) भाववाचक संज्ञाएँ—जिनके अन्त में आव, पन, पा, त्व हों। जैसे— चढ़ावा, बहाव, बड़प्पन, बचपन, रंडापा, बुढ़ापा, महत्व, पुरुषत्व।

(3) महीने और दिनों के नाम। जैसे—ज्येष्ठ, बैसाख, चैत्र, मंगलवार, रविवार।

(4) ग्रहों के नाम। जैसे—मंगल, बुध, राहु, केतु आदि।

(5) वर्णमाला के सभी अक्षर—केवल इ, ई और ऋ को छोड़कर।

(6) संस्कृत के नपुंसक लिंक। जैसे—दही, मधु आदि।

(7) पेड़, अनाज सम्बन्धी शब्द। जैसे—बड़, पीपल, आम, चावल, गेहूँ, बाजरा, उड़द।

(8) द्रव्यवाचक शब्द। जैसे—सोना, ताँबा, लोहा, मोती, माणिक आदि।

### पुल्लिंग से स्त्रीलिंग बनाने के नियम—

(1) अकारान्त और आकारान्त शब्दों के अन्त में ई जोड़ देने से स्त्रीलिंग बन जाता है, जैसे—

| | | |
|---|---|---|
| नाना—नानी | लड़का—लड़की | दादा—दादी |
| चाचा—चाची | पुत्र—पुत्री | देव—देवी |
| गीदड़—गीदड़ी | कबूतर—कबूतरी | नट—नटी |

(2) कुछ आकारान्त शब्दों के अन्त का 'आ' हटा कर 'इया' जोड़ दिया जाता है, जैसे—

| | | |
|---|---|---|
| चिड़ा—चिड़िया | चूहा—चुहिया | डिब्बा—डिबिया |
| कुत्ता—कुतिया | बेटा—बिटिया | बूढ़ा—बुढ़िया |

(3) कुछ व्यवसाय-सूचक (अकारान्त, आकारान्त, इकारान्त) शब्दों के पीछे 'इन' प्रत्यय लगाकर स्त्रीलिंग बनाते हैं, जैसे—

| | |
|---|---|
| जुलाहा—जुलाहिन | धोबी—धोबिन |
| कहार—कहारिन | माली—मालिन |
| ठठेरा—ठठेरिन | ग्वाला—ग्वालिन |

(4) कुछ प्राणीवाचक शब्दों के पीछे 'नी' या 'इनी' प्रत्यय लगाया जाता है, जैसे—

| | |
|---|---|
| हंस—हंसिनी | जाट—जाटिनी |
| हाथी—हथिनी | शेर—शेरनी |

(5) कुछ प्राणीवाचक शब्दों के पीछे 'आनी' प्रत्यय भी लगाया जाता है, जैसे—

| | |
|---|---|
| नौकर—नौकरानी | जेठ—जेठानी |
| देवर—देवरानी | चौधरी—चौधरानी |
| सेठ—सेठानी | मेहतर—मेहतरानी |

(6) कुछ अकारान्त शब्दों के अन्त में 'आ' प्रत्यय लगाया जाता है, जैसे—

| | |
|---|---|
| शिव—शिवा | शूद्र—शूद्रा |
| प्रिय—प्रिया | बाल—बाला |
| सुत—सुता | |

(7) कुछ शब्दों के अन्त में 'वती' या 'मती' लगाया जाता है, जैसे—

| | |
|---|---|
| भगवान्—भगवती | गुणवान्—गुणवती |
| श्रीमान्—श्रीमती | रूपवान्—रूपवती |
| बुद्धिमान—बुद्धिमती | धनवान्—धनवती |

(8) कुछ उपनाम सम्बन्धी शब्दों के अन्त में 'आइन' प्रत्यय लगाया जाता है, जैसे—

| | |
|---|---|
| लाला—ललाइन | ठाकुर—ठाकुराइन |
| बाबू—बबुआइन | दुबे—दुबाइन |
| पण्डित—पण्डिताइन | |

(9) कुछ शब्दों के अन्त में 'अक' आता है। उनको स्त्रीलिंग बनाने के लिए 'अक' प्रत्यय का 'इका' कर लिया जाता है, जैसे—

| | |
|---|---|
| अध्यापक—अध्यापिका | सेवक—सेविका |
| नायक—नायिका | बालक—बालिका |
| प्रेषक—प्रेषिका | लेखक—लेखिका |

(10) कुछ शब्दों के अन्त में 'त्री' लगाने से स्त्रीलिंग बन जाता है। जैसे—

| | |
|---|---|
| कवि—कवयित्री | कर्ता—कर्त्री |

(11) कुछ इकारान्त शब्दों के अन्त में 'ई' प्रत्यय को 'इ' करके और उसके बाद 'णी' जोड़कर स्त्रीलिंग बना लिया जाता है, जैसे—

| | |
|---|---|
| परोपकारी—परोपकारिणी | अधिकारी—अधिकारिणी |
| सहधर्मी—सहधर्मिणी | |
| कल्याणकारी—कल्याणकारिणी | |

(12) कुछ पुल्लिंग शब्दों के स्त्रीलिंग सर्वथा भिन्न होते हैं, जैसे—

| | |
|---|---|
| पिता—माता | वर—वधू |
| राजा—रानी | विद्वान—विदुषी |
| बेटा—बेटी | पुत्र—पुत्री |
| भाई—बहन | पति—पत्नी |

## वचन

वचन शब्द संख्या-द्योतक है। वचन दो होते हैं— (1) एकवचन और (2) बहुवचन।

जिस शब्द से एक संख्या का बोध हो, उसे एक वचन कहते हैं, जैसे—पुस्तक, लड़का, कुत्ता, घोड़ा, कमीज, सड़क आदि।

जिस शब्द से एक से अधिक संख्या को बोध हो, उसे बहुवचन कहते हैं, जैसे—पुस्तकें, लड़के, कुत्ते, घोड़े, कमीजें, सड़कें आदि।

**बहुवचन बनाने के नियम—**

(1) आकारान्त पुल्लिंग शब्दों में 'ए' जोड़ देने से वे बहुवचन बन जाते हैं, जैसे—

कपड़ा—कपड़े, घोड़ा—घोड़े, बेटा—बेटे

(2) आकारान्त स्त्रीलिंग शब्दों के अन्त में 'अ' को 'ए' कर देने से वें बहुवचन बन जाते हैं, जैसे—

आँख—आँखें, बहिन—बहिनें, सड़क—सड़कें

(3) आकारान्त स्त्रीलिंग शब्दों के अन्त में 'आ' के बाद 'ए' कर देने से वे बहुवचन बन जाते हैं, जैसे—

सूचना—सूचनायें कन्या—कन्याएँ माता—माताएँ

(4) इकारान्त और ईकारान्त शब्दों के अन्त में 'याँ' जोड़ देने से वे बहुवचन बन जाते हैं। ऐसा करते समय दीर्घ ई का इ हो जाता है, जैसे—

रीति—रीतियाँ पुत्री—पुत्रियाँ टोपी—टोपियाँ
स्त्री—स्त्रियाँ

(5) जिन शब्दों के अन्त में 'या' हो, उनमें 'या' को याँ कर देने से बहुवचन बन जाता है, जैसे—

डिबिया—डिबियाँ गुड़िया—गुड़ियाँ

(6) उकारान्त, ऊकारान्त और ओकारान्त शब्दों के अन्त में 'एं' जोड़ देने से वे बहुवचन बन जाते हैं, जैसे—

बहू—बहुएँ गौ—गौएँ

(7) कुछ अकारान्त, आकारान्त और एकारान्त शब्दों को बहुवचन बनाने के लिए उनके अन्त में 'ओं' लगा देते हैं, जैसे—

लड़का—लड़कों चोर—चोरों

कुछ विदेशी शब्दों के बहुवचन इस प्रकार होते हैं:—

स्टेशन—स्टेशनों लालटेन—लालटेनों

**कुछ विशेष नियम—**

(1) बहुवचन बनाने के लिए गण, जन, लोग आदि जोड़ लिए जाते हैं। जैसे—पाठक से पाठकगण। आर्य से आर्यजन। क्षत्रिय लोग।

(2) आदर प्रकट करने के लिए एकवचन को बहुवचन की भाँति प्रयुक्त करते हैं। जैसे—दादाजी आये हैं। भगवान शंकर जग के कल्याणकारी थे। ऋषि दयानन्द संसार का उद्धार करने के लिए आए थे।

(3) केवल क्रिया को एकवचन से बहुवचन बनाने पर कर्त्ता और कर्म आदि शब्द बहुवचन बन जाते हैं। जैसे मनुष्य (एकवचन) जाता है। मनुष्य (बहुवचन) जाते हैं। सतीश ने आम (एकवचन) खाया। सतीश ने आम (बहुवचन) खाये।

## संज्ञा

जो शब्द किसी व्यक्ति, वस्तु, स्थान आदि का बोध कराते हैं, उन्हें संज्ञा कहते हैं, जैसे—शुभा, मनुष्य, कुर्सी, बाजार, पाठशाला, रंगमंच, पुस्तक आदि।

संज्ञा के पाँच भेद होते हैं—(1) व्यक्तिवाचक संज्ञा, (2) जातिवाचक संज्ञा, (3) समुदायवाचक संज्ञा, (4) द्रव्यवाचक संज्ञा और (5) भाववाचक संज्ञा।

**व्यक्तिवाचक संज्ञा**—उस संज्ञा को कहते हैं, जो किसी विशेष स्त्री, पुरुष अथवा स्थान का बोध कराये, जैसे—मालिनी, सतीश, बनारस आदि।

**जातिवाचक संज्ञा**—उस संज्ञा को कहते हैं जो किसी एक जाति की वस्तुओं, मनुष्यों आदि का बोध कराये, जैसे—स्त्री, पुरुष, जानवर, नदी, पुस्तक, पर्वत, मकान आदि।

**समुदायवाचक संज्ञा**—उस संज्ञा को कहते हैं जो किसी समुदाय या समूह का बोध कराये, जैसे—सेना, कक्षा, संघ आदि।

**द्रव्यवाचक संज्ञा**—उस संज्ञा को कहते हैं, जो किसी द्रव्य (धातु) का बोध कराये, जैसे—सोना, लोहा, ताँबा, तेल, पानी आदि।

**भाववाचक संज्ञा**—उस संज्ञा को कहते हैं, जो किसी पदार्थ के गुण, दोष, अवस्था, कार्य-व्यापार आदि का बोध कराये, जैसे—दया, चोरी, दुबे, सुख, दुख, यौवन, बचपन आदि।

जातिवाचक संज्ञा को सर्वनाम, विशेषण और क्रिया से भाववाचक संज्ञा बना सकते हैं, जैसे—पशु से पशुता, शत्रु से शत्रुता, लड़का से लड़कपन, मनुष्य से मनुष्यता, अपना से अपनापन, निज से निजत्व, मीठा से मिठास, मूर्ख से मूर्खता, चढ़ना से चढ़ाई, पढ़ना से पढ़ाई, सजाना से सजावट आदि।

**कारक**—संज्ञा या सर्वनाम के जिस रूप से वाक्य के दूसरे शब्दों के साथ सम्बन्ध जाना जाये, उसे कारक कहते हैं। संज्ञा या सर्वनाम के साथ जो शब्द लगाये जाते हैं, उन्हें विभक्ति कहते हैं, जैसे—राम ने फल खाया। गोविन्द को पाठशाला जाना है।

| | कारक | विभक्ति (चिन्ह) |
|---|---|---|
| 1. | कर्त्ता | ने (राम ने खाया) |
| 2. | कर्म | को (हरी ने कुत्ते को बचाया) |
| 3. | करण | से, के द्वारा (माध्यम से) (बाण से मारा; पेन से लिखा) |
| 4. | सम्प्रदान | को, के लिए, के वास्ते (सुधा के लिए फल खरीदो) |
| 5. | अपादान | से (पृथक करने के लिए) (आसमान से गिरा; पेड़ से पत्ता गिरा।) |
| 6. | सम्बन्ध | का, के, की : ना, ने, नी (लड़के का भाई; लड़के के दोस्त) |
| 7. | अधिकरण | में, पर (कमरे में, सड़क पर, टेबुल पर) |
| 8. | सम्बोधन | हे!, हो!, अरे!, हा!, ओ! (हे राम! रक्षा करो।) |

## सर्वनाम

सर्वनाम उन शब्दों को कहते हैं, जिनका प्रयोग संज्ञा के स्थान पर किया जाता है, जैसे—राम परिश्रम करेगा, तो वह अवश्य सफल होगा। इसी प्रकार मैं, हम, आप, तुम, वे आदि भी सर्वनाम हैं।

सर्वनाम छः प्रकार के होते हैं—1. पुरुषवाचक सर्वनाम, 2. निजवाचक सर्वनाम, 3. निश्चयवाचक सर्वनाम, 4. अनिश्चयवाचक सर्वनाम, 5. सम्बन्धवाचक सर्वनाम और 6. प्रश्नवाचक सर्वनाम।

**पुरुषवाचक सर्वनाम** उन्हें कहते हैं, जिनसे वक्ता, श्रोता या प्रसंगाधीन व्यक्ति का बोध होता है। पुरुषवाचक सर्वनाम तीन प्रकार के होते हैं–(*i*) उत्तम पुरुष (*ii*) मध्यम पुरुष (*iii*) अन्य पुरुष। उत्तम पुरुष के उदाहरण हैं–मैं, हम; मध्यम पुरुष के उदाहरण हैं–आप, तुम; और अन्य पुरुष के उदाहरण हैं–वह, वे आदि।

**निजवाचक सर्वनाम** उन्हें कहते हैं। जिससे स्वयं अर्थ का बोध हो जाता है, जैसे–आप, स्वयं, खुद।

**निश्चयवाचक सर्वनाम** उन्हें कहते हैं, जो किसी वस्तु विशेष का निश्चय करते हैं, जैसे–यह, वह, ये, वे आदि।

**अनिश्चयवाचक सर्वनाम** उन्हें कहते हैं, जो किसी वस्तु का निश्चय न करें, जैसे– सब, कुछ और कोई।

**सम्बन्धवाचक सर्वनाम** उन्हें कहते हैं, जो पहले या बाद के उपवाक्य में आये संज्ञा या सर्वनाम से सम्बन्ध बताये और दोनों उपवाक्यों को जोड़ें, जैसे–जो जैसा करेगा, वह वैसा भरेगा।

**प्रश्नवाचक सर्वनाम** उन्हें कहते हैं, जिनका प्रयोग किसी बारे में प्रश्न करने के लिए किया जाए, जैसे–क्या, कौन।

## विशेषण

जो शब्द संज्ञा या सर्वनाम की विशेषता प्रकट करते हैं, उन्हें विशेषण कहते हैं, जैसे–सुन्दर, मोटा, काला, ऊँचा, भव्य आदि। विशेषण जिस संज्ञा या सर्वनाम की विशेषता बताते हैं, उसे विशेष्य कहते हैं। 'सुन्दर बाग' में सुन्दर विशेषण है और बाग विशेष्य है।

विशेषण चार प्रकार के होते हैं–

1. गुणवाचक विशेषण, 2. संख्यावाचक विशेषण, 3. परिमाणवाचक विशेषण और 4. संकेतवाचक विशेषण।

**गुणवाचक विशेषण** उसे कहते हैं जो किसी संज्ञा या सर्वनाम के गुण, रंग, आकार, अवस्था आदि का बोध कराये, जैसे–लाल, पीला, दुबला, मोटा, सुशील, दुष्ट, भारतीय, जापानी, ऊँचा, नीचा आदि।

**संख्यावाचक विशेषण** उसे कहते हैं, जो संज्ञा या सर्वनाम की संख्या, गणनाक्रम, समूह आदि का बोध करते हैं, जैसे–**चार** कि.ग्रा., **दो** हाथी, **तीसरा** मकान।

संख्यावाचक विशेषण तीन प्रकार के होते हैं–

(*i*) निश्चित संख्यावाचक विशेषण, (*ii*) अनिश्चित संख्यावाचक विशेषण, (*iii*) विभाग वाचक विशेषण।

(*i*) निश्चित संख्यावाचक, जैसे–एक, दो, तीन, पहला, दूसरा, तीसरा, दोगुना, चौगुना, दोनों, तीनों आदि।

(*ii*) अनिश्चित संख्यावाचक, जैसे–बहुत, कुछ, थोड़ा आदि।

(*iii*) विभाग वाचक, जैसे–प्रत्येक, हर एक आदि।

**परिमाणवाचक विशेषण** उसे कहते हैं, जो किसी संज्ञा या सर्वनाम का परिमाण बताये, जैसे– **थोड़ा** दूध, **अधिक** वर्षा आदि।

**संकेतवाचक विशेषण** उसे कहते हैं, जो संज्ञा या सर्वनाम की ओर संकेत करे, जैसे– ऐसा, उस, यह, वैसा, उतना, जो, जिस, आदि।

**विशेषण बनाने की रीति**–संज्ञा के अन्त में ई, भर, भरा, युक्त, मान्, रूपी, शाली, रहित, वाला, पूर्वक, हरी, हरा, हीन, सा आदि लगा देने से विशेषण बन जाता है। जैसे–बुद्धिहीन, शक्तिशाली, स्नेहपूर्वक, ज्ञानरहित, घोड़ेवाला, गुणवान्, गुणी, बुद्धिमान, कटोराभर, रसभरा, पशुरूपी, स्नेहयुक्त, सुनहरी, सुनहरा आदि।

**विशेषणों के रूप में परिवर्तन**–हिन्दी में लिंग और वचन के कारण विशेषण के रूप में परिवर्तन आ जाता है। जैसे–छोटा लड़का, छोटे लड़के, छोटी लड़की। परिवर्तन के नियम निम्न हैं:

(क) अकारान्त और उकारान्त शब्दों में कोई अन्तर नहीं होता। जैसे-सुशील लड़का, सुशील लड़की, भीरु स्त्री, भीरु स्त्रियाँ, भीरु आदमी आदि।

(ख) **अकारान्त** शब्द का 'आ' **स्त्रीलिंग में 'ई' और पुल्लिंग** में 'ए' हो जाता है। जैसे–काला कुत्ता, काले कुत्ते; काली घोड़ी, काली घोड़ियाँ आदि।

## क्रिया

जिस शब्द से किसी कार्य के होने का बोध हो, उसे क्रिया कहते हैं। जैसे–वह लिखता है। इसमें *लिखना* शब्द क्रिया का द्योतक है।

(हर वाक्य में क्रिया का होना अनिवार्य होता है।)

क्रियाएँ दो प्रकार की होती हैं–(*i*) अकर्मक और (*ii*) सकर्मक।

(*i*) **अकर्मक क्रिया**–उसे कहते हैं जिसका कर्म नहीं होता और जिसका फल व प्रभाव कर्त्ता पर ही प्रड़ता है, जैसे–वह जाता है, वे खेलते हैं, तुम रोते हो, लड़कियाँ खेलती हैं, राम सोता है, पूर्णिमा हँसती है।

(*ii*) सकर्मक क्रिया–उसे कहते हैं, जिसका प्रभाव या फल कर्म पर पड़े अर्थात् सकर्मक क्रिया के साथ कर्म होता है, जैसे–राम पुस्तकें पढ़ता है, राम ने रावण को मारा।

कुछ अकर्मक क्रियाओं को सकर्मक बनाया जा सकता है, जैसे–पिसना से पिसाना और गड़ना से गाड़ना आदि।

क्रिया के सम्बन्ध में जानने के साथ ही हम काल के सम्बन्ध में भी कुछ जान लें।

काल–काल क्रिया का समय काल बताता है। काल तीन होते हैं–(*i*) भूतकाल, (*ii*) वर्तमान काल और (*iii*) भविष्यत् काल।

यदि क्रिया पहले हो चुकी हो, तो वह भूतकाल होता है, जैसे उसने पत्र लिख लिया; वह दिल्ली गया था; वे सो रहे थे।

यदि क्रिया इस समय हो रही है तो वह वर्तमान काल होता है, जैसे–बच्चे खेलते हैं, मैं पढ़ रहा हूँ।

यदि क्रिया आगे आने वाले समय में होने वाली हो, तो वह भविष्यत् काल होता है, जैसे–मैं जाऊँगा, वह खेलेगा।

**क्रिया के लिंग, वचन और पुरुष**–क्रिया के लिंग, वचन और पुरुष कहीं कर्त्ता के अनुसार, कहीं कर्म के अनुसार और कहीं अपने स्वाधीन ढंग से होते हैं।

## क्रिया-विशेषण

क्रिया-विशेषण ऐसे शब्द होते हैं, जिनसे क्रिया की विशेषता विदित हो। इन शब्दों (क्रिया-विशेषणों) का रूप बदलता नहीं, अतः इन्हें अविकारी और अव्यय भी कहते हैं। जोर से, कल, धीरे-से, वैसा, जैसा, सचमुच, ऊपर, नीचे, भीतर, बाहर, अवश्य, ठीक, नहीं, अतः, अतएव, किसलिए, अचानक, निकट, क्रमश, ज्यों, त्यों, बहुधा, सुबह, शाम, एकदम आदि क्रिया-विशेषण के उदाहरण हैं।

क्रिया-विशेषण स्थानवाचक, कालवाचक, रीतिवाचक और परिमाणवाचक होते हैं। स्थानवाचक क्रिया विशेषण स्थान या स्थिति का बोध कराते हैं, जैसे पास, दूर, यहाँ, वहाँ, सामने, नीचे, दायें, बायें, इधर, उधर आदि।

कालवाचक क्रिया-विशेषण काल (समय) का बोध कराते हैं, जैसे आज, कल, सदा, शीघ्र, प्रायः, दिन भर, सबेरे, अब, कब, तभी आदि। रीतिवाचक क्रिया-विशेषण क्रिया की अवस्था (स्थिति) का बोध कराते हैं, जैसे धीरे-धीरे, अचानक, अच्छी तरह आदि। परिमाणवाचक क्रिया-विशेषण परिमाण या मात्रा का बोध कराते हैं, जैसे मात्र, थोड़ा, बहुत, तनिक, इतना, उतना आदि।

### संबंधबोधक

संज्ञा या सर्वनाम के साथ संबंध स्थापित करने हेतु उनके ठीक बाद में जोड़े जाने वाले शब्द संबंधबोधक कहलाते हैं, जैसे ने, को, से, के लिए, का, के, की आदि

### योजक

संज्ञा या सर्वनाम का दूसरे शब्दों के साथ संबंध स्थापित करने हेतु उनके बाद में इस्तेमाल किए जाने वाले शब्द योजक कहे जाते हैं, जैसे और, एवं, तथा, जो आदि।

### विस्मयादि बोधक

हर्ष, शोक, आश्चर्य, घृणा आदि भावों को व्यक्त करने वाले शब्द विस्मयादि बोधक कहलाते हैं, जैसे अहा, वाह-वाह (हर्ष), अरे! हैं! क्या (आश्चर्य), हाय, आह, उफ (शोक), छिः, थू, धिक्कार (घृणा)।

# उपसर्ग और प्रत्यय

## उपसर्ग

उपसर्ग (prefix) शब्दांश होते हैं। इनका प्रयोग स्वतंत्र रूप से नहीं किया जा सकता। किसी शब्द के प्रारंभ में उपसर्ग जोड़ने से उस शब्द का अर्थ बदल जाता है। हिन्दी का शब्द **अज्ञान** है। इसमें अ उपसर्ग है। ज्ञान शब्द में अ उपसर्ग जोड़ कर अज्ञान बना है। अ उपसर्ग जोड़ने से ज्ञान शब्द का अर्थ उल्टा हो गया है। इसी प्रकार कर्म शब्द में कु उपसर्ग जोड़ने से कुकर्म शब्द बन जाता है, जिसका अर्थ कर्म से भिन्न हो गया है। गुण शब्द में अव उपसर्ग जोड़ने से अवगुण शब्द बनता है। उपसर्ग लगाकर नए-नए शब्द बनाये जाते हैं। अतः इसका अध्ययन महत्त्वपूर्ण है।

चूँकि हिन्दी में संस्कृत और अरबी-फारसी के शब्दों का भी प्रयोग होता है, अतः इनके उपसर्गों के बारे में भी जानना आवश्यक है।

### 1. संस्कृत उपसर्ग

यहाँ संस्कृत के केवल उन्हीं उपसर्गों को दिया जा रहा है, जिनका प्रयोग हिन्दी में बिना झिझक होता है।

**अति** (अर्थ = अधिक या परे)—अतिवृष्टि, अतिक्रमण, अतिमानव, अतिशय

**अधिक** (अर्थ = ऊपर या अधिक)—अधिराज, अधिनायक, अधिकरण, अधिमास

**अनु** (अर्थ = पीछे या समान)—अनुताप, अनुकरण, अनुज, अनुकूल, अनुचर

**अप** (अर्थ = बुरा, उल्टा)—अपयश, अपशकुन, अपव्यय अपकर्ष, अपशब्द

**अभि** (अर्थ = विशेष, पास)—अभिवादन, अभिभाषण, अभिमुख, अभीष्ट, अभिशंसा, अभिराम

**अव** (अर्थ = बुरा, उल्टा)—अवगुण, अवरोध, अवलोकन, अवनति, अवसाद, अवज्ञा

**आ** (अर्थ = तक, से)—आजन्म, आमरण, आरंभ, आकर्षण, आमोद

**उत्** (अर्थ = ऊपर, श्रेष्ठ)—उत्कर्ष, उन्माद, उल्लास, उत्थान, उत्कृष्ट, उत्सर्ग, उन्नति

**उप** (अर्थ = पास (निकट), सहायक (छोटा)—उपनिषद, उपन्यास, उपमंत्री, उप-समिति, उपभेद

**दुः** (अर्थ = कठिन, बुरा, विपरीत)—दुर्गम, दुर्जेय, दुर्लभ दुर्जन, दुर्गुण, दुर्गति, दुस्साहस, दुर्दशा, दुराश

**नि** (अर्थ = विशेष, निषेध)—निपुण, निवास, नियोजन, निषेध, निरोध, निलम्बन

**निः** (अर्थ = बिना)—निरादर, निर्दोष, निराकार, निरुपाय, निर्बल, नीरव, निर्विरोध, निष्फल

**परि** (अर्थ = चारों ओर)—परिक्रमा, परिधान, परिधि, पर्यावरण

**प्र** (अर्थ = आगे, अधिक)—प्रगति, प्रचार, प्रचुर, प्रगाढ़, प्रबल

**प्रति** (अर्थ = विपरीत, प्रत्येक)—प्रतिवादी, प्रतिकूल, प्रतिवाद, प्रतिदिन, प्रत्येक, प्रतिशत

**वि** (अर्थ = विशेष)—विख्यात, विज्ञान, विभेद, विकृत

**सम्** (अर्थ = पूर्ण, शुद्ध, साथ)—सम्पूर्ण, सन्तोष, सन्लग्न, सम्पर्क, समन्वय

**सु** (अर्थ = अच्छा, विशद)—सुमार्ग, सुगन्ध, सुजन, सुगति, सुलभ, सुशील, सुपरिचित

### 2. अरबी-फारसी के उपसर्ग

**अल** — अलमस्त
**ऐन** (अर्थ = ठीक) — ऐनवक्त, ऐनमौका
**कम** (अर्थ = न्यून) — कमअक्ल, कमसिन
**खुश** (अर्थ = अच्छा) — खुशखबरी, खुशबू, खुशकिस्मत
**गैर** (अर्थ = बिना) — गैर-कानूनी, गैर-जिम्मेदार
**ब** (अर्थ = साथ) — बमुश्किल, बदस्तूर, बतौर, बखूबी

बद (अर्थ = बुरा) – बदचलन, बदनाम, बदबू, बदकिस्मत
बा (अर्थ = के साथ) – बाकायदा, बाअदब, बाइज्ज़त
बे (अर्थ = बिना) – बेहद, बेदर्द, बेचारा, बेलाग, बेवफा
ला (अर्थ = बिना) – लापता, लावारिस, लाइलाज
ना (अर्थ = बिना) – नाखुश, नापाक, नापसन्द, नालायक
हम (अर्थ = समान) – हमदर्द, हमवतन, हमसफर

**3. हिन्दी उपसर्ग**

अ (अर्थ = नहीं, बिना, विहीन) – अचेत, अपच, अचल, अटल
अन (अर्थ = बिना) – अनहित, अनमेल, अनपढ़, अनहोनी
अध (अर्थ = आधा) – अधपका, अधमरा, अधजला
कु (अर्थ = बुरा) – कुपूत, कुठौर
नि (अर्थ = बिना) – निडर, निकम्मा
सु (अर्थ = अच्छा) – सुजन, सुघड़, सुडौल
भर (अर्थ = पूरा, भरके) – भरपूर, भरपेट, भरसक

## प्रत्यय

उपसर्ग (prefix) की ही भाँति प्रत्यय (suffix) भी स्वतंत्र रूप से प्रयोग में नहीं आते, पर शब्द के बाद में इनको जोड़ देने से शब्द के अर्थ में परिवर्तन आ जाता है। उपसर्गों की भाँति ही प्रत्यय लगाकर नए-नए शब्द बनाये जाते हैं। अतः इनका अध्ययन महत्त्वपूर्ण है।

प्रत्यय दो प्रकार के होते हैं–**कृत् प्रत्यय** और **तद्धित प्रत्यय।** कृत प्रत्यय धातु के अन्त में लगते हैं और उनसे निर्मित शब्दों को कृदन्त कहा जाता है। तद्धित प्रत्यय संज्ञा, सर्वनाम और विशेषण के अन्त में लगते हैं और उनसे बनने वाले शब्द तद्धितान्त कहलाते हैं।

### कृत प्रत्यय

हिन्दी में 5 प्रकार के कृत प्रत्यय हैं–(1) कर्तृवाचक, (2) कर्मवाचक, (3) कारकवाचक, (4) भाववाचक, (5) क्रियावाचक।

**1. कर्तृवाचक**

अक = जात से जातक
पाठ से पाठक
आऊ = चल से चलाऊ
टिक से टिकाऊ
आकू = लड़ से लड़ाकू
पढ़ से पढ़ाकू
ई = हँस से हँसी
बोल से बोली
ता = दा से दाता
भा से भाता

**2. कर्मवाचक**

औना = खेल से खिलौना
बिछ से बिछौना
ना = गा से गाना
दा से दाना
नी = चल से चलनी
ओढ़ से ओढ़नी

**3. करणवाचक**

आ = झूल से झूला
मेल से मेला
ई = गागर से गगरी
रेत से रेती
ऊ = झाड़ से झाड़ू
बाजार से बाजारू
न = चुभ से चुभन
झाड़ से झाड़न
नी = लेख ने लेखनी
छल से छलनी

**4. भाववाचक**

अत = बच से बचत
पढ़ से पढ़त
अन = चल से चलन
घुट से घुटन
आऊ = बिक से बिकाऊ
टिक से टिकाऊ
आई = लिख से लिखाई
चढ़ से चढ़ाई

**5. क्रियावाचक**

हुआ = पढ़ से पढ़ता हुआ
सुन से सुनता हुआ

## तद्धित प्रत्यय

तद्धित प्रत्यय छह प्रकार के हैं–(1) कर्त्तावाचक (2) भाववाचक (3) गुणवाचक, (4) अपत्यवाचक, (5) ऊनतावाचक, (6) स्त्रीवाचक

### 1. कर्त्तावाचक

|  | |  |
|---|---|---|
| आर | = | लोहा से लुहार |
| | | सोना से सुनार |
| ई | = | तेल से तेली |
| | | भेद से भेदी |
| ची | = | खजान से ख़जानची |
| | | नकल से नकलची |
| वाला | = | घर से घरवाला |
| | | दूध से दूधवाला |

### 2. भाववाचक

|  | |  |
|---|---|---|
| आई | = | भला से भलाई |
| | | चौड़ा से चौड़ाई |
| आपा | = | बूढ़ा से बुढ़ापा |
| | | मोटा से मुटापा |
| आस | = | खट्टा से खटास |
| | | मीठा से मिठास |
| इमा | = | लाल से लालिमा |
| | | अरुण से अरुणिमा |
| ई | = | खुश से खुशी |
| | | लाल से लाली |
| त | = | बढ़ से बढ़त |
| | | रंग से रंगत |
| ता | = | लघु से लघुता |
| | | मित्र से मित्रता |
| त्व | = | बन्धु से बन्धुत्व |
| | | गुरु से गुरुत्व |
| पन | = | भोला से भोलापन |
| | | पागल से पागलपन |

### 3. गुणवाचक

|  | |  |
|---|---|---|
| आ | = | भूख से भूखा |
| | | प्यास से प्यासा |
| इन | = | कठ से कठिन |
| | | मल से मलिन |
| आलु | = | दया से दयालु |
| | | कृपा से कृपालु |
| इक | = | देव से दैविक |
| | | मूल से मौलिक |
| इत | = | द्रव से द्रवित |
| | | फल से फलित |
| इष्णु | = | सह से सहिष्णु |
| | | प्रभाव से प्रभविष्णु |
| ई | = | हठ से हठी |
| | | दुख से दुखी |
| ईला | = | रस से रसीला |
| | | हठ से हठीला |
| ईय | = | मानव से मानवीय |
| | | राष्ट्र से राष्ट्रीय |
| उक | = | भाव से भावुक |
| | | भि ु से भिक्षुक |
| मान | = | बुद्धि से बुद्धिमान |
| | | मूर्ति से मूर्तिमान |
| वान | = | धन से धनवान |
| | | गुण से गुणवान |

### 4. अपत्यवाचक

|  | |  |
|---|---|---|
| अ | = | वसुदेव से वासुदेव |
| | | पाण्डु से पाण्डव |
| इ | = | दशरथ से दाशरथि |
| | | मारुत से मारुति |
| एय | = | गंगा से गांगेय |
| | | कुन्ती से कौन्तेय |

### 5. ऊनतावाचक

|  | |  |
|---|---|---|
| आ | = | बाबू से बबुआ |
| इया | = | बेटी से बिटिया |
| | | डिब्बा से डिबिया |
| ड़ा, ड़ी | = | दुख से दुखड़ा |
| | | आँत से अँतड़ी |

### 6. स्त्रीवाचक

|  | |  |
|---|---|---|
| आ | = | प्रिय से प्रिया |
| | | सुत से सुता |
| आइन | = | पंडित से पंडिताइन |
| | | ठाकुर से ठकुराइन |
| आनी | = | नौकर से नौकरानी |
| | | इन्द्र से इन्द्राणी |

| | | |
|---|---|---|
| इका | = | लेखक से लेखिका |
| | | अध्यापक से अध्यापिका |
| इया | = | कुत्ता से कुतिया |
| | | बन्दर से बन्दरिया |
| ई | = | देव से देवी |
| | | घोड़ा से घोड़ी |
| नी | = | नट से नटनी |
| | | शेर से शेरनी |

**अन्य महत्त्वपूर्ण प्रत्यय**

| | | |
|---|---|---|
| कर | = | दिन से दिनकर |
| | | रुचि से रुचिकर |
| चर | = | जल से जलचर |
| | | थल से थलचर |
| चित | = | कदा से कदाचित |
| | | कः से कश्चित |
| ज | = | अम्बु से अम्बुज |
| | | नीर से नीरज |
| जा | = | गिरि से गिरिजा |
| | | शैल से शैलजा |
| ज्ञ | = | सर्व से सर्वज्ञ |
| | | मर्म से मर्मज्ञ |
| तः | = | मूल से मूलतः |
| | | अन्त से अन्ततः |
| द | = | जल से जलद |
| | | नीर से नीरद |
| इ, ई, ए, ऐ | = | विराग से वैराग्य |
| | | विधव से वैधव्य |
| उ, ऊ, ओ, औ | = | सुन्दर से सौन्दर्य |
| | | उदार से औदार्य |
| ल | = | मंजु से मंजुल |
| | | उर्मि से उर्मिल |
| स्थ | = | तट से तटस्थ |
| | | कण्ठ से कण्ठस्थ |

# संधियाँ और समास

## संधियाँ

दो वर्णों के मेल को संधि कहते हैं। संधि तीन प्रकार की होती हैं–

**स्वर संधि :** जिसमें दो स्वरों का मेल होता है।

**व्यंजन संधि :** जिसमें दो व्यंजनों का मेल होता है।

**विसर्ग संधि :** विसर्ग के साथ स्वर या व्यंजन के मेल को विसर्ग संधि कहते हैं।

इन उपर्युक्त तीनों प्रकार की संधियों की संक्षिप्त व्याख्या नीचे दी जा रही है–

### 1. स्वर संधि

अ से औ तक जिसमें ऋ तथा लृ भी सम्मिलित हैं, स्वर कहलाते हैं। इनके परस्पर मेल को स्वर संधि कहते हैं। इसके सात भेद हैं–दीर्घ, गुण, वृद्धि, पररूप, पूर्वरूप, यण्, अयादि।

**दीर्घ संधि :** अब अ + अ का योग हो, तो 'आ' हो जाता है; जब अ + आ का योग हो, तो 'आ' हो जाता है; जब आ + आ का योग हो तो 'आ' हो जाता है; जब आ + अ का योग हो तो 'आ' हो जाता है। इसी प्रकार, जब इ + इ का योग हो, तो 'ई' हो जाता है; जब इ + ई का योग हो, तो 'ई' हो जाता है; जब ई + ई का योग हो, तो 'ई' हो जाता है; जब ई + इ का योग हो, तो 'ई' हो जाता है जब उ + उ को योग हो, तो 'ऊ' हो जाता है जब उ + ऊ का योग हो तो ऊ हो जाता है; जब ऊ + ऊ का योग हो, तो 'ऊ' हो जाता है; जब ऊ + उ का योग हो तो 'ऊ' हो जाता है। नीचे इनके उदाहरण देकर समझाया गया है। जैसे–

अ + अ = आ → धर्म + अर्थ = धर्मार्थ
अ + आ = आ → परम + आनन्द = परमानन्द
आ + आ = आ → नाना + आकार = नानाकार
आ + अ = आ → महा + अर्णव = महार्णव
इ + इ = ई → रवि + इन्द्र = रवीन्द्र
इ + ई = ई → कपि + ईश = कपीश
ई + ई = ई → मही + ईश = महीश
ई + इ = ई → मही + इन्द्र = महीन्द्र
उ + उ = ऊ → लघु + उत्तम = लघूत्तम
उ + ऊ = ऊ → सिंधु + ऊर्मि = सिंधूर्मि
ऊ + ऊ = ऊ → भू + ऊर्जा = भूर्जा
ऊ + उ = ऊ → वधू + उत्सव = वधूत्सव

**गुण संधि :** जब अ + इ का योग हो, तो 'ए' हो जाता है; जब अ + ई का योग हो, तो 'ए' हो जाता है; जब आ + इ का योग हो, तो 'ए' हो जाता है; जब आ + ई का योग हो, तो 'ए' हो जाता है; जब अ + उ को योग हो, तो 'ओ' हो जाता है; जब अ + ऊ का योग हो, तो 'ओ' हो जाता है; जब आ + उ का योग हो, तो 'औ' हो जाता है, जब अ + ऋ का योग हो, तो 'अर्' हो जाता है, जब आ + ऋ का योग हो तो 'अर' हो जाता है। नीचे इनके उदाहरण देकर समझाया गया है, जैसे–

अ + इ = ए → देव + इन्द्र = देवेन्द्र
अ + ई = ए → सुर + ईश = सुरेश
आ + इ = ए → महा + इन्द्र = महेन्द्र
आ + ई = ए → उमा + ईश = उमेश
अ + उ = ओ → देव + उत्सव = देवोत्सव
अ + ऊ = ओ → सागर + ऊर्मि = सागरोर्मि
आ + उ = ओ → महा + उत्सव = महोत्सव
आ + ऊ = ओ → महा + ऊर्जा = महोर्जा
अ + ऋ = अर् → देव + ऋषि = देवर्षि
आ + ऋ = अर् → महा + ऋषि = महर्षि

**वृद्धि संधि :** जब अ + ए का योग हो, तो 'ऐ' हो जाता है; जब आ + ए का योग हो, तो 'ऐ' हो जाता है; जब आ + ऐ का योग हो तो 'ऐ' हो जाता है; जब अ + ओ का योग हो, तो 'औ' हो जाता है; जब आ + औ का योग हो, तो 'औ' हो जाता है। नीचे इनके उदाहरण देकर समझाया गया है, जैसे–

अ + ए = ऐ → एक + एक = एकैक
आ + ए = ऐ → सदा + एव = सदैव
आ + ऐ = ऐ → महा + ऐश्वर्य = महैश्वर्य

अ + ओ = औ → पक्व + ओदन = पक्वौदन
आ + औ = औ → महा + औषधि = महौषधि

**पररूप संधि :** जब अ + ए का योग हो, तो 'ए' हो जाता है, और जब अ + ओ का योग हो, तो 'ओ' हो जाता है। नीचे इनके उदाहरण देकर समझाया गया है, जैसे–

अ + ए = ए → सप + एरा = सपेरा
अ + ओ = ओ → दन्त + ओष्ठ = दन्तोष्ठ

**पूर्वरूप संधि :** जब ए + अ का योग हो, तो 'एऽ' हो जाता है; जब इ + अ का योग हो, तो 'ओऽ' हो जाता है, जैसे–

ए + अ = एऽ → ते + अपि = तेऽपि
ओ + अ = ओऽ → सो + अनुमानै = सोऽनुमानै

**नोट :** हिन्दी में पररूप सन्धि और पूर्वरूप सन्धि से निर्मित शब्दों का प्रयोग नहीं के बराबर होता है।

**यण् संधि:** जब इ + अ का योग हो, तो 'य' हो जाता है; जब इ + आ का योग हो, तो 'या' हो जाता है; जब इ + उ का योग हो, तो 'यु' हो जाता है; जब इ + ए का योग हो, तो 'ये' हो जाता है; जब उ + अ का योग हो, तो 'व' हो जाता है; जब उ + आ का योग हो, तो 'वा' हो जाता है; जब उ + ए का योग हो, तो 'वे' हो जाता है; और जब ऋ + आ का योग हो, तो 'रा' हो जाता है। नीचे इनके उदाहरण देकर समझाया गया है, जैसे–

इ + अ = य → यदि + अपि = यद्यपि
इ + आ = या → इति + आदि = इत्यादि
इ + उ = यु → प्रति + उपकार = प्रत्युपकार
इ + ए = ये → प्रति + एक = प्रत्येक
उ + अ = व → अनु + अर्थ = अन्वर्थ
उ + आ = वा → सु + आगत = स्वागत
उ + ए = वे → अनु + एषण = अन्वेषण
ऋ + आ = ्रा → मातृ + आनन्द = मात्रानन्द

**अयादि सन्धि :** जब ए + अ का योग हो, तो 'अय' हो जाता है; जब ऐ + अ का योग हो, तो 'आय' हो जाता है; जब ऐ + इ का योग हो, तो 'आयि' हो जाता है; जब ओ + अ का योग हो, तो 'अव' हो जाता है; जब ओ + इ का योग हो, तो 'अवि' हो जाता है; जब ओ + ई का योग हो, तो 'अवी' हो जाता है, जब औ + अ का योग हो, तो 'आव' हो जाता है; जब औ + इ का योग हो, तो 'आवि' हो जाता है; जब औ + उ का योग हो, तो 'आउ' हो जाता है। नीचे इनके उदाहरण देकर समझाया गया है, जैसे–

ए + अ = अय → ने + अन = नयन
ऐ + अ = आय → नै + अक = नायक
ऐ + इ = आयि → नै + इका = नायिका
ओ + अ = अव → पो + अन = पवन
ओ + इ = अवि → पो + इत्र = पवित्र
ओ + ई = अवी → गो + ईश = गवीश
औ + अ = आव → पौ + अक = पावक
औ + इ = आवि → नौ + इक = नाविक
औ + उ = आउ → भौ + उक = भावुक

## 2. व्यंजन संधि

व्यंजन के साथ किसी व्यंजन अथवा स्वर के मेल (योग) को व्यंजन संधि कहते हैं। इसके उदाहरण निम्नलिखित हैं–

यदि क्, च्, ट्, प् के साथ अनुनासिक के अतिरिक्त कोई स्वर अथवा वर्ग का तीसरा, चौथा अथवा पाँचवाँ अक्षर आता हैं तो उसके स्थान पर वर्ग का तीसरा अक्षर हो जाता है, जैसे–

वाक् + मय = वाङ्मय　　षट् + मास = षण्मास
जगत् + नाथ = जगन्नाथ

त्, व्, द्, के आगे च, व, छ हो तो त्, व्, द् के स्थान में 'च' होता है; ज अथवा झ आए तो 'ज' होता है; ट, व, ठ हो तो 'ट्'; ड, व, ढ हो तो 'ड्' तथा 'ल' आए तो ल् हो जाता है, यथा–

उत् + चरण = उच्चारण　　बृहत् + टीका = बृहट्टीका
शरद् + चन्द्र = शरच्चन्द्र　　उत् + डयन = उड्डयन
विपद् + जाल = विपज्जाल　　उत् + लास = उल्लास

त्, वा, द् के आगे यदि 'श' आवे तो त् व द् के स्थान पर 'च्' और श की जगह 'छ' हो जाता है और ह हो तो त्, व, द् की जगह 'द्' तथा ह की जगह 'ध' हो जाता है, यथा–

उत् + शिष्ट = उच्छिष्ट　　तत् + हित = तद्धित

छ के पूर्व यदि स्वर हो तो छ के स्थान पर 'च्छ' हो जाता है, जैसे–

परि + छेद = परिच्छेद　　स्व + छन्द = स्वच्छन्द

म् के आगे यदि व्यंजन हो तो म के बदले अनुस्वार अथवा उसी वर्ग का अनुनासिक व्यंजन हो जाता है, यथा–

अलम् + कार = अलङ्कार (अलंकार); किम् + चित् = किञ्चित (किंचित)

'म' के आगे यदि ऊष्म वर्ण, श, ष, स, ह अथवा अन्तस्थ वर्ण य, र, ल, व आवें तो 'म' अनुस्वार में बदल जाता है, जैसे–

सम् + शय = संशय　　सम् + सार = संसार
सम् + हार = संहार　　सम् + योग = संयोग

सम् + रक्षक = संरक्षक सम् + लग्न = संलग्न

सम् + वाद = संवाद

यदि ऋ, र अथवा ष के आगे 'न' आवे तो स्वर, कवर्ग एवं अन्तस्थ य र ल व ऊष्म 'ह' के बीच में रुकावट होने पर भी र्, या ष् से परे न् का ण् हो जाता है, यथा–

परि + नाम = परिणाम ऋ + न = ऋण

'स' से प्रारम्भ होने वाले शब्दों से पूर्व 'अ' व 'आ' को छोड़कर यदि कोई स्वर आता है तो 'स' के स्थान पर साधारणतया 'ष' हो जाता है, जैसे–

वि + सम = विषम सु + सुप्ति = सुषुप्ति

इस नियम के अपवाद भी हैं, जैसे–

अनु + स्वार = अनुस्वार वि + स्मरण = विस्मरण

ष के बाद 'त' व 'थ' वर्ण आने पर उनके स्थान में क्रमशः ट व ठ हो जाता है, जैसे–

पुष् + त = पुष्ट पृष + थ = पृष्ठ

ह्रस्व के बाद र् से परे यदि र् हो तो पहले र् का लोप हो जाता है और पहला ह्रस्व स्वर दीर्घ हो जाता है, जैसे–

निर् + रस = नीरस निर् + रोग = नीरोग

### 3. विसर्ग संधि

विसर्ग के साथ स्वर या व्यंजन के मेल को विसर्ग संधि कहते हैं। विसर्ग के सामने यदि च या छ से प्रारम्भ होने वाले शब्द आवें तो विसर्ग 'श' में बदल जाता है, सामने ट व ठ आवें तो विसर्ग 'ष' में बदलते हैं तथा सामने त व थ वर्ण हों तो विसर्ग का 'स' हो जाता है, यथा–

निः + चिन्त = निश्चिन्त निः + छल = निश्छल

धनु + टंकार = धनुष्टंकार निः + ठुर = निष्ठुर

दुः + तर = दुस्तर प्रियः + थल = प्रियस्थल

विसर्ग के बाद यदि श, ष, स वर्ण हों तो विसर्ग यथावत् बना रहता है अथवा उसके स्थान पर उक्त तीनों वर्ण अपने-अपने स्थान पर ड्योढ़े हो जाते हैं, जैसे–

दुः + शासन = (दुःशासन) अथवा दुश्शासन

निः + संशय = (निःसंशय) अथवा निस्संशय

दुः + षण्ड = (दुःषण्ड) अथवा दुष्षंड

यदि विसर्ग के पूर्व अ हो तथा उसके आगे क, ख और प, फ हों तो विसर्ग में परिवर्तन नहीं होता; जैसे–

रजः + कण = रजःकण पयः + पान = पयःपान

विसर्ग से पहले ई अथवा उ हो और उसके आगे क, ख और प, फ हो तो विसर्ग 'ष' में बदल जाता है, जैसे–

निः + कलंक = निष्कलंक निः + फल = निष्फल

निः + पाप = निष्पाप

विसर्ग से पूर्व अ और उसके आगे घोष व्यंजन (वर्ग का 3रा, 4था तथा 5वां वर्ण तथा य र ल व ह) होने पर विसर्ग की जगह 'ओ' हो जाता है, जैसे–

अधः + गति = अधोगति तमः + गुण = तमोगुण

मनः + रथ = मनोरथ तपः + वन = तपोवन

विसर्ग से पहले अ, आ को छोड़कर कोई अन्य स्वर होने पर विसर्ग 'र' में बदल जाता है, जैसे–

निः + गुण = निर्गुण दुः + दशा = दुर्दशा

अन्त का अक्षर 'र' होने पर आगे अघोष व्यंजन आवे तो र् के बदले विसर्ग हो जाता है; जैसे–

अन्तर् + करण = अन्तःकरण

पुनर् + संस्कार = पुनःसंस्कार

अन्तर् + पुर = अन्तःपुर

## समास

जब दो या दो से अधिक शब्द मिलकर किसी नए शब्द की रचना करते हैं तो इस क्रिया को समास कहा जाता है। इस प्रकार मिले हुए शब्दों को 'समस्त पद' भी कहा जाता है। समास में विभक्तियों, अथवा और, आदि का लोप हो जाता है, जैसे– शिवालय = शिव का आलय, इसमें 'का' विभक्ति का लोप होकर शिवालय बना, अतएव इसे सम्बन्ध तत्पुरुष समास कहा जाएगा।

**संधि तथा समास में अंतर :** संधि होने पर किसी एक या दो वर्णों में विकार होता है।

समास होने पर अनेक शब्द मिलकर एक शब्द बन जाता है और बीच की विभक्ति का लोप हो जाता है।

समस्त पद जिन शब्दों से बनता है वे शब्द खण्ड कहे जाते हैं। समस्त पद के खण्ड करके उनका परस्पर सम्बन्ध दिखाने की रीति को 'विग्रह' कहते हैं, जैसे–राजकुमार; इस समस्त पद का विग्रह होगा 'राजा का कुमार'।

समासों के मुख्यतया चार भेद माने जाते हैं। यथा–

(1) अव्ययीभाव (2) तत्पुरुष

(3) बहुव्रीहि (4) द्वन्द्व

कर्मधारय तथा द्विगु को भी समास माना गया है। इससे समासों की संख्या छह हो जाती है किन्तु ये समास वस्तुतः तत्पुरुष के ही भेद हैं।

**अव्ययीभाव समास :** जिस समास में अर्थ की दृष्टि से पहला पद प्रधान होता है उसे अव्ययी भाव समास कहा जाता है। इसका पहला पद अव्यय होता हैं जिसमें लिंग, वचन आदि के कारण कोई परिवर्तन नहीं होता, जैसे–

| | | |
|---|---|---|
| प्रतिदिन | | (दिन-दिन) |
| यथाशक्ति | – | (शक्ति के अनुसार) |
| आजन्म | – | (जीवन पर्यन्त, जीवन भर) |
| सर्वप्रथम | – | (सबसे पहले) |
| प्रतिदिन | – | (हर (प्रति) दिन) |
| प्रत्येक | – | (हर (प्रति) एक) |
| साफ-साफ | – | (बिल्कुल साफ) |
| एकाएक | – | (एक के तुरन्त बाद एक) |
| रातोंरात | – | (रात ही रात में) |
| घर-घर | – | (हर घर में) |
| हाथों हाथ | – | (हाथ ही हाथ में) |
| लाजवाब | – | (जिसका कोई जवाब न हो) |
| अकारण | – | (बिना कारण के) |
| घड़ी-घड़ी | – | (हर समय) |
| पहले-पहल | – | (सबसे पहले) |
| पल-पल | – | (हर पल) |
| बेखटके | – | (खटके के बिना) |
| निःशंक | – | (शंका से रहित) |

उक्त उद्धरणों में पहला पद प्रधान है और दूसरा पद संज्ञा है। समस्त पद अव्यय हो जाने पर इसमें कोई परिवर्तन नहीं हो सकता इसलिए उक्त मेल को अव्ययीभाव समास कहा जाता है।

**तत्पुरुष समास :** जिस समास में दूसरा पद प्रधान होता है तथा पहले खण्ड के विभक्ति चिन्ह का लोप कर दिया जाता है उसे तत्पुरुष समास कहा जाता है, जैसे–हिमालय अर्थात् हिम (बर्फ) का आलय (घर), शरणागत् अर्थात् शरण में आया हुआ। उक्त एक में 'का' विभक्ति तथा दूसरे 'में' विभक्ति का लोप हुआ है।

तत्पुरुष समास के दो प्रमुख भेद हैंः–

(क) व्यधिकरण तत्पुरुष (ख) समानाधिकरण तत्पुरुष

**(क) व्यधिकरण तत्पुरुष :** इसमें समस्त पदों का विग्रह करके अलग-अगल विभक्तियाँ (कारक चिन्ह) लगाई जाती है, जैसे–

**पुस्तकालय**–पुस्तकों का घर (भवन), इसमें सम्बन्ध कारक की छठी विभक्ति है जिसका लोप किया गया।

**आनन्दमग्न**–आनन्द में मग्न, इसमें अधिकरण तत्पुरुष सूचक 'में' शब्द का लोप किया गया है।

**(ख) समानाधिकरण तत्पुरुष :** जिसमें समस्त पदों के विग्रह करने पर दोनों खण्डों में कर्त्ता कारक प्रथम विभक्ति ही रहे, जैसे–

अरुण कमल अर्थात् अरुण जो है कमल। इन दोनों शब्दों में विभक्ति एक ही है। व्यधिकरण तत्पुरुष ही सामान्यतया तत्पुरुष समास कहा जाता है और समानाधिकरण तत्पुरुष को कर्मधारय कहते हैं।

**व्यधिकरण तत्पुरुष**–इस समास के पहले खण्ड में जिस कारक की विभक्ति का लोप हुआ हो, उस कारक या विभक्ति के नाम से इस समास का नाम होता है। इस प्रकार की विभक्तियों के अनुसार इसके छह भेद किए गए हैं :

1. कर्म तत्पुरुष, 2. करण तत्पुरुष, 3. सम्प्रदान तत्पुरुष, 4. अपादान तत्पुरुष, 5. सम्बन्ध तत्पुरुष, 6. अधिकरण तत्पुरुष।

**1. कर्म तत्पुरुष**–इसमें कर्म के कारक चिन्ह 'को' का लोप होता है, जैसे–

| | | |
|---|---|---|
| गिरहकट | – | गिरह (गांठ) को काटने वाला |
| नरभक्षी | – | नर को भक्षण करने वाला |
| जलपिपासु | – | जल को पीने की इच्छा वाला |
| मुँहतोड़ | – | मुँह को तोड़ने वाला |
| सर्वज्ञ | – | सब को जानने वाला |

**2. करण तत्पुरुष**–इसमें करण कारक के चिन्ह 'से', 'के द्वारा' का लोप होता है, जैसे–

| | | |
|---|---|---|
| तुलसीकृत | – | तुलसी द्वारा लिखा गया |
| रससिक्त | – | रस से सिक्त |
| शोकाकुल | – | शोक से आकुल |
| कष्टसाध्य | – | कष्ट से साध्य |
| ईश्वरदत्त | – | ईश्वर द्वारा दिया गया |

**3. सम्प्रदान तत्पुरुष**–इसमें सम्प्रदान कारक के चिन्ह 'के लिए' का लोप होता है, जैसे–

| | | |
|---|---|---|
| गोशाला | – | गाय के लिए शाला |
| देशभक्ति | – | देश के लिए भक्ति |
| सभामंडप | – | सभा के लिए मंडप |
| रसोईघर | – | रसोई के लिए घर |
| बालामृत | – | बालकों के लिए अमृत |

**4. अपादान तत्पुरुष**—इसमें अपादान कारक के चिन्ह 'से' (अलग होने के अर्थ में) का लोप होता है, जैसे—

धनहीन — धन से हीन
गुणरहित — गुण से रहित
दोषमुक्त — दोष से मुक्त
जन्मान्ध — जन्म से अन्धा
सेवानिवृत्त — सेवा से निवृत्त

**5. संबंध तत्पुरुष**—इसमें संबंध कारक के चिन्हों 'का', 'के', 'की' का लोप होता है, जैसे—

हरिजन — हरि का जन
राष्ट्रपति — राष्ट्र का पति
मंत्रिपरिषद — मंत्रियों की परिषद
परधन — दूसरे का धन
गंगाजल — गंगा का जल

**6. अधिकरण तत्पुरुष**—इसमें अधिकरण कारक के चिन्हों 'में', 'पर' का लोप होता है, जैसे—

निशाचर — निशा में विचरण करने वाला
ईश्वराधीन — ईश्वर पर आधीन
नराधम — नरों में अधम
आपबीती — अपने पर बीती
युद्धरत — युद्ध में रत

**कर्मधारय या समानाधिकरण तत्पुरुष**—इसमें दूसरे पद का अर्थ प्रधान होता है। पहला पद विशेषण अथवा उपमान और दूसरा पद विशेष्य अथवा उपमेय होता है। जैसे—

मुखचन्द्र — चन्द्रमा के समान मुख
चरणकमल — कमल के समान चरण
मुखारविन्द — अरविन्द के समान मुख
नरशार्दूल — नरों में सिंह के समान

**विशेषण-विशेष्य**—नीलकमल-नील विशेषण कमल विशेष्य (संज्ञा); पीताम्बर—पीत विशेषण, अम्बर विशेष्य (संज्ञा)।

**उपमेय और उपमान**—जिस शब्द की किसी से समता बताई जाए उसे उपमेय और जिससे समता बताई जाए उसे उपमान कहते हैं। वारिजनयन अर्थात् कमल के समान नेत्र इसमें उपमेय नयन तथा उपमान-कमल है। इसी प्रकार अन्य शब्द हो सकते हैं—मृगनयनी, चन्द्रमुखी आदि।

**द्विगु समास**—जिस समास का पहला पद संख्यावाची हो और जिससे किसी समुदाय का बोध होता हो उसे द्विगु समास कहा जाता है, जैसे—त्रलोक्य (तीन लोकों का समूह), सतसई (सात सौ का समूह), इस प्रकार के शब्द हैं—पंचानन, अधमरा, नवग्रह, पंचवटी, अष्टाध्यायी आदि। ये सभी द्विगु समास का बोध कराते हैं। अन्य उदाहरण हैं—चौराहा, अठन्नी, षडऋतु, तिमंजिला, दुभाषिया, तिपहिया, त्रिवेणी, चतुर्वेदी, चौपाई, नौलखा, पंचतत्व, नवरत्न, सप्तसिन्ध, छप्पय, शतांश आदि।

**बहुव्रीहि समास**—जिस संयुक्त शब्द का कोई खण्ड प्रधान न होकर समान रूप से महत्त्व के होते हुए किसी अन्य शब्द, पदार्थ अथवा वस्तु का बोध कराते हैं, उसे बहुव्रीहि समास कहा जाता है। जैसे—

***चतुर्भुज***—चार भुजाएँ हैं जिनके अथवा चार भुजा धारी-विष्णु।

***चन्द्रमौलि***—चन्द्रमा है सिर पर जिनके अर्थात् 'शिव'।

***दुष्टात्मा***—दुष्ट है आत्मा जिसकी।

***बारहसिंगा***—बारह हैं सींग जिसके अर्थात् एक प्रकार का हिरण।

अन्य उदाहरण हैं:—एकदन्त (गणेश), दशमुख (रावण), गिरधर, (कृष्ण), धनञ्जय (अर्जुन), लम्बोदर, (गणेश), नीलकंठ (शिव), घनश्याम (कृष्ण), पंचशर (कामदेव)।

**द्वन्द्व समास**—जिस समास के दोनों खण्ड समान महत्त्व के होते हैं, उसे द्वन्द्व समास कहते हैं, जैसे—रोटी-दाल, माता-पिता, लोक-परलोक, दिन-रात।

अन्य उदाहरण हैं—आजकल, अन्न-जल, बाप-दादा, खान-पान, घास-फूस, दाना-पानी, राग-द्वेष, धनी-मानी, हार-जीत, उछल-कूद, लेन-देन, हानि-लाभ, यश-अपयश, चढ़ाव-उतार, घट-बढ़ आदि।

**बहुव्रीहि और कर्मधारय :** बहुव्रीहि और कर्मधारय समास में मुख्य अंतर यह है कि कर्मधारय में समस्त पद का एक खण्ड दूसरे का विशेषण होता है जबकि बहुव्रीहि में समास के दोनों खण्ड अपने से भिन्न किसी अन्य अर्थ का संकेत देते हैं। जैसे अरुण कमल में अरुण शब्द कमल का विशेषण है, इसलिए यह कर्मधारय समास है; किन्तु जब हम पीताम्बर कहते हैं और यदि हमारा अभिप्राय केवल पीले कपड़े से है तो यह कर्मधारय होगा; लेकिन जब इसका अर्थ होगा पीला है अम्बर जिसका (पीत + अम्बर वाला है जो श्रीकृष्ण) अर्थात् श्रीकृष्ण तो यह बहुव्रीहि समास बन जाएगा। इसलिए इन दोनों समासों कर्मधारय एवं बहुव्रीहि के मध्य ज्यादा अन्तर नहीं है।

# अलंकार

अलंकार विभूषित करते हैं। अलंकार से उक्ति की शोभा बढ़ जाती है। सुन्दर उक्ति सबको मनभाती है। अलंकार काव्य का वह गुण-धर्म है, जिससे काव्य की शोभा बढ़ती है। आचार्य मम्मट ने अलंकारों के सम्बन्ध में कहा है कि जैसे हार आदि आभूषण से कंठ की शोभा बढ़ जाती है, वैसे ही उपमा और अनुप्रास आदि अलंकारों से काव्य के सौन्दर्य में वृद्धि हो जाती है। काव्य की आत्मा रस है, किन्तु उसका भूषण अलंकार है। इसीलिए अलंकार को काव्य का अस्थिर धर्म-गुण माना जाता है। अतः अलंकार साध्य नहीं, साधन है।

अलंकारों के दो भेद हैं—(1) शब्दालंकार और (2) अर्थालंकार। शब्दालंकार काव्य में शब्दों में चमत्कार पैदा करते हैं, जबकि अर्थालंकार काव्य में अर्थ सम्बन्धी विशेषता उत्पन्न करते हैं। कुछ अलंकार शब्द और अर्थ दोनों विशेषता उत्पन्न करते हैं। ऐसे अलंकारों को उभयालंकार कहा जाता है।

अलंकार असंख्य हैं। यहाँ केवल थोड़े-से विशिष्ट अलंकारों का वर्णन किया जा रहा है।

## शब्दालंकार

जहाँ शब्दों के कारण काव्य में सौन्दर्य उत्पन्न हो, वहाँ शब्दालंकार होता है। मुख्य-मुख्य शब्दालंकारों का वर्णन नीचे दिया गया है।

**अनुप्रास**—जब किसी पद में एक व्यंजन या कई व्यंजन एंक ही क्रम में एक से अधिक बार आयें अर्थात् उसकी आवृत्ति हो, तो वह अनुप्रास कहा जाता है। यदि व्यंजन के अतिरिक्त शब्द या वाक्यांश की आवृत्ति हो, तो वहाँ भी अनुप्रास होता है।

केलिन के कूलन कछारन में, कुंजन में

यहाँ 'क' और 'न' की पाँच और तीन आवृत्तियाँ हैं

एक अन्य उदाहरण—

काली लहर कल्पना काली  
भूखे काल कोठरी काली'

इसमें 'क' की 6 बार आवृत्ति हुई है।

कभी-कभी पूरे वाक्य की पुनरावृत्ति होती है, जैसे—

पूत सपूत तो क्या धन संचय।  
पूत कपूत तो क्या धन संचय।।

अनुप्रास के कई भेद हैं—छेकानुप्रास, वृत्यानुप्रास, लाटानुप्रास, श्रुत्यानुप्रास और अन्त्यानुप्रास।

इसमें लाटानुप्रास में शब्दों अथवा वाक्यों की पुनरावृत्ति होती है, जैसे कि ऊपर के "पूत सपूत सो क्या धन संचय। पूत कपूत तो क्या धन संचय"।। उदाहरण में है।

**यमक**—ऊपर हमने देखा कि लाटानुप्रास में शब्दों अथवा वाक्यों की पुनरावृत्ति होती है किन्तु शब्द का अर्थ वही रहता है; अर्थात् शब्दों के अर्थ में भेद या अन्तर नहीं होता। किन्तु यमक में जो शब्द दोबारा आते हैं, उनके अर्थ बदल जाते हैं। जैसे—

कनक कनक ते सो गुनी मादकता अधिकाय।  
वा खाये बौराय जग या पाये बौराय।।

यहाँ कनक शब्द दो बार आया है। दोनों स्थानों पर कनक शब्द का अर्थ अलग-अलग हैं। पहले स्थान पर इसका अर्थ है 'स्वर्ण' और दूसरे स्थान पर इसका अर्थ है 'धतूरा'। इसी प्रकार 'बौराय' शब्द भी दो बार आया है और दोनों स्थानों पर इस शब्द का अर्थ अलग-अलग है। पहले स्थान पर इसका अर्थ है—'पागल होना' और दूसरे स्थान पर इसका अर्थ है सम्पन्न होना।

**श्लेष**—यमक अलंकार में एक ही शब्द एक से अधिक बार प्रयुक्त होता है, परन्तु अलग-अलग स्थान पर इसका अर्थ भी अलग-अलग होता है, जैसा कि आप पढ़ चुके हैं। इसके विपरीत श्लेष में एक शब्द एक ही बार प्रयुक्त होता है, लेकिन उसके दो या अधिक अर्थ निकलते हैं। जैसे—

"चिर जीवै जोड़ी युगल, क्यों न सनेह गंभीर।  
को घटि ये वृषभानुजा, वे हलधर के बीर।।"

उक्त पंक्तियों में 'वृषभानुजा' और 'हलधर' में श्लेष अलंकार है। 'वृषभानुजा' का अर्थ है 'राधा' और यदि 'वृषभानुजा' शब्द को तोड़कर इसका अर्थ निकाला जावे, तो अर्थ होगा 'वृषभ + अनुजा' अर्थात् 'बैल की बहन'। इसी प्रकार हलधर के दो अर्थ

'बैल' और 'बलराम' हैं। इस प्रकार एक अर्थ के अनुसार राधा वृषभानु की पुत्री है और दूसरे अर्थ के अनुसार बैल की बहन। दूसरी ओर कृष्ण एक ओर बलराम के भाई हैं, तो दूसरी ओर बैल के भाई।

## अर्थालंकार

जब भाषा के प्रयोग से अर्थ में चमत्कार पैदा हो, तो वहाँ अर्थालंकार होता है। नीचे प्रमुख अर्थालंकारों का वर्णन किया जाता है–

**उपमा**–जहाँ दो वस्तुओं के बीच साम्य अथवा समानता का भाव व्यक्त किया जाये, वहाँ उपमा अलंकार होता है। जैसे, "सीता का मुख चन्द्रमा के समान सुन्दर है।"

यहाँ सीता के मुख की सुन्दरता की तुलना चन्द्रमा की सुन्दरता से की गई है।

सामान्यतया उपमा के चार अंग होते हैं–(1) उपमेय, (2) उपमान, (3) धर्म, और (4) वाचक। अब इन चारों को समझिए। जिसकी तुलना की जाये, उसे **उपमेय** कहते हैं। यहाँ सीता का मुख उपमेय है। जिससे तुलना की जाये, उसे **उपमान** कहते हैं। यहाँ चन्द्रमा उपमान (अप्रस्तुत) है। जिस बात में तुलना की जाये, उसे **धर्म** कहते हैं। यहाँ सुन्दर धर्म है। जिस शब्द से तुलना की जाये, उसे **वाचक** कहते हैं। यहाँ 'के समान' वाचक है।

जहाँ काव्य में उपमा के चारों अंगों की उपस्थिति हो, उसे पूर्णोपमा कहते हैं।

जहाँ उपमा के इन चारों अंगों में से कोई अंग लुप्त होता है, उसे लुप्तोपमा कहते हैं। जो अंग लुप्त होता है, उसी के आधार पर इसका नामकरण हो जाता है, जैसे, **उपमेय लुप्तोपमा**–इसमें उपमेय लुप्त होता है, **उपमान लुप्तोपमा**–इसमें उपमान लुप्त होता है, **धर्म लुप्तोपमा**–इसमें धर्म लुप्त होता है, और **वाचक लुप्तोपमा**–इसमें वाचक लुप्त होता है। **मालोपमा** वहाँ होती है, जहाँ कई-कई उपमान हों, जैसे,

क्या कहें कि कैसी है उसकी कमनीय कान्ति।
कुन्दन-सी, कुंद-सी या कंज सी निकाई है।

**रूपक**–इस अलंकार में लक्षण से चमत्कार प्रकट होता है। इसमें उपमेय पर उपमान का आरोप होता है। इसमें उपमेय और उपमान दोनों को एक रूप में प्रदर्शित किया जाता है। इसका एक उदाहरण देखिए–

अम्बर पनघट में डुबो रही, तारा घट ऊषा नागरी।

यहाँ अम्बर में पनघट का आरोप है; तारा में घट का आरोप है और ऊषा में नागरी का आरोप है।

**अनन्वय**–जब उपमेय की तुलना के लिए कोई उपमान होता ही नहीं और उपमेय के समान उपमेय ही कहा जाता है, तो अनन्वय अलंकार होता है। जैसे–

'राम से राम सिया सी सिया सिर मौर विरचि विचारि सँवारे'

यहाँ राम की उपमा देने के लिए कोई शब्द नहीं था, अतः राम की तुलना राम से की गई है। इसी प्रकार सीता की तुलना सीता से की गई है।

**प्रतीप**–इस अलंकार में प्रसिद्ध उपमानों को उपमेय का स्थान दे दिया जाता है। जैसे–

'दोनों का तन-तेज एक-से-एक प्रखर था।
उनके आगे पड़ा हुआ दिनकर फीका था।।'

सूर्य का तेज प्रसिद्ध उपमान है लेकिन उपरोक्त पंक्तियों में 'तन-तेज' के सामने 'सूर्य का तेज' फीका पड़ गया है।

**व्यतिरेक**–जहाँ उपमेय को उपमान से बढ़ाकर अथवा उपमान को उपमेय से घटाकर वर्णन किया जाये, वहाँ व्यतिरेक अलंकार होता है। जैसे–

स्वर्ग की तुलना उचित ही है यहाँ
किन्तु सुरसरिता कहाँ, सरयू कहाँ?
यह मरों को मात्र पार उतारती
यह यहीं से जीवितों को तारती।

इन पंक्तियों में अयोध्या की तुलना स्वर्ग से की गई है। स्वर्ग में सुरसरिता (देव गंगा) केवल मृतकों को पार उतारती है। जबकि अयोध्या में सरयू जीवितों का ही उद्धार (मुक्ति प्रदान) कर देती है। यहाँ सरयू (उपमेय) को सुरसरिता से बढ़ाकर दिखाया गया है; या यूँ कहे कि सूरसरिता को हलका करके दिखाया गया है।

**भ्रान्तिमान**–जब किसी वस्तु को देखकर वैसी ही किसी अन्य वस्तु का भ्रम हो, तो वहाँ भ्रान्तिमान अलंकार होता है। जैसे–

नाक का मोती अधर की कान्ति से
बीज दाड़िम का समझकर भ्रान्ति से
देखकर सहसा हुआ शुक मौन है
सोचता है अन्य शुक यह कौन है?

यहाँ नाक के मोती पर ओठों की लालिमा पड़ने से मोती अनार के दाने जैसा दिखाई पड़ता है। इसे देखकर एक तोता नाक को (लाल चोंच देखकर) भ्रमवश दूसरा तोता मान बैठता है, इसलिए उक्त पंक्तियों में भ्रान्तिमान अलंकार है।

**उत्प्रेक्षा**–इस अलंकार में उपमेय में उपमान की सम्भावना की कल्पना की जाती है। इसमें प्रायः जनु, मनु, मानो, जानो जैसे शब्दों का प्रयोग किया जाता है। जैसे–

"सोहत ओढ़े पीत पट श्याम सलोने गात
मनो नील मनि शैल पर आतप पर्‌यो प्रभात्।"

श्री कृष्ण पीताम्बर पहने हुए हैं। उनके शरीर को देखकर ऐसा लगता है (मानो) नील पर्वत पर प्रभात के सूर्य का प्रकाश (पीले रंग का) पड़ रहा हो। यहाँ उपमेय (श्रीकृष्ण) में उपमान (नील पर्वत पर सूर्य का प्रकाश) की सम्भावना है।

उत्प्रेक्षा तीन प्रकार की होती है–(1) वस्तु उत्प्रेक्षा, (2) हेतु उत्प्रेक्षा और (3) फल उत्प्रेक्षा।

**अतिशयोक्ति**–वर्ण्य विषय का अतिरंजित चित्रण अतिशयोक्ति कहलाता है। इसमें वर्णन बहुत बढ़ा-चढ़ाकर किया जाता है। जैसे–

'हनुमान की पूँछ में, लगन न पाई आग।
लंका सारी जल गई, गए निशाचर भाग।।

अतिशयोक्ति के कई भेद हैं–(1) रूपकातिशयोक्ति, (2) भेदकाशयोक्ति, (3) सम्बन्धाशयोक्ति, (4) असम्बन्धाशयोक्ति, (5) अक्रमातिशयोक्ति, (6) चपलातिशयोक्ति, (7) अत्यन्तातिशयोक्ति।

यहाँ एक उदाहरण देकर कुछ अलंकारों के बीच का सूक्ष्म अन्तर समझाया गया है। जैसे–

(1) सीता का मुख चन्द्रमा के समान सुन्दर है (उपमा अलंकार)
(2) चन्द्रमा सीता के मुख के समान सुन्दर है (प्रतीप)
(3) सीता के मुख के सामने चाँद फीका है (व्यतिरेक)
(4) सीता का मुख चन्द्रमा है (रूपक)
(5) सीता का मुख मानों चन्द्रमा है (उत्प्रेक्षा)
(6) सीता के मुख को चकोर ने चन्द्रमा समझा और एकटक देखता रहा (भ्रान्तिमान)

**व्याज स्तुति**–जहाँ देखने में प्रशंसा लगे पर वास्तव में निंदा हो या देखने में निंदा लगे पर वास्तव में प्रशंसा हो, वहाँ ब्याज स्तुति अलंकार होता है। जैसे–

"काशी पुरी की कुरीति बुरी, जह देह दिये पुनि देह न पाइये"

काशी नगर की सबसे बुरी बात यह है कि यहाँ शरीर त्याग करने वाला पुनः शरीर धारण नहीं करता (जन्म-मरण के बन्धन से मुक्त हो जाता है)।

लगता है कि यह काशी नगरी की निन्दा है, किन्तु वास्तव में यह इस पवित्र नगरी की महान प्रशंसा (स्तुति) है।

**विरोधाभास**–जब दो परस्पर विरोधी क्रियाओं से उल्टी क्रिया या परिणाम हो, तो विरोधाभास अलंकार होता है। जैसे–

"या अनुरागी चित्त की, गति समुझै नहिं कोई।
ज्यों-ज्यों बूड़ै श्याम रंग, त्यों-त्यों उज्ज्वल होई।।"

यहाँ कहा गया है कि श्याम रंग (काले रंग) में मन जितना अधिक डूबता है, उतना ही अधिक उज्ज्वल होता जाता है (जबकि काले रंग में डूबने पर काला होना चाहिए)।

# काल

क्रिया व्यापार के बोधक समय को काल कहते हैं। काल, कार्य होने के समय का द्योतक है। इसके मुख्यतः तीन भेद होते हैं— 1. वर्तमान काल, 2. भूतकाल, 3. भविष्यत्‌काल। कार्य की पूर्णता और अपूर्णता को दृष्टिगत रख कर वर्तमान तथा भूतकाल के दो-दो भेद और माने गए हैं जिन्हें अपूर्ण वर्तमान व पूर्ण वर्तमान तथा अपूर्ण भूत व पूर्ण भूत कहा जाता है।

संस्कृत भाषा में भूतकाल व भविष्यत् काल का और भी सूक्ष्मता से विचार किया गया है। उसमें भूतकाल के छः प्रमुख भेद स्थिर किए गए हैं जो इस प्रकार हैं—

1. सामान्य भूत, 2. आसन्न भूत, 3. पूर्ण भूत, 4. अपूर्ण भूत, 5. संदिग्ध भूत, 6. हेतुहेतुमद् भूत।

भविष्यत् काल के दो भेद सामान्य भविष्यत् व सम्भाव्य भविष्यत् हैं। उपर्युक्त तीनों कालों के उदाहरण निम्नलिखित हैं—

## वर्तमान काल

**वर्तमान का ( अपूर्ण ) :**

1. गीता खा रही है। 2. नीरद सो रहा है।

3. उमा हँस रही है।

उपर्युक्त वाक्यों से प्रकट है कि कर्त्ता गीता, नीरद तथा उमा की क्रियाएँ अभी पूरी नहीं हुईं वरन् चल रही हैं, इसलिए इन वाक्यों को अपूर्ण वर्तमान काल के अन्तर्गत माना जाता है।

**वर्तमान काल ( पूर्ण ) :**

1. अमर दिल्ली आया है।

2. वनमाली के दो पुत्र हैं।

इन उपर्युक्त वाक्यों से क्रिया की वर्तमान कालिक पूर्णता प्रकट होती है, अतएव वे वाक्य पूर्ण वर्तमान काल के अन्तर्गत आते हैं।

## भूतकाल

**भूतकाल ( अपूर्ण ) :**

1. अर्जुन पढ़ता था। 2. रमा गाती थी।

उक्त वाक्यों से प्रकट है कि कार्य भूतकाल में हुआ है अवश्य, किन्तु उसकी पूर्णता संदिग्ध बनी रही। इस प्रकार के वाक्य अपूर्ण भूतकाल के द्योतक हैं।

**भूतकाल ( पूर्ण ) :**

1. राम फल लाया था। 2. गायत्री गाँव चली गई थी।

उक्त वाक्यों में बीते हुए दूरवर्ती समय में क्रिया का होना पाया जाता है, अतएव ये पूर्ण भूत हैं।

भूतकाल के शेष भेदों का संक्षिप्त वर्णन इस प्रकार है—

(क) सामान्य भूत : 1. कमला हँसी।
2. विमला रोई।

(ख) आसन्न भूत : 1. वह गया है।
2. लाला आए हैं।

(ग) संदिग्ध भूत : 1. राजू शायद गया हो।
2. मोहन शायद आया हो।

(घ) हेतुहेतुमद् भूत : 1. यदि मैंने लिखा होता तो वह आता।
2. बादल आते तो वर्षा होती।

## भविष्यत् कालः

**( क ) सामान्य भविष्यत् :** क्रिया के जिस रूप से आगे आने वाले समय में कार्य के होने का पता चलता है, उसे सामान्य भविष्यत् कहते हैं। जैसे—

1. हरी जागेगा। 2. श्याम पढ़ेगा।

**( ख ) सम्भाव्य भविष्यत् :** क्रिया के जिस रूप से आगे आने वाले समय में कार्य के होने की सम्भावना अथवा इच्छा पाई जाती है, उसे सम्भाव्य भविष्यत् कहते हैं। जैसे—

1. बादल घिरे हैं।

2. वर्षा हो सकती है।

# संधि विचार

1. 'महोत्सव' में कौन-सी संधि है?
(क) स्वर संधि (ख) व्यंजन संधि
(ग) विसर्ग संधि

2. 'तपोवन' में कौन-सी संधि है?
(क) स्वर संधि (ख) व्यंजन संधि
(ग) विसर्ग संधि

3. 'निष्फल' में कौन-सी संधि है?
(क) विसर्ग संधि (ख) व्यंजन संधि
(ग) स्वर संधि

4. 'नमस्ते' में कौन-सी संधि है?
(क) व्यंजन संधि (ख) स्वर संधि
(ग) विसर्ग संधि

5. उच्छवास का संधि-विग्रह है :
(क) उच + श्वास (ख) उत् + श्वास
(ग) उद् + श्वास (घ) उछ + श्वास

6. 'रामावतार' में कौन-सी संधि है?
(क) स्वर संधि (ख) व्यंजन संधि
(ग) विसर्ग संधि

7. 'कपीश' का संधि-विग्रह है :
(क) कप + ईश (ख) कपि + इश
(ग) कपि + ईश
(घ) उपरोक्त में से कोई नहीं

8. 'दिगम्बर' में कौन-सी संधि है?
(क) व्यंजन संधि (ख) विसर्ग संधि
(ग) स्वर संधि

9. 'अन्वेषण' का संधि-विग्रह है:
(क) अन् + वेषण (ख) अन्व + एषण
(ग) अनु + ऐषण (घ) अनु + एषण

10. संचय का संधि-विग्रह है:
(क) सत् + चय (ख) सम् + चय
(ग) सं + चय (घ) सः + चय

11. महा + ईश की संधि से क्या बनेगा?
(क) महीश (ख) महेश
(ग) महिष (घ) महाईश

12. प्रत्युत्तर का संधि-विग्रह है :
(क) प्र + त्युत्तर (ख) प्रति + युत्तर
(ग) प्रति + उत्तर (घ) प्रत्यु + उत्तर

13. 'नीलाम्बर' में कौन-सी संधि है?
(क) स्वर संधि (ख) व्यंजन संधि
(ग) विसर्ग संधि

14. अभीष्ट का संधि-विग्रह है :
(क) अभी + ईष्ट (ख) अभी + इस्ट
(ग) अभि + ईस्ट (घ) अभि + इस्ट

15. अति + अंत की संधि से बनेगा :
(क) अतीन्त (ख) अत्यन्त
(ग) अतिन्त (घ) अत्येन्त

16. मनः + हर की संधि से बनेगा :
(क) मनहर (ख) मनोहर
(ग) मनःहर (घ) मन्हर

17. मतैक्य का संधि-विग्रह है :
(क) मत + एक्य (ख) मत + ऐक्य
(ग) मतः + एक्य (घ) मत + इक्य

18. 'पुनर्जन्म' में कौन-सी संधि है?
(क) स्वर संधि (ख) व्यंजन संधि
(ग) विसर्ग संधि

19. स्वागत का संधि-विग्रह है :
(क) स्वा + गत (ख) स्व + आगत
(ग) स्वा + आगत (घ) सु + आगत

20. 'हिमालय' में कौन-सी संधि है?
(क) स्वर संधि (ख) व्यंजन संधि
(ग) विसर्ग संधि

**21.** तथा + एव की संधि से बनेगा :
(क) तदैव (ख) तथेव
(ग) तथैव (घ) तदेव

**22.** 'मुनीश' का संधि विग्रह है :
(क) मुनी + ईश (ख) मुनि + इश
(ग) मुनि + ईश (घ) मुनः + ईश

**23.** 'भावार्थ' का संधि-विग्रह है :
(क) भाव + अर्थ (ख) भावः + अर्थ
(ग) भावा + अर्थ (घ) भावा + र्थ

**24.** 'गणेश' में कौन-सी संधि है?
(क) स्वर संधि (ख) व्यंजन संधि
(ग) विसर्ग संधि

**25.** 'उल्लास' का संधि-विग्रह है :
(क) उद् + लास (ख) उत् + लास
(ग) उल् + लास (घ) उल्ल + लास

**26.** भारतेन्दु का संधि-विग्रह है :
(क) भार + तेन्दु (ख) भारत + इन्दु
(ग) भरत + इन्दु (घ) भारतः + इन्दु

**27.** चन्द्रोदय का संधि-विग्रह है :
(क) चन्द्रो + दय (ख) चन्द्रो + उदय
(ग) चन्द्रः + उदय (घ) चन्द्र + उदय

**28.** नीरोग का संधि विग्रह है :
(क) निः + रोग (ख) नी + रोग
(ग) निर् + रोग (घ) नि +रोग

**29.** 'सम्राट' में कौन-सी संधि है?
(क) स्वर संधि (ख) व्यंजन संधि
(ग) विसर्ग संधि

**30.** संरक्षक का संधि-विग्रह है :
(क) सत् + रक्षक (ख) सं + रक्षक
(ग) सम् + रक्षक (घ) सन् + रक्षक

**31.** सूर्योदय का संधि-विग्रह है :
(क) सूर्यो + योदय (ख) सूर्य + दय
(ग) सूर्यः + उदय (घ) सूर्य + उदय

**32.** इति + आदि की संधि से बनेगा :
(क) इत्यादि (ख) इत्यदि
(ग) इतिआदि (घ) इत्यादी

**33.** 'निराश' का संधि-विग्रह है :
(क) निः + आश (ख) नि + राश
(ग) निर + आश (घ) निरा + श

**34.** 'नीरव' में कौन-सी संधि है?
(क) स्वर संधि (ख) व्यंजन संधि
(ग) विसर्ग संधि

**35.** धर्मार्थ का संधि-विग्रह है :
(क) धर्मा + र्थ (ख) धर्मा + अर्थ
(ग) धम्र + अर्थ (घ) धर + मार्थ

**36.** 'दुष्कर' में कौन-सी संधि है?
(क) स्वर संधि (ख) व्यंजन संधि
(ग) विसर्ग संधि

**37.** विद्यार्थी का संधि-विग्रह है :
(क) विद्या + रथी (ख) विद्य + अर्थी
(ग) विद्य + रथी (घ) विद्या + अर्थी

**38.** 'संतोष' का संधि-विग्रह है :
(क) सं + तोष (ख) सन् + तोष
(ग) सम् + तोष (घ) सन + तोष

**39.** 'जगन्नाथ' में कौन-सी संधि है?
(क) स्वर संधि (ख) व्यंजन संधि
(ग) विसर्ग संधि

**40.** उल्लेख का संधि-विग्रह है :
(क) उः + लेख (ख) उत् + लेख
(ग) उल + लेख (घ) उद् + लेख

**41.** पवन का संधि-विग्रह है :
(क) पव + न (ख) प + वन
(ग) पव + अन (घ) पो + अन

**42.** भानु + उदय की संधि से बनेगा :
(क) भानुदय (ख) भानूदय
(ग) भान्योदय (घ) भानुउदय

**43.** अति + इव की संधि से बनेगा :
(क) अतएव (ख) अतैव
(ग) अतीव (घ) अतेव

**44.** 'सच्चरित्र' में कौन-सी संधि है?
(क) स्वर संधि (ख) व्यंजन संधि
(ग) विसर्ग संधि

**45.** 'नमस्ते' का संधि-विग्रह है :
(क) नम + स्ते (ख) नम् + स्ते
(ग) नमः + ते (घ) नमः + स्ते

**46.** 'निर्जन' में कौन-सी संधि है?
(क) स्वर संधि (ख) व्यंजन संधि
(ग) विसर्ग संधि

**47.** 'सज्जन' का संधि-विग्रह है :
(क) सज् + जन (ख) सद् + जन
(ग) सत् + जन (घ) सत + जन

**48.** यद्यपि का संधि-विग्रह है :
(क) यद्य + अपि (ख) यद्य + पि
(ग) यदि + अपि (घ) यद् + अपि

**49.** 'दुर्गुण' का संधि-विग्रह है:
(क) दुर + गुण (ख) दुः + गुण
(ग) दुर् + गुण (घ) दुप् + गुण

**50.** 'उल्लास' में कौन-सी संधि है?
(क) स्वर संधि (ख) व्यंजन संधि
(ग) विसर्ग संधि

**51.** परम + अर्थ की संधि से बनेगा :
(क) परमार्थ (ख) परामार्थ
(ग) परमअर्थ (घ) परमोर्थ

**52.** यथा + अर्थ की संधि से बनेगा :
(क) यथाअर्थ (ख) यथार्थ
(ग) यदार्थ (घ) यथारथ

**53.** आच्छादन का संधि-विग्रह है :
(क) आ + छादन (ख) आच + छादन
(ग) आच् + छादन (घ) आच्छा + आदन

**54.** 'कपीश' में कौन-सी संधि है?
(क) स्वर संधि (ख) व्यंजन संधि
(ग) विसर्ग संधि

**55.** निर्विकार का संधि-विग्रह है :
(क) निर + विकार (ख) निर + अविकार
(ग) निः + विकार (घ) निः + अविकार

**56.** 'निष्कलंक' का संधि-विग्रह है:
(क) नि + कलंक (ख) निः + कलंक
(ग) निप् + कलंक (घ) निष + कलंक

**57.** निश्छल में कौन-सी संधि है?
(क) स्वर संधि (ख) व्यंजन संधि
(ग) विसर्ग संधि

**58.** 'संहार' का संधि-विग्रह है :
(क) सं + हार (ख) सम् + हार
(ग) सम + हार (घ) सन् + हार

**59.** 'वयोवृद्ध' में कौन-सी संधि है?
(क) स्वर संधि (ख) व्यंजन संधि
(ग) विसर्ग संधि

**60.** 'हरिश्चन्द्र' का संधि-विग्रह है :
(क) हरि + चन्द्र (ख) हरी + चन्द्र
(ग) हरिः + चन्द्र (घ) हरिश + चन्द्र

**61.** 'सन्मार्ग' में कौन-सी संधि है?
(क) स्वर संधि (ख) व्यंजन संधि
(ग) विसर्ग संधि

**62.** 'महर्षि' में कौन-सी संधि है?
(क) स्वर संधि (ख) व्यंजन संधि
(ग) विसर्ग संधि

**63.** 'पावक' का संधि-विग्रह है :
(क) पा + वक (ख) पो + वक
(ग) पौ + वक (घ) पाव + क

**64.** 'स्वल्प' का संधि-विग्रह है :
(क) स्व + अल्प (ख) स्वा + अल्प
(ग) सु + अल्प (घ) सः + अल्प

**65.** 'सन्ध्या' का संधि-विग्रह है :
(क) सन् + ध्या (ख) सम् + ध्या
(ग) सं + ध्या (घ) सन + ध्या

**66.** 'दुरुपयोग' में कौन-सी संधि है?
(क) स्वर संधि (ख) व्यंजन संधि
(ग) विसर्ग संधि

**67.** 'मनोरथ' में कौन-सी संधि है?
(क) व्यंजन संधि (ख) स्वर संधि
(ग) विसर्ग संधि

**68.** 'दुष्कर' में कौन-सी संधि है?
(क) विसर्ग संधि (ख) व्यंजन संधि
(ग) स्वर संधि

**69.** 'यशोदा' में कौन-सी संधि है?
(क) स्वर संधि (ख) विसर्ग संधि
(ग) व्यंजन संधि

**70.** 'निश्चल' में कौन-सी संधि है?
(क) विसर्ग संधि (ख) स्वर संधि
(ग) व्यंजन संधि

## उत्तरमाला

| 1 | 2 | 3 | 4 | 5 | 6 | 7 | 8 | 9 | 10 |
|---|---|---|---|---|---|---|---|---|---|
| (क) | (ग) | (क) | (ग) | (ख) | (क) | (ग) | (क) | (घ) | (ख) |
| **11** | **12** | **13** | **14** | **15** | **16** | **17** | **18** | **19** | **20** |
| (ख) | (ग) | (क) | (घ) | (ख) | (ख) | (ख) | (ग) | (घ) | (घ) |
| **21** | **22** | **23** | **24** | **25** | **26** | **27** | **28** | **29** | **30** |
| (ग) | (ग) | (क) | (क) | (ख) | (ख) | (ग) | (ग) | (ख) | (ग) |
| **31** | **32** | **33** | **34** | **35** | **36** | **37** | **38** | **39** | **40** |
| (घ) | (क) | (क) | (ख) | (ग) | (ग) | (घ) | (ग) | (ख) | (ख) |
| **41** | **42** | **43** | **44** | **45** | **46** | **47** | **48** | **49** | **50** |
| (घ) | (ख) | (ग) | (ख) | (ग) | (ग) | (ग) | (ग) | (ख) | (ख) |
| **51** | **52** | **53** | **54** | **55** | **56** | **57** | **58** | **59** | **60** |
| (क) | (ख) | (क) | (क) | (ग) | (ख) | (ग) | (ख) | (ग) | (ग) |
| **61** | **62** | **63** | **64** | **65** | **66** | **67** | **68** | **69** | **70** |
| (ख) | (क) | (ग) | (ग) | (ख) | (ग) | (ग) | (क) | (ख) | (क) |

# वाक्यक्रम-स्थापन

वर्तमान प्रतियोगिताओं में वाक्यक्रम-स्थापन सम्बन्धी प्रश्न पूछने का प्रचलन बढ़ता जा रहा है। परीक्षाओं की वर्तमान प्रकृति एवं प्रवृत्ति को देखते हुए यहाँ कुछ चुने हुए वाक्य दिए जा रहे हैं।

**निर्देश: 1-50** निम्नलिखित वाक्यों के प्रथम और अंतिम भागों को क्रमशः 1 और 6 की संज्ञा दी गई है। उनके बीच आने वाले अंशों को चार भागों में बांटकर य र ल व की संज्ञा दी गई है। चारों भाग उचित क्रम में नहीं हैं। इन अंशों को उचित क्रमानुसार व्यवस्थित करना है। वाक्य को ध्यान से पढ़कर दिए गए विकल्पों में से इनका उचित क्रम चुनिए और निर्देशानुसार चिन्ह लगाइए।

**1.** 1. सीमित खर्च करने को
य. रुपयों पैसों की नहीं। घर की वस्तुमात्र
र. कम खर्च करना चाहिए। कम आय वाले गृहस्थ को
ल. को ही समझदारी के साथ यथा संभव
व. मितव्ययिता कहते हैं। मितव्ययिता केवल
6. आकस्मिक विपदा के लिए खर्च बचाकर रखना चाहिए।

A. व य ल र  B. र ल व य
C. य र ल व  D. ल व य र

**2.** 1. सामान्यतः दुष्टों की वन्दना में
य. वहां हमारी वन्दना के मूल में भय नहीं, बल्कि उसकी स्थायी दशा
र. या तो भय रहता है, या व्यंग्य। परन्तु जहां हम हानि होने के
ल. की आशंका है। इस वंदना में दुष्टों को थपकी देकर सुलाने की चाल है जिससे
व. पहले ही हानि के भय के कारण वन्दना करने लगते हैं
6. विघ्न बाधाओं से जान बच सके।

A. व य ल र  B. य ल र व
C. ल र व य  D. र व य ल

**3.** 1. जो अपने विरोधी के सब अपराधों
य. शिशुपाल का वध किया था। श्री कृष्ण का मौसेरा भाई
र. को सहन करता है, वह क्षमाशील कहलाता है
ल. होने पर भी वह उनसे द्वेष करता था और उनके प्रति
व. कृष्ण की क्षमाशीलता का वर्णन महाभारत में है जब उन्होंने
6. अपमानजनक शब्द कहता था।

A. य ल र व  B. र व य ल
C. व र ल य  D. ल य व र

**4.** 1. ईश्वर की अनुकम्पा से आपकी हर इच्छा पूरी हुई है
य. तो मैं जानता हूं
र. और आज जबकि आप
ल. कि आप अपने मन में कोई अधूरी
व. इस संसार से विदा हो रहे हैं
6. इच्छा लेकर तो यहां से नहीं जा रहे हैं।

A. र व य ल  B. य व र ल
C. ल र य व  D. व र य ल

**5.** 1. मनुष्य मननशील प्राणी है
य. शक्ति रखता है। वह सदा अपने जीवन में इस
र. जिससे उसकी उन्नति एवं विकास हो और उसका
ल. वह अपना भला बुरा सोचने की
व. प्रकार के कार्यों में लगे रहने का प्रयत्न करता है
6. जीवन सुख समृद्धि से पूर्ण हो सके

A. य व र ल  B. र ल व य
C. व र य ल  D. ल य व र

**6.** 1. सुन्दरता सामंजस्य से पैदा होती है
य. उस वस्तु को सुन्दर बनाता है। सामंजस्य का न होना
र. यथा ऊंचाई-निचाई का उचित अनुपात में होना ही
ल. अर्थात् वस्तु के विभिन्न अवयवों में अनुपात का
व. किसी वस्तु के विभिन्न अवयवों
6. सही न होना कुरूपता को जन्म देता है।

A. य र ल व B. व र य ल
C. र ल व य D. ल य र व

**7.** 1. अहिंसा को आचार-सूत्र बना देना एक गलती है
य. ऊपर से आरोपित व्यवहार की भांति
र. जो बौद्धिक विचारधारा के रूप में
ल. जिसके कारण अहिंसा भी एक शास्त्र बन गई है
व. मनोविलास का साधन बन कर
6. प्राणहीन निषेधों का संकाय मात्र बनकर रह गई है।
A. र व य ल B. व र य ल
C. य र व ल D. ल र व य

**8.** 1. भारत माता के मुख मंडल की
य. श्मशान-तुल्य शांति नहीं थी इसमें कायरता
र. संबल का परिचायक थी यह धर्म, भक्ति और
ल. और भय का लेशमात्र नहीं था यह तो निर्बलों के
व. यह अलौकिक शांति निर्वीय एवं निस्सत्वों की
6. सत्य से उद्भूत थी।
A. य र व ल B. र व ल य
C. व य ल र D. ल र य व

**9.** 1. उपन्यास कहानी मात्र नहीं है
य. प्रतिध्वनि होते हैं लेखक का जीवन के प्रति एक
र. उसमें पात्रों के भाव और विचार भी रहते हैं
ल. विशेष दृष्टिकोण होता है उसी दृष्टिकोण से वह
व. उपन्यास के विचार लेखक के ही विचारों की
6. जीवन की व्याख्या करता है।
A. र व य ल B. व य ल र
C. य र व ल D. ल य र व

**10.** 1. हे मृग-लांछन
य. किसी न किसी दिन उजागर हो ही जाता है
र. कुछ मोटे नहीं हो गए। घटने बढ़ने का
ल. पाप छिपाए नहीं छिपता
व. करोड़ों वियोगियों का रूधिर पान कर तुम
6. असाध्य रोग भी दूर नहीं हुआ।
A. र व य ल B. ल य व र
C. य र ल व D. व ल र य

**11.** 1. सैनिक शिक्षा से हमारे भीतर
य. परिवर्तित होने लगेगा और
र. अनुशासन की भावना आ जाएगी,
ल. जिससे हमारा जीवन क्रमबद्ध
व. व सुव्यवस्थित रूप से
6. एक आदर्श जीवन बन जाएगा।
A. व य ल र B. र ल व य
C. य र ल व D. ल व र य

**12.** 1. शान्ति के समय में भी जब
य. पड़ती है तो हमारे सैनिक जी-जान
र. के निवारण के लिए सहायता की आवश्यकता
ल. बाढ़, सूखा, महामारी
व. और हड़तालों आदि समस्याओं
6. से देशवासियों की सहायता करते हैं।
A. र ल व य B. व य ल र
C. ल व र य D. य र ल व

**13.** 1. प्रत्येक अध्यादेश का
य. द्वारा पदाक्रान्त हो अपनी आज़ादी
र. क्योंकि इस के अभाव में शत्रु
ल. पालन करना भारतीय
व. नागरिक का परम कर्तव्य है,
6. खोने का डर रहता है।
A. ल व र य B. य र ल व
C. व य ल र D. र ल व य

**14.** 1. शिक्षा के क्षेत्र में आचारवान
य. प्रभाव से विद्यार्थियों को
र. व महान शिक्षाशास्त्रियों को हीं
ल. सुपथ पर ला सकें और उन्हें जीने
व. स्थान देना चाहिए जो अपने व्यक्तिगत
6. की सही राह दिखा सकें।
A. व य ल र B. य र ल व
C. ल र व य D. र व य ल

**15.** 1. घरेलू खेल शतरंज, ताश, चौपड़ और कैरम बोर्ड
य. इन का प्रत्यक्ष रूप में
र. बुद्धि का विकास कम करते हैं
ल. आदि मनोरंजन अधिक देते हैं, परन्तु
व. तथा शरीर के विकास से तो
6. कुछ सम्बन्ध होता ही नहीं है।
A. ल र व य B. य र ल व
C. व य ल र D. र व य ल

**16.** 1. स्वस्थ मानव की बुद्धि ठीक रहती है
य. मन्द हो जाती है जिस से उस की

र. स्मरण शक्ति के चले जाने से
ल. स्मरण शक्ति खत्म हो जाती है तथा
व. और अस्वस्थ मानव की बुद्धि
6. अनेक प्रकार की बुराइयां आ जाती हैं।
A. व य ल र B. य र ल व
C. ल र व य D. र व य ल

17. 1. व्यायाम से रोगों की उत्पत्ति
य. करने से रक्त में रहने वाले
र. और वे रोग पैदा करने वाले
ल. कीटाणु सबल हो जाते हैं
व. नहीं हो पाती है, क्योंकि व्यायाम
6. कीटाणुओं को नष्ट कर देते हैं।
A. र व य ल B. ल र व य
C. य र ल व D. व य ल र

18. 1. आज से लगभग एक शताब्दी पूर्व
य. एडीसन नामक अमेरिकन
र. प्रकाश की किरणों से कुछ
ल. छाया चित्र प्रस्तुत कर के
व. विद्वान ने समतल दीवार पर
6. चलचित्र को जन्म दिया था।
A. र व य ल B. य व र ल
C. ल र य व D. व र य ल

19. 1. वनस्पति विज्ञान, जीव विज्ञान, मत्स्य
य. और मत्स्य आदि के क्रमिक
र. लताओं, वृक्षों, कीटाणुओं
ल. विकास को चलचित्रों में देख कर
व. विज्ञान आदि से सम्बन्धित
6. सरलता से समझा जा सकता है।
A. य व र ल B. ल र य व
C. व र य ल D. र व य ल

20. 1. चलचित्र के अनेक लाभों के साथ-साथ
य. आज के अश्लील चित्र घृणा की
र. हैं और काम वासना की
ल. प्रधानता जनता के स्वास्थ्य
व. भावना को उपजाते
6. पर कुप्रभाव डाल रही है।
A. ल र व य B. व र य ल
C. र व य ल D. य व र ल

21. 1. यदि आधुनिक चलचित्र
य. लग जाएं तो वे
र. उपयोगी शिक्षाएं देने
ल. अपव्यय नहीं, अपितु
व. हमें धार्मिक शिक्षा के साथ-साथ
6. हमारे जीवन विकास के साधन हैं।
A. व र य ल B. ल र व य
C. य व र ल D. र व य ल

22. 1. पुरातन काल में जहां
य. सामान्य गृहस्थ अपने सामर्थ्य
र. के अनुसार दान दे कर
ल. अपना कार्य चला लेता था,
व. आज उस के लिए वह 'दान'
6. न होकर 'अर्थदण्ड' बन चुका है।
A. व य ल र B. य र ल व
C. ल र व य D. र य व ल

23. 1. कोई नववधू दहेज द्वारा
य. आत्महत्या कर लेती है
र. ससुराल वालों को सन्तुष्ट
ल. और किसी को मिट्टी का तेल
व. न कर सकने के कारण
6. छिड़क कर जला दिया जाता है।
A. य ल र व B. ल र व य
C. र व य ल D. व य ल र

24. 1. इस दहेज रूपी दानव ने कितने ही
य. तो पूर्ण समाज कुछ
र. ही दिनों में उसके मुंह
ल. हरे-भरे घर वीरान कर दिए,
व. यदि इसका अन्त नहीं किया गया
6. का ग्रास बन जाएगा।
A. र व य ल B. ल व य र
C. य व र ल D. व र य ल

25. 1. मुगल सम्राट शाहजहां के गद्दी पर
य. रही थी और वह अश्रुपूर्ण
र. उसकी प्रियतमा मुमताज महल
ल. अपने जीवन की अन्तिम घड़ियां गिन
व. आसीन होने के तीन वर्ष बाद ही
6. नेत्रों से उसके पास बैठा हुआ था।

A. य ल र व B. र व य ल
C. व र ल य D. ल य व र

**26.** 1. ताजमहल के अन्दर, कुरान की आयतें
य. कब्र पर दिखाई देंगी,
र. केवल प्रेयसी मुमताज की ही
ल. पवित्र आयतों का इस तरह
व. क्योंकि सादगी पसन्द औरंगजेब
6. लिखा जाना अपवित्र समझता था।
A. य ल र व B. र य व ल
C. ल व य र D. व र ल य

**27.** 1. कहा जाता है कि भगवान
य. उसी घाट का नाम
र. यमुना के जिस घाट पर
ल. कृष्ण ने दुष्ट कंस को मार कर
व. विश्राम किया था,
6. 'विश्राम घाट' पड़ गया।
A. व य ल र B. य ल र व
C. ल र व य D. र व य ल

**28.** 1. घोंर अमावस्या की रात्रि के अंधकार को
य. अन्धकार को ज्ञान, आशा
र. जिस तरह खिलखिलाती दीपावली दूर कर
ल. देती है उसी तरह मनुष्य के निराशा व दुःख के
व. और सुख की
6. दीप रश्मियां दूर कर देती हैं।
A. र ल य व B. व य ल र
C. य व र ल D. ल र व य

**29.** 1. पुरातन युग में व्यापारी जलयानों में बैठकर
य. पर्व पर वे अपने घर वापस आकर
र. सागर पार जाया करते थे और अपनी
ल. परिवार के सदस्यों के साथ
व. व्यापारिक यात्रा के बाद दीपावली के शुभ
6. मिलकर आनन्दोत्सव मनाया करते थे।
A. व र ल य B. य ल र व
C. ल य व र D. र व य ल

**30.** 1. सर्वप्रथम मुंशी प्रेमचन्द ने उर्दू में कलम उठाई,
य. दस उपन्यास और
र. 300 कहानियां लिखकर
ल. आए और उच्च कोटि के
व. किन्तु बाद में हिन्दी के क्षेत्र में
6. हिन्दी साहित्य को अमर बनाया।
A. य र व ल B. र व य ल
C. व ल य र D. ल य र व

**31.** 1. शिक्षित पत्नी के अभाव में अधिकांश
य. परिवार इस युग में नरक
र. कारण ही भारतीय संस्कृति दिन-दिन
ल. के समान बन रहे हैं और
व. सच्चा सहयोग न मिलने के
6. अवनति की ओर जा रही है।
A. र व य ल B. य ल व र
C. व ल र य D. ल य व र

**32.** 1. दीपावली के पुनीत पर्व पर
य. अन्यथा यह असाध्य रोग भावी
र. दर्दनाक जुए का अन्त करना चाहिए
ल. साथ जुड़े हुए
व. गणेश-लक्ष्मी की पूजा के
6. पीढ़ियों के लिए कष्टदायक होगा।
A. व ल र य B. र य ल व
C. य ल र व D. ल व र य

**33.** 1. बालक कृष्ण की नाना प्रकार की
य. मक्खन लपेटना, आदि
र. से चलना, लड़खड़ाना, मुख पर
ल. क्रीड़ाओं का, नन्हें-नन्हें पाँव पर
व. बातों का चित्रण सूर न बड़े,
6. अनूठे ढंग से किया है।
A. ल र य व B. व र य ल
C. य ल व र D. र य ल व

**34.** 1. स्वतंत्रता प्राप्ति के समय समूचे देश में व्याप्त
य. विषम परिस्थितियों के साथ जूझने
र. के लिए जननायक जवाहरलाल नेहरू
ल. ने कांटों के ताज को अपने
व. सिर पर धारण कर के
6. प्रधान मन्त्री के पद को सुशोभित किया।
A. य र ल व B. ल व य र
C. र ल व य D. व य र ल

**35.** 1. परतन्त्रता के बाद जब
य. प्राणीमात्र में एक नई चेतना

र. का उदय होता है क्योंकि
ल. स्वतंत्रता मानव की जन्मजात
व. स्वतंत्रता मिलती है, तो
6. प्रवृत्ति तथा बुनियादी आवश्यकता है।

A. र ल व य  B. व य र ल
C. य र ल व  D. ल व य र

**36.** 1. स्वतन्त्रता दिवस हमारे लिए सबसे महत्त्वपूर्ण
य. भेदभाव को विस्मृत कर के
र. राष्ट्रीय पर्व है क्योंकि इस दिन हिन्दू,
ल. मुसलमान, सिक्ख और ईसाई
व. आदि सभी सम्प्रदाय
6. एक साथ मिल कर इस पर्व को मनाते हैं।

A. ल व य र  B. य र ल व
C. व य र ल  D. र ल व य

**37.** 1. समाज की उन्नति के लिए यह अत्यन्त
य. इन उद्देश्यों के अनुसार ही
र. पाठ्यक्रम, शिक्षा पद्धति और विद्यालय
ल. आवश्यक है कि शिक्षा में उचित
व. उद्देश्यों को अपनाया जाए और
6. संगठन की व्यवस्था की जाए।

A. य र ल व  B. व य र ल
C. ल व य र  D. र ल व य

**38.** 1. श्रेष्ठ तथा समुचित ज्ञान के
य. अभाव में चरित्र-निर्माण भी
र. अपने जीवन में उचित मार्ग का
ल. एक अज्ञानी या अल्पज्ञानी व्यक्ति
व. सम्भव नहीं है, क्योंकि
6. चयन करने में असमर्थ रहता है।

A. य व ल र  B. र ल य व
C. ल य र व  D. व र ल य

**39.** 1. ज्ञान-प्राप्ति, शिक्षा का एक महत्त्वपूर्ण
य. उद्देश्य माना गया है, किन्तु
र. यह उस समय दोषपूर्ण
ल. हो जाता है जब इसे
व. शिक्षा का एकमात्र उद्देश्य
6. समझ लिया जाता है।

A. व य र ल  B. र ल व य
C. य र ल व  D. ल व य र

**40.** 1. शिक्षा के द्वारा ऐसे नागरिक
य. कल्याण के लिए
र. अपना सर्वस्व बलिदान
ल. तैयार होने चाहिए जो
व. समाज कल्याण व राष्ट्र
6. करने को तैयार रहें।

A. र ल व य  B. य र ल व
C. ल व य र  D. व य र ल

**41.** 1. यदि चरित्र को एक व्यापक अर्थ
य. शिक्षा का एक उचित उद्देश्य
र. माना जा सकता है क्योंकि
ल. अच्छे चरित्र में व्यक्तित्व के
व. प्रदान किया जाए तो वह
6. सभी गुण सम्मिलित होते हैं।

A. ल व य र  B. व य र ल
C. र ल व य  D. य र ल व

**42.** 1. आधुनिक भारत में नवयुवकों
य. पड़ता है तथा सामाजिक और
र. आर्थिक चिन्ताएँ उसे हर समय
ल. को रोजगार केन्द्रों की दिनों-दिन
व. खाक छानकर भी निराश होना
6. फाड़ खाने को दौड़ती हैं।

A. य र ल व  B. ल व य र
C. र ल व य  D. व य र ल

**43.** 1. भारत सरकार ने पंचवर्षीय
य. कुटीर उद्योग व अन्य सहायक
र. योजनाएँ आरम्भ कर के
ल. कृषि पर पड़े भार को
व. कम करने का प्रयास किया है,
6. धन्धों को भी प्रोत्साहन दिया है।

A. र ल व य  B. व य र ल
C. य र ल व  D. ल व य र

**44.** 1. रोजगारी के सुअवसरों को बढ़ाने और
य. देने हेतु कामदिलाऊ कार्यालयों की
र. व्यावसायिक समायोजना की कठिनाइयों
ल. को कम करने के लिए तथा
व. राष्ट्रीय रोजगार सेवा को प्रोत्साहन
6. संख्या भी अब बढ़ रही है।

A. ल व य र  B. य र ल व
C. व य र ल  D. र ल व य

**45.** 1. हम समूचे विश्व के साथ मधुर सम्बन्ध बना कर
य. समझ कर अनुचित विधि से
र. दबाने का प्रयास किया तो उसे
ल. रखना चाहेंगे; किन्तु इस पर भी विश्व की
व. किसी शक्ति ने हमें निर्बल और अहिंसक
6. पाकिस्तान के समान ही मुंह की खानी पड़ेगी।
A. य र ल व B. व य र ल
C. ल व य र D. र ल व य

**46.** 1. लोग अपने राष्ट्र के समाचार जानने
य. के लिए इतने उत्कण्ठित रहते हैं
र. दिन काट सकते हैं परन्तु
ल. समाचार-पत्र को पढ़े बिना
व. कि वे भोजन के बिना समूचा
6. व्याकुल हो जाते हैं।
A. य व र ल B. र ल य व
C. ल य र व D. व र ल य

**47.** 1. समाचार-पत्रों के माध्यम से
य. और कष्टों की कहानी
र. जनता व सरकार का पारस्परिक
ल. सम्बन्ध बना रहता है
व. तथा जनता के दुःख
6. सरकार तक यथाशीघ्र पहुंचती है।
A. व य र ल B. र ल व य
C. य र ल व D. ल व य र

**48.** 1. समाचार-पत्रों में अश्लील विज्ञापनों के
य. क्योंकि इस प्रकार के
र. विज्ञापन हमारे बच्चों और नवयुवकों पर
ल. बुरा प्रभाव डालते हैं तथा हमारे भावी
व. प्रकाशन पर प्रतिबन्ध लगना चाहिए
6. कर्णधारों को पथभ्रष्ट तथा चरित्रहीन बना देते हैं।
A. र ल व य B. य र ल व
C. ल व य र D. व य र ल

**49.** 1. मानव को ही नहीं बल्कि प्रत्येक
य. डार कर देखिए, मिटते-मिटते
र. जीव को अपनी मातृभूमि से
ल. गहरा प्रेम होता है, यदि विश्वास न हो तो
व. कभी मधुमक्खियों के छत्ते पर हाथ
6. मधुमक्खियां आप को कुछ सिखा जाएँगी।
A. ल व य र B. व य र ल
C. र ल व य D. य र ल व

**50.** 1. मनुष्य को यह समझना चाहिए कि संसार में आने का उस
य. व्यर्थ ही बीत गया या मैं
र. का कुछ अर्थ है और उसे अपना जीवन-यापन
ल. उसे यह न कहना पड़े कि मेरा जीवन
व. इस ढंग से करना है कि अपने अन्त समय में
6. जीवन में कुछ भी नहीं कर पाया।
A. र व ल य B. व य र ल
C. य ल र व D. ल र व य

## उत्तरमाला

| 1 | 2 | 3 | 4 | 5 | 6 | 7 | 8 | 9 | 10 |
|---|---|---|---|---|---|---|---|---|---|
| A | D | B | A | D | B | D | C | A | B |
| **11** | **12** | **13** | **14** | **15** | **16** | **17** | **18** | **19** | **20** |
| B | C | A | D | A | A | D | B | C | D |
| **21** | **22** | **23** | **24** | **25** | **26** | **27** | **28** | **29** | **30** |
| A | B | C | B | C | B | C | A | D | C |
| **31** | **32** | **33** | **34** | **35** | **36** | **37** | **38** | **39** | **40** |
| B | A | A | A | B | D | C | A | C | C |
| **41** | **42** | **43** | **44** | **45** | **46** | **47** | **48** | **49** | **50** |
| B | B | A | D | C | A | B | D | C | A |

# वाक्यों में त्रुटियाँ

बहुधा यह देखा गया है कि परीक्षार्थी वाक्यों की रचना करते समय भयानक त्रुटियां करते हैं। वे वाक्यों में प्रयुक्त शब्दों को गलत लिखते हैं तथा उनको त्रुटिपूर्ण क्रम में लिख देते हैं। अतः उन के मार्गदर्शन के लिए हम कुछ वाक्य दे रहे हैं।

**निर्देशः** निम्नांकित प्रत्येक प्रश्न में चार वाक्य दिए गए हैं। इनमें से तीन वाक्य त्रुटिपूर्ण हैं। त्रुटिरहित वाक्य छांटकर उसे चिन्हित करें।

**1.** A. उन सज्जन व्यक्ति को यहां बुलाओ।
B. उस सज्जन को यहां बुलाओ।
C. सज्जन उस व्यक्ति को यहां बुलाओ।
D. उस सज्जन जन को यहां बुलाओ।

**2.** A. यह दही खट्टी है। B. ये दही खट्टी हैं।
C. ये दही खट्टा है। D. यह दही खट्टा है।

**3.** A. यज्ञ करने से वायुमंडल सुदृढ होता है।
B. यज्ञ करने से वायुमंडल हलका होता है।
C. यज्ञ करने से वायुमंडल पावन होता है।
D. यज्ञ करने से वायुमंडल डरावना होता है।

**4.** A. तूने कहा ओर सब लोग मान गया।
B. तूने कही और सब लोग मान गया।
C. तुम ने कहा और सब लोग मान गए।
D. तुम ने कहा और सभी लोग मान गया।

**5.** A. कुछ महिलाएँ धीरे-धीरे से चलती हैं।
B. कुछ महिला धीरे-धीरे चलती हैं।
C. कुछ महीलायैं धीरे-धीरे से चलती हैं।
D. कुछ महिलाएँ धीरे-धीरे चलती हैं।

**6.** A. अहा! कितना सुहावना मौसम है।
B. अहा कितना! सुहावना मौसम है।
C. अहा कितना सुहावना! मौसम है।
D. अहा कितना सुहावना मौसम! है।

**7.** A. मैंने उसे पढ़ाया और नौकरी दिलाया।
B. मैंने उसे पढ़ाया और नौकरी दिलायी।
C. मैं ने उस को पढ़ाया और नौकरी दिलाया।
D. मैं उस को पढ़ाया और नौकरी दिलायी।

**8.** A. चारों पुत्रों का नाम बताओ।
B. चारों पुत्र के नाम बताओ।
C. चारों पुत्रों के नाम बताओ।
D. चार पुत्रों के नाम बताओ।

**9.** A. मैं ने अनेक पुस्तकें लिखी।
B. मैं अनेक पुस्तकें लिखीं।
C. मैंने अनेक पुस्तकें लिखीं।
D. मैं ने अनेक पुस्तकें लिखी।

**10.** A. यह पुस्तक मैं पढ़ा हूं। B. यह पुस्तक मैं पढ़ी है।
C. यह पुस्तक मैंने पढ़ी है। D. ये पुस्तकें मैं ने पढ़ी है।

**11.** A. उसकी माता जी दिल्ली में रहती हैं।
B. उस की माता जी दिल्ली रहती हैं।
C. उस के माता जी दिल्ली में रहते हैं।
D. उस के माता जी दिल्ली रहते हैं।

**12.** A. वह धीमी स्वर में बोला। B. वह धीमी स्वर में बोला।
C. वह धीमे स्वर में बोला। D. वे धीमे स्वर में बोला।

**13.** A. मुझे बहुत आनन्द आती है।
B. मुझ बहुत आनन्द आता है।
C. मुझ को बहुत आनन्द आती है।
D. मुझे बहुत आनन्द आते हैं।

**14.** A. वेदों में छः अंग माने जाते हैं।
B. वेदों के छः अंग माने जाते हैं।
C. वेदों से छः अंग माने जाते हैं।
D. वेदों पर छः अंग माने जाते हैं।

**15.** A. तुम्हारी पुस्तक और पत्र मिला।
B. तुम्हारी पुस्तक और पत्र मिली।
C. तुम्हारी पुस्तक और पत्र मिले।
D. तुम्हारी पुस्तक तथा पत्र मिला।

**16.** A. मुझको अभी नहाना है। B. मैं ने अभी नहाना है।
C. मुझ से अभी नहाना है। D. मैं अभी नहाना है।

17. A. विद्वान की शोभा कीमती जेवरों से होती है।
B. विद्वान की शोभा शुद्ध भाषा के प्रयोग से होती है।
C. विद्वान की शोभा सुथरे कपड़ों से होती है।
D. विद्वान की शोभा सुगंधित इत्र लगाने से होती है।

18. A. गुरुजी ने मुझ से कुछ नहीं कहा था।
B. गुरुजी ने मुझ से कुछ नहीं कहे थे।
C. गुरुजी मुझ से कुछ नहीं कहे थे।
D. गुरु जी मुझे कुछ नहीं कहा था।

19. A. मोर पर सुन्दर पंख होते हैं।
B. मोर के सुन्दर पंख होते हैं।
C. मोर में सुन्दर पंख होते हैं।
D. मोर के पास सुन्दर पंख होते हैं।

20. A. नेहरु जी का वह भाषण संस्मरणीय था।
B. नेहरु जी का वह भाषण मरणीय था।
C. नेहरु जी का वह भाषण स्मरणीय था।
D. नेहरु जी का वह भाषण रमणीय था।

21. A. वह गद्धा है। B. वह गधा है।
C. वह गदहा है। D. वह गधदा है।

22. A. अध्यापक कक्षा में पढ़ाते हैं।
B. अध्यापक कक्षा के लिए पढ़ाते हैं।
C. अध्यापक कक्षा को पढ़ाते हैं।
D. अध्यापक कक्षा पर पढ़ाते हैं।

23. A. हाय, हाय, बनता क्यों है? मेरी पुस्तक दे।
B. हाय! हाय! बनता क्यों है? मेरी पुस्तक दे।
C. हाय-हाय! बनता काहे को है? मेरी पुस्तक दे।
D. हाय। हाय। बनता क्यों है? मेरी पुस्तक दे।

24. A. पेड़ों पर कोयल कूक रही है।
B. पेड़ पर कोयल कूक रही है।
C. पेड़ पर कोयल कूज रही है।
D. पेड़ों पर कोयलें कूज रही है।

25. A. प्रत्येक ने कमीजें पहन रखी हैं।
B. प्रत्येक ने कमीज़ पहन रखे हैं।
C. प्रत्येक ने कमीज़ पहन रखी है।
D. प्रत्येक ने कमीज़ पहन रखा है।

26. A. वह लोट आया। B. वह लौट आया।
C. वह लोट आए। D. वह लौट आए।

27. A. चार आदमी के लिए भोजन पका है।
B. चारों आदमी के लिए भोजन पका है।
C. चारों आदमियों के लिए भोजन पके हैं।
D. चार आदमियों के लिए भोजन पका है।

28. A. आप को मेरे प्रणाम पहुँचें।
B. आप के लिए मेरे प्रणाम पहुँचे।
C. आप को मेरा प्रणाम पहुँचे।
D. आप के लिए मेरी प्रणाम पहुँचे।

29. A. ऋषि मुनि इत्यादि का मत है।
B. ऋषि मुनियों इत्यादि का मत है।
C. ऋषियों मुनियों इत्यादि का मत है।
D. ऋषियों मुनियों इत्यादियों का मत है।

30. A. उस ने अनेक प्रकार की कला सीखी।
B. उसने अनेक प्रकार की कलाएँ सीखीं।
C. उस ने अनेक प्रकार की कलाएँ सीखी।
D. उस ने अनेकों प्रकार की कलाएँ सीखीं।

31. A. प्रत्येक ने टोपियां पहन रखी थीं।
B. प्रत्येक ने टोपियां पहन रखी थी।
C. प्रत्येक ने टोपी पहन रखी थी।
D. प्रत्येक ने टोपी पहन रखीं थीं।

32. A. घोड़े चहचहाते हैं। B. घोड़े भिनभिनाते हैं।
C. घोड़े किंकियाते हैं। D. घोड़े हिनहिनाते हैं।

33. A. चारों ओरों से आवाजें आने लगी।
B. चारों ओर से आवाजें आने लगीं।
C. चार ओर से आवाजें आने लगी।
D. चार ओरों से आवाजें आने लगी।

34. A. मेरे प्यारे भाई, तुझे मेरा प्रणाम है।
B. मेरे प्यारे भाई! तुझे मेरी प्रणाम है।
C. मेरे प्यारे भाई! तुझे मेरा प्रणाम है।
D. मेरे प्यारे भाई? तुझे मेरा प्रणाम है।

35. A. एक पानी का गिलास लाओ।
B. एक गिलास पानी लाओ।
C. एक गिलास पानी का लाओ।
D. पानी का एक गिलास लाओ।

36. A. सरला को नए कमरे में नींद नहीं आई।
B. सरला की नए कमरे में नीदं नहीं आई।
C. सरला ने नए कमरे में नींद नहीं आई।
D. सरला से नए कमरे में नींद नहीं आई।

**37.** A. छत दीवारों में टिकी है।
B. छत दीवारों पर टिकी है।
C. छत दीवार पर टिकी है।
D. छत दीवार में टिकी है।

**38.** A. मज़दूर कमर कसा बैठा है।
B. मज़दूर कमर से कसा बैठा है।
C. मज़दूर कमर कस कर बैठा है।
D. मज़दूर कमर कसे बैठा है।

**39.** A. आचार्य ने मुझे आज्ञा दिया।
B. आचार्य ने मुझे आज्ञा दी।
C. आचार्य ने मुझे अवज्ञा दी।
D. आचार्य मुझे आज्ञा दी।

**40.** A. नल और दमयन्ती वन में गई।
B. नल और दमयन्ती वन में गईं।
C. नल और दमयन्ती वन को गए।
D. नल और दमयन्ती वनों में गईं।

**41.** A. वह दस कक्षा में पढ़ता है।
B. वह दसवीं कक्षा में पढ़ता है।
C. वह दसवें कक्षा में पढ़ता है।
D. वह दशमी कक्षा में पढ़ता है।

**42.** A. उस ने सुख का सांस लिया।
B. उस ने सुख से सांस लिया।
C. उस ने सुख के सांस लिए।
D. उस ने सुख की सांस ली।

**43.** A. दिये की लौ जगमगा उठी।
B. दिये का लौ जगमगा उठा।
C. दिये की लो जगमगा उठी।
D. दिये की लौ जगमगा उठीं।

**44.** A. अनेक बार समझाने से भी वह नहीं समझा।
B. अनेक बार समझाने पर भी वह नहीं समझा।
C. अनेकों बार समझाने पर भी वह नहीं समझा।
D. अनेकों बार समझाने से भी वह नहीं समझा।

**45.** A. अमुक विषय में एक भी पुस्तक नहीं है।
B. अमुक विषय में एक भी पुस्तकें नहीं हैं।
C. अमुक विषय की एक भी पुस्तक नहीं है।
D. अमुक विषय पर एक भी पुस्तक नहीं है।

**46.** A. सूर्य किस दिशा में अस्त होता है?
B. सूर्य किस दिशा पर अस्त होता है?
C. सूर्य कौन दिशा में अस्त होता है?
D. सूर्य कौन-सी दिशा पर अस्त होता है?

**47.** A. आंख, कान, नाक, मुँह का नाम चतुर्वर्ग है।
B. लोहा-अभ्रक-जस्ता-रांगा का नाम चतुर्वर्ग है।
C. मिट्टी-पानी-हवा-आकाश का नाम चतुर्वर्ग है।
D. धर्म-अर्थ-काम-मोक्ष का नाम चतुर्वर्ग है।

**48.** A. मां, धाय से बच्चे को दूध चखा रही है।
B. मां, बच्चे को धाय से दूध पिलवा रही है।
C. मां, बच्चे को धाय से दूध पिवा रही है।
D. मां, बच्चे को दूध धाय से पी रही है।

**49.** A. व्यक्ति और समाज में परस्पर घनिष्ठ सम्बन्ध है।
B. व्यक्ति और समाज का आपसी घनिष्ठ सम्बन्ध है।
C. व्यक्ति और समाज का परस्पर घनिष्ट सम्बन्ध है।
D. व्यक्ति-समाज दोनों का परस्पर घनिष्ठ सम्बन्ध है।

**50.** A. मुझे मुम्बई जाना है।
B. मेरे को मुम्बई जाना है।
C. मुझको मुम्बई जाना है।
D. मैं ने मुम्बई जाना है।

## उत्तरमाला

| 1 | 2 | 3 | 4 | 5 | 6 | 7 | 8 | 9 | 10 |
|---|---|---|---|---|---|---|---|---|---|
| B | D | C | C | D | A | B | C | C | C |
| 11 | 12 | 13 | 14 | 15 | 16 | 17 | 18 | 19 | 20 |
| A | C | B | B | C | A | B | A | B | C |
| 21 | 22 | 23 | 24 | 25 | 26 | 27 | 28 | 29 | 30 |
| B | A | B | B | C | B | D | C | A | B |
| 31 | 32 | 33 | 34 | 35 | 36 | 37 | 38 | 39 | 40 |
| C | D | B | C | B | A | B | D | B | C |
| 41 | 42 | 43 | 44 | 45 | 46 | 47 | 48 | 49 | 50 |
| B | D | A | B | C | A | D | B | A | A |

# वाक्यों में रिक्त स्थानों की पूर्ति

प्रायः देखा गया है कि परीक्षार्थी वाक्यों में रिक्त स्थानों की पूर्ति करते समय भारी गलतियां करते हैं। इसका मूल कारण है शब्दावली का अभाव तथा व्याकरण की सामान्य जानकारी की कमी। अतः उनके मार्गदर्शन के लिए हम कुछ वाक्य दे रहे हैं।

**निर्देशः** निम्नलिखित वाक्यों में उपयुक्त शब्दों द्वारा रिक्त स्थान की पूर्ति के लिए चार-चार विकल्प दिए गए हैं। इनमें एक विकल्प ठीक है; उसका चयन कीजिए।

**1.** परदेश में रहने वाला व्यक्ति ...... कहलाता है।
A. परदेसी B. प्रवासी
C. अजनबी D. अन्तेवासी

**2.** वह ...... व्यक्ति किसी भी समस्या का हल तत्काल सोच सकता है।
A. होनहार B. प्रतिभाशाली
C. सतोगुणी D. प्रत्युत्पन्नमति

**3.** यह ...... शीशा है जिसके आर-पार देखा जा सकता है।
A. स्वच्छ B. महंगा
C. पारदर्शक D. पारभासी

**4.** फिजूलखर्च करने वाले व्यक्ति ...... पुरुष से दूर रहना चाहते हैं।
A. मितव्ययी B. धनी
C. चरित्रवान D. निर्धन

**5.** उस महिला को कोई बच्चा नहीं हुआ है। इसलिए कुछ मूर्ख लोग उसे ...... कह कर खिजाते हैं।
A. हीजड़ी B. वेश्या
C. विधवा D. वन्ध्या

**6.** पच्चीस वर्ष पूरे करने के उपलक्ष में कल हमारा विद्यालय ...... मनाएगा।
A. स्वर्ण जयन्ती B. रजत जयन्ती
C. कांस्य जयन्ती D. हीरक जयन्ती

**7.** गणेशजी का एक नाम ...... भी है।
A. माखनचोर B. पर्वतलंघी
C. लम्बोदर D. संहारक

**8.** ...... का आचरण आमतौर पर अवहेलनापूर्ण होता है।
A. विमाताओं B. माताओं
C. चाचियों D. दादियों

**9.** वैदिक धर्म को ...... धर्म माना जाता है।
A. लौकिक B. पारलौकिक
C. सार्वभौमिक D. शाश्वत

**10.** सूर्य ...... है।
A. जंगम B. कम्पनशील
C. स्थावर D. शीतल

**11.** नेहरु के ...... शरीर को जलाया गया था।
A. आध्यात्मिक B. मृतक
C. भौतिक D. पार्थिव

**12.** हमें अपने ...... को पूरा स्नेह देना चाहिए।
A. पूर्वजों B. अग्रजों
C. अनुजों D. शत्रुओं

**13.** ऐसा कौनसा व्यापारी है जिसमें ...... का अभाव हो?
A. लिप्सा B. जुगुप्सा
C. वासना D. जिज्ञासा

**14.** सुभाष चन्द्र बोस में ...... साहस था।
A. अकाट्य B. असह्य
C. अक्षम्य D. अदम्य

**15.** मैं ...... में विश्वास नहीं करता हूं बल्कि वास्तविक गुणों का पक्षपाती हूं।
A. अदृश्य B. आडम्बर
C. रंग-रोगन D. तड़क-भड़क

**16.** ...... व्यक्ति हमेशा कुढ़ता रहता है।
A. ईर्ष्यालु B. कंजूस
C. झगड़ालू D. मितव्ययी

17. अहिंसा ...... उज्ज्वलतम रूप है।
A. न्याय का B. क्षमता का
C. निश्चय का D. वीरता का

18. न्यायालयों में न्याय पाना बड़ा ...... हो गया है।
A. असम्भव B. कठिन
C. किंचित D. असंशय

19. त्यौहार मनुष्य की ...... महत्त्वपूर्ण अंग हैं।
A. संस्कृति का B. सम्मति का
C. स्मृति का D. विकृति का

20. आपका अपराध ...... है क्योंकि आपने एक वृद्ध पुरुष को ठगा है।
A. अकर्मण्य B. अक्षम्य
C. अदृश्य D. अस्पृश्य

21. क्या तू जानता है कि तेरे ...... का उसके मन पर क्या प्रभाव पड़ा होगा?
A. प्रसंग B. प्रमाद
C. उपहास D. उपचार

22. उत्सव आदि में विलम्ब से पहुंचना हमारे ...... में शामिल हो गया है।
A. स्वभाव B. नियम
C. खून D. आडम्बर

23. संस्कृत भाषा को ...... की संज्ञा दी जाती है।
A. जगज्जननी B. मृत भाषा
C. दिवंगत भाषा D. गीर्वाण वाणी

24. चरित्र ही दूसरे शब्दों में ...... है।
A. पर्व B. कर्म
C. धर्म D. मर्म

25. मुझे ...... व्यक्ति पसंद हैं।
A. असत्यभाषी B. छद्मवंशी
C. प्रपञ्ची D. स्पष्टभाषी

26. मैं उस ...... व्यक्ति का समूचे हृदय से आदर करता हूं।
A. मठकर B. कर्मठ
C. गोपनीय D. घृणित

27. उसके ...... व्यक्तित्व ने मुझे बेहद प्रभावित किया है।
A. कलंकित B. दूषित
C. कुत्सित D. चुम्बकीय

28. गद्यपद्यमयी साहित्य ...... कहलाता है।
A. गीतिकाव्य B. पौराणिक साहित्य
C. लौकिक साहित्य D. चम्पू

29. उस ...... का क्या कहना, वह तो अपनी मम्मी के चरित्र पर भी नुकताचीनी कर सकता है।
A. हत्यारे B. छिद्रान्वेषी
C. आलोचक D. अवलोढ़क

30. जिसमें अनेक इच्छाएं आबद्ध रहती हैं उसे ...... व्यक्तित्व कहते हैं।
A. विशिष्ट B. विश्लिष्ट
C. संश्लिष्ट D. प्रश्लिष्ट

31. काश्मीर की समस्या अब शीघ्र ...... योग्य बन गई है।
A. समाधान B. विधान
C. अनुदान D. संदान

32. भारतीय राजनीति में भी भक्ति और पूजा के लिए, प्रायः हर दल में एक ...... की जरूरत होती है।
A. नियोजक B. सर्वेसर्वा
C. व्यक्तित्व D. चर्चा

33. खूब सोच-विचार करने के बावजूद भी हम किसी ..... पर नहीं पहुंच सके।
A. निदान B. प्रमाण
C. परिणाम D. परिमाण

34. हास्यानंद की काम के प्रति लगन और निष्ठा ...... है।
A. अनुक्रमणीय B. अवज्ञेय
C. शोचनीय D. हास्यास्पद

35. अवधी भाषा के सर्वाधिक लोकप्रिय महाकाव्य का नाम ..... है।
A. पदमावत B. रामचरितमानस
C. कादम्बरी D. मधुमालती

36. विद्या की अधिष्ठातृ देवी ...... है।
A. लक्ष्मी B. दुर्गा
C. सरस्वती D. कात्यायनी

37. पश्चिम के देशों में समय की ...... अनिवार्य है।
A. कुताई B. पाबंदी
C. शिथिलता D. अवज्ञा

**38.** सन्ध्या और रात्रि के बीच का समय ...... समय कहलाता है।

A. गोधूलि B. रात्रिमुख
C. दिनावसान D. गोमुख

**39.** सरकार नियमों का ...... करने वालों को दण्ड देती है।

A. प्रतिपालन B. अनुकरण
C. उल्लंघन D. अनुपालन

**40.** आजकल समाचार-पत्रों में ...... समाचार कम छपते हैं।

A. निर्धनों के B. धनाढ्यों के
C. धार्मिक D. जनहित के

**41.** भारतीय साहित्य की सराहनीय विशेषता उसमें धार्मिक भावों की ...... है।

A. अनुदारता B. प्रचुरता
C. न्यूनता D. अपरिपक्वता

**42.** प्राचीनकाल में राजा लोग वेश बदलकर ...... किया करते थे।

A. यज्ञ-हवन B. संचरण
C. देशाटन D. उद्‌घाटन

**43.** आपकी ...... बातों पर कौन विश्वास करेगा?

A. निर्दम्भ B. निराधार
C. निरूपम D. निर्मम

**44.** छोटे-छोटे जीवों में भी ...... पाई जाती है।

A. जिज्ञासा B. पिपासा
C. लालसा D. जिजीविषा

**45.** आपका आचरण सर्वथा ...... है।

A. अनुकरणीय B. ग्राह्य
C. अवज्ञेय D. प्राप्य

**46.** मैंने यह पुस्तक ...... पढ़ी है।

A. आद्यन्त B. सान्त
C. आद्योपान्त D. सर्वथा

**47.** मैं वह ...... भूमि नहीं खरीदूंगा।

A. गोचर B. दाय
C. उपजाऊ D. ऊसर

**48.** पतंगा तो ...... ही है दीपक भी जलता है।

A. जीता B. मरता
C. उड़ता D. जलता

**49.** परिवार ...... पर आधारित वृत्तचित्र दिखाना लाभप्रद होगा।

A. आयोजन B. संयोजन
C. नियोजन D. वियोजन

**50.** प्रिय बंधु! यह ...... तुम्हें ले डूबेगी।

A. कुसंगति B. संगति
C. सत्संगति D. विसंगति

## उत्तरमाला

| 1 | 2 | 3 | 4 | 5 | 6 | 7 | 8 | 9 | 10 |
|---|---|---|---|---|---|---|---|---|---|
| B | D | C | A | D | B | C | A | D | C |
| **11** | **12** | **13** | **14** | **15** | **16** | **17** | **18** | **19** | **20** |
| D | C | A | D | B | A | D | B | A | B |
| **21** | **22** | **23** | **24** | **25** | **26** | **27** | **28** | **29** | **30** |
| C | A | D | C | D | B | D | D | B | C |
| **31** | **32** | **33** | **34** | **35** | **36** | **37** | **38** | **39** | **40** |
| A | C | C | D | B | C | B | A | C | D |
| **41** | **42** | **43** | **44** | **45** | **46** | **47** | **48** | **49** | **50** |
| B | C | B | D | A | C | D | D | C | A |

# वाक्य में गलती बताना

नीचे दिए गए प्रश्नों में एक-एक वाक्य दिया गया है। कुछ वाक्यों में कुछ गलती हैं। कुछ वाक्य बिल्कुल शुद्ध हैं अर्थात् उनमें कोई गलती नहीं है। वाक्य को चार भागों में बांट दिया गया है—A, B, C और D। आपको बताना है कि किस भाग में गलती है। जिस भाग में गलती है, उस पर सही का निशान (✓) लगाइए। यदि कोई गलती नहीं है, तो आपका सही उत्तर D होगा। नीचे एक उदाहरण दिया जा रहा है:

(A) सामान्यतः दुष्टों की वंदना/(B) में या तो भय रहता है/(C) या व्यंग्य।/(D) कोई गलती नहीं।

इस वाक्य में कोई गलती नहीं है। अतः D पर सही का निशान लगायें। यही सही उत्तर है।

अब हम इस प्रकार के प्रश्नों को हल करने का अभ्यास करेंगे।

**निर्देशः** *प्रत्येक प्रश्न में एक वाक्य दिया हुआ है। कुछ वाक्य बिल्कुल शुद्ध हैं पर कुछ में गलती हैं। वाक्य के जिस भाग में गलती हो, उसके अनुक्रम A, B या C पर सही का निशान लगाइये। यदि कोई गलती न हो, तो आपका उत्तर D होगा।*

**1.** (A) गुरुजी के उपदेशों और सुझावों पर विचार कीजिए/(B) और जीवन को आनंदमय/(C) रोचकपूर्ण बनाइए।/(D) कोई गलती नहीं।

**2.** (A) कभी-कभी अचानक ही विधाता हमें ऐसे विलक्षण/(B) व्यक्तियों से मिला देता है/(C) जिन्हें देख स्वयं अपने जीवन की रिक्तता छोटी लगती है।/(D) कोई गलती नहीं।

**3.** (A) अमेरिका और यूरोप के लोग/(B) शक्ति के उपासक हैं/(C) परन्तु वह सच्ची उपासना नहीं जानते।/(D) कोई गलती नहीं।

**4.** (A) कामायनी की कथानक/(B) दार्शनिक है/(C) फिर भी उसमें दर्शन जैसी दुरुहता नहीं है।/(D) कोई गलती नहीं।

**5.** (A) कदाचित विवेक नहीं होगा/(B) तो चिन्तन की धारा/(C) भगवतोन्मुखी नहीं होगी।/(D) कोई गलती नहीं।

**6.** (A) सज्जनों से मित्रता/(B) रखने से/(C) सुखशान्ति मिलती है।/(D) कोई गलती नहीं।

**7.** (A) रामचरित मानस का प्रणयन सामन्ती काल में/(B) अवश्य हुआ था किन्तु वह युगीन धारा से/(C) सर्वदा असम्पृक्त रहा।/(D) कोई गलती नहीं।

**8.** (A) किसी कार्य के/(B) कर सकने की/(C) शारीरिक शक्ति सामर्थ्य कहलाती है।/(D) कोई गलती नहीं।

**9.** (A) यदि हम जीवन में सबकुछ प्राप्त करना चाहते हैं/(B) तो पुरुषार्थ को जीवन का/(C) लक्ष्य बनाना चाहिए।/(D) कोई गलती नहीं।

**10.** (A) समय बीतने के साथ ज्यों-ज्यों मनुष्य के/(B) रागात्मक संबंध बनते-बिगड़ते गए/(C) उनके जीवन की संकुलता बढ़ती गई।/(D) कोई गलती नहीं।

**11.** (A) आज प्रत्येक भाषा को विकासशील बनकर/(B) सम्पूर्ण नए ज्ञान को घसीटते हुए/(C) चलना है।/(D) कोई गलती नहीं।

**12.** (A) रमानाथ अपने परिवार के साथ/(B) महानगर में/(C) एक छोटे तंग कमरे में रहता है।/(D) कोई गलती नहीं।

**13.** (A) सब ओर एक पागलपन-सा छाया हुआ है/(B) जो बारूद की तरह/(C) देश की रगों से टूटता जा रहा है।/(D) कोई गलती नहीं।

**14.** (A) वास्तविकता यह है कि/(B) यदि व्यक्ति बदलेगा/(C) तो व्यवस्था स्वयं बदल जायेगी।/(D) कोई गलती नहीं।

**15.** (A) महंगाई बढ़ने के कारण/(B) देसी घी खरीद

सकने की/(C) सार्थकता लोगों में नहीं रह गई।/(D) कोई गलती नहीं।

16. (A) आजकल/(B) के राजनेता अपने कर्त्तव्यों/(C) से उन्मुख हैं।/(D) कोई गलती नहीं।

17. (A) माता-पिता की/(B) सेवा करना/(C) मनुष्य का कर्म है।/(D) कोई गलती नहीं।

18. (A) मनुष्य की सबसे बड़ी विशेषता यह है/(B) कि वह अखिल विश्व में/(C) अनजाने-जाने रहस्यों के जानने को सदैव उत्सुक रहा।/(D) कोई गलती नहीं।

19. (A) इस भयानक बीमारी/(B) का इलाज लगातार रूप से/(C) करना चाहिए।/(D) कोई गलती नहीं।

20. (A) व्याकरण के उचित ज्ञान से/(B) भाषा का प्रयोग/(C) सार्थक बन जाता है।/(D) कोई गलती नहीं।

21. (A) सावित्री के पास/(B) एक गुड़िया, दो बत्तखें और/(C) सात पुस्तक हैं।/(D) कोई गलती नहीं।

22. (A) प्रकृति की सौन्दर्यता/(B) किसका मन/(C) नहीं हर लेती।/(D) कोई गलती नहीं।

23. (A) कई साल से अवधेश के मन में/(B) ताजमहल देखने की/(C) बड़ी लालसा थी।/(D) कोई गलती नहीं।

24. (A) वे हर समय में/(B) मूर्खों की तरह/(C) आपस में लड़ते रहे।/(D) कोई गलती नहीं।

25. (A) मानव मन भी विचित्र है/(B) वह वर्जित कार्यों की ओर/(C) ही अधिक झपटता है।/(D) कोई गलती नहीं।

26. (A) अपने निर्भ्रान्त चिन्तन के कारण ही/(B) आचार्य शुक्लजी इतने श्रेष्ठ निबंध/(C) लिख पाये।/(D) कोई गलती नहीं।

27. (A) समिति की रिपोर्ट में कहा गया है/(B) कि मशीनों के धुएं से महानगरों के वायुमंडल में/(C) वायु दूषित हो रही है।/(D) कोई गलती नहीं।

28. (A) व्यक्ति और समाज दोनों की प्रगति/(B) परस्पर के सहयोग/(C) से ही संभव है।/(D) कोई गलती नहीं।

29. (A) सारे विश्व में मची आपाधापी और लगी होड़/(B) का मुकाबला करने के लिए सभी देश आज/(C) वैज्ञानिक प्रगति की ओर विशेष ध्यान दे रहे हैं।/(D) कोई गलती नहीं।

30. (A) पश्चिमी देशों के विचारक चाहे जो कहें/(B) पर हम भारतीयों का आज भी यही मानना है कि/(C) हमें सेवा-कार्य को अधिक प्राथमिकता देनी चाहिए।/(D) कोई गलती नहीं।

31. (A) जब तक तुम स्वयं इसका अनुमान नहीं कर लोगे/(B) तब तक तुम्हें/(C) इस यथार्थ पर विश्वास नहीं होगा।/(D) कोई गलती नहीं।

32. (A) वनों की एक बड़ी उपयोगिता यह है/(B) कि उनके वातावरण में/(C) आर्द्रता बनी रहती है।/(D) कोई गलती नहीं।

33. (A) हरी-भरी घास पर/(B) ओस की बूंदें ऐसा प्रतीत होती हैं/(C) मानो सुन्दर चमकीले मोती हों।/(D) कोई गलती नहीं।

34. (A) यदि हमें पृथ्वी पर अपना अस्तित्व बनाये रखना है/(B) तो पर्यावरण से मित्रता/(C) बनाये रखना होगा।/(D) कोई गलती नहीं।

35. (A) मुझे/(B) नीला रंग/(C) पसंद नहीं है।/(D) कोई गलती नहीं।

36. (A) जैसा हाल उसका हुआ/(B) वैसे/(C) किसी का न हो।/(D) कोई गलती नहीं।

37. (A) मुझको इससे कोई मतलब नहीं/(B) कि तुम्हारे पिताजी/(C) कहां नौकरी करतें हैं।/(D) कोई गलती नहीं।

38. (A) देश और समाज की सर्वांगीण उन्नति के लिए तन, मन, धन से प्रयत्न करना होगा;/(B) कागजी योजनाओं से बिल्कुल/(C) कोई लाभ नहीं होगा।/(D) कोई गलती नहीं।

39. (A) मदिरापान/(B) मानव के विवेक को/(C) कुंठित कर देती है।/(D) कोई गलती नहीं।

40. (A) यह उसका असली/(B) रूप नहीं है;/(C) यह केवल मात्र मुखौटा है।/(D) कोई गलती नहीं।

41. (A) मानव की मूल प्रकृति में/(B) सुरक्षा का भय/(C) समाया रहता है।/(D) कोई गलती नहीं।

42. (A) मन के/(B) अभय होने में/(C) सच्ची शान्ति प्राप्त होती है।/(D) कोई गलती नहीं।

**43.** (A) सभी देश एक-दूसरे के भय से/(B) भयभीत होकर शस्त्र निर्माण पर/(C) अपनी सम्पत्ति लुटाते जा रहे हैं।/(D) कोई गलती नहीं।

**44.** (A) वह ऊपर से/(B) कैसा ही प्रतीत हो/(C) किन्तु है गांठ का पूरा।/(D) कोई गलती नहीं।

**45.** (A) मानव जाति की प्रगति सागर की लहर जैसी होती है;/(B) ऊपर-नीचे/(C) चढ़ती-तैरती रहती है।/(D) कोई गलती नहीं।

**46.** (A) समाचार पत्रों में प्रमुखता से भरे समाचारों/(B) का विषय आमतौर पर से/(C) समसामयिक होता है।/(D) कोई गलती नहीं।

**47.** (A) संस्मरण लेखक अपने संस्मरणों में/(B) विस्मरणीय क्षणों और घटनाओं का/(C) लेखा-जोखा अंकित करता है।/(D) कोई गलती नहीं।

**48.** (A) महाविद्यालय के वार्षिकोत्सव के समय पर/(B) आचार्य महोदय ने वार्षिक प्रगति/(C) का विवरण प्रस्तुत किया।/(D) कोई गलती नहीं।

**49.** (A) मौसम खराब होने के कारण/(B) उसने झटपट/(C) सभी मेहमानों की विदाई कर दिया।/(D) कोई गलती नहीं।

**50.** (A) क्रोध/(B) मनुष्य के शरीर को भयानक/(C) बना देती है।/(D) कोई गलती नहीं।

## उत्तरमाला

**1. C:** 'रोचकपूर्ण' के स्थान पर केवल 'रोचक' होगा।

**2. C:** 'स्वयं' शब्द अनावश्यक है।

**3. C:** 'वह' के स्थान पर 'वे' होगा।

**4. A:** 'की' के स्थान पर 'का' होगा।

**5. A:** वाक्य 'कदाचित' से नहीं बल्कि 'यदि' से प्रारंभ होगा।

**6. A:** 'सज्जनों' के स्थान पर 'सज्जन' होगा।

**7. C:** 'सर्वदा' नहीं, 'सर्वथा' होगा।

**8. A:** 'किसी कार्य के कर सकने की शक्ति' के स्थान पर 'किसी कार्य को कर सकने की शक्ति' होगा।

**9. C:** 'लक्ष्य बनाना' के स्थान पर 'लाक्ष्य मानना' उपयुक्त होगा।

**10. C:** 'उनके' के स्थान पर 'उसके' होगा।

**11. B:** 'घसीटते' के स्थान पर 'समेटते' होगा।

**12. C:** 'छोटे तंग' में 'छोटे' शब्द अनावश्यक है। 'तंग' में छोटे का भाव सम्मिलित है।

**13. C:** बारूद 'टूटता' नहीं वरन् 'फूटता' है।

**14. C:** 'स्वयं बदल जायेगी' के स्थान पर 'स्वतः बदल जाएगी' उपयुक्त होगा।

**15. C:** 'सार्थकता' शब्द के स्थान पर 'सामर्थ्य' शब्द होना चाहिए।

**16. C:** 'उन्मुख' के स्थान पर 'विमुख' होगा।

**17. C:** माता-पिता की सेवा करना मनुष्य का 'धर्म' है न कि 'कर्म'।

**18. C:** रहस्य 'अनजाने' होते हैं; अतः 'जाने' शब्द अनावश्यक है।

**19. B:** 'लगातार रूप से' में 'रूप से' निष्प्रयोजन है। 'लगातार' में सारा अर्थ समाहित है।

**20. D.**

**21. C:** 'पुस्तक' के स्थान पर 'पुस्तकें' शब्द होगा।

**22. A:** 'सौन्दर्यता' नहीं, 'सुन्दरता' शब्द होगा।

**23. A:** जब 'लालसा' शब्द आया है, तो वर्षों की अवधि उसमें सम्मिलित है। अतः 'कई साल से' शब्द अनावश्यक हैं।

**24. A:** 'हर समय में' के स्थान पर 'पूरे समय' उपयुक्त होगा।

**25. C:** यहां 'झपटता' के स्थान पर 'लपकता' शब्द उपयुक्त होगा।

**26. A:** 'चिन्तन के कारण ही' के स्थान पर 'चिन्तन के बल पर ही' उपयुक्त है।

**27. B:** 'के वायुमंडल' शब्द निष्प्रयोजन हैं क्योंकि आगे 'वायु दूषित हो रही है' शब्द आये हैं।

**28. B:** 'परस्पर के सहयोग' में 'के' शब्द निष्प्रयोजन है।

**29. D.**

**30. C:** 'प्राथमिकता' के साथ 'अधिक' जोड़ने की आवश्यकता नहीं है।

**31. A:** 'अनुमान' नहीं 'अनुभव' शब्द होगा।

**32. B:** 'उनके' शब्द अनावश्यक है।

**33. B:** 'बूंदें ऐसी प्रतीत होती हैं', न कि 'ऐसा प्रतीत होती है'।

**34. C:** 'मित्रता बनाये रखना होगा' के स्थान पर 'मित्रता बनाये रखनी होगी' उपयुक्त होगा।

**35. D.**

**36. B:** 'वैसे किसी का न हो' के स्थान पर 'वैसा किसी का न हो' उपयुक्त होगा।

**37. A:** 'मुझको' के स्थान पर 'मुझे' सही होगा।

**38. C:** 'बिल्कुल कोई लाभ नहीं होगा' में 'बिल्कुल' शब्द अनावश्यक है।

**39. C:** मदिरापान विवेक को कुंठित कर देता (देती नहीं) है।

**40. C:** 'केवल मात्र मुखौटा है' में 'केवल' अनावश्यक है।

**41. B:** 'सुरक्षा का भय' के स्थान पर 'असुरक्षा का भय' होना चाहिए।

**42. B:** 'अभय होने में' के स्थान पर 'अभय होने पर' सही होगा।

**43. A:** 'एक दूसरे के भय से भयभीत' में 'के भय' शब्द अनावश्यक है।

**44. D.**

**45. C:** 'चढ़ती' के साथ 'उतरती' का प्रयोग सुसंगत है।

**46. B:** 'आम तौर पर से' में 'पर' अनावश्यक है।

**47. B:** 'विस्मरणीय' नहीं बल्कि 'स्मरणीय' होना चाहिए।

**48. A:** 'वार्षिकोत्सव के समय पर' में 'के समय' शब्द अनावश्यक है।

**49. C:** 'विदाई कर दिया' के स्थान पर 'विदाई कर दी' सही होगा।

**50. C:** क्रोध.... 'बना देता है'; न कि 'बना देती है'।

# वर्तनी की त्रुटियाँ

वर्तमान प्रतियोगिताओं में वर्तनी की त्रुटियों के विषय में प्रश्न पूछे जाते हैं। खेद का विषय है कि हिन्दी-भाषी प्रदेशों के मूल निवासी परीक्षार्थी भी अशुद्ध वर्तनी को शुद्ध मानते हैं। इससे उत्तर-पुस्तिका की जांच करने वाले परीक्षक खीज उठते हैं और उत्तर-पुस्तिका का सही मूल्यांकन नहीं करते हैं। इसमें दो मत नहीं हैं कि शुद्ध वर्तनी से शब्दों की अभिव्यक्ति में निखार आता है तथा रचना परिष्कृत और प्रभावपूर्ण बन जाती है। अभ्यास हेतु हम वर्तनी की त्रुटियों से सम्बन्धित कुछ उपयोगी शब्द दे रहे हैं।

निम्नलिखित शब्दों में तीन अशुद्ध रूप से लिखे गए हैं। यहां प्रस्तुत चार विकल्पों में से शुद्ध वर्तनी वाला शब्द रूप चुनिए तथा तदनुसार चिन्ह लगाइए।

**1.** A. संन्यासी B. सन्यासी
C. संनयासी D. संनयाशी

**2.** A. पुरुषार्थ B. पुरषार्थ
C. पुरुशार्थ D. पुरूषार्थ

**3.** A. नीरपेक्ष B. निरपेक्ष
C. निरपेच्छ D. निरापेक्ष

**4.** A. उत्क्रिष्ट B. उत्कृस्ट
C. उत्कृष्ट D. उत्कृशट

**5.** A. कृतघन B. कृतघ्न
C. क्रतघन D. कीतघ्न

**6.** A. नमश्कार B. नमशकार
C. नमष्कार D. नमस्कार

**7.** A. कृपया B. किरपा
C. कृप्या D. क्रिप्या

**8.** A. उपरयुक्त B. उपरोक्त
C. उपर्युक्त D. उपरुक्त

**9.** A. श्रीमति B. श्रीमती
C. सिरीमती D. श्रीमाती

**10.** A. कालिदास B. कालीदास
C. कलीदास D. कलिदास

**11.** A. अकल्मष B. अकलमष
C. अकलमश D. अक्लमष

**12.** A. अकिंचन B. अकिञ्चन
C. अकिञ्चण D. अकिण्चण

**13.** A. अणुविक्षक B. अण्वीक्षक
C. अणुवीक्षक D. अणूवीक्षक

**14.** A. अतीक्रत B. अतिक्रत
C. अतीकृत D. अतिकृत

**15.** A. अतिसम्धित B. अतिसंधीत
C. अतिसंधित D. अतीसंधित

**16.** A. अकलिष्ट B. अक्लिशट
C. अक्लिष्ट D. अक्लीष्ट

**17.** A. जलोञ्जलि B. जलञ्जलि
C. जलाञ्जली D. जलाञ्जलि

**18.** A. अनूक्रमणिका B. अनुक्रमणिका
C. अनुक्रमानिका D. अनुक्रमणीका

**19.** A. अनुपपन्न B. अनूपपन्न
C. अनुपपन D. अनूपपन

**20.** A. अन्तरलीन B. अनतर्लीन
C. अन्तर्लीन D. अन्तर्लिन

**21.** A. अप्रीष्कृत B. अपरीष्कृत
C. अपरिषकृत D. अपरिष्कृत

**22.** A. अप्रकृत B. अप्रकर्त
C. अपर्कृत D. अप्रकत

**23.** A. अभीनिविष्ट B. अभिनिविशट
C. अभिनिविष्ट D. अभीनीविष्ट

**24.** A. इर्ष्या B. ईर्ष्या
C. ईर्श्या D. ईरष्या

**25.** A. उऋण B. ऊऋण
C. ऊऋन D. ऊऋन

**26.** A. उच्छिश्ट B. उच्छिष्ट
C. उच्छीश्ट D. उच्छिष्ठ

**27.** A. उछृंखल B. उच्छृंखल
C. ऊच्छृंखल D. उच्छ्रण्खल

**28.** A. उत्तरोत्तर B. उतरोतर
C. उत्तरोतर D. उतरोत्तर

**29.** A. उपनिर्वाचन B. उपर्नीवाचन
C. उपनीर्वाचन D. उपनिर्वाचन

**30.** A. उपलम्भ B. ऊपालम्भ
C. उपालम्भ D. अपालमभ

**31.** A. ऐच्छिक B. ऐछिक
C. एच्छिक D. एछिक

**32.** A. एहिक B. ऐहिक
C. ऐहीक D. एहीक

**33.** A. ओपचारिक B. औपचारीक
C. औपचारिक D. ओपचारीक

**34.** A. कञ्चुकी B. कञ्चूकि
C. कञ्चूकी D. कञ्चुकि

**35.** A. क्रान्तीकारी B. क्रान्तिकारि
C. क्रान्तीकारि D. क्रान्तिकारी

**36.** A. काष्टफलक B. काश्टफलक
C. काष्ठफलक D. कष्टफलक

**37.** A. राखापति B. राकपति
C. राकापती D. राकापति

**38.** A. रुद्राणी B. रुद्रानी
C. रुद्राणि D. रुद्रानि

**39.** A. दूहिता B. दूहीता
C. दुहिता D. दुहित्रा

**40.** A. गोमेध B. गोमेघ
C. गौमेध D. गौमेघ

**41.** A. गोष्टी B. गोष्ठी
C. गौष्टी D. गोश्ठी

**42.** A. गलपित B. ग्लपीत
C. ग्लपित D. गलपीत

**43.** A. घड़ीयाल B. घडियाल
C. घडीचाल D. घड़ियाल

**44.** A. घरषण B. घर्षण
C. घर्शण D. घर्सण

**45.** A. धिचपिच B. घीचपिच
C. घिचपिच D. घीचपीच

**46.** A. घोंसला B. घौंसला
C. घोसला D. घौसला

**47.** A. चकर्दंष्ट्र B. चक्रदंष्ट्र
C. चक्रदंश्ट्र D. चक्रदंस्ट्र

**48.** A. चण्डांशु B. चण्डांशू
C. चन्डांशु D. चण्डांषु

**49.** A. चुबच्चा B. चहबच्चा
C. चौबच्चा D. चुहबच्चा

**50.** A. जगत्धात्री B. जगद्धातृ
C. जगद्धात्री D. जगद्धात्रि

## उत्तरमाला

| 1 | 2 | 3 | 4 | 5 | 6 | 7 | 8 | 9 | 10 |
|---|---|---|---|---|---|---|---|---|---|
| A | D | B | C | B | D | A | C | B | A |
| 11 | 12 | 13 | 14 | 15 | 16 | 17 | 18 | 19 | 20 |
| A | B | C | D | C | C | D | B | A | C |
| 21 | 22 | 23 | 24 | 25 | 26 | 27 | 28 | 29 | 30 |
| D | A | C | B | A | B | B | A | D | C |
| 31 | 32 | 33 | 34 | 35 | 36 | 37 | 38 | 39 | 40 |
| A | B | C | A | D | C | D | A | C | A |
| 41 | 42 | 43 | 44 | 45 | 46 | 47 | 48 | 49 | 50 |
| B | C | D | B | C | A | B | A | B | C |

# वाक्य या वाक्यांश के लिए एक शब्द

कथन में लम्बे-लम्बे वाक्यों का प्रयोग करने तथा शब्दों को परिभाषित करने के बजाय यदि एक शब्द का प्रयोग किया जाए तो कथन स्वतः संक्षिप्त और स्पष्ट हो जाता है। कुशल साहित्यकार अपनी रचनाओं में शब्दों का अपव्यय नहीं करते। वाक्य या वाक्यांश के लिए एक शब्द का प्रयोग कथन में आकर्षण और सौन्दर्य भर देता है। हिन्दी भाषा की यह विशेषता है कि उसे संस्कृत शब्दों का प्रचुर भण्डार सुलभ है। इसलिए हिन्दी भाषा कोश में ऐसे अनेक तत्सम शब्द हैं जो वाक्य या वाक्यांश के लिए प्रयोग में लाए जाते हैं।

अपने आशय और मन्तव्य को संक्षेप में प्रकट करने के लिए ही ऐसे शब्दों को गढ़ा गया है जिन्हें गागर में सागर कहा जा सकता है। हिन्दी भाषा के श्रेष्ठ कवियों में से एक कविवर बिहारी लाल के संबंध में कहा गया है कि वे शब्दों के जड़िया (आभूषण में नगों की जड़ाई करने वाला) थे। इसीलिए दोहे जैसे लघु छन्द में उन्होंने चित्रांकन के साथ-साथ अपने भावों को बहुत कौशल के साथ उतारा है। एक उदाहरण द्रष्टव्य है—

लोग कहत बेंदी दिए आँक दस गुनो होत।
तिय लिलार बेंदी दिए अगनित बढ़त उदोत॥

इसीलिए अपनी भाषा को समर्थ, प्रभावी तथा आकर्षक बनाने के लिए ऐसे शब्दों की जानकारी रखना नितान्त आवश्यक होता है। भाषा में शक्ति के स्रोत उसके शब्द माने जाते हैं। यहाँ इसी उद्देश्य से अनेक ऐसे शब्द संजोए गए हैं जिनका अर्थ पूरे वाक्य या वाक्यांश द्वारा ही स्पष्ट होता है। इनसे न केवल पाठकों के शब्द भण्डार में वृद्धि होगी वरन् वे हिन्दी भाषा लिखने में भी कुशल बन सकेंगे।

## वाक्य या वाक्यांश के लिए एक शब्द

### अ

**अंकक** – हिसाब-किताब लिखने वाला।

**अंकारूढ़** – गोद में बैठा हुआ/हुई

**अंक-शायिनी** – गोद में शयन करने वाली नारी/सहवासिनी

**अंकुशित** – अंकुश द्वारा बढ़ाया हुआ।

**अंतरिक्ष** – पृथ्वी और स्वर्ग के बीच का स्थान।

**अंगाधीश** – लग्न का स्वामी ग्रह, राज कर्ण।

**अंटी** – दो उँगलियों के बीच की जगह/धोती की कमर से ऊपर को लपेटन।

**अंडज** – अंडे से जन्म लेने वाला।

**अंतःपुर** – महल के भीतर का वह भाग जहाँ रानियाँ रहती हैं/रनिवास।

**अंधविश्वासी** – जो बिना सोचे-समझे विश्वास कर ले।

**अंधानुगामी** – जो बिना सोचे-समझे किसी का अनुगमन करे।

**अन्त्यज** – सबसे बाद में पैदा हुआ/शूद्र।

**अन्तःकरण** – मन, बुद्धि, चित्त तथा अहंकार—इन चार वृत्तियों का योग।

**अन्तकारी** – नाश करने वाला।

**अन्तरा** – गीत की टेक को छोड़, शेष सब चरण।

**अन्तरराष्ट्रीय** – दो या अधिक राष्ट्रों के बीच का।

**अंतेवासी** – गुरु के पास रहकर विद्याध्ययन करने वाला शिष्य।

**अंबारी** – हाथी की झूल, उसकी सजावट का विशेष कपड़ा।

**अँघोटी** – घोड़े या बैल की आँखों पर लगाया जाने वाला एक विशेष प्रकार का
पर्दा जो दो टोकरियों के आकार का होता है।

**अंबु** – जन्मकुंडली में चौथा स्थान/जल/आम।

**अकथनीय** – जो कहा न जा सके।

**अकाट्य** – जिसे काटा न जा सके।

**अखरावट** – अक्षर क्रम से आरंभ होने वाला पद्य समूह।

**अक्षरशः पठन** – एक-एक अक्षर को पढ़ना।

**अक्षांश** – भूमध्य रेखा के उत्तर या दक्षिण का अंतर।

**अगतीक** – जिस पर चलना उचित न हो।

**अग्रज** – बड़ा भाई, जो पहले पैदा हुआ हो।

**अगाध** – बहुत गहरा।

**अगोचर** – जो इन्द्रियों से परे हो।

अघटित घटना परियासी – जो कुछ नहीं हुआ उसको करने में निपुण (माया)।
अचिन्त्य – जिसका चिन्तन न किया जा सके।
अजन्मा – जिसका जन्म न हुआ हो।
अजातशत्रु – जिसका कोई शत्रु न हो।
अजेय – जिसे जीता न जा सके।
अज्ञेय – जिसे जाना न जा सके।
अज्ञात – जिसका पता न हो।
अन्योन्याश्रित – एक-दूसरे पर निर्भर।
अहरा – आग सुलगाने के लिए लगाए गए कंडे या उपले।

## आ

आकाश – शून्य स्थान/आसमान।
आगन्तुक – बिना बुलाए आने वाला/अचानक आने वाला/अतिथि।
आचमन – पूजन आदि के पहले शुद्धि के लिए जल लेकर पीना।
आत्मनीन – जिस पर अपना अधिकार हो।
आथर्वण – अथर्ववेद अथवा अथर्वऋषि से सम्बन्ध रखने वाला।
आर्य – भारत की एक प्राचीन सभ्य जाति।
आशु कवि – तत्काल कविता रचने में समर्थ कवि।

## इ

इंद्रिय – शरीर के ज्ञान तथा कर्म के साधन रूप अंग।
इक्षुमती – पुराणों में वर्णित एक नदी/ईखों वाली।
इस्तिमरारी – सदा रहने वाला।

## ई

ईशान – आधिपत्य युक्त शासक/शिव।

## उ

उच्छिष्ट – खाने से बचा अन्न/जूठन।
उतारन – पहना हुआ पुराना कपड़ा जो नौकर आदि को पहनने के लिए दिया जाता है।
उद्दिष्ट – बताया हुआ/चाहा हुआ।
उद्दीपक – उत्तेजित करने वाला।

## ऊ

ऊर्जस्वी – काव्यालंकार जो ऐसे स्थलों पर आता है जहाँ रसाभास अथवा भावाभास स्थायी भाव का अंग हो।

## ऋ

ऋत्विज – यज्ञ करने वाला।
ऋष्यमूक – पंपासर के पास का एक पर्वत जहाँ राम ने कुछ समय तक सुग्रीव के साथ निवास किया।

## ए

एकांतर – एक के बाद आने या पड़ने वाला।
ऐहलौकिक – इस लोक से सम्बन्ध रखने वाला।

## ऐ

ऐरावत – इन्द्र का हाथी।

## ओ

ओला – जमे हुए जलकणों या बर्फ का गोला जो जाड़े की वर्षा में कभी-कभी गिरता है। मिश्री या चीनी का बना हुआ गोल लड्डू।
ओसाना – माड़े गए अनाज को हवा में उड़ाकर दाना तथा भूसा अलग करना।
ओखली – काठ का ऐसा पात्र जिसमें चावल अलग करने के लिए मूसल से धान कूटे जाते हैं अथवा चिउड़े बनाए जाते हैं।
ओसारा – सायबान या बरामदा।
ओहार – रजाई की हिफाजत के लिए चढ़ाया जाने वाला कपड़ा (कवर), पालकी आदि को ढकने के लिए सुन्दर-सा कपड़ा।

## औ

औदनिक – चावल पकाने वाला रसोइया।
औदयिक – सूर्योदय से गिना जाने वाला शुभकाल।
औपनिवेशिक – उपनिवेश सम्बन्धी।
औरस – विवाहिता पत्नी से उत्पन्न।

**औध्र्वदैहिक** – मृत व्यक्ति से सम्बद्ध अथवा उसके निमित्त किया गया।

## क

**कंक** – एक मांसाहारी पक्षी जिसके पर वाण में लगाए जाते थे।

**कंडाल** – गोल मुँह का गहरा ताँबे आदि का बर्तन।

**कज्जली** – पारे और गंधक की लुगदी/कालिख।

**कदली** – हाथी पर रखा जाने वाला झंडा/केला/हिरन की एक जाति।

**कन्ना** – पतंग में ऊपर-नीचे बँधा हुआ धागा जिसमें लम्बी डोर बाँध कर उड़ाते हैं।

**कली** – अविकसित पुष्प।

**कानूनन** – कानून के मुताबिक।

**कान्यकुब्ज** – श्रेष्ठ ब्राह्मणों का एक वर्ग/कन्नौज के समीपवर्ती राज्य जिसका राजा जयचंद था/ हर्षवर्द्धन को भी कान्यकुब्जेश्वर कहा जाता है/कुबड़ी कन्या।

**कापाली** – नरमुण्डों की माला पहनने वाला/शिव।

**कामायनी** – जयशंकर प्रसाद का श्रेष्ठ महाकाव्य/काम गोत्र में उत्पन्न स्त्री।

**कारिका** – श्लोकबद्ध व्याख्या।

**कालनेमि** – रावण का मामा/ एक राक्षस जिसका वध विष्णु ने किया था जो दूसरे जन्म में कंस के नाम से मथुरा में पैदा हुआ था।

**कुमार** – 14 वर्ष से कम आयु का लड़का/अविवाहित।

**कुमारी** – अविवाहिता बालिका/नारी।

**कुंभीपाक** – एक नरक का नाम।

**कुंदा** – लकड़ी का मोटा टुकड़ा।

**किंकर्त्तव्यविमूढ़**– जिसे अपने कर्त्तव्य का ज्ञान न हो/परेशान।

**कुत्सित** – बुरा कर्म करने वाला।

**कुशाग्र बुद्धि** – प्रखर बुद्धि वाला।

**कूप मण्डूक** – जिसने कभी देशाटन न किया हो/अपने आपको सीमित दायरे में केन्द्रित रखने वाला/अल्पज्ञानी।

**कुंदन** – बढ़िया या खालिस सोना।

**कुसुंब** – एक बड़ा वृक्ष जो भारत, म्यान्मार और चीन में होता है।

**कूईं** – जल में पैदा होने वाली एक पुष्प बेल जिसे कुमुदिनी तथा कोका बेली भी कहा जाता है।

**कुकुर निंदिया** – हल्की नींद जो थोड़ी-सी आहट से ही टूट जाती है।

**कूड़** – बीज बोने की वह रीति जिसमें हल की गड़ारी में बीज डाला जाता है।

**कृष्णद्वैपायन** – परासर ऋषि के पुत्र व्यास जो गंगा की रेती में सत्यवती के गर्भ से जन्मे थे और जिनका रंग श्याम था।

**कृष्णभिसारिका**– अंधेरी रात में अपने प्रेमी से मिलने के लिए संकेत स्थान में जाने वाली कामिनी।

**कृसोदरि** – पतली कमर वाली नारी (युवती)।

**कोतल** – सजे-सजाए घोड़े को कहा जाता है जो किसी समारोह आदि में ले जाया जाता है।

**कोविद** – विद्याओं और कलाओं में निपुण।

**कोहड़ौरी** – (कुम्हड़ा बड़ी) सफेद कुम्हड़ा (बँभनी कुम्हड़ा) तथा उर्द की पीठी मिलाकर बनाई जाने वाली बड़ी।

**कोहबर** – वह स्थान जहाँ विवाह के समय कुल-देवता स्थापित किए जाते हैं।

**कौस्तुभ** – समुद्र से निकली एक मणि जिसे विष्णु धारण करते हैं।

## ख

**खंजन** – एक विशेष प्रकार का चंचल पक्षी जो शरत् से लेकर शीत काल तक दिखाई पड़ता है।

**खरक** – चौपायों-गाय-भैंस आदि पशुओं को रोकने के लिए लकड़ियाँ गाड़ कर बनाया गया घेरा।

**खलिहान** – पकी फसल को एकत्र करके अनाज और भूसा पृथक् करने का चौरस साफ समतल हवादार स्थान।

**खल्वाट** – जिसके सिर के बाल झड़ गए हों/कहा जाता है कि इस प्रकार के बहुत कम लोग निर्धन होते हैं—क्वचित खल्वाट निर्धनी।

## ग

**गंग** – गंगा नदी, एक कवि का नाम, एक मात्रिक छंद जिसके प्रत्येक चरण में कुल नौ मात्राएँ होती हैं और अन्त में दो गुरु होते हैं जैसे—

कर गंग भक्ती। दै पूर्णशक्ती॥
भव ओघ जारै। भवसिंधु तारै॥

**गँजेड़ी** – गाँजा पीने वाला।
**गँवार** – अनपढ़, ग्रामीण व्यक्ति।
**गजरा** – फूलों की गुँथी हुई माला।
**गप्पी** – गप्प करने या झूठी बात करने वाला।
**गांडीव** – अर्जुन के एक धनुष का नाम जिसे अग्नि ने अर्जुन को दिया था।
**गांधारी** – गांधार देश की कन्या/राजकुमारी/धृतराष्ट्र की पत्नी।
**गाथा** – प्राचीन काल की ऐतिहासिक रचना।
**गहाई** – फसल की कटाई करने का काम।
**गाजी** – मुसलमानों का वीर पुरुष जो काफिरों से धर्म के लिए युद्ध करे।
**गाभा** – नया निकलता हुआ मुँहबँधा पत्ता।
**गार्गी** – गर्ग गोत्र में उत्पन्न एक प्रसिद्ध ब्रह्मवादिनी वैदिक नारी/याज्ञवल्क्य ऋषि की एक पत्नी का नाम।
**गीता** – पारस्परिक पद्यमय संवाद जो प्राय: गुरु-शिष्य के बीच होता है। 18 पुराणों की 18 गीताएँ भी हैं जिनमें महाभारत के भीष्म पर्व में वर्णित श्रीकृष्ण तथा अर्जुन के बीच हुआ सम्वाद जो 18 अध्यायों में समाप्त हुआ, श्रीमद्भगवत्गीता के नाम से काफी प्रसिद्ध है।
**गुदारा** – नाव पर नदी पार करने की क्रिया।
**गुरंबा** – गुड़ और कच्ची अमिया अथवा सूखी अमियाँ डालकर बनाया गया अचार या चटनी।
**गुलकंद** – चीनी, मिश्री तथा गुलाब के फूल की पंखुड़ियों को मिलाकर बनाया गया एक माजून।
**गुल्म** – एक ऐसा पौधा जो जड़ से कई शाखाओं को लेकर निकलता है। सेना की एक टुकड़ी जिसमें 9 हाथी, 9 रथ, 27 घुड़सवार तथा 45 पैदल होते हैं।
**गूढ़ोक्ति** – एक अलंकार जिसमें कोई गुप्त बात किसी अन्य को सुनाते हुए तीसरे के लिए कही जाती है।

## घ

**घंटाघर** – ऐसी ऊँची मीनार की तरह की इमारत जिसके ऊपर चारों ओर दिखाई देने वाली घड़ी लगाई गई हो।
**घड़ौंची** – पानी के घट रखने का स्थान।
**घटस्थापन** – मांगलिक कार्य हेतु जलपूरित घट (घड़ा) स्थापित करना/नवरात्र का प्रथम दिन।
**घड़ीसाज** – घड़ी की मरम्मत करने वाला।
**घनचक्कर** – वह व्यक्ति जो स्थिर मति न हो/बेवकूफ।
**घड़ियाल** – पूजा करने या समय की सूचना देने के लिए बजाया जाने वाला घण्टा/एक हिंसक जल जन्तु।
**घाघ** – उत्तर प्रदेश के गोंडा जिले का एक चतुर व्यक्ति, जो 18वीं सदी में पैदा हुआ था। इसकी उक्तियाँ खेती-बाड़ी तथा मौसम के विषय में अच्छी जानकारी देती हैं/चतुर व्यक्ति।
**घुरबिनिया** – घूरे या गली-कूचे से टूटी-फूटी चीजें या दाना बटोरने वाली स्त्री।

## च

**चंगेरी** – बाँस की छिछली डलिया।
**चाँचरि** – होली में गाया जाने वाला गीत।
**चक्रवर्ती** – आसमुद्र पृथ्वी पर राज करने वाला।
**चक्रवात** – बेग से चक्कर खाती हवा।
**चक्रधर** – चक्र धारण करने वाला/विष्णु।
**चतुर्युगी** – चारों युगों का समय, 43,20,000 वर्ष।
**चतुर्भुजी** – चार भुजाओं वाला/वाली।
**चर्वित चर्वण** – किसी कही हुई बात को बार-बार कहना/विशेषण।
**चान्द्रायण** – एक महीने का कठोर व्रत।
**चातुर्वर्ण्य** – ब्राह्मण, क्षत्रिय, वैश्य एवं शूद्र।
**चौगोशिया** – एक प्रकार की चार कोनों वाली टोपी।

## छ

**छत्रबंधु** – क्षत्रियों में अधम।
**छायावाद** – हिन्दी में मुख्यतया 1918 से 1936 तक अधिक प्रचलित काव्य रचना का एक स्वरूप जिसमें भावुकता, कल्पना एवं स्वच्छंद काव्य प्रवृत्ति का समावेश रहा, निराला, प्रसाद एवं पंत तथा महादेवी छायावादी कविता का प्रतिनिधित्व करती रहीं।
**छींका** – छत से बँधा डोरियों का एक जाल जिसमें दूध-दही आदि बचाव के लिए टाँग दिया जाता है।

## ज

**जगत सेठ** – बहुत बड़ा धनी महाजन।

**जमानतनामा** – वह कागज जो जमानत देने के लिए लिखा जाता है।

**जमाबन्दी** – पटवारी का एक रजिस्टर जिसमें किसानों के लगान की रकमें लिखी जाती हैं।

**जय स्तंभ** – विजय का सूचक खंभा या ऊँची इमारत।

**जर्जर** – बहुत पुराना होने के कारण बेकार।

**जलाशय** – जहाँ वर्षा का पानी एकत्र होता है अथवा किया जाता है/ तालाब, झील, बाँध आदि।

**जलमग्न** – जल में डूबा हुआ।

**जलोदर** – एक रोग जिसमें उदर तथा शरीर के कुछ भागों में पानी भर जाता है।

**जागीर** – राज्य/शासन की ओर से मिली भूमि या प्रदेश।

**जिह्मग** – जो टेढ़ा या तिरछा चलता हो।

**जेह** – कमान की डोरी का स्थान जिसे आँख के पास लगाकर निशाना साधा जाता है।

**जौहरी** – रत्न पारखी/विक्रेता, किसी वस्तु के गुण-दोषों का ज्ञान रखने वाला।

**ज्ञात यौवना** – वह तरुणी जिसे अपने यौवन का ज्ञान हो।

**ज्ञानेन्द्रिय** – पाँच इन्द्रियाँ जिनसे जीवों को विषय का बोध होता है—आँख, कान, नाक, जीभ, त्वचा।

**ज्वालामुखी पर्वत** – ऐसा ऊँचा स्थान जिसकी चोटी से धुआँ, राख तथा पिघले पदार्थ निकलते रहते हों अथवा कभी-कभी निकलते हों। पदार्थों के निकलने तथा जमने से आसपास का क्षेत्र ऊँचा तथा उष्ण हो जाता है।

## झ

**झँई** – आँखों के सामने छा जाने वाला अँधेरा।

**झज्झर** – चौड़े मुँह का पानी रखने का मिट्टी का पात्र।

**झूल** – वह कपड़ा जो बैलों की शोभा बढ़ाने के लिए उन्हें ओढ़ाया जाता है।

**झूली** – हवा बंद होने पर अनाज ओसाने का कपड़ा।

**झेलनी** – चाँदी या सोने की जंजीर या कान के गहनों का बोझ सँभालने के लिए बालों में अटकाई जाती है।

## ट

**टंक** – चार माशे की एक तौल।

**टंकक** – चाँदी का एक सिक्का/टाइप करने वाला।

**टंकार** – धनुष की चढ़ी डोरी को तानकर छोड़ने का शब्द।

**टका** – सौ पैसों के बराबर का ताँबे का सिक्का।

**टप्पा** – उछलती हुई वस्तु का बीच-बीच में पृथ्वी छूना।

**टीका** – किसी काव्य पुस्तक का व्याख्यापरक अनुवाद।

## ठ

**ठकुरानी** – ठाकुर, जमींदार अथवा सरदार की पत्नी/रानी/क्षत्रिय की पत्नी।

**ठगौरी** – मोहित कर देने वाली क्रिया, जादू (कौन ठगौरी करी हरि आजु बजाइ के बाँसुरी रस भीनी)।

**ठनकार** – धातु खण्डों से उत्पन्न ध्वनि।

**ठीकरा** – मिट्टी के बर्तन का टुकड़ा/पुराना बर्तन/भिक्षा-पात्र।

**ठूँठ** – बिना डाल-पात का सूखा पेड़ या उसका तना।

## ड

**डंक** – बिच्छू, मधुमक्खी, बर्र, भँवरा आदि का जहरीला काँटा जिसे वह दूसरे जीवों के शरीर में चुभा देता है

**डंडी** – छोटी, सीधी तथा पतली लकड़ी जिसे छाते, तराजू आदि में लगाया जाता है। डाँड़िया नृत्य करने की लकड़ी जो करीब 1½ फीट की होती है।

**डकौत** – शनिवार को तेल माँगने वाली एक जाति जो शनि का दान तथा छायादान लेती है तथा थोड़ी बहुत ज्योतिष की जानकारी रखने का दावा करती है।

**डायरी** – वह पुस्तिका जिसमें दैनिक कार्य का लेखा-जोखा लिखा जाता है।

**डसना** – सर्प आदि जहरीले जीवों द्वारा काटा जाना।

**डासना** – बिछाना (बैठे सब कपि दर्भ डसाई)।

**डिडिका** – जवानी में बाल पकने का रोग, पलित रोग।

**डोल** – पानी भरने का लोहे का गोल बर्तन।

## ढ

**ढंगी** – जिसे अपना काम निकालने का तरीका आता हो।

**ढाल** – आगे की ओर क्रमश: नीची होती गई जमीन, तलवार, कटार, भाला आदि के वार को रोकने का एक गोल उपकरण जो गैंडे की खाल का बनाया जाता था तथा बोएँ हाथ से पकड़कर वार को रोका जाता था।

**ढोल** – ढोलक से बड़ा एक वाद्य यंत्र जिसके दोनों ओर बकरे की खाल मढ़ी होती है जो शादी आदि के मौकों पर बजाया जाता है। अमीर खुसरो ने लिखा है–

वह आवे तब शादी होय,
वाके बिना रुचै नहीं कोय।
मीठे वाके लागैं बोल,
ऐ सखि! साजन, ना सखि ढोल॥

## त

**तंद्रा** – क्लांति, थकान/आयुर्वेद में शरीर के भारी तथा शरीर के शिथिल होने की दशा/ हल्की सी नींद (ऊँघ) का आना।

**तकली** – चर्खे के बिना सूत कातने का एक सामान्य यंत्र जिसके नीचे पीतल का पहिया इस प्रकार लगाया जाता है ताकि उसे जमीन पर नचाया जा सके।

**तक्षक** – आठ नागों में से एक जिसने परीक्षित को डसा था।

**तगर** – एक सुगंधित वृक्ष से निकला महकदार पदार्थ जो हवन-सामग्री तथा धूपबत्तियों आदि में इस्तेमाल होता है।

**तथागत** – भगवान् गौतम बुद्ध का एक नाम।

**तर्पण** – कर्मकाण्ड की एक क्रिया।

**तांडव** – शिव का नृत्य जो प्राय: कल्पान्त में होता है।

**ताऊन** – प्लेग की घातक बीमारी जो चूहों से शुरू होती है।

**तागड़ी** – कमर में पहनने की सोने या चाँदी की बनी जंजीर।

**तालाथेई** – नाचने में पैरों की ताल से उत्पन्न स्वर।

**ताम्रपत्र** – ताँबे की चद्दर का वह टुकड़ा जिस पर लेख लिखा कर दान-पात्र तैयार किए जाते थे अथवा जागीरें, मनसब आदि प्रदान किए जाते थे।

**तिरपौलिया** – किले के तीन बराबर दूरी के फाटक जो हाथियों, ऊँटों तथा रथों के गुजरने के लिए बनाए जाते थे/किसी नगर या बाजार का मध्य भाग।

**तुरीय** – ब्रह्ममय होने की दशा।

**तुर्रा** – घुँघराले बालों की लट जो माथे पर हो/फूलों की लड़ियों का गुच्छा जो दूल्हे के कान के पास लटकता है।

**तुषार** – हवा में मिली भाप जो सरदी से जमकर गिरती है।

**तूण** – तीर रखने का चोंगा, तरकश।

**त्रैताग्नि** – दक्षिण, गार्हपत्य और आवाहनीय—इन तीन अग्नियों को त्रैताग्नि कहा जाता है।

**त्रैवर्गिक** – धर्म, अर्थ तथा काम का साधक कर्म।

**त्वरणीय** – जिसे तेजी से करना हो।

## थ

**थनेला** – स्त्रियों के स्तन पर होने वाला फोड़ा।

**थाप** – तबले आदि पर हथेली द्वारा किया गया आघात।

**थापा** – शुभ अवसर पर गीली हल्दी, मेंहदी आदि से लगाया गया पंजे का निशान।

## द

**दंडायमान** – डंडे की तरह सीधा स्थित होना अथवा सीधे प्रणाम करते हुए लेट जाना।

**दंश** – दाँत से काटने अथवा डंक मारने की क्रिया।

**दक्षिणाग्र** – जिसका अगला भाग दक्षिण की ओर हो।

**दज्जाल** – एक आँख का काना व्यक्ति/दगाबाज आदमी।

**दधीचि** – एक प्रसिद्ध ऋषि जिन्होंने बज्र बनाने के लिए अपनी हड्डियाँ इन्द्र को दान में दे दी थीं।

**दरबा** – कबूतरों को रहने के लिए दीवार पर खूँटी गाड़ कर रखा गया खानेदार संदूक।

**दरदरा** – दानेदार पिसी हुई कोई वस्तु।

**दाक्षायणी** – स्वर्ण कुंडलधारी ब्रह्मचारी/दक्ष की कन्या।

**दाय** – विवाह के समय कन्या तथा जामाता को दिया जाने वाला धन।

**दारी** – एक क्षुद्र रोग जिसमें वायु के प्रकोप से तलवे का चमड़ा छिल जाता है, बेवाई।

**दिवालिया** – जिसके पास अपना ऋण चुकाने के लिए कुछ भी शेष न बचा हो।

**दीनार** – सोने का एक सिक्का जिसका आंशिक प्रचलन अरब देशों में अभी भी विद्यमान है।

**दूधिया** – दूध के रंग वाली/एक तरह का सफेद पत्थर।

**दुर्भेद्य** – जिसे कठिनाई से भेदा जा सके।

**दुर्वासा** – एक महा क्रोधी ऋषि।

**दुलहिन** – विवाह के लिए सजाई गई तरुणी।

**दुष्पूर** – जो शीघ्र पूरा न किया जा सके।

**दूल्हा** – वह व्यक्ति जिसका विवाह होने जा रहा है।

**दूषक** – दोषारोपण करने वाला व्यक्ति।

**देवोन्माद** – देवता के कोप से होने वाला उन्माद।

**देहाध्यास भ्रम** – देह को आत्मा का धर्म समझ बैठने का भ्रम।

**देहातीत** – देहाभिमान से रहित, विदेह।

**दोग्ध्री** – दूध देने वाली गाय या धाय।

**दोलोत्सव** – फाल्गुन पूर्णिमा को होने वाला वैष्णवों का एक उत्सव।

**द्रष्टार** – विचार करने वाला।

**द्राध्यायण** – सामवेद में कल्प।

**द्वादशांग** – गुग्गुल, चंदन, तेजपात आदि बारह वस्तुओं के योग से बनाई गई हवन-सामग्री/बारह अंगों वाला।

**द्वादशांगुल** – 12 अंगुल की माप (बित्ता)।

**द्वादशाक्षर** – भगवान् विष्णु का मंत्र ॐ नमो भगवते वासुदेवाय नमः।

**द्वैध** – दो प्रकार के होने का भाव।

**द्वैपायन** – महाभारत पुराण आदि के रचयिता वेदव्यास (इनका जन्म एक द्वीप में हुआ था।)

**द्वैहायन** – दो वर्ष का समय।

**द्वयामुख्यायण** – वह व्यक्ति जो एक व्यक्ति का औरस तथा दूसरे का दत्तक पुत्र हो तथा दोनों ने यह तय कर लिया हो कि वह दोनों का ही पुत्र रहेगा।

## ध

**धड़** – शरीर का कमर से गले तक का भाग (भुजारहित भाग)।

**धनापहारी** – धन हरण करने वाला।

**धमधूसर** – मोटा तथा बेडौल आदमी।

**धरणीधर** – पृथ्वी को धारण करने वाला, शेषनाग।

**धरणीश्वर** – पृथ्वी के स्वामी विष्णु/राजाधिराज।

**धरात्मजा** – धरती की पुत्री, सीता जी।

**धरोहर** – वह वस्तु अथवा धनराशि जो किसी व्यक्ति द्वारा किसी अन्य व्यक्ति के पास इस विश्वास के साथ रखी जाती है कि माँगने पर पुनः उसे प्राप्त हो जाएगी।

**धर्मपरायण** – धर्म में निष्ठा और विश्वास रखने वाला।

**धर्मावतार** – एक आदरसूचक सम्बोधन/धर्म के लिए अवतरित होने वाला।

**धीत** – जो पिया गया हो/जिस पर विचार किया गया हो/जो संतुष्ट किया गया हो।

**ध्यानी** – ध्यान लगाने वाला/परमात्म चिन्तन करने वाला/गढ़वाल में ब्राह्मणों का एक उपनाम।

**ध्वजी** – ध्वजा धारण करने वाला।

**ध्वजोत्तोलन** – झंडा फहराने की क्रिया।

**ध्वनित** – जो ध्वनि के रूप में व्यक्त हुआ हो।

## न

**नंबरी** – नम्बर वाला, कुख्यात तथा बदमाश।

**नन्द** – पति की बहन (ननद)/गोकुल के प्रमुख गोप जिनके द्वारा कृष्ण का पालन किया गया था।

**नक्त** – वह समय जब संध्या होने में केवल एक क्षण की देर हो।

**नक्तांध** – जिसे रात में दिखाई न पड़े।

**नगाश्रयी** – पर्वत पर रहने वाला।

**नज़राना** – भेंट के तौर पर दी जाने वाली धनराशि, उपहार/किसी की नजर का लगना।

**नट** – नाटक करने वाला, तरह-तरह के खेल दिखाकर अपनी जीविका चलाने वाला।

**नमनीय** – प्रणाम करने योग्य/झुकने वाली/वाला।

**नमाज** – मुसलमानों की उपासना पद्धति।

**नरकासुर** – पृथ्वी के गर्भ से उत्पन्न एक असुर जिसका वध श्रीकृष्ण द्वारा किया गया था।

**नर्दन** – ऊँचे स्वर में गुणगान करना/गर्जन।

**नर्मठ** – परिहास कुशल व्यक्ति।

**नर्मदेश्वर** – नर्मदा नदी में पाया जाने वाला शिवलिंग।

**नलवा** – सरदार हरिसिंह नलवा का संक्षिप्त नाम जिसने उत्तरी-पश्चिमी सीमा प्रान्त में मुसलमानों से लोहा लेकर उन्हें नाकों चने चबवा दिए थे/ बैलों को घी पिलाने का चोंगा।

**नवधा** – नव प्रकार, नव भागों वाली।

**नवधा भक्ति** – नव प्रकार की भक्ति जिसमें श्रवण, कीर्तन, स्मरण, पाद सेवन, अर्चना, वंदन, दास्यु, सख्य एवं आत्म-निवेदन शामिल होता है।

**नवागत** – नया या हाल का आया हुआ।

**नष्टाग्नि** – वह ब्राह्मण जिसके यहाँ स्रोत विधि से स्थापित अग्नि बुझ गई हो।

**नष्टाप्तिसूत्र** – ऐसा चिह्न जिससे चुराई गई वस्तु का पता लग जाए।

**नहटनी** – नाइयों का नाखून काटने का यंत्र जिसकी धार तिरछी होती है।

**नहला** – नौ बूटियों वाला ताश का पत्ता।

**नहारी** – सवेरे का हल्का भोजन/शोरबेदार सालन जिसे सवेरे मुसलमान ख़मीरी रोटी के साथ खाते हैं।

**नाँद** – पशुओं को चारादान देने अथवा पानी पिलाने के लिए बनाया गया मिट्टी का बड़ा पात्र, इसे प्राय: भूमि अथवा भूमि से थोड़ा ऊँचा ठीहा बनाकर गाड़ दिया जाता है ताकि टूटने-फूटने से बचाव हो सके।

**नाटककार** – नाटक बनाने या लिखने वाला।

**नाट्याचार्य** – अभिनय करने या नृत्यादि की शिक्षा देने वाला।

**नाका** – किसी नगर, बस्ती आदि में प्रवेश करने का स्थान।

**नाख़ुदा** – ईश्वर को न मानने वाला, नास्तिक।

**नाख़ूना** – एक नेत्र रोग जिसमें आँखों में सफेद झिल्ली पड़ जाती है और धीरे-धीरे पुतलियों को ढाँप देती है (माड़ा छा जाना)।

**नाड़ी** – शरीर की रक्तवाहिनी शिराएँ।

**नायिका** – ले जाने, पहुँचाने या राह दिखाने वाली युवती/ रूप, गुण सम्पन्न स्त्री/काव्य, महाकाव्य का मुख्य नारी पात्र।

**नारकीय** – नरक सम्बन्धी।

**नाराधिका** – सुनारों का सोना-चाँदी आदि तौलने का छोटा काँटा।

**नालाकिनी** – कमरों से आपूरित जलाशय।

**नासिर** – गद्य लेखक।

**नासीर** – आगे बढ़ने वाला, आगे बढ़कर लड़ने वाला।

**नासूर** – पुराना सड़ा घाव।

**निंदा** – किसी के दोष का वर्णन करना, चुगली करना।

**नि:शोधन** – जिसका परिमार्जन करना आवश्यक न हो।

**निकम्मा** – कामचोर, निष्क्रिय रहने वाला व्यक्ति।

**निकलंक** – कलंकहीन (निष्कलंक)।

**निकष** – सोना परखने की कसौटी।

**निक्षेप** – फेंकने, डालने, रखने, भेजने, चलाने, अमानत या धरोहर रखने, मरम्मत या सफाई करने की प्रक्रिया।

**निमंद** – एक बूटी जो दवाई के काम आती है।

**निग्राही** – निग्रह करने या दण्ड देने वाला व्यक्ति।

**निघंटु** – वह ग्रंथ जिसमें क्रमानुसार तथा पर्याय देकर शब्द अथवा वस्तुओं का वर्णन किया गया हो, जैसे अमरकोश, हलायुध कोश एवं भाव प्रकाश निघंटु आदि।

**निद्य** – लम्बाई, चौड़ाई तथा मोटाई एक समान होने वाली कोई वस्तु या आकृति।

**निछावर** – किसी वस्तु, धन अथवा सामग्री को किसी के सिर पर घुमाकर दान कर देने या कहीं रखने, छोड़ने की एक क्रिया जो टोटके के रूप में भी की जाती है। यह कर्म शारीरिक बाधा शांति के लिए भी किया जाता है तथा मांगलिक कामना लेकर भी। इस प्रकार निछावर की गई वस्तु दूसरे लोगों को दान कर दी जाती है। इस शब्द का अर्थ त्यागना, छोड़ना तथा उत्सर्ग करना भी होता है। इसका शुद्ध रूप 'न्यौछावर' है।

**निधि** – किसी वस्तु का आधार/खजाना, वह गड़ा हुआ धन जिसका किसी को पता न हो/ कुबेर के नौ रत्न पद्म, महापद्म, शंख, मकर, कच्छप, मुकुंद, कुंद, नील और खर्व।

**निपीत** – पान किया हुआ, पिया हुआ।

**निपूत** – जिसके पुत्र न हो।

**नियामक** – नियम करने या बनाने वाला, व्यवस्था करने वाला।

**नियार** – सुनार की दूकान की राख या अन्य कूड़ा जिसमें सोने या चाँदी के कण होने की संभावना होती है।

**निरर्थक** – बेमतलब, जिसका कोई अर्थ न हो।

**निरीक्ष्यमाण** – जिसका निरीक्षण किया जा रहा हो।

**निषंग** – तलवार रखने का म्यान/फूँक-फूँक कर बजाया जाने वाला एक प्राचीन बाजा/ वाण।

**नीति** – ले जाने की क्रिया/व्यवहार का ढंग।

**नीप** – कदंब का फूल या पेड़/बंधूक वृक्ष/नील अशोक/निम्न भाग में स्थित।

**नीरव** – जिसमें ध्वनि न हो, शांत।

**नीराजन** – देवता को दीप आदि दिखाकर पूजन करने की एक विधि।

**नीहारिका** – कुहरे या धुएँ की तरह आकाश में छाया रहने वाला प्रकाशपुंज जो ग्रह-नक्षत्रों का उपादान माना जाता है।

**नीलाम** – बिक्री की वह रीति जिसमें सर्वाधिक बोली लगाने वाले के द्वारा माल बेचा जाता है।

**नुसखा** – लिखा हुआ कागज, वह कागज जिस पर हकीम, वैद्य या डॉक्टर दवा का नाम और प्रयोग करने की विधि लिखते हैं अथवा दवाइयों का वह योग जिसमें किसी रोग विशेष के लिए उनका नाम और प्रयोग दर्ज किया जाता है।

**नेमि** – पहिए का ढाँचा या घेरा/कुएँ की जगत।

**नैत्य** – नित्य होने या किया जाने वाला।

**नैदानिक** – जो रोगों का निदान जानता हो।

**नैमित्तिक** – निमित्त या शकुन जानने वाला/वह कार्य जो किसी प्रयोजन से किया जाए/प्रायश्चित के रूप में किया जाने वाला कर्म।

**नैमिषारण्य** – अवध का एक अति प्राचीन वन जिसे हिन्दू अपना तीर्थ मानते हैं।

**नैवासिक** – निवास के अनुकूल।

**नैवेद्य** – देवता को समर्पित की जाने वाली भोज्य सामग्री।

**नैवेशिक** – गृहस्थी का सामान/ब्राह्मण को दी जाने वाली भेंट।

**नोदन** – कार्य विशेष में प्रवृत्त करना/खंडित करना।

**नोहर** – बड़ी कठिनाई से मिलने वाला।

**न्यारिया** – जो सुनारों की दूकान की राख से सोना-चाँदी निकालता है।

**न्यासिक** – अपने पास किसी की धरोहर रखने वाला।

**न्युब्ज** – जिसका मुख नीचे की ओर हो, औंधा, अधोमुखी/कुबड़ा।

## प

**पंक्तिपावन** – विद्या, तप आदि से पवित्र ब्राह्मण जिसे आमंत्रित करने से अन्य निमंत्रित ब्राह्मणों की पंक्ति पवित्र हो जाती है।

**पंचम** – संगीत सप्तक का पाँचवाँ स्वर जो कोयल की कूक का स्वर माना जाता है।

**पंचाङ्ग** – (1) पाँच का समाहार, किसी वृक्ष या पौधे के पाँच अंग—जड़, छाल, पत्ता, फूल और फल।

(2) सिर, हाथ तथा छाती को पृथ्वी से सटाकर और आँखों को देवता के चरणों की ओर करके किया जाने वाला एक प्रकार का प्रणाम।

(3) तांत्रिक उपासना के पाँच अंग—कवच, स्तोत्र, पद्धति, पटल और सहस्रनाम।

(4) जप, होम, तर्पण, अभिषेक और विप्रभोजन—इन पाँचों अंगों से युक्त पुरश्चरण, महापुश्चरण।

(5) तिथिवार, योग, नक्षत्र और करण—इन पाँच अंगों से युक्त तिथि-पत्र, पत्रा।

**पंचाग्नि** – पाँच प्रकार की अग्नियाँ—अन्वाहार्य-पचन, गार्हपत्य, आह्वनीय, सभ्य और आवसथ्य; उपनिषदों के अनुसार—स्वर्ग, पर्जन्य, पृथ्वी, पुरुष और पोषत, चारों ओर जलती हुई चार अग्नियाँ तथा ऊपर से सूर्य का आतप सेवन करके ग्रीष्म ऋतु में किया जाने वाला तप/पाँच प्रकार की गर्म तासीर वाली दवाइयाँ—चीता (चिरायता), चिंचिड़ी, मिलवाँ, गंधक और आक (मदार)।

**पंचाज** – बकरी का मल, मूत्र, दूध, दही तथा घी।

**पंचामरा** – दूब, विजया, विल्व पत्र, निर्गुंडी और काली तुलसी।

**पंचामृत** – गाय के दूध, दही, घृत, मधु तथा शर्करा से संयुक्त एक पेय पदार्थ जिससे शालिग्राम को स्नान कराकर उसका पान किया जाता है/गुरुच (गिलोय), गोखुरू, मुसली, मुंडी तथा शतावर के योग से बना एक योग जो वाजीकरण भी है।

**पंचाम्ल** – पाँच खट्टी वस्तुएँ—बेर, अनार, चूक, अम्लबेल तथा बिजौरा नींबू।

**पंचोपचार** – पूजन की पाँच सामग्रियाँ—गंध, पुष्प, धूप, दीप और नैवेद्य।

**परकोटा** – गढ़ आदि की रक्षा के लिए चारों ओर उठाई गई दीवार/पानी आदि रोकने का बाँध।

**परवा** – मिट्टी का एक कटोरे जैसा बर्तन।

**परिजन** – भरण-पोषण के लिए आश्रित लोग/राजा आदि के साथ चलने वाले लोग।

**परिष्कंद** – वह जिसका पालन-पोषण उसके माता-पिता ने नहीं वरन् किसी और ने किया हो।

**परिस्राव** – चारों ओर टपकना, रिसना।

**पशमीना** – कश्मीर में बनाया जाने वाला एक मुलायम ऊनी कपड़ा।

**पांचाल** – बढ़ई, जुलाहा, नाई, धोबी और मोची इन पाँचों का समाहार/पांचाल देशवासी।

**पांडुर** – पीलापन लिए सफेद वस्त्र।

**पारिश्रमिक** – किए गए कार्य के लिए प्राप्त धन।

**पाश** – सरकने वाली गाँठदार रस्सी।

**पासंग** – तराजू के पलड़ों का बराबर न होना।

**पादोदक** – वह जल जिससे किसी का पैर धोया जाए अथवा धोया गया हो।

**पिछौरी** – स्त्रियों के ओढ़ने की चादर।

**पित पापड़ा** – एक पेड़ जो दवा के काम आता है।

**पिष्ट** – पिसा हुआ।

**पुट** – किसी तरल पदार्थ का वह छींटा जो किसी वस्तु पर उसे आर्द्र रखने के लिए लेपा या लगाया जाए/औषधियों के पकाने की एक क्रिया/आँख की पलक।

**पुनरागत** – फिर से आया हुआ।

**पुलक** – हर्ष अथवा भय के कारण रोंगटे खड़े होना, लोम हर्षण अथवा रोमांच।

**पुष्कल** – श्रेष्ठ, अतिशोभन, यथेष्ट।

**पूतड़ा** – छोटे बच्चों का बिस्तरा (पोतरा)।

**पूतना** – एक प्रसिद्ध राक्षसी जिसने कंस के कहने पर कृष्ण को मारने का प्रयास किया था।

**पृश्नि** – छोटे कद का बौना/दुबला-पतला।

**पेड़ू** – शरीर का नाभि तथा उपस्थ के बीच का भाग।

**पेशी** – मुकदमे की सुनवाई/पेश होने या किए जाने का भाव।

**पैंती** – ताँबे या कुश की बनाई गई मुंदरी जिसे शुभ कार्य करते समय शुचिता के लिए दाहिने तथा बाएँ हाथ की अनामिका में धारण किया जाता है। इसे पवित्री भी कहते हैं।

**पोई** – एक लता तथा उसके पत्र जिसका शाक बनाया जाता है। इसमें किंचित् खटास तथा पान के आकार के मोटे हरे पत्ते होते हैं।

**पोलो** – गेंद का एक खेल जो घोड़े पर चढ़कर खेला जाता है, चौगान।

**पोसना** – आहार आदि देकर बड़ा करना।

**पौरवी** – वसुदेव की पत्नी, एक मूर्च्छना (संगीत)।

**प्रकारिका** – प्रासंगिक कथावस्तु।

**प्रकाम** – जिसमें कामवासना अधिक हो/यथेष्ट, काफी, प्रभूत।

**प्रक्षालन** – पानी से धोना या साफ करना।

**प्रग्रह्य** – अच्छी तरह ग्रहण करने योग्य।

**प्रच्छेदन** – काटना या टुकड़े-टुकड़े करना।

**प्रतिज्ञा** – किसी कार्य को करने या न करने का संकल्प।

**प्रतिमा** – मिट्टी, पत्थर अथवा धातु की बनाई या उकेरी गई देवमूर्ति, अनुकृति।

**प्रतिवेदित** – आगाह किया गया, जताया गया।

**प्रतिशयन** – किसी अभीष्ट सिद्धि के लिए दाना-पानी छोड़कर किसी देवता के सामने पड़े रहना।

**प्रदाता** – देने वाला/कन्यादान करने वाला।

**प्रपात** – पहाड़ का अथवा चट्टान का ऐसा किनारा जिसके आगे कोई रोक न हो/झरना/ धड़ाम से नीचे गिरना।

**प्रमित** – जिसका यथार्थ ज्ञान हुआ हो।

**प्रमोचन** – मुक्त करना या छुड़ाना।

**प्रशेचन** – रुचि उत्पन्न करना।

**प्रवासी** – परदेस में रहने वाला।

**प्रवाही** – बहने वाला।

**प्रवृजित** – जिसने संन्यास लिया हो।

**प्रसूता** – वह नारी जिसे कुछ समय पूर्व बच्चा पैदा हुआ हो।

**प्रहारक** – प्रहार करने वाला।

**प्रांशु** – लम्बा आदमी।

**प्राजापत्य** – प्रजापति से उत्पन्न।

**प्राति** – अँगूठे के सिरे से तर्जनी तक की दूरी/पूर्ति, लाभ।

**प्लुत** – जल आदि से व्याप्त।

**प्लुति** – उछलते हुए चलना।

**प्लुष्ट** – जला हुआ, दग्ध।

**प्लोत** – घाव पर बाँधी जाने वाली पट्टी, कपड़ा।

## फ

**फंका** – उतना दाना या चूर्ण जो एक बार में फाँका या मुँह में डाला जा सके–

क्यों रिस में विष घोलि दियो तुम काहे न लेन दिह्यो इक फंका।
कृष्ण को मित्र भिखारी रहै हमसों सह्यो जात नहीं ये कलंका॥

**फंकी** – फाँकी जाने वाली औषधि, रेचक चूर्ण।

**फकीरी** – फकीर होने का भाव, भिखारीपन—

मन लागा मेरा यार फकीरी में,
जितनी सुविधा इसमें देखी,
उतनी नहीं अमीरी में।

**फ़तवा** – किसी कर्म के उचित या अनुचित ठहराने के संबंध में मुसलमान मौलवी/मुफ्ती या मुल्ला द्वारा इस्लामी शास्त्र के अनुसार दी गई व्यवस्था या की गई घोषणा।

**फ़रमान** – राजकीय आज्ञा या आज्ञा-पत्र।

**फ़रसी** – तंग मुँह और चौड़े पेंदे का बरतन जिसके मुँह पर हुक्के का नैचा बैठाया जाता है/ बंदूक का पुरजा जिस पर नली बैठाई जाती है/फर्श सम्बन्धी।

**फरहद** – एक वृक्ष जिसकी गणना पंच देवतरुओं में की जाती है, पारिभद्र।

**फ़र्द** – रजाई का ऊपरी छपाई वाला भाग/एक, अकेला/निमंत्रितों की सूची।

**फलार्थी** – फल की कामना करने वाला।

**फलाहारी** – फल खाकर रहने वाला/दूध सहित तथा अन्न-रहित आहार करने वाला।

**फल्गु** – सार-रहित, निरर्थक, क्षुद्र, शक्तिहीन/एक नदी जिसके किनारे गया नगरी बसी हुई है जहाँ पिंडदान किया जाता है।

**फ़ातिमा** – हज़रत मोहम्मद की बेटी जो हज़रत इमाम अली को ब्याही गई थी; हसन, हुसैन की माँ।

**फल्गुनानुज** – चैत्र, वसन्त काल/नकुल-सहदेव।

**फ़ासिद** – फ़साद करने वाला, बिगाड़ पैदा करने वाला।

**फिरऔन** – मिस्र के प्राचीन बादशाहों की उपाधि/घमंडी, सरकश।

**फिरकी** – चकई, तकली में लगा हुआ चमड़े या पीतल का गोल टुकड़ा/कुश्ती का एक दाँव/एक लकड़ी का बना खिलौना जिसे बच्चे हाथ से पकड़कर नचाते हैं।

**फीरोज** – विजयी, सफल, सौभाग्यशाली।

**फ़ीलखाना** – हाथियों का अस्तबल, हस्तिशाला।

**फ़ेनी** – घी में छना हुआ मैदे का मोयन डालकर बना लच्छा जिसे दूध में डालकर और शकर मिलाकर खाया जाता है।

**फ़ौलादी** – फ़ौलाद का बना हुआ।

## ब

**बँगला** – ऐसा मकान जिसके चारों ओर बरामदे तथा खुला हरा-भरा मैदान हो जिसमें सुन्दर-सुन्दर पेड़-पौधे रोपे गए हैं/एक प्रकार का पान/बँगला देश अथवा पश्चिमी बंगाल की भाषा।

**बंटा** – गोल या चौकोर डिब्बा जिसमें पान या ठाकुर जी का भोग रखा जाता हो।

**बंडी** – एक प्रकार का वस्त्र जिसमें बटनें नहीं लगाई जातीं, फतुही या कुरती/मूर्ख, गँवार, अनपढ़।

**बंधूक** – एक प्रकार का लाल फूल जिसे गुल दुहरिया कहा जाता है।

**बंध्या** – जो स्त्री संतान पैदा न कर सके, बाँझ स्त्री।

**बंसी** – बाँस की नली का एक प्रकार का बाजा।

**बँहगी** – एक लम्बा बाँस का आधा भाग जो बोझा ढोने के काम आता है।

**बकमौन** – अपना काम बनाने के लिए चुपचाप रहकर अपना उल्लू सीधा करना।

**बखिया** – एक प्रकार की पास-पास की मजबूत सिलाई।

**बखेड़िया** – किसी बात का बतंगड़ बना कर बखेड़ा खड़ा करने वाला।

**बगार** – वह स्थान जहाँ गउवें बाँधी जाती हैं/ घाटी।

**बगूला** – वह हवा जो एक ही स्थान पर भँवर-सी लगातार घूमती है, बवंडर।

**बघनखा** – शेर का पंजा/ एक प्रकार का हथियार जिसमें पैने टेढ़े काँटे निकले होते हैं और वे चुपचाप दुश्मन के पेट में चुभो दिए जाते हैं।

**बजरी** – कंकड़ के छोटे टुकड़े।

**बटिया** – छोटा गोल पत्थर का टुकड़ा/भंग रगड़ने का पत्थर।

मचिया बैठि गौरा **बटिया** निहारैं,
अब अइहैं तपसी हमारि रे।

**बट्टा** – वक कमी जो व्यवहार या लेन-देन में किसी वस्तु के मूल्य में छूट के रूप में दी जाती है।

**बड़ा दिन** – 25 दिसम्बर, ईसा मसीह का जन्म दिवस जो ईसाइयों का त्यौहार है।

**बताशा** – एक प्रकार की मिठाई जो चीनी की चासनी टपका कर बनाई जाती है।

कछु दिन भोजन वारि **बतासा**।

**बतिया** – छोटा कोमल और कच्चा फल।

**बथुआ** – एक प्रकार का क्षुप (पौधा) जिसका हरा साग बड़े चाव से खाया जाता है।

**बधिर** – जिसकी श्रवण शक्ति का लोप हो चुका हो।

**बधिया** – वह पशु जिसके अंडकोश निकाल कर संड (खस्सी) कर दिया गया हो।

**बनमाला** – तुलसी, कुंद, मंदार, पारिजात और कमल के फूलों से बनी माला/गले से पैरों तक लम्बी माला।

**बनियाइन** – जुर्राब की बनावट की कुर्ती अथवा बंडी/बनिए की स्त्री।

**बपतिस्मा** – यहूदियों का एक पुराना संस्कार जिसके अनुसार नवजात शिशु को नहला कर शुद्ध किया जाता है। यह प्रथा ईसाइयों में भी प्रचलित है।

**बरगद** – वट वृक्ष जिसकी छाया अति शीतल तथा सुहावनी होती है। इसके फल औषधि के रूप में लाभकारी हैं। पक्षी इन्हें बड़े चाव से खाते हैं।

**बरसी** – मृतक की आत्मा की शान्ति हेतु किया जाने वाला वार्षिक श्राद्ध और ब्रह्मभोज।

**बरहौं** – बच्चे के जन्म से 12 दिन बाद किया जाने वाला प्रसूता का स्नान तथा अन्य क्रियाएँ।

**बरान कोट** – सिपाहियों का ऊनी लम्बा कोट।

**बरिच्छा** – कन्या की शादी पक्की करके दी जाने वाली धनराशि।

**बरुआ, बरुबा** – ब्राह्मण बालक जो उपनयन संस्कार के समय श्रीखण्ड (सिखरन-भात) खाने के लिए आमंत्रित किए जाते हैं/असमी ब्राह्मणों की एक शाखा।

**बरेत** – सन का मोटा रस्सा जो मोट में बाँधकर कुएँ से सिंचाई के लिए पानी निकालने के काम आता है।

**बर्कर** – बकरी या भेड़ का बच्चा।

**बर्बरी** – घुँघराले बालों वाला।

**बर्राना** – स्वप्न में चिल्ला पड़ना, प्रलाप करना, बड़बड़ाना।

**बर्रें** – एक प्रकार का तिलहन जिसमें पीले रंग के फूल लगते हैं तथा फिर फल लगते हैं जिसमें बीज होते हैं इन्हीं बीजों का तेल निकाला जाता है। इसका पौधा काँटेदार होता है।

**बलाहक** – बादल/मोथा/सर्पों का एक भेद/एक पर्वत।

**बलिहारी** – निछावर होना, कुर्बान जाना।

**बल्लम** – लाठी के सिरे पर लगाया गया दो धारों वाला नुकीला हथियार जो भाले से छोटा होता है।

**बहँगी** – बोझा ढोने के काम आने वाला एक उपकरण जिसके दोनों छोरों पर बोझा लटका दिया जाता है। यह बाँस की फट्टी का बना होता है।

**बहकना** – ठीक रास्ते पर न चलकर गलत रास्ता पकड़ना, पथभ्रष्ट होना।

**बहाल** – असली हालत पर पुनः आ जाना, मुअत्तल होने के बाद पुनः पदस्थापित होना/ सुख-समृद्धि से भरपूर।

**बहेतू** – इधर-उधर मारा-मारा फिरने वाला।

**बाँझ** – जिससे संतान या फल उत्पन्न न हों, बंझा स्त्री।

**बाँड़ी** – बिना पूँछ की गाय या कोई पूँछ कटा मादा पशु; हरियाणा में सिरे से झुकी छड़ी को भी बाँड़ी कहा जाता है।

**बाग़ी** – बग़ावत करने वाला।

**बाज़** – एक प्रसिद्ध शिकारी पक्षी।

**बादरायण** – वेदान्त सूत्र के रचयिता वेद व्यास।

**बाबिल** – ईराक का एक प्राचीन नगर जो फ़रात नदी के किनारे बसा हुआ था।

**बाल** – गेहूँ, जौ अथवा ज्वार का वह ऊपरी भाग जिसमें दाने लगे होते हैं/छोटा बच्चा।

**बाला** – कानों में पहनने का एक जेवर जो गोलाकार होता है/तरुणी जिसकी आयु सोलह वर्ष से कम हो।

**बासी** – देर का या रात का पका भोजन।

**बाहाँजोरी** – हाथ से हाथ मिलाना।

**बिसखपरा** – गोह की जाति का एक जहरीला वन्य जीव/गदह पुरैना नाम की वनौषधि।

**बुरक़ा** – पर्दा करने और शरीर ढकने के लिए मुसलमान स्त्रियों द्वारा प्रयोग में लाया जाने वाला एक वस्त्र।

**बोधायन** – ब्रह्म सूत्र के रचयिता एक आचार्य।

**बौराना** – पागल हो जाना, उन्मत्त हो जाना।

**व्याहता** – जिस स्त्री के साथ विवाह किया गया हो।

**ब्राह्मणक** – हीन ब्राह्मण जो ब्राह्मण के कर्म नहीं करता।

**ब्राह्मणापन** – विद्वान् और अशुद्ध ब्राह्मण।

## भ

**भँजाई** – भाँजने की क्रिया या उजरत जो नोट आदि भुनाने के लिए दी जाती है/कुटम्मस करना, अच्छी तरह पीटना।

**भंडारी** – भण्डार का अध्यक्ष/तोशा खाने का दरोगा/दीवार में अथवा चबूतरे के नीचे बनी अत्यन्त छोटी अलमारी या कोठरी।

**भठियारखाना** – भठियारी का घर/वह जगह जहाँ बहुत शोरगुल होता है/कमीने, असभ्य लोगों की बैठक।

**भट्टाचार्य** – दर्शन शास्त्र का पंडित/सम्मानित अध्यापक/बंगाल में ब्राह्मणों की एक उपजाति/कान्यकुब्ज ब्राह्मणों, शुक्ल ब्राह्मणों की एक कोटि।

**भिक्षार्थी** – भीख माँगने वाला, भिखारी।

**भिंदपाल, भिंदिपाल** – हाथ से फेंका जाने वाला छोटे डंडे जैसा एक अस्त्र, ढेल बाँस।

**भुजाली** – एक तरह का टेढ़ा कटार जैसा हथियार।

**भुजिया** – उबाले हुए धान का चावल/घी या तेल में बनी आलू या हरी सब्जियाँ/बेसन के महीन नमकीन सेव।

**भुट्टा** – मक्का, ज्वार अथवा बाजरे की बाल।

**भूँडिया** – मँगनी के हल-बैलों से खेती करने वाला व्यक्ति।

**भूमिधर** – वह किसान जो अपनी लगान का दस गुनां जमा करके भूमि का स्वामी बना हो, सीधे सरकार को लगान देने वाला/शेषनाग।

**भ्रामरी** – अपस्मार रोग से पीड़ित।

**भ्रूविलास** – भौंवों का मोहक संचालन।

## म

**मँगनी** – ब्याह पक्का करने की रस्म/काम हो जाने पर लौटा देने का वचन देकर लाई गई वस्तु।

**मंगलाचरण** – शुभ कार्य के आरंभ में मंगलकामना से की जाने वाली देव स्तुति/ग्रंथारंभ में लिखा जाने वाला मांगलिक पद।

**मंगलाष्टक** – आठ पदों में की गई मंगल ग्रह की स्तुति, वे मंत्र जिनका पाठ विवाह के समय वर-वधू के कल्याणार्थ किया जाता है।

**मंगली** – वह व्यक्ति जिसकी जन्मकुंडली में चौथे, आठवें अथवा बारहवें स्थान में मंगल ग्रह बैठा हो।

**मंजन** – दाँत साफ करने के लिए प्रयोग किया जाने वाला चूर्ण, स्नान।

**मंत्र** – वेद का संहिता भाग/वह शब्द या शब्द समूह जिसके जप द्वारा अलौकिक शक्ति प्राप्त होती हो/कार्यसिद्धि का गुरु।

**मनकूला** – जिसे दूसरी जगह ले जाया जा सके/चल सम्पत्ति।

**मलीदा** – शुद्ध घी का बना परांवठा जिसे कूट कर उसमें बूरा और घी मिलाकर खाते हैं/कश्मीर में बनने वाला एक ऊनी कपड़ा जिसे खूब मल-मल कर बनाया जाता है, यह काफी नर्म और गर्म होता है।

**मशक्कती** – खूब मेहनत, परिश्रम करने वाला।

**महसूल** – हासिल किया हुआ/टैक्स, कर आदि।

**माथुर** – मथुरावासी/कायस्थों की एक उप-जाति अथवा कायस्थों का एक भेद।

**मिन-मिनाहट** – धीमे या नाक के स्वर से बोलना/अस्पष्ट शब्द।

**मिसिल** – सरकारी दफ्तरों अथवा कार्यालयों में रखी जाने वाली फाइल अथवा संचिका जिसमें पत्र-उत्तर तथा लिए गए निर्णय संबंधी कागज़ात नत्थी होते हैं।

**मीमांसा** – विचारपूर्वक तत्त्व निर्णय, विवेचना करना/षड्दर्शनों में से एक दर्शन।

**मुंडी** – जिसके सिर के बाल मूँड दिए गए हों/बिना सींग का पशु।

**मुकरी** – वह कविता जिसमें पहले कही हुई बात का अंत में खंडन किया जाए/पहेली जैसी कविता जैसे ख़ुशरो की मुकरियाँ, एक उदाहरण इस प्रकार है—

वह आवे तो शादी होय,
वाके बिना रुचै ना कोय।
मीठे वाके लागैं बोल,
ऐ सखि! साजन, ना सखि ढोल॥

**मुकुट** – ताज की तरह धारण किया जाने वाला शिरोभूषण।

**मुखर** – अधिक बोलने वाला, वाचाल।

**मुजरा** – वेश्या का महफिल में बैठकर गाना/झुककर अदब से सलाम करना।

**मुलज़िम** – जिस पर कोई इल्ज़ाम लगाया गया हो, अभियुक्त।

**मुलम्मा** – सोने या चाँदी का पानी किसी अन्य धातु पर चढ़ाना ताकि वह सोने या चाँदी की बनी प्रतीत हो।

**मेलापक** – मिलने या इकट्ठा करने वाला।

**मेव** – मेवात क्षेत्र में रहने वाली क्षत्रिय जाति जो मुसलमान शासन काल में मुसलमान बन गई थी।

**मौजी** – जो मन में आवे कर बैठने वाला।

## य

**यंत्रित** – यंत्र योग से बँधा हुआ/ताले में बंद किया हुआ।

**यथावसर** – जैसा अवसर हो उसी के अनुसार।

**याज्ञिक** – यज्ञ कराने वाला।

**यूप** – यज्ञ में बलि देने के लिए पशु बाँधने का स्तम्भ।

**योगित** – जिस पर अभिचार किया गया हो।

**यौव राज्याभिषेक** – राज्य के उत्तराधिकारी राजकुमार का अभिषेक।

## र

**रंगार** – राजपूतों की एक उपजाति।

**रमता** – एक जगह स्थिर न रहने वाला।

**रमल** – फलित ज्योतिष का एक भेद जिसमें पाँसे फेंककर उसके बिन्दुओं के अनुसार फल का अनुमान लगाया जाता है।

**रसद** – सेना के लिए खाद्य सामग्री।

**रसायनी** – रसायनशास्त्र का ज्ञाता।

**रहँकला** – एक हल्की बैलगाड़ी।

**रिक्थ** – उत्तराधिकार में प्राप्त धन।

**रीझना** – प्रसन्न होना, अनुरक्त होना।

**रुद्ध** – रोका हुआ, घेरा हुआ, रुका हुआ।

**रुँधना** – कँटीली डालों या तारों से घेरना ताकि पशु आदि नुकसान न पहुँचा सकें।

**रेचक** – जिसके खाने से दस्त साफ आएँ अथवा दस्त लगें।

**रेती** – लोहे का एक औजार जिससे रेत कर कोई वस्तु काटी या चिकनी की जाती है।

**रेफ** – 'र्' अक्षर का किसी वर्ण के पहले आने पर लगाया जाने वाला चिह्न ' '। जैसे धर्म, कर्म आदि में प्रयोग।

**रेहन** – ऋणदाता के पास बंधक रखने वाली सम्पत्ति अथवा धन जो तब तक रखा जाता है जब तक कर्ज़दार लिया गया पूरा धन वापस नहीं कर देता।

**रोग़न** – कोई चिकनी तैलिक अथवा घी जैसी वस्तु जैसे बादाम अर्थात् बादाम का तेल।

**रोचक** – जो मन को अच्छी या अच्छा लगे, रुचिकारी।

**रोहिणिका** – लाल चेहरे वाली नारी/क्रोधावेश अथवा अंग राग या अरुण राग लेपन के कारण हुए लाल चेहरे वाली।

**रौंदना** – पैरों से कुचलना, पददलित करना।

**रौक्म** – सोने का बना हुआ।

**रौचनिक** – गोरोचन से रंगा हुआ, गोरोचन सम्बन्धी।

**रौताई** – रावत का पद।

**रौद्र** – रुद्र सम्बन्धी, रुद्र का/भयंकर/क्रोधपूर्ण काव्य के नौ रसों में से एक रस।

**रौस** – बाग़ की क्यारियों के बीच का रास्ता/चाल-ढाल, रंग-ढंग।

**रौसली** – चिकनी उपजाऊ मिट्टी, उर्वरा भूमि।

**रौहिणेय** – रोहिणी पुत्र बलराम/बुध ग्रह/पन्ना।

## ल

**लंकपति** – लंका का राजा रावण, बाद में यह पद विभीषण को प्राप्त हो गया।

**लंगर** – लोहे का बहुत बड़ा काँटा, जिसे नाव या जहाज़ को किनारे खड़ा रखने के लिए तट पर इस तरह डाल दिया जाता है ताकि वह भूमि में गड़ जाए।

**लंघक** – लाँघने वाला/नियम तोड़ने वाला।

**लंब** – किसी सरल रेखा पर समकोण बनाने वाली रेखा, यथा—नाचने वाला/एक राग का विशेष भेद।

**लंभित** – प्राप्त कराया हुआ।

**लकवा** – एक बीमारी जिसमें शरीर का कोई भाग निष्क्रिय हो जाता है, नाड़ी सम्बन्धी रोग, पक्षाघात, फालिज।

**लकड़बग्घा** – भेड़िये की जाति का एक हिंसक पशु।

**लकड़दादा** – परदादा से बड़ा दादा।

**लकड़हारा** – जंगल से लकड़ी काट कर बेचने और उससे अपनी आजीविका चलाने वाला।

**लखिया** – लखपति/दीर्घजीवी/लखने वाला।

**लच्छा** – तरतीब से लपेटे गए तार का बंडल/पतले-बारीक कटे हुए टुकड़े।

**लटूरी** – सिर के बालों का लटकने वाला गुच्छा/अलकें।

**लट्ठा** – ज़मीन नापने का बाँस जो साढ़े पाँच हाथ लंबा होता है/लकड़ी का लंबा टुकड़ा/मज़बूत मोटा कपड़ा (लांग क्लॉथ)।

**लतीफ़ेबाज** – विनोदी, चुटकले छोड़ने वाला।

**लब्ध** – प्राप्त, मिला हुआ।

**लवणोदक** – खारा पानी।

**लहकौर लहकौरी** –दुल्हन और दूल्हे का कोहबर में एक-दूसरे को परस्पर कुछ खिलाना।

**लहीम** मोटा ताजा, मांसल।

**लहू-लुहान** – खून से तर-बतर होना, घायल होना।

**लॉक** – तुरंत काटी गई फसल के ढेर।

**लाक्षा** – एक प्रकार का कीड़ा जिसके कारण लाख बनती है तथा लाल रंग भी बनाया जाता है/लाख या लाह।

**लुकंजन** – एक अंजन जो लगाने वाले को अदृश्य कर देता है।

**लू** – तपी हुई वायु, ग्रीष्म ऋतु में चलने वाली तेज गर्म हवा जो यदि किसी को लग गई तो तेज बुखार चढ़ता है।

**लेखांश** – किसी लेखादि का अंश।

**लेप्य** – लेपन करने योग्य।

**लोमावली** – सीने से नाभि पर्यन्त उगे हुए बाल या रोएँ।

**लोहिया** – लोहे का कारोबार करने वाला/मारवाड़ी बनियों की एक जाति।

**लौज़** – बादाम, बादाम मिलाकर बनाई गई बर्फी।

**लवनी** – नमकीन, नमकदार।

**लौनी** – फसल की कटाई करने वाले को दिया जाने वाला काटी गई फसल का एक भाग/नवनीत, मक्खन।

## व

**वंक** – नदी का घुमाव।

**वंक्षण** – पेड़ू और जाँघ के मध्य का भाग।

**वंचनीय** – परित्याग करने योग्य।

**वंडर** – कंजूस/खोजा/अन्त:पुर में रहने वाला।

**वक्तुमना** – जो बोलना चाहता हो।

**वज्राभिषवन** – एक प्राचीन अनुष्ठान जिसमें तीन दिन तक केवल जौ के सत्तू पर निर्भर रहना होता है।

**वत्स** – प्यारसूचक सम्बोधन/पुत्र/गाय का बछड़ा।

**वनाश** – केवल जल पीकर रहने वाला/एक तरह का छोटा जौ।

**वयस्क** – जिसने अठारह वर्ष की आयु पूरी कर ली हो। भारतीय संविधान के अनुसार ऐसा व्यक्ति अपने मताधिकार का प्रयोग कर सकता है।

**वशीकरण** – मंत्रादि द्वारा किसी को अपने वश में करना अथवा करने की विधि।

**वसु** – सब में बसने वाला/आठ देवताओं का एक वर्ग।

**वाग्युद्ध** – शब्दों का युद्ध/झगड़ा।

**वाचंयम** – वाणी पर नियंत्रण करने वाला।

**वाचनालय** – जहाँ अखबार या कविताएँ पढ़ने के लिए रखी जाती हैं।

**वाजपेयी** – वह व्यक्ति जिसने वाजपेय यज्ञ किया हो/ ब्राह्मणों की एक उपाधि/कान्यकुब्ज ब्राह्मणों का एक आस्पद।

**वादी** – बोलने वाला/अदालत में मुकदमा चलाने वाला (मुद्दई)।

**वामन** – भगवान् विष्णु का एक अवतार/अति छोटे डील-डौल वाला।

**वारित** – जिसे रोका गया हो, जिसका निवारण किया गया हो।

**वास्तु** – मकान बनाने योग्य स्थान/गृह, भवन, मकान की नींव।

**वाही** – वहन करने वाला/कमजोर, निकम्मा।

**विक्रमीय** – विक्रमादित्य संबंधी/पौरुष या बल संबंधी।

**विखंडित** – टुकड़े-टुकड़े किया हुआ, अंग-भंग किया हुआ।

**विगद** – रोगरहित, नीरोग।

**विघर्षण** – रगड़ने और घिसने की क्रिया।

**विचीर्ण** – जिस पर गमन या कब्जा किया गया हो।

**विच्छेदक** – काट कर अलग करने वाला।

**विज्ञानी** – किसी विषय का श्रेष्ठ ज्ञाता, किसी विज्ञान में निष्णात।

**विज्ञाता** – जानने, समझने वाला।

**विनता** – कूबड़ वाली लड़की, कुब्जा/गरुड़ की माता।

**विनाश्य** – विनाश करने योग्य।

**विनिकीर्ण** – छितराया हुआ, इधर-उधर फेंका हुआ।

**विभ्रान्त** – घूमा हुआ, चक्कर खाया हुआ।

**विमुक्त** – मुक्त किया हुआ, छोड़ा हुआ, स्वतंत्र।

**विरावित** – शब्दायमान किया हुआ।

**विरुभाजन** – चमकदार हथियार या गहना।

**विरूपाक्ष** – जिसकी आँखें बेडौल अथवा कुरूप हों।

**विरोचन** – प्रकाशित करने वाला, सूर्य, चन्द्रमा आदि/ राजा बलि का पिता/विष्णु।

**विवादास्पद** – जिसके विषय में विवाद हो।

**विश्रान्त** – सुस्ताया हुआ, विश्राम किया हुआ/विश्राम करने वाला/शान्त/घटा हुआ/रुका हुआ।

**विषम** – असमतल/दो से पूरी-पूरी विभाजित न होने वाली संख्या।

**विषुव** – वह समय जब दिन और रात का मान बराबर होता है।

**विसर्जन** – किसी देव प्रतिमा का नदी की धारा में प्रवाहित करना अथवा छोड़ना/समाप्त करना/विशेष अवसर पर सांड़ का छोड़ा जाना।

**विहार** – घूमकर मनोरंजन करना, बौद्धमठ।

**वीरवती** – वह स्त्री जिसका पति और पुत्र जीवित हों।

**वीरा** – वह स्त्री जिसका पिता और पुत्र जीवित हों।

**वृंहण** – पुष्ट अथवा स्थूल करने वाला।

**वेष्टित** – घेरा या लपेटा हुआ, वस्त्राच्छादित।

**वोढव्या** – वह कन्या जिसका विवाह होने वाला हो।

## श

**शंकनीय** – जिसके बारे में शंका करने की गुंजाइश हो।

**शंख** – मूसल में लगने वाली नाल।

**शयनागार** – शयन करने का बड़ा कमरा।

**शस्त्र** – हथियार जिसे हाथ में पकड़ कर प्रयोग में लाया जाता है जैसे–तलवार, कटार, बरछा आदि।

**शसन** – यज्ञ के अवसर पर की गई पशु बलि।

**शाकटीन** – गाड़ी में लदी वस्तु या लदा सामान।

**शाबरी** – शबर जाति की भाषा या बोली।

**शासनीय** – शासन या नियंत्रण करने योग्य।

**शिरोमणि** – मस्तक पर धारण करने का रत्न या मणि।

**शिष्टाचारी** – शिष्ट आचरण करने वाला, सदाचारी, नियमानुरूप आचरण करने वाला।

**शृंगार** – साहित्य शास्त्र के नौ रसों में से एक रस जिसे रसराज भी कहा जाता है।

**शोधक** – खोज करने या शुद्ध करने वाला।

**श्यामल** – काले या साँवले रंग का।

**श्रेष्ठ** – उत्कृष्ट, सबसे अच्छा।

**श्रेष्ठी** – व्यापारियों, वैश्यों, व्यवसायियों का अग्रणी/अति धनी वैश्य।

**श्वसन** – साँस लेना/हाँफना/आह भरना।

**श्वासोच्छास** – वेग से साँस लेना और बाहर निकालना।

**श्वेताम्बर** – सफेद वस्त्र/सफेद वस्त्र पहनने वाले जैन सम्प्रदाय के मानने वाले।

**श्वेतांबरी** – सफेद वस्त्र पहनने वाले/श्वेताम्बर जैन सम्प्रदाय के अनुयायी।

**ष**

**षष्ठी** – हिन्दू महीनों का छठा दिन, यह शुक्ल तथा कृष्ण दोनों पक्षों में होती है/बच्चे के जन्म का छठा दिन।

**षोडशोपचार** – देव पूजा के सोलह अंग–आसन, स्वागत, अर्घ्य, आचमन, मधुपर्क, स्नान, वस्त्राभरण, यज्ञोपवीत, चंदन, पुष्प, धूप, दीप, नैवेद्य, तांबूल, परिक्रमा और वंदन।

**षड्ऋतु** – छह ऋतुएँ–वसंत, ग्रीष्म, वर्षा, शरद, शिशिर और हेमन्त।

**स**

**संकल्पित** – जिसका संकल्प किया गया हो, जिसकी कल्पना की गई हो।

**संक्षालन** – वह जल जो नहाने-धोने के काम आता है/धोना।

**संगतिया** – गाने आदि के साथ साज बजाने वाला।

**संगरासिख** – ताँबे का मैल जिससे खिजाब बनाते हैं।

**संग्रहालय** – वह भवन जहाँ विशेष प्रकार की वस्तुओं का संग्रह किया जाता है।

**संचर्वण** – चबाने की क्रिया।

**संछेदन** – काटना, विभाजित करना।

**संज्ञापन** – सूचित करना, ज्ञापित करना, बताना, जानकारी देना।

**संजीवनी** – मृत को जिलाने वाली एक कल्पित बूटी, एक आयुर्वेदिक औषधि।

**संज्ञात** – अच्छी तरह जाना और समझा हुआ।

**संदिग्धार्थ** – जिसका अर्थ संदेहयुक्त हो।

**संध्य** – संधि सम्बन्धी/संहिता पर आधारित/जिसकी संधि होने वाली हो/विचार में प्रवृत्त।

**संध्योपासन** – संध्या के समय की जाने वाली पूजा आदि।

**संपादक** – पूरा करने वाला/प्रस्तुत करने वाला/उत्पन्न करने वाला/प्राप्त करने वाला/वह व्यक्ति जो दूसरे की रचना को ठीक-ठाक करके, ग्रंथों की सम्यक् जाँच करके अथवा सामयिक पत्र-पत्रिकाओं में प्रकाश्य सामग्री की हर तरह से संवीक्षा करके उसे प्रकाशन योग्य बनाता है।

**संप्रदाय** – देने वाला, नजर करने वाला/गुरु परम्परा से प्राप्त मंत्र, सिद्धान्त आदि/परम्परागत विश्वास या प्रथा/किसी धार्मिक मत के अनुयायियों का समूह।

**संबोध्य** – जिसे बतलाया, समझाया जाए/जिसे संबोधित किया जाए।

**संभोज्य** – खाने योग्य/खिलाने योग्य/जिसके साथ खाया जा सके।

**संयमित** – रोका हुआ, दमन किया हुआ, बंधा हुआ/धार्मिक प्रवृत्ति वाला।

**संयोजक** – जोड़ने, मिलाने वाला/घटित करने वाला/शब्दों या वाक्यों को जोड़ने वाला/सभा या समिति आदि की बैठक का आयोजन करने वाला।

**संरक्षणीय** – रक्षा करने योग्य/सुरक्षित रखने योग्य।

**संवत्सरीय** – हर साल होने वाला, वार्षिक।

**संशुद्ध** – पूरी तरह शुद्ध किया हुआ, विशुद्ध/चमकाया, पालिश किया हुआ।

**संस्कारी** – अच्छे संस्कार वाला।

**संस्थापक** – स्थापित करने वाला/रूप या आकृति देने वाला।

**संहिता** – संयोग, मेल, संधि, संग्रह, संकलन/मनु द्वारा रचित धर्म शास्त्र/वेदों का मंत्र भाग।

**सच्चिदानन्द** – सत्, चित्, आनन्द स्वरूप ब्रह्म।

**सच्चिन्मय** – सत् और चैतन्य स्वरूप।

**सदागम** – सज्जन का आगमन/उत्तम सिद्धान्त/सत् शास्त्र।

**सबंधु** – जिसके साथ निकट सम्बन्ध हो, एक ही वंश का, संबंधी, रिश्तेदार।

**समंगी** – जिसके सभी अंग पूर्ण हों/सभी आवश्यक साधनों से युक्त।

**समनुकीर्तन** – खूब बढ़कर प्रशंसा करना।

**समीकृत** – समान, बराबर किया हुआ, अनुकृत, योग किया हुआ।

**समीक्षण** – सम्यक् परीक्षा, समालोचना/देखने की इच्छा।

**सम्मोहित** – मुग्ध, वश में किया हुआ/बेहोश किया हुआ/घबड़ाहट में डाला हुआ।

**सरीसृप** – रेंगने वाला, रेंगने वाला कीड़ा, साँप आदि।

**सहोदर** – सगा भाई, एक माँ से उत्पन्न।

**साक्षरता** – पढ़े-लिखे होने का भाव।

**सान्नाय** – हवन के काम आनेवाला अभिमंत्रित घृत, होम के लिए विशेष प्रकार से तैयार किया हुआ घी।

**सार्वकर्मिक** – सब कामों के लिए उपयुक्त।

**सावित्र** – सूर्य सम्बन्धी, सूर्य से उत्पन्न/गायत्री से युक्त।

**साष्टांग** – आठ अंगों से युक्त/सिर, हाथ, पैर, आँख, जाँघ, हृदय, वचन और मन प्रणाम के योग से किया गया प्रणाम।

**सिंदूरिया** – सिंदूर के रंग का/सौभाग्यवती।

**सिंदोरा** – सिंदूर रखने की काठ की डिबिया।

**सिंहावलोकन** – सिंह का आगे बढ़ते हुए पीछे की ओर मुड़कर देखना/आगे की ओर बढ़ते हुए पीछे की घटनाओं पर दृष्टिपात करना।

**सीमंत** – सिर में निकाली हुई माँग/सीमा रेखा।

**सुचाली** – अच्छे चाल-चलन वाला, नेक चलन।

**सूक्त** – सुन्दर ढंग से कहा गया/वेद का मंत्र या स्त्रोत।

**सूती** – सूत का बना।

**सोपाधि** – उपाधि सहित, किसी विशेषता से युक्त।

**सोल्लास** – उल्लास-आनन्द से युक्त।

**स्थिरानुराग** – जिसका प्रेम स्थिर हो।

**स्पृहा** – धर्मानुकूल पदार्थ प्राप्ति की कामना, अभिलाषा।

**स्मार्त** – स्मृति संबंधी, जो स्मृति में हो/स्मृतियों का ज्ञाता ब्राह्मण।

**स्वार्थी** – जो अपना मतलब देखे।

**स्वाधीन** – जो अपने अधीन हो, जो अपने वश में हो।

**स्वीकार्य** – स्वीकार करने योग्य।

**स्वैरी** – इच्छानुसार घूमने या काम करने वाला।

## ह

**हंतव्य** – हनन करने योग्य, मार डालने योग्य।

**हड़बड़िया** – जल्दी मचाने वाला, जल्दबाज, उतावला।

**हमेल** – सोने या चाँदी के गोल सिक्कों की बनाई गई माला/गोलाकार धातु खण्डों की बनाई गई माला।

**हास्यास्पद** – हास्य का विषय, उपहास का विषय, वह व्यक्ति जिसे देखकर हँसी आवे।

**हा-हा** – खुलकर हँसने की आवाज/अनुनय-विनय, गिड़गिड़ाने की आवाज।

**हिरणमय** – सोने का बना, सोने का, सुनहरा।

**हिर्सा-हिर्सी** – दूसरों को देखकर, देखा-देखी।

**हुंडी** – वह पत्र जो आपस में लेन-देन करने वाले महाजन किसी को रुपया दिलाने के लिए भेजते हैं, महाजनी चेक/कर्ज देने का तरीका जिसमें महाजन सूद की रकम मूल में पहले ही शामिल करके उसकी उगाही एकबारगी या किश्तों में करता है।

**हूलना** – लाठी, भाले या तलवार की नोक गड़ाना, चुभाना या भोंकना।

**होता** – यज्ञ या हवन करने वाला, मंत्र पढ़ते हुए यज्ञ कुण्ड में आहुति देने वाला।

**होत्रीय** – होता से सम्बन्ध रखने वाला, यज्ञकर्ता पुरोहित।

**ह्रासन** – क्षीण या कम करने की क्रिया, कम करना, घटाना।

**ह्लादी ( हलादी )** – प्रसन्न करने वाला, आनन्दयुक्त/बहुत शब्द करने वाला।

**क्षीरजा** — लक्ष्मी जी का एक नाम जो दुग्ध सागर से जन्मी थीं।

**क्षुद्रघंटिका** – घुंघरूदार करधनी।

**क्षुरप्र** – तेज धार वाला बाण।

हिन्दी में अनेक ऐसे शब्द हैं, जिनका प्रयोग किसी पूरे वाक्य या वाक्यांश के लिए किया जाता है, जैसे 'विधवा' का अर्थ है, 'वह स्त्री जिसका पति मर गया हो'। इसी प्रकार 'कुलीन' शब्द का अर्थ जिसका जन्म उच्च वंश में हुआ हो'।

नीचे अनेक बाक्य/वाक्यांश और उनके लिए प्रयुक्त होने वाले शब्दों की संक्षिप्त सूची दी हुई है:—

## उदाहरण

माँ-बाप का सन्तान के प्रति प्रेम – वात्सल्य

जो सहा न जा सके – असह्य

जो कभी बूढ़ा न हो – अजर

आशा से अधिक – आशातीत

जिसे करने की मनाही हो – निषिद्ध

युग को नई दिशा देने वाला – युग-प्रवर्तक

जो उच्च कुल में जन्मा हो – कुलीन

दूसरों की उन्नति से जलने वाला – ईर्ष्यालु

दण्ड की चिन्ता न करने मनमानी करने वाला – उद्दण्ड

जो पूजा का अधिकारी हो – पूजनीय

| | | |
|---|---|---|
| कृपा के कारण संतुष्ट व्यक्ति | — | कृतार्थ |
| जिस जमीन में कुछ भी पैदा न हो | — | ऊसर |
| ऐसी जमीन जो उत्पादक हो | — | उर्वरा |
| जिसके ऊपर किसी का उपकार हो | — | उपकृत |
| जो समान न हों | — | असमान |
| जिसे ईश्वर एवं धर्म में विश्वास हो | — | आस्तिक |
| जिस पर विजय प्राप्त न हो सके | — | अजेय |
| जिसको कुछ भी ज्ञान न हो | — | अज्ञ |
| जिसका कोई शत्रु न हो | — | अजातशत्रु |
| दोपहर के बाद आने वाला समय | — | अपराह्न |
| अनुकरण करने योग्य | — | अनुकरणीय |
| शरण में आया हुआ हो | — | शरणागत |
| वन में लगने वाली आग | — | दावानल |
| जो खाने योग्य न हो | — | अखाद्य |
| जिसे काटा न जा सके | — | अकाट्य |
| जिसे पीड़ित किया गया हो | — | द्विज |
| गोद लिया हुआ पुत्र | — | दत्तक |
| अक्षर ज्ञान से रहित | — | निरक्षर |
| जिसके पास कुछ भी न हो | — | अकिंचन |
| जल्दी चलने वाला | — | द्रुतगामी |
| जिस लड़की का विवाह होने को है | — | सौभाग्यकांक्षिणी |
| दूर की बातों को सोचने वाला | — | दूरदर्शी |
| भूत, वर्तमान तथा भविष्य जानने वाला | — | त्रिकालदर्शी |
| जो ईश्वर को न मानता हो | — | नास्तिक |
| जो अपनी हत्या स्वयं करना चाहे | — | आत्मघाती |
| ऊपर कहा गया | — | उपर्युक्त |
| जो उपकार को न माने | — | कृतघ्न |
| जो उपकार को माने | — | कृतज्ञ |
| जो निश्चय न कर सके कि क्या करे | — | किंकर्त्तव्यविमूढ़ |
| जो धर्म को न माने | — | अधर्मी |
| जिसमें सन्देह हो | — | संदिग्ध |
| जिसका पति जीवित हो | — | सधवा |
| जो बिना वेतन के काम करे | — | अवैतनिक |
| जिस पर मुकदमा चल रहा हो | — | अभियुक्त |
| जिसके माता पिता न हों | — | अनाथ |
| जिसका कोई इलाज न हो | — | असाध्य |
| बिना सोचे समझे किया जाने वाला विश्वास | — | अंधविश्वास |
| जिसकी उपमा न दी जा सके | — | अनुपम |
| जिसका निर्णय न हुआ हो | — | अनिर्णित |
| हाथ से लिखा हुआ | — | हस्तलिखित |
| जो/जैसा पहले कभी न हुआ हो | — | अभूतपूर्व |
| जिसका पता न हो | — | अज्ञात |
| जो सदा रहे | — | अमर |
| जो क्षमा योग्य न हो | — | अक्षम्य |
| जो सहन न किया जा सके | — | असह्य |
| बिना मूल्य के प्राप्त होने वाला | — | निःशुल्क |
| हृदय को विदीर्ण करने वाला | — | हृदयविदारक |
| जिसने इन्द्रियों पर विजय पा ली हो | — | जितेन्द्रिय |
| वह स्त्री जिसे पति छोड़ दे | — | परित्यक्ता |
| जो बहुत अधिक बोलता हो | — | वाचाल |
| जो इस लोक से परे की बात हो | — | अलौकिक |
| जो कठिनता से मिलता हो | — | दुर्लभ |
| जिसे किसी भी स्थिति में टाला न जा सके | — | अनिवार्य |
| रात और संध्या के बीच का समय | — | गोधूलि |
| तीन मास में होने वाला | — | त्रैमासिक |

# पर्यायवाची शब्द

एकार्थ बोधक शब्दों को पर्यायवाची शब्द कहा जाता है। पर्यायवाची शब्दों में से कुछ पूर्ण पर्याय तथा कुछ अपूर्ण पर्याय की श्रेणी में आते हैं। पूर्ण पर्याय—कपि, वानर, मर्कट, प्लवंग आदि बन्दर के पर्याय हैं। अपूर्ण पर्याय—कृपा, दया, करुणा को कहा जाता है, किन्तु इनके प्रयोग में बहुत अन्तर है। भाषा के सूक्ष्म अध्ययन की दृष्टि से अपूर्ण पर्यायों के मध्य सूक्ष्म अन्तर होता है। इस अन्तर को देखते हुए ही उनका प्रयोग किया जाता है। हिन्दी के शब्द-भंडार की पर्याप्त वृद्धि हुई है। इस दिशा में डॉ. रघुवीर जैसे भाषा-पंडितों ने बहुत काम किया है। भारत सरकार का केन्द्रीय हिन्दी निदेशालय, अनुवाद ब्यूरो तथा राजभाषा विधायी आयोग आदि संस्थाओं द्वारा किए जा रहे शब्द रचना के कार्य सराहनीय हैं। हमारे देश में संस्कृत समृद्ध भाषा है जिससे हिन्दी को बहुत-से शब्द प्राप्त हुए हैं, अतएव पर्यायवाची शब्दों की दृष्टि से हिन्दी समृद्ध है। नीचे कुछ उपयोगी पर्यायवाची शब्द दिए गए हैं :

**अंक** : क्रोड़, गोद, पार्श्व

**अंगिका** : अंगिया, कंचुकी, चोली

**अश्व** : घोड़ा, तुरंग, हय, घोटक, वाजि

**अग्नि** : अरुण, अनल, कृशानु, धनंजय, पावक, वह्नि, वैश्वानर, हुताशन, हव्यवाहन

**अन्तःपुर** : जनानखाना, भोगपुर, रनिवास, राजमहिषीनिवास, हरम

**अंधकार** : अंधियारा, अंधेरा, तम, तिमिर, ध्वान्त

**अतिथि** : अभ्यागत, आगन्तुक, पाहुन, मेहमान

**अध्यापक** : अवबोधक, आचार्य, गुरु, प्रवक्ता, व्याख्याता, शिक्षक, उपाध्याय

**अनाज** : अन्न, गल्ला, धान्य, शस्य

**अर्जुन** : गुडाकेश, गाण्डीवधारी, धनंजय, पार्थ, भारत, सव्यसाची

**अमृत** : अमिय, पीयूष, सुधा, सोम

**आकाश** : अभ्र, अम्बर, अन्तरिक्ष, अनंत, गगन, घनवास, नभ, पुष्कार, व्योम, वियत, शून्य

**आकांक्षा** : इच्छा, अभिलाषा, चाह, कामना

**आभूषण** : अलंकार, आभरण, गहना, जेवर, भूषण, विभूषण

**आम** : अति-सौरभ, आम्र, पिकवल्लभ, फलश्रेष्ठ, फलराज, रसाल, सहकार, रसघट

**इन्द्राणी** : इन्द्रा, इन्द्रवधू, पुलोमज़ा, पौलोमी, माहेन्द्री, शची

**इन्द्र** : पाकशासन, पुरन्दर, पुरुहूत, वासव, बृत्रहा, शक्र, शचीपति, सुरपति, सुराता

**इन्द्रधनुष** : इन्द्रायुध, ऋजुरोहित, शक्रचाप, सप्तवर्ण, सुरधनु

**ईश** : अज, ईश्वर, त्रिलोकीनाथ, परमात्मा, परमेश्वर, परमानन्द, ब्रह्मा, भगवान्, महेश्वर

**उत्पत्ति** : आविर्भाव, उद्‌भव, जनन, जन्म, पैदाइश, प्रसूति

**ऊँट** : उष्ट्र, क्रमेलक, महाग्रीव, लम्बोष्ठ

**एकान्त** : अकेला, एकाकी, निर्जन, शून्य, सुनसान, सूना

**ऐक्य** : एकता, बराबरी, सादृश्य, समानता

**ऐश्वर्य** : भूति, लक्ष्मी, वैभव, विभूति, श्री, सम्पदा, सम्पत्ति

**ऐरावत** : अभ्रमातंग, इन्द्रवाहन, गजेन्द्र

**ओष्ठ** : अधर, दशनच्छद, रदनच्छद, ओंठ

**ओस** : तुहिनकण, तुषार, प्रालेय, हिम बिन्दु, हिमसीकर, हिमकण

**औषधि** : दवा, दवाई, भेषज, गदह

**कटि** : मध्य, कमर, करहावं, अवलग्न, उदर, नाभि भाग, श्रोणि

**कण्ठ** : ग्रीवा, शिरोधरा, गला

**कपूर** : कर्पूर, घनसार, हिमवालुका

**कमल** : अरविन्द, अम्बुज, अम्भोज, अम्भोरुह, इन्दीवर, उत्पलकंज, कुशेशय, कुवलय, जलज, तामरस, नलिन, नीरज, पंकज, वारिजात, सरोज़, सरसिज

**कर** : अग्रहस्त, पाणि, भुज, बाहु, हस्त

**कर्त्तव्य** : कृत्य, कार्य, विधेय, अनुष्ठेय, करणीय, आचरणीय

**करुणा** : कृपा, दया, प्रसाद, अनुग्रह, अनुकम्पा, आनुकूल्य, अनुक्रोश

**कल्याण** : मंगल, भद्र, क्षेम, शुभ, शिव, श्रेय, निःश्रेयस्

कल्पवृक्ष : पारिजात, देवद्रुम, कल्पद्रुम, मन्दार, हरिचन्दन, कल्पतरु
कली : कलिका, मुकुल
कस्तूरी : मृगमद, मदलता, मृगनाभि
कष्ट : पीड़ा, वेदना, व्यथा, कृच्छ, संकट, विपत्ति, आर्ति, आपत्ति, आपदा, दुःख
काक : काग, कौआ, एकाक्ष, वायस, द्रोण
कान्ति : छटा, शोभा, द्युति, प्रभा, विभा, आभा, सुषमा
कामदेव : अनंग, अतनु, काम, कंदर्प, पंचशर, पंचवाण, मदन, मन्मथ, मीनकेतु, मनोभव, मयन, मनसिज, मार, मकरध्वज, मनोज, रतिपति, स्मर
कायाकल्प : शरीर शोधन, पुनर्रचना, पुनर्निर्माण, जीर्णोद्धार, परिवर्तन
किरण : रश्मि, मरीचि, मयूख, कर, अंशु
कुबेर : घनद, किन्नरेश, धनाधिप, श्रीद, जनेश्वर, यक्षपति, राजेश्वर
कुमारी : कन्या, अनूदा, अविवाहिता
कुशल : दक्ष, निपुण, प्रवीण, सिद्धहस्त, पटु, चतुर
कुहरा : कुहेलिका, कुहा, कुहासा, कुहर, प्रालेय, कुहरधूम
केला : कदली, गजवासा, रम्भाफल, मोचा, भानुफल, कुंजरासना
केश : बाल, कच, शिरोरुह, कुन्तल, अलक, मूर्धज
केशर : कुंकुम, कश्मीरज, परिमल, जाफरान
कृपा : दया, अनुग्रह, अनुकम्पा
कृष्ण : केशव, गिरधर, कंसारि, गोपीनाथ, माधव, मुरलीधर, द्वारिकाधीश, ब्रजभूषण, दामोदर, यदुनन्दन, मुकुन्द, गोपीवल्लभ, राधावल्लभ, रुक्मिणीवल्लभ, ब्रजवल्लभ, वंशीधर
कोयल : कोकिला, वासंती, पिक, वनप्रिया, मंजुघोषी, कलकंठ, कुहूकंठ, वसन्तदूत, मदालापी
क्रूर : निर्दय, भयावना, भयंकर, नीच, दुष्ट
क्रोध : कोप, रोष, गुस्सा, कोह, तैश, आवेश
क्षिति : पृथ्वी, धरा, वसुंधरा, भूमि, प्रलय काल, गोरोचन
क्षितिज : मंगलग्रह, केंचुआ, नरकासुर, वृक्ष, दिशान्त, आकाश
क्षुद्र : कृपण, अधम, नीच, अल्प, निर्धन
क्षुब्ध : क्रुद्ध, चंचल, चपल, कुपित, व्याकुल, विह्वल
खग : पक्षी, पंछी, चिड़िया, वाण, तीर, गंधर्व, ग्रह, तारा, चन्द्रमा, सूर्य, देवता, बादल, वायुयान
खर : खच्चर, गधा, सख्त, तिनका, मूर्ख, अमांगलिक
खल : नीच, दुष्ट, पाजी, कमीना, बदमाश, चुगलखोर, निर्लज्ज, खलिहान, खली
खेल : क्रीड़ा, केलि, तमाशा, अभिनय, विहार, खिलवाड़
खोज : तलाश, अनुसंधान, अन्वेषण, निशान, चिह्न
गंगा : भागीरथी, मंदाकिनी, जाह्नवी, सुरनदी, देवनदी, देवापगा, सुरसरि, विष्णुपदी, त्रिपथगा, त्रिधारा
गण : झुंड, समूह, समुदाय, जत्था, श्रेणी, सेवक, दूत, अनुचर, अनुयायी
गणेश : गणनायक, गणपति, विघ्नेश, गजानन, एकदन्त, लम्बोदर, भालचन्द्र, विघ्नहरण, शंकरसूत, गिरिजानन्दन, सुरश्रेष्ठ, सिद्धिदाता
गज : कुंजर, हस्ति, द्विप, करि, हाथी
गुप्त : छिपा, अप्रत्यक्ष, परोक्ष, रहस्यपूर्ण, गूढ़ वैश्य
गुरु : शिक्षक, आचार्य, अध्यापक, उपदेशक, उपाध्याय, बड़े आकार का
गृह : घर, गेह, निवास, मकान, वंश, खानदान, निकेत, आलय, धाम, सदन भवन, परिवास
गेंद : कन्दुक, गेन्दुक, गिरिक, कंदु, गोय
गौ : कपिला, गऊ, गाय, गैया, जननी, माता, धात्री, सुरभी, इला, पावनी
गौरव : महत्त्व, बड़प्पन, स्वाभिमान, सम्मान, आदर, अभ्युत्थान, गुरुता
गौरी : पार्वती, गिरिजा, कन्या, तुलसी, शुभ्रा, गौ, हल्दी, गंगा, गौरवर्णी
ग्रह : नक्षत्र, चन्द्र या सूर्यग्रहण, तंग करने वाला, अनुग्रह या कृपा
घट : घड़ा, शरीर, मन, हृदय, कुम्भराशि, कलश, जलपात्र
घमंड : अभिमान, गर्व, अहंकार, सहारा, भरोसा, दंभ
घी : घृत, क्षीरसार, जीवन, घिड, नवोद्धृत, हविष्य, अमृतसार
चन्दन : मलय, हरिगंध, हरिभूषण, चन्द्रकान्त, दारुसार, दिव्यगंध
चन्द्रमा : शशि, हिमांशु, इन्दु, कलाधर, अंशुमाली, सोमराज, निशाकर, रजनीपति, सुधांशु
चन्द्रिका : ज्योत्सना, कौमुदी, चाँदनी, उजियारी, चन्द्रप्रभा, चन्द्रछटा, वितान, तोरण
चेटक : सेवक, नौकर, दूत, जादू, माया
चेतन : आत्मा, जीव, मनुष्य, प्राणी, परमेश्वर, ब्रह्मज्ञान
छल : कपट, प्रपंच, धोखा, छद्म, धूर्तता

**छाया** : कान्ति, दीप्ति, अँधेरा, प्रतिबिम्ब

**जंगल** : विपिन, अरण्य, वन, कानन, विजन, द्रुमालय

**जनक** : पिता, बाप, जन्मदाता, उत्पादक, विदेह, मिथिलाधिपति, सीता के पिता

**जननी** : माता, माँ, जन्मदात्री, धात्री

**जुगनू** : खद्योत, पटबीजना, प्रभाकीट, ज्योतिरिंगण

**ज्योति** : प्रभा, प्रकाश, उजाला, लपट, लौ, अग्निशिखा, किरण

**झंडा** : पताका, निशान, ध्वजा, ध्वज, केतुक, चिह्न

**झूठा** : असत्यवादी, मिथ्यावादी, अयथार्थवादी, मृषाभाषी, गलत, कल्पित, अन्यथा

**झूला** : हिंडोला, झोंका, आगे-पीछे हिलना-डुलना, एक प्रकार का ढीला कुर्ता

**टंकार** : ध्वनि, शब्द, कीर्ति, प्रसिद्धि

**ठग** : धूर्त, छली, वंचक, धोखेबाज

**डिंब** : अंडा, हलचल, पुकार, दंगा, लड़ाई, फेफड़ा, प्लीहा

**तन्तु** : सूत, डोरा, धागा, ग्राह, सन्तान, विस्तार, वंशपरम्परा

**तरुण** : युवा, जवान, नया, नूतन, नवीन

**तोता** : शुक, सुआ, कीर, प्रियदर्शन, फलाशन, हरि, सुग्गा, सुवना, सुवटा

**थल** : पृथ्वी, स्थान, जगह, भूमि, ठिकाना, धरती

**दधिसुत** : कमल, मोती, मुक्ता, चन्द्रमा, जालंधर, दैत्य, विष, मक्खन, नवनीत

**द्रोण** : द्रोणाचार्य (कौरव-पांडवों के गुरु), द्रोणाचल, भारद्वाज, कुम्भ, योनि, कुम्भज, कौआ, वृक्ष

**द्विज** : ब्राह्मण, चन्द्रमा, दाँत, पक्षी, प्राणी, अंडज, तोता

**धनुष** : धनु, चाप, कमान, धन्वा

**धर्म** : सदाचार, पंथ, सम्प्रदाय, मत, नीति, न्याय व्यवस्था, स्वभाव, व्यवहार, प्रकृति, कर्त्तव्य

**धात्री** : माँ, माता, गंगा, आँवला, भूमि, पृथ्वी, सेना, फौज, गाय, आया, उपमाता

**ध्रुव** : एक राजा का नाम (उत्तानपाद का पुत्र), दृढ़, पक्का, धुरा, अटल, ध्रुवतारा, बरगद, विष्णु, हर

**नन्दन** : शिव, केसर, चन्दन, विष्णु, बादल, स्वर्ग-उद्यान, पुत्र

**नाग** : सर्प, साँप, शार्क, हाथी, बादल, खूँटी, राँगा, पान, धूर्त, दुष्ट

**निशाचर** : राक्षस, उल्लू, शृंगाल, सर्प, चक्रवाक, निशिचर, पिशाच

**निशीथ** : रात्रि, अर्धरात्रि

**निष्ठा** : श्रद्धा, धर्म, मृत्यु, निपुणता, उत्कृष्टता, विश्वास, निर्वाह, निश्चय

**नीति** : नय, राजविद्या, ढंग, रीति, आचार-पद्धति, हिकमत, तरकीब

**नीरद** : घन, बादल, जलद, वारिद

**नृप** : राजा, नरपति, महिपाल, भूपति, भूपाल, महीपति

**पंचम** : पाँचवाँ, सुन्दर, मधुर, रुचिर, सरगम का पंचम स्वर

**पक्षिराज** : गरुड़, पक्षीपति, पक्षीन्द्र, खगराज, उरगारि, नागारि

**पति** : स्वामी, प्राणनाथ, नाथ, कान्त, भर्त्ता, दूल्हा, प्रियतम, ईश्वर, शिव

**पय** : दूध, क्षीर, दुग्ध, जल, पानी

**पयोधर** : स्तन, बादल, नारियल, पर्वत, तालाब, समुद्र, ईख

**परिणय** : पाणिग्रहण, विवाह, ग्रंथिबंधन, शादी

**पाणि** : हाथ, हस्त, कर, विवाह, करतल, हस्ततल

**पायक** : सेवक, अनुचर, हरकारा, दूत, पदाति, सिपाही, पीने वाला

**पार्वती** : उमा, कुमारी, गिरजा, शिवा, भवानी, गौरी, सर्वमंगला, शैलात्मजा, शैला, जया, त्रिपुर सुन्दरी

**पिता** : जनक, तात, पितृ, जनिता, बाप

**पिशाच** : पिशाचक, भूत, प्रेत, विधर्मी, देवयोनि, दुराचारी, अनाचारी, बातुल

**पुरन्दर** : इन्द्र, विष्णु, चोर, ज्येष्ठा नक्षत्र, मिर्च

**पौलस्त्य** : पुलस्त्य का वंशज, कुबेर, रावण, कुंभकर्ण, विभीषण, चन्द्र

**प्रदीप्ति** : आभा, चमक, प्रकाश, रोशनी, दीप्ति

**प्रभु** : अधिपति, ईश्वर, नायक, पारद, स्वामी

**प्लवंग** : वानर, मृग, पाकर वृक्ष

**फणि** : सर्प, नाग, फनियर, अन्नत, साँप

**बंग** : एक धातु, बंगाल, उद्दंड

**बनज** : कमल, शंख, मछली, वन्यप्राणी

**बहिन** : भगिनी, सहोदरा, अनुजा

**बालिका** : कन्या, पुत्री, बेटी, छोटी इलायची

**बिम्ब** : प्रतिबिम्ब, छाया, कुंदरु, सूर्यमण्डल, चन्द्रमण्डल, आभा, झलक

**बिजली** : विद्युत्, चपला, तड़ित्, दामिनी, सौदामिनी, घनबाम, घनज्वाला, सूर्यपुत्री, क्षणदा, अचिर, प्रभा

**बिहान** : सबेरा, प्रातः, भोर, भिनसार

**ब्रह्मा** : विधाता, सृष्टिकर्ता

**ब्राह्मण** : द्विज, विप्र, अग्नि, प्रथमवर्णा, विष्णु, अग्नि, मन्त्र से रहित वेदांश

**ब्राह्मी** : रोहिणी नक्षत्र, एक बूटी, वाणी, शक्ति, सरस्वती

**भंगिमा** : कुटिलता, टेढ़ापन, अंग, निवेश, अन्दाज, लहर, कल्लोल, भंग, ब्याज, प्रतिकृति

**भक्ति** : ईश्वरानुराग, श्रद्धा, विश्वास, आस्था, सेवा, सुश्रूषा, स्नेह, अंग, भाग, देवी

**भर्त्ता** : पति, स्वामी, अधिपति, विष्णु, रक्षक, प्रतिपालक

**मंगल** : एक ग्रह, कल्याण, सप्ताह के दिन का नाम, विष्णु, शुभ, कुशल, क्षेम

**मतंग** : एक ऋषि, हाथी, बादल

**मनीषी** : पंडित, ज्ञानी, बुद्धिमान्, चिन्तनशील

**मरुत्** : पवन, प्राण, सौन्दर्य, वायु

**मषि** : सुरमा, काजल, स्याही रोशनाई (मसि)

**मित्र** : सुहृत, मीत, साथी, संगी, सखा, सहवासी, हितैषी, सूर्य, आतीस, स्नेही

**मिश्र** : मिला हुआ, ब्राह्मणों की एक उपजाति, पूज्य, श्रेष्ठ, मिश्रित, सन्निपात वैद्य

**मीनाक्षी** : एक देवी मछली के समान सुन्दर नेत्र वाली, कुबेर-कन्या, गाड़र दूब, ब्राह्मी बूटी

**मुक्ति** : मोचन, उद्धार, परित्राण, निस्सार, परमगति, परमधाम, परमफल, मोक्ष, ब्रह्मगति, सिद्धि, आत्म-सिद्धि, निःश्रेयस, अपवर्ग, परमार्थ, परमपद

**मेखला** : करधनी, तगड़ी, किंकिणी, अलफी, नर्मदा नदी, यज्ञवेष्टन-सूत्र, क्षुद्र-घंटिका, करगदा, मौञ्जी

**मोक्ष** : बंधनमुक्ति, चार पुरुषार्थों में से एक, छुटकारा, मुक्ति, परमानन्द की प्राप्ति, मृत्यु, पांडर वृक्ष

**मृग** : हरिण, कुरंग, सारंग, सुरभी, चीतल, हिरन

**यंत्र** : मशीन, वाद्य, ताला, बन्दूक, वीणा, नियंत्रण

**यंत्रणा** : कष्ट, यातना, दर्द, पीड़ा, वेदना, दुःख

**यज्ञ** : याग, अध्वर, मख, ऋतु, जाग, होम, तीर्थ, हरिकर्म, जाक, सुधासूति, अनुष्ठान, ज्योतिष्टोम

**यम** : यमज, जुड़वाँ, कौआ, शनि, विष्णु, यमराज, दण्ड, सोम, मन तथा इन्द्रियों को वशीभूत करना, दक्षिण-दिशा

**यवन** : वेग, मुसलमान, म्लेच्छ, घोड़ा, यमन

**योनि** : शरीर, उत्पत्ति, स्थान, भग, जल, गर्भाशय, अन्तःकरण, मदनसदन, स्त्रीलिंग

**रक्त** : रुधिर, लहू, खून, शोणित, लाल, कमल, सिन्दूर, अनुरक्त, प्राणद, बंधक, कुसुम्भ, ताम्बा, हिंगुल

**रज** : पराग, धूल, जल, बादल, भुवन, रात, ज्योति

**रजनी** : निशा, रात, हल्दी, लाख, यामिनी, रम्या, तमी, निशीथिनी

**रत्नाकर** : समुद्र, सागर, महोदधि, जलधि, रत्नसमूह

**रसाल** : आम, गन्ना, कटहल, गेहूँ, अम्लबेत, मधुर, रसिक

**रहस्य** : गुप्त, भेदपूर्ण, गूढ़, मर्म, हँसी-ठट्ठा

**राक्षस** : दैत्य, असुर, निशाचर, दुष्ट प्राणी, सर्प, यातुधान, पिशाच, म्लेच्छ, माँसाहारी, दस्यु, सुरारि, अमानुष

**राग** : प्रेम, अनुराग, संगीत की लय, महावर, लाल रंग, मोह, सूर्य

**राघव** : श्रीराम, पद्म, हाथी, एक प्रकार की मछली, धारीदार, एक प्रकार का छन्द जिसे माला छन्द भी कहते हैं।

**राधा** : ब्रजरानी, वृषभानुजा, हरिप्रिया, राधिका, वृषभानु सुता

**लक्ष्मण** : रामानुज, चिह्न, नाग, सारस, लक्षणयुत, भाग्यवान

**लक्ष्मी** : विष्णु-पत्नी, कमला, रमा, इन्दिरा, श्री, उदधिसुता, लोकमाता, हरि-वल्लभा, नारायणी, कमलालय

**लिंग** : चिह्न, प्रतीक, निशान, शिश्न, शिवलिंग

**लोकनाथ** : ब्रह्मा, लोकपाल, बुद्ध, राजा, विष्णु, शिव, लोकप, लोकनेता, लोकाधिपति, ईश्वर, परमात्मा, लोकेश्वर

**लौ** : दीपशिखा, लपट, लगन, आशा, ज्वाला

**बंचक** : धूर्त, दुष्ट, कपटी, ठग, चोर, प्रतारक, शृंगाल

**वणिक** : वैश्य, व्यापारी, बनिया

**वत्स** : बछड़ा, शिशु, बालक, छाती

**वाणी** : सरस्वती, रसना, जिह्वा, शब्द, स्वर, वाक्शक्ति

**विद्रुम** : प्रबाल, मूँगा, कोंपल, रत्नविशेष

**विप्रलम्भ** : वियोग, विरह, छल, धोखा, धूर्तता, बुरा काम

**विभु** : महान्, परमेश्वर, ब्रह्म, शक्तिशाली, स्वामी, सर्वव्यापक

**विभूति** : विभव, ऐश्वर्य, धन, सम्पत्ति, लक्ष्मी, भस्मी

**विश्वकर्मा** : उपयोगी कलाविज्ञ (बढ़ई, लोहार, कुम्हार आदि), ईश्वर, शिव (तैंतीस करोड़ देवताओं में से एक जो निर्माण कार्य करते हैं।)

**विष्णु** : उपेन्द्र, जनार्दन, पद्मनाभ, श्रीपति, चक्रपाणि, विश्वम्भर, जगत्पति

**विहंग** : पक्षी, खग, चिड़िया, वाण, मेघ, चन्द्रमा, ग्रह

**वृषल** : सम्राट चन्द्रगुप्त, जाति विशेष, शूद्र, दुराचारी, घोड़ा, गाजर, शलजम

**वृष्णि** : श्रीकृष्ण, यदुवंश, मेघ, बादल, इन्द्र, अग्नि, वायु, ज्योति, गौ, मेढ़ा

**वेद** : सर्वाधिक प्राचीन धर्म ग्रन्थ, ज्ञान, वृत्त, यज्ञांग, आम्नाय

**वेदी** : हवन अथवा यज्ञ स्थली, सरस्वती, पंडित, ज्ञानी

**वैदेही** : विदेह नन्दिनी, जानकी, सीता, श्रीरामवल्लभा, रोचना, पिप्पली, पीपल

**व्योम** : आकाश, अन्तरिक्ष, गगन, मेघ, बादल, जल

**व्रीड़ा** : लज्जा, शर्म, संकोच, लाज, हया

**शंकर** : भोलेनाथ, शिव, महादेव, शम्भू, आशुतोष, उमापति, चन्द्रमौलि, वृषभध्वज, शुभ, मंगलकारक, लाभप्रद, धूर्जटी, पिनाकी, नीलकंठ

**शाम्बरी** : माला, इन्द्रजाल, जादूगरनी, मायाविनी, चन्दन विशेष, मूषकर्णी, लोध्र

**शार्दूल** : बाघ, शेर, चीता, राक्षस, पक्षी-विशेष, चित्रक वृक्ष, सर्वश्रेष्ठ, सर्वोत्तम

**शिक्षक** : गुरु, उस्ताद, अध्यापक, विद्यादाता, सिखाने वाला, उपदेशक

**शिखि** : मयूरी, अग्नि, कामदेव

**शिष्टाचार** : सभ्याचरण, उत्तम व्यवहार, आवभगत, विनय, नम्रता, सत्कार

**षड्ऋतु** : छः ऋतुएँ—बसन्त, ग्रीष्म, वर्षा, शरद्, हेमन्त, शिशिर

**सन्तान** : बाल-बच्चे, सन्तति, वंश, कल्पवृक्ष, विस्तार

**सर्प** : अहि, भुजंग, साँप, विषधर, नाग

**सरस्वती** : वाग्देवी, शारदा, वाणी, वागीश्वरी, भारती, वीणा-वादिनी, रागिनी, ब्राह्मी, सोमलता, विद्या

**सागर** : समुद्र, जलधि, जलाशय, बड़ा तालाब, झील, एक मृग, उदधि, पयोधि, अर्णव

**सारंग** : कोमल, सूर्य, सिंह, हंस, मयूर, अश्व, गज, कपूर, श्रीकृष्ण, चन्द्रमा, जल, स्वर्ण, नक्षत्र, आकाश, दादुर, मौक्तिक, आभूषण, आदि

**सुरभि** : पृथ्वी, गौ, सुगंधि, तुलसी, श्रेष्ठ, शराब, मौलसिरी

**सोना** : स्वर्ण, कंचन, कनक, हेम, हाटक, धतूरा, गेरु

**स्तुति** : स्तवन, प्रशंसा, बड़ाई, दुर्गा

**स्तन** : कुच, उरोज, पयोधर, वक्षोज, पन, चूची

**स्थावर** : अचल, स्थिर, पर्वत, पहाड़, सम्पत्ति

**हंस** : एक आकर्षक पक्षी, प्राण वायु, सारंग, शिव, विष्णु, ब्रह्मा, सूर्य, कामदेव

**हवा** : पवन, वायु, भूत-प्रेत, यश, अफवाह, कीर्ति

**हनुमान** : पवनसुत, कपीश, महावीर, मारुति, आंजनेय, वात्तात्मज, रामदूत

**हिम** : बर्फ, शीत, जाड़ा, चन्दन, कर्पूर, चन्द्रमा, मोती, गंगा, ताजा मक्खन, कमल, हिमालय पर्वत

**हिमालय** : नगपति, पर्वतराज, हिमाचल, गिरीश, हिमगिरि, गिरीन्द्र, हिमाद्रि, नगाधिराज

**ह्रस्व** : लघु, छोटा, तनिक, थोड़ा, कम, नीच

# अनेकार्थी शब्द

## अनेकार्थी शब्द—एक परिचय

जैसा कि नाम से ही स्पष्ट हो जाता है—अनेकार्थी शब्द वे शब्द कहे जाते हैं जिनके अनेक अर्थ होते हैं। हिन्दी भाषा में कई ऐसे शब्द हैं, जिनके पूरे अर्थ शब्दकोष देख कर ही जाने जा सकते हैं। सूरदास के पदों में से उनके दृष्टकूटों में प्रयुक्त शब्द अपने अनेकार्थी होने के कारण प्रहेलिका बन जाते हैं किन्तु वे कौतूहलकारी भी हैं। पर्यायवाची शब्द तथा अनेकार्थी शब्दों में अन्तर यह होता है कि एक वस्तु को जब अनेक नामों से पुकारा जाता है तो उसे पर्यायवाची कहा जाता है; जैसे—मयंक, शशि, कलाधर, हिमांशु, उडुपति आदि चन्द्रमा के लिए प्रयुक्त हुए हैं, इसलिए ये चन्द्रमा के पर्यायवाची शब्द हैं। अनेकार्थी शब्द वह शब्द कहा जाता है जब एक ही शब्द अनेक वस्तुओं के लिए अलग-अलग प्रयोग में आता है; जैसे द्विजराज, कनक, सारंग आदि। यहाँ द्विजराज का अर्थ ब्राह्मण, चन्द्रमा, गरुड़ आदि है अर्थात् एक शब्द का उपयोग अनेक वस्तुओं के लिए किया गया है। इसी प्रकार कनक स्वर्ण को भी कहा जाता है तथा धतूरे को भी। 'सारंग' शब्द का प्रयोग करीब 25 से अधिक वस्तुओं के लिए किया जाता है। हिन्दी सब्द सागर में ये प्रयोग मिल जाते हैं। इसी प्रकार 'हरि' शब्द भी कई अर्थों में प्रयुक्त होता है। अनेकार्थी शब्दों का काव्य में श्लेष अलंकार से निकट का सम्बन्ध है तथा यमक अलंकार भी इनमें आत्मसात् हो जाता है।

अनेकार्थी शब्द जहाँ हमारे ज्ञान में वृद्धि करते है वहीं वे किसी कविता अथवा कथन का आशय समझने में सहायक भी होते हैं। कवियों की पैनी दीठि तथा उक्ति को हृदयंगम करने के लिए अनेकार्थी शब्दों का विशेष महत्त्व माना जाता है। हिन्दी भाषा में अनेकार्थी शब्दों का प्रयोग लघु छन्दों, दोहा, सोरठा आदि में विशेष रूप से किया गया है। इस प्रसंग में एक उदाहरण यहाँ दिया जाता है—

> चरण धरत चिन्ता करत चितवत चारिहुँ ओर।
> **सुबरन** को ढूँढत फिरत कवि, व्यभिचारी, चोर॥

उक्त दोहे में काले अक्षरों में 'सुबरन' शब्द अनेकार्थी शब्द है जो क्रमशः अच्छे शब्द, अच्छे रूप रंग एवं स्वर्ण (कंचन, सोना) के लिए प्रयुक्त किया गया है। इसी प्रकार बिहारी के एक दोहे में 'काननचारी' शब्द का द्विअर्थी प्रयोग भी द्रष्टव्य है—

> खेलन सिखए अलि भले चतुर अहेरी मार।
> **काननचारी** नैन मृग नागर नरनु शिवार॥

यहाँ काननचारी नयनों के साथ आकर्णदीर्घनयना कामिनी के लिए तथा मृग के साथ 'वनों में विचरण करने वाले' के लिए प्रयोग में आता है।

केशवदास की कविता का आस्वादन तभी संभव है जब आप अनेकार्थी शब्दों को जानते हों। हिन्दी के प्रायः सभी सिद्धहस्त कवियों ने अनेकार्थी शब्दों का प्रयोग किया है। अंग्रेजी साहित्य में भी ऐसे शब्दों के प्रयोग दुर्लभ नहीं है।

जहाँ तक प्रतियोगिता परीक्षाओं का सम्बन्ध है, जानकारी की दृष्टि से कभी-कभी ऐसे वस्तुनिष्ठ प्रकार के प्रश्न पूछे जाते हैं जिनसे यह थाह लेने की कोशिश की जाती है कि परीक्षार्थी को शब्दों का ज्ञान कितना अधिक है। प्रश्न का स्वरूप कुछ इस प्रकार का होता है कि उसमें प्रयुक्त अनेकार्थी शब्द का सही प्रयोग रेखांकित करना पड़ता है।

## अनेकार्थी शब्द

**अंक** : चिह्न, लेख, अक्षर, भाग्य, धब्बा, गोद, पाप, वार, गिनती के अंक, अध्याय

**अंकुर** : नया उगा हुआ तृण, आँख, कोंपल, नोक, रक्त, रोआँ, जल

**अंग** : शरीर, भाग, भेद, सहायक, प्रकृति, उपाय, जन्मलग्न

**अंगज** : पुत्र, पसीना, केश, काम-क्रोध आदि भाव, कामदेव, रोग, मद

**अक्ष** : जुआ खेलने का पासा, छकड़ा, गाड़ी, व्यवहार, सोहागा, आँख, बछेड़ा, साँप, गरुड़, आत्मा, रावण का पुत्र, जन्मान्ध, आँवला

**अज** : कामदेव, बकरा, मेंढ़ा, माया, ब्रह्मा, विष्णु, शिव, शक्ति, दशरथ के पिता

अनन्त : असीम, अविनाशी, विष्णु, शेषनाग, लक्ष्मण, बलराम, आकाश, अभ्रक

अनी : नोक, माथा, खेद, झुण्ड, नाव अथवा जलयान का अग्र भाग

अन्वय : संयोग मेल, अवकाश, खाली स्थान, कार्य तथा कारण का सम्बन्ध, खानदान

अपेक्षा : इच्छा, आश्रय, आवश्यकता, तुलना, अनुरोध

अक्षर : अविनाशी, सत्य, मोक्ष, जल, ब्रह्मा, विष्णु, शिव, तपस्या, धर्म, अकारादि वर्ण

अतिथि : अभ्यागत, मुनि, अपरिचित, अग्नि, यात्री, कुश का पुत्र

अधिष्ठान : निवास-स्थान, नगर, जनपद, पड़ाव, सहारा, अधिकार, लाभ के लिए व्यापार

अन्न : खाद्य पदार्थ, अनाज, सूर्य, विष्णु, पृथ्वी, प्राण, विरुद्ध

अयन : गमन, ज्योतिषशास्त्र, सेना की गति, मार्ग, स्थान, आश्रम, समय, अंश

अर्क : सूर्य, इन्द्र, विष्णु, पंडित, क्वाथ, बड़ा, रविवार, अन्न, वज्र, मन्त्र, वृक्ष, आग, रस, सप्तमी तिथि

अर्थ : अभिप्राय, मतलब, काम, इष्ट, हेतु, धन, शब्द, रस, रूप

अर्ह : योग्य, उपयुक्त, पूज्य, विष्णु, इन्द्र, सोना

अवग्रह : रुकावट, अनावृष्टि, बोध, वेद, संधिविच्छेद, स्वभाव, शाप, गजसमूह, प्रतिबंधक

अहि : सर्प, राहु, वृत्रासुर, खल, पृथ्वी, सूर्य, पथिक, कष्ट

अलि : कोयल, भौंरा, कौवा, बिच्छू, कुत्ता, मदिरा, सखी

अरुण : सूर्य, गरुड़, संध्या की लालिमा, सूर्य का सारथी, लाल रंग, प्रात:काल, अफीम, मजीठ, सिंदूर

अशोक : एक वृक्ष का नाम, पारा, एक सम्राट का नाम, शोक-रहित

आकर : खानि, खजाना, भेद, जाति, श्रेष्ठ, कुशल, गुण

आगा : अग्र भाग, छाती, मुख, ललाट, सेना का अग्र भाग, आगड़ा, आँचल, भविष्य, परिणाम

आड़ : ओट, रक्षा, रोक, धूनी, बिच्छू का डंक, स्त्रियों के माथे पर लगाने की टिकुली

आत्मा : जीव, चित्त, मन, बुद्धि, अहंकार, ब्रह्म, देह, सूर्य, अग्नि, स्वभाव, पुत्र

आराम : बाग, सुख, स्वास्थ्य, विश्राम

आशंसा : इच्छा, आशा, संदेह, प्रशंसा, आदर-सत्कार

आम : साधारण, आम का फल, प्रसिद्ध

इन्द्र : ऐश्वर्यवान्, एक वैदिक देवता, सूर्य, बिजली, मालिक, चौदह की संख्या, रात, जीव

इड़ा : पृथ्वी, गाय, वाणी, स्तुति, एक यज्ञ पात्र, अन्न, नभ, दुर्गा, एक नाड़ी का नाम

ईश : मालिक, ईश्वर, राजा, शिव, ग्यारह की संख्या, आर्द्रा नक्षत्र

कंक : सफेद चील, बकुला, यमराज, एक प्रकार का बड़ा आम, युधिष्ठिर का एक नाम

कम् : जल, सोना, अग्नि, मस्तक, काम

कंचन : सोना, धन, धतूरा, नीरोग, स्वच्छ, सुन्दर

कंटक : काँटा, सुई की नोक, बाधा, दु:ख पहुँचाने वाला कार्य, रोमांच, कवच

कंद : बिना रेशे की गूदेदार जड़, चीनी, मिश्री

कनक : स्वर्ण, पलास, नाग-केशर, खजूर, गेहूँ का आटा, धतूरा, चंपा

कक्ष : कोख, काँछ, कच्छ, कास, जंगल, सूखी घास, भूमि, कमरा, दोष, अंचल, श्रेणी, लता, पेटी

कर्ण : कान, कुमारी कुन्ती का पुत्र, त्रिभुज की एक भुजा, नाव की पतवार

कर्क : केकड़ा, एक राशि का नाम, अग्नि, दर्पण, घड़ा

काम : इच्छा, महादेव, कामदेव, सहवास की इच्छा, चार वर्गों में से एक

कला : अंश, भाग, सूद, नौका, जिह्वा, शिव, वर्ण, मात्रा, खेल, तेज, ढंग, यन्त्र

कल : सुन्दर, मधुर, चैन, आरोग्यता, संतोष, बीता हुआ दिन

काल : समय, मृत्यु, यमराज, नियत समय, अवसर, अकाल, काला साँप, लोहा, शनि

कोटि : धनुष का सिरा, धार, श्रेणी, करोड़, उत्तमता

केलि : खेल, स्त्री-प्रसंग, परिहास, पृथ्वी

कुल : वंश, जाति, समूह, भवन, वाम मार्ग, तमाम

कलाप : समूह, मोर पंख, बाण, कमर बंद, चन्द्रमा, कलाकार, व्यापार, आभूषण, एक रागिनी

खम् : खाली स्थान, छिद्र, आकाश, शून्य, स्वर्ग, इन्द्रियसुख, मोक्ष, अभ्रक, ब्रह्मा

खंड : टुकड़ा, देश, नौ की संख्या, चीनी, दिशा, काला नमक

खत : पत्र, रेखा, लिखावट, हजामत, माथे का ऊपरी भाग

**खर** : गधा, खच्चर, तिनका, कौवा, रावण का भाई, तेज, हानिकारक

**खग** : पक्षी, तीर, गंधर्व, ग्रह, बादल, देवता, सूर्य, चन्द्रमा, वायु

**खल** : क्रूर, नीच, दुष्ट, निर्लज्ज, धतूरा, दवा कूटने का खरल, पृथ्वी, सूर्य, तलछट, विश्वासघाती

**ख्याल** : ध्यान, अनुमान, विचार, आदर, एक गान

**गंठ** : कपोल, कनपटी, फोड़ा, चिह्न, गाँठ

**गंधर्व** : देवताओं का एक वर्ग, मृग, घोड़ा, एक रोग, विधवा स्त्री का एक पति

**गण** : समूह, श्रेणी, दूत, सेवक, अनुचरों का दल, छंदशास्त्र के अनुसार तीन वर्णों का समूह, अनुयायी

**गो** : गाय, किरण, वृष राशि, इन्द्रिय, वाणी, सरस्वती, आँख, बिजली, पृथ्वी, दिशा, स्वर्ग, वज्र

**ग्रहण** : सूर्य अथवा चन्द्र को राहु द्वारा ग्रसित किया जाना, पकड़ना, स्वीकार, अर्थ

**गौरी** : गोरे रंग की स्त्री, पार्वती, आठ वर्ष की कन्या, तुलसी, सफेद गौ, गंगा नदी, हल्दी, शरीर की एक नाड़ी

**गुरु** : बड़े आकार का, शिक्षक, आचार्य, भारी, ग्रह विशेष, श्रेष्ठ, वृहस्पति

**गोलक** : गोलोक, गोलपिंड, विधवा का जारज पुत्र, मिट्टी का बड़ा कूँड़ा, आँख की पुतली, गुम्बद, गुल्लक

**गति** : हरकत, चाल, अवस्था, वेश, प्रवेश, अंतिम उपाय, सहारा, लीला, ढंग, मृतक का क्रियाकर्म, मोक्ष

**गुण** : धर्म, निपुणता, कला, असर, अच्छाई, विशेषता, प्रकृति, रस्सी

**घट** : घड़ा, शरीर, मन, कुम्भ राशि

**घन** : बादल, बड़ा हथौड़ा, लोहा, मुख, समूह, कपूर, घंटा, घना, पिंड

**घात** : प्रहार, हत्या, अहित, गुणनफल, प्रवेश

**घोर** : भयंकर, सघन, कठिन, गहरा, बुरा, बहुत अधिक

**घोष** : अहीर, बंगाली, गोशाला, शब्द, गरज

**चंड** : तेज, उग्र, बलवान्, कठिन, क्रोधी

**चन्द्र** : चन्द्रमा, एक की संख्या, कपूर, जल, सोना, बिंदी

**चंद्रिका** : चाँदनी, बड़ी इलायची, मेथी, बेंदी

**चक** : चकवा पक्षी, चक्र नामक अस्त्र, पहिया, जमीन का बड़ा टुकड़ा, छोटा गाँव, सोने का एक गहना

**चक्र** : पहिया, कुम्हार का चाक, चक्की, घेरा, सेना का व्यूह, चकवा पक्षी, समूह

**चपला** : लक्ष्मी, बिजली, जीभ, भांग, दुश्चरित्र स्त्री, मदिरा

**चलना** : गमन करना, हिलना-डुलना, निभना, प्रवाहित होना, वृद्धि पर होना, प्रचलित होना

**छन्द** : वेद, एक प्रकार की रचना, अभिलाषा, मनमाना आचरण, बंधन, छल, चाल, एकान्त, आवरण, पत्ती

**छाया** : प्रकाश का अभाव, प्रतिकृति, अनुकरण, नकल, कान्ति, अंधकार, पंक्ति, रागिनी

**जक** : यक्ष, कंजूस, हठ, धुन, हार, हानि, डर

**जन** : लोक, प्रजा, अनुयायी, समूह, सात लोकों में से पाँचवाँ लोक

**जननी** : उत्पन्न करने वाली, माता, जूही का पेड़, कुटकी, चमगादड़, कृपा

**जन्मज** : कमल, शंख, मछली, सेवार, जलजन्तु, मोती, चन्द्रमा

**जलद** : मेघ, मोथा, कपूर

**जात** : जन्म, पुत्र, जीव,

**जिएणु** : विष्णु, इन्द्र, अर्जुन, सूर्य, वसु

**जाल** : बुनावट, जाला, षड्यन्त्र, समूह, एक प्रकार का तोप, झरोखा, क्षार, अहंकार

**जाहक** : गिरगिट, जोंक, बिस्तर, घोंघा

**जीवन** : प्राणधारण, जिंदगी, परमप्रिय, वृत्ति, जल, वायु, मज्जा, घी, पुत्र, परमेश्वर, गंगा

**ज्येष्ठ** : बड़ा, पति का बड़ा भाई, एक महीना, पद, प्राण, ईश्वर

**टंक** : सिक्का, कुल्हाड़ी, तलवार, टाँग, क्रोध, अभिमान, सुहागा, खजाना, म्यान

**ठाकुर** : देवता, पूज्य व्यक्ति, राजपूत, स्वामी, जमींदार

**तनु** : दुबला, थोड़ा, कोमल, सुन्दर, स्त्री, केंचुली, शरीर, चमड़ा

**तंत्र** : तंतु, सूत, जुलाहा, वस्त्र, प्रमाण, औषध, काम, राज्य, सेना, प्रबन्ध, समूह, धन, प्रसन्नता, दल

**तात** : पिता, भाई, पुत्र, मित्र, प्रिय

**तारा** : आँख की पुतली, नक्षत्र, वृहस्पति की पत्नी, बालि की पत्नी, भाग्य

**ताल** : हथेली, एक वृक्ष (ताड़), बेल, ताला, तलवार की मूठ, महादेव

**दंड** : डंडा, एक प्रकार की कसरत, दमन, मथानी, हल की लम्बी लकड़ी, विष्णु, शिव, सेना, घोड़ा, हाथी का सूँड, यमराज

दल : पौधों का पत्ता, फूल की पंखुड़ी, समूह, सेना, कोष, धन, जल में होने वाला तृण
द्रव्य : वस्तु, सामग्री, धन, पीतल, औषध, गोंद, लेप
द्विज : दाँत, ब्राह्मण, पक्षी, चन्द्रमा, हिन्दुओं में ब्राह्मण, क्षत्रिय और वैश्य वर्ण के पुरुष
दर्शन : बुद्धि, दर्पण, देखना, शास्त्र विशेष, नेत्र, भेंट
धन : मूल, द्रव्य, योग, सम्पत्ति, अत्यन्त प्रिय व्यक्ति
धाम : एक प्रकार के देवता, विष्णु, घर, देह, लगाम, देव स्थान, शोभा, प्रभाव, जन्म, ज्योति, तेज, स्वर्ग, अवस्था
धारा : घोड़े की चाल, बहाव, झरना, धार, समूह, सेना, संतान, रथ का पहिया, यश, रेखा
धर्म : प्रकृति, स्वभाव, कर्त्तव्य, सम्प्रदाय
धर्मराज : युधिष्ठिर, यमराज, न्यायाधीश
धात्री : माता, उपमाता, गंगा, आँवला, भूमि, सेना, गाय
धान्य : धनिया, एक प्रकार का नागरमोथा, धान, अन्नमात्र, प्राचीनकाल का एक अस्त्र
धुर : बैलों के कंधे पर रखा जाने वाला जुआ, बोझ, धुरा, खूँटी, उँगली, चिनगारी, भाग, धन
ध्रुव : निश्चित, अटल, तारे का नाम, धरती के उत्तरी-दक्षिणी सिरे, बरगद, कील, पर्वत
ध्वजी : पर्वत, ब्राह्मण, रण, साँप, घोड़ा, मोर, सीपी
नंदिनी : कन्या, उमा, पति की बहन, दुर्गा का एक नाम, पत्नी
नग : स्थिर, पर्वत, वृक्ष, सूर्य, रत्न विशेष, सर्प
नभ : आकाश, शून्य, भादों का महीना, शिव, अभ्रक, जल, बादल, वर्षा
नाक : स्वर्ग, नासिका, प्रतिष्ठा, नाशपाती
नाग : साँप, हाथी, जलजीव, निष्ठुर आदमी, बादल, खूँटी, पान, एक प्रकार की घास
निकृत : तिरस्कृत, स्थानान्तरित, नीचता, दुःखी, दुष्ट
निराला : एकान्त, विचित्र, अनूठा, हिन्दी के एक कवि
निशाचर : राक्षस, गीदड़, उल्लू, सर्प, चक्रवाक, भूत, चोर, बिल्ली
निष्ठा : स्थिति, निर्वाह, विश्वास, समाप्ति, नाश, योग्यता, याचना, कष्ट, धर्म
पक्ष : पंख, पन्द्रह दिन का समय, बल, सहायक, फौज, मकान, कोष्ठक, शुद्धता, हाथ में पहनने का कड़ा
पत्र : पत्ता, पंख, चिट्ठी, पृष्ठ, अखबार, चिड़िया, पंखुड़ी, सवारी
पट्ट : पट्टी, मुकुट, रेशम, पगड़ी, राजसिंहासन, कुर्सी, ढाल, चौराहा, नगर
पतंग : चिड़िया, सूर्य, टिड्डी, मधुमक्षिका, शलभ, नौका, चिनगारी, शरीर
पाद : पाँव, मंत्र, वृक्ष का मूल, तल, चिकित्सा के चार अंग—वैद्य, रोगी, उपचारक और औषध, किरण, शिव
परुष : कर्कश, अप्रिय, निष्ठुर, उग्र, आलसी, गंदा
पयोधर : स्तन, बादल, नारियल, पर्वत, मदार, तालाब
पद : काम, पैर, चिह्न, वस्तु, शब्द, प्रदेश, उपाधि, विनय गीत, मोक्ष
पानी : जल, इज्जत, चमक, मुलम्मा, बार, अवसर
पारावार : आर-पार, हद (सीमा), समुद्र
पार्थिव : पृथ्वी-संबंधी, राजसी, मिट्टी का शिवलिंग, मिट्टी का बरतन, मंगल ग्रह
पावन : पवित्र, तप, जल, गोबर, रुद्राक्ष, चंदन
पोत : जहाज, कपड़ा, नौका, पशु, पारी
फणी : सर्प, केतु नाम का ग्रह, सीसा, सर्पिणी, औषध
फल : बीजकोश, परिणाम, लाभ, गुण, बाण का अग्र भाग, ढाल
फेर : चक्कर, परिवर्तन, झंझट, भ्रम, धूर्तता, अदला-बदला, हानि, भूत-प्रेत का प्रभाव
बलि : राजा का नाम, बलिदान, उपहार, भेंट, प्रह्लाद का पौत्र, भोग, पूजा की सामग्री
बल : शक्ति, सहारा, भरोसा, सेना, पार्श्व, लचक
बिहार : एक प्रदेश का नाम, शोभा, एक राग, आनन्द
भद्र : सभ्य, कल्याणकारी, श्रेष्ठ, चंदन, महादेव, बैल, खंजन पक्षी, पर्वत, सोना, मोथा
भास : चमक, किरण, इच्छा, गोशाला, गीध, कुक्कुट, स्वाद
भीत : दीवार, चटाई, छत, खंड, दरार, स्थान, कसर, अवसर
मद : आनन्द, कस्तूरी, नशा, शराब, शहद, गर्व, कामदेव, एक दैत्य का नाम
मधु : शहद, पानी, शराब, अमृत, मक्खन, दूध, मिसरी, वसन्त
मल : मैल, दोष, पाप

मकर : घड़ियाल, मछली, राशि का नाम, माघ मास, एक पर्वत का नाम, छल
माता : माँ, गौ, भूमि, विभूति, लक्ष्मी, खेती
महावीर : हनुमान, गरुड़, देवता, सिंह, गौतम बुद्ध, सफेद घोड़ा, बाज पक्षी, जैन तीर्थंकर
माधव : विष्णु, वैशाख, वसन्त, कृष्ण
मुद्रा : सिक्का, चेहरा, मुहर, भाव-भंगिमा
यन्त्र : मशीन, बाजा, ताला, बन्दूक, वाद्य-संगीत, वीणा, नियंत्रण
युक्ति : उपाय, कौशल, न्याय, अनुमान, तर्क, मिलन
योग : संयोग, उपाय, ध्यान, प्रेम, छल, प्रयोग, धन, लाभ, दूत, नाम, कौशल, बैलगाड़ी
योग्य : उपयुक्त अधिकारी, समर्थ, श्रेष्ठ, उचित, सुन्दर
रस : आनन्द, प्रेम, काम, उमंग, गुण, जल, भष्म, स्वाद, सार, पारा, प्रेम
रक्त : खून, केसर, कमल, लाल रंग, अनुरक्त, मग्न
राग : प्रेम, कष्ट, मोह, राजा, सूर्य, महावर
लक्षण : रोग की पहचान, नाम, परिभाषा, दर्शन, सारस पक्षी, चाल-ढाल
लक्ष्य : निशाना, उद्देश्य
लम्ब : नाचने वाला, पति, अंग, एक दैत्य का नाम
लय : प्रलय, प्रेम, गाने का ढंग, नाश
वन : जंगल, बगीचा, जल, घर, रश्मि
वरा : त्रिफला, गुरुय, बैंगन, अड़हुल, हल्दी, मद्य
वार : दरवाजा, रोक, आवरण, अवसर, क्षण, सप्ताह का एक दिन, क्रम, आघात, प्रहार
वंश : बाँस, रीढ़, खानदान, युद्ध सामग्री, विष्णु, फूल
विग्रह : विस्तार, देवता की मूर्ति, शरीर, लड़ाई
विषय : भोग-विलास, सम्पत्ति, देश, पाँच की संख्या
वाज : घी, यज्ञ, अन्न, जल, संग्राम, बल, पलक, वेग, मुनि, शब्द
विधि : ढंग, ब्रह्मा, भाग्य, रीति, नियम
शंकु : कील, भाला, विष, शिव, राक्षस, हंस, कामदेव, पाप
शिव : मंगल, एक देवता, भाग्यशाली, महादेव, लिंग
शुद्ध : पवित्र, स्वच्छ, ठीक, जिसमें मिलावट न हो
श्री : सरस्वती, धन, ऐश्वर्य, शोभा, सुन्दरता, सम्पत्ति, चन्दन, सिद्धि
श्रुति : कान, ऋचा, वेद, नाम, विद्या, विद्वता
सर : तालाब, बाण, सिर, पराजित, चिता
सार : मूलभाग, निष्कर्ष, रस, जल, गूदा, परिणाम, धन, बल
सारंग : मृग, कोयल, बाज, सूर्य, सिंह, हंस, मयूर, चातक, घोड़ा, छाता, हाथी, शंख, कमल, भौंरा, ताल, सोना, कपूर, श्रीकृष्ण, चन्द्रमा, बाण, शंकर, साँप
सोम : चन्द्रमा, सोमवार, अमृत, जल, कुबेर, यम, वायु, एक वानर का नाम
हंस : सूर्य, पक्षीविशेष, प्राण, जीवात्मा, विष्णु, शिव
हरि : विष्णु, शिव, बंदर, अग्नि, श्रीकृष्ण, इन्द्र, घोड़ा, सिंह, सूर्य, किरण, चन्द्रमा, मेंढक, कोयल, सर्प, वायु
हार : पराजय, थकावट, मनोहर, हानि, माला
हीन : निकृष्ट, दीन, रहित
हेम : हिम, सोना, कैथ, नाग केसर, बादामी रंग का घोड़ा

---

# विपरीतार्थक शब्द

## विपरीतार्थक शब्द

ऐसे शब्दों को विपरीतार्थक, विलोमार्थी अथवा विरोधी शब्द कहा जाता है जो किसी शब्द के ठीक विपरीत अर्थ प्रकट करते हैं। अंग्रेजी में जिन शब्दों को एण्टानिम्स (Antonyms) कहा जाता है हिन्दी में वही शब्द विलोमार्थी अथवा प्रतिकूल अर्थ के बोधक कहे जाते हैं। अतएव विलोमार्थी शब्दों को यदि हम परिभाषाबद्ध करना चाहें तो कह सकते हैं कि—'किसी एक शब्द के ठीक विपरीत अर्थ प्रकट करने वाले शब्द विलोम कहे जाते हैं। इन शब्दों को विपर्याय के रूप में भी जाना जाता है।'

## विपरीतार्थक शब्दों का महत्त्व

भाषा कोई भी क्यों न हो उसकी सम्पन्नता उसके शब्दों की संख्या से जानी जाती है। आज विश्व में सर्वाधिक सम्पन्न भाषा अंग्रेजी है जिसके शब्दों का निरंतर वार्धक्य होता जाता है। नये-नये विज्ञानों का प्रादुर्भाव होने से उससे सम्बन्धित शब्द भी गढ़े जाते हैं। और उन शब्दों के प्रतिकूल शब्दों की आवश्यकता भी अनुभव की जाती है। नतीजतन शब्दों का सृजन अनवरत गति से चलता रहा है। हिन्दी में भी यह काम काफी द्रुतगति से हो रहा है। कोई माने या न माने किन्तु जब से केन्द्र में हिन्दी को राजभाषा का गरिमामय पद मिला है तब से उसके विकास की गति भी बढ़ी है। विभिन्न क्षेत्रों में उसका प्रवेश हो रहा है। विज्ञान, इंजीनियरी, चिकित्साशास्त्र, आणविकी आदि सभी से सम्बन्धित शब्दों की रचना हिन्दी में अबाध गति से की जा रही है। ये सब प्रभावी लक्षण हैं। शब्दों के समानार्थी तथा विपरीतार्थी दोनों की जरूरत पड़ती रहती है और आज के युग में जबकि प्रतियोगिता का महत्त्व काफी बढ़ गया है विपरीतार्थी शब्द भी किसी के भाषाई ज्ञान की माप करने में उपादेय सिद्ध होते हैं।

इसके अतिरिक्त विपरीतार्थक शब्द किन्हीं दो अच्छी या बुरी वस्तुओं की तुलना करने के लिए भी काफी उपादेय सिद्ध होते हैं। ऐसे शब्दों के प्रयोग से भाषा में निखार आता है, भाषण प्रभावशाली बन जाता है तथा लेखन गरिमावान दिखाई पड़ने लगता है। जैसे कोई यह कहे कि—"स्वतन्त्रता के पश्चात् सम्पन्नता तथा निर्धनता में समानुपातिक वृद्धि नहीं हुई" तो इसकी जगह यदि यह कहा जाय कि—"आजादी के बाद सम्पन्नता और **विपन्नता** में समानुपातिक वृद्धि नहीं हुई।" तो यह कथन अधिक सरस अथवा काव्यमय प्रतीत होगा।

## विलोमार्थी शब्दों की रचना-प्रक्रिया

विलोम अथवा विपरीतार्थक शब्दों की रचना अनेक प्रकार से की जाती है। इनमें अनेक ऐसे शब्द हैं जिनमें उपसर्ग लगाकर विपरीत बनाया जाता है, कुछ ऐसे हैं जिनके उपसर्गों में परिवर्तन करना पड़ता है। बहुत से शब्द लिंग परिवर्तन द्वारा एवं प्रत्यय लगाने से विपरीत अर्थ के बोधक हो जाते हैं। कुछ स्वतन्त्र शब्द होते हैं जिनका आपस में कोई सम्बन्ध नहीं होता।

इधर प्रतियोगिता परीक्षाओं में हिन्दी का उपयोग काफी बढ़ गया है। अंग्रेजी के ढंग पर हिन्दी में भी पर्यायवाची शब्द, अनेकार्थी शब्द, विलोम शब्द परीक्षाओं तथा प्रतियोगिताओं में पूछे जाते हैं। इस प्रकार के शब्दों को जानने, समझने तथा व्यवहार में लाने का जिनको अभ्यास नहीं होता वे अकारण अपने अंक गँवा बैठते हैं जबकि किंचित् अभ्यास करके उक्त प्रकार के शब्द याद किए जा सकते हैं।

प्रस्तुत संकलन में अनेक प्रकार के शब्दों को उनके पर्यायों तथा विपर्यायों सहित देने का प्रयास किया गया है। यह सारी व्यवस्था बिलकुल नई विधा अपनाकर की गई है ताकि परीक्षार्थी अपने मनोनुकूल शब्द एक ही संकलन में प्राप्त कर सकें।

संग्रहीत शब्दों के चयन में इस बात की पूरी-पूरी सावधानी बरती गई है कि केवल वे शब्द ही दिए जाएँ जो साधारणतः प्रयोग में आते हैं तथा स्तरीय साहित्य में उनका उपयोग प्रायः देखने में आता है।

विलोम या विपरीतार्थक शब्द ऐसे शब्दों को कहते हैं, जो किसी शब्द का उल्टा अर्थ प्रकट करते हैं। हिन्दी में ऐसे शब्दों का बाहुल्य है। नीचे उदाहरणार्थ विलोम शब्द दिये जा रहे हैं।

अन्दर–बाहर
अंतरंग–बहिरंग
अच्छा–बुरा
अनुराग–विराग
अपमान–सम्मान
अनाथ–सनाथ
अंधकार–प्रकाश
अगम–सुगम
अथ–इति
अमृत–विष
अवनति–उन्नति
अनिवार्य–वैकल्पिक
अगला–पिछला
अभिज्ञ–अनभिज्ञ
अनुकूल–प्रतिकूल
अभिमान–निराभिमान
अधुनातन–पुरातन
अमावस्या–पूर्णिमा
अनागत–विगत
अर्पण–ग्रहण
अंत–आदि
अवनि–अम्बर
अनुलोम–प्रतिलोम
अमर–मर्त्य
अनुग्रह–विग्रह
अतिवृष्टि–अनावृष्टि
अदोष–सदोष
अर्जन–विसर्जन
अलभ्य–लभ्य
अस्त–उदय
अल्पज्ञ–बहुज्ञ
अल्पायु–दीर्घायु
अर्थ–अनर्थ
अभ्यास–अनभ्यास
अंतर्द्वन्द्व–बहिर्द्वन्द्व
अंतर्मुखी–बहिर्मुखी
अपेक्षा–उपेक्षा
अग्रज–अनुज
अस्वस्थ–स्वस्थ

अग्र–पश्च
अतल–वितल
अकाल–सुकाल
अल्पसंख्यक–बहुसंख्यक
आदर–अनादर
आश्रित–अनाश्रित
आदत्त–प्रदत्त
आलोक–अंधकार
आलस्य–स्फूर्ति
आहार–निराहार
आदान–प्रदान
आकर्षण–विकर्षण
आकाश–पाताल
आपत्ति–सम्पत्ति
आतुर–अनातुर
आगमन–प्रस्थान
आजादी–गुलामी
आत्मीय–अनात्मीय
आर्द्र–शुष्क
आविर्भाव–तिरोभाव
आगत–अनागत
आग्रह–दुराग्रह
आचार–अनाचार, दुराचार
आस्था–अनास्था
आहूत–अनाहूत
आशीर्वाद–अभिशाप
आध्यात्मिक–भौतिक
आत्मा–परमात्मा
आयात–निर्यात
आरम्भ–अंत
आग–पानी
आस्तिक–नास्तिक
आवरण–अनावरण
आनन्द–शोक
आर्य–अनार्य
आय–व्यय
आरोह–अवरोह
आन्तरिक–बाह्य
इच्छा–अनिच्छा

इहलोक–परलोक
इकट्ठा–अलग
इष्ट–अनिष्ट
ईश–अनीश
ईश्वर–अनीश्वर, जीव
ईमानदार–बेईमान
ईषत्–अलभ्
ईद–मुहर्रम
उग्र–शान्त
उत्थान–पतन
उत्कर्ष–अपकर्ष
उत्कृष्ट–निकृष्ट
उदार–अनुदार
उपकार–अपकार
उपसर्ग–प्रत्यय
उपस्थित–अनुपस्थित
उपजाऊ–अनुपजाऊ
उन्मीलन–निमीलन
उपमेय–अनुपमेय
उद्यम–निरुद्यम
उपयुक्त–अनुपयुक्त
उतार–चढ़ाव
उदयाचल–अस्ताचल
उत्तरायण–दक्षिणायन
उच्च–निम्न
उन्नयन–पलायन
उत्तम–अधम
उधार–नकद
उनका–अपना
उत्तर–दक्षिण
उत्तीर्ण–अनुत्तीर्ण
उचित–अनुचित
ऊपर–नीचे
ऊँच–नीच
एक–अनेक
एकता–अनेकता
एड़ी–चोटी
एकतन्त्र–बहुतन्त्र
एकत्र–विस्तीर्ण

ऐक्य–अनैक्य
ओढ़ना–बिछौना
ओजस्वी–ओजहीन
औना–पौना–पूर्ण
औरत–मर्द
औचित्य–अनौचित्य
औदात्य–अनौदात्य
औपचारिक–अनौपचारिक
ऋत–अमृत
ऋजु–वक्र, कुटिल
ऋणात्मक–धनात्मक
कर्म–अकर्म
कपट–निष्कपट
कड़वा–मीठा
कच्चा–पक्का
कंटकित–अकंटकित
कर्कशा–कोमल
कपूत–सपूत
क्रम–अक्रम
कलुष–निष्कलुष
कुलदीप–कुलघाती
कोमल–कठोर
कृश–स्थूल
कलहप्रिय–शान्तिप्रिय
कृत्रिम–प्राकृत
क्रूर–अक्रूर
कुकृत्य–सुकृत्य
कड़ा–मुलायम
कमी–अधिकता
कोप–कृपा
कुमार्ग–सुमार्ग
क्रोध–क्षमा
कटु–मृदु
कनिष्ठ–वरिष्ठ
कायर–वीर
कीर्ति–अपकीर्ति
कुख्यात–विख्यात
कृतज्ञ–कृतघ्न
क्रय–विक्रय

खण्डन–मण्डन
खिन्न–प्रसन्न
खल–सज्जन
खाद्य–अखाद्य
खेद–प्रसन्नता, हर्ष
खीझना–रीझना
खरीद–बिक्री
खरा–खोटा
खास–आम
गद्य–पद्य
गरल–सुधा
गुण–अवगुण
गौण–मुख्य
ग्राह्य–अग्राह्य
गम्भीर–वाचाल, उथला
गमन–आगमन
गत–आगत
ग्रस्त–मुक्त
गहरा–छिछला
गीला–सूखा
गुप्त–प्रकट
गगन–पृथ्वी
गोचर–अगोचर
गेय–अगेय
गुरु–लघु
गृही–त्यागी
गृहस्थ–संन्यासी
गरमी–सर्दी
घरेलू–बाहरी
घनिष्ठ–दूरस्थ
घृणा–प्रेम
घात–प्रतिघात
घन–तरल
घर–बाहर
घाटा–फायदा
घटाना–जोड़ना
चुस्त–सुस्त
चेतन–अचेतन
चर–अचर

चढ़ान–उतार
चाह–अनचाह
चोर–साधु
चिरायु–अल्पायु
चेष्ट–निश्चेष्ट
चिरन्तन–नश्वर
छल–निश्छल
छाया–धूप
छोटा–बड़ा
जंगम–स्थावर
जड़–चेतन
जन्म–मृत्यु
जीवन–मरण
जय–पराजय
जल–स्थल
जाति–कुजाति
जागरण–निद्रा
जटिल–सरल
जेय–अजेय
जवानी–बुढ़ापा
ज्योति–तम
जोड़–घटाव
झोंपड़ी–महल
झूठ–सच
ठोस–खोखला
डर–निडर
तेज–धीमा
तीव्र–मंद
तीक्ष्ण–कुंठित
तद्भव–तत्सम
ताना–बाना
तृप्त–अतृप्त
तम–आलोक
तरल–ठोस
तामसिक–सात्विक
तिक्त–मधुर
तुकान्त–अतुकान्त
तुच्छ–महान्
तरुण–वृद्ध

त्याज्य–ग्राह्य
तृष्णा–वितृष्णा
थोक–खुदरा
थोड़ा–ज्यादा
थल–जल
दास–स्वामी
दुर्जन–सज्जन
दुर्लभ–सुलभ
दुर्गम–सुगम
दिन–रात
दुखद–सुखद
दुःखान्त–सुखान्त
दुर्भाग्य–सौभाग्य
दूर–निकट
दोष–गुण
दोषी–निर्दोष
देय–अदेय
दीर्घकाय–कृशकाय
दैत्य–देव
दुर्बल–सबल
दुःशील–सुशील
दैहिक–एहिक
दृश्य–अदृश्य
दण्ड–पुरस्कार
दरिद्र–धनी, सम्पन्न
धनवान्–निर्धन
धर्म–अधर्म
धीर–अधीर
धूप–छाँव
धार्मिक–अधार्मिक
धृष्ट–विनम्र
धरा–गगन
धनी–निर्धन
ध्वंस–निर्माण
धवल–कृष्ण
धैर्य–अधैर्य
नख–शिख
नरक–स्वर्ग
निंदा–स्तुति

निरर्थक–सार्थक
निष्काम–सकाम
निर्माण–विनाश
नैतिक–अनैतिक
न्याय–अन्याय
न्यून–अधिक
नास्तिक–आस्तिक
निंद्य–अनिंद्य
निरपेक्ष–सापेक्ष
निरामिष–सामिष
निर्विघ्न–विघ्न
निसि–वासर
नवीन–प्राचीन
नारी–नर
निरक्षर–साक्षर
नियमित–अनियमित
नैसर्गिक–कृत्रिम
नकली–असली
निषिद्ध–विहित
निराकार–साकार
नीति–अनीति
पक्ष–विपक्ष
प्रथम–अन्तिम
परकीय–स्वकीय
परतंत्र–स्वतंत्र
परोक्ष–प्रत्यक्ष
पाश्चात्य–प्राच्य
प्रेम–घृणा
पतन–उत्थान
परमार्थ–स्वार्थ
पाताल–आकाश
पाप–पुण्य
पुण्यात्मा–पापात्मा
पूर्णमासी–अमावस्या
प्रकाश–अन्धकार
प्रजा–राजा
प्रतिकूल–अनुकूल
प्रतिहिंसा–हिंसा
प्रतिवादी–वादी

प्रीति–वैर
प्रभूत–अल्प
प्रख्यात–कुख्यात
पण्डित–मूर्ख
परुष–कोमल
पेय–अपेय
पाठक–श्रोता
परिश्रम–विश्राम
प्रसाद–विषाद
पालक–संहारक
पुरस्कार–तिरस्कार
फुर्तीला–सुस्त
वरदान–अभिशाप
बाधक–साधक
बर्बर–सभ्य
बुराई–भलाई
बन्धन–मोक्ष
बढ़िया–घटिया
बद्ध–मुक्त
बाढ़–सूखा
बहिष्कार–स्वीकार
बहिरंग–अंतरंग
बलवान्–निर्बल
बाह्य–आभ्यन्तर
भक्षक–रक्षक
भद्र–अभद्र
भविष्य–भूत
भयभीत–निर्भय
भारी–हल्का
भय–साहस
भला–बुरा
भूगोल–खगोल
भौतिक–आध्यात्मिक
भ्रान्त–निर्भ्रान्त
भोगी–योगी
भोला–चालाक
मधुर–कटु
मंद–तीव्र
मर्त्य–अमर्त्य

महत्तम–लघुत्तम
मानव–दानव
मित्र–शत्रु
मैत्री–वैर
मृदु–कठोर
मनुज–दनुज
मूक–वाचाल
मसृण–रूक्ष
माता–पिता
मुख–प्रतिमुख
मालिक–नौकर
महँगा–सस्ता
मिलन–विरह
मुनाफा–नुकसान
मुख्य–गौण
मंगल–अमंगल
मेहनती–आलसी
यद्यपि–तथापि
यश–अपयश
योग्य–अयोग्य
योग–वियोग
युग्म–एकल
यौवन–वार्धक्य
योगी–भोगी
रक्षक–भक्षक
रंक–राजा
रसिक–अरसिक
रिष्ट–अरिष्ट
रत–विरत
राहत–प्रकोप
रचना–ध्वंस
रंगीन–रंगहीन
रिक्त–पूर्ण
राम–रावण
रात्रि–दिन
रीझ–खीझ
लघु–दीर्घ
लभ्य–अलभ्य
लाभ–हानि
लिप्त–अलिप्त

लोभी–उदार
लिखित–अलिखित
लुप्त–व्यक्त
लौकिक–अलौकिक
वश–विवश
वांछित–अवांछित
विकल्प–संकल्प
विवेक–अविवेक
विजय–पराजय
विधवा–सधवा
विषम–सम
विष–अमृत
व्यक्त–अव्यक्त
विराग–अनुराग
व्यय–आय
वन–मरु
वन्य–पालित
वैतनिक–अवैतनिक
वक्र–ऋजु
वृष्टि–अनावृष्टि
व्यावहारिक–अव्यावहारिक
व्यावसायिक–अव्यावसायिक
विज्ञ–अज्ञ
विरत–निरत
विशाल–क्षुद्र
विपन्न–सम्पन्न
शक्त–अशक्त
शक्य–अशक्य
शत्रु–मित्र
शाप–वरदान
शिष्ट–अशिष्ट
शुभ–अशुभ
शासक–शासित
श्वेत–श्याम
शीर्ष–तल
श्यामा–गौरी
शयन–जागरण
शालीन–मलिन
शकुन–अपशकुन
शोषण–पोषण

श्लील–अश्लील
संक्षेप–विस्तार
संहार–सृजन
सगुण–निर्गुण
सदुपयोग–दुरुपयोग
सुख–दुःख
सुमति–कुमति
सत्–असत्
सधवा–विधवा
संतोष–असंतोष
संदिग्ध–असंदिग्ध
सभ्य–असभ्य
समर्थ–असमर्थ
सम्भव–असम्भव
साकार–निराकार
सुकाल–अकाल
सेवक–स्वामी
सोरठा–दोहा
सौभाग्य–दुर्भाग्य
स्थिर–अस्थिर
स्थूल–सूक्ष्म
स्वार्थ–परमार्थ
संधि–विग्रह
सुगन्ध–दुर्गन्ध
सुनाम–बदनाम
सकाम–निष्काम
सापेक्ष–निरपेक्ष
सामान्य–विशिष्ट
सामाजिक–असामाजिक
स्वजाति–विजाति
स्वतन्त्र–परतन्त्र
हर्ष–विषाद
हार–जीत
हानि–लाभ
हिंसा–प्रतिहिंसा
हित–अहित
क्षय–अक्षय
ज्ञात–अज्ञात
ज्ञेय–अज्ञेय

# मुहावरे और लोकोक्तियाँ

## मुहावरे

मुहावरा ऐसा शब्द-समूह होता है, जो अपने शब्दों के निहित अर्थ न देकर उससे भिन्न, किन्तु एक रूढ़ अर्थ देता है। मुहावरा अभिधेय अर्थ का अनुसरण नहीं करता : वह अपना विलक्षण अर्थ प्रकट करता है। चूँकि मुहावरा लोक-मानस की स्वाभाविक अभिव्यक्ति होता है, अत: इसमें दुरूहता नहीं होती। मुहावरा अपने लोक-परम्परागत रूप में ही शोभायमान और सार्थक होता है। इसका रूप और अर्थ दोनों ही प्राय: रूढ़ होते हैं।

मुहावरे का सम्बन्ध साहित्य से कम और भाषा से अधिक होता है। यह भाषा के सामर्थ्य का प्रतीक होता है। इसका सटीक अर्थ और निर्दिष्ट अर्थ होता है। मुहावरों के माध्यम से भाषा ऊर्जस्वी बनती है और अर्थ का सटीक सम्प्रेषण होता है। मुहावरेदार भाषा असरदार होती है।

मुहावरे एक दृष्टि से 'गागर में सागर' होते हैं। गुल खिलना, रंग में भंग होना, नौ-दो ग्यारह होना, गप हाँकना, चिकना घड़ा होना, नानी मरना आदि मुहावरे व्यापक अर्थ में परिपूर्ण हैं। इनका प्रयोग सुनते ही मन में इनका अर्थ अपने आप उभरने लगता है।

## लोकोक्तियाँ

जैसाकि शब्द से ही स्पष्ट है लोकोक्ति का अर्थ है लो + उक्ति; अर्थात् लोक में प्रचलित उक्ति। जो उक्ति समाज में चिरकाल से प्रचलित होती है, उसे लोक प्रचलित उक्ति अर्थात् लोकोक्ति कहते हैं। लोकोक्तियाँ भूतकाल के अनुभव और प्रेक्षण का संचय होती हैं। लोकोक्तियों में लोक-बोध, लोक-मान्यता और लोक-स्वीकृति होती है। कुछ लोकोक्तियाँ किसी अन्तर्कथा को अभिव्यक्त करती हैं। लोकोक्तियों के उद्भव को किसी स्थान या काल से नहीं जोड़ा जा सकता।

लोकोक्तियाँ अपने आप में पूर्ण वाक्य होती हैं। इनका उद्देश्य उक्ति चमत्कार पैदा करना नहीं होता। इनका अभिधात्मक अर्थ ही लिया जाता है। अत: इनके शाब्दिक अर्थ और सांकेतिक अर्थ में समानता होती है। इनका प्रयोग प्राय: दृष्टांत के लिए अथवा किसी बात का समर्थन करने के लिए किया जाता है। ये अभिव्यक्ति के सशक्त साधन हैं।

## मुहावरों और लोकोक्तियों में अन्तर

मुहावरों और लोकोक्तियों में रूप सम्बन्धी और अर्थ सम्बन्धी भी अन्तर होता है।

रूप सम्बन्धी पहला अन्तर यह है कि मुहावरों के अन्त में अधिकांशत: **ना** होता है, जैसे सिर धुन**ना**, आँख लग**ना**, टेढ़ी खीर हो**ना**, मक्खी मार**ना**, आसमान सिर पर उठा**ना** आदि जबकि लोकोक्तियों के अन्त में **ना** नहीं होता; जैसे—आ बैल मुझे मार, का वर्षा जब कृषि सुखानी, दीवार के भी कान होते हैं, और धोबी का कुत्ता, घर का न घाट का, आदि।

रूप सम्बन्धी दूसरा अन्तर यह होता है कि मुहावरे मात्र शब्द-समूह होते हैं, जैसे 'गुल खिलाना'; इसे स्वतन्त्र रूप से प्रयोग में नहीं लाया जा सकता, किसी वाक्य में इसे उपयुक्त ढंग से प्रयुक्त किया जाता है; जैसे—'उस बूढ़ी औरत ने क्या गुल खिलाया'; इसके विपरीत लोकोक्ति का प्रयोग स्वतंत्र वाक्य के रूप में किया जा सकता है; जैसे—'न रहेगा बाँस, न बजेगी बाँसुरी'।

अर्थ की दृष्टि से मुहावरों और लोकोक्तियों का अन्तर बताया जा चुका है। मुहावरों में शब्दार्थ न लेकर लाक्षणिक अर्थ लिया जाता है; जैसे—नौ-दो ग्यारह होने का अर्थ है—भाग जाना। किन्तु लोकोक्तियों में शब्दों का वही अर्थ होता है; जैसे—'आम के आम, गुठलियों के दाम' का अर्थ है—दोहरा लाभ।

## प्रमुख मुहावरे

**अंग-अंग ढीला होना**—*बहुत थक जाना*—अपनी बहिन की शादी में काम करते-करते मेरा *अंग-अंग ढीला* हो गया।

**अंगारे उगलना**—*क्रोध में अति कठोर शब्द कहना*—जब औरंगजेब के दरबार में शिवाजी ने अपना अपमान होते देखा तो वे *अंगारे उगलने* लगे।

**अँगूठा दिखाना**—*इनकार करना*—स्वार्थी मित्र संकट के समय सहायता माँगे जाने पर ***अँगूठा दिखाकर*** चले जाते हैं।

**अंधे की लकड़ी होना**—*एकमात्र सहारा*—अब तो बेटा तुम ही हमारे लिए ***अन्धे की लकड़ी*** के समान हो।

**अँधेरे घर का उजाला होना**—*इकलौता बेटा*—रामू मेरे छोटे भाई की एकमात्र संतान है। वही उसके ***अँधेरे घर का उजाला*** है।

**अक्ल के पीछे लाठी लिए फिरना**—*हमेशा उल्टा काम करना*—हमारा एक साथी तो हर समय ***अक्ल के पीछे लाठी लिए फिरता*** है।

**अक्ल पर पत्थर पड़ना**—*बुद्धि नष्ट हो जाना*—तुम्हारी तो ***अक्ल पर पत्थर पड़*** गए हैं जो तुम मेरी बात समझते ही नहीं।

**अपना उल्लू सीधा करना**—*स्वार्थ सिद्ध करना*—वह ***अपना उल्लू सीधा करके*** चलता बना।

**अपना-सा मुँह लेकर रह जाना**—*लज्जित होना*—हम वहाँ बड़ी उम्मीद लेकर गए थे, किन्तु उसने ऐसी निराशापूर्ण बात कही जिससे हमें ***अपना-सा मुँह लेकर रह जाना*** पड़ा।

**अपनी खिचड़ी आप पकाना**—*सबसे अलग रहना*—कुछ लोग ऐसे स्वभाव के होते हैं कि वे किसी से मिलना ही नहीं चाहते; ***अपनी खिचड़ी आप ही पकाते*** हैं।

**अपने मुँह मियाँ मिट्ठू बनना**—*अपनी प्रशंसा स्वयं करना*—***अपने मुँह मियाँ मिट्ठू*** बनने से क्या होता है, दूसरे लोग तुम्हारी प्रशंसा करें तब बात है।

**अपने पैरों पर खड़े होना**—*आत्मनिर्भर होना*—जब तक तुम इस योग्य न हो जाओ कि ***अपने पैरों पर खड़े हो*** सको तब तक तुम्हें विवाह के बारे में सोचना भी नहीं चाहिए।

**आँख की किरकिरी होना**—*अप्रिय होना*—राम व्यर्थ में ही मुझे अपनी ***आँख की किरकिरी*** समझता है।

**आँख चुराना**—*सामने आने से घबराना*—जब से उसने मेरा पेन लिया है, तब से वह ***आँखें चुराता*** फिरता है।

**आँखें नीली-पीली करना**—*क्रोध में आना*—मैंने ऐसा कोई गलत काम नहीं किया है; आप व्यर्थ में ***आँखें नीली-पीली न करें***।

**आँखें फेर लेना**—*उपेक्षा करना*—स्वार्थी मित्र संकट के समय में ***आँखें फेर लेते*** हैं।

**आँखों का तारा होना**—*अत्यन्त प्रिय*—कृष्ण अपने माँ-बाप की ***आँखों का तारा*** है।

**आँखों का पानी ढल जाना**—*बेशर्म हो जाना*—उसके माँ-बाप उसे बहुतेरा समझाते-बुझाते हैं, किन्तु उसकी ***आँखों का तो पानी ढल*** गया है। उस पर किसी बात का असर होता ही नहीं।

**आँखों में धूल झोंकना**—*धोखा देना*—जो लोग दूसरों की ***आँखों में धूल झोंकने*** की कोशिश करते हैं, वे वस्तुतः अपने को ही धोखा देते हैं।

**आकाश-पाताल एक करना**—*बहुत अधिक परिश्रम करना*—राम ने नौकरी प्राप्त करने के लिए ***आकाश-पाताल एक कर*** दिया।

**आग पर घी डालना**—*क्रोध को बढ़ाना*—तुम्हारा टोकना तो ***आग पर घी डालने*** जैसा था।

**आटे-दाल का भाव मालूम होना**—*जीवन में कष्टों का अनुभव करना*—अब तक तो तुम अकेले थे, कुछ पता ही नहीं चला; अब तुम्हें ***आटे-दाल का भाव मालूम होगा***।

**आम के आम और गुठलियों के दाम**—*दोहरा लाभ*—मूँगफली के व्यापार में ***आम के आम और गुठलियों के दाम*** मिलते हैं; क्योंकि उसकी गिरी से तेल निकाल कर खली बिक जाती है और मूँगफली का छिलका भी बिक जाता है।

**आस्तीन का साँप**—*विश्वासघाती*—उस पर कभी विश्बास मत करो, वह ***आस्तीन का साँप*** है।

**ईंट से ईंट बजाना**—*नष्ट-भ्रष्ट कर देना*—शिवाजी ने मुगल साम्राज्य की ***ईंट से ईंट बजा*** दी।

**ईद का चाँद होना**—*बहुत कम दिखाई पड़ना*—तुम तो ***ईद के चाँद हो गए*** हो; कभी इधर आते ही नहीं।

**उड़ती चिड़िया पहचानना**—*मन की बात ताड़ लेना*—मुझसे क्यों छिपाते हो, ***मैं उड़ती चिड़िया पहचान*** लेता हूँ।

**उल्लू सीधा करना**—*काम निकालना*—अधिकांश लोग ***उल्लू सीधा*** होते ही बात नहीं करते।

**ऊँट के मुँह में जीरा**—*आवश्यकता से बहुत कम देना*—एक रोटी से उसका क्या बनेगा, यह तो उसके लिए ***ऊँट के मुँह में जीरा*** की तरह है।

**एक अनार सौ बीमार**—*किसी चीज की माँग आपूर्ति से अधिक होना*—यह वस्तु मैं किस-किस को दूँ, इसके माँगने वाले इतने अधिक हैं कि यह ***एक अनार सौ बीमार*** वाली बात हो रही है।

**एक तीर से दो शिकार करना**—*एक साथ दो मतलब पूरे करना*—तुम्हारे ऐसा कहने से ***एक तीर से दो शिकार*** होंगे, सबके सामने उसकी पोल खुल जाएगी और तुम्हारा काम भी बन जाएगा।

**एक थैली के चट्टे-बट्टे होना**—*एक ही स्वभाव के*—तुम सब ***एक ही थैली के चट्टे-बट्टे हो***, कोई किसी से कम नहीं।

**एक हाथ से ताली न बजना**—*किसी काम के लिए एक ही व्यक्ति उत्तरदायी नहीं होता*—***एक हाथ से ताली नहीं बजती***, तुमने भी अवश्य कुछ-न-कुछ ऐसी बात जरूर की होगी, जिसका यह परिणाम निकला।

**ओखली में सिर देना**—*जानते हुए किसी कष्ट में पड़ना*—अब तो ***ओखली में सिर दे ही दिया*** है, इस काम को पूरा करना ही है।

**कच्ची गोलियाँ खेलना**—*अनुभव की कमी होना*—मैंने कोई ***कच्ची गोलियाँ नहीं खेली*** हैं, जो मैं तुम्हारी बातों में आ जाऊँ।

**कटे पर नमक छिड़कना**—*दुःखी को और दुःखी करना*—तुम यह बात कह कर ***कटे पर नमक छिड़कना*** चाहते हो।

**कठपुतली की तरह नाचना**—*किसी के कहने के अनुसार कार्य करते रहना*—पता नहीं उसने महेश पर कैसा जादू किया है कि वह उसके सामने ***कठपुतली की तरह नाचता*** रहता है।

**कब्र के मुर्दे उखाड़ना**—*पुरानी बातों की याद दिलाना*—जो बात हो गई सो हो गई; ***कब्र के मुर्दे उखाड़ने*** से क्या लाभ।

**कलई खुलना**—*सच्ची बात प्रकट हो जाना*—तुम कब तक अपने फेल होने की बात को छिपाओगे, एक न एक दिन तो ***कलई खुलेगी*** ही।

**कलेजा दो टूक होना**—*बहुत दुःखी होना*—तुमने आज जैसी बातें कही हैं, उनसे मेरा ***कलेजा दो टूक हो*** गया है।

**कलेजे पर साँप लोटना**—*डाह से जलना*—मेरी तरक्की देखकर उसके ***कलेजे पर साँप लोट*** गया।

**काँटे बिछाना**—*रुकावटें पैदा करना*—जो दूसरे के मार्ग में ***काँटे बिछाता*** है, वह स्वयं ही उसमें उलझता है।

**काटो तो खून नहीं**—*डर से पीला पड़ जाना*—चोरी करते पकड़े जाने पर उसकी दशा ऐसी हो गई कि ***काटो तो खून नहीं***।

**काठ का उल्लू**—*मूर्ख*—वह पढ़ा-लिखा तो बहुत है, किन्तु सांसारिक मामलों में ***काठ का उल्लू*** है।

**कान का कच्चा**—*बिना जाँच किये प्रत्येक बात पर विश्वास कर लेना*—जो व्यक्ति ***कान के कच्चे*** होते हैं वे मित्र बनाने योग्य नहीं होते।

**कान पर जूँ न रेंगना**—*तनिक भी ध्यान न देना*—मैंने उसे बार-बार समझाया कि पढ़ाई-लिखाई की ओर ध्यान दो, परन्तु उसके ***कान पर जूँ तक न रेंगी***।

**कान में तेल डालना**—*किसी की बात न सुनना*—कृष्णा के नौकरी कर लेने पर सबने उसकी टीका-टिप्पणी की, किन्तु वह ***कान में तेल डाले*** रही।

**किताब का कीड़ा होना**—*दिन-रात पढ़ते रहना*—रवीन्द्र किसी बात से मतलब नहीं रखता, वह तो ***किताब का कीड़ा*** है।

**किस खेत की मूली**—*अत्यन्त तुच्छ*—तुम हो ***किस खेत की मूली***, मैं तुम जैसों की बिल्कुल परवाह नहीं करता।

**कोल्हू का बैल बनना**—*दिन-रात काम में लगे रहना*—तुम तो हर समय ***कोल्हू के बैल ही बने*** रहते हो, तभी तो तुम्हारा स्वास्थ्य ठीक नहीं रहता।

**कौड़ी-कौड़ी को मोहताज होना**—*पास में एक पैसा न होना*—जब से उसकी नौकरी छूटी है, तबसे वह ***कौड़ी-कौड़ी को मोहताज*** हो गया है।

**खटाई में पड़ना**—*उलझ जाना*—तुम्हारी तरक्की का मामला ***खटाई में पड़*** गया है।

**खाने दौड़ना**—*झल्ला उठना*—मैंने कुछ कहा भी है कि आप ***खाने दौड़*** रहे हैं।

**खून-पसीना एक करना**—*अत्यधिक परिश्रम करना*—तुम्हारे इस मामले में तो कृष्ण ने ***खून-पसीना एक कर*** दिया।

**गंगाजली उठाना**—*हाथ में गंगाजल लेकर सौगन्ध खाना*—मैं ***गंगाजली उठाकर*** कहता हूँ कि मैं बिल्कुल निर्दोष हूँ।

**गज-भर की छाती होना**—*उत्साह से भर जाना*—अपनी पुत्री के परीक्षा में प्रथम आने से उसकी ***गज-भर की छाती हो*** गई।

**गहरा हाथ मारना**—*बहुत माल प्राप्त करना*—जगदीश ने अपने पुत्र के विवाह में ***गहरा हाथ मारा*** है।

**गाँठ का पूरा**—*धनी व्यक्ति*—वह ऊपर से कैसा ही प्रतीत हो, किन्तु है ***गाँठ का पूरा***।

**गागर में सागर भरना**—*थोड़े शब्दों में बहुत-कुछ कह देना*—वह बहुत कम बोलता है किन्तु जब भी बोलता है तो उसकी बातों में ***गागर में सागर भरा*** होता है।

**गाजर-मूली समझना**—*बहुत तुच्छ समझना*—शिवाजी मुगल सैनिकों को ***गाजर-मूली की तरह समझते*** थे।

**गाढ़े पसीने की कमाई**—*मेहनत से कमाया हुआ धन*—यह मेरे ***गाढ़े पसीने की कमाई*** है, मैं नहीं चाहता कि इसे व्यर्थ में पानी की तरह बहाया जाए।

**गिरगिट की तरह रंग बदलना**—*कभी कुछ कहना और कभी कुछ*—आजकल विधान सभाओं के अनेक सदस्य ***गिरगिट की तरह रंग बदलते*** दिखाई देते रहते हैं।

**गुड़ गोबर करना**—*बना काम बिगाड़ देना*—तुमने ये शब्द कहकर सारा ***गुड़ गोबर कर*** दिया।

**गुल खिलना**—*नयी-नयी बातें सामने आना*—देखते जाओ

कि उसकी इस विभेद की नीति से क्या-क्या ***गुल खिलते*** हैं।

**गोबर गणेश**—*मूर्ख*—तुम बिल्कुल ***गोबर गणेश*** हो, अपने हित की बात ही नहीं समझते।

**घड़ों पानी पड़ना**—*अति लज्जित होना*—चुगली करने की बात खुल जाने पर उस पर ***घड़ों पानी पड़*** गया।

**घर का दिया बुझ जाना**—*इकलौते पुत्र की मृत्यु होना*—दीपक उसका इकलौता पुत्र था, उसके मर जाने से उसके ***घर का दिया ही बुझ*** गया।

**घाट-घाट का पानी पीना**—*जगह-जगह से अनुभव प्राप्त करना*—मुसीबत के दिनों में उसे ***घाट-घाट का पानी पीना*** पड़ा है।

**घाव पर नमक छिड़कना**—*दुःखी को (कठोर शब्दों से) और दुःखी करना*—तुम्हारे ये शब्द ***घाव पर नमक छिड़कने*** का काम कर रहे हैं।

**घास काटना**—*किसी काम को लापरवाही से करना*—***घास मत काटो,*** जरा धीरे-धीरे अच्छी तरह पढ़ो।

**घी के दीये जलाना**—*खूब खुशियाँ मनाना*—जिस दिन मेरे भाई की नौकरी लग जायेगी उस दिन मैं ***घी के दीये जलाऊँगा***।

**घुटने टेक देना**—*हार मान लेना*—सैल्युकस ने चन्द्रगुप्त मौर्य के आगे ***घुटने टेक दिये***।

**घोड़े बेचकर सोना**—*निश्चिन्त होकर सोना*—बहिन का विवाह करने के पश्चात् वह ऐसे सो गया मानो ***घोड़े बेचकर सोया*** हो।

**चलता पुर्जा**—*चालाक व्यक्ति*—चन्द्र बड़ा ही ***चलता पुर्जा*** है, उससे बचकर रहना।

**चाँदी का जूता मारना**—*रुपये के बल पर दबाना*—वह तो ***चाँदी का जूता मारती*** है और सबसे अपना काम करा लेती है।

**चाँदी होना**—*अत्यधिक लाभ होना*—आजकल महँगाई के जमाने में व्यापारियों की ***चाँदी*** है।

**चादर देखकर पाँव फैलाना**—*अपनी शक्ति के अनुसार कार्य करना*—बुद्धिमानी इसी में है कि ***चादर देखकर पाँव फैलाये*** जायें अन्यथा जीवन में बड़ी कठिनाई का सामना करना पड़ता है।

**चार चाँद लगना**—*शोभा बढ़ना*—वह सुन्दर तो है ही, पर इस साड़ी को पहनने पर उसकी सुन्दरता में ***चार चाँद लग*** जाते हैं।

**चार दिन की चाँदनी**—*थोड़े दिनों का सुख*—तुम इतना घमण्ड क्यों करते हो, यह सुख तो ***चार दिन की चाँदनी*** है, कभी दुःख के दिन भी आ सकते हैं।

**चिकना घड़ा होना**—*किसी बात का असर न पड़ना*—वह तो बिल्कुल ***चिकना घड़ा हो*** गया है, उस पर कहे-सुने का असर पड़ता ही नहीं।

**चिकनी-चुपड़ी बातें बनाना**—*बनावटी बातें करना*—कुछ लोग ***चिकनी-चुपड़ी बातें बनाकर*** अपना काम बनाने में बड़े पटु होते हैं।

**चिराग लेकर ढूँढना**—*बहुत छानबीन करना*—तुम यदि ***चिराग लेकर भी ढूँढो,*** तब भी तुम्हें ऐसा सज्जन नहीं मिलेगा।

**चुल्लू भर पानी में डूब मरना**—*मुँह दिखाने योग्य न रहना*—तीसरी बार भी परीक्षा में फेल होने पर उसे ***चुल्लू भर पानी में डूब मरना*** चाहिए।

**चूना लगाना**—*धोखा देना*—कितनी ही सावधानी से काम लो, किन्तु कभी-कभी दुकानदार ***चूना लगा*** ही देते हैं।

**चोली-दामन का साथ होना**—*अटूट सम्बन्ध होना*—भारत और नेपाल का ***चोली दामन का साथ*** है।

**छक्के छूटना**—*हिम्मत हार जाना*—भारतीयों की वीरता देखकर पाकिस्तानी सैनिकों के ***छक्के छूट*** गए।

**छठी का दूध याद आना**—*घोर कष्ट में पड़ना*—मैं तुम्हें ऐसी मार लगाऊँगा कि ***छठी का दूध याद आ*** जायेगा।

**छप्पर फाड़कर देना**—*बिना परिश्रम किए धन मिलना*—भगवान् जब देता है तो ***छप्पर फाड़कर देता*** है।

**छाती पर मूँग दलना**—*हमेशा दुःख देना*—तू इस तरह ***छाती पर मूँग ही दलता*** रहेगा या कहीं जाकर कुछ काम खोजने की कोशिश भी करेगा?

**जरा-सा मुँह निकल आना**—*दुर्बल हो जाना*—उस पर इन दिनों इतना काम पड़ा है कि उसका ***जरा-सा मुँह निकल आया*** है।

**जली-कटी कहना**—*कठोर बातें कहना*—वह हमेशा ***जली-कटी कहता*** रहता है, पता नहीं वह क्या चाहता है।

**जहर का घूँट पीकर रह जाना**—*अपमान को चुपचाप सहन कर लेना*—यद्यपि उसने सबके सामने मेरा अपमान किया किन्तु फिर भी मैं आपका ख्याल करके ***जहर का घूँट पीकर रह*** गया।

**जहर की पुड़िया**—*उपद्रवी व्यक्ति*—वह सीधी नहीं है, ***जहर की पुड़िया*** है।

**झंडा गाड़ना**—*अधिकार करना*—शिवाजी ने तोरण के किले को जीतकर उस पर अपना ***झंडा गाड़*** दिया।

**टट्टी की आड़ में शिकार खेलना**—*छिपे ढंग से चाल चलना*—***टट्टी की आड़ में शिकार खेलने*** में क्या बहादुरी है, हिम्मत है तो सामने आकर मुकाबला करो।

**टोपी उछालना**—*अपमानित करना*—महेश ने सबके सामने मेरी ***टोपी उछाली,*** यह उसने ठीक नहीं किया।

**ठोकना-बजाना**—*अच्छी तरह परखना*—जिस तरह तुम हरेक वस्तु परख कर खरीदते हो उसी तरह मित्र भी ***ठोक-बजाकर*** बनाना चाहिए।

**डंके की चोट पर**—*खुल्लमखुल्ला स्पष्ट शब्दों में कहना*—मैं ***डंके की चोट पर*** कहता हूँ कि किसी भी हालत में उसका साथ नहीं छोड़ूँगा।

**डूबते को तिनके का सहारा**—*असहाय को थोड़ी सहायता भी काफी काम कर जाती है*—तुम्हारी थोड़ी सहायता ही ***डूबते को तिनके का सहारा*** के समान सिद्ध हुई।

**डेढ़ चावल की खिचड़ी पकाना**—*सबसे अलग रहकर कार्य करना*—कुछ लोग ऐसे होते हैं जो ***डेढ़ चावल की खिचड़ी पकाना*** चाहते हैं, परन्तु समाज ऐसे लोगों का सम्मान नहीं करता।

**ढेर हो जाना**—*मर जाना*—उसने डाकू पर लाठी का एक ही प्रहार किया कि वह ***ढेर हो*** गया।

**तलवार के घाट उतारना**—*तलवार से मारना*—हल्दीघाटी के मैदान में राजपूतों ने असंख्य मुगल सैनिकों को ***तलवार के घाट उतार*** दिया।

**तारे गिनना**—*रात-भर जागना*—मैं उसकी स्मृति में रात-भर ***तारे गिनता*** रहा, एक पल को भी नींद नहीं आई।

**तिल का ताड़ बनाना**—*छोटी-सी बात को बहुत बढ़ाना*—बहुत लोगों को ***तिल का ताड़ बनाने*** में बड़ा आनन्द आता है।

**तिलों में तेल न होना**—*कोई आशा न होना*—तुम किससे पार्टी (दावत) माँग रहे हो; इन ***तिलों में तेल नहीं*** है।

**तेली का बैल होना**—*रात-दिन काम में लगा रहना*—तुम तो हमेशा ***तेली के बैल*** के समान काम में लगे रहते हो।

**थाली का बैंगन होना**—*स्वार्थवश कभी किसी का साथ देना और कभी किसी का*—तुम तो बिल्कुल ***थाली के बैंगन हो,*** तुम्हारा कोई भरोसा नहीं।

**दाँत काटी रोटी**—*गहरी मित्रता*—जोशी और कैलाश में ***दाँत काटी रोटी*** थी किन्तु पता नहीं क्यों आजकल वे एक-दूसरे से दूर-दूर रहते हैं।

**दाँत खट्टे करना**—*हरा देना*—शिवाजी ने औरंगजेब की सेना के ***दाँत खट्टे कर*** दिए।

**दाल में काला होना**—*किसी बात की शंका होना*—वह बार-बार इधर आता है, अवश्य कुछ ***दाल में काला*** है।

**दिन दूनी रात चौगुनी**—*बहुत तेज गति से*—स्वतन्त्रता मिलने के उपरान्त भारत ने ***दिन दूनी रात चौगुनी*** उन्नति की है।

**दूध का दूध पानी का पानी**—*सच्चा न्याय*—राजा विक्रमादित्य अत्यन्त पेचीदे मामलों में भी ***दूध का दूध पानी का पानी*** कर देते थे।

**दो नावों में पैर रखना**—*दोनों पक्षों का समर्थन करना*—जो लोग ***दो नावों पर पैर रखते*** हैं, वे किसी के भले नहीं बन पाते।

**धूप में बाल सफेद न करना**—*बहुत अनुभवी होना*—मेरे ***बाल धूप में सफेद नहीं*** हुए हैं, मैं सब कुछ जानता हूँ।

**नाक पर मक्खी न बैठने देना**—*किसी को कुछ कहने का अवसर न देना*—वह बहुत ही सिद्धान्तवादी है, ***नाक पर मक्खी भी नहीं बैठने*** देता।

**पाँचों उँगलियाँ घी में होना**—*बहुत लाभ होना*—आजकल व्यापारियों की ***पाँचों उँगलियाँ घी*** में हैं।

**पाँव उखड़ जाना**—*हारकर भागना*—राणा सांगा की विशाल सेना को देखकर बाबर की सेना के ***पाँव उखड़*** गए।

**पापड़ बेलना**—*मुसीबत झेलना (परिश्रम करना)*—मैंने अपनी जिन्दगी में बड़े ***पापड़ बेले*** हैं, तब कहीं जाकर यह दिन देखने को मिला है।

**पेट का हल्का होना**—*किसी बात को छिपा न सकना*—जो मनुष्य ***पेट के हल्के होते*** हैं, वे सबके बुरे बन जाते हैं।

**पौ बारह होना**—*लाभ ही लाभ होना*—आजकल व्यापारियों की ***पौ बारह*** है।

**बाल की खाल निकालना**—*सूक्ष्म विवेचन करना*—तर्क करने वाले प्रत्येक बात में ***बाल की खाल निकालते*** हैं।

**बाल बाँका न होना**—*तनिक भी हानि न होना*—आग में प्रहलाद का तो ***बाल भी बाँका न हुआ*** किन्तु उसकी बुआ होलिका जल कर भस्म हो गई।

**मुँह में पानी भर आना**—*लालच आना*—लोमड़ी ने जब अंगूर लटकते हुए देखे तो उसके ***मुँह में पानी भर आया।***

**मुट्ठी गरम करना**—*रिश्वत देना*—तुम्हें इस काम के लिए अधिकारियों की ***मुट्ठी गरम करनी*** पड़ेगी।

**रंग में भंग पड़ना**—*मजा किरकिरा होना*—उत्सव के समय यकायक पानी बरसने से ***रंग में भंग पड़*** गया।

**लकीर का फकीर होना**—*पुरानी रीति पर चलना*—तुम तो बिल्कुल ***लकीर के फकीर हो,*** किसी बात को तर्क की कसौटी पर कसना ही नहीं चाहते।

**लोहा मान लेना**—*किसी की श्रेष्ठता स्वीकार कर लेना*—सिकन्दर ने पोरस के विरुद्ध युद्ध में भारतीय वीरों का ***लोहा मान लिया*** था।

**शेर बकरी का एक घाट पानी पीना**—*अन्याय का न होना*—अशोक के राज्य में ***शेर बकरी एक घाट पर पानी पीते*** थे।

**सफेद झूठ बोलना**—*सरासर झूठ बोलना*—तुम ***सफेद झूठ बोलते*** हो; ऐसा कभी नहीं हो सकता।

**सिर पर कफन बाँधना**—*मरने के लिए तैयार होना*—भारत को स्वतन्त्र कराने के लिए अनेक वीरों ने ***सिर पर कफन बाँध*** लिया था।

**सिर पर भूत सवार होना**—*किसी धुन पर अड़े होना*—जब शान्ति के ***सिर पर भूत सवार होता*** है, तो फिर उसे कोई नहीं समझा सकता।

**सूर्य को दीपक दिखाना**—*महान् व्यक्ति का परिचय देने की कोशिश करना*—स्वामी विवेकानन्द के सम्बन्ध में कुछ कहना ***सूर्य को दीपक दिखाना*** ही है।

**सूर्य पर थूकना**—*किसी महान् व्यक्ति को कलंकित करने के प्रयास में स्वयं बुरा बन जाना*—अपने ऋषि-मुनियों पर किसी प्रकार का आक्षेप लगाना ***सूर्य पर थूकना*** है।

**हाथ धोकर पीछे पड़ना**—*बुरी तरह सताना*—वह तो ***हाथ धोकर मेरे पीछे पड़*** गया है, मैं कितना ही अच्छा काम करूँ, वह कोई-न-कोई गलती निकाल ही देता है।

**हाथ-पाँव फूल जाना**—*बहुत घबरा जाना*—दंगाइयों के अचानक घर में घुस जाने पर मेरे ***हाथ-पाँव फूल*** गए।

**हाथों के तोते उड़ जाना**—*सुध-बुध खोना*—दुकान खोलते ही जब सेठ जी ने देखा कि तिजोरी खुली पड़ी है, तो उनके ***हाथ के तोते उड़*** गए।

## प्रसिद्ध लोकोक्तियाँ

**अकेला चना भाड़ नहीं फोड़ता**—एक अकेला व्यक्ति बहुत से मनुष्यों के करने योग्य कार्य को नहीं कर सकता।

**अन्धों में काना राजा**—मूर्ख समुदाय में थोड़ी समझ वाला भी पूज्य होता है।

**अकल बड़ी या भैंस**—शारीरिक बल और बुद्धि के बीच बुद्धि ही श्रेष्ठ होती है।

**अन्धा बाँटे रेवड़ी फिर-फिर अपनों को दे**—संकीर्ण हृदय वाले मनुष्य न्याय को छोड़कर अपनों का ही भला करते हैं।

**अन्धे के हाथ बटेर लगना**—अनायास किसी अयोग्य मनुष्य को कोई उत्तम वस्तु मिल जाना।

**अपना दाम खोटा तो परखने वाले का क्या दोष**—अपने स्वजन के दोषों की सत्य आलोचना पर दूसरों से झगड़ा ठीक नहीं।

**अपनी-अपनी ढपली, अपना-अपना राग**—व्यवस्था और नियम का अभाव होना।

**आँख बची माल दोस्तों का**—अपनी ही सावधानी से अपनी वस्तु की रक्षा होती है। असावधान व्यक्ति को परिचित ही हानि पहुँचाते हैं।

**आँख फूटी पीर गई**—सदा कष्ट देने वाली वस्तु के एक बार त्याग देने पर बार-बार का कष्ट मिट जाता है।

**आम खाने या पेड़ गिनने**—मतलब की बात करनी चाहिए, बेमतलब नहीं।

**उल्टा चोर कोतवाल को डाँटे**—अपराधी का उल्टे निरपराधी को दबाना।

**ऊँची दुकान फीका पकवान**—बाहरी ठाट-बाट अधिक, परन्तु असल वस्तु का निकम्मी होना।

**ऊँट किस करवट बैठता है**—न जाने क्या निर्णय होता है।

**तेते पाँव पसारिये जेती लंबी सौर**—अपनी सामर्थ्य को देख कर कार्य करना चाहिए।

**ऐसे गये जैसे गधे के सिर से सींग**—चुपचाप लुप्त हो जाना।

**काठ की हाँडी एक बार चढ़ती है**—कपट से एक ही बार काम बन सकता है।

**कौवा चला हंस की चाल, भूल गया अपनी भी चाल**—नकल करके अपने योग्य सत्कार को भी खो देना।

**कोयले की दलाली में हाथ काले**—बुरे की संगत में बुराई ही मिलती है।

**कंगाली में आटा गीला**—कष्ट पर कष्ट पड़ते हैं।

**कुत्ता भी दुम हिलाकर बैठता है**—स्वच्छता सबको प्रिय है।

**करेला कड़वा तिस पर नीम चढ़ा**—दोषी को और दोष मिल जाना।

**का वर्षा जब कृषि सुखानी**—समय निकल जाने पर सहायता व्यर्थ है।

**कहीं की ईंट कहीं का रोड़ा, भानुमती ने कुनबा जोड़ा**—असम्बद्ध मेल उत्पन्न करना।

**करत-करत अभ्यास के जड़मति होत सुजान**—बार-बार उद्योग करने से कठिन कार्य भी सरल हो जाते हैं।

**कोउ नृप होउ हमें का हानि**—किसी को लाभ हो पर हमें तो कुछ मिलना नहीं।

**खरबूजे को देखकर खरबूजा रंग बदलता है**—संगति का असर अवश्य पड़ता है।

**खोदा पहाड़ निकली चुहिया**—बहुत परिश्रम करने पर भी साधारण लाभ होना।

**गाय को अपने सींग भारी नहीं होते**—अपने परिवार के मनुष्य किसी को बोझ नहीं लगते।

**गुड़ खाये गुलगुलों से परहेज**—पाखण्डपूर्ण अरुचि प्रकट करना।

**गुड़ से मरे तो जहर क्यों दे**—समझाने से मान जाए तो दण्ड का क्या प्रयोजन?

**घर का जोगी जोगना आन गाँव का सिद्ध**—परिचितों के बीच किसी गुणी की समुचित प्रतिष्ठा नहीं होती।

**घर खीर तो बाहर भी खीर**—घर पर सम्पन्नता हो, तो हर जगह आदर-सत्कार होता है।

**घोड़ा घास से यारी करके क्या खाये**—भोजन पर दया करोगे, तो खाओगे क्या।

**चलती का नाम गाड़ी**—काम चलता रहे, वही अच्छा है।

**चुपड़ी और दो-दो**—कीमती वस्तु का अभाव ही हुआ करता है।

**चोट्टी कुतिया जलेबी की रखवाली**—बुरे मनुष्य को प्रबंधक बनाना।

**चोर की दाढ़ी में तिनका**—पापी सशंकित रहता है।

**चोर के पैर नहीं होते**—दोषी अपने को निर्दोष साबित करने के लिए बयान बदलता रहता है।

**चोर से कहे चोरी कर, शाह से कहे जागता रह**—दोनों पक्षों को उकसाना। दोनों पक्षों का भले बने रहना।

**चौबे चले छब्बे होने, रह गये दुब्बे ही**—लाभ के बदले हानि उठाना।

**जंगल में मोर नाचा किसने देखा**—एकान्त में गुण प्रदर्शन से क्या लाभ?

**जल में रहकर मगर से बैर**—जिसके अधीन रहना उसी से झगड़ना।

**जहाँ जावे भूखा, वहीं पड़े सूखा**—दुःखी और भाग्यहीन जहाँ जाता है दुःख पाता है।

**जाके पाँव न फटी बिवाई, सो क्या जाने पीर पराई**—जब तक मनुष्य स्वयं दुःख नहीं सहता, तब तक उसे दुःखी के दुःखों का अनुभव नहीं होता।

**जिसकी लाठी उसकी भैंस**—बलवान् के सदा पौ बारह रहते हैं।

**टके की हाँडी फूटी, पर कुत्ते की जात पहचानी गई**—थोड़ी हानि उठाकर नीच व्यक्ति के स्वभाव से परिचित हो जाना।

**थोथा चना बाजे घना**—कार्य न करने वाला मनुष्य अधिक बकवादी होता है।

**दबी बिल्ली चूहों से कान कटवाती है**—मजबूरी में अपने अधीन मनुष्य से भी दबना पड़ता है।

**देशी कुतिया विलायती बोली**—मूर्ख द्वारा विदेशी भाषा का प्रयोग।

**आधी तज सारी को धावे, आधी मिले न सारी पावे**—लालच बुरी होती है।

**धोबी का कुत्ता घर का न घाट का**—निकम्मा मनुष्य।

**न नौ मन तेल होगा, न राधा नाचेगी**—असम्भव शर्त।

**न रहेगा बाँस न बजेगी बाँसुरी**—हानिकर वस्तु का अस्तित्व मिटा देना ही उचित है।

**नाई-नाई बाल कितने, जजमान आगे ही आ जावेंगे**—तुरन्त घटित होने वाली घटना।

**नाच न जाने आँगन टेढ़ा**—काम करने में अयोग्य होने पर बहाने बनाना।

**नाचने निकले तो घूँघट कैसा**—अपना पेशा कमाने में लज्जा क्या।

**नौ नकद न तेरह उधार**—अधिक लाभ के चक्कर में उधार बेचने से बेहतर है कि कम लाभ लेकर नकद बेचा जाए।

**नौ सौ चूहे खाय बिल्ली हज को चली**—पापी मनुष्य द्वारा परोपकार का ढोंग।

**पाँचों उँगलियाँ बराबर नहीं होतीं**—सब मनुष्य एक से नहीं होते।

**पानी मथने से घी नहीं निकलता**—कंजूस से कुछ प्राप्त नहीं और मूर्ख पर उपदेश का प्रभाव नहीं।

**पूत के पाँव पालने में ही पहचान लिए जाते हैं**—होनहार के चिह्न पहले ही दिख जाते हैं।

**बकरे की माँ कब तक खैर मनायेगी**—जिसके भाग्य में जो है, सो तो होगा ही। दुआ या प्रार्थना के बल पर उसे अधिक समय तक बचाया नहीं जा सकता।

**बद अच्छा बदनाम बुरा**—बुरा आदमी तो बुरा होता ही है; पर यदि अच्छे आदमी की बदनामी हो जाये तो यह बहुत बुरी बात होती है।

यदि किसी व्यक्ति के बुरे कामों की जग-चर्चा न हो तो उसकी बदनामी नहीं होती। पर जो आदमी बदनाम हो (भले ही वह बुरा न हो) उसे अच्छा नहीं समझा जाता।

**बासी बचे न कुत्ते खायें**—जब कोई वस्तु आवश्यकता से

अधिक होती है, तभी उसकी बरबादी होती है। आवश्यकता से अधिक नहीं होगी, तो उसकी बरबादी का प्रश्न ही नहीं उठेगा।

**बिल्ली के भाग्य से छींका टूटा**—संयोग से ऐसे कोई घटना हो जाना जो अभीष्ट हो अन्यथा वह घटना (काम या बात) होने की कोई अपेक्षा नहीं थी।

**भागते भूत की लंगोटी ही सही**—भूत यानी दुष्ट। जिस दुष्ट व्यक्ति से कुछ भी मिलने की आशा न हो, उससे चलते-चलाते यदि थोड़ा भी मिल जाये, तो वही बड़ी बात है।

**भुस में आग लगाय, जमालो दूर खड़ी**—औरों को आपस में लड़ाकर स्वयं को (लड़ाने वाला शैतान व्यक्ति) झगड़े से अलग रखना, जैसे उसका झगड़े से कुछ लेना-देना नहीं।

**भेड़ जहाँ जायेगी, वहीं मूँड़ी जायेगी**—अत्यन्त सीधे-सादे व्यक्ति के पास यदि कोई मूल्यवान् वस्तु होती है तो वह सुरक्षित नहीं रह पाती। हर व्यक्ति उस व्यक्ति से वह वस्तु लेने का प्रयत्न करता ही है।

**मन चंगा, तो कठौती में गंगा**—मन में शुद्धता हो (मन साफ हो) तो तीर्थ-स्थान और अन्य स्थानों में कोई अन्तर नहीं होता। पवित्र मन वाले के लिए तीर्थ-यात्रा पर जाना जरूरी नहीं होता।

**महाजनो येन गतः, स पंथा**—जिस मार्ग पर महापुरुष चलें, वही सपंथ (सुमार्ग) है।

**मियाँ की जूती, मियाँ के सिर**—अपने विरोधी (या किसी शरारती) को उसकी ही युक्ति (शराफत) से परास्त करना।

**मुँह में राम बगल में छुरी**—ऊपर से मित्रता या अपनापन दिखाना पर मन में शत्रुता (हानि पहुँचाने की इच्छा) रखना।

**मेंढकी को भी जुकाम होना**—जब अति सामान्य, सीधा-सादा और छोटा व्यक्ति भी बड़ों की तरह इतराने या नखरे करने लग जाये, तो कहा जायेगा कि मेंढकी को भी जुकाम हो गया है।

**मेरी बिल्ली मुझी से म्याऊँ**—जिसका खाये, उसी पर गुर्राये या जिसकी कृपा पर पल रहा हो, उसी को आँख दिखाये, तब कहा जायेगा, मेरी बिल्ली मुझी से म्याऊँ।

**मुर्गा नहीं बोलेगा, तो क्या सवेरा नहीं होगा**—यदि कोई व्यक्ति घमंड में यह मान बैठे कि वह अपने साथी, सम्बन्धी या मित्र की सहायता-मदद नहीं करेगा, तो उसका काम तो हो ही नहीं पायेगा; ऐसी अवस्था में उस घमंडी व्यक्ति के घमंड को तोड़ने के लिए यह कहा जाता है कि मुर्गा नहीं बोलेगा तो क्या सवेरा ही नहीं होगा।

**राम मिलाई जोड़ी, एक अन्धा एक कोढ़ी**—जब संयोग से एक दुष्ट स्वभाव वाले व्यक्ति का साथ किसी दुष्ट स्वभाव वाले व्यक्ति के साथ हो जाये, तब यह कहावत कही जाती है।

**लातों के भूत बातों से नहीं मानते**—दुष्ट लोग तभी सही रास्ते पर रहते हैं जब उन्हें दण्ड या ताड़ना मिलती रहे।

**समरथ को नहिं दोष गुसाईं**—समर्थ व्यक्ति (धनी, अधिकार-सम्पन्न या बलवान्) यदि अनर्थ या अन्याय भी करे, तो उसे कोई दोषी ठहराने की हिम्मत नहीं करता।

**सहज पके सो मीठा होय**—उतावलेपन या जल्दी-जल्दी में किया गया काम खराब हो जाता है। धीरज से काम करते रहने से अच्छा फल मिलता है।

**साँप मरे न लाठी टूटे**—काम भी हो जाये और कोई हानि न उठानी पड़े।

**साँप निकल गया, लकीर पीटने से क्या?**—वक्त पर चूक जाने के बाद किसी कार्य की कोई सार्थकता नहीं रह जाती।

**सात-पाँच की लकड़ी, एक जने का बोझ**—थोड़ा-बहुत सहयोग देने से किसी भी बड़े काम को पूरा किया जा सकता है। थोड़ा-थोड़ा मिलने से निर्धन का गुजारा हो जाता है।

**सिखाये चूहे दरबार नहीं चढ़ते**—झूठे गवाहों से जीत नहीं होती।

**सिर मुंड़ाते ही ओले पड़े**—किसी कार्य को शुरू करते ही बाधाओं के आ जाने पर ही इस कहावत का प्रयोग किया जाता है।

**सीधी उँगली से घी नहीं निकलता**—सज्जन बने रहने से काम नहीं बनता।

**सौ सुनार की एक लुहार की**—अपने से बहुत अधिक शक्तिशाली व्यक्ति के साथ बार-बार छोटी-छोटी छेड़खानी मत करो; क्योंकि यदि वह गुस्से में आकर एक बार भी आक्रमण करेगा, तो तुम्हारा कचूमर निकल जायेगा।

**हाथ कंगन को आरसी क्या?**—प्रत्यक्ष को प्रमाण की आवश्यकता नहीं।

**हाथी के दाँत खाने के और दिखाने के और**—कपटी मनुष्य के बाहरी व्यवहार और उसके मन के कपट में कोई समानता नहीं दिखती। वह बाह्य व्यवहार से कुछ और दिखता है पर उसके मन में कुछ और (कुटिलता) होता है।

**हींग लगे न फिटकरी रंग चोखा**—बिना पूरा परिश्रम (अपेक्षित मेहनत) किये काम बढ़िया ढंग से पूरा होना।

# अवतरण तथा उद्धरण

नीचे कुछ विशिष्ट विद्वानों, लेखकों एवं विचारकों की लिखी सुप्रसिद्ध पुस्तकों अथवा परिज्ञान गद्यांश अथवा उनके निबंधों के अवतरण इस उद्देश्य से दिए गए हैं ताकि विद्यार्थी/प्रतियोगी स्वयं श्रेष्ठ लेखकों की रचनाओं को पढ़ने की प्रेरणा प्राप्त कर सकें और जब कभी उनसे ऐसे लेखकों की कृतियों अथवा उनकी विद्या के बारे में पूछा जाए तो वे सरलता से उनका उत्तर दे सकें। प्राय: अवतरण पर कई प्रकार के प्रश्न पूछे जाते हैं; जैसे—

*(i)* अवतरण का आशय अपने शब्दों में लिखिए, *(ii)* अवतरण का अर्थ स्पष्ट कीजिए, *(iii)* अवतरण का उपयुक्त शीर्षक बताइए तथा *(iv)* अवतरण में विशिष्ट शब्दों के अर्थ लिखिए। यदा-कदा अवतरण के लेखक अथवा उस पुस्तक के बारे में भी पूछा जाता है जिससे अवतरण लिया गया होता है।

अवतरण प्राय: गद्य में होते हैं। यदि प्रतियोगी को किसी अवतरण के बारे में सम्यक् ज्ञान नहीं है तो उसे अवतरण के बारे में अनुमान मात्र से लिखने की चेष्टा नहीं करनी चाहिए। बुझौवल अथवा अटकलों से सफलता मिलने की संभावना बहुत कम होती है।

यहाँ जो अवतरण दिए गए हैं वे प्रतियोगी के लिए अपेक्षित बौद्धिक स्तर को ध्यान में रखकर संग्रहीत किए गए हैं। ये अवतरण न बहुत क्लिष्ट हैं और न ऐसी अज्ञात पुस्तकों से लिए गए हैं जिनका प्रकाशन अर्द्धशती पूर्व हुआ था। अवतरणों के चयन में चेष्टा यह रही है कि ये ऐसी पुस्तकों से लिए जाएँ जिनको किसी-न-किसी विश्वविद्यालय में पाठ्यक्रम में स्वीकृत किया गया है अथवा जो विषय सहज बोधगम्यता के कारण लोकप्रिय हो चुके हैं।

इस संकलन में साहित्य, शिक्षा, मनोविज्ञान, विज्ञान, इंजीनियरी, राजनीतिशास्त्र, अर्थशास्त्र जैसे अनेक विषयों से संबंधित अवतरणों को संग्रहित करने का प्रयास किया गया है ताकि प्रतियोगी की बहुआयामी प्रतिभा का सरलता से मूल्यांकन किया जा सके। आशा है कि इन अवतरणों तथा इनसे सम्बन्धित प्रश्नों से विद्यार्थी और प्रतियोगी दोनों लाभान्वित होंगे। परीक्षा में सफलता के साथ-साथ इनका सम्यक् अध्ययन पाठकों का ज्ञानवर्धन भी कर सकेगा, ऐसा दृढ़ विश्वास है।

## अभ्यास 1

प्रेममार्गी शाखा के प्रमुख कवि मलिक मोहम्मद जायसी संसार से इतने विरक्त नहीं थे। वे लोक तथा परलोक दोनों की साधना चाहते थे। उन्होंने अपने 'पद्मावत' में मसनवी परम्परा के अनुकूल शेरशाह की वंदना की है। उन्होंने लौकिक प्रेमगाथाओं के रूपक द्वारा परमार्थिक प्रेम की साधना की है। पद्मावती की प्रेम-कथा जो पृथ्वीराज रासो में वीर रस के आश्रित गौण थी, वह जायसी की 'पद्मावत' में मुख्यता प्राप्त कर लेती है। पद्मावत में कथा भी है और रूपक के द्वारा अलौकिक तत्त्वों की व्यंजना भी है। यद्यपि जायसी मुसलमान थे तथापि वे भारतीय संस्कृति से पूर्णतया परिचित थे। थोड़े बहुत हेर-फेर के साथ उनके काव्य में भारतीय अन्तर-कथाओं और धार्मिक परम्पराओं का उल्लेख हुआ है। उसमें रासो की अपेक्षा अन्विति अधिक है और आरंभ से लेकर अन्त तक शैली और भाषा की एकरसता है। पद्मावत प्रबंधकाव्य का एक अच्छा उदाहरण कहा जा सकता है।

**—काव्य के रूप—डॉ. गुलाब राय**

**1.** मलिक मोहम्मद जायसी थे :
   - A. अवधी भाषा के प्रथम कवि
   - B. सूफी सन्त कवि
   - C. शेरशाह सूरी के सभासद्
   - D. जायस के नागरिक

**2.** जायसी के सर्वोत्कृष्ट ग्रंथ का नाम है :
   - A. आखिरी कलाम
   - B. अखरा बट
   - C. पद्मावत
   - D. मधुमालती

**3.** उक्त गद्य खण्ड का उपयुक्त शीर्षक हो सकता है :
   - A. पद्मावत का कथानक
   - B. पद्मावत परिचय
   - C. जायसी और उनका पद्मावत
   - D. कविवर जायसी

4. पद्मावत महाकाव्य की भाषा है :
   A. ब्रजभाषा  B. भोजपुरी
   C. खड़ी बोली  D. अवधी
5. अवधी भाषा के सर्वाधिक लोकप्रिय महाकाव्य का नाम है :
   A. रामचरितमानस  B. पद्मावत
   C. मधुमालती  D. मृगावती

## अभ्यास 2

सामान्य दुष्टों की वन्दना में या तो भय रहता है, या व्यंग्य। परन्तु जहाँ हम हानि होने के पहले ही हानि के कारण की वन्दना करने लगते हैं वहाँ हमारी वन्दना के मूल में भय नहीं बल्कि उसकी स्थायी दशा की आशंका है। इस वंदना में दुष्टों को थपकी देकर सुलाने की चाल है जिसमें विघ्न-बाधाओं से जान बच सके। आशंका से उत्पन्न यह नम्रता गोस्वामी जी को आश्रय से आलंबन बना देती है। जब स्फुट अंशों के संचारीभावों तथा अनुभवों को छोड़कर वंदना के पीछे निहित भावना की दृष्टि से देखते हैं तो यह आश्रय से संक्रमित आलंबन का उदाहरण बन जाता है। सन्तों, देवताओं तथा राम की वन्दना पर्याप्त नहीं इसलिए दुष्टों की भी वन्दना की जाती है। इससे दुष्टों के महत्त्व की मायिक सृष्टि होती है और वह उन्हें और भी उपहास्य बना देती है।

**—हास्य के सिद्धान्त तथा मानस में हास्य,**
**प्रो. जगदीश पाण्डेय**

1. दुष्ट वन्दना के पीछे कवि का उद्देश्य है :
   A. दुष्टों को लज्जित करना
   B. दुष्टों को थपकी देकर सुलाना
   C. दुष्टों से अपना बचाव करना
   D. दुष्टों का सहयोग प्राप्त करना
2. रामचरितमानस एक भक्ति काव्य है। इसमें दुष्ट वंदना का रहस्य है :
   A. तुलसी की व्यापक दृष्टि
   B. तुलसी का सभी को राममय देखना
   C. तुलसी की उदारता
   D. तुलसी का शील-सौजन्य
3. उपरोक्त अवतरण का उपयुक्त शीर्षक हो सकता है :
   A. तुलसी की दुष्ट वंदना
   B. तुलसी की उदारता
   C. तुलसी का मानवीय दृष्टिकोण
   D. उपर्युक्त तीनों
4. देवताओं, महापुरुषों, सज्जनों के साथ दुष्टों की वंदना इसलिए सार्थक कही जाएगी कि महाकवि तुलसी :
   A. संत कवि थे
   B. उदार चेता थे
   C. हित-अनहित और अपने पराये की भावना से ऊपर उठ चुके थे
   D. निर्वैरता चाहते थे
5. जीवन में हास्य का महत्त्व इसलिए है कि वह जीवन को :
   A. प्रेरणा देता है  B. आनन्दित करता है
   C. आगे बढ़ाता है  D. सरस बनाता है

## अभ्यास 3

महाकवि सूरदास का 'सूर-सागर' भागवत के आधार पर लिखा हुआ ग्रंथ है। इसीलिए महाकवि 'सूर' ने भी ब्रह्म का यही स्वरूप ग्रहण किया और भगवान श्रीकृष्ण को अपनी उपासना का केन्द्र मानकर वैष्णव सम्प्रदाय के सिद्धान्तों का ही प्रतिपादन किया है। वास्तव में वैदिक ऋचाओं में वर्णित सिद्धान्त ही वैदिक धर्म के प्रकाण्ड आचार्यों द्वारा प्रचारित हुए हैं। काल और स्थिति के अनुसार धार्मिक सिद्धान्तों में भी परिवर्तन होना आवश्यक है। सर्वप्रथम दृष्टि से भगवान कृष्ण ने इन वैदिक सिद्धान्तों में कुछ परिवर्तन कर सूरकालीन वैष्णव धर्म का शिलान्यास किया। अत: भगवान कृष्ण को ही वैष्णव धर्म का प्रथम आचार्य कहना अनुचित न होगा। धार्मिक और ऐतिहासिक अनुसंधानों के अनुसार वेदों और संहिताओं की रचना भिन्न-भिन्न काल में हुई है। उदाहरणार्थ—यजुर्वेद संहिता में केशी नामक राक्षस का कृष्ण द्वारा वध किए जाने का उल्लेख है। इससे प्रमाणित होता है कि यह संहिता कृष्ण जन्म के बाद लिखी गई है।

**—सूरदर्शन, डॉ. कृष्ण लाल 'हंस'**

1. उक्त गद्यांश का सारांश एक पंक्ति में इस प्रकार हो सकता है:
   A. श्रीमद्भागवत ग्रंथ सूर-सागर की रचना का आधार है
   B. श्रीमद्भागवत नहीं अपितु ब्रह्म वैवर्त्त पुराण सूर-सागर का आधार है
   C. महाभारत ग्रंथ सूर-सागर का आधार है
   D. वैदिक ऋचाएँ सूर-सागर का आधार हैं
2. हिन्दी साहित्य में भक्ति तथा रीति काल को सम्मिलित करके तीन उत्तम कवि माने गए हैं, जिनमें प्रथम स्थान :
   A. सूरदास का है  B. तुलसीदास का है
   C. केशवदास का है  D. देव का है

**3.** महाकवि सूरदास भक्तिकाल में सगुण भक्ति की :
A. कृष्ण भक्ति शाखा के कवि थे
B. राम कृष्ण दोनों की भक्ति शाखा के कवि थे
C. स्मार्त्त कवि थे
D. उपर्युक्त किसी शाखा के कवि नहीं थे

**4.** इस गद्यांश का उपयुक्त शीर्षक हो सकता है :
A. सूर-सागर का प्रणयन
B. वैष्णव धर्म के प्रथम आचार्य श्रीकृष्ण
C. परब्रह्म श्रीकृष्ण
D. वैष्णव धर्म का शिलान्यास

**5.** सूर-सागर की कथा श्रीमद्‌भागवत के :
A. दशम स्कंध से ली गई है
B. एकादश स्कंध से ली गई है
C. नवम स्कंध से ली गई है
D. उपर्युक्त किसी स्कंध से नहीं ली गई है।

## अभ्यास 4

आचार्य शुक्ल जी के गंभीर निबंध 'चिंतामणि' में संग्रहीत हैं। उनमें दो प्रकार के निबंध हैं, एक तो भावों के विश्लेषण से सम्बन्ध रखने वाले निबंध जो भाव-विषयक होते हुए भी आवश्यक नहीं हैं वरन् उच्चकोटि के विचारात्मक हैं, दूसरे साहित्यिक जिनमें कुछ सैद्धांतिक आलोचना से संबंध रखते हैं, जैसे—'साधनीकरण और व्यक्ति वैचित्र्यवाद' और कुछ व्यावहारिक आलोचनाओं के हैं, जैसे 'भारतेन्दु हरिश्चन्द्र'। आचार्य शुक्ल जी के मनोवैज्ञानिक निबंधों की भी अन्विति उनकी आलोचनाओं से की जा सकती है, वे भारतीय रस सिद्धान्त पर अवलम्बित हैं और उनका सम्बन्ध जीवन सागर के निजी अवगाहन से है। इन निबंधों के भावों का विश्लेषण पर्याप्त मात्रा में हुआ है किन्तु जीवन से चुने हुए उपयुक्त उदाहरणों के कारण यह विश्लेषण दुरूह नहीं होने पाया है। 'लज्जा और ग्लानि' का आधार भारत की आत्मग्लानि है, 'लोभ और प्रीति' का अन्तर समझ लेने पर जायसी के 'रत्नसेन' के प्रेम की आलोचना भली प्रकार समझी जा सकती है।

**—काव्य के रूप, डॉ. गुलाब राय**

**1.** उक्त गद्यांश का सम्यक् अनुशीलन करने से पता चलता है कि लेखक ने :
A. शुक्ल जी को समझने में काफी प्रयास किया था
B. शुक्ल जी के साहित्य का सम्यक् अध्ययन किया था
C. शुक्ल जी से दिशाबोध ग्रहण किया था
D. शुक्ल जी को समीप से देखा था

**2.** डॉ. गुलाब राय की शैली थी :
A. कथा शैली B. भावना प्रवण शैली
C. विवेचना प्रधान शैली D. विश्लेषणात्मक शैली

**3.** डॉ. गुलाब राय ने आचार्य शुक्ल की शैलियों का जो वर्गीकरण किया है वह :
A. अत्यन्त वैज्ञानिक है B. शोधपूर्ण है
C. सर्वांगीण है D. यथातथ्य है

**4.** उक्त गद्यांश के लिए उचित शीर्षक होगा :
A. आचार्य शुक्ल की निबंध-शैली
B. शुक्ल जी की निबंध-कला
C. निबंध कला और शुक्ल जी
D. हिन्दी के श्रेष्ठ निबंधकार शुक्ल जी

**5.** अन्विति का अर्थ है :
A. अनुरक्ति B. तालमेल
C. आलोचना D. अर्चना

## अभ्यास 5

चीन में न तो वर्ण व्यवस्था थी न जाति-पाँति का भेदभाव। परम्परा के अनुसार सम्मान के मुख्य पात्र क्रमशः विद्वान्, राज्य पदाधिकारी, योद्धा और अध्यापक थे। साधारण लोगों में नौ श्रेणियाँ थीं। अन्न उत्पन्न करने वाले, माली, लकड़हारे, पशु-पक्षी पालने वाले, बुनकर, नौकर-चाकर, कारीगर, व्यापारी और फुटकर काम करने वाले। कुलीनों तथा साधारण लोगों में अथवा श्रेणियों और व्यवसायों में ऊँच-नीच का भेद कायम था। पर यह विभेद नगण्य-सा था। अपनी योग्यता के अनुसार मनुष्य का स्थान घटता-बढ़ता था। लोग आपस में विवाह आदि बिना किसी बाधा के करते थे। चीनियों में विद्वान् और सेनापति विशेष आदर के पात्र समझे जाते थे। हिजड़े, भाँड, गुलाम, हरकारे, वेश्याएँ नीचे के स्तर के लोग थे। चीन में गुलामों की दशा उतनी खराब नहीं थी जितनी रोम तथा यूरोप के देशों के मध्य युग में थी। गुलामों से घरेलू काम कराये जाते थे। उनकी विशेष जाति नहीं थी। उन्हें यद्यपि खरीदा-बेचा जा सकता था तथापि उनसे न तो नीच काम कराए जाते थे और न उन्हें सताया जाता था।

**—विश्व इतिहास, डॉ. रामप्रसाद त्रिपाठी**

**1.** उक्त उद्धरण के अध्ययन से पता चलता है कि मध्यकालीन चीन में :
A. जाति प्रथा प्रचलित थी
B. सामाजिक जीवन काफी समुन्नत था
C. सामाजिक जीवन वैभवपूर्ण था
D. वर्ण-व्यवस्था से रहित था

2. उक्त उद्धरण का उपयुक्त शीर्षक हो सकता है :
   A. मध्यकालीन चीन का सामाजिक जीवन
   B. मध्यकालीन चीन में सामाजिक व्यवस्था
   C. चीनी समाज में विविधता
   D. चीनी समाज में गिरावट
3. उक्त गद्य खण्ड का सारांश एक पंक्ति में इस प्रकार व्यक्त किया जा सकता है :
   A. अन्य तत्कालीन समाजों की तुलना में मध्यकाल में चीन का सामाजिक जीवन समुन्नत था
   B. चीन का मध्यकालीन समाज विकास के शिखर पर था
   C. चीन मध्यकालीन राज्यों में अग्रणी था
   D. मध्यकालीन चीन का सामाजिक जीवन विकासोन्मुख था
4. चीन के सामाजिक इतिहास का अनुशीलन करने से पता चलता है कि चीन में :
   A. सामाजिक भेदभाव अवश्य था भले ही वहाँ वर्ण-व्यवस्था नहीं थी
   B. समाज के सभी सदस्य एक-सा जीवन नहीं जीते थे
   C. चीनी समाज गुलामों को उत्पीड़ित करता था
   D. मध्यकालीन चीन में नागरिक सुविधाओं का अभाव था
5. चीन में विशेष आदर के पात्र समझे जाते थे :
   A. हिजड़े और भाँड  B. विद्वान् और वेश्याएँ
   C. विद्वान् और सेनापति  D. कारीगर और व्यापारी

## अभ्यास 6

''मनुष्य जब नई-नई सच्चाइयों को देखता है तब वह अपना नैतिक कर्त्तव्य समझता है कि उनके अनुसार व्यवहार करे परन्तु ऐसे मौकों पर धर्म उसके रास्ते में रुकावट बनकर खड़ा होता रहा है। जब गैलीलियो ने इस बात का पता लगाया कि सूर्य पृथ्वी के इर्द-गिर्द नहीं घूमता, पृथ्वी सूर्य के गिर्द घूमती है, तो उसने अपना नैतिक कर्त्तव्य समझा कि सच्चाई को जाहिर करे। उसने जब इस सत्य को प्रकट किया तो धर्म के ठेकेदारों ने उसे जेल में डाल दिया, और उसे तब छोड़ा जब उसने कह दिया कि उसका विचार गलत था। संसार का इतिहास इस बात का साक्षी था कि धर्म सत्य को दबाता रहा है। रूढ़िवाद ने बुद्धिवाद का विरोध किया। इस दृष्टि से धर्म और विज्ञान की लड़ाई एक तरह से धर्म और नीति की लड़ाई है।''

**—समाजशास्त्र के मूल तत्त्व, सत्यव्रत सिद्धान्तालंकार**

1. ''धर्म और विज्ञान की लड़ाई, धर्म और नीति की लड़ाई है।'' इस कथन का आशय है :
   A. धर्म ने सत्य को स्वीकार नहीं किया
   B. धर्म और नीति ने मिलकर सत्य को दबाया
   C. धर्म और नीति ने सत्य को स्वीकार नहीं किया
   D. रूढ़िवाद ने बुद्धिवाद को नकारा
2. उक्त गद्यांश का आशय है :
   A. धर्म और सत्य का सनातन संघर्ष
   B. ज्ञान के रास्ते में धर्म बाधक
   C. धर्म और नीति द्वारा विज्ञान की अवहेलना
   D. विज्ञान द्वारा धर्म और नैतिकता का पर्दाफाश
3. इस गद्यांश का उपयुक्त शीर्षक हो सकता है :
   A. धर्म और विज्ञान
   B. धर्म और नैतिकता पर विज्ञान का प्रभाव
   C. विज्ञान की लड़ाई
   D. नैतिकता
4. समाजशास्त्र का अध्ययन आवश्यक है :
   A. जीवन की सफलता के लिए
   B. सामाजिक पुनर्निर्माण के लिए
   C. सामाजिक सुव्यवस्था के लिए
   D. उपर्युक्त किसी के लिए नहीं
5. 'जाहिर' से अभिप्राय है :
   A. प्रकाशित  B. धूमिल
   C. स्थापित  D. उजागर/प्रकट

## अभ्यास 7

बहुत-से लोग कहेंगे कि उर्दू की उत्पत्ति हिन्दी से हुई है तो तब यदि हिन्दी उसी ढंग से लिखी गई तो इसमें दोष ही क्या? यह ठीक है, परन्तु व्यक्ति का यही कर्त्तव्य है कि वह निज जन्मदाता के गुण ग्रहण करे, विशेषत: जबकि जन्मदाता सर्वगुण सम्पन्न हो। हिन्दी सर्वगुण सम्पन्न संस्कृत से जन्मी है। संस्कृत का अनुकरण करने में ही इसकी शोभा तथा गौरव है। हिन्दुस्तानी या उर्दू का भी इसी में नाम है कि निज पोषक से सम्बन्ध बढ़ावे क्योकि जैसे कोई निज पोषक बिना निरवलम्ब हो जाता है वैसे ही उर्दू भी हिन्दी की सहायता बिना अवयवविहीन होकर किसी काम की नहीं रहेगी। भाषा की रचना में क्रिया ही प्रधान है। क्रियाविहीन कोई वाक्य हो ही नहीं सकता। उर्दू में यावत क्रिया है उन सबकी सहायक व

पोषक हिन्दी भाषा है। इस पर भी यदि वह निज पोषक और जन्मदाता का अनुकरण न करे तो वह अवश्य की निन्दास्पद है।

**—हरिश्चन्द्र, बाबू शिवनन्दन सहाय**

1. उर्दू के ऊपर हिन्दी का अधिक प्रभाव होना चाहिए था, लेखक का यह कथन :
   A. बिल्कुल सही है
   B. किसी सीमा तक सही है
   C. तार्किक दृष्टि से ठीक है
   D. कुछेक अपवादों को छोड़कर काफी सही है
2. उर्दू को हिन्दी की एक शैली मानना काफी हद तक ठीक है किन्तु इसको एक संकुचित दायरे में बाँध कर लोगों ने इसका प्रचलन घटाने में काफी मदद की है। इसलिए इसे हम :
   A. अब हिन्दी की शैली नहीं कह सकते
   B. एक प्रकार से हिन्दी की शैली मान सकते हैं
   C. यदि देवनागरी लिपि में लिखना शुरू कर दें तो यह हिन्दी की ही एक शैली बन जाएगी
   D. एक वर्ग की भाषा समझ बैठे हैं जिसके कारण ये हिन्दी की शैली नहीं रही
3. उक्त गद्यांश का सारांश एक पंक्ति में यह हो सकता है :
   A. उर्दू में क्रिया व्यापार हिन्दी का-सा है इसलिए इसे हिन्दी की प्रकृति अपना लेनी चाहिए
   B. उर्दू में अनावश्यक रूप से फारसी प्रयोग में लाई जाती है जबकि इसे हिन्दी के शब्द लेकर अपना भण्डार बढ़ाना चाहिए
   C. उर्दू को क्षति इसलिए उठानी पड़ रही है कि उसने अपनी जननी से ही घृणा करनी शुरू कर दी
   D. उर्दू हिन्दी विवाद लिप्यन्तरण द्वारा दूर किया जा सकता है
4. इस गद्यांश के लिए उपयुक्त शीर्षक हो सकता है :
   A. हिन्दी-उर्दू विवाद
   B. उर्दू पर बाहरी प्रभाव
   C. उर्दू भाषा हिन्दी की पुत्री है
   D. उर्दू गलत दिशा की ओर
5. 'निन्दास्पद' से अभिप्राय है :
   A. दूसरों की निन्दा करने वाला
   B. निन्दा की चिन्ता न करने वाला
   C. अपकीर्ति का पात्र
   D. आलोचना के योग्य

## अभ्यास 8

**निर्देश :** *निम्नलिखित गद्यांश के संदर्भ में पूछे गए प्रश्नों के वैकल्पिक उत्तरों में से सही उत्तर को चिह्नित कीजिए।*

आज से सप्तदशक पूर्व सम्पादकाचार्य पराड़करजी ने कहा था—हम सब सम्पादक पत्रों की उन्नति चाहते हैं। पर हमें स्मरण रखना चाहिए कि इस उन्नति के साथ-साथ हमारी स्वातंत्र्य-हानि अवश्यम्भावी है। उन्नति व्यापारी ढंग से ही हो सकती है; इसके लिए पूँजीपति और संचालक व्यवसाय की आवश्यकता है। इनके कथनानुसार और भी पत्र का सम्पादन करना असम्भव हो जाता है। इंग्लैण्ड और अमेरिका के पत्रों में स्पष्ट देखा जाता है कि इनके समाचार स्तम्भ, मनोरंजन स्तम्भ जितने ही अच्छे हो रहे हैं, उनके सम्पादकीय स्तम्भ उतने ही निकम्मे बनते जा रहे हैं। लन्दन के 'टाइम्स' जैसे दो-तीन पत्र इसके अपवाद हैं। पर साधारण नियम वही है जो बताया जा चुका है। एडिटर की अपेक्षा मैनेजिंग एडिटर का प्रभाव और गौरव अधिक बढ़ गया है। भावी हिन्दी समाचार-पत्रों में ऐसा ही होगा। पत्र निकालकर सफलतापूर्वक चलाना बड़े-बड़े धनियों अथवा सुसंघटित कम्पनियों के लिए संभव होगा। पत्र सर्वांगसुन्दर होंगे। आकार बड़े होंगे, छपाई अच्छी होगी, मनोहर, मनोरंजक और ज्ञानवर्द्धक चित्रों से सुसज्जित होंगे, लेखों में विविधता होगी, कल्पकता होगी, गम्भीर गवेषणा की झलक होगी और मनोहारिणी शक्ति भी होगी, ग्राहकों की संख्या लाखों में गिनी जाएगी। यह सब कुछ होगा पर पत्र प्राणहीन होंगे। पत्रों की नीति देशभक्त, धर्मभक्त अथवा मानवता के उपासक महाप्राण सम्पादकों की नीति न होगी—इन गुणों से सम्पन्न लेखक विकृत मस्तिष्क समझे जाएँगे, सम्पादक की कुर्सी तक उनकी पहुँच भी न होगी। वेतनभोगी सम्पादक मालिक का काम करेंगे और बड़ी खूबी के साथ करेंगे। वे हम लोगों से अच्छे होंगे। पर आज भी हमें जो स्वतन्त्रता प्राप्त है वह उन्हें न होगी। वस्तुत: पत्रों के जीवन में यही समय बहुमूल्य है। इंग्लैण्ड और अमेरिका के पत्रों ने उन्हीं दिनों सच्चा काम किया था जब उनके आकार छोटे थे, समाचार कम होते थे, ग्राहक थोड़े होते थे पर सम्पादक की लेखनी में ओज था और प्राण था। उन देशों की इस उन्नति के बहुत कुछ कारण वे ही सम्पादक थे जिनसे धनी घृणा करते थे, शासक क्रुद्ध रहा करते थे और जो हमारे ही जैसे, एक पैर जेल में रखकर धर्मबुद्धि से पत्र सम्पादन किया करते थे। उनके परिश्रम से और कष्ट से पत्रों की उन्नति हुई पर उनके वंश का लोप हो गया। अब संचालक और व्यवस्थापक सर्वेसर्वा हैं, सम्पादक कुछ नहीं है।

**—(ध्रुवतारा, अप्रैल-जून, 1996 के सौजन्य से)**

1. नीचे लिखे विकल्पों में से कौन-सा उपर्युक्त गद्यांश की विषयवस्तु का सही प्रतिपादन करता है ?
   A. समाचार-पत्र B. समाचार-पत्र के स्वामी
   C. सम्पादक का महत्त्व D. लेखक
2. समाचार-पत्रों की उन्नति कैसे हो सकती है ?
   A. अच्छी मशीन लगाने से B. व्यापारी ढंग से
   C. सम्पादक के कारण D. पूँजी लगाने से
3. इंग्लैण्ड और अमेरिका के समाचार-पत्रों की क्या विशेषता है ?
   A. मनोरंजन स्तम्भ अच्छे हैं
   B. सम्पादक स्तम्भ अच्छे हैं
   C. रंग-बिरंगे हैं
   D. सस्ते हैं
4. लन्दन के 'टाइम्स' आदि पत्र कैसे हैं ?
   A. उनमें व्यापारिक स्तम्भ हैं
   B. वे महँगे हैं
   C. उनकी खबरें झूठी होती हैं
   D. उनके सम्पादकीय स्तम्भ महत्त्वपूर्ण हैं
5. स्वातन्त्र्य-हानि का क्या अर्थ है ?
   A. स्वतन्त्रता का नाश B. पराधीनता
   C. मनमानी करने पर रोक D. कृपा
6. 'सर्वांगसुन्दर' का क्या तात्पर्य है ?
   A. सभी गुणों का होना
   B. समाचार-पत्र हर प्रकार से अच्छा हो
   C. सबसे श्रेष्ठ
   D. सबको लुभाने वाला
7. 'प्राणहीन पत्र' का क्या अर्थ है ?
   A. प्राण से रहित B. महत्त्वपूर्ण गुणों से रहित
   C. जो चल फिर न सके D. जिसे दूसरे उठायें
8. 'गवेषणा' शब्द का पर्याय बताइए।
   A. इच्छा B. भावना
   C. अनुसंधान D. तात्पर्य
9. 'विविधता' का विलोम बताइए।
   A. श्रेष्ठता B. हीनता
   C. समानता D. एकता
10. 'गौरव' का विलोम बताइए।
   A. हीनता B. श्रेष्ठता
   C. मार्दव D. लाघव

## अभ्यास 9

**निर्देश :** *निम्नलिखित गद्यांश के संदर्भ में पूछे गए प्रश्नों के वैकल्पिक उत्तरों में से सही उत्तर को चिह्नित कीजिए।*

हम विज्ञान युग में जी रहे हैं। हमसे ये आशा नहीं की जाती कि हम अविश्वसनीय मतों अथवा एकांतिक दैवी-संदेशों को सोचे-समझे बगैर आसानी से स्वीकार कर लेंगे। आज के युग में विज्ञान और प्रौद्योगिकी के नित-नूतन आविष्कार हो रहे हैं। प्रकृति के रहस्यों पर से आवरण क्रमशः हटता जा रहा है। यह युग मानववाद का भी है, जिसमें वे धर्म जो मानवीय बुराइयों तथा सामाजिक अपराधों के प्रति संवेदनशील नहीं हैं, आधुनिक व्यक्ति के गले नहीं उतरते। वे धर्म जो विभेद, वैमनस्य और अनैतिकता को बढ़ावा देते हैं तथा एकता, सद्भावना और सामंजस्य को प्रोत्साहित नहीं करते, वे मनुष्य को मनुष्य से लड़ाकर धर्मद्रोहियों के हाथ में अस्त्र बन जाते हैं। विज्ञान की प्रकृति कभी धर्म-विरोधी नहीं रही है। धार्मिक मतों के पक्ष में मुख्य तर्क प्रायः ब्रह्मांड संबंधी वस्तुपरक विचारों पर आधारित होते हैं। प्राकृतिक धर्म कभी भी किन्हीं आप्त स्रोतों, इल्हामों या परंपराओं पर निर्भर नहीं करता, वह तो अनुभूत अनुभव सिद्ध प्रत्यक्ष तथ्यों के अध्ययन और व्यावहारिकता पर अवलंबित होता है। वैज्ञानिक विधि का अनुसरण करते हुए, प्राकृतिक तथ्यों का सर्वेक्षण करके, युक्तियुक्त तर्क देकर परमसत्ता-विषयक सिद्धान्त का प्रतिपादन किया जाता है। वैज्ञानिक धर्म में ब्रह्मांड को समझने की जिज्ञासा पर बल दिया जाता है। प्राकृतिक ऊर्जा व पदार्थों के जन्म तथा विनाश को समझ सकने की इच्छा होती है। विकास का क्रम ऊर्ध्वमुखी रहा है : यह अप्राण से सप्राण तक; सप्राण से संवेदनशील तक; संवेदनशील से सज्ञान जीवन तक विकसित होता है। सज्ञान प्राणी को आध्यात्मिक प्राणी के रूप में आत्मविकास करना पड़ता है। आध्यात्मिक प्राणी—विशुद्ध ज्ञानी या विचारवान् प्राणी से उतना ऊँचा होता है जितना ज्ञानवान प्राणी संवेदनशील प्राणी से उन्नत होता है। विज्ञान की चेतना में कहीं यह संकेत नहीं मिलता कि पदार्थ से ही सृष्टि का आरंभ हुआ था। परमाणु को विखंडित करने वाले मनुष्य का मन निश्चय ही परमाणु से कहीं अधिक श्रेष्ठ है। प्रकृति की व्यवस्था और प्रगति के अवलोकन से स्पष्ट हो जाता है कि अगणित क्रमबद्ध प्रणालियों का संचालन, किसी सर्वद्रष्टा परम-आत्मा द्वारा किया जा रहा है।

—(ध्रुवतारा—जनवरी, मार्च, 1996 के सौजन्य से)

1. नीचे दिए गए विकल्पों में से कौनसा उपर्युक्त गद्यांश की विषय-वस्तु का सही प्रतिपादन करता है ?
   A. वैज्ञानिक गुण B. धर्म के गुण दोष
   C. मानव-विकास D. वैज्ञानिक मानव धर्म

2. वर्तमान युग का मनुष्य कैसे धर्म को सही समझ सकता है?
   A. जो भय पैदा करे
   B. वैज्ञानिक व सद्भावना पैदा करने वाला हो
   C. जो वैमनस्य और अनैतिकता को बढ़ावा दे
   D. जो परंपरा पर आधारित हो
3. प्रकृति के रहस्यों पर से आवरण हटाने में कौनसा कारक प्रमुख है?
   A. विज्ञान B. धर्म
   C. मानववाद D. दैवी-संदेश
4. 'सामंजस्य' शब्द का सही अर्थ चयन करें :
   A. सामना करना
   B. आलस्य दूर करना
   C. भेद-भाव हटाकर एक करना
   D. अपना पक्ष प्रबल करना
5. 'विखंडित' का अर्थ स्पष्ट करें।
   A. बहुमंजिला B. विभाजित
   C. पराजित D. विकसित
6. 'संवेदनशील' का सही अर्थ चुन के बताएँ।
   A. दूसरे को दुःख देने वाला
   B. दूसरे का कष्ट महसूस करने वाला
   C. दूसरे का संदेश देने वाला
   D. दूसरों की भलाई सोचने वाला
7. उपर्युक्त गद्यांश में से 'निर्भर' शब्द का समानार्थी शब्द चुनें।
   A. आप्त B. अनुभूत
   C. उन्नत D. अवलम्बित
8. उपर्युक्त गद्यांश में से 'प्राचीन' शब्द का विलोम चुनिए।
   A. आधुनिक B. नित-नूतन
   C. पारंपरिक D. ऊर्ध्वमुखी
9. उपर्युक्त गद्यांश में से 'सद्भावना' शब्द का विलोम चुनिए।
   A. बुराई B. विभेद
   C. वैमनस्य D. अपराध
10. 'आशा', 'अविश्वसनीय', 'प्रोत्साहित' तथा 'यह' शब्दों को क्रिया, विशेषण, सर्वनाम तथा संज्ञा के क्रम में व्यवस्थित करिए।
   A. आशा, अविश्वसनीय, प्रोत्साहित, यह
   B. यह, आशा, अविश्वसनीय, प्रोत्साहित
   C. अविश्वसनीय, प्रोत्साहित, यह, आशा
   D. प्रोत्साहित, अविश्वसनीय, यह, आशा

**निर्देश :** *निम्नलिखित अनुच्छेदों में से कुछ शब्द निकाल दिए गए हैं। वे शब्द प्रत्येक रिक्त स्थान की पूर्ति के लिए दिए गए विकल्पों में सम्मिलित हैं। अनुच्छेद को पढ़कर उसका विषय समझिए और दिए गए विकल्पों में से उचित विकल्प चुनिए तथा निर्देशानुसार चिह्न लगाइए।*

## अभ्यास 10

उपन्यास कहानी मात्र नहीं है, उसमें पात्रों के भाव और विचार भी रहते हैं। उपन्यास के विचार लेखक के विचारों की प्रतिध्वनि होते हैं। लेखक का जीवन के प्रति एक विशेष दृष्टिकोण होता है, उसी दृष्टिकोण से वह जीवन की व्याख्या करता है और उसी के अनुकूल उसके विचार होते हैं। उपन्यास में बिखरे हुए विचारों में भी एक विशेष ...( 1 )... रहती है। विचारों के विभिन्न पक्ष दिखाए जाते हैं किन्तु उनमें मुख्यता उन विचारों की ही होती है जो लेखक के दृष्टिकोण के अनुकूल होते हैं। कभी-कभी लेखक का उद्देश्य जानना कठिन हो जाता है। विचारों में प्राय: लेखक और नायक का ...( 2 )... होता है। यह बात नाटक और महाकाव्य में भी होती है। रामायण में जितने विचार आए हैं वे सब तुलसीदास के सिर नहीं मढ़े जा सकते। 'ढोल, गँवार, शूद्र, पशु, नारी, ये सब ताड़न के अधिकारी॥' यह समुद्र के दीनता में कहे हुए वचन हैं, गोस्वामी जी के ...( 3 )... नहीं हैं। किन्तु रामचन्द्र और वशिष्ठ जी द्वारा कही हुई बातों के साथ हम गोस्वामी जी का तादात्म्य कर सकते हैं। उपन्यास के पात्रों के चरित्र-चित्रण की भाँति ...( 4 )... के भी दो प्रकार हो सकते हैं। एक सीधा-सा विश्लेषणात्मक जिसमें कि लेखक अपने दृष्टिकोण से जीवन की व्याख्या स्वयं करता है और दूसरा परोक्ष ...( 5 )... या नाटकीय जिसमें वह जीवन की झाँकीमात्र ही देता है।

**—काव्य के रूप, गुलाब राय**

1. A. मिलावट B. अनुरक्ति
   C. अन्विति D. सहयोगिता
2. A. गुम्फन B. तादात्म्य
   C. सामंजस्य D. एकाकार
3. A. विषय-विवेचन B. विशिष्ट कथन
   C. सूत्र कथन D. सिद्धान्ताचन
4. A. उद्देश्य-निरूपण B. लक्ष्य निर्धारण
   C. तात्पर्य कथन D. इष्ट की अभिव्यक्ति
5. A. बाधा सहित B. विघ्नों सहित
   C. सव्यवधान D. मुश्किलों के साथ

## अभ्यास 11

''मैं उस रसिक समाज से बिलकुल बाहर हूँ मिस्टर खन्ना, सच कहता हूँ। मुझमें जितनी बुद्धि, जितना बल है, वह इस इलाके के प्रबन्ध में ही खर्च हो जाता है। मेरे सारे भाई शराब-कबाब में मस्त थे। मैं अपने को रोक न सका। जेल गया और लाखों रुपये की ...( 1 )... उठाई, अभी तक उसका ...( 2 )... दे रहा हूँ। मुझे उसका पछतावा नहीं, बिल्कुल नहीं। मुझे उसका गर्व है। मैं उस आदमी को आदमी नहीं समझता जो देश और समाज की भलाई के लिए ...( 3 )... न करे और बलिदान न करे। मुझे क्या यह अच्छा लगता है कि निर्जीव किसानों का खून चूसूँ और अपने परिचय वालों की ...( 4 )... की तृप्ति के साधन जुटाऊँ, मगर करूँ क्या? जिस ...( 5 )... में पला और जिया, उससे घृणा होने पर भी उसका मोह त्याग नहीं सकता।''

1. A. कसक B. क्षति
 C. हानि D. जेरबारी
2. A. तावान B. जुर्माना
 C. महसूल D. सूद
3. A. श्रम B. उद्योग
 C. प्रयास D. धंधा
4. A. इच्छा B. ज्ञान
 C. वासनाओं D. संस्कार
5. A. निर्धनता B. वैभव
 C. अवस्था D. दयनीयता

## अभ्यास 12

''गाछ गए सिरे से ...( 1 )... गया। कोई बकरी दो बच्चों समेत गाछ की छाया में डोल-डोल कर घास चबा रही थी। शाम ढलते ही बच्चों का झुंड खेलने के लिए जमा हो गया। अनगिनत चिड़ियाँ चहचहा कर शान्त हो गईं। रात उतर आई। ...( 2 )... काले आकाश में अनगिनत तारे जगमगा उठे। मन्द हवा बह रही थी। पत्तियाँ हिलोरें ले रही थीं—रोज़ की तरह। मैदान के चारों तरफ के मकानों से तरह-तरह की आवाजें आ रही थीं। उनमें रोशनी जल रही थी। धीरे-धीरे रात बढ़ती गई और रुक-रुक कर मकान शान्त पड़ते गए। बत्तियाँ बुझ गईं। धीरे-धीरे चारों तरफ घना अँधेरा छा गया। अंधकार और ...( 3 )...। सर के ऊपर करोड़ों नक्षत्रों को लिए हुए गाछ खड़ा रहा। एक समय हवा बन्द हो गई। पत्तियों का हिलना भी बन्द हो गया। ऐसे समय घने अंधकार में दिन की रोशनी की तरह ...( 4 )... सब कुछ साफ-साफ देखने लगा। गाछ ने देखा, वह पूरब की तरफ से आ रही थी। ...( 5 )... को उसने कमर से लपेट रखा था। जूड़े से फूलमाला को उतार दिया था। मानो लड़ने आ रही थी। फूल की माला की क्या बात—हाथ में तेज धार वाली कुल्हाड़ी देखकर गाछ सिहर उठा।''

1. A. बेहोश हो B. चिन्तित हो
 C. भयभीत हो D. सहम
2. A. शान्त B. निर्मेघ
 C. श्यामल घन D. किंचित् मेघाच्छन्न
3. A. सन्नाटा B. घनघोर
 C. नीरवता D. शोर-शराबा
4. A. गाछ B. वन
 C. पादप D. पादपदल
5. A. चद्दर B. आँचल
 C. दुपट्टे D. शाल

## अभ्यास 13

''प्रेम वह गणना है जिसमें एक और एक मिलकर एक होते हैं दो नहीं। प्रेम वह ऐनक है जिसके लगाने पर प्रेमी को सर्वत्र अपने ...( 1 )... का ही दर्शन होता है। इतना ही नहीं, सच तो यह है कि प्रेमी की दृष्टि में सृष्टि जैसी वस्तु रह ही नहीं जाती क्योंकि प्रेम की ...( 2 )... तभी होती है जब मानव ...( 3 )... से रहित होकर समस्त कामनाओं से मुक्त हो जाता है। अत: प्रेम का सम्पादन करने के लिए आवश्यक ...( 4 )... की पूर्ति, कामना की ...( 5 )... के लिए ही है, परन्तु यह तभी संभव होगा जब प्रवृत्ति अपने लक्ष्य पर दृष्टि रखते हुए पवित्र भाव से की जाए--उद्देश्यरहित प्रवृत्ति का अन्त प्रवृत्ति में ही होता है।''

**—विवाह का पवित्र स्वरूप और महत्व श्री शरणानन्द**

1. A. रूप B. आकार
 C. साहस D. प्रेमास्पद
2. A. संवेदना B. अभिव्यक्ति
 C. अनुभूति D. सृष्टि
3. A. आत्म गौरव B. लज्जाशीलता
 C. देहाभिमान D. निरभिमान
4. A. अभीष्ट B. उत्कंठा
 C. चाह D. कामना
5. A. आवृत्ति B. पलायन
 C. निवृत्ति D. मुक्ति

## अभ्यास 14

किन्तु दुर्दिन होने पर भी एथेन्स की सांस्कृतिक और मानसिक प्रगति सर्वथा नष्ट न हुई। इसका प्रमाण वहाँ के दार्शनिक साक्रिटीज (सुकरात) तथा प्लेटो (अफलातून) हैं। यूनान के राज्यों में परस्पर युद्ध होने के कारण सभी राज्य निर्बल हो गए। उनको पुनः संयुक्त करने वाला कोई न रहा। राजा का शासन केवल मकदूनिया, स्पार्टा और एपटिस में रह गया। अन्य राज्यों की दशा बहुत अव्यवस्थित हो गई। कहीं अत्याचारियों का, कहीं जनता का तो कहीं ...( 1 )... का ...( 2 )... स्थापित हो गया। ऐसा कोई राज्य नहीं था जहाँ आपसी दल-बन्दियों के कारण लड़ाई-झगड़ा न होता हो। ...( 3 )... की इतनी प्रचण्ड अग्नि भड़की कि मित्र, पुत्र, पिता, भ्राता किसी का किसी को विश्वास न रहा। ऐसे अव्यवस्थित राज्यों का अधिक काल तक ...( 4 )... रहना असंभव था। फारस के साम्राज्यों ने यूनान के राज्यों की आपस की लड़ाई को ...( 5 )... देकर उन पर अपना ऐसा प्रभाव जमाना शुरू कर दिया कि यूनान में शान्ति और अशांति स्थापित करने की कुंजी उसके हाथ में चली गई।

—विश्व इतिहास, डॉ. रामा प्रसाद त्रिपाठी

1. A. मजदूर वर्ग B. पुजारी वर्ग
   C. वणिक वर्ग D. अभिजात्यों
2. A. साम्राज्य B. आधिपत्य
   C. अमल D. कुशासन
3. A. वैमनस्य B. युद्ध
   C. क्रान्ति D. अराजकता
4. A. जमा हुआ B. रुका हुआ
   C. कायम D. स्थिर
5. A. अशान्ति B. शक्ति
   C. महत्त्व D. उत्तेजना

## अभ्यास 15

इस्लाम में प्रार्थना का महत्त्व बहुत अधिक है। दिन में पाँच बार नमाज का ...( 1 )... है। ईसाई भी तीन बार प्रार्थना करते थे। जान पड़ता है कि प्रार्थना की प्रथा ईसाइयों से आई जिसका समय तीन से पाँच बार कर दिया गया है। सूफियों ने इस ...( 2 )... नमाज को तो नहीं अपनाया परन्तु इसके महत्त्व पर उनकी दृष्टि अवश्य पड़ी और उन्होंने यूनान में परमात्मा के साथ मौन सम्भाषण के रूप में अविराम प्रार्थनाओं को अपने जीवन का अंग बना लिया। इस्लाम में...( 3 )...के साथ ...( 4 )... तो ...( 5 )... का एक साधन समझा गया था। इसीलिए उसे पाँच स्तम्भों में से एक माना गया। कुरान से ज्ञान होता है कि ईसाइयों में इसका प्रचार था और वे विधानानुसार इसका आचरण करते थे। सूफियों ने भी आत्म-शुद्धि के लिए उपवास को उपादेय माना।

—सूफीमत और हिन्दी साहित्य, डॉ. विमल कुमार जैन

1. A. कानून B. नियम
   C. विधान D. रिवाज
2. A. पाँच बार की B. पंचकालिक
   C. पाँच व्यक्तियों की D. पाँच जगह की
3. A. वक्र जीवन B. पवित्र जीवन
   C. सुखी जीवन D. ऋजु जीवन
4. A. संयम B. परहेज
   C. उपवास D. तप
5. A. शारीरिक शुद्धता B. आचरण की शुद्धता
   C. स्वच्छता D. आत्मशुद्धि

## उत्तरमाला

### अभ्यास 1

| 1 | 2 | 3 | 4 | 5 |
|---|---|---|---|---|
| B | C | C | D | A |

### अभ्यास 2

| 1 | 2 | 3 | 4 | 5 |
|---|---|---|---|---|
| B | B | A | B | D |

### अभ्यास 3

| 1 | 2 | 3 | 4 | 5 |
|---|---|---|---|---|
| A | B | A | B | A |

## अभ्यास 4

| 1 | 2 | 3 | 4 | 5 |
|---|---|---|---|---|
| B | C | D | A | B |

## अभ्यास 5

| 1 | 2 | 3 | 4 | 5 |
|---|---|---|---|---|
| D | B | A | A | C |

## अभ्यास 6

| 1 | 2 | 3 | 4 | 5 |
|---|---|---|---|---|
| D | B | A | B | D |

## अभ्यास 7

| 1 | 2 | 3 | 4 | 5 |
|---|---|---|---|---|
| D | C | A | A | C |

## अभ्यास 8

| 1 | 2 | 3 | 4 | 5 | 6 | 7 | 8 | 9 | 10 |
|---|---|---|---|---|---|---|---|---|---|
| C | B | A | D | A | B | B | C | C | D |

## अभ्यास 9

| 1 | 2 | 3 | 4 | 5 | 6 | 7 | 8 | 9 | 10 |
|---|---|---|---|---|---|---|---|---|---|
| D | B | A | C | B | B | D | A | C | D |

## अभ्यास 10

| 1 | 2 | 3 | 4 | 5 |
|---|---|---|---|---|
| C | B | D | A | C |

## अभ्यास 11

| 1 | 2 | 3 | 4 | 5 |
|---|---|---|---|---|
| D | A | B | C | C |

## अभ्यास 12

| 1 | 2 | 3 | 4 | 5 |
|---|---|---|---|---|
| D | B | C | A | B |

## अभ्यास 13

| 1 | 2 | 3 | 4 | 5 |
|---|---|---|---|---|
| D | B | C | D | C |

## अभ्यास 14

| 1 | 2 | 3 | 4 | 5 |
|---|---|---|---|---|
| D | B | A | C | D |

## अभ्यास 15

| 1 | 2 | 3 | 4 | 5 |
|---|---|---|---|---|
| C | B | D | C | D |